本书由暨南大学社会科学研究处资助出版

教育部人文社会科学重点研究基地
暨南大学华侨华人研究院

侨情综览
2014—2015

暨南大学图书馆　世界华侨华人文献馆　华侨华人文献信息中心　编

主　编：史小军

副主编：王　华

编　委：易淑琼

　　　　景海燕

　　　　沈毅秦

暨南大学出版社
JINAN UNIVERSITY PRESS

中国·广州

图书在版编目（CIP）数据

侨情综览.2014—2015/暨南大学图书馆·世界华侨华人文献馆，暨南大学图书馆·华侨华人文献信息中心编.—广州：暨南大学出版社，2017.8
ISBN 978-7-5668-2167-6

Ⅰ.①侨… Ⅱ.①暨…②暨… Ⅲ.侨民工作—概况—中国—2014—2015 Ⅳ.①D634

中国版本图书馆 CIP 数据核字（2017）第 191177 号

侨情综览 2014—2015
QIAOQING ZONGLAN 2014—2015
编   者：暨南大学图书馆·世界华侨华人文献馆   暨南大学图书馆·华侨华人文献信息中心

出 版 人：徐义雄
策   划：黄圣英
责任编辑：郑晓玲 雷晓琪 刘慧玲 黄文科
责任校对：何 力
责任印制：汤慧君 周一丹

出版发行：暨南大学出版社（510630）
电   话：总编室（8620）85221601
          营销部（8620）85225284 85228291 85228292（邮购）
传   真：（8620）85221583（办公室）   85223774（营销部）
网   址：http：//www.jnupress.com
排   版：广州市天河星辰文化发展部照排中心
印   刷：佛山市浩文彩色印刷有限公司
开   本：787mm×1092mm 1/16
印   张：26
字   数：646 千
版   次：2017 年 8 月第 1 版
印   次：2017 年 8 月第 1 次
定   价：80.00 元

编辑说明

《侨情综览》自 2011 年出版以来，已出版 2009—2013 年五个年度的单行本，主要发行对象为相关教学科研单位、侨务部门、文献收藏机构、专家学者以及华侨华人。《侨情综览 2014—2015》将两年内容合并为一册集中出版，相关栏目也有所变动，原先的"重要讲话和报告"暂不收录，"热点时评""人物聚焦""侨界荣誉"等栏目合并至"海外侨情"与"侨务信息"两大栏目之中，"涉侨政策法规""大事记""海外华人新社团""统计资料"等栏目仍然保留。针对世情、国情与侨情的变化现状，新移民、留学生、海归等群体相关信息收录比重有所增加，部分内容因版面限制有所删减。

序 言

　　素有"华侨最高学府"之称的暨南大学，自 1906 年建校以来，始终秉承"宏教泽而系侨情"的办学宗旨。今天的暨南大学直属国务院侨办领导，是国务院侨办、教育部、广东省共建的"211 工程"重点综合性大学。学校在建设"一带一路"的宏伟时代背景下，大力实施"侨校＋名校"的发展战略，奋力向"双一流"目标迈进。

　　"侨"字特色是暨南大学的一面旗帜，华侨华人研究历来是学校的优良传统与优势学科。1927 年暨南大学即设立南洋文化事业部，与大学部、中学部鼎足而立，校长郑洪年亲自兼任该部首任委员长，并延揽刘士木、李长傅、姚楠等一批知名学者任教，出版《南洋研究》《中南情报》和《海外侨讯》等刊物，开创我国华侨华人研究之先河。1958年，暨南大学在广州重建后，旋即成立东南亚研究所华侨研究室。2000 年，暨南大学华侨华人研究所成为教育部人文社科重点研究基地。2011 年，成立暨南大学国际关系学院/华侨华人研究院。作为华侨华人研究重要支撑的文献工作也在稳步推进，1995 年，经国务院侨办批复，暨南大学图书馆成立华侨华人文献信息中心，2005 年成为教育部人文社会科学重点研究基地（华侨华人研究）的文献保障机构，2016 年，正式揭牌成立世界华侨华人文献馆。

　　文献资料工作是学科建设的基础与保障，尤其对于人文社科研究的作用更为显著。华侨华人文献信息的整理与研究理应是涉侨学科建设中不可或缺的组成部分，同时也应纳入学校涉侨文教事业的整体规划与框架之中。为了加强华侨华人文献信息工作，2016 年 11月，暨南大学图书馆成立世界华侨华人文献馆，旨在全面收集与整理华侨华人、华文教育、华文文学、华语传媒的"四华"文献信息，为学校涉侨优势学科提供坚实的文献资料保障，并力图通过广泛筹集资金和征集资料，将其打造成为一所集华侨华人文献收藏、阅览、展示、教育、交流、体验、研究与资政为一体的综合性、现代化、多功能的独立场馆，并且是面向侨研、侨务、华侨华人与社会各界的涉侨信息智库。

　　《侨情综览》作为世界华侨华人文献馆的一种涉侨出版物，是一本较为全面、系统的涉侨文献信息年度工具书，具有覆盖面广、信息量大、客观性强等特点，自出版以来，获得专家学者、侨务工作者以及社会各界的广泛好评，成为涉侨学术研究与资政参考的重要工具与指南。随着世情、国情、侨情的不断发展与变化，如何编辑一本既能满足师生教学科研需求，又能切合当今侨务工作实际需求的百科全书式资料，既是一项极具挑战性的、艰巨的工作，也是一份责任与担当。为此，我们将继续加强该书的编辑力量，审慎判别文献信息的来源渠道，仔细甄选所采用的信息内容，并对全书条目与内容进行科学分类与有序组织。我们有理由相信，在侨务部门与社会各界的广泛关注下、在学校领导的高度重视下、在社会科学研究处以及相关院系的大力支持下，《侨情综览》将逐步增强服务于教研与社会的能力，从而为暨南大学的侨校特色增添一份光彩。

2017 年春识于暨南园

目　录

涉侨政策法规

大事记

海外侨情

侨务信息

海外华人新社团

统计资料

本栏目收录2014—2015年公开发布的中央及各地方政府及其职能部门制定的部分涉侨政策法规，按国家、省（直辖市、自治区）、市的级别，及文件发布时间的先后顺序排列。

2014年涉侨政策法规

国务院侨办与教育部联合印发《国务院侨务办公室教育部关于华侨学生在国内接受高中阶段教育有关问题的通知》

近年来，许多华侨反映其在国内接受义务教育的无户籍子女不能在当地参加中考的问题。为涵养侨务资源、保障华侨学生在国内接受高中阶段教育的权益，保持与华侨子女回国接受义务教育相关政策的延续性和一致性，6月10日，侨办与教育部联合印发了《国务院侨务办公室教育部关于华侨学生在国内接受高中阶段教育有关问题的通知》（国侨发〔2014〕14号，以下简称《通知》）。

《通知》主要内容如下：华侨学生的身份由省级侨务部门认定；华侨学生可以在其父母出国前或其祖父母、外祖父母户籍所在地进行身份认定并参加高中阶段学校考试招生，与当地户籍学生享受同等政策；各地教育行政部门和高中阶段学校应当根据华侨学生所持中国护照建立学籍，具体参照《教育部中小学生学籍管理办法》执行；被高中阶段学校录取的华侨学生应按照规定缴纳学费，收费标准与当地学生一致；高中阶段学校要关心华侨学生的学习和生活，促进他们全面发展、健康成长；各省级教育行政部门要会同侨务部门根据本通知精神，研究制定华侨学生参加高中阶段学校考试招生、接受高中阶段教育的具体办法。

《通知》从根本上解决了华侨学生在国内接受高中阶段教育的问题，为华侨学生在国内接受高中阶段教育提供了政策保障和学习便利。

国务院关于支持汕头经济特区建设
华侨经济文化合作试验区有关政策的批复

(国函〔2014〕123 号)

广东省人民政府：

《广东省人民政府关于支持汕头经济特区创办华侨经济文化合作试验区的请示》（粤府〔2013〕122 号）收悉。现批复如下：

一、同意在汕头经济特区设立华侨经济文化合作试验区（以下简称试验区）。试验区处于汕头经济特区核心地带，区位条件优越，比较优势突出，具备加快发展的条件和潜力。要以邓小平理论、"三个代表"重要思想、科学发展观为指导，深入贯彻党的十八大和十八届三中全会精神，按照党中央、国务院的部署，充分发挥华侨华人资源优势，把试验区建设作为汕头经济特区进一步深化改革开放和建设 21 世纪海上丝绸之路重要门户的重大举措，积极开展先行先试，为新时期全面深化改革、扩大对外开放探索新路。

二、支持试验区着力转型升级，推动海外华侨华人与祖国经济深度融合发展。研究建立符合广大海外华侨华人意愿和国际通行规则的跨境投资、贸易机制，打造更加国际化、市场化、法治化的公平、统一、高效的营商环境，形成可复制、可推广的经验。大力发展跨境金融、商务会展、资源能源交易、文化创意、旅游休闲、教育培训、医疗服务、信息、海洋等产业，培育富有活力的都市产业体系。依法保障海外华侨华人投资权益，创新侨务工作模式，推动引资、引技、引智有机结合，依法给予海外华人更多出入境便利。创新人才引进机制，对符合来华工作条件的外籍华人，优先办理有关手续。积极推动试验区教育医疗事业发展，为海外华侨华人在教育医疗方面提供便利，确保海外华侨华人依法享受相应的社会保障待遇。

三、支持试验区搭建海外华侨华人文化交流平台，深化与有关国家（地区）的人文合作。拓展文化传播渠道，不断扩大中华文化的影响力。要以合作、创新和服务为主题，构建面向海外华侨华人的聚集发展创新平台，建设跨境金融服务、国际采购商贸物流、旅游休闲中心和华侨文化交流、对外传播基地。

四、支持试验区全面深化改革，构建开放型经济新体制。要以全面深化改革为动力，推进体制机制创新，在华侨经济文化合作、营商环境、通关制度、社会管理、土地管理、海域使用和投融资等方面创新体制机制。推进国际贸易与投资便利化，进一步研究放宽外商投资市场准入，推进金融、教育、文化、医疗等服务业领域有序开放，积极创新利用外资管理体制。

五、加大政策支持，统筹推进试验区建设发展。要进一步明确发展思路，突出发展重点，创新发展方式，在有关规划编制、政策支持、项目安排、机制创新、全面深化改革、扩大对外开放、侨务管理、人文交流等方面研究给予政策支持。试验区规划建设要符合土地利用总体规划、城市总体规划，着力优化空间布局，切实节约集约利用土地和海域资源，对尚不在《汕头市城市总体规划（2002—2020年）》范围内的20平方公里，待其纳入城市总体规划并得到国务院批准后再实施。执行国家统一财税政策，涉及的重大政策和建设项目要按规定程序报批。

六、加强组织协调，有力有序推动试验区发展。广东省人民政府要切实加强组织领导，完善工作机制，明确工作责任，加大支持力度，扎实推进试验区建设发展。国务院有关部门要加强指导和服务，积极研究制定具体可行的支持政策措施，发展改革委要会同侨办等有关部门加强沟通协调，帮助解决试验区建设过程中遇到的困难和问题，为推动试验区发展营造良好的政策环境。各有关方面要密切配合、开拓创新，共同推动试验区持续健康发展，努力开创汕头经济特区改革开放和经济社会发展新局面。

国务院

二〇一四年九月十五日

福建省华侨捐赠兴办公益事业表彰办法

（2014年1月26日　福建省人民政府　闽政〔2014〕5号发布　自公布之日起执行）

为鼓励华侨捐赠兴办公益事业，表彰在捐赠兴办公益事业作出成绩和贡献的华侨，根据《福建省华侨捐赠兴办公益事业管理条例》的规定，特制定本办法。

一、表彰的对象

华侨（包括华侨个人、华侨社团、华侨投资企业，下同）无偿捐赠款物在福建省行政区域内用于下列事项的，均按本办法表彰：

（一）救助灾害、救济贫困、扶助残疾人等困难的社会群体和个人的活动；

（二）教育、科学、文化、卫生、体育事业；

（三）环境保护、社会公共设施建设；

（四）促进社会发展进步的其他社会公共和福利事业。

二、表彰的标准

（一）捐赠款物累计折合人民币100万元以上（含100万元），不足500万元的，以省人民政府名义授予"福建省捐赠公益事业贡献奖"奖匾和荣誉证书。

（二）捐赠款物累计折合人民币500万元以上（含500万元），不足1 000万元的，以省人民政府名义授予"福建省捐赠公益事业突出贡献奖"奖匾和荣誉证书。

（三）捐赠款物累计折合人民币1 000万元以上（含1 000万元）的，授予"福建省捐赠公益事业特别贡献奖"奖匾和荣誉证书，同时以省人民政府名义在其捐建的主要建筑物上立碑及举行有关仪式，但应事先征得捐赠者的同意。设区市、县（市、区）人民政府不再对侨捐项目进行立碑表彰。

（四）捐赠款物累计折合人民币100万元以下的，由设区市、县（市、区）人民政府给予表彰。

三、表彰数额的计算

（一）华侨在本省不同地区、不同年度、不同项目捐赠的款物可合并计算。

（二）对多次捐赠者可以重复表彰，其重复表彰金额从上次表彰后起算。但捐赠款物累计折合人民币1 000万元以上且未立碑表彰的，其已表彰金额可以重复计算。

（三）以外汇（币）捐赠折算的人民币价格，按收汇当天所在地的国家外汇兑换牌价；以实物捐赠折算的价格，比照受赠时国内同类商品价格。

（四）凡归属明确，审批手续完备，以设立基金方式捐赠的金额，以进入基金账户的本金为准。

四、表彰的申请、审批和管理

（一）凡申请以省人民政府名义进行表彰的，凭捐赠款物清单、捐赠确认文、县级以上受赠单位主管部门捐赠款物到位证明、奖励申报表，向省人民政府侨务办公室申请表彰。

（二）各级人民政府侨务办公室负责办理表彰华侨捐赠兴办公益事业的具体工作。

在本省内不同地方捐赠款物的，可按捐赠人意愿由捐赠人原籍地或接受捐赠款物较多地方的侨务办公室统一申报。

以省人民政府名义表彰的，授权省人民政府侨务办公室审批和统一制作碑、奖匾和荣誉证书，制作经费由省财政列支。

五、受省人民政府表彰的仪式由省人民政府举行，也可以委托各设区市人民政府举行，代表省人民政府向捐赠人或委托人颁奖，发奖的形式、规模、授奖时间须事先向省人民政府侨务办公室通报。对捐赠人表彰进行公开报道，应当按照上级有关文件规定执行，并事先征求捐赠人的意见。

六、外籍华人、港澳同胞、归侨、国际友人或社会团体，华侨、外籍华人、港澳同胞、归侨、国际友人的国内眷属在我省捐赠兴办公益事业，可参照本办法给予表彰。

七、本办法自公布之日起执行。2003年12月30日颁发的《福建省华侨捐赠兴办公益事业表彰办法》同时废止。

广东省人民政府侨务办公室　广东省招生委员会　广东省公安厅
关于报考普通高校入学考试的"三侨生"证明办理的程序规定

（2014 年 1 月 28 日　广东省招生委员会　广东省公安厅　粤侨办〔2014〕4 号　自发布之日起施行）

第一章　总　则

第一条　根据《中华人民共和国归侨侨眷权益保护法》第十四条第二款、《中华人民共和国归侨侨眷权益保护法实施办法》第十七条、《广东省归侨侨眷权益保护实施办法》第十四条，结合我省实际，制定本规定。

第二条　"三侨生"指报考普通高校入学考试考生本人为归侨青年，或归侨子女，或华侨在国内的子女。

华侨是指定居在国外的中国公民。华侨身份的认定按有关规定执行。

归侨是指回国定居的华侨。回国定居是指华侨放弃原住在国长期、永久或合法居留权并依法办理回国落户手续。外籍华人经批准恢复或取得中国国籍并依法办理来中国落户手续的，视为归侨。

第三条　高等院校招生考试录取时，对取得"三侨生"证明的考生，按有关政策规定在高考总分基础加分投档，由各高校择优录取。

第二章　申请和受理

第四条　各地级以上市人民政府侨务部门、佛山市顺德区人民政府侨务部门是受理和核发"三侨生"证明书的单位，不得委托下一级侨务办公室（外事侨务局）办理。

第五条　考生本人符合本办法第二条规定之身份，且在规定的受理申请时间内向本人或父（母）户籍所在市（或顺德区）人民政府侨务部门提供有效身份证明材料，均有资格申请办理"三侨生"证明。户籍不在广东省的考生不能在我省办理"三侨生"证明。

受理申请时间按每年广东省人民政府侨务办公室、广东省招生委员会、广东省公安厅联合下发年度"三侨生"办理通知规定的时间为准。

第六条　归侨青年需提交的审核材料：

1.《居民户口簿》（需注明考生本人出生地是国外或从国外回国定居的内容，如无，应由本人户籍所在地街道办事处、乡镇人民政府出具确认其本人是归侨的证明）原件及复印件；

2. 居民身份证原件及复印件；

3. 回国定居证；

4. 以下之一的材料原件及复印件：

（1）国外出生证及公证部门公证文书；

（2）户籍所在地公安派出所或办证中心出具的回国定居证明（姓名、身份号码、住址、回国定居时间及原定居国）；2013 年 7 月 1 日后回国定居的，也可由户籍所在地政府侨务部门出具回国定居证存根复印件；

（3）人事档案中有关归侨方面的内容材料复印件，并加盖档案所在单位公章；

（4）印有回国入境记录的原护照及公证部门公证文书。

第七条 归侨子女应提交的审核材料：

1. 《居民户口簿》（考生父（母）出生地是国外或从国外回国定居的内容，如无，应由考生父（母）一方户籍所在地街道办事处、乡镇人民政府出具确认其父（母）是归侨及其子女关系的证明）原件及复印件；

2. 考生本人及归侨父（母）居民身份证原件及复印件；

3. 父（母）回国定居证；

4. 归侨子女关系证明材料原件及复印件（出入证、户口簿、单位证明等）；

5. 以下之一的材料原件及复印件：

（1）父（母）国外出生证及公证部门公证文书；

（2）父（母）户籍所在地公安派出所或办证中心出具的回国定居证明（姓名、身份号码、住址、回国定居时间及原定居国）。2013 年 7 月 1 日后回国定居的，也可由户籍所在地政府侨务部门出具回国定居证存根复印件；

（3）父（母）人事档案中有关归侨方面的内容材料复印件，并加盖档案所在单位公章；

（4）印有父（母）回国入境记录的原护照及公证部门公证文书。

第八条 华侨在国内的子女需提交的审核材料：

1. 华侨身份证明原件及复印件：

（1）我国驻在华侨定居国的使领馆出具的华侨身份证明或居留公证及护照；

（2）如证明中未显示华侨在国外居留时间的，需提供出入境记录或县级以上出入境部门出具的华侨在国外居留时间证明；

（3）定居在尚未与我国建交国家的华侨应提供驻在国居留公证，并先由同我国和华侨定居国均有外交关系的第三国驻该国使领馆办理认证，再到我国驻第三国的使领馆办理认证。

2. 华侨在国内子女的户口簿、身份证原件及复印件；

3. 华侨子女关系证明原件及复印件（出生证、户口簿、国内监护人所在单位证明或县级以上公证处出具的公证书）。

第九条 已故的归侨或华侨，申请时须说明死亡的时间和地点，并附死亡证书复印件。

归侨、华侨的收养子女（保持 5 年以上抚养关系），除按第七、八条规定提交有效的证明材料外，还须提交县级以上民政部门出具的收养证明。

第三章 审核和备案

第十条 地级以上市人民政府侨务部门、佛山市顺德区人民政府侨务部门对考生提供的资料和有关部门出具的证明材料进行审核，对《居民户口簿》及护照信息的真伪性不能明确的，应在办理"三侨生"证明时间截止之日起10个工作日内函送同级公安局进行核查。

第十一条 各地级以上市公安局、顺德区公安局负责对《居民户口簿》、护照信息的真伪进行鉴定，对《居民户口簿》中"出生地"、"回国定居"等登记内容进行核查，并于10个工作日内将核查结果函复同级人民政府侨务部门。

第十二条 地级以上市人民政府侨务部门、佛山市顺德区人民政府侨务部门对考生提供的资料和有关部门出具的证明材料进行审核无误后，应在办理"三侨生"证明时间截止之日起30个工作日内统一核发"三侨生"证明，将"三侨生"证明书原件、《广东省报考普通高校"三侨生"身份审核表》及相关证明材料复印件送同级招生委员会办公室备查。

第十三条 各地级以上市、佛山市顺德区招生委员会办公室在普通高考报名系统上对考生的姓名、考生号、就读学校等信息进行核查，并于5个工作日内将核查结果函复同级人民政府侨务部门。

各地级以上市及佛山市顺德区招生委员会办公室负责将完成核查的"三侨生"证明书原件和相关证明材料复印件交考生学校放入学生档案袋存档，并按要求汇总报省招生委员会办公室备案。

考生办理"三侨生"证明书的户籍所在地与考生学籍所在地不同的，由办证地的招生委员会办公室负责转交该考生学籍所在地招生委员会办公室。

第十四条 地级以上市人民政府侨务部门、佛山市顺德区人民政府侨务部门应于办理"三侨生"证明时间截止之日起40个工作日内将《 年报考普通高校"三侨生"情况统计表》的纸质版（盖章）及电子版，《广东省报考普通高校"三侨生"身份审核表》（盖章），连同申请人提交的有关证明材料复印件（附在"三侨生证明书"后），已开具的证明书存根、空白证明书、办证小结以及公安部门的核查回函送省人民政府侨务办公室复核。

第十五条 省人民政府侨务办公室对申请材料完整性、合规性和"三侨生证明书"签发合规性进行审核，并于"三侨生"证明时间截止之日起50个工作日内完成审核，将全省报考普通高校"三侨生"名单报送省招生委员会办公室。

第四章 查询和公示

第十六条 省人民政府侨务办公室将审核通过的全省报考普通高校"三侨生"名单公布在广东侨网（http：//gocn. southcn. com）上供查询至当年高考录取结束。

第十七条 省招生委员会办公室通报各市招生委员会办公室对"三侨生"名单组织公示。应届生"三侨生"名单由考生所在高级中等教育学校公示,往届生"三侨生"名单由县(区)招生委员会办公室公示。同时,广东省招生委员会办公室将在广东省教育考试院的网站上公示"三侨生"名单,公示网址:http://www.eeagd.edu.cn,公示时间为5月最后一周,公示期为7天。

凡未经省招生委员会办公室公示的"三侨生",一律不予承认。

第五章 附 则

第十八条 《广东省"三侨生"证明书》由省人民政府侨务办公室统一印制、编号。
第十九条 本办法自2014年1月28日起施行。

云南省华侨回国定居办理工作实施办法

(2014年2月28日 云南省侨办 云南省公安厅 云侨办发〔2014〕6号发布 自2014年4月1日起执行)

第一章 总 则

第一条 根据《中华人民共和国出境入境管理法》第十三条和国务院侨办、公安部、外交部《华侨回国定居办理工作规定》第十四条规定,结合我省实际,制定本实施办法。

第二条 华侨是指定居在国外的中国公民,华侨身份的认定,按照国务院侨办现行的关于界定华侨、外籍华人、归侨、侨眷身份的规定执行。

第三条 华侨回国定居是指符合回国定居条件、自愿放弃国外居留资格的华侨,要求恢复已取消的户籍,回到户籍注销地长期居住、生活,或者回国在非户籍注销地落户,长期居住、生活。

第二章 申 请

第四条 华侨回国定居,应向拟定居地县级人民政府侨务部门提出申请。
第五条 华侨申请回国定居,原则上应在户籍注销地申请。确有特殊情况的,也可在非户籍注销地申请。原注销户籍为普通高等院校、普通中等专业学校学生集体户口的,在入学前常住户口所在地申请。

第六条 华侨申请回国定居,拟在户籍注销地定居的,应当同时符合下列条件:

(一)申请之日起前两年内,在国内连续居住满3个月,或者连续6个月内累计居住满90天。

(二)有稳定的住所。即申请回国定居的华侨具有以下之一的居住保障:

1. 本人或配偶在当地有自有房产；

2. 本人在国内亲属作为担保人有自有房产并承诺承担其回国后的居住保障。

（三）有稳定的生活保障。即申请回国定居的华侨具有以下之一的生活保障：

1. 本人在国内有足够的积蓄或在国外有退休金、养老金可转回国内领取；

2. 本人受聘于国内企事业单位或者自主创业，有稳定的收入；

3. 本人在国内亲属作为担保人承诺愿意承担抚养或赡养义务。

第七条 符合第六条申请回国定居条件的华侨，具备以下条件之一者，可向非户籍注销地侨务部门提出定居申请：

（一）以解决夫妻、父母与子女团聚的；

（二）因监护、抚养或赡养原因需要的；

（三）16 周岁以下的华侨子女，申请到父母或具备抚养、监护能力的祖父母、外祖父母等直系亲属户籍地定居的；

（四）符合拟申请定居地有关落户条件的。

第八条 申请材料

（一）申请回户籍注销地定居的，需提供以下材料：

1. 本人填写的《华侨回国定居申请表》，因特殊情况不能自己填写的，可由他人代写，本人签字、盖章（手印）；

2. 本人自愿放弃国外居留资格声明书；

3. 二寸正面免冠白底彩色近照二张；

4. 近两年内的出入境记录；

5. 有效的《中华人民共和国护照》或其它有效的中国旅行证件原件及复印件；

6. 国外合法居留证明原件及复印件，中国驻外使领馆认证或公证文书原件及复印件，或者其它可以证明其合法居留事实的材料和与受理条件相关的其他证明材料；

7. 符合第六条第（二）款第 1 项规定的提供合法的《房屋所有权证》及复印件，符合第六条第（二）款第 2 项规定的提供与担保人关系公证、担保人的《房屋所有权证》及复印件、《居民户口簿》原件及复印件和担保公证书；

8. 符合第六条第（三）款第 1、第 2 项规定的提供有效的银行存款或收入证明原件及复印件，符合第六条第（三）款第 3 项规定的需提供与担保人的关系公证、担保人的收入证明和担保公证书；

9. 原户籍注销地派出所出具的户籍注销证明。

（二）申请到非户籍注销地定居，需提供以下材料：

1. 提供第八条第（一）款第 1—9 项材料，（申请人为国外出生的，提供 1—8 项材料）；

2. 符合第七条第（一）、（二）、（三）款规定的，提供相应的关系公证；

3. 符合第七条第（四）款规定的，提供相应具备落户条件的证明材料。

第九条 华侨回国定居应当由华侨本人提出申请并前往办理，确因客观原因无法亲自办理的，可以委托亲属代为办理。亲属代为办理申请回国定居的，除应当提交所规定材料外，还应提交委托书、受托人身份证明、委托人与受托人的亲属关系公证。

第十条 申请人应当按照规定提供真实、合法、有效的申请材料，不得伪造、变造申请材料。申请材料如存在伪造、变造、欺骗等不正当情形的，将按照有关法律规定追究法律责任。

第三章 受理与审批

第十一条 华侨回国定居的申请，由拟定居地的县级地方人民政府侨务部门负责受理、初审并报上级人民政府侨务部门办理、审批。

第十二条 受理申请的县级人民政府侨务部门在收到申请材料后，应当对申请人所提交的材料进行初审，并在 7 个工作日内书面征求同级公安机关意见。公安机关应当在收到同级人民政府侨务部门的征询函后，于 7 个工作日内提出意见并书面回复同级人民政府侨务部门。

受理申请的县级人民政府侨务部门应当在收到同级公安机关意见 5 个工作日内提出初审意见并报州（市）人民政府侨务部门。

第十三条 州（市）人民政府侨务部门收到县级人民政府侨务部门的上报材料后，应当对申请人所提交的申请材料进行复核，并在 7 个工作日内致函同级公安机关请求协助核查申请人在国内户籍销存、出入境记录信息和出入境证件签发信息、国保重点人员等情况。公安机关应当在 10 个工作日内将核查情况及意见书面回复同级人民政府侨务部门。

州（市）人民政府侨务部门应当在收到同级公安机关的回复函后 5 个工作日内提出复核意见并报省人民政府侨务部门审批。

第十四条 省人民政府侨务部门在收到州（市）人民政府侨务部门的上报材料后，应在 10 个工作日内完成对申请材料的审批。批准华侨回国定居的，应当签发《华侨回国定居证》；不予批准的，除涉及国家安全等特殊原因外，应当书面说明理由并由受理机关通知华侨本人或者受委托的国内亲属。

第十五条 各级人民政府侨务部门对申请材料的真实性有质疑的，可以会同公安机关进行调查核实。调查核实的时间，不计入各级人民政府侨务部门的规定办理工作时间。

第四章 定居证的管理

第十六条 省人民政府侨务部门应当将《华侨回国定居证》送达华侨回国定居申请的受理机关，由受理机关通知华侨本人或者受委托的国内亲属领取。

第十七条 《华侨回国定居证》的有效期为 6 个月，自签发之日起生效。华侨本人应在《华侨回国定居证》有效期内到拟定居地公安派出所办理常住户口恢复或落户登记手续。无正当理由逾期未办理常住户口恢复或落户登记手续的，需向受理机关重新申请办理《华侨回国定居证》。

第十八条 《华侨回国定居证》在有效期内损毁或遗失的，华侨本人应及时向签发机关提出换发、补发申请。省人民政府侨务部门应当在收到申请之日起 10 个工作日内签发《华侨回国定居证》，并按照第十六条规定送达申请人。

第十九条 《华侨回国定居证》由省人民政府侨务办公室根据国务院侨务办公室规定的样式统一印制，任何单位和个人不得伪造、篡改，违者将依法追究法律责任。

第五章 附 则

第二十条 各州（市）人民政府侨务部门应当在每年 3 月 1 日前将上一年度华侨回国定居办理情况书面报省人民政府侨务办公室，并通报同级公安机关。

第二十一条 本实施办法自 2014 年 4 月 1 日起执行。

附件：1.《华侨回国定居申请表》（略）
　　　2.《自愿放弃国外居留资格声明书》（略）

宁夏回族自治区华侨来宁定居办理工作暂行办法

（2014 年 4 月 2 日 宁夏回族自治区人民政府外事（侨务）办公室 宁夏回族自治区公安厅 宁侨办发〔2014〕6 号印发 自印发之日起执行）

根据《中华人民共和国出境入境管理法》和国务院侨办、公安部、外交部关于《华侨回国定居办理工作规定》，结合我区实际，制定本办法。

一、华侨身份认定

华侨是指定居在国外的中国公民。定居是指中国公民已取得住在国长期或者永久居留权，并已在住在国连续居留 2 年，2 年内累计居留不少于 18 个月。中国公民虽未取得住在国长期或者永久居留权，但已取得住在国连续 5 年以上（含 5 年）合法居留资格，5 年内在住在国累计居留不少于 30 个月，视为华侨。

中国公民出国留学（包括公派和自费）在外学习期间，或者因公出国（包括外派劳务人员）在外工作期间，不被视为华侨。

二、申请条件

（一）华侨申请来宁定居，应已在国内连续居住满 3 个月，或者连续 6 个月内累计住满 90 天；

（二）有合法稳定生活保障和合法稳定住所。

（三）符合下列条件之一的，优先办理：

1. 国家科技奖获得者等国家认可的高级人才；

2. 国家和自治区项目引进的海外高层次人才；

3. 拥有属于自主知识产权的专利或专有技术的人才；

4. 为自治区做出其它特殊贡献的人员。

三、申请和受理

华侨来宁定居应当由华侨本人提出申请，确属客观原因可委托亲属提出申请，同时提交受托人身份证明、经公证的亲属关系证明和委托书。

华侨申请来宁定居，由拟定居地的县级人民政府侨务部门负责受理，地级市人民政府侨务部门负责审批。公安机关负责协助核查并办理常住户口登记手续。

市级侨务部门及同级公安机关要及时建立年度审批及落户情况相互通报制度，并同时上报上级机关。

四、提交材料

（一）填写完整的《华侨来宁定居申请表》；

（二）本人自愿放弃国外居留资格的声明书；

（三）2寸正面免冠彩色近照2张（规格为48x33mm）；

（四）交验有效的《中华人民共和国护照》或其它有效中国旅行证件，并提供复印件；

（五）交验国外长期或永久居留证件，或者虽未取得国外长期或者永久居留权，但已取得住在国连续5年以上（含5年）合法居留的证件，并提供复印件。以上居留证件均需驻外使领馆认证，确因客观原因无法提供的，侨务部门可以要求以其他材料或国内公证机构出具的公证代替；

（六）原户籍地派出所出具的户口注销证明；

（七）拟定居地在农村的，提交村委会出具的同意接收为村民的意见；

（八）交验拟定居地本人或直系亲属的合法稳定住所证明和复印件，以及能够保障自己稳定生活的证明；

（九）申请回国定居之日前2年内在国内连续住满3个月或累计居住满90天的出入境记录信息以及受理、审批部门需要提供的其他材料。

五、办理程序

（一）受理和初审

县级人民政府侨务部门受理华侨回国定居申请后，应认真审查申请材料的完备性及签证情况，查看申请人持有证件是否有签发机关印章及边检验讫章；查看出入境记录，审查申请人是否在国内连续住满3个月以上或者连续6个月内累计住满90天；留存复印件的，由工作人员核对原件确认无误后签章，原件退回。县级人民政府侨务部门在受理申请后5个工作日内报市级人民政府侨务部门。

（二）复核

市级人民政府侨务部门收到县级人民政府侨务部门报送的申请材料后，应当对申请材料进行复核，在2个工作日内函送同级公安机关核查。公安机关在收到侨务部门的核查函后，审核出入境记录是否真实、申请人是否持有其它有效出入境证件；查询公安部全国人口信息，核查申请人是否有户口登记、身份信息是否唯一，是否符合当地落户条件。公安机关应在7个工作日内完成核查工作，并书面回复侨务部门；难以核查的，应当书面说明原因，并继续核查。

（三）审批

市级人民政府侨务办公室收到同级公安机关核查意见后，对符合条件的，应当在 10 个工作日内进行审批。批准华侨定居的，应当签发《华侨来宁定居证》；不予受理或批准的，应当出具《不受理（批准）定居通知书》，除国家安全等特殊情况外，应书面说明理由。

补充材料时间和公安机关协助核查的时间，不计入 10 个工作日内。

（四）送达

市级人民政府侨务部门在做出审批决定后，5 个工作日内送达县级人民政府侨务部门。县级人民政府侨务部门在收到审批材料后，应通知华侨本人或者受委托的国内亲属领取《华侨来宁定居证》。

（五）落户

获准定居的华侨本人应当在 6 个月内持《华侨回国定居证》，向拟定居地县级公安机关申请办理常住户口登记手续，公安机关应在 7 个工作日内办结落户手续。

未在规定时限内向公安机关提出办理落户申请，按自动放弃处理。今后如需办理定居的，按照前述规定可重新申请办理。

（六）注销

完成落户手续后，有下列情况之一的，注销其户口：

1. 在拟定居地外有户口登记；

2. 已加入外国国籍；

3. 回国落户后又在国外长期或者永久居留的；

4. 其他应被注销户口的情况。

（七）换发补发

《华侨来宁定居证》在有效期内损毁或者遗失的，华侨本人可以向原受理申请的机关提出换发、补发申请。受理机关应将申请在 2 个工作日报市级人民政府侨务部门。市级人民政府侨务部门应在收到申请之日起 5 个工作日内签发《华侨来宁定居证》，并及时送达申请人。

六、附则

（一）本办法由自治区人民政府侨务办公室、公安厅按职能负责解释。

（二）本办法自印发之日起执行，根据执行情况进行修订。

附件：1. 华侨来宁定居申请表（略）

　　　2. 自愿放弃国外居留资格声明书（略）

　　　3. 华侨来宁定居证（略）

　　　4. 不予受理批准定居通知书（略）

上海市人力资源和社会保障局
关于印发《上海市贯彻中组部、人社部等 25 部门
〈外国人在中国永久居留享有相关待遇的办法〉的意见》的通知

（沪人社外发〔2014〕19 号）

各有关单位：

为贯彻落实中组部、人社部等 25 部门《外国人在中国永久居留享有相关待遇的办法》（人社部发〔2012〕53 号）的文件精神，实施更加开放的人才政策，大力吸引海外高层次人才来沪创新创业，保障在本市工作和居住的持有《外国人永久居留证》人员的合法权益和各项待遇，充分发挥外国人永久居留政策对吸引海外高层次人才的重要作用，我们制定了《上海市贯彻中组部、人社部等 25 部门〈外国人在中国永久居留享有相关待遇的办法〉的意见》，请认真贯彻执行。

持有《外国人永久居留证》人员在沪享受相关待遇问题涉及到工作和生活的方方面面，各有关单位要充分认识外国人永久居留政策的重要意义，加强协调配合，及时制定相应的工作流程或操作细则，积极落实各项措施，增强服务意识，提高服务水平，切实保障持有《外国人永久居留证》人员的各项待遇，为大力吸引海外人才来沪创新创业营造良好环境。

市委组织部　市人力资源社会保障局　市公安局

市政府外办　市发展改革委　市教委　市科委

市财政局　市建设管理委　市住房保障房屋管理局

上海铁路局　市商务委　市卫生计生委

人民银行上海总部　市国资委党委　上海海关

市地税局　市工商局　市旅游局　市政府侨办

上海银监局　上海证监局　上海保监局　市外专局

民航华东地区管理局　市外汇局

二〇一四年六月十一日

上海市贯彻中组部、人社部等25部门
《外国人在中国永久居留享有相关待遇的办法》的意见

《外国人永久居留证》是获得在中国永久居留资格的外国人在中国境内居留的合法身份证件，可以单独使用。凡持有中国《外国人永久居留证》的外籍人员，可享有以下待遇：

一、除政治权利和法律法规规定不可享有的特定权利和义务外，原则上和中国公民享有相同权利，承担相同义务。（责任部门：本市各有关部门）

二、在中国居留期限不受限制，可以凭有效护照和《外国人永久居留证》出入中国国境，无需另外办理签证等手续；其配偶及直系亲属，可按有关规定申请办理相应签证、居留证件或《外国人永久居留证》。（责任部门：市政府外办、市公安局出入境管理局）

三、进出境自用物品由上海海关按照海关对定居旅客的有关规定办理通关手续。（责任部门：上海海关）

四、在上海就业，免办《外国人就业证》；符合条件的，可按照国家和本市有关规定向市人力资源社会保障局、市外专局申请办理《外国专家证》、《回国（来华）专家证》以及《上海市海外人才居住证》。（责任部门：市人力资源社会保障局、市外专局）

五、可以技术入股或者投资等方式来沪创办外商投资企业，可以合法获得的人民币在上海进行外商直接投资。（责任部门：市工商局、市商务委、市科委等）

六、在上海投资项目、设立外商投资企业的，市发展改革委、市商务委、市工商局、市外汇局等部门按照外资管理有关规定提高备案、核准及审批效率。（责任部门：市发展改革委、市商务委、市工商局、市外汇局等）

七、可以按规定参加专业技术职务任职资格评审和专业技术人员资格考试。（责任部门：市人力资源社会保障局）

八、随迁子女义务教育阶段入学，符合条件的，可享受相关政策，由居住地所属区县教育行政部门按照就近入学的原则办理入、转学手续，不收取国家规定以外的费用。（责任部门：市教委）

九、可以《外国人永久居留证》作为有效身份证件办理参加社会保险各项手续。在上海就业的，可按照国家和本市有关规定参加各项社会保险；在上海居住但未就业的，可按照本市有关规定参加城镇居民基本医疗保险和居民社会养老保险，按规定享受相关待遇。办理社会保险关系转移接续、终止等手续，社会保险经办机构按照有关规定简化流程、提供方便。（责任部门：市人力资源社会保障局、市财政局）

十、可按照《住房公积金管理条例》等规定，在上海缴存和使用住房公积金，离开上海时，可按规定办理住房公积金的提取手续。（责任部门：市建设管理委）

十一、可不受《关于规范房地产市场外资准入和管理的意见》中关于境外个人在境内购买自用商品住房需在境内工作、学习超过一年的限制，按照其他有关规定在上海购买

自用、自住商品住房。（责任部门：市住房保障房屋管理局）

十二、在缴纳所得税方面，按照中国税收法律法规以及税收协定的有关规定，履行相应的纳税义务。（责任部门：市地税局）

十三、在上海办理银行、保险、证券和期货等金融方面业务，可以《外国人永久居留证》作为身份凭证，享有中国公民同等权利、义务和统计归属。（责任部门：人民银行上海总部、上海银监局、上海证监局、上海保监局）

十四、在本市合法的收入，依法纳税并持有税务部门出具的对外支付税务证明后，可兑换外汇汇出境外。可以《外国人永久居留证》作为身份凭证，按照相关外汇管理规定办理外汇业务。（责任部门：人民银行上海总部、市外汇局）

十五、在本市购物、购买公园及各类文体场馆门票、进行文化娱乐商旅等消费活动与本市市民同等待遇、价格相同。（责任部门：市发展改革委、市旅游局、市商务委等）

十六、乘坐中国国内航班，可凭《外国人永久居留证》办理有关登机手续；在国内乘坐火车，可凭《外国人永久居留证》购买火车票；在国内旅馆住宿，可凭《外国人永久居留证》办理有关入住手续。（责任部门：民航华东地区管理局、上海铁路局、市公安局）

十七、在申领机动车驾驶证和办理机动车登记方面，享受中国公民同等待遇。初次申领或持境外机动车驾驶证换领《中华人民共和国机动车驾驶证》，符合驾驶证申领或换领条件的，可凭《外国人永久居留证》、公安部门出具的住宿登记证明、身体条件证明，经考试合格后，由市公安局交管部门核发《中华人民共和国机动车驾驶证》。申请办理机动车登记，可凭《外国人永久居留证》、公安部门出具的住宿登记证明及机动车相关证明、凭证，到市公安局交管部门办理机动车登记业务。（责任部门：市公安局）

十八、加入或恢复中国国籍，由市公安局按照《中华人民共和国国籍法》等有关规定，为其办理加入或恢复中国国籍手续。

河南省归侨侨眷身份认定办法

（2014 年 7 月 29 日　河南省外事侨务办公室　豫外侨〔2014〕12 号发布　自 2014 年 9 月 1 日起执行）

根据《河南省实施〈中华人民共和国归侨侨眷权益保护法〉办法》和国务院侨办《关于界定华侨外籍华人归侨侨眷身份的规定》（国侨发〔2009〕5 号）精神，结合我省实际，制定本办法。

一、身份解释

（一）华侨

指定居在国外的中国公民。

1. "定居"是指中国公民已取得住在国长期或永久居留权，并已在住在国连续居留两年，两年内累计居留不少于18个月。

2. 中国公民虽未取得住在国长期或者永久居留权，但已取得住在国连续5年以上（含5年）合法居留资格，5年内在住在国累计居留不少于30个月，视为华侨。

3. 中国公民出国留学（包括公派和自费）在外学习期间，或因公务出国（包括外派劳务人员）在外工作期间，均不视为华侨。

（二）外籍华人

指已加入外国国籍的原中国公民及其外国籍后裔；中国公民的外国籍后裔。

（三）归侨

指回国定居的华侨。

1. "回国定居"是指华侨放弃原住在国长期、永久或合法居留权并依法办理回国落户手续。

2. 外籍华人经批准恢复或取得中国国籍并依法办理来中国落户手续的，视为归侨。

（四）侨眷

指华侨、归侨在国内的眷属。

1. 侨眷包括：华侨、归侨的配偶、父母、子女及其配偶，兄弟姐妹，祖父母、外祖父母，孙子女、外孙子女，以及同华侨、归侨有五年以上抚养关系的其他亲属。

2. 外籍华人在中国境内的具有中国国籍的眷属视为侨眷，其范围比照本条第（1）款。

二、归侨身份认定

（一）所需材料

1. 个人申请。说明本人的相关情况，包括姓名、性别、出生年月、公民身份证号码、出国定居前户口所在地、原侨居国家、取得住在国居留资格的时间等。

2. 自愿放弃国外居留资格的声明书。

3. 出入境记录。

4. 有效护照或旅行证及复印件。

5. 近期2寸免冠照片4张。

6. 经驻外使领馆认证或公证的国外居留证明及其他证明材料。

7. 填写《河南省归侨侨眷身份认定登记表》一式三份（省政府外侨办网站下载电子版）。

（二）办理程序

1. 申请。①申请人提出书面申请；②填写《河南省归侨侨眷身份认定登记表》；③提交相关证明材料；④向户口所在地的县或省辖市政府侨务部门提出申请。

2. 初审。县或省辖市政府侨务部门初审后，由单位负责人在《河南省归侨侨眷身份认定登记表》的"审核单位意见"栏签署意见并加盖单位印章，报上一级政府侨务部门复核或审批，对材料不符合要求的不予受理，并说明理由。

3. 复核。省辖市政府侨务部门负责对县政府侨务部门报送的材料进行复核，提出复核意见后报省政府外侨办。

4. 审批。省政府外侨办国内侨务处对报送的材料进行审核并报分管办领导审批后，加盖"河南省侨务证明专用章"，制作《河南省归侨证》。

5. 办结。省政府外侨办国内侨务处将《河南省归侨证》交省辖市政府侨务部门，由省辖市政府侨务部门通知县政府侨务部门或申请人领取。

三、侨眷身份认定

（一）所需材料

1. 个人申请。

（1）说明本人的相关情况，包括姓名、性别、出生年月、住址、工作单位等；

（2）关系人相关信息：包括归侨回国定居时间、户口所在地、与本人关系等；华侨（华人）年龄、职业、定居地、取得住在国居留资格的时间、常用联系方式、与本人关系等。

2. 提交关系人的有效身份证明。

（1）是归侨的，提交归侨身份证明；

（2）是华侨（华人）的，提交其住在国居留资格证原件，若提交住在国居住资格证复印件的，须同时提交中国驻外使领馆出具的证明华侨（华人）身份的公证书（认证书）。

3. 提交与归侨、华侨（华人）之间有亲属关系的证明材料。

（1）派出所或街道办事处出具的证明材料；

（2）本人或父母单位组织人事部门出具的证明材料；

（3）结婚证；

（4）出生证；

（5）经公证机构公证的五年以上抚养关系协议书；

（6）其它能证明亲属关系的材料。

4. 提交申请人的身份证、户口薄、近期2寸免冠照片4张，并填写《河南省归侨侨眷身份认定登记表》一式三份（省政府外侨办网站下载电子版）。

以上材料均须查验原件，其中个人证件类材料查验原件后留存复印件，其它证明类材料留存原件。证明材料为外文的应翻译成中文。

（二）办理程序

1. 申请。

（1）申请人提出书面申请；

（2）填写《河南省归侨侨眷身份认定登记表》；

（3）提交相关证明材料；

（4）向户口所在地的县或省辖市政府侨务部门提出申请，属于省直单位的向本单位（正厅级）组织人事部门提出申请。

2. 初审。县或省辖市政府侨务部门初审，由单位负责人在《河南省侨眷身份认定登记表》的"审核单位意见"栏签署意见并加盖单位印章，报上一级政府侨务部门复核或审批，对材料不符合要求的不予受理，并说明理由。省直单位（正厅级）、省管高校、省管企业、中央驻豫单位、驻豫正师级以上部队组织人事部门初审后，在《河南省归侨侨眷身份认定登记表》的"审核单位意见"栏签署意见，并加盖单位组织人事部门印章，同时出具亲属关系证明信。

3. 复核。省辖市政府侨务部门负责对县政府侨务部门报送的材料进行复核，提出复核意见后报省政府外侨办。

4. 审批。省政府外侨办国内侨务处对报送的材料进行审核并报分管办领导审批后，加盖"河南省侨务证明专用章"，制作《河南省侨眷证》。

5. 办结。省政府外侨办国内处将《河南省侨眷证》交市政府侨务部门，市政府侨务部门通知县政府侨务部门或申请人领取。

四、时间要求

（一）归侨、侨眷的身份认定，全年工作日内均可办理。

（二）材料齐备，符合程序的，省政府外侨办国内侨务处 5 个工作日内办结。

五、工作纪律

（一）严格执行认定规定，不得私自放宽认定条件、降低认定标准。

（二）严格审批制度，强化制约机制，每一环节认真负责，严格把关。

（三）实行责任制，切实做到"谁主管、谁签字，谁审核、谁签字，谁签字、谁负责"。

（四）实行责任追究制，对发现有弄虚作假，伪造归侨侨眷相关证件材料者，一经查实，严肃处理，取消归侨、侨眷身份证件，并追究有关人员的责任。

（五）在办理归侨、侨眷身份认定过程中，不得对申请人故意刁难、推诿扯皮、行政不作为。

（六）接受有关部门和群众的全程监督，并做好档案材料的整理归档工作，以备查阅。

六、香港、澳门特别行政区居民居住在我省的眷属，可参照本办法执行。

七、本办法自 2014 年 9 月 1 日起执行，原《河南省归侨侨眷身份确认办法》（豫政侨字〔1993〕13 号）同时废止。

关于华侨学生在湖南省接受高中阶段教育有关事项的通知

（湘教通〔2014〕354 号）

各市州、县市区教育局、外事侨务办：

为落实《中华人民共和国教育法》，保障华侨学生在国内平等接受高中阶段教育，根据《国务院侨务办公室、教育部关于华侨学生在国内接受高中阶段教育有关事项的通知》

（国侨发〔2014〕14号），现将华侨学生在我省接受高中阶段教育相关事项通知如下：

一、本通知所指华侨学生是指取得国外长期或永久居留权，回国学习的中国公民。

二、华侨学生的身份由其户籍所在地县级以上侨务工作部门根据本人或委托人申请受理和审核，省级侨务工作部门认定，侨务部门严格依照有关法律和规定审核把关。

申请华侨学生身份认定的，由申请人向县级或市级侨务工作部门提出书面申请，填写申请表，并提供有效证明材料。

申请华侨学生身份认定的应提供下列证明材料之一：

1. 取得住在国长期、永久或合法居留权的证件；

2. 护照中证明在国外定居出入境的时间签注记录；

3. 中国驻外使领馆关于在国外定居的领事认证书；

4. 其他能证明华侨身份的证件证明。

三、华侨学生在我省接受高中阶段教育须参加高中阶段学校招生考试，华侨学生须向居住所在地的县市区教育部门出具华侨身份证明办理考试报名手续。华侨学生与当地户籍学生享受同等政策。

四、被录取的华侨学生应按规定缴纳学费，收费标准与当地学生一致。

五、高中阶段学校及教育行政主管部门应当根据华侨学生所持中国护照建立学籍。具体参照《教育部中小学生学籍管理办法》和我省有关学籍管理的规定执行。

六、高中阶段学校要关心华侨学生的学习和生活，促进他们全面发展、健康成长。

七、各市州、县市区教育、外事侨务主管部门要做好当地华侨子女就读情况的登记备案工作，并及时上报上级主管部门。

湖南省教育厅　湖南省外事侨务办公室

二〇一四年八月二十一日

广西壮族自治区侨务办公室　民政厅
关于进一步加强社区侨务工作的实施意见

（桂侨政发〔2014〕22号）

各市、县（市、区）侨务办公室（外事侨务办公室）、民政局，南宁铁路局侨办：

为了深入贯彻国务院侨务办公室、民政部《关于进一步加强社区侨务工作的意见》（国侨发〔2011〕13号）和《自治区党委办公厅自治区人民政府办公厅印发〈关于加强城市社区建设创新社区管理服务的意见〉的通知》（桂办发〔2013〕16号）文件精神，进一步加强社区侨务工作，规范社区侨务工作的职能和任务，建立社区侨务工作运行机制，推动我区社区侨务工作发展，为全面建成小康社会服务，现就加强我区社区侨务工作提出如下实施意见：

一、加强社区侨务工作的重要意义和指导思想

（一）重要意义。侨务工作是党和国家一项长期的战略性工作。我区具有丰富的侨务资源，生活在社区的广大归侨侨眷和居留在国内的海外侨胞不仅是社区公共服务对象，也是参与社区建设的重要力量。深入推进社会管理创新和发展，建设中国特色社会主义社会管理体系，离不开包括归侨侨眷在内的广大社区居民的广泛参与和积极支持；依托社区开展归侨侨眷和海外侨胞的工作，全面贯彻落实党的侨务工作方针政策，对于涵养侨务资源，凝聚侨心，发挥侨力，促进经济社会发展和社会和谐稳定具有十分重要的意义。

（二）指导思想。社区侨务工作要全面贯彻落实党的十八大、十八届三中全会和习近平总书记系列重要讲话精神，以邓小平理论、"三个代表"重要思想和科学发展观为指导，以为侨服务为宗旨，依托社区，大力开展为侨服务工作，努力改善侨界民生，维护侨界稳定，营造知侨爱侨、依法护侨的良好氛围。努力涵养社区侨务资源，鼓励和引导归侨侨眷、海外侨胞发挥独特优势，积极参与社区建设和发展，与时俱进，开拓创新，不断拓展我区社区侨务工作新领域，为我区实现"两个建成"的奋斗目标做出贡献。

二、加强社区侨务工作的基本原则

（三）以人为本，爱侨护侨。坚持以人为本，爱侨护侨，把为侨服务作为社区侨务工作的出发点和落脚点，关心爱护生活在社区中的归侨侨眷和海外侨胞，不断密切党和政府与他们的联系，充分调动他们参与支持社区建设的积极性和主动性。

（四）根据特点，适当照顾。贯彻落实"一视同仁、不得歧视，根据特点、适当照顾"的侨务工作原则，将归侨侨眷和海外侨胞纳入社区公共服务体系，帮助他们平等享有社区各项公共服务和便利，共享改革发展成果。同时，准确把握他们与其他居民不同的特点和需要，切实予以适当照顾。

（五）发挥优势，双向服务。坚持"社区为侨服务、侨为社区贡献"的双向服务工作机制。在做好社区为侨服务工作的基础上，充分发挥归侨侨眷和海外侨胞与海外联系广泛的优势，鼓励和引导他们积极参与社区服务和社区建设，促进社区对外联系与合作，助推经济社会发展。

（六）因地制宜，突出重点。根据各地社情、侨情差异，以及对社区侨务工作的需求和开展工作的条件等不同特点，加强分类指导，建立健全符合当地实际的社区侨务工作机制，谋实策、办实事、出实效，增强工作的针对性和有效性。

三、社区侨务工作的主要内容

（七）认真宣传和贯彻落实党和国家的各项侨务方针政策和各项侨务法律法规，依法维护归侨侨眷、海外侨胞的合法权益。

（八）组织辖区内归侨侨眷积极参与社区开展的文化、教育、体育等各类活动，发展社区公益事业，推动社区精神文明建设。

（九）积极倡导归侨侨眷参政议政，调动归侨侨眷对社区建设工作的参与热情，积极参与社区管理和服务，为创建管理有序、文明祥和的新型社区建言献策。

（十）利用社区资源开展各种形式的便侨、利侨活动。深入了解海外侨胞和归侨侨眷的所思、所需、所急，努力为他们办实事，办好事，提供诸如创业和就业指导、家政服

务、医疗保险、家庭病床、代办各类事项等服务。

（十一）开展凝聚侨心、发挥侨力等服务工作。广泛联系海内外侨胞，重点拓展新华侨华人、华侨华人新生代、重点人士及社团及海外回国创业等人员的联络服务工作，发挥他们的资源优势和以侨引资、以侨引智、以侨引商的作用，参与社区建设。

（十二）为侨排忧解难。听取侨众声音，反映侨众民意，热心为归侨侨眷排忧解难。

四、加强社区侨务工作的措施

（十三）健全社区侨务工作组织网络。

——组织领导体系。各地在加强社区居委会建设中，应根据实际情况将社区侨务工作纳入社区居民委员会的工作职责，明确分管领导和专（兼）职侨务干部（联络员），具体负责社区侨务工作。社区要在业务主管部门的指导下，积极开展社区侨务工作，把社区侨务工作做到"四个纳入"：即纳入社区党委（支部）重要议事日程、纳入社区党建整体规划、纳入和谐社区建设整体规划、纳入社区党建工作目标责任制。

——工作网络体系。对归侨侨眷和海外侨胞较多的社区应重点加强侨务工作力量配备，选齐配强熟悉侨务工作的网格（管理）员、居民小组长、楼院门栋长，建立由社区侨务工作者、社区志愿者组成的社区为侨服务队，由热心侨务事业、熟悉侨界人士、掌握侨界资源的社区居民组成的社区侨务工作联络员队伍，建立健全社区侨务工作组织机构，形成纵向到底的侨务工作网络。

——信息服务体系。依托社区综合服务管理信息平台，建立侨情信息台账，定期进行侨情调查，将本地区归侨、侨眷、侨资侨属企业及其海外亲属情况等搞好分类登记，编制联系册，及时更新，有效利用。

（十四）加强社区侨务工作阵地建设。

——加强社区侨务法律宣传教育工作阵地建设。在归侨侨眷和海外侨胞相对集中的社区广泛设立"侨法宣传角"，宣传侨务法规和方针政策，扎实开展侨法进社区工作；依托社区宣传橱窗、公开栏、网站等宣传阵地，积极向社会各界和社区居民宣传侨法、侨情和侨史，营造知侨、爱侨、护侨的良好氛围。

——搞好社区归侨侨眷和海外侨胞活动阵地建设。按照"一室多用"的原则，整合资源，加强社区"侨之家"、社区文体活动中心等设施建设，提供开展文艺娱乐、体育健身、阅览、上网、法律咨询等活动场所。

（十五）完善社区侨务工作各项制度。

——建立社区侨务目标管理制度，制定社区侨务工作发展规划和实施计划，并将其纳入和谐社区建设评估体系。

——建立情况通报会制度，向社区侨界人士及时通报社区建设的有关情况，听取意见建议。

——建立走访慰问制度，对重点人士定期和不定期走访慰问。

——建立学习培训制度，将侨知识学习纳入社区学校培训内容，组织参加侨务部门举办的侨务政策法规以及相关知识的培训和学习。

——建立侨务信访制度，受理来信来访，提供政策咨询，努力为侨排忧解难。

——建立联络联谊制度，通过联络与服务，增进情谊，吸引海外优秀人才来桂创业。

（十六）提升"双向服务"建设，形成良性互动局面。

——扎实做好为侨服务工作。加强社区综合服务平台建设，积极为归侨侨眷和海外侨胞提供社会保障、法律援助、医疗卫生、文化教育、体育休闲、家政服务和社区安全等便民利民服务；实施侨爱工程，加大对生活困难归侨侨眷的帮扶力度，对归侨侨眷中的老年人、残疾人、重病患者、未成年人等特殊对象给予倾斜照顾，努力为他们解决实际困难；积极做好对高层次人才创新创业团队及侨港资企业的走访、慰问和调研工作，增进沟通协调、加强合作交流，促进侨界企业健康发展。

——积极引导归侨侨眷和海外侨胞参与社区建设和发展。充分调动归侨侨眷参与社区建设工作的热情，引导归侨侨眷参政议政，积极参与社区管理和社区服务，为创建新型社区建言献策；充分发挥侨胞在信息、知识、资金、渠道等各方面的优势，引导广大侨胞在国内投资创业、捐办公益事业，为社区经济社会发展服务；发挥侨胞熟悉多元文化习俗和对外联系广泛的优势，为他们搭建展示文化艺术才能的舞台，并加大对外交流，激发社区文化活力，提升社区文化软实力。

（十七）切实加强对社区侨务工作的领导和指导。

——加强组织领导。各地各级侨办、民政部门要加强对社区侨务工作的指导，积极推动市、县（区、市）、街道（乡镇）党委和政府把社区侨务工作纳入党委政府的议事日程，纳入当地社区建设的总体规划，统一研究、统一部署、加大投入。要建立协调工作机制，发挥各自优势，形成工作合力。侨务部门要积极发挥侨务优势，服务社区建设和发展，把更多的资源投入到社区；民政部门要按照本地社区建设总体部署加大对在社区开展侨务工作的指导和支持，推动社区侨务工作深入持续发展。

——强化队伍建设。各地各级侨务、民政部门要将社区侨务干部和志愿者的培训纳入干部培训规划，建立长效机制，加大经费投入，通过培训，不断提高社区侨务干部的服务能力和政策水平，努力培养一支热心为侨服务、熟悉侨务政策的高素质的社区侨务干部队伍。要培育壮大社区服务志愿者队伍，将社区为侨服务纳入志愿服务范围，鼓励和引导生活在社区中的归侨侨眷和海外侨胞积极参与社区志愿服务。

——完善评价体系。积极开展和谐社区建设示范单位和"社区侨务工作示范单位"的创建活动，发挥示范单位的辐射引领作用，进一步激发基层侨务干部和社区干部的工作积极性。加强调查研究，逐步建立和完善社区侨务工作评价指导体系，不断提高社区侨务工作科学化、规范化水平。加强分类指导，制定和完善符合本辖区实际的社区侨务工作评价考核标准，积极将社区侨务工作纳入和谐社区建设评估体系，确保各项工作要求落到实处。

广西壮族自治区侨务办公室

广西壮族自治区民政厅

二〇一四年十月十一日

山东省归侨侨眷权益保护条例

(2014 年 11 月 27 日山东省第十二届人民代表大会常务委员会第十一次会议通过,山东省人民代表大会常务委员会公告第 65 号公布,自 2015 年 1 月 1 日起施行)

第一条 为了保护归侨、侨眷的合法权益,根据《中华人民共和国归侨侨眷权益保护法》以及有关法律、行政法规,结合本省实际,制定本条例。

第二条 本条例适用于本省行政区域内的归侨、侨眷权益保护。

第三条 归侨是指回国定居的华侨。华侨是指定居在国外的中国公民。

侨眷是指华侨、归侨在国内的眷属,包括华侨、归侨的配偶,父母,子女及其配偶,兄弟姐妹,祖父母、外祖父母,孙子女、外孙子女,以及同华侨、归侨有五年以上扶养关系的其他亲属。

第四条 归侨、侨眷身份由户籍所在地县级以上人民政府负责侨务工作的机构依法确认。

与华侨、归侨有五年以上扶养关系的其他亲属申请确认侨眷身份的,应当提供由公证机构出具的具有五年以上扶养关系的公证书。

华侨、归侨去世后或者华侨身份改变后,其国内眷属原依法认定的侨眷身份不变。依法与华侨、归侨及其子女解除婚姻关系,或者与华侨、归侨依法解除扶养关系的,其原认定的侨眷身份丧失。

第五条 归侨、侨眷享有的合法权益受法律保护。

第六条 归侨、侨眷权益保护工作应当遵循一视同仁、不得歧视和根据特点、适当照顾的原则。

第七条 县级以上人民政府及其负责侨务工作的机构应当统筹协调有关部门做好归侨、侨眷权益保护工作,组织开展归侨、侨眷权益保护法律、法规的宣传和监督检查。

县级以上人民政府应当定期开展侨情调查,具体工作由负责侨务工作的机构会同本级统计机构组织实施。

县级以上人民政府教育、公安、民政、国土资源、住房城乡建设、人力资源社会保障等部门按照职责,做好归侨、侨眷权益保护工作。

乡镇人民政府和街道办事处应当确定相关人员,依托社区服务网络,综合利用各种社会资源,做好归侨、侨眷权益保护和服务工作。

第八条 各级归国华侨联合会按照其章程开展活动,维护归侨、侨眷的合法权益。

归侨、侨眷有权依法申请成立其他社会团体,进行适合归侨、侨眷需要的合法的社会活动。

归侨、侨眷社会团体的合法权益以及按照章程进行的合法活动受法律保护;其依法拥有的财产,任何组织或者个人不得侵占、损害。

第九条　省人民代表大会和归侨、侨眷较多的设区的市、县（市、区）、乡镇人民代表大会，应当有适当名额的归侨、侨眷代表。

第十条　华侨申请来本省定居的，由拟定居地的县级以上人民政府负责侨务工作的机构负责受理；符合定居条件的，按照国家和省有关规定办理相应手续。

第十一条　华侨持有的中华人民共和国护照，与国内居民身份证具有同等身份证明效力。华侨在本省办理金融、教育、医疗、交通、电信、社会保险、财产登记等事务，需要提供身份证明的，可以凭本人的护照证明其身份，有关部门和单位应当予以认可。

第十二条　各级人民政府应当鼓励和支持归侨、侨眷、华侨以各种形式投资兴办产业；有关部门应当依法做好政策咨询、技术扶持等方面的引导和服务工作。

归侨、侨眷、华侨投资企业的正当经营活动受法律保护，其投资的财产、知识产权和投资收益，可以依法转让或者继承。

第十三条　各级人民政府应当鼓励归侨、侨眷、华侨捐赠兴办公益事业。

归侨、侨眷、华侨捐赠坚持捐赠者自愿、尊重捐赠人意愿的原则，任何组织和个人不得变更捐赠用途或者随意更改项目命名，不得强行摊派或者变相摊派，不得侵占或者挪用捐赠的财物。

受赠人每年度应当向政府有关部门报告受赠财产的管理和使用情况，接受监督。必要时，政府有关部门可以对其财务进行审计。

第十四条　归侨、侨眷境外亲友捐赠的财产用于国内公益事业的，依照法律、行政法规的规定减征或者免征关税和进口环节的增值税。

归侨、侨眷及其境外亲友在境内投资的企业捐赠的财产用于公益事业的，依法享受所得税优惠。

归侨、侨眷境外亲友向境内捐赠的财产用于公益事业的，县级以上人民政府负责侨务工作的机构应当协助办理有关入境手续，为捐赠人实施捐赠项目提供帮助，并依法对捐赠财产的管理和使用进行监督。

第十五条　归侨、侨眷、华侨的私有房屋受法律保护，任何单位或者个人不得侵占。

依法征收归侨、侨眷、华侨的私有房屋，应当依照法律、法规给予补偿和安置。

第十六条　华侨子女在其国内监护人工作地或者居住地接受学前教育、义务教育的，应当视同当地居民子女办理入学手续。

第十七条　归侨学生、归侨子女和华侨在国内的子女报考普通高中、中等职业学校、职业培训机构和普通高等学校，招生录取时录取分数应当按照国家和省有关规定给予照顾。

第十八条　归侨、侨眷申请自费出境学习、讲学，或者因经商出境，所在单位和有关部门应当及时办理相关手续。

第十九条　归侨、侨眷出境处分财产或者接受遗产、遗赠、赠与的，县级以上人民政府负责侨务工作的机构和有关部门可以根据归侨、侨眷的请求提供必要协助。

第二十条　归侨、侨眷的通信自由和通信秘密受法律保护，任何组织或者个人不得非法开拆、隐匿、毁弃或者盗窃归侨、侨眷的邮件。归侨、侨眷的给据邮件丢失、损毁、内件短少的，有关单位应当依法赔偿。

第二十一条 归侨、侨眷申请出境，公安机关应当为其提供便利。

归侨、侨眷确因境外直系亲属病危、死亡或者限期处理境外财产等特殊情况急需出境的，公安机关应当根据申请人提供的有效证明，及时办理出境手续。

归侨、侨眷申请出境，所在单位和有关部门不得因其正常出境损害其合法权益。归侨、侨眷在获得前往国（地区）的入境签证前，所在单位或者学校不得因其申请出境而对其停发工资、免职、解除劳动关系或者责令退学，并且不得收取保证金、抵押金。

第二十二条 各级人民政府和有关部门应当保障归侨、侨眷出境探亲的权利。

归侨、侨眷职工出境探亲，所在单位应当按照国家规定安排假期，其工资福利待遇按照有关规定执行。

归侨、侨眷出境探望子女，参照已婚归侨、侨眷出境探望父母的规定享受探亲待遇。父母已经去世的归侨职工按照国家规定可以改探兄弟姐妹，享受国家规定的探亲待遇。

第二十三条 归侨、侨眷退休（离休）后获准出境定居的，按照国家规定享受退休（离休）待遇，其养老金可以书面委托他人领取；委托他人领取养老金的，应当每年向原工作单位或者负责支付养老金的社会保险经办机构提供由我国驻其所在国的外交（领事）机构或者所在国公证机构出具的本人生存证明文件。

归侨、侨眷退休（离休）后出境定居又回国就医的，按照当地有关规定享受相应的医疗待遇。

不符合国家规定退休条件的归侨、侨眷获准出境定居的，按照国家有关规定办理辞职、解聘、终止劳动关系手续，按照国家有关规定享受一次性离职费以及相关待遇，已经参加基本养老保险、基本医疗保险的，由社会保险经办机构按照国家有关规定一次性结清应归属其本人的费用，并终止其基本养老保险、基本医疗保险关系。

归侨、侨眷获准出境定居，出境前参加居民基本养老保险的，可以继续参保缴费，按照国家规定享受基本养老保险待遇。

归侨、侨眷获准出境定居，出境前参加前款规定以外的其他社会保险的，按照国家和省有关规定享受相应的社会保险待遇。

第二十四条 依法维护归侨、侨眷的社会保障权益。用人单位以及归侨、侨眷应当依法参加当地的社会保险，缴纳社会保险费用。各级社会保险经办机构应当依法支付归侨、侨眷的各项社会保险待遇。

第二十五条 各级人民政府应当将扶持贫困归侨、侨眷纳入当地扶贫规划，在政策、资金、科技、信息等方面优先给予帮助，为其脱贫致富创造条件。

第二十六条 对无劳动能力、无生活来源、生活确有困难的归侨、侨眷，当地人民政府应当给予救助。

对符合最低生活保障条件的归侨、侨眷，由民政部门批准其享受当地最低生活保障待遇。

对符合特困人员供养条件的归侨、侨眷，由民政部门批准其享受供养待遇；需要集中供养的，乡镇人民政府、街道办事处应当依法为其办理供养。

对男满六十周岁、女满五十周岁且无养老金、退休金收入，或者孤寡残疾、患有重大疾病的归侨，当地人民政府应当按照有关规定给予生活困难补助。

对符合住房保障和危房改造条件的归侨、侨眷家庭，设区的市、县（市、区）人民政府应当统一纳入住房保障供应范围。

符合医疗救助、教育救助、临时救助、司法救助、法律援助等条件的归侨、侨眷，可以按照有关规定申请相关救助或者援助。

第二十七条 各级人民政府和有关部门应当对归侨、侨眷就业提供必要的指导和服务。归侨、侨眷夫妻双方失业的，当地人民政府和有关部门应当优先安排其接受就业、创业培训和推荐其就业。

第二十八条 华侨在本省就业的，用人单位应当在订立书面劳动合同后，及时向当地人力资源社会保障部门申请办理合法就业手续，并持华侨本人的有效护照、劳动合同等材料，按照国家和省有关规定到当地社会保险经办机构办理社会保险登记。

第二十九条 各级人民政府和有关部门应当鼓励归侨、侨眷、华侨发挥联络优势，支持其通过境外亲友引进人才。

对引进的归侨、华侨中的科技创新人才，各级人民政府和有关部门应当在创业扶持、配偶就业、子女入学等方面，依照法律、法规以及其他有关规定提供便利。

第三十条 归侨、侨眷、华侨的合法权益受到侵害的，被侵害人有权要求有关主管部门依法处理，或者向人民法院提起诉讼。归侨、侨眷确有经济困难的，当地法律援助机构应当依法为其提供法律援助，各级归国华侨联合会应当给予支持和帮助。

第三十一条 国家机关工作人员滥用职权、玩忽职守、徇私舞弊，致使归侨、侨眷、华侨合法权益受到损害的，其所在单位或者上级主管机关应当责令改正，对直接负责的主管人员和其他直接责任人员依法给予处分；构成犯罪的，依法追究刑事责任。

第三十二条 违反本条例，停发、扣发、侵占或者挪用出境定居的归侨、侨眷的离休金、退休金、离职费、养老金的，有关单位或者有关主管部门应当责令补发，并依法给予赔偿；对直接负责的主管人员和其他直接责任人员，依法给予处分；构成犯罪的，依法追究刑事责任。

第三十三条 违反本条例，有下列行为之一，造成归侨、侨眷、华侨财产损失或者其他损害的，依法承担民事责任、行政责任；构成犯罪的，依法追究刑事责任：

（一）侵占、损害归侨、侨眷、华侨合法组织财产的；

（二）侵害归侨、侨眷、华侨兴办的企业合法权益的；

（三）侵占或者违法征收归侨、侨眷、华侨房屋的；

（四）侵犯归侨、侨眷通信自由和通信秘密的；

（五）侵害归侨、侨眷、华侨其他合法权益的。

第三十四条 港澳同胞、港澳同胞和外籍华人在本省的具有中国国籍的眷属权益的保护，可以参照本条例。

第三十五条 本条例自2015年1月1日起施行。1991年8月31日山东省第七届人民代表大会常务委员会第二十三次会议通过，1997年10月15日山东省第八届人民代表大会常务委员会第三十次会议修正的《山东省实施〈中华人民共和国归侨侨眷权益保护法〉办法》同时废止。

华侨子女回国在豫接受义务教育和高中阶段教育的实施办法

(2014 年 12 月 4 日 河南省教育厅 河南省人民政府外事侨务办公室 教外〔2014〕1006 号发布 自印发之日起施行)

为弘扬中华文化，满足华侨子女回国在豫接受义务教育和高中阶段教育的需要，根据《中华人民共和国义务教育法》、《中华人民共和国教育法》、《中华人民共和国归侨侨眷权益保护法》及河南省实施办法，按照国务院侨办、教育部《关于华侨子女回国接受义务教育相关问题的规定》（侨文发〔2009〕5 号）和《关于华侨学生在国内接受高中阶段教育有关事项的通知》（国侨发〔2014〕14 号）等文件精神，制定本办法。

一、本实施办法所称华侨子女，是指取得国外长期或永久居留权中国公民的适龄子女。

二、华侨子女回国享有接受义务教育的权利。在河南省内监护人户口所在地接受义务教育的华侨子女，应当与当地居民子女同等享受义务教育经费保障机制政策。

三、华侨子女回国在豫接受义务教育进行身份认定由省辖市、省直管县（市）侨务部门负责，并出具就读证明；华侨子女回国在豫就读高中阶段教育进行身份认定由省政府外侨办负责，并出具就读证明。

四、华侨子女需在国内监护人的监护下就学，义务教育阶段学校所在地为监护人户籍所在地。

五、国内监护人的选择，原则上按照父母、祖父母、外祖父母、兄、姐，关系密切的其他亲属、华侨本人的朋友的顺序确定。

六、华侨子女可以在其监护人户籍地参加高中阶段学校招生考试，依据当年河南省中招政策进行录取。高中阶段学校录取的华侨学生应按照规定缴纳学费，收费标准与当地学生一致。

七、接收华侨学生的学校，要积极做好华侨学生的教育培养工作，关心照顾他们的学习和生活，促进他们全面发展、健康成长；不得以任何名义和形式违规设立针对华侨学生的收费项目。

八、办理就读证明需提供的材料：

（一）就读申请书。

（二）申请就读华侨子女父母的有效身份证件或我国驻外使领馆出具的华侨身份公证。

（三）申请就读本人的有效身份证件和与具有华侨身份的父母关系证明。

（四）监护委托书、监护人的保证书、监护人健康证明、华侨子女与监护人关系的证明。

（五）监护人的户口簿及与监护人户籍一致的房产证明。

九、华侨子女持侨务部门出具的就读证明、本人身份证明、监护人的户口簿和房屋居住有效证件及半年内在国内县（区）级以上医院的体检证明，到监护人户籍所在地的县（区）教育局办理就读手续或参加高中阶段学校考试报名手续。

十、华侨子女凭县（区）教育局开具的入学证明，按政策就近安排公办学校进行义务教育阶段就读。转学来豫就读义务教育学校的，原则上在暑假期间办理入学手续。华侨子女凭县（区）教育局出具的准考证，参加高中阶段学校招生考试。

十一、各地教育部门和高中阶段学校应当根据华侨学生所持中国护照建立学籍，具体参照《教育部中小学生学籍管理办法》执行。

十二、华侨子女来豫就读义务教育阶段的民办学校和招收外籍人员子女学校，不适用本办法。

十三、外籍华人、港澳同胞适龄子女来豫就读义务教育和高中阶段学校，可参照本办法执行。

十四、本办法自印发之日起施行。

天津市华侨回国定居办理工作暂行办法

（津侨办〔2014〕91号　2014年12月31日）

为保障华侨的合法权益，规范华侨回国定居办理工作，根据《中华人民共和国出境入境管理法》、《国务院侨办、公安部、外交部关于印发〈华侨回国定居办理工作规定〉的通知》、《国务院侨办关于贯彻执行〈华侨回国定居办理工作规定〉的通知》以及天津市有关规定，结合我市实际，制定本办法。

一、适用范围

华侨申请回国来天津市定居，适用本办法。

华侨是指定居在国外的中国公民。华侨身份的界定，按照国家有关规定执行。申请回国来津定居华侨的身份由天津市人民政府侨务办公室（以下简称"市侨办"）依法负责审核界定。

有下列情形之一的，可来津办理回国定居：

（一）因出国在津注销户籍的华侨。

（二）原具有本市常住户口，后迁入外地高校学生集体户口再出国的华侨。

（三）在国外出生的华侨，未满16周岁的随父母一起办理，16周岁以上的投靠具有本市户籍配偶或父母。

（四）按照我市引进人才政策引进的非在津注销户籍的华侨。

（五）在我市直接投资300万元人民币以上、连续三年投资情况稳定的非在津注销户籍的华侨。

二、申请和受理

华侨回国来津定居应由华侨本人提出申请。确属客观原因无法亲自办理的可委托国内亲属提出申请，同时提交受委托人身份证明、经公证的亲属关系证明和委托书，审核批准后需要本人到场领取《华侨回国来津定居证》。

华侨回国来津定居，由市侨办负责受理和审批。

三、申请条件

（一）华侨申请回国来津定居的，应在申请之日起前一年内在国内连续住满 3 个月或申请前的一年内在国内累计住满 180 天。

（二）有合法固定住所。合法固定住所是指本人或国内直系亲属（配偶、父母、子女、兄弟姐妹）在拟定居地有能够提供房屋所有权或使用权相应凭证的住房。

（三）有稳定生活保障。稳定生活保障是指有保障本人正常生活的工作收入、退休金、养老金、存款等，或本人国内亲属承诺愿意承担抚养或赡养义务。

四、提交材料

（一）华侨回国来津定居申请表，附 2 寸正面免冠彩色近照一张。

（二）自愿放弃国外居留资格声明书。

（三）相关证明：

1. 有效的《中华人民共和国护照》或其他有效中国旅行证件，并提供复印件。

2. 经我驻外使领馆认证或公证的华侨在国外的居留证明或其在国外有效的定居证件，并提供复印件。

3. 原户籍地派出所出具的户口注销证明。在国外出生的，提交出生证明或亲子鉴定证明（是外文的，需附由有资质的翻译公司提供的中文翻译）。

4. 拟定居地本人或国内直系亲属的合法固定住所证明及复印件。持国内直系亲属自有房产证明的，还应同时提供能说明亲属关系的档案材料或公证机构开具的亲属关系证明、直系亲属《居民户口簿》原件及复印件，以及直系亲属为其提供住所的同意书。

5. 稳定生活保障证明及复印件。包括退休金、养老金、工作收入、存款、营业执照等证明；由国内亲属承诺愿意承担抚养或赡养义务的，要有经国内公证机构公证的承诺书。

6. 申请回国定居之日前一年内在国内连续住满 3 个月或申请前的一年内在国内住满 180 天的出入境记录信息。

7. 拟定居地在农村的，还需提交村委会出具的同意接收为村民的意见。

8. 属于被引进人才的，还需提供相应人才证明；属于在津投资的，还需提供涉及投资方面的相关证明。

9. 受理、审批部门需要提供的其他材料。

五、办理程序

（一）审核

市侨办受理华侨回国来津定居申请后，对申请人提交的全部申请材料进行认真审验。审验后，除必须存查的材料外，其它材料退回申请人。市侨办受理后在 10 个工作日内函送市公安机关核查相关信息。

市公安机关在收到市侨办的核查函后，对申请人的"注销户口"及"国内居住和出入境"等相关信息予以核查，并依据有关户籍管理规定，在 20 个工作日内提出意见并书面回复市侨办。

（二）审批

市侨办收到市公安机关核查意见后，对符合条件的，在 10 个工作日内进行审批。批准华侨定居的，签发《华侨回国来津定居证》；不予批准的，除国家安全等特殊情况外，书面说明理由。

六、定居落户手续办理

市侨办完成审批后，通知申请人领取《华侨回国来津定居证》。获准定居的华侨应当在《华侨回国来津定居证》签发之日起 6 个月内，持《华侨回国来津定居证》，到市公安局人口服务管理中心办理落户手续。

《华侨回国来津定居证》在有效期内损毁或遗失的，华侨本人可以向签发机关提出换发、补发申请。未在规定时限内向公安机关提出办理落户申请，按自动放弃处理。今后如需办理定居的，按照前述规定可重新申请办理。

七、本暂行办法自印发之日起执行。

福州市人民政府外事侨务办公室　福州市公安局
关于华侨来榕定居办理工作暂行规定的通知

（榕政外侨政〔2014〕6 号）

各县（市）区外事侨务办公室、公安局：

为贯彻落实《中华人民共和国出境入境管理法》和《国务院侨办、公安部、外交部关于印发〈华侨回国定居办理工作规定〉的通知》以及《省侨办省公安厅　省外办关于印发〈华侨来闽定居办理工作暂行办法〉的通知》的精神，规范华侨来榕定居工作，结合我市工作实际，就有关事项通知如下：

一、华侨认定

华侨是指定居国外的中国公民。定居是指中国公民已取得住在国长期或者永久居留权，并已在住在国连续居留 2 年，2 年内累计居留不少于 18 个月。中国公民虽未取得住在国长期或者永久居留权，但已取得住在国连续 5 年以上（含 5 年）合法居留资格，5 年内在住在国累计居留不少于 30 个月，视为华侨。

中国公民出国留学（包括公派和自费）在外学习期间和因公出国人员（包括劳务人员）在外工作期间，不被视为华侨。

二、申请条件

（一）华侨申请来榕定居的，应在申请之日起前一年内在国内连续住满 60 天或累计住满 90 天；

（二）有稳定生活保障和合法稳定住所。

三、申请和受理

华侨来榕定居应当由华侨本人提出申请，确属客观原因可委托亲属提出申请，同时提交受托人身份证明、经公证的亲属关系证明和委托书。

华侨来榕定居，由拟定居地的县级政府侨务行政主管部门负责受理和初审，经县级公安机关审核，报市政府外事侨务办公室审批，送审核地公安机关备案。

四、提交材料

（一）填写完整的《华侨来闽定居申请表》；

（二）本人自愿放弃国外居留资格的声明书；

（三）二寸正面免冠彩色近照二张（规格为 48×33mm）；

（四）交验有效的《中华人民共和国护照》、《回国证明》或其他有效中国旅行证件，并提供复印件；

（五）交验国外长期或永久居留证件，或者虽未取得国外长期或者永久居留权，但已取得住在国连续 5 年以上（含 5 年）合法居留的证件，并提供复印件。以上居留证件均需驻外使领馆认证，确因客观原因无法提供的，侨务部门可以要求以其他材料或国内公证机构出具的公证代替；

（六）原户籍地派出所出具的与户口注销时《常住人口登记表》中项目内容一致的《户口注销证明》或国外出生证明原件、复印件以及经我驻外使领馆认证或国内公证机构公证的中文翻译件。出生国外无法提供国外出生证明的，或提供的出生证明登记的父母信息与申请父母信息不一致的，应由其父、母或国内监护人做出书面说明，提供亲缘关系 DNA 鉴定，由拟定居地派出所调查核实；

（七）拟定居地在农村的，提交村委会出具的同意接收为村民的意见；

（八）交验拟定居地本人或直系亲属的合法稳定住所证明和复印件，以及能够保障自己稳定生活的证明；

（九）受理、审批部门要求提供的其他材料。

五、办理流程

（一）受理

县级政府侨务行政主管部门受理华侨来榕定居申请后，应认真审查申请材料的完备性及签证情况，查看申请人持有证件是否有签发机关印章及边检验讫章；留存复印件的，由工作人员核对原件确认无误后签章，原件退回。县级政府侨务行政部门受理后应在 10 个工作日内移送县级公安机关审核。不予受理的，应当出具《不予受理（批准）定居通知书》，除国家安全等特殊情况外，应书面说明理由，并将申请材料中的原件退还申请人。

（二）审核

县级公安机关收到申请材料后，出入境管理部门打印申请人回国定居之日前五年的出入境记录，国外出生的婴儿还需打印其父母在婴儿出生之日前五年的出入境记录，审核出入境情况是否真实；户政管理部门查询申请人是否已具有国内有效的常住户口登记；审核是否符合当地落户条件，在 10 个工作日内提出核查意见后，由出入境管理部门转交县级政府侨务行政主管部门；县级政府侨务行政主管部门再报福州市外事侨务办公室审批。

鼓楼区、台江区、仓山区、晋安区等四个城区政府侨务行政主管部门受理审核后送市外事侨务办公室，由市外事侨务办公室送市公安局核查。

（三）审批

市政府外事侨务办公室收到公安部门核查意见后，对符合条件的，应当在 10 个工作日内进行审批。批准华侨定居的，应当签发《华侨来闽定居证》；不予批准的，应当出具《不予受理（批准）定居通知书》，除国家安全等特殊情况外，应书面说明理由。

六、落户手续

市政府外事侨务办公室完成审批后，对符合条件的，应通知华侨本人或者受委托的国内亲属领取《华侨来闽定居证》。获准定居的华侨应当在《华侨来闽定居证》签发之日起 6 个月内，持原户籍地派出所出具的户口注销证明复印件或国外出生证明原件（或 DNA 鉴定）、复印件以及经我驻外使领馆认证或国内公证机构公证的中文翻译件的复印件（复印件均需加盖"福州市人民政府外事侨务办公室侨政处"印章）和《华侨来闽定居证》，向拟定居地的公安机关办理落户手续，公安机关应在 7 个工作日内办结落户手续。申请人未在规定时限内向公安机关提出办理落户申请，按自动放弃处理。今后如需办理定居的，按照前述规定可重新申请办理。

申请人在通过核准办理落户前又出国的，应在回闽后按照规定重新申请办理（重新提交回国有效证件和出入境信息，因客观原因委托国内亲属提交的除外）。

七、本暂行规定由市外事侨务办、市公安局负责解释。

八、本暂行规定自印发之日起执行。

附件：1.《华侨来闽定居申请表》（略）
　　　2.《自愿放弃国外居留资格声明书》（略）
　　　3.《华侨来闽定居证》（略）
　　　4.《不予受理（批准）定居通知书》（略）

福州市人民政府外事侨务办公室　福州市公安局

二〇一四年二月十九日

<h2 align="center">广州市人民政府侨务办公室　广州市公安局
关于华侨回国定居办理工作的实施意见</h2>

（穗府侨〔2014〕11 号）

各区侨办、公安分局：

为贯彻落实《国务院侨办　公安部　外交部关于印发〈华侨回国定居办理工作规定〉

的通知》（国侨发〔2013〕18号）和《印发〈广东省人民政府侨务办公室 广东省公安厅关于华侨回国定居办理工作的实施办法（试行）〉的通知》（粤侨办〔2013〕58号）规定，结合本市有关人口政策，就本市华侨回国定居办理工作有关内容提出实施意见如下：

一、申请到本市定居的华侨身份按照《关于界定华侨外籍华人归侨侨眷身份的规定》（国侨发〔2009〕5号）认定。

二、华侨申请到本市定居的，由拟定居地区人民政府侨务部门负责受理和初审，区公安部门负责核查，市人民政府侨务办公室负责审批。

三、申请条件

（一）申请人提交的亲属关系证明书、担保书、国外居留证翻译件等均须由本市公证部门出具公证文本，并收取原件。若申请人提交的国外居留证无法证明其华侨身份，应提交经中国驻外使领馆认证的居留证明材料。

（二）申请人提交有稳定生活保障的积蓄，须为13万元人民币定期半年以上（含半年）的银行存款证明。申请人提交工作证明的，应提交3个月以上（含3个月）银行工资流水单或3个月以上（含3个月）社保记录。

（三）为申请人提供住所或生活保障的担保人须具有本市户籍，与申请人具有亲属关系。

（四）华侨申请到本市定居，原则上须本人亲自办理。申请人确因身体原因无法亲自办理的，可委托国内亲属提出申请，并须提交委托公证书及本市二级以上医院的证明。

（五）原户籍注销地非本市的华侨，申请到本市定居的，还应具备以下条件之一：

1. 夫妻出国前不同户籍地，或一方在国外出生，申请到已恢复本市户籍的配偶所在地定居的，申请人与配偶登记结婚年限须达到我市规定的夫妻投靠入户条件年限；为申请人提供住所和生活保障的担保人，须与申请人具有直系亲属（父母、配偶、子女）关系；

2. 申请人为在国外出生的16周岁以下的华侨子女，应持中国护照入境；

3. 国外出生的60岁以上无依靠华侨，符合我市规定的老人投靠子女入户条件，可随具有本市户籍的子女申请到本市定居。

（六）原户籍注销地为从化、增城的华侨，应在原户籍注销地申请。

四、受理与审批

（一）区人民政府侨务部门受理申请，应当对申请人所提交的申请材料进行调查核实，并在5个工作日内书面征求同级公安部门意见。公安部门应当在收到同级人民政府侨务部门的受理材料后，对申请人的护照信息、出入境记录、拟入户资料等信息进行核查，于10个工作日内提出核查意见并回复侨务部门。

受理申请的区人民政府侨务部门应当在收到公安部门核查意见后，10个工作日内提出初审意见并报市人民政府侨务办公室审批。

（二）市人民政府侨务办公室收到区人民政府侨务部门上报材料后，应在15个工作日内完成对申请材料的审批。批准华侨回国定居的，应当签发《华侨回国定居证》；不予批准的，除法律法规另有规定外，应当说明理由。《华侨回国定居证》加盖"广州市人民政府侨务办公室华侨回国定居业务专用章"印章。

市人民政府侨务办公室应于5个工作日内将审批决定送达区人民政府侨务部门，由区人民政府侨务部门通知华侨本人或者受委托提出申请的亲属领取。同时，将签发的《华侨回国定居证》有关信息在"广州侨网"公示。申请人定居地的区公安部门办证中心或公安派出所可凭《华侨回国定居证》编号在"广州侨网"核查，侨务部门不再出具《华侨回国定居告知单》。

（三）市人民政府侨务办公室对申请材料真实性、可靠性存疑的，应当单独或会同市公安部门进行调查核实，调查核实应在 6 个月内完成。调查核实的时间，不计入规定的 15 个审批工作日内。

（四）各区人民政府侨务部门应当在每年 2 月 20 日前将上一年度华侨回国定居受理审批情况以书面形式报送市人民政府侨务办公室，并通报同级公安部门。市人民政府侨务办公室应当在每年 3 月 10 日前将上一年度华侨回国定居受理审批情况以书面形式报送省人民政府侨务办公室，并通报市公安局。

五、本实施意见须与《印发〈广东省人民政府侨务办公室广东省公安厅关于华侨回国定居办理工作的实施办法（试行）〉的通知》（粤侨办〔2013〕58 号）结合执行。

六、本实施意见自发布之日起生效，有效期 1 年。有效期届满或政策法规依据发生变化的，根据实际情况依法评估修订。

附件：1. 广州市华侨回国定居申请表（略）
2. 广州市华侨回国定居申请初审意见告知单（略）

广州市人民政府侨务办公室　广州市公安局
二〇一四年三月三日

南京市人民政府侨务办公室
关于进一步推进困难归侨临时救助工作的通知

各区侨办：

为解决困难归侨的突发性、临时性生活困难，确保困难归侨获得有效帮扶，根据《南京市华侨归侨侨眷权益保护办法》和上级有关精神，市侨办拟在原有工作基础上，进一步推进困难归侨临时救助工作，现就相关要求通知如下：

一、临时救助对象范围

困难归侨临时救助对象为在本市常住的具有本市户籍，因自然灾害、交通事故等意外事件，或突发重大疾病等原因，导致基本生活暂时出现困难的归侨。

二、临时救助标准

（1）归侨遭遇《南京市城乡困难居民医疗救助暂行办法》规定的一类疾病，救助 3 000 元；遭遇《南京市城乡困难居民医疗救助暂行办法》规定的二类疾病，救助 2 000 元。

（2）归侨因患一类、二类疾病以外疾病住院，医疗费经医保报销，个人支付部分费用超过 10 000 元的，救助 2 000 元；个人支付部分费用超过 5 000 元的，救助 1 000 元。

（3）归侨因遭遇火灾、溺水、雷击、车祸（无责任者）、工作事故、生活意外等突发性灾害变故，造成重伤的，救助 2 000 元；未受伤或受轻伤、但家庭财产严重损失的，救助 1 000 元。重伤、轻伤标准分别参照国家司法机关《人体重伤鉴定标准》（司发〔1990〕070 号）、《人体轻伤鉴定标准（试行）》（法（司）发〔1990〕6 号）。

一年内同一项目只能享受一次临时救助。

三、临时救助对象的认定及申请流程

困难归侨临时救助对象由市侨办负责审核认定。

申请人应向户籍所在区侨办提出，区侨办会同相关单位核实情况后，填报《困难归侨临时救助申领表》并附上相关证明材料，报市侨办审核，经公示，发放救助经费。

四、工作要求

各区侨办要高度重视困难归侨的临时救助工作，对申请临时救助的归侨，应认真核实材料，对接受救助的归侨要加强走访慰问。市侨办严格按照规定，对各区侨办上报的临时救助归侨进行审核，并对各区侨办办理困难归侨临时救助的工作，进行监督检查。

附件：南京市困难归侨临时救助申领表（略）

南京市人民政府侨务办公室

二〇一四年五月二十日

南京市政府关于印发进一步鼓励和促进留学回国人员在我市创业创新若干政策的通知

（宁政发〔2014〕200 号　2014 年 7 月 23 日）

为进一步改善环境，提升服务，鼓励和促进更多留学人员来我市创业创新，制定如下政策：

一、青年留学人员来我市创业，可不受毕业时间的限制，享受我市万名青年大学生创业计划规定的扶持政策。

二、留学人员在我市首次创办企业的，三年内按企业对市级财政的贡献，由财政给予奖励，用于扶持初创企业发展。

三、定期举办留学人员创业大赛，对获奖项目进行奖励。获奖项目申报"321 引进计划"的，可直接进入综合评审；在我市落户的，可直接纳入青年大学生优秀创业项目资助。

四、高层次留学人员到我市企事业单位工作的，三年内按其个人对市级财政的贡献，由财政给予奖励，累计不超过 20 万元，用于安家补贴。

五、加强留学人员创业园建设，提升孵化服务能力。将留学人员创业园纳入紫金科技人才创业特别社区统筹规划建设，同时鼓励社会各方力量参与留学人员创业园建设。经认定的市级留学人员创业园，给予最高50万元的一次性建园奖励。对业绩突出的市级留学人员创业园，通过以奖代补的方式，给予最高20万元的资金扶持。

六、针对留学人员企业发展规律和特点，提供政府公共培训服务。组织企业与高校、科研院所开展产学研合作对接，帮助企业解决技术难题。

七、拓宽留学人员职称申报绿色通道，留学人员职称申报时免试职称计算机、职称外语，并可根据其实际水平、能力和业绩申报相应级别的专业技术资格。其中创业创新业绩突出的留学人员，可直接申报副高以上专业技术资格。

八、留学人员在我市创业或工作，无自有住房的，可纳入定向公租房保障范围，优先安排公租房。

九、外国籍"南京蓝卡"持有人（含外国籍配偶、未成年子女）可按相关规定申请长期有效居留许可或多次F字（访问）或R字（人才）签证。入选国家、省市重点人才计划的留学人员，其具有中国国籍且无华侨身份的配偶和未成年子女，可申请在我市落户。留学人员配偶就业可纳入公共就业服务范围，给予优先推荐。

十、建立留学人员综合服务平台。市、区（园区）设立专门的服务机构（窗口），为留学人员提供政策咨询和业务办理等就近就便服务。加强留学人员信息化服务平台建设，由留学人员工作部门牵头，相关部门共同参与，提供安置落户、人才招聘、创业培训、蓝卡办理等在线服务。

以上政策与我市其它政策规定涉及同一主体、同一项目的相似政策，按照就高原则执行，不重复享受。本政策的具体实施办法，由市人社局会同相关部门另行制定。

2015 年涉侨政策法规

人力资源社会保障部办公厅关于做好
留学回国人员自主创业工作有关问题的通知

（人社厅函〔2015〕19 号）

各省、自治区、直辖市及新疆生产建设兵团人力资源社会保障厅（局），各副省级市人力资源社会保障局：

为落实国务院办公厅《关于做好 2014 年全国普通高等学校毕业生就业创业工作的通知》（国办发〔2014〕22 号）和中组部、人力资源社会保障部《关于支持留学人员回国创业意见的通知》（人社部发〔2011〕23 号）精神，切实做好留学回国人员自主创业工作，现就有关问题通知如下：

一、在国外接受高等教育并获得本科以上学历的留学回国人员比照国内高校毕业生，享受高校毕业生自主创业优惠政策。

二、符合政策规定条件的留学回国人员可凭国外学历学位证书和教育部国外学历学位认证，在创业地人力资源社会保障部门留学人员回国服务机构登记备案，可按规定享受创业指导、创业培训、工商登记、融资服务、税费减免、场地扶持、人事代理、档案保管、职称评定、社会保险办理和接续等各项服务和政策优惠。

三、各级人力资源社会保障部门要明确留学回国人员享受高校毕业生自主创业扶持政策的工作流程，指导各地留学回国人员服务中心、留学人员创业园、留学人员工作站等留学人员回国服务机构不断创新服务手段和方式，加强与公共就业人才服务机构及工商、税务、银行等相关部门的协调衔接，将留学人员回国服务机构作为统一受理窗口，有条件的可实行一站式服务，为留学回国人员申请享受创业优惠政策提供便利。

四、各地要高度重视留学回国人员自主创业工作，切实加强组织领导，加大投入，充实留学人员回国服务机构工作力量，将这项工作纳入留学人员回国服务体系建设和大学生创业引领计划实施工作考核范畴，确保政策落实、服务到位。

五、各地执行中遇有问题，请及时向人力资源社会保障部专业技术人员管理司反馈。

人力资源社会保障部办公厅

2015 年 1 月 16 日

上海华文教育基地管理办法

（2015 年 5 月 8 日　上海市人民政府侨务办公室　上海市教育委员会以沪府侨办文宣〔2015〕2 号印发　自 2015 年 5 月 1 日起施行）

第一章　总　则

第一条　华文教育是指面向海外华侨华人开展的中华民族语言文字和中华文化的教育，其目的是通过中华民族语言的推广，传承、弘扬中华文化，保持华侨华人的民族特性。为积极推进本市的华文教育工作，加强对上海华文教育基地的管理，特制定本办法。

第二条　上海华文教育基地由上海市教育委员会（以下简称"市教委"）、上海市人民政府侨务办公室（以下简称"市政府侨办"）对符合资质的申请华文教育基地的有关学校进行评估后，联合设立并授牌。建立上海华文教育基地的宗旨是充分发挥本市教育资源优势，根据海外华侨华人及其子女对华文教育的不同需求和特点，因地制宜，因材施教，通过多种途径和方式，向海外传播中华民族语言文字和文化。

第三条　上海华文教育基地的基本任务是：面向海外华侨华人及其子女，积极开展中华民族语言文字教育与中华文化的传承；以海外华文学校为平台，积极开展中外学校间的交流与合作；积极开展海外华文师资培训工作；积极组织编写适应不同需求的教材和配套材料。

第二章　管理机构与职能

第四条　上海华文教育基地分为市、区（县）两级，实行分级管理，各自安排资金、承担相应任务。市、区（县）侨办、教育局作为基地的管理机构要安排专门部门或人员分别负责市、区（县）华文教育基地工作。

第五条　市政府侨办和市教委联合设立"上海华文教育基地"（以下简称"市级基地"），并予以授牌。

第六条　市政府侨办负责受托管理国务院侨小在本市设立的国务院侨办华文教育基地开展华文教育的工作，同时将其列为市级基地。

第七条　市政府侨办负责承担并落实国务院侨办下达的各项华文教育工作任务；研究制定本市华文教育工作的中长期发展规划和年度工作计划、经费预算；负责组织市级基地申请的评估和授牌工作；负责组织市级基地常规项目申请、经费以及实施情况的监督、检查和评估；负责指导、协调市、区（县）两级基地的管理工作。

第八条　市教委参与市级基地申请的评估和授牌工作；参与指导、协调市、区（县）两级基地管理工作。

第九条　市级基地单位负责落实市政府侨办下达的重点项目；参与市级基地常规项目的申报、实施和工作总结。

第十条　各区县政府侨办负责协助指导管理市级华文教育基地开展华文教育工作；负责承接并实施市政府侨办下达的项目，并对项目进程、经费使用、绩效进行总结评估；对行政区域内申请市级基地的学校进行初步评估；负责编制本区县华文教育工作计划和经费预算；统筹区（县）级基地的设立和管理，区级基地设立后需上报市政府侨办、市教委；负责区（县）级基地项目的经费落实、实施和管理。

第十一条　各区县教育局参与行政区域内市级基地申请的初步评估工作；参与市级基地常规项目实施的指导、监督；参与区（县）级基地的设立和管理；参与区（县）级基地项目的实施和管理。

第三章　基地的申请程序

第十二条　市级基地的申请由市政府侨办定期组织，首先学校提出申请，区县政府侨办、教育局对申请进行初步评估，并将结果报市政府侨办。市政府侨办、市教委共同组织有关专家对申请材料进行评估及实地考察，对符合条件的学校设立为市级基地并予以授牌。

第十三条　市级基地分为以学生夏（春秋冬）令营为主的学生活动类基地和以教学实践为主的教师培训类基地两种。

第十四条　市级基地的申请条件

学生活动类基地的申请条件：在全市或本区有一定影响的、能体现上海教育水平的、经教育部门批准的中学及校外教育机构。学校有相对稳定的负责华文教育基地工作的专兼职工作人员；拥有开设对外汉语和中华文化相关课程的授课教师；具备一定的对海外学生的授课经验；具备适合海外学生学习和生活的场地和设备；配备 24 小时值班的保健医生等。

教师培训类基地的申请条件：在全市或本区有一定影响的、有较强的教师培训能力，经教育部门批准的各级各类学校及校外教育机构。学校有相对稳定的负责华文教育基地工作的专兼职工作人员；拥有较强的师资培训力量或有经验的带教实习教师。具有较良好的教学、活动条件。

管理要求：校（园）长作为华文教育基地的第一责任人，应当将华文教育工作纳入学校发展规划，形成实施方案。

第十五条　遴选程序与办法

初步评估：区县政府侨办、教育局推荐候选单位名单，推荐材料一式三份报送市政府侨办。

确定候选单位：根据区县政府侨办、教育局的推荐，市政府侨办、市教委共同组织专家对市级基地申请材料进行评估和实地考察，确定候选单位。

公示：市级基地候选单位名单在上海侨务网、上海教育网进行为期一周的公示。

基地授牌：对通过公示的市级基地单位予以授牌。

第四章　基地建设与项目管理

第十六条　基地建设基本要求：构建本市华文教育的协调联络机制，逐步形成具有上海特点的华文教育课程体系，建设一支高素质的华文教育师资队伍，推动华文教育研究工作的顺利进行。

第十七条 市级基地评估：市政府侨办、市教委每五年对市级基地进行评估，通过评估的继续授牌，成效显著的予以表扬。

第十八条 基地管理会议制度：每年定期召开一次工作例会，举办一次业务培训。

第十九条 市政府侨办根据国务院侨办的工作要求和海外华文教育发展的需求变化，每年组织实施一批华文教育项目。市级基地项目包括重点项目和常规项目。

重点项目由市政府侨办委托相关基地单位实施并提供项目资金。项目受托基地单位应根据要求制定实施计划。市政府侨办对项目完成情况进行评估。

常规项目由市政府侨办在年初发布项目目录并组织申领。申领的单位需制定实施计划和经费预算。市政府侨办对申领项目提供项目资金并监督实施。

第五章 附 则

第二十条 此办法自 2015 年 5 月 1 日起施行，有效期为五年。

湖南省外事侨务办 湖南省人力资源社会保障厅 财政厅关于提高老年归国华侨生活补助费标准的实施意见

（2015 年 5 月 12 日）

根据《湖南省实施〈中华人民共和国归侨侨眷权益保护法〉办法》精神，结合我省老年归国华侨（以下简称老年归侨）生活状况，现对提高老年归侨生活补助费标准提出如下实施意见：

一、我省退休（含按规定提前退休）的老年归侨、户口在农村和户口在城镇无业的老年归侨（男满 60 岁，女满 55 岁）每人每月发给生活补助费标准由 200 元提高到 260 元。

二、退休的老年归侨生活补助费由其所在单位解决。其中：行政、事业单位退休的，其经费列入单位经费中支出，由县级以上同级人力资源社会保障部门审批；属企业退休的，其经费列入单位管理费中支出；属破产、改制、特困企业退休的，其经费由单位所在地县级以上同级财政部门解决。户口在农村和户口在城镇无业的老年归侨的生活补助费由其户口所在地县级政府财政部门解决。

三、享受提高生活补助费标准的老年归侨的身份，由县级以上侨务工作部门根据本人申请审核认定。

四、1978 年 12 月 31 日前定居在我省的港澳同胞生活费补助标准适用于本实施意见。

五、本实施意见从 2015 年 7 月 1 日起执行。

广东省人民政府侨务办公室　广东省公安厅
关于华侨回国定居办理工作的实施办法

（2015 年 6 月 3 日　广东省人民政府侨务办公室　广东省公安厅　以粤侨政〔2015〕53 号发布　自 2015 年 7 月 1 日起施行）

第一章　总　则

第一条　根据《中华人民共和国出境入境管理法》第十三条、《国务院侨办、公安部、外交部华侨回国定居办理工作规定》，结合我省实际，制定本实施办法。

第二条　华侨回国定居是指华侨要求恢复已取消的户籍，回到原户籍注销地长期居住、生活，或符合条件的华侨回国在非户口注销地长期居住、生活。

第二章　申　请

第三条　华侨申请回国定居，原则上应在原户籍注销地申请。确有特殊情况的，也可在非原户籍注销地申请定居。原注销户口为普通高等院校、普通中等专业学校学生集体户口的，在入学前常住户口所在地申请。

第四条　华侨申请回原户籍注销地定居的，应当同时符合下列条件：

（一）申请之日起前两年内，在境内连续居住满 3 个月，或者连续 6 个月内累计居住满 90 天；

（二）在拟定居地有稳定的住所，即本人或配偶在当地有自有房产，或者在当地直系亲属、其他亲属有自有房产，自愿提供其长期居住；

（三）有稳定生活保障，即具有以下之一的生活来源：

1. 本人受聘境内企事业单位或者自主创业，有稳定的收入；

2. 本人在境内有退休金、养老金领取；

3. 本人有足以保障稳定生活来源的积蓄，具体数额由各地根据实际情况确定；

4. 本人境内亲属承诺愿意承担抚养或赡养义务。

第五条　符合第四条规定的华侨，向非原户籍注销地侨务部门提出定居申请的，应具备以下条件之一者：

（一）夫妻出国前不同户籍地，或一方在国外出生，申请到配偶户籍所在地定居的；

（二）在国外出生的 18 周岁以下（不含 18 周岁，下同）的华侨子女，申请到父母或父母户口已注销，其他具备抚养、监护能力的祖父母、外祖父母、成年同胞兄弟姐妹户籍地定居的；

（三）国外出生的 60 周岁以上（含 60 岁）华侨，申请到子女户籍地定居的；

（四）在国外出生的华侨，因在境内的父母或一方无其他子女，申请到父母或一方户籍地定居的；

（五）在国外出生的 18 周岁以上、60 周岁以下的华侨，受聘于除广州、深圳以外的拟定居地企事业单位或者自主创业，且符合拟定居地落户条件的；

（六）其他符合拟申请定居地有关落户条件的。

第六条 申请回原户籍注销地定居的，应提供如下材料：

1. 填写完整的《华侨回国定居申请表》；

2. 本人自愿放弃国外居留资格声明书；

3. 二寸正面免冠白底彩色近照（规格为 48/33mm）一张；

4. 申请前两年的出入境记录；

5. 有效的《中华人民共和国护照》或其他有效中国旅行证件原件及复印件；

6. 国外长期或永久居留证明及中国驻外使领馆认证或公证文书原件及复印件，或者其它可以证明其符合国家对华侨身份认定的证明材料；

7. 符合第四条第（二）项规定的合法稳定住所房产证明及复印件。持直系亲属或其他亲属自有房产证明的，还应同时提供经公证的亲属关系证明或所在居（村）委会、派出所相关家庭关系证明、亲属《居民户口薄》原件及复印件以及亲属为其提供住所的同意书；

8. 符合第四条第（三）项规定的稳定生活保障证明材料及复印件，本人境内亲属承诺愿意承担抚养或赡养义务的还应提供经当地公证部门公证的承诺书；

9. 原户籍注销地派出所出具的户籍注销证明；

10. 拟定居地在农村的，提交村委会出具的同意接收为村民的书面材料。

第七条 符合第五条第（一）项规定的，应提供如下材料：

1. 提供第六条 1—8、10 项材料；

2. 结婚证正本及复印件。结婚证明是外文的，还应提供中国驻外使领馆的认证或公证原件及复印件，或者境内公证机构公证的中文翻译件原件及复印件；

3. 申请人在国外出生的，提供本人国外出生证原件及其复印件以及中国驻外使领馆的认证或公证原件及复印件，或境内公证机构公证的中文翻译件原件及复印件；

4. 申请人在境内出生的，提供原户籍注销地派出所出具的户籍注销证明。

第八条 符合第五条第（二）项规定的，应提供如下材料：

1. 提供第六条 1—8、10 项材料；

2. 提供本人国外出生证原件及其复印件，以及中国驻外使领馆的认证或公证原件及其复印件，或境内公证机构公证的中文翻译件原件及其复印件；

3. 申请人父母回国使用的护照或有效中国旅行证件原件及复印件、父母结婚证明原件及复印件（非中文的，应附经境内公证机构公证的中文翻译件）；

4. 申请随父母落户的，应提交父母《居民户口薄》原件及复印件；申请随祖父母、外祖父母、成年同胞兄弟姐妹落户的，应提交父母户口注销证明，祖父母、外祖父母、成年同胞兄弟姐妹《居民户口薄》原件、复印件及所在居（村）委会出具的落户人家庭关系证明。

第九条 符合第五条第（三）项规定的，应提供如下材料：

1. 提供第六条 1—8、10 项材料；

2. 本人国外出生证原件及其复印件以及中国驻外使领馆的认证或公证原件及复印件，

或境内公证机构公证的中文翻译件原件及复印件；

3．经公证的亲属关系证明；

4．子女的《居民户口簿》原件及复印件、自有房产证明。

第十条 符合第五条第（四）项规定的，应提供如下材料：

1．提供第六条 1—8、10 项材料；

2．本人国外出生证原件及其复印件以及中国驻外使领馆的认证或公证原件及复印件，或境内公证机构公证的中文翻译件原件及复印件；

3．经公证的亲属关系证明；

4．父母的《居民户口簿》原件及复印件、自有房产证明；

5．父母原单位或户籍所在地街道办事处、乡镇人民政府出具的境内无子女证明。

第十一条 符合第五条第（五）项规定的，应提供如下材料：

1．提供第六条 1—8、10 项材料；

2．提供本人国外出生证原件及其复印件，以及中国驻外使领馆的认证或公证原件及其复印件，或境内公证机构公证的中文翻译件原件及其复印件。

第十二条 符合第五条第（六）项规定的，应提供如下材料：

1．提供第六条 1—8、10 项材料；

2．符合拟定居地有关落户条件的其他证明材料，具体要求按照各地有关规定执行。

第十三条 华侨本人确因客观原因无法亲自办理的，可以委托亲属提出申请。亲属代为提出申请回国定居的，除应当提交前述规定材料外，还应提供受托人身份证明，经公证的亲属关系证明和委托书。

第十四条 申请人应当按照规定提供真实、合法、有效的申请材料，不得伪造、变造申请材料。申请材料如存在伪造、变造、欺骗等不正当情形的，将不予办理，情节严重的按照有关法律规定追究法律责任。

第三章　受理与审批

第十五条 华侨在省内申请回国定居的，由拟定居地的地级以上市人民政府侨务部门负责受理和审批。经地级以上市人民政府侨务部门同意，具备受理条件的县级人民政府侨务部门可负责受理和初审。

华侨申请到佛山市顺德区定居的，由顺德区人民政府侨务部门负责受理和审批。

第十六条 县级人民政府侨务部门受理申请，应当对申请人所提交的申请材料进行调查核实，并在 5 个工作日内书面征求同级公安机关意见。公安机关应当在收到同级人民政府侨务部门的征询函后，对申请人的出入境信息、入户信息的实质性及所持护照的真实有效性进行审核，并就是否符合本办法第四条第一款、第五条第六款之规定提出具体意见，于 10 个工作日内提出意见并书面回复侨务部门。

受理申请的县级人民政府侨务部门应当在收到公安机关意见后 10 个工作日内提出初审意见并报地级以上市人民政府侨务部门。

地级以上市人民政府侨务部门收到县级人民政府侨务部门上报材料后，需要核查出入境信息的，应当在 5 个工作日内，送同级公安机关出入境管理部门核查华侨出入境信息和出入境证件签发信息及其他情况。公安机关出入境管理部门应当在收到侨务部门的核查函后，于 7 个工作日内完成核查工作并书面回复侨务部门。

第十七条　地级以上市、顺德区人民政府侨务部门受理申请，并在 5 个工作日内书面征求同级公安机关意见。公安机关应当在 15 个工作日内提出意见并书面回复侨务部门。

第十八条　地级以上市、顺德区人民政府侨务部门收到同级公安机关（含同级公安机关出入境管理部门）书面回复后，应在 15 个工作日内完成对申请材料的审批，批准华侨回国定居的，应当签发《华侨回国定居证》；不予批准的，除法律法规另有规定外，应当说明理由。

审批机关应于 5 个工作日内将审批决定送达受理机关或通知华侨本人或者受委托的国内亲属，并以《华侨回国定居告知单》，知告同级公安机关户政和出入境管理部门，同时以适当形式进行公示。

第十九条　地级以上市人民政府侨务部门对申请材料真实性、可靠性存疑的，应当单独或会同公安机关进行调查核实，调查核实应在 6 个月内完成。调查核实的时间，不计入第十八条规定的 15 个工作日内。

第四章　定居证管理

第二十条　《华侨回国定居证》的有效期为 6 个月，自签发之日起生效。华侨本人或者受委托的境内亲属应在收到通知后，尽快到受理机关领取。有效期内未领取的，需向原受理机关重新申请办理《华侨回国定居证》。

第二十一条　华侨本人应在《华侨回国定居证》有效期内到拟定居地县（市、区）公安机关办证中心或公安派出所户政窗口办理常住户口恢复或登记手续。逾期未办理的，需向原受理机关重新申请办理《华侨回国定居证》。

公安机关户政管理部门在办理华侨回国定居入户时，应当审验《华侨回国定居证》、拟落户家庭的《居民户口簿》、本人护照、第二代居民身份证数码照片回执等，对照地级以上市、顺德区人民政府侨务部门出具的函件和材料办理落户手续。

第二十二条　《华侨回国定居证》在有效期内损毁或遗失的，华侨本人可以向原受理机关提出换发、补发申请。地级以上市人民政府侨务部门应当在收到申请之日起 10 个工作日内签发《华侨回国定居证》，并按照第十八条规定通知申请人。

第二十三条　《华侨回国定居证》由省人民政府侨务办公室根据国务院侨务办公室规定的样式统一印制。任何单位和个人不得伪造、变造《华侨回国定居证》，违者将依法追究法律责任。

第五章　附　则

第二十四条　地级以上市人民政府侨务部门、佛山市顺德区人民政府侨务部门应当会同同级公安机关，根据《国务院侨办、外交部、公安部华侨回国定居管理工作规定》及本实施办法的规定，结合本地实际情况，制定或修订实施细则，并报省人民政府侨务办公室备案。

第二十五条　地级以上市人民政府侨务部门、佛山市顺德区人民政府侨务部门应当在每年 1 月 10 日前将上一年度、7 月 10 日前将上半年华侨回国定居审批情况以书面形式报送省人民政府侨务办公室，并通报同级公安机关。

第二十六条 本实施办法自 2015 年 7 月 1 日起实施，有效期 5 年。原《广东省人民政府侨务办公室广东省公安厅关于华侨回国定居办理工作的实施办法（试行）》（粤侨办〔2013〕58 号）同时废止。

黑龙江省实施《中华人民共和国归侨侨眷权益保护法》办法

（1992 年 2 月 28 日黑龙江省第七届人民代表大会常务委员会第二十五次会议通过 根据 1994 年 5 月 21 日黑龙江省第八届人民代表大会常务委员会第九次会议《关于修改〈黑龙江省实施中华人民共和国归侨侨眷权益保护法办法〉的决定》第一次修正 根据 2005 年 6 月 24 日黑龙江省第十届人民代表大会常务委员会第十五次会议《关于修改〈黑龙江省实施中华人民共和国归侨侨眷权益保护法办法〉的决定》第二次修正 根据 2015 年 6 月 19 日黑龙江省第十二届人民代表大会常务委员会第二十次会议《关于修改〈黑龙江省实施中华人民共和国归侨侨眷权益保护法办法〉的决定》第三次修正）

第一条 为保护归侨、侨眷的合法权益，根据《中华人民共和国归侨侨眷权益保护法》和《中华人民共和国归侨侨眷权益保护法实施办法》，结合本省实际情况，制定本办法。

第二条 归侨是指回国定居的华侨。华侨是指定居在国外的中国公民。

侨眷是指华侨、归侨在国内的眷属。本办法所称侨眷包括：华侨、归侨的配偶，父母，子女及其配偶，兄弟姐妹，祖父母、外祖父母，孙子女、外孙子女，以及同华侨、归侨有长期扶养关系的其他亲属。

第三条 归侨、侨眷的身份，由其户籍所在地的县级或者县级以上人民政府侨务部门根据其所在工作单位、街道办事处或者乡、民族乡、镇人民政府出具的证明审核认定；必要时可以由我国驻外国的外交代表机关、领事机关或者归国华侨联合会组织提供协助。

同华侨、归侨有长期扶养关系的其他亲属，其侨眷身份可以由公证机关出具扶养公证后审核认定。

第四条 各级人民政府侨务部门负责本办法的组织实施。

第五条 归侨、侨眷享有宪法和法律规定的公民的权利，并履行宪法和法律规定的公民的义务，任何组织或者个人不得歧视。

国家机关、社会团体、企业事业单位、基层群众性自治组织应当根据实际情况和归侨、侨眷的特点，给予适当照顾。

第六条 要求来我省定居的华侨，由省公安机关按照国家有关出入境管理的规定核发回国定居证明。

对来我省定居的华侨，各级人民政府和有关部门应当按照国家有关规定及时妥善地给予安置。

第七条 省、市人民代表大会和归侨、侨眷人数较多的县（市、区），乡、民族乡、镇人民代表大会应当有适当名额的归侨、侨眷代表。

第八条 省归国华侨联合会及其地方组织按照其章程开展活动，维护归侨、侨眷的合法权益。

归侨、侨眷可以依法组织其他社会团体，进行适合归侨、侨眷需要的合法活动。

归侨、侨眷社会团体的合法权益以及按照其章程所进行的合法活动，受法律保护；其依法拥有的财产，任何组织或者个人不得侵占、损害。

第九条 归侨、侨眷投资兴办工商企业，投资开发荒山、荒地，或者从事农业、林业、牧业、副业、渔业生产的，各级人民政府应当给予支持，有关部门应当按照国家和省的有关规定在税收、收费、信贷上给予照顾，其合法权益受法律保护。

归侨、侨眷接受境外亲友赠送直接用于生产的小型生产工具、设备和维修用的零配件，以及经批准进口的优良种苗、种畜、种蛋，按照国家有关规定办理。

第十条 鼓励和支持归侨、侨眷在本省兴办公益事业，所兴办项目的用途、命名应当得到尊重，任何组织或者个人对其财产不得侵占或破坏。

归侨、侨眷接受境外亲友赠与的物资，直接用于公益事业的，由举办该项目公益事业的组织提出申请，经有关主管部门核准，享受减征或者免征关税的待遇。

第十一条 国家保护归侨侨眷在国内私有房屋的所有权。归侨侨眷对其私有房屋，依法享有占有、使用、处分、收益的权利，任何组织或者个人不得侵犯。

国家建设依法征用土地，需要拆迁归侨、侨眷私有房屋的，拆迁单位应当于动迁前将批准拆迁通知书送达被拆迁房屋产权人或代管人，并商定补偿安置办法。被拆迁房屋产权人要求就近或者易地自建的，在服从城乡建设规划前提下，应当予以允许和支持。

依法征用、拆迁归侨、侨眷建国后用侨汇购建的房屋，产权人要产权的，拆迁人可以用相应的建筑面积与产权人进行产权调换，结算结构差价按 50% 优惠收取；不要产权要求安置的，除按照上述办法安置外，再按照重置价格结合成新提高一个成新档次予以补偿；产权人不要产权又不要求安置的，按照交易价格予以补偿。

拆迁归侨、侨眷非住宅用房，应当按照城市规划和当地动迁规定给予安置。

任何组织或者个人租用归侨、侨眷的私房，必须事先征得房主同意，签订并履行租赁合同。

归侨、侨眷合家出境定居后，对其私有房屋，可以与当地房产部门签订代管协议。

第十二条 对生活贫困的归侨、侨眷，各级人民政府应当优先扶持其摆脱贫困；无劳动能力又无人抚养的归侨、侨眷，由当地民政部门给予照顾。

第十三条 在国家机关、社会团体、国有企业事业单位工作的归侨职工，工龄满三十年以上退休的，退休金中的原标准工资的不足部分由所在单位补足。

第十四条 归侨学生、归侨子女、华侨子女升学、就业的，按照下列规定给予照顾。

（一）参加高考的考生按照国家和省人民政府的规定给予照顾，并由学校审查录取；

（二）报考电大、夜大、函大、职大、业大和中学、职业中学、技工学校，总分低于录取分数线 10 分（含本数）以内的，予以照顾录取；

（三）参加劳动就业文化考试的，给予总分增加 10 分的照顾，并在同等条件下优先录用。

第十五条 归侨、侨眷及其子女申请自费出国留学，符合国家规定的，有关部门应当优先审批。

归侨、侨眷及其子女申请自费出国留学，在办理手续过程中，所在单位不得责令其退职或者退学。自获准离境之日起允许保留公职或学籍一年。

归侨、侨眷及其子女自费出国学习，学成回省要求安排工作的，可以于毕业日期半年以前与我国驻外国的外交代表机关、领事机关联系，办理有关登记手续；其工作安排，由省教育主管部门或者人事部门按照同类同等学历的公派出国学习人员的有关规定办理。

第十六条 侨汇是归侨、侨眷的合法收入，其所有权受法律保护，并依法享受有关免税的待遇。

银行对侨汇应当及时解付，不得积压和挪用。任何组织或者个人不得强索、侵吞、冒领、截留、克扣侨汇，也不得强行摊派、借贷。

任何组织或者个人不得非法通知银行冻结、没收侨汇，不得向银行查阅侨汇凭证。

第十七条 归侨、侨眷可以自由选择侨汇结算方式，有权自由支配侨汇，任何组织或者个人无权干涉。

归侨、侨眷因私出境时，可以按照外汇管理部门的有关规定，兑换一定数额的外汇。

第十八条 归侨、侨眷有权继承或者接受境外亲友的遗产、遗赠或者赠与，有权处分其在境外的财产。归侨、侨眷需要处理上述事宜时，有关部门应及时予以办理手续。

归侨、侨眷将其在境外的财产调入国内的，按照国家有关规定办理；其财产转换成外汇调入国内的，依法享受有关免税的待遇。

第十九条 归侨、侨眷与境外亲友的往来和联系受法律保护，任何组织或者个人不得非法限制和干涉。

归侨、侨眷与境外亲友的通信自由和通信秘密受法律保护。任何组织或者个人不得非法开拆、毁弃、隐匿、盗窃归侨、侨眷的邮件。归侨、侨眷的票据邮件丢失、损毁、短少，邮政部门应当依法赔偿或者采取补救措施。

第二十条 归侨、侨眷因私申请出境，所在单位或街道办事处应当及时提出意见；其户口所在地的市、县公安机关应当自收到出境申请之日起 30 日（地处偏僻、交通不便的地区在 60 日）内，做出批准或者不批准的决定，通知申请人。

申请人在规定期限内未收到审批结果通知的，有权查询，受理部门应当及时作出答复；申请人认为不批准其出境不符合有关法律、法规规定的，有权向上一级公安机关提出申诉，受理机关应当自收到申诉之日起十日内作出处理和答复。

归侨、侨眷确因境外直系亲属病危、死亡或者限期处理境外财产等特殊情况急需出境时，公安机关应当根据申请人提供的有效证明优先办理。

归侨、侨眷申请出境，有关单位和有关部门不得因其正常出境作出损害其权益的规定。

第二十一条 国家机关、社会团体、企业事业单位应当保障归侨、侨眷出境探亲的权利。

国家机关、社会团体、国有企业事业单位的归侨、侨眷职工出境探亲，其假期由所在单位按照国家和省的有关规定安排，其工资、福利待遇按照现行规定执行。

第二十二条 获准出境定居的归侨、侨眷职工符合离休、退休、退职条件的，其离休金、退休金、退职金照发，不符合离休、退休、退职条件的，可以按照国家规定发给一次性离职费，并允许兑换成外币汇出或者携带出境。

离休、退休、退职的归侨、侨眷职工出境定居后，可以每年向原工作单位提供一份由我国驻外国的外交代表机关、领事机关出具的或者当地公证机关出具的经我国驻外国的外交代表机关、领事机关认证的本人生存证明，其离休金、退休金、退职金继续发放。

第二十三条　归侨、侨眷申请保护其在境外的正当权益，有关部门应当按照国家有关规定办理。

第二十四条　对归侨、侨眷在资金、技术、人才、设备引进和商品出口、劳务输出中做出贡献者，有关部门和单位应当给予适当奖励。

第二十五条　归侨、侨眷在其合法权益受到侵犯时，有权要求有关主管部门依法处理，或者依法向人民法院提起诉讼，任何组织或者个人不得压制或者阻挠。

第二十六条　违反《中华人民共和国归侨侨眷权益保护法》、《中华人民共和国归侨侨眷权益保护法实施办法》和本办法，情节较轻的，由有关主管部门给以批评教育、行政处分；情节严重的，依法追究法律责任。

第二十七条　侨务部门或者其他有关行政部门及其工作人员玩忽职守、徇私舞弊、滥用职权，有下列情形之一的，由其所在单位或者上级主管部门对直接负责的主管人员和其他直接责任人员给予行政处分；构成犯罪的，依法追究刑事责任：

（一）未依法审核认定公民归侨侨眷身份的；

（二）未履行其他法定职责造成后果的；

（三）其他应当给予行政处分的行为。

第二十八条　本办法自发布之日起施行。

四川省华侨捐赠条例

（2002 年 9 月 26 日四川省第九届人民代表大会常务委员会第三十一次会议通过　根据 2015 年 7 月 22 日四川省第十二届人民代表大会常务委员会第十七次会议《关于修改〈四川省华侨捐赠条例〉的决定》修正）

第一章　总　则

第一条　为了鼓励和规范华侨捐赠行为，保护当事人的合法权益，促进公益事业的发展，根据《中华人民共和国公益事业捐赠法》等法律、法规，结合四川省实际，制定本条例。

第二条　华侨、华侨社会团体、华侨投资企业（以下称捐赠人）自愿无偿地向四川依法成立的公益性社会团体和公益性非营利的事业单位（以下称受赠人）捐赠财产，用于公益事业，适用本条例。

第三条　公益事业是指以下非营利的事项：救助灾害、救济贫困、扶助残疾人等困难的社会群体和个人的活动；教育、科技、文化艺术、医疗卫生、体育事业；环境保护、社会公共设施建设；促进社会发展和进步的其他社会公益事业。

公益性社会团体，是指依法成立的，以发展公益事业为宗旨的基金会、慈善组织等社会团体。

公益性非营利的事业单位，是指依法成立的，从事公益事业的，不以营利为目的的教育机构、科学研究机构、医疗卫生机构、社会文化机构、社会公共体育机构和社会福利机构等。

第四条 省人民政府侨务行政主管部门是全省华侨捐赠工作的行政指导、监督管理部门；县级以上地方人民政府侨务行政主管部门负责实施本条例，参与对捐赠财产使用与管理的监督。

地方各级人民政府有关部门应当按照各自职责，共同做好华侨捐赠事务的相关工作。

第五条 捐赠应当坚持自愿、无偿和尊重捐赠人意愿的原则。禁止劝募、强行摊派或者变相摊派。不得以捐赠为名从事营利活动。

第六条 捐赠应当遵守法律法规。捐赠受国家法律保护。任何单位和个人不得贪污、挪用、侵占、损毁捐赠款物。

第二章　捐赠和受赠

第七条 捐赠人有权决定受赠人及捐赠财产的方式、数量、用途，有权监督捐赠财产的使用，有权指定捐赠财产监管人。

第八条 在发生自然灾害时或者按照捐赠人要求，县级以上地方人民政府及其部门可以接受捐赠，用于公益事业，但是不得以本机关为受益对象。

县级以上地方人民政府及其部门接受非定向捐赠，应当将受赠的实物捐赠转交公益性社会团体或者公益性非营利的事业单位，将受赠的货币捐赠依法纳入非税收入征收管理；接受定向捐赠，应当依照捐赠协议或者捐赠人要求拨付或者分发，并对捐赠项目进行管理和监督。所需工作经费按国家规定开支，不得从捐赠款中扣除。

第九条 捐赠人和受赠人可以订立捐赠协议。捐赠协议可以包括捐赠财产的种类、质量、数量、用途、方式、验收、信息公开、变更用途和处置等方面内容。

捐赠人捐赠财产兴建公益事业工程项目，捐赠人和受赠人应当在协议中对工程项目的资金、建设、管理和使用作出约定。项目竣工后，受赠人应当将工程建设情况向捐赠人书面通报。受赠人或者项目使用单位应当做好项目的维护、管理工作。

捐赠人和受赠人应当依法履行捐赠协议。

第十条 县级以上地方人民政府侨务行政主管部门应当协助捐赠人办理有关手续，为捐赠人实施捐赠项目提供帮助。

捐赠人捐赠的进口物资，由受赠人按照国家有关规定办理入境手续；其中涉及国家实行许可证管理的物品，由受赠人按照国家有关规定办理许可证申领手续。

第十一条 受赠人应当及时将受赠情况和资金使用情况书面报告县级以上人民政府侨务行政主管部门，同时报其业务主管部门。

第十二条 受赠人接受捐赠后，应当向捐赠人出具合法、有效的凭证，并登记造册，按照国家有关规定进行使用和管理，公开受赠财产的使用、管理情况，接受社会监督。

第十三条 公益性社会团体应当将受赠财产用于资助符合其宗旨的活动和事业。

公益性非营利的事业单位应当将受赠财产用于发展本单位的公益事业，不得挪用。

第十四条　捐赠的公益事业工程项目竣工后，由项目所在地县级以上地方人民政府侨务行政主管部门颁发华侨捐赠兴办公益事业项目确认证书，并进行登记和管理。

捐赠的公益事业工程项目应当严格管理，不得擅自改变用途或者拆迁、拆除。因城乡建设、社会事业的规划、布局等原因确需拆迁、撤并华侨捐赠的公益性建筑或者改变用途的，受赠人或者项目使用单位应当事先征求捐赠人意见和建议，维护捐赠人的合法权益。有捐赠协议约定的，按约定处理，没有约定的按照国家有关规定予以处理，同时向当地县级以上地方人民政府侨务行政主管部门书面报告。

第十五条　捐赠人捐赠的公益事业项目使用单位应当每年度对受赠财产的使用情况进行自查，并向所在地县级以上地方人民政府侨务行政主管部门书面报告受赠财产的使用、管理情况，同时通报捐赠人。政府有关部门可以对其财务进行审计。

第十六条　捐赠人有权向受赠人查询捐赠财产的使用管理情况，受赠人应当在 15 个工作日内予以答复；对捐赠人的合理意见和建议，受赠人应当采纳。

捐赠人认为受赠人对其捐赠财产的使用、管理情况有违背其捐赠意愿的，可以进行投诉。县级以上人民政府侨务行政主管部门以及与捐赠有关主管部门接到投诉后，应当及时调查处理，并在 30 个工作日内向捐赠人反馈调查处理情况。

第三章　鼓励及表彰

第十七条　捐赠人向本省公益性社会团体和公益性非营利的事业单位捐赠的用于公益事业的进口物资，依照国家法律、行政法规的规定减征或者免征进口关税和进口环节增值税。

第十八条　华侨在四川投资的企业，捐赠其合法利润或者其生产的产品用于公益事业，依法享受国家税收优惠。

华侨捐赠其个人财产用于公益事业，依法享受国家税收优惠。

第十九条　捐赠人捐赠的公益事业工程项目，所在地人民政府应当给予支持。有关部门应当及时办理手续并优先安排道路、供水、供电、通讯等配套设施。

第二十条　捐赠人对于捐赠的公益事业工程项目，可以留名纪念；捐赠人单独捐赠的公益事业工程项目或者主要由捐赠人出资兴建的公益事业工程项目，可以由捐赠人提出工程项目的名称，报县级以上人民政府批准。捐赠公益事业工程项目金额较大的，捐赠人要求在捐赠工程项目内部场所为其本人或者亲属塑像纪念的，按照国家有关规定办理。

第二十一条　对捐赠人可以给予鼓励和表彰；对贡献突出者，可以依法授予荣誉称号。对捐赠人进行公开表彰，应当事先征求捐赠人的意见。

第四章　法律责任

第二十二条　受赠人或者项目使用单位不按规定自查，不按规定期限向县级以上地方人民政府侨务行政主管部门书面报告捐赠财产的使用、管理情况同时通报捐赠人的，由县级以上地方人民政府侨务行政主管部门责令限期改正，并告知其主管部门。

第二十三条　强行劝募、摊派的，由县级以上地方人民政府有关部门责令退还，并给予警告。

受赠人或者项目使用单位未征得捐赠人的许可，擅自改变捐赠财产的性质、用途的，由县级以上地方人民政府有关部门责令改正，给予警告。拒不改正的，经征求捐赠人的意见，由县级以上地方人民政府将捐赠财产交由与其捐赠宗旨相同或者相似的公益性社会团体或者公益性非营利的事业单位管理。

第二十四条 贪污、挪用或者侵占捐赠款物的，由县级以上地方人民政府有关部门追缴款物，并处以违法所用、所得款物百分之十的罚款；对直接责任人员，依据有关规定处理；构成犯罪的，依法追究刑事责任。

依照前款追回、追缴的款物，应当按照原捐赠用途使用。

第二十五条 在捐赠活动中，有下列行为之一的，依照法律、法规的有关规定予以处罚；构成犯罪的，依法追究刑事责任：（一）逃汇、骗购外汇的；（二）逃税的；（三）进行走私活动的；（四）未经海关许可并且未补缴应缴税额，擅自将减税、免税进口的捐赠物资在境内销售、转让或者移作他用的。

第二十六条 国家工作人员在华侨捐赠工作中滥用职权，玩忽职守，徇私舞弊的，由其所在单位或者主管部门给予行政处分；构成犯罪的，依法追究刑事责任。

第五章　附　则

第二十七条 港澳同胞、外籍华人及其社会团体、投资企业在四川省行政区域内为发展公益事业的捐赠，可以参照本条例执行。

第二十八条 本条例自 2002 年 11 月 1 日起施行。

广东省华侨权益保护条例

（2015 年 7 月 31 日广东省第十二届人民代表大会常务委员会第十九次会议通过，自 2015 年 10 月 1 日起施行）

第一章　总　则

第一条 为了保护华侨的合法权益，根据宪法和有关法律、法规，结合本省实际，制定本条例。

第二条 本条例适用于本省行政区域内华侨合法权益保护活动。

本条例所称华侨，是指定居在国外的中国公民。

第三条 华侨权益保护应当遵循平等保护的原则。

第四条 各级人民政府应当重视和加强华侨权益保护工作。

县级以上人民政府应当建立工作协调机制，制定本行政区域的华侨权益保护政策措施并依法公开，督促有关部门执行法律、法规以及国家和本省的有关政策，为华侨提供法律、法规和政策咨询。

县级以上人民政府负责侨务工作的部门负责指导、协调、监督华侨权益保护工作，并加强对华侨权益保护有关法律、法规和政策的宣传；其他有关部门根据各自职责，做好华侨权益保护工作。

第五条 县级以上人民政府应当结合实际工作需要，对华侨权益保护工作给予必要的经费保障。

第二章 华侨权益

第六条 华侨享有法律、法规规定的公民权利，并履行法律、法规规定的公民义务，任何组织和个人不得歧视。

第七条 华侨的身份需要界定和确认的，按照国家和本省有关规定执行。

华侨可以依法凭本人的中华人民共和国护照办理金融、教育、医疗、交通、电信、社会保险、财产登记、住宿登记等事务，其护照具有与居民身份证同等的身份证明效力。

第八条 华侨申请回本省定居，由拟定居地县级以上人民政府负责侨务工作的部门受理。

拟定居地为原户籍注销地，符合以下条件的，负责侨务工作的部门应当核发华侨回国定居证，公安部门依法办理落户手续：

（一）申请之日起前两年内，在国内连续居住满三个月，或者连续六个月内累计居住满九十天；

（二）有稳定的住所；

（三）有稳定的生活保障。

拟定居地为非原户籍注销地的，应当符合前款规定的条件，同时符合本省有关规定所规定的其他条件。

第九条 在本省的华侨，可以依法申请成立社会团体并开展活动，社会团体的合法权益和合法活动受法律保护，任何组织和个人不得侵犯。

第十条 华侨在本省从事专业工作的，可以参加专业技术职务任职资格评审和专业技术人员资格考试，其在境外的专业工作年限和成果，可以作为专业技术职务任职资格评审的参考依据。

县级以上人民政府人力资源社会保障行政部门应当为华侨就业提供职业指导、职业培训、职业介绍以及就业援助服务。

第十一条 华侨与用人单位依法建立劳动关系和签订劳动合同的，用人单位和华侨应当依法参加社会保险并缴纳社会保险费用。参加社会保险的华侨依法享受社会保险待遇。

华侨出国定居前已经参加国内基本养老保险的，其基本养老保险个人账户应当继续保留；华侨在本省再就业应当依法参加养老保险，其出国前后的养老保险关系按照国家和本省有关规定接续，缴费年限及个人账户储存额累计计算。

华侨达到领取基本养老金法定条件的，按照国家规定享受相应的养老保险待遇。华侨领取基本养老金后出国定居的，可以继续领取基本养老金。

第十二条 在本省离休、退休后出国定居的华侨回本省临时就医的，可以按照国家和本省有关规定享受离休、退休医疗待遇。

第十三条 华侨与本省居民结婚以及夫妻双方均为华侨在本省生育的，或者因所生育子女均在境外定居申请在本省再生育的，按照国家和本省人口与计划生育的有关规定执行。

第十四条 华侨子女在其监护人户籍所在地或者其父母在本省工作所在地就读实施义务教育学校的，享受当地户籍居民适龄子女入学同等待遇，有关部门应当按照规定为其办理入学手续。华侨子女有本省户籍的，其参加高考，教育、招生等部门应当按照国家和本省有关规定执行。

华侨学生可以在其父母出国前或者其祖父母、外祖父母户籍所在地参加高中阶段的考试招生，与当地户籍学生享受同等待遇。

本条例所称华侨子女是指定居国外的中国公民的适龄子女；华侨学生是指回国学习未在国内定居的华侨。

第十五条 华侨购买房屋，按照法律、法规和相关政策的规定执行。华侨私有房屋符合法律、法规和本省有关规定的，房产登记发证机构应当依法登记发证。

历史遗留的华侨房屋问题，按照国家和本省有关规定处理。

华侨对私有房屋享有占有、使用、收益和处分的权利，任何组织和个人不得非法侵犯。

第十六条 租用华侨私有房屋的组织和个人，应当依法订立租赁合同；租赁合同终止时，承租人应当将房屋退还华侨出租人。承租人违反租赁合同或者国家和本省有关规定的，应当承担相应的法律责任。

第十七条 华侨在农村的房屋被拆除或者坍塌，由华侨本人申请，经当地村民会议或者村民代表大会过半数同意，乡、镇人民政府审核，报县级以上人民政府批准，原宅基地未安排他人使用的，可以恢复使用原宅基地；原宅基地已安排他人使用，且村内有空闲宅基地的，可以按照不超过本省规定的宅基地用地标准，将村内空闲宅基地调整安排给华侨使用。

华侨按照前款规定使用的宅基地、在农村建设住宅占用的宅基地，以及通过继承房产使用的宅基地，符合有关法律、法规和政策规定的，可以依法向有关部门申请办理相关登记手续。

第十八条 华侨出国定居可以保留持有的农村集体经济组织股份，享有相应权利并依法履行相应义务。

华侨出国定居前提出交回承包的山地、耕地、果园、鱼塘的，在按照承包合同付清所约定的费用后可以依法解除承包合同，农村集体经济组织应当为其办理交回承包手续。

华侨出国定居后，原以家庭为单位承包的山地、耕地、果园、鱼塘等承包合同未到期的，可以根据承包合同的约定，经农村集体经济组织同意，通过转包、出租等方式流转土地承包经营权。任何组织和个人不得非法截留、扣缴或者以其他方式侵占华侨的土地流转收益。

第十九条 因公共利益需要应当迁移华侨祖墓的，华侨依法获得合理补偿；符合另行安置条件的，按照国家和本省有关规定办理。

第二十条 侨汇的所有权受法律保护，任何组织和个人不得截留、侵占、延迟支付、强行借贷或者非法冻结、没收。

华侨、华侨投资企业和华侨社会团体的知识产权受法律保护，任何组织和个人不得侵犯。

华侨对依法继承或者接受的遗产、遗赠及赠与财产享有占有、使用、收益和处分的权利，任何组织和个人不得侵犯。

第二十一条 鼓励和支持华侨投资兴办产业。华侨投资者可以用可自由兑换货币、机器设备或者其他实物以及知识产权、专有技术、土地使用权等作为投资。华侨投资兴办的高新技术企业，可以按照国家和本省有关规定，享受优惠待遇。

第二十二条 任何组织和个人不得干预和侵犯华侨投资企业的经营管理自主权。未经法定程序，不得擅自查封、扣押华侨投资企业的财产或者责令其停产停业。

第二十三条 华侨依法取得用于生产经营的土地，有关部门应当给予确权并发放土地使用权证。

第二十四条 华侨投资企业可以依法参加政府采购，具备有关法律、法规规定条件的，任何组织和个人不得以不合理的条件对其实行差别待遇或者歧视待遇。

第二十五条 华侨投资企业依法投资、经营获得的利润、股息、红利、租金、清算后的个人资金及其他合法收益，可以依法汇往境外。华侨投资者的财产、知识产权、投资收益及其他合法收益可以依法转让或者继承。

第二十六条 华侨在城镇国有土地上的私有房屋、华侨投资企业和华侨投资开发用地因公共利益需要被征收的，应当依法给予补偿。

征收华侨在农村的私有房屋，应当按照当地县级人民政府规定的农村集体村民同等待遇进行补偿和安置。

征收华侨房屋应当依法公告，并书面通知居住在国外的华侨，与华侨共同协商签订补偿安置协议。未签订补偿安置协议或者未经法定程序的，不得非法侵占、拆除。

第二十七条 华侨投资企业按照有关法律、法规和规章规定的行政事业性收费项目和标准进行缴费，任何单位不得擅自增设收费项目、提高收费标准或者重复收费。

任何组织和个人不得违反法律、法规的规定，强制或者变相强制华侨投资企业参加各类培训、评比、鉴定、考核、赞助、捐赠等活动。

第二十八条 鼓励和支持华侨个人、华侨投资企业和华侨社会团体依法捐赠兴办公益事业，其公益性捐赠支出按照有关税收法律、法规的规定予以税前扣除。

华侨境外捐赠物资用于公益事业的，依照法律、法规的规定减征或者免征关税和进口环节的增值税。县级以上人民政府负责侨务工作的部门应当协助办理有关入境手续，为捐赠人实施捐赠项目提供帮助。

第二十九条 华侨捐赠应当是自愿和无偿的，禁止强行摊派或者变相摊派。华侨捐赠人有权决定捐赠财产的种类、数量、用途和捐赠方式。

华侨捐赠人有权要求受赠人出具合法、有效的收据，查询了解捐赠资金、物资、项目的使用和管理情况；有权对捐赠公益项目的设计、施工、使用提出意见。受赠人应当及时告知捐赠人有关使用和管理情况，尊重和采纳其合理意见。

由华侨单独捐资或者主要由华侨捐资兴建的公益事业工程项目，经项目所在地县级以上人民政府批准，可以使用捐赠人姓名或者其他名字对该工程项目进行命名或者立碑纪念。

本条例所称华侨捐赠人是指华侨个人、华侨投资企业和华侨社会团体。

第三十条 任何组织和个人不得挪用、侵占、贪污华侨捐赠人捐赠款物，或者损毁华侨捐赠人捐赠项目。

华侨捐赠人捐赠项目形成的资产，任何组织和个人不得擅自进行产权转让或者设定担保，不得擅自改变捐赠项目的非营利性质和公益事业用途；确需进行产权转让、设定担保或者改变原用途的，应当征得捐赠人同意。

第三十一条　华侨认为其合法权益受到侵害的，可以向负责侨务工作的部门和有关部门提出意见、建议或者投诉。负责侨务工作的部门和有关部门应当在规定期限内作出处理。

华侨合法权益受到侵害的，可以依法向仲裁机构申请仲裁，或者向人民法院提起诉讼。

对有经济困难需要法律援助或者司法救助的华侨，当地法律援助机构或者人民法院应当依法为其提供法律援助或者司法救助。

第三章　法律责任

第三十二条　国家机关及其工作人员违反本条例规定，有下列情形之一，致使华侨合法权益受到损害的，对直接负责的主管人员和其他直接责任人员依法给予处分；涉嫌犯罪的，由司法机关依法追究刑事责任：

（一）未依法公开或者未按照规定执行华侨权益保护的有关法律、法规和政策的；

（二）非法侵占、拆除华侨私有房屋，或者未按照规定对征收的华侨私有房屋进行补偿和安置，以及对征收的华侨投资企业、华侨投资开发用地进行补偿的；

（三）擅自查封、扣押华侨投资企业的财产或者责令其停产停业的；

（四）擅自增设华侨投资企业行政事业性收费项目、提高收费标准或者重复收费的；

（五）截留、挪用、私分华侨捐赠款物的。

其他滥用职权、玩忽职守、徇私舞弊的。

第三十三条　其他组织和个人违反本条例规定，有下列情形之一的，应当依法承担民事责任、行政责任；涉嫌犯罪的，由司法机关依法追究刑事责任：

（一）停发、扣发、侵占或者挪用华侨基本养老金的；

（二）非法侵占、损毁华侨私有房屋的；

（三）截留、侵占、延迟支付、强行借贷或者非法冻结、没收侨汇的；

（四）侵犯华侨、华侨投资企业和华侨社会团体的知识产权的；

（五）截留、扣缴或者以其他方式侵占华侨的土地流转收益的；

（六）挪用、侵占、贪污华侨捐赠人捐赠款物，或者损毁华侨捐赠人捐赠项目的；

（七）其他侵犯华侨合法权益的。

第四章　附　则

第三十四条　除法律、法规规定不可享有的特定权利外，外籍华人在本省的有关权益保护，可以参照本条例执行。

第三十五条　本条例自 2015 年 10 月 1 日起施行。

上海市海外人才居住证管理办法实施细则

(2015 年 7 月 31 日　上海市人力资源和社会保障局　以沪人社外发〔2015〕33 号印发　自 2015 年 7 月 1 日起实施)

第一条　（依据）

根据《上海市海外人才居住证管理办法》，制定本实施细则。上海市海外人才居住证的载体为《上海市居住证》B 证（以下简称 B 证）。

第二条　（适用对象）

具有本科（学士）及以上学历（学位）或特殊才能，在上海合法工作或者创业的以下人员，符合条件的，可以申请 B 证，包括：加入外国国籍的留学人员；外国专家及其他外国高层次专业人才；持中国护照、拥有国外永久（长期）居留权且国内无户籍的留学人员；持中国护照、拥有国外永久（长期）居留权且国内无户籍的其他专业人才；香港特别行政区专业人才；澳门特别行政区专业人才；台湾地区专业人才。其证件识别码分别为 L、F、C、M、H、A、T。

上述人员的配偶和未满 18 周岁或高中在读的子女，可以申请随行人员，办理随员证。

在《关于建立更紧密经贸关系的安排》（简称 CEPA）框架内的具有特殊才能的香港高技能专才，可以放宽至大专学历。

具有特殊才能的人才具体范围及条件等事项，由上海市人力资源和社会保障局（上海市外国专家局）参照本市相关人才开发目录确定。

第三条　（职责分工）

上海市人力资源和社会保障局（上海市外国专家局）负责 B 证的申请受理、核定等综合管理工作。

上海市人才服务中心、浦东新区人力资源和社会保障局人才交流中心、杨浦区高层次人才创新创业服务中心、中国（上海）自由贸易试验区国际人才服务中心等具体负责 B 证的受理工作。

第四条　（用人单位）

需要申请 B 证的，由申请人所在单位（以下称用人单位）向受理机构申请。

用人单位应当是信誉良好，在本市行政区域内注册登记，符合本市产业发展方向的各类企业、事业、社团、民办非企业机构，以及有法人授权的在沪依法注册设立的分支机构。

第五条　（首次申请材料）

首次申请 B 证需提供以下材料：

（一）申请表，近期免冠照片一张；

（二）有效身份证明，包括：有效护照（含签证）；港澳居民来往内地通行证及港、澳身份证；台湾居民来往大陆通行证及台湾身份证；国外永久（长期）居住证明；

（三）最高学历（学位）证书及其他业绩证明材料（留学人员需同时提供由中国驻外

使领馆教育处（组）出具的相关留学人员证明或国家教育部出具的《国（境）外学历学位认证书》）；

（四）居住所在地派出所出具的《境外人员临时住宿登记单》或主申请人为权利人的房产证；

（五）6个月内有效的上海国际旅行卫生保健中心出具的健康证明（持《外国专家证》、《台港澳人员就业证》的人员及70周岁以上人员免于提交）；持中国护照人员和签证类型为居留许可的外籍人员可以提供6个月内有效的本市二级（含）以上医院出具的健康证明；

（六）待履行期限在12个月以上的聘用（劳动）合同（如系投资人，另需提供上一年度的审计报告）；

（七）单位营业执照（事业单位法人登记证、社团法人或民办非企业法人证书等）及组织机构代码证书（如系外资性质企业，另需提供外商投资企业批准证书）；

（八）其他必要的证明材料。

外籍人员和台港澳人员另需提供《外国专家证》或《台港澳人员就业证》。

有随行人员办理B证的，另需提供以下材料：

（一）随行人员的有效身份证明、健康证明（18周岁以下人员免于提交健康证明）；

（二）结婚证明；

（三）子女出生证明；

（四）近期免冠照片一张。

所有材料均需提供复印件，验原件。

第六条　（首次申请办理流程）

用人单位向受理机构提交申请材料。

受理机构收到申请材料后，对材料齐全且符合法定形式要求的，应当场受理，并出具书面受理凭证；对材料不齐全或者不符合法定形式要求的，应当场书面告知需要补正的全部材料。

受理机构应当自出具受理凭证之日起2个工作日内，将申请信息、材料移送市人力资源和社会保障局（市外国专家局）。

市人力资源和社会保障局（市外国专家局）自收到申请信息、材料之日起7个工作日内完成核定，并由受理机构负责将核定结果书面告知申请人。

核定通过的申请人凭通知至受理机构拍照，并领取《办理〈上海市居住证〉B证通知书》。

市社会保障卡服务中心按相关信息在10个工作日内完成制证。

申请人凭《办理〈上海市居住证〉B证通知书》至市公安局出入境管理局领证。

第七条　（有效期限）

证件有效期限根据申请人条件核定为1至5年和10年。申请对象向科技创新创业人才倾斜。同时，不超过有效身份证件、来华工作（就业）许可及聘用（劳动）合同有效期。市人力资源社会保障局（市外国专家局）按照《上海市海外人才居住证有效期限核定标准》（见附件）对申请人进行核定，根据申请人的年龄、学历学位、专业类别、工作资历、应聘职务等条件，核定相应的有效期限。

第八条 （信息变更）

持证人的工作单位、身份证件号码、居住地等情况发生变化的，应当由用人单位在30日内持相关证明材料到受理机构办理信息变更手续。

受理机构自受理之日起2个工作日内，将变更材料、信息移送市人力资源和社会保障局（市外国专家局），经核定同意后，予以变更。持证人30个工作日后到市公安局出入境管理局领取新证。

第九条 （续签换证）

持证人应当在证件有效期限届满前30日内，由其用人单位向受理机构提交续签换证申请材料。逾期后申请续签换证的，按照首次申请流程重新办理。

续签换证需提供以下材料：

（一）本细则第五条第一款第（一）、（二）、（六）、（七）项所规定的材料；

（二）原B证有效期限内的个人所得税缴纳证明。

外籍人员和台港澳人员另需提供《外国专家证》或《台港澳人员就业证》。

有随行人员的，另需提供随行人员有效身份证明。

续签换证办理流程参照第六条首次申请办理流程。核定通过的，由市人力资源社会保障局（市外国专家局）直接出具《办理〈上海市居住证〉B证通知书》，申请人凭通知书到市公安局出入境管理局领证。

第十条 （挂失和补办）

证件遗失的，应当及时由用人单位凭公安部门出具的相关报案证明或用人单位出具的遗失情况说明，到受理机构办理书面挂失和补办手续。

第十一条 （实施日期）

本实施细则自2015年7月1日起实施，有效期至2020年6月30日。原《上海市海外人才居住证管理办法实施细则》（沪人社外发〔2013〕30号）同时废止。

附件：上海市海外人才居住证有效期限核定标准（略）

浙江省人民政府办公厅关于加强浙江省海外侨团建设的意见

（2015年8月28日）

各市、县（市、区）人民政府，省政府直属各单位：

根据《中共浙江省委办公厅浙江省人民政府办公厅关于进一步加强全省涉侨工作统筹协调的通知》（浙委办发〔2015〕25号）精神和我省侨务工作发展实际，现就加强浙江省海外侨团建设提出如下意见：

一、总体目标

以"规模化、规范化、本土化、年轻化"为标准，坚持"明确导向、科学规划、突出重点、兼顾一般"的原则，通过3到5年的努力，建设一批海外示范性侨团，作为侨务工作重点联系对象，以点带面，不断提升海外侨团管理和发展水平。

——规模化。会员结构体现广泛的地域、行业或专业代表性，规模集聚效应强。领导班子结构合理，分工明确，运转协调，有专人负责侨团日常工作。创设各种平台载体，创新社团事务管理，侨团影响力不断提升。积极配合和服务国家总体外交大局和浙江经济社会发展，贡献度较大。

——规范化。在当地注册取得合法资格，章程规范完善，管理制度健全，实现侨团事务的民主选举、民主决策、民主管理和民主监督。有办公或活动场所，内部设施配套完善。侨领团结协作，综合素质较高，示范带动作用发挥明显。严格遵守住在国法律、章程和制度，合法公开、务实有效地开展侨团活动，对外交流活跃，我驻外使领馆和侨胞评价较高。

——本土化。积极融入主流社会，融入住在国程度逐步提高，参政议政水平逐步提升。积极参与住在国公益活动，回馈当地社会。加强与当地政府及各界的沟通，积极维护侨社正当合法权益。与侨胞联系紧密，及时解决侨胞利益诉求。开展多渠道、多形式、多层次对外文化交流，增进文化认同，促进文化交融。

——年轻化。侨团新生力量不断发展壮大，中青年侨领达到一定比例，形成老中青各年龄梯次相结合的侨领队伍，侨团活力稳步提升。积极开展华文教育，传承弘扬中华文化，增强华裔新生代对祖（籍）国和家乡的文化认同、民族认同。

二、主要任务

（一）引导海外侨团集聚发展。明确导向，完善机制，引导侨团规模化发展。在华侨华人聚集的城市，侨团人数应达到一定规模。引导和推动同一国家、同一馆区或同一城市的侨团加强团结，开展横向联动，形成有效的协作机制，建设联合性侨团，提升侨团规模和影响。鼓励和推动侨团多元化发展，避免侨团同质化，实现资源共享、优势互补，不断拓展工作领域。引导侨团建立完善内部决策机构和日常管理机构，合理设置领导骨干数量，健全各类组织。

（二）引导海外侨团规范建设。以浙江籍侨胞为主或以浙江籍侨胞为主要骨干的侨团，按照住在国法律，依法登记注册，制定章程，及时向省外事侨务办和当地我驻外使领馆备案。指导海外侨团加强内部事务管理，做到以章程为依据按时换届，建立健全选举、决策、管理和监督等一系列运行机制，完善会务管理、财务管理等制度。鼓励有条件的侨团在当地购置、建造办公或活动场所。

（三）鼓励侨团融入当地主流社会。加强与侨社公益慈善类等服务性机构的联系与合作，引导侨团提升强化"融入、帮扶、关爱"功能，使侨团成为团结、服务侨胞的核心及沟通侨社与当地主流社会的代表。加强对侨胞集聚国家的国情和法律的研究，参与海外领事保护工作，依法维护侨胞在海外的合法正当权益。引导侨团遵守住在国法律、民俗和宗教习俗，增强侨团守法与融入的意识，积极回馈当地社会，主动融入当地主流社会。支持侨团与住在国主流社会加强联系，邀请当地政要、智库、媒体及各界人士参加侨团举办的各种活动。

（四）注重培养侨领新生力量。引导老侨领发挥"传帮带"作用，切实提升侨团发展水平。引导侨团把培养和发展新生力量作为重点，实现侨团的可持续发展。加大海外中青年侨领培训工作力度，着力培养一批爱祖国、讲大局、人品好、有才干、肯奉献的社团骨干，提升侨领整体素质。深入实施"留根工程"，统筹推进华文教材研发推广、华文教师培训、华文学校发展建设、举办华裔青少年活动等工作，支持海外侨团开展华文教育及以弘扬中华文化为主旨的群众性、公益性中外文化合作与交流活动，增强华裔新生代对祖（籍）国的了解与热爱。创新方式方法，省内重大涉侨活动原则上以侨团为单位组团参加。

（五）不断提升侨团服务经济社会发展的参与度和贡献度。以经贸、文化为纽带，树立互惠互利、合作共赢理念，充分利用各种平台，大力推进"侨商回归工程"，鼓励侨团组团回乡创业发展。加强投向引导，引导侨资侨智重点投向信息经济、环保、健康、旅游、时尚、金融和高端装备制造等全省七大产业。加强对华侨捐赠的引导、服务和管理，规范浙江省"爱乡楷模"管理，鼓励侨团捐赠公益事业。

三、保障措施

（一）加强领导，有序推进。加强组织领导和统筹协调，加强与我驻外使领馆的沟通协调，形成合力，有序推进侨团建设工作。坚持分类指导，统筹兼顾不同国家地区和不同性质的侨团，在国别和侨团类型上体现广覆盖，促进侨务工作的可持续发展。

（二）健全机制，强化保障。整合全省涉侨资源，发挥全省涉侨工作统筹协调机制作用，按"四化"要求推进示范性侨团建设。建立完善激励机制，今后在荣职安排、举办重要涉侨或重大节庆活动、邀请侨团组团回乡考察、致信致电、举办侨领研习班或夏令营活动等方面，优先考虑海外示范性侨团。对海外示范性侨团开展经常性的指导。

（三）加大宣传，营造氛围。充分借助各级主流媒体及海外华文媒体，加大对海外侨团建设工作的宣传，营造良好的舆论氛围。密切与海外侨团的联系，既要加强引导和鼓励，充分调动海外侨团的积极性、主动性，又要坚持内外有别，按照侨团住在国的法律，合法合情合理开展侨团建设，以利于侨团在海外的长期生存发展。

港澳社团参照执行。具体建设要求及组织实施由省外事侨务办负责落实。

上海市归侨身份确认工作管理办法

（上海市人民政府侨务办公室 2015 年 9 月 28 日印发）

第一条　为保障归侨的合法权益，规范本市归侨身份确认工作，根据《上海市实施〈中华人民共和国归侨侨眷权益保护法〉办法》和国务院侨办《关于界定华侨外籍华人归侨侨眷身份的规定》（国侨发〔2009〕5号），结合本市实际情况，制定本办法。

第二条　本办法适用范围是曾经在国外定居的本市居民申请确认其归侨身份。

第三条　上海市人民政府侨务办公室（以下简称市政府侨办）负责归侨身份确认和《上海市归侨证》的管理工作；上海市华侨事务中心（以下简称受理部门）承担归侨身份确认申请的受理和《上海市归侨证》的印制发放等工作。

第四条　申请人具有以下条件之一的，可以确认为归侨：

（一）申请人曾经在国外定居，现具有本市常住户口（有关在国外定居的认定详见国家有关规定）。

（二）申请人出生在国外的，出生时其父母一方已经具有华侨身份或者本人取得国外合法居留权并持中国护照入境的。

（三）申请人或者关系人的档案中有其曾经在国外工作或生活一年以上的记录，并且申请人于 1966 年 12 月 31 日前回国定居的。

第五条 归侨身份确认应由本人提出申请，申请人系未成年人或因客观原因无法亲自办理的，可由其法定监护人或近亲属代为办理。代为办理的，除了提交第六条规定的材料外，还应当提交受托人的身份证明、亲属关系证明和委托书。

第六条 申请人应当提供下列材料：

（一）归侨身份确认申请登记表；

（二）申请人近期正面二寸免冠照片（三张）；

（三）申请人的居民身份证和本市户籍证明；

（四）申请人回国时所持的中国护照或其他入境证件；

（五）经我驻外使领馆认证或者公证的申请人在国外的居留证明或者其他可以证明其居留事实的相关材料：

1. 申请人出生在国外的，应当提交经我驻外使领馆认证或者公证的本人国外的出生证明及父母一方在国外定居的证明复印件；

2. 申请人的归侨身份已由外省市政府侨务部门确认的，应当提供省或直辖市政府侨办颁发的归侨证或者出具的相关证明复印件；

3. 申请人曾经加入外国国籍，后经批准恢复中国国籍并且已恢复本市常住户口的，应当提交公安部批准加入或者恢复中国国籍的证书复印件；

（六）市政府侨办认为确有必要出具的其他证明。

申请材料须交验正本核对；如系外文的，还需提供由本市具有资质的翻译机构出具的中文翻译件原件。

第七条 受理部门在收到申请材料后的 2 个工作日内将材料交由市政府侨办确认。对于符合条件的申请，市政府侨办应当予以确认，并通知受理部门将确认结果书面通知申请人。受理部门根据市政府侨办的确认意见，将《归侨身份确认通知》送达申请人。

归侨身份确认的时限为受理申请后的 20 个工作日，有关部门通知申请人补正材料的时间除外。

第八条 归侨身份确认的申请存在下列情况的，市政府侨办可不予确认或者中止确认程序：

（一）申请人提交的材料弄虚作假的；

（二）受理部门、市政府侨办要求申请人补正材料而申请人未在接到通知后一个月内提供符合规定的证明材料的。

第九条 受理部门将为已确认归侨身份的申请人制作《上海市归侨证》，归侨证制作时限一般为《归侨身份确认通知》签发日期后的三个月内。

通过华侨回国定居审批程序在本市落户的申请人，可直接向受理部门申请办理《上海市归侨证》。

第十条 《上海市归侨证》损毁或者遗失的，申请人可以向受理部门提出换发的书面申请。受理部门应当在三个月内为申请人换发并通知申请人领取。

第十一条　本办法由上海市人民政府侨务办公室负责解释。

第十二条　本实施办法自 2015 年 9 月 28 日起执行。

广东省人民政府侨务办公室　广东省教育厅
关于华侨学生在我省接受高中阶段教育的实施办法

（2015 年 12 月 25 日广东省人民政府侨务办公室　广东省教育厅以粤侨办〔2015〕15 号发布　自 2016 年 1 月 1 日起施行）

为满足华侨学生在我省接受高中阶段教育的需要，涵养侨务资源，弘扬中华文化，根据《国务院侨务办公室教育部关于华侨学生在国内接受高中阶段教育有关问题的通知》（国侨发〔2014〕14 号），结合我省实际，制定本办法。

一、本办法所称华侨学生，是指取得国外长期或永久居留权回国在本省学习的中国公民。其身份由各地级以上市外事侨务局（侨务办公室）依照有关法律和规定审核确认。

二、华侨学生可以在其父母出国前或其祖父母、外祖父母户籍所在地的侨务部门进行身份认定并参加高中阶段学校的考试招生，与当地户籍学生享受同等政策。

认定华侨学生身份时需提交以下证明材料的原件和复印件（外文证明材料须同时附中文翻译）：

1. 我国驻华侨学生定居国使领馆出具的其具备华侨身份的证明。

定居在尚未与我国建交国家的华侨学生应提供驻在国居留公证，并先由同我国和华侨定居国均有外交关系的第三国驻该国使领馆办理认证，再到我国驻第三国的使领馆办理认证。

2. 华侨学生持有的中华人民共和国护照。

三、华侨学生在我省报考高中阶段学校，须由本人或其监护人向当地教育考试部门提出申请，同时提交以下资料（外文证明材料须同时附中文翻译）：

1. 当地侨务部门出具的华侨学生身份证明；

2. 学校所在市或县（市、区）公证机构出具的，其监护人承担华侨学生在当地就读期间监护义务的监护公证。监护人的选择，原则上按照父母，祖父母、外祖父母，兄、姐，关系密切的亲属、朋友的顺序确定；

3. 华侨学生监护人的本地居民户口簿和与户籍所在地一致的房产证或购房协议。无房产需租住房屋的，须提供当地房管部门认可，符合有关规定的房屋租赁合同，同时提交公安机关颁发的居住证；

4. 华侨学生原就读学校的学籍证明。

四、具有初中毕业学历（含应、往届初中毕业生、结业生），且符合其他报考条件的华侨学生，可参加当地教育考试部门统一组织的高中阶段学校招生考试，按当地户籍学生同等条件录取。

有条件的地区视情况可给予华侨学生适当照顾录取。

五、各地教育部门和高中阶段学校应当根据华侨学生所持中国护照为录取学生建立学籍，具体参照《教育部中小学生学籍管理办法》执行。

六、被高中阶段学校录取的华侨学生应按规定缴纳学费，收费标准与当地户籍学生一致。

七、各地侨务、教育主管部门要做好当地华侨学生就读情况的登记备案工作，并及时上报省侨办、省教育厅。

八、接受华侨学生就读的学校，要制定具体措施，关心照顾华侨学生的学习和生活，积极做好华侨学生的教育培养工作。

九、各地侨务、教育主管部门可根据本办法及当地实际情况制定实施细则。

十、本办法自2016年1月1日起施行，有效期5年。

十一、本办法执行中如有问题，由省侨办商省教育厅解释。

留学回国人员申办上海常住户口实施细则

（2015年12月30日 上海市人力资源和社会保障局 以沪人社外发〔2015〕49号印发 自2016年1月1日起施行）

第一条　目的和依据

为贯彻落实人才强市战略，加大海外人才引进力度，规范留学回国人员申办上海常住户口工作，根据《公安部、人力资源和社会保障部〈关于规范留学回国人员落户工作有关政策的通知〉》（公通字〔2010〕19号）和市委、市政府关于深化人才工作体制机制改革的有关要求以及相关规定，制定本实施细则。

第二条　申请单位应具备的基本条件

申请单位为在本市行政区域内注册登记的具有用人自主权的党政机关、事业单位、社会团体、民办非企业单位、合伙制事务所以及符合本市产业发展方向、注册资金在100万元人民币及以上、信誉良好，并在本市依法纳税、按规定参加社会保险的各类企业（非企业法人分支机构其上级法人注册资金应不低于100万元人民币）。

第三条　留学回国人员应具备的基本条件

（一）来沪工作的留学回国人员应符合下列条件之一：

1. 在国（境）外获得博士研究生学历学位。

2. 在国内"211"高校（见附件1）获得本科学历、学士学位或硕士研究生学历学位（中央直属及中科院各研究生培养单位硕士毕业生参照"211"高校毕业生执行），并在国（境）外高校获得硕士研究生学历学位；或在国内非"211"高校获得本科学历、学士学位或硕士研究生学历学位，并在国（境）外世界排名前500名高校获得硕士研究生学历学位；或在国（境）外高校获得本科学历、学士学位和硕士研究生学历学位（不含大专起点本科和HND等形式）。

3. 在国（境）外世界排名前500名高校获得本科学历、学士学位（累计在国（境）

外学习时间须满 1 年以上；中外合作办学、联合培养等性质毕业生应同时获得国内和国（境）外本科学历、学士学位；不含大专起点本科和 HND 等形式）。

4. 在国内获得硕士研究生及以上学历学位或取得副高级及以上专业技术职务任职资格，赴国（境）外进修、做访问学者满 1 年以上。

同时，符合上述四项条件的人员最近连续 6 个月在同一单位社会保险缴费基数不应低于上一年度本市职工社会平均工资，个税缴纳情况应与社会保险缴费基数合理对应。

5. 其他不符合第 2、3 项条件，在国（境）外高校获得本科、学士及以上学历学位（本科学历、学士学位人员累计在国（境）外学习时间须满 1 年以上；中外合作办学、联合培养等性质毕业生应同时获得国内和国（境）外本科学历、学士学位；不含大专起点本科和 HND 等形式），同时最近连续 12 个月在同一单位社会保险缴费基数达到上一年度本市职工社会平均工资 1.5 倍，个税缴纳情况与社会保险缴费基数合理对应的人员。

（二）来沪创业的留学回国人员应符合下列条件：

在国（境）外高校获得本科、学士及以上学历学位（本科学历、学士学位人员要求同上）或符合第 4 项条件，来本市创办企业的留学回国人员（注册资金不少于 50 万元人民币（实缴），本人担任企业法定代表人且为第一大股东（不含股份转让、后期资金注入），个人股份一般不低于 30%），同时最近连续 6 个月在同一单位社会保险缴费基数不低于上一年度本市职工社会平均工资，个税缴纳情况与社会保险缴费基数合理对应。

世界排名前 500 名高校由上海市人力资源和社会保障局（上海市外国专家局）参考英国泰晤士报高等教育副刊、美国新闻与世界报道、QS 世界大学排名、上海交通大学 2015 年发布的学校名单确认后予以公布（见附件 2，留学回国人员国（境）外毕业院校参考名单）。上述名单待每年新的世界排名公布后对新增的院校名单予以追加，12 月 31 日前在上海市人力资源和社会保障局（上海市外国专家局）网站 www.21cnhr.gov.cn 和 www.shafea.gov.cn 予以公布。同时，留学人员在国（境）外院校获得的学历学位应属于教育部认可的范围。

留学人员回国后应直接来上海工作，累计待业时间不超过 2 年；与申请单位签订的劳动（聘用）合同有效期在 1 年（含）以上，且自申请之日起有效期在 6 个月（含）以上（如合同约定有试用期的，需完成试用期后方可申报）；留学回国人员年龄须距法定退休年龄 5 年以上。

派遣人员不属于留学回国人员申办上海常住户口范围。

第四条 申请的提出

留学回国人员申办上海常住户口，须由单位提出申请。单位引进的留学回国人员应为单位紧缺急需并发挥重要作用、拟长期使用的人才。

外国企业在沪代表处和各国驻沪领事馆通过具有资质的外事服务单位进行申报。

第五条 单位需提交的材料

除特殊说明外，所有申请材料均核对原件，留复印件。

（一）申请单位介绍信、经办人员有效身份证件。

（二）申请单位报告。

（三）法人营业执照（或法人登记证书）和组织机构代码证或统一社会信用代码（依许可经营的，另须提供相关主管部门批准的许可证书；外商投资企业、台港澳侨投资企业另须提供批准证书)。

申请单位为非法人分支机构的，提供分支机构的营业执照和组织机构代码证，同时提供上级法人的上述相关证件(须加盖上级法人公章)和上级法人的授权书。

上述营业执照、组织机构代码证或统一社会信用代码等证件剩余有效期应在 6 个月以上。

(四)《留学回国人员申办上海常住户口申请表》(附一张 2 寸证件照)。

(五)申请单位与留学回国人员签订的劳动(聘用)合同。

来本市创办企业的留学回国人员，应与其创办的企业签订劳动合同，并提交以下材料：

(一)企业验资证明。

(二)企业最近连续 6 个月缴纳增值税(营业税)或企业所得税税单(零税单无效)。

(三)企业最近连续 6 个月为员工缴纳社会保险凭证。

第六条 留学回国人员需提交的材料

(一)教育部出具的《国外学历学位认证书》。

(二)国(境)外毕业证书、成绩单；属于进修人员的提供国(境)外进修证明(须附具有资质的翻译机构的翻译件)、《留学回国人员证明》和国内硕士研究生及以上学历学位证书或副高级及以上职称证书。

(三)出国(境)留学前国内获得的相应的最高学历学位证书；出国(境)前系在职人员的，提供原工作单位同意调出或已离职证明；在国(境)外有工作经历的，提供工作单位劳动合同、税单或机构负责人签字的工作证明(须附具有资质的翻译机构的翻译件)。

(四)护照、签证及所有出入境记录、居民户口簿和身份证；出国前为农业户口的须在原籍办理"农转非"后申请；留学期间户籍已注销的须附 90 天内有效的户籍注销证明。

(五)在沪落户地址证明。落户地址为个人购买的产权房的，提供房产证；落户地址为配偶或直系亲属家庭地址的，提供配偶或直系亲属的房产证、居民户口簿和产权人共同签署的同意落户的书面证明；落户地址为集体户口的，提供相应的集体户口簿复印件或户籍证明以及单位同意落户的书面证明。

(六)婚姻状况证明。已婚的，提供结婚证书；离异的，提供离婚证、离婚协议书或法院调解书、判决书。持国外结(离)婚证明的，另须提供具有资质的翻译机构的翻译件。

(七)子女出生证明(在国外出生的，另须提供具有资质的翻译机构的翻译件)及合法生育的证明。

(八)在沪档案接收单位出具的同意接收证明；如档案已在沪，提供档案保管单位出具的保管证明。

(九)在本市正常缴纳社会保险和个人所得税的证明(社保缴费基数和期限由社保系统提供；未正常缴纳社会保险而补缴的、缴费单位与签订劳动合同单位不一致的、社保缴费基数与个人所得税缴纳情况不能合理对应的不予认可；党政机关、事业单位新录用人员暂无法提供上述证明的，须提供正式录用或编制内聘用相关证明)；回国后未就业时间超过半年的须附劳动用工手册或档案保管单位出具的未就业证明。

（十）其它必要的证明材料。

第七条　办理流程

（一）申请单位先在 www.21cnhr.gov.cn 网上进行注册，并填写相关信息，然后备齐相关书面材料到受理部门（上海市人才服务中心）进行现场申报。

（二）受理部门对申请单位提交的申请材料进行初审。对材料齐全且符合法定形式要求的，在 5 个工作日内受理，并出具书面受理通知书；对材料不齐全或不符合法定形式要求的，在 5 个工作日内出具书面补正通知书，一次性告知需要补正的全部材料，并约定补正的期限。逾期仍不能补正的，视为放弃本次申请。

（三）受理部门对予以受理的材料进行整理、复核，在 10 个工作日内将全部申请材料报上海市人力资源和社会保障局（上海市外国专家局）审核。

（四）上海市人力资源和社会保障局（上海市外国专家局）按照规定，对初审材料在 10 个工作日内完成审核工作。

（五）审核通过后，上海市人力资源和社会保障局（上海市外国专家局）将审核通过的意见反馈受理部门，并将审核通过的落户名单汇总至上海市公安局人口管理办公室（10 个工作日一次），市公安局人口管理办公室将名单转发至各区县公安部门。审核未通过的出具书面《不予审批决定书》。

（六）受理部门根据审核意见在 5 个工作日内完成批复、落户确认单、调动人员情况登记表等批件制作。

（七）申请单位凭相关证明领取批件后办理户口迁移、申报、人事档案调动等手续。

第八条　轮候办理

留学回国人员申办本市常住户口根据本市有关规定实行年度总量调控，按照审核通过的先后顺序，自动进行排队轮候。超过当年调控总量的，继续予以受理并审核，审核通过的，依次进入下一年度办理。新的额度获得前暂停名单发送、批件制作。

第九条　家属随迁条件

符合落户条件的留学回国人员，其配偶（须回国前结婚，年龄距法定退休年龄 5 年以上）和 16 周岁以下或 16 周岁以上、在普通高中就读的子女属随迁范围。

回国后结婚的配偶按照本市投靠类政策办理。

申请人配偶需随迁的，应在申请人提出申请时一并提出；配偶暂未回国的，可在回国后申请补办落户手续。

申请人子女需随迁的，如子女在国内出生，须在父（母）原户籍地办理出生登记后一并提出；申请人在上海落户后再提出补办随迁的，按照本市投靠类政策办理。如子女在国外出生，应在申请人提出申请时一并提出；暂未回国的，可在回国后申请补办落户手续。

第十条　家属随迁需提交的材料

（一）《留学回国人员配偶申办上海常住户口申请表》（附一张 2 寸证件照，子女免表）。

（二）配偶和子女户口簿、身份证、在沪落户地址证明、配偶国内最高学历学位证书（配偶为留学回国人员的，提供《国外学历学位认证书》、护照、签证及所有出入境记录）、子女出生证明（子女在国外出生的，提供国外出生证明和具有资质的翻译机构的翻译件、中国护照（或旅行证）及签证、出入境记录）；16 周岁以上、在普通高中就读的子女需随迁的，提供学籍证明。

（三）配偶在本市有工作单位的，提供劳动（聘用）合同、单位营业执照和组织机构代码证（须加盖单位公章）；原来在外省市有工作单位的，提供原单位同意调出或已离职证明。

（四）放弃随迁的，提供居民户口簿和身份证及书面放弃随迁承诺书。

（五）其它必要的证明材料。

第十一条　法律责任

申请单位和留学回国人员应当遵守有关法律规定，为其所提供的材料真实性负责，严禁弄虚作假或者伪造。如有弄虚作假或者伪造行为的，根据其情节轻重，暂停或取消其申请资格，并记入本市社会征信系统。对通过虚假材料骗取本市常住户口的，注销其本市常住户口；构成犯罪的，依法追究其刑事责任。

第十二条　其它

本实施细则自 2016 年 1 月 1 日起施行，有效期至 2020 年 12 月 31 日。本实施细则中未尽事宜，由上海市人力资源和社会保障局（上海市外国专家局）会同相关部门负责解释。

广州市留学人员来穗工作资助管理办法

（2015 年 2 月 6 日广州市人力资源和社会保障局　广州市财政局　广州市知识产权局以穗人社发〔2015〕9 号印发　自印发之日起施行　有效期 5 年）

第一条　为鼓励留学人员来穗工作，发挥留学人员的专长和对外联系的作用，建设人才强市，规范留学人员来穗工作资助资金的使用，根据国家和省、市有关规定，按照《广州市鼓励留学人员来穗工作规定》（市政府令第 76 号，以下简称《工作规定》）要求，制定本办法。

第二条　本办法所称来穗工作资助资金包括《工作规定》第六条规定的留学人员政府资助资金和第二十条规定的海外专利资助资金。

第三条　市人力资源和社会保障部门负责留学人员政府资助资金的预算编制、统筹安排和宏观管理，授权、指导广州留学人员服务管理中心做好留学人员政府资助资金的申请受理和拨付审核等具体工作。

市知识产权部门负责海外专利资助资金的统筹安排和预算编报及使用管理，授权、指导广州留学人员服务管理中心受理海外专利资助的申请。

市财政部门负责上述资助资金的预算安排和监督管理。

第四条　留学人员政府资助资金主要包括安家补助费、留学人员短期活动资助两部分。

（一）安家补助费是指按照《工作规定》第十三条的规定，对经审定符合条件的留学人员在穗居住给予的资助资金。

（二）留学人员短期活动资助是指按照《工作规定》第六条的规定，对留学人员短期来穗服务、讲学、技术支持、成果推荐、国际学术交流与合作等活动给予的资助资金。

第五条 海外专利资助的申请按照广州市专利资助有关规定执行。

第六条 各项资助资金的申报条件及资助标准：

（一）安家补助费

1. 申报条件

2012 年 10 月 1 日后首次回国且在广州市属国家机关、企事业单位工作或在广州创办企业，并已在穗购房或租房居住，且符合以下条件之一的留学人员：

（1）在海外取得博士学位的；

（2）在海外曾从事博士后研究的；

（3）在海外取得硕士学位并且在本专业领域有 5 年以上海外工作经验的；

（4）经认定为特别优秀且为我市急需的海外人才。

2. 申请材料

（1）《广州市留学人员优惠资格证》；

（2）教育部颁发的《国外学历学位认证书》、国外博士后研究证明、海外工作证明或其他证明材料。外文证明材料需同时提供具有资质的翻译机构出具的中文翻译件；

（3）购房或租房证明材料；

（4）与所在工作单位签订的《劳动合同》及社会保险缴费证明；

（5）《广州市留学人员安家补助费申请表》一式两份；

（6）留学人员接受安家补助费的银行帐号；

（7）留学人员个人身份证件材料。

安家补助费分 3 年申请拨付，逐年通过广州留学人员服务管理中心的"留学人员管理信息系统（网址：http://www.gzscse.gov.cn）"提交申请；第 2 年、第 3 年申请时，申请人需再次更新提交上述（1）、（3）、（4）、（5）等 4 项材料；若申请人已更换工作单位，需提交与新工作单位签订的《劳动合同》及社会保险缴费证明。

网上审批通过后提交纸质材料，并核对原件。

3. 资助标准

安家补助费的标准为每人 10 万元，采取分期拨付的方式，第一年拨付 2 万元资助，第二年拨付 3 万元资助，第三年拨付 5 万元资助。

（二）留学人员短期活动资助

1. 申报条件

经广东省外国专家局界定的海外高层次留学人才或符合《关于做好海外高层次留学人才界定工作的通知》（粤人发〔2007〕74 号）条件的海外高层次留学人才，可申请留学人员短期活动资助。短期活动包括：

（1）市属企事业单位组织的海外高层次留学人才来穗讲学或进行学术交流的项目；

（2）市属企事业单位邀请海外高层次留学人才来穗进行技术支持和技术合作的项目；

（3）市属企事业单位组织的海外高层次留学人才来穗成果推荐活动项目。

2. 申请材料

（1）高层次留学人才证明材料或界定材料；

（2）个人身份证件材料；

（3）《广州市留学人员短期活动项目资助申请表》，包括受资助人员的基本情况、学术成就、项目经历、实施方案、预期成效、预算方案等情况；

（4）受资助人员学术成就等其他证明材料；

上述申请通过广州留学人员服务管理中心的"留学人员管理信息系统（网址：http：//www. gzscse. gov. cn）"提交，通过审批后提交纸质材料，并核对原件。

3. 资助标准

项目采取"先实施、后补助"的资助方式。每个项目按实际发生费用审核，最高资助 5 万元。具体费用审核标准参照国家外国专家局《关于印发〈引进人才专家经费管理实施细则〉的通知》（外专发〔2010〕87 号）执行。

（三）海外专利资助

1. 申报条件

以广州为专利申请地址并获得国内外专利授权的留学人员，符合广州市专利资助政策相关规定的，由广州留学人员服务管理中心按照市知识产权部门有关规定受理申请，由市知识产权部门进行审批，审批合格后发放资助款。

2. 申请材料

申请资助采用网上申报方式。申请人需通过广州市专利信息服务网（www. gzpic. cn）提交《广州市资助专利申请表》（网上填报），并向广州留学人员服务管理中心提交以下验证材料：

（1）《广州市留学人员优惠资格证》；

（2）企业营业执照副本或事业法人登记证、社团登记证、个人身份证明材料；

（3）专利申请人接受资助款的广州本地银行账号，对于个人共同申请的，需提供由共同申请人签名认可的银行账号；

（4）专利授权证书；申请 PCT（专利合作协定）专利的，需提交国家知识产权部门发出的申请受理文件。

以上材料均为复印件，并提交原件核对。

3. 资助标准

按照我市专利资助的有关规定执行。

第七条　市人力资源和社会保障部门根据每年留学人员来穗工作实际情况，将所需的留学人员政府资助资金编入部门预算。

第八条　留学人员来穗工作资助资金应按资助资金的使用范围合理使用，实行专账核算，专账管理。

第九条　留学人员来穗工作资助资金的申请由广州留学人员服务管理中心受理，经上级业务部门审核批准后报市财政局按国库集中支付的方式拨付。

留学人员来穗工作资助资金的使用情况应按规定在市人力资源和社会保障局或知识产权局的网站公示。

第十条　留学人员资助资金的使用，应按照年度由市人力资源和社会保障局、市知识产权局按照各自职能做好绩效评估。

留学人员短期活动项目资助资金的使用单位应在项目完成后，及时向市人力资源和社会保障部门报送项目执行绩效和资金使用情况。

第十一条 资金使用单位应建立内控机制，强化自我监督，主动接受市财政、审计等部门对资助资金预算执行、资金使用绩效和财务管理等方面的监督检查。

第十二条 对未按规定使用财政资金或存在骗取、截留、挤占、滞留、挪用等其他违法行为的，将按照《财政违法行为处罚处分条例》（国务院令第 427 号）进行处理并追究有关单位及人员的法律责任。

第十三条 已获得原《广州市鼓励留学人员来穗工作规定》（市政府令 10 号）以及市委、市政府文件中规定的安家资助类补助的留学人员，不能再次享受本办法规定的安家补助费资助。

第十四条 本办法自印发之日起施行，有效期五年。有效期届满，根据实施情况进行评估修订。《关于印发〈广州市留学人员专项资金管理办法〉的通知》（穗人〔2000〕66 号）同时废止。

附表：1. 广州市留学人员安家补助费申请表（略）
　　　2. 广州市留学人员短期活动项目资助申请表（略）

南京市华侨权益保护条例

（2015 年 4 月 28 日南京市第十五届人民代表大会常务委员会第十七次会议制定 2015 年 5 月 29 日江苏省第十二届人民代表大会常务委员会第十六次会议批准 2015 年 6 月 5 日南京市人民代表大会常务委员会公告第 23 号公布 自 2015 年 7 月 1 日起实施）

第一条 为了保护华侨合法权益，根据宪法和有关法律、法规，结合本市实际，制定本条例。

第二条 本市行政区域内的华侨合法权益保护，适用本条例。

第三条 本条例所称华侨是指定居在国外的中国公民。华侨的身份依照国家规定确认。

第四条 华侨享有宪法、法律规定的权利，履行宪法、法律规定的义务。

华侨及其投资企业、社会组织的合法权益受法律保护，任何单位和个人不得侵犯。

第五条 市、区人民政府组织实施华侨合法权益保护工作。

侨务部门是华侨权益保护工作的行政主管部门，负责华侨合法权益保护的协调服务和监督检查。

有关行政主管部门按照分工履行华侨权益保护的相关工作职责。

镇人民政府（街道办事处）配合做好相关服务协调工作。

第六条 市、区人民政府在制定涉侨规定时，应当广泛听取华侨人士的意见。

第七条 华侨在本市办理金融、教育、医疗、交通、电信、社会保险、财产登记、投资创业、税收、住宿登记、机动车驾驶证申领等事务时，所持有的中华人民共和国护照为其有效身份证明，有关部门和单位应当认可。

第八条 华侨要求在本市定居的，可以由本人或者经由国内亲属向市侨务部门提出申请，市侨务部门应当按照规定办理。

第九条 区、镇人民代表大会代表选举期间，原籍本市或者出国前居住地在本市的华侨在国内的，可以依法参加选举。

第十条 华侨在本市就业的，其就业登记以及社会保险登记、缴费、待遇支付等手续，按照国家和省、市规定办理。其未成年子女可以按照规定参加本市居民医疗保险。

退休后出国定居且保留医疗保险关系或者离休后出国定居的华侨回本市就医的，按照规定继续享受退休或者离休医疗待遇。

第十一条 华侨子女接受学前教育或者义务教育的，享受与本市监护人户口所在地居民同等待遇，教育行政主管部门应当按照规定办理入园、入学手续。华侨子女监护人户口不在本市的，参照本市外地人员随迁子女入园、入学规定执行，国家、省另有规定的除外。

华侨学生或者华侨子女可以在其父母出国前本市户口所在地或者其祖父母、外祖父母户口所在地参加高中阶段考试招生，与当地户籍学生享受同等待遇。被高中阶段学校录取后，教育行政主管部门和高中阶段学校应当按照规定建立学籍。

第十二条 华侨依法继承或者接受遗产、遗赠和赠与财产，其占有、使用、收益和处分的权利受法律保护。

第十三条 华侨购买房产享受与本市居民同等待遇。

华侨在本市缴存和使用住房公积金的，离开本市时办理住房公积金账户缴存余额转移或者提取手续。

华侨依法自建、购买、继承、接受赠与的房屋，相关登记机构应当按照规定办理登记。

第十四条 华侨对合法的私有房屋享有占有、使用、收益和处分的权利。

因公共利益需要征收华侨国有土地上房屋的，依法给予补偿。征收华侨集体土地上房屋的，按照当地集体经济组织成员标准给予补偿。

征收华侨房屋应当依法公告，书面通知所有权人，并与其签订补偿安置协议。书面通知无法有效送达或者送达后无法达成协议的，依照法律规定处理。

第十五条 因公共利益需要迁移华侨祖墓的，征收部门应当告知华侨或者其在国内的眷属，并给予合理补偿或者迁置。

第十六条 鼓励华侨来本市进行投资创业以及咨询、讲学、科研等活动，有关部门和机构应当在政策咨询、法律维权等方面提供服务。

华侨投资企业在政府采购领域享有与其他企业同等待遇，有权参加各级政府组织的招投标。

符合条件的华侨投资企业、华侨社会组织，可以承接政府购买的服务项目。

第十七条 华侨投资者依法投资、经营获得的利润、股息、红利、租金、清算后的资金和其他合法收益，可以依法汇往境外。

华侨投资企业中华侨员工的工资及其他合法收入，可以依法汇出或者携带出境。

第十八条　鼓励华侨及其投资企业在本市开展专利申请、商标注册和著作权登记等活动，依法维护知识产权申请人、权利人和其他当事人的合法权益。

华侨利用其专利、专有技术、科研成果等在本市投资创业的，享受留学人员回国创业相关政策。

第十九条　对来本市工作的华侨人才，有关部门应当按照相关规定提供创业、工作和生活便利。符合相关条件的可以自愿申领南京人才居住证，享受规定的待遇。

华侨在本市从事专业工作的，可以参加相应系列专业技术资格评定，其在境外的专业工作年限和成果，可以作为职称资格评定的依据，国家、省另有规定的除外。

第二十条　华侨自愿捐赠兴办公益事业的，侨务部门应当提供帮助。

对有突出贡献的华侨捐赠人，市、区人民政府给予鼓励或者奖励。

华侨捐赠人有权要求受赠人出具合法、有效的收据，并依法登记造册，妥善使用、管理捐赠财产。受赠人不得违背捐赠人的意愿改变捐赠财产的性质、用途，确需改变性质、用途的，应当征得捐赠人同意。

华侨捐赠人有权查询其捐赠使用和管理情况并提出意见。受赠人应当履行告知义务，尊重和采纳捐赠人的意见。

第二十一条　华侨在本市投资经营所得合法利润用于公益捐赠的，其捐赠部分依法享受税收优惠；捐赠物资的，依法减征或者免征关税和进口环节的增值税。

第二十二条　华侨的合法权益受到侵害，有权向有关部门投诉、申请行政复议或者提起诉讼。

有关部门受理投诉后，应当告知办理的时限、程序等，并及时将处理意见反馈给投诉人。

提起行政复议和诉讼的，行政复议机关和人民法院应当依法办理。

符合法律援助条件的，法律援助机构应当受理。

第二十三条　行政机关违反本条例规定，在办理居留和出入境、社会保险、财产登记、投资创业等事务中损害华侨合法权益的，侨务部门应当督促其纠正或者提请本级人民政府责令其纠正。

行政机关工作人员玩忽职守、滥用职权、徇私舞弊，致使华侨合法权益受到损害的，依法给予行政处分；构成犯罪的，依法追究刑事责任。

第二十四条　本条例自 2015 年 7 月 1 日起施行。

广州市鼓励留学人员来穗工作规定

（2012 年 7 月 8 日广州市人民政府令第 76 号公布，根据 2015 年 7 月 1 日广州市人民政府令第 126 号《广州市人民政府关于修改〈广州市摩托车报废管理规定〉等 5 件政府规章的决定》修正）

第一条　为鼓励留学人员来穗工作，发挥留学人员的专长和对外联系的作用，建设人才强市，根据本市实际，制定本规定。

第二条　符合下列条件之一的留学人员，经认定并取得相关证明后，可以享受本规定各项优惠待遇：

（一）公派、自费出国学习，并取得国外硕士及以上学位的人员；

（二）在国内取得研究生以上学历或者硕士以上学位后，到国外进修、做访问学者1年以上，或者从事博士后研究，取得一定科研成果的人员。

赴港、澳、台地区攻读学位、做访问学者或博士后研究且符合前款（一）、（二）项中学历、学位和成果条件的人员，参照本规定执行。

第三条　留学人员来穗工作的方式包括：

（一）到国家机关、企事业单位和其他组织任职或者兼职；

（二）创办、承包、租赁各类经济实体和研究开发机构；

（三）以自己的专利、专有技术、资金等形式向各类企业入股；

（四）应聘担任国家机关、企事业单位的顾问或者咨询专家；

（五）来穗开展科研合作、技术开发等活动。

第四条　留学人员来穗工作，遵循来去自由、出入方便、学用一致、人尽其才的原则。

第五条　市人力资源和社会保障部门是本市留学人员服务管理工作的主管部门。

中国留学人员广州科技交流会办公室负责承办中国留学人员广州科技交流会，协助做好留学人员的引进工作。

广州留学人员服务管理中心是为留学人员提供综合服务的机构，具体负责留学人员来穗工作的联系、接待、咨询、出具相关证明以及提供信息交流、协助申报、代办手续等服务。

第六条　市政府设立留学人员专项资金，用于改善来穗工作留学人员的生活条件和工作环境，以及对留学人员短期来穗服务、讲学、技术支持、成果推荐、国际学术交流与合作等活动的资助。

第七条　留学人员的薪酬，由聘用单位和留学人员协商，从优确定。企业单位聘用的，可以根据情况自定工资标准；事业单位聘用的，其工资可以比照本单位同类人员从优确定。

第八条　留学人员出国前后符合国家工龄政策的工龄合并计算，并可以视同养老保险缴费年限，出国前后参加社会医疗保险的缴费年限可以合并计算。

获得硕士、博士学位的留学人员，其攻读硕士、博士学位的时间计算连续工龄。

第九条　留学人员回国后首次申报评审专业技术职务资格时，可以按实际专业技术水平和能力直接申报评审相应等级的专业技术职务资格。具体申报条件、程序和渠道按照有关规定执行。

来穗工作的高层次留学人员，可以根据其学历、学术或者专业技术水平，按照人事管理权限，经主管部门审核，报同级人力资源和社会保障部门确认后，直接聘任相应等级的专业技术职务，不受本人任职年限、单位专业技术岗位结构比例等限制。

本规定所称的高层次留学人员是指留学后在海外从事本专业相关工作并取得显著成绩，为本市急需引进的各类高级人才，以及拥有较好产业化开发前景的专利或者专有技术的人员。

第十条　市人力资源和社会保障部门确定人才中介机构免费为来穗的留学人员提供2

年人事代理服务。

已办理人事代理服务的留学人员，可以按国家规定办理专业技术职务资格评定、出国（境）政审和社会保险等事宜。

第十一条 来穗定居的留学人员及一同随迁的配偶、未成年子女，可以凭《广州市区入户卡》与市人力资源和社会保障部门出具的相关证明，到公安机关办理入户手续。

夫妻双方在国外连续居住1年以上的持中国护照的留学人员，按政策生育或者在国外期间生育以及在国外怀孕后回中国内地生育第二胎的，其子女可以随父母入户广州。

第十二条 留学人员子女入园、入托由当地教育部门和有关部门协助安排；接受义务教育的，由居住地所在区、县级市教育部门免试就近安排；参加高中阶段学校招生考试统一录取的，享受政策性照顾借读生待遇。

留学人员子女入托、入园、入读少年宫和入学，托幼机构、少年宫和学校不得收取物价部门规定或者核准以外的任何费用。

第十三条 持中国护照且未在穗定居入户的留学人员，凭市人力资源和社会保障部门的相关证明，在购买住房方面享受本市居民待遇。

符合下列条件之一的留学人员，凭在穗所购住房的房产证、商品房预售登记证明书、契税完税证明或者房屋租赁合同，可以向人力资源和社会保障部门申请从留学人员专项资金中提供的安家补助费：

（一）在海外取得博士学位的；

（二）在海外曾从事博士后研究的；

（三）在海外取得硕士学位并且在本专业领域有5年以上海外工作经验的；

（四）经认定的其他留学人员。

第十四条 用人单位对来穗工作的留学人员应当优先解决居住问题。符合申请人才公寓条件的，可以申请租用广州市人才公寓。具体管理办法由市人力资源和社会保障部门会同市国土资源和房屋管理部门另行制定。

第十五条 持中国护照应聘到广州市属单位工作或者在广州投资办企业的留学人员，可以根据需要申办因公多次往返港澳证件或者出国任务批件。

来穗工作的留学人员，在办理多次往返港澳证件及签注时，可以享受办证绿色通道及办证时限上的便利。

对入选广州市以上高层次人才计划、加入外籍的留学回国人员，公安机关可以按规定为其签发2年至5年有效期的《外国人居留许可》。

第十六条 留学人员自国外毕业之日起，在外停留不超过2年，且自毕业后首次入境之日起1年内，可以向海关申请购买1辆免税国产小轿车。

第十七条 市政府设立留学人员创业专项扶持资金，用于资助留学人员来穗创办符合本市经济和社会发展方向、具有较为广阔的市场前景或者较为显著的社会效益的企业。

第十八条 留学人员以知识产权和其他可以用货币估价并且可以依法转让的科技成果或者股权、债权作价出资占企业注册资本的比例，由各出资方依法协商约定。

留学人员以知识产权出资设立合伙企业，需要评估作价的，可以由全体合伙人协商确定，也可以由全体合伙人委托法定评估机构评估。

涉及以国有资产出资的，应当符合有关国有资产管理的规定。

第十九条 留学人员以自己持有的专利或者专有技术在广州创办的企业，认定为高新技术企业的，享受高新技术企业的优惠待遇。

第二十条 留学人员以广州作为专利申请地址申请并取得海外专利的，可以向市人力资源和社会保障部门申请资助。

第二十一条 市科技和信息化部门对进驻留学人员广州创业园或者市级高新技术孵化基地的，给予减免租金等优惠扶持；对符合条件的高新技术成果转化和产业化项目，优先给予市科技风险投资资金、科技型中小企业贷款担保支持。

第二十二条 留学人员创业园区、为留学人员企业提供服务的中介机构，可以向市科技和信息化部门申请留学人员服务支撑体系建设资助，用于改善留学人员创业环境、提高为留学人员企业服务的质量。

第二十三条 市政府鼓励和扶持留学人员创新创业基地建设。

留学人员企业、留学人员创业园区和接收留学人员的单位，可以申报广州市海外高层次人才创新创业基地。

经认定的广州市海外高层次人才创新创业基地或者入选国家海外高层次人才创新创业基地的，市财政给予适当的资助和配套经费。

第二十四条 市政府开展评选广州十大优秀留学回国人员工作，表彰、奖励对本市经济建设、科技进步和社会发展作出突出贡献的留学人员。

第二十五条 市统计部门应当建立留学回国人员统计工作制度，向社会公布留学回国人员有关统计信息。

市人力资源和社会保障部门应当建立留学回国人员信息库和出国留学人员信息库，实现资源共享，为人才遴选提供支持。

第二十六条 已获得本市其他同类财政资助的留学人员，不能同时享受本规定的财政资助。

第二十七条 留学人员在穗工作期间与用人单位发生劳动人事争议的，可以向市劳动人事仲裁机构申请仲裁。

第二十八条 本规定涉及的项目资金及其资助办法，由市人力资源和社会保障、科技和信息化、知识产权部门依照各自职能，会同市财政部门在本规定施行 1 年内另行制定。

第二十九条 本规定自 2012 年 10 月 1 日施行。1999 年 12 月 25 日公布的《广州市鼓励留学人员来穗工作规定》同时废止。

成都市人民政府外事侨务办公室
关于进一步做好归侨侨眷身份确认工作的通知

各区（市）县外侨办：

根据《四川省人民政府侨务办公室关于进一步做好归侨侨眷身份认定工作的通知》（川侨发〔2008〕46 号）和《成都市人民政府侨务办公室关于下放办理归侨侨眷身份确认证明的通知》（成侨发〔2008〕41 号）要求，结合当前工作实际，现就进一步做好归侨侨眷身份认定工作提出如下要求：

一、归侨侨眷身份依法由各区（市）县（含成都高新区、成都天府新区）负责侨务工作的机构进行确认。具体办理程序规范如下：

（一）申请条件

1. 户籍在本区（市）县的公民；

2. 申请人符合关于归侨侨眷的相关规定。

（二）办理程序

归侨：

1. 本人领取、填报、提交《归侨侨眷身份确认申请表》（附件2）；

2. 查验本人有效身份证原件，提交身份证复印件1份；

3. 以下材料任选一：查验本人《华侨回国定居证》原件，提交《华侨回国定居证》复印件1份；提交所在单位人事档案中归侨证明材料复印件1份（加盖单位公章）；查验本人原始护照或原居留证明，提交复印件1份；

4. 其他需要验证的证明材料，提交复印件；

5. 提供本人近期1寸免冠彩色照片2张；

6. 出具《归侨侨眷身份确认证明》（附件3）2份（一份存档一份交申请人）。

侨眷：

1. 本人领取、填报、提交《归侨侨眷身份确认申请表》；

2. 查验本人有效身份证原件，提交身份证复印件1份；

3. 提交与国（境）外亲属关系证明材料或公证书1份；

4. 提交国（境）外亲属居留证明复印件1份；

5. 其他需要验证的证明材料，提交复印件；

6. 提供本人近期1寸免冠彩色照片2张；

7. 出具《归侨侨眷身份确认证明》2份（一份存档一份交申请人）。

二、关于华侨、外籍华人、归侨、侨眷的身份界定按照国务院侨办《关于界定华侨外籍华人归侨侨眷身份的规定》（附件1）认真执行。

三、"三侨生"中归侨子女和归侨学生身份证明，均需先由学生所在区（市）县（含成都高新区、成都天府新区）负责侨务工作的机构办理《归侨侨眷身份确认证明》，再按程序到市外事侨务办申请。"三侨生"中华侨子女（含港澳同胞子女、港澳籍学生）仍按原申办程序办理，可直接向我办申请办埋身份证明。

四、归侨侨眷身份认定工作是《中华人民共和国归侨侨眷权益保护法实施办法》赋予县级以上地方人民政府负责侨务工作机构的法定职责，各级各部门不得以任何借口或形式拒绝、推拖办理。

五、在侨务工作开展中，各级应全力做好相关涉侨法律法规的宣传工作。特别是"三侨生"身份证明，关系到归侨子女、归侨学生、华侨在蓉子女中考、高考加分照顾事宜，各级侨务部门应在辖区内学校重点做好宣传和贯彻工作。此外，归侨侨眷身份确认与本通知不一致的以本通知为准。

特此通知。

附件：1. 关于界定华侨外籍华人归侨侨眷身份的规定（略）
　　　2. 归侨侨眷身份确认申请表（请至市外事侨务办网站服务大厅下载表格）
　　　3. 归侨侨眷身份确认证明（请至市外事侨务办网站服务大厅下载表格）

成都市人民政府外事侨务办公室

2015 年 11 月 2 日

广州市人民政府侨务办公室　广州市公安局
关于华侨回国定居办理工作的实施细则

（2015 年 11 月 2 日　广州市人民政府侨务办公室　广州市公安局以穗府侨〔2015〕42 号印发　自公布之日起施行，有效期 5 年）

第一章　总　则

第一条　根据《中华人民共和国出境入境管理法》第十三条、《国务院侨办　公安部　外交部华侨回国定居办理工作规定》、《广东省人民政府侨务办公室　广东省公安厅关于华侨回国定居办理工作的实施办法》，结合我市实际，制定本实施细则。

第二条　华侨回国定居是指华侨要求恢复已取消的户籍，回到原户籍注销地长期居住、生活，或符合条件的华侨回国在非户籍注销地长期居住、生活。

第二章　申　请

第三条　华侨申请回国定居，原则上应在原户籍注销地申请。确有特殊情况的，也可在非原户籍注销地申请定居。原注销户口为普通高等院校、普通中等专业学校学生集体户口的，在入学前常住户口所在地申请。

第四条　原户籍注销地为本市的华侨，申请到本市定居的，应当同时符合下列条件：

（一）申请之日起前两年内，在境内连续居住满 3 个月，或连续 6 个月内累计居住满 90 天；

（二）在拟定居地有稳定的住所，即本人或配偶在拟定居地有自有房产，或者在拟定居地的亲属有自有房产，自愿提供其长期居住；

（三）有稳定生活保障，即具有以下之一的生活来源：

1. 本人受聘境内企事业单位，有稳定的收入；

2. 本人在境内有退休金、养老金领取；

3. 本人有足以保障稳定生活来源的积蓄；

4. 本人具有本市户籍的亲属承诺愿意承担抚养或赡养义务。

第五条　原户籍注销地为非本市或在国外出生的华侨，申请到本市定居的，除符合第四条规定外，还应具备以下条件之一：

（一）夫妻出国前不同户籍地，或一方在国外出生，申请随已具有本市户籍的配偶到本市定居的，申请人与配偶的结婚年限应满 2 年；

（二）在国外出生的 18 周岁以下（不含 18 周岁）的华侨子女，持中国护照或其他有效中国旅行证件入境，申请到父母或父母户口已注销，其他具备抚养、监护能力的祖父母、外祖父母、成年同胞兄姐户籍地定居；

（三）国外出生的 60 周岁以上（含 60 周岁）华侨，申请随具有本市户籍的子女到本市定居；

（四）在国外出生的华侨，申请随具有本市户籍的父母或一方定居的，父母或一方在境内应无其他子女。

第六条 申请回原户籍注销地定居的，应提供如下材料：

（一）填写完整的《广州市华侨回国定居申请表》；

（二）本人自愿放弃国外居留资格声明书；

（三）二寸正面免冠白底彩色近照（规格为 48/33mm）；

（四）有效的《中华人民共和国护照》或其他有效中国旅行证件原件及复印件；

（五）国外长期或永久居留证明及中国驻外使领馆认证或公证文书原件，或者其它可以证明其符合国家对华侨身份认定的证明材料；

（六）符合第四条第（二）项规定的合法稳定住所房产证明及复印件。持亲属自有房产证明的，还应同时提供公证部门出具的亲属关系公证书或所在居（村）委会、派出所出具的家庭关系证明，亲属《居民户口簿》原件及复印件，以及亲属为其提供住所的同意书；

（七）符合第四条第（三）项规定的稳定生活保障证明材料及复印件。本人具有本市户籍的亲属承诺愿意承担抚养或赡养义务的，还应提供经公证部门公证的承诺书；

（八）原户籍注销地派出所出具的户籍注销证明；

（九）拟申请到农村定居的，须原注销户籍为我市农业户口并提交村委会出具的同意接收为村民的书面材料。

第七条 符合第五条第（一）项规定的，应提供如下材料：

（一）提供第六条（一）—（七）项材料；

（二）结婚证原件及复印件。结婚证明是外文的，还应提供中国驻外使领馆的认证或公证原件，并提供经公证部门公证的中文翻译件原件；

（三）申请人在国外出生的，提供本人国外出生证原件及中国驻外使领馆的认证或公证原件，并提供经公证部门公证的中文翻译件原件；

（四）申请人在境内出生的，提供原户籍注销地派出所出具的户籍注销证明；

（五）拟定居地在农村的，提交村委会出具的同意接收为村民的书面材料。

第八条 符合第五条第（二）项规定的，应提供如下材料：

（一）提供第六条（一）—（七）项材料；

（二）提供本人国外出生证原件及中国驻外使领馆的认证或公证原件，并提供经公证部门公证的中文翻译件原件；

（三）申请人父母回国使用的护照或有效中国旅行证件原件及复印件、父母结婚证明原件及复印件（非中文的，应附中国驻外使领馆的认证或公证原件，并提供经公证部门公证的中文翻译件原件）；

（四）申请随父母落户的，应提交父母《居民户口簿》原件及复印件；申请随祖父母、外祖父母、成年同胞兄姐落户的，应提交父母户籍注销证明，以及祖父母、外祖父母、成年同胞兄姐的《居民户口簿》原件及复印件；

（五）经公证部门公证的亲属关系证明；

（六）拟定居地在农村的，提交村委会出具的同意接收为村民的书面材料。

第九条 符合第五条第（三）项规定的，应提供如下材料：

（一）提供第六条（一）—（五）、（七）项材料；

（二）本人国外出生证原件及中国驻外使领馆的认证或公证原件，并提供经公证部门公证的中文翻译件原件；

（三）经公证部门公证的亲属关系证明；

（四）子女的《居民户口簿》原件及复印件、自有房产证明及为其提供住所的同意书；

（五）拟定居地在农村的，提交村委会出具的同意接收为村民的书面材料。

第十条 符合第五条第（四）项规定的，应提供如下材料：

（一）提供第六条（一）—（五）、（七）项材料；

（二）本人国外出生证原件及中国驻外使领馆的认证或公证原件，并提供经公证部门公证的中文翻译件原件；

（三）经公证部门公证的亲属关系证明；

（四）父母的《居民户口簿》原件及复印件、自有房产证明及为其提供住所的同意书；

（五）父母原单位或户籍所在地街道办事处、镇人民政府出具的境内无子女证明；

（六）拟定居地在农村的，提交村委会出具的同意接收为村民的书面材料。

第十一条 华侨本人确因身体原因无法亲自办理的，可以委托亲属提出申请。亲属代为提出申请回国定居的，除应当提交前述规定材料外，还应提供受托人身份证明，经公证部门公证的亲属关系证明和委托书。

第十二条 申请人应当按照规定提供真实、合法、有效的申请材料，不得伪造、变造申请材料。申请材料如存在伪造、变造、欺骗等不正当情形的，将不予办理，情节严重的按照有关法律规定追究法律责任。

第三章　受理与审批

第十三条 华侨申请到本市定居的，由拟定居地区人民政府侨务部门负责受理和初审，区公安部门负责审核，市人民政府侨务办公室负责审批。

第十四条 区人民政府侨务部门受理申请，应当对申请人所提交的申请材料进行调查核实，并在 5 个工作日内将申请材料送同级公安部门。公安部门应当在收到同级人民政府侨务部门的申请材料后，对申请人的出入境信息、入户信息的实质性及所持护照的真实有效性进行审核，并就是否符合本办法第四条第一款的规定提出具体意见，于 10 个工作日内在《广州市华侨回国定居申请表》上加具书面意见回复侨务部门。

受理申请的区人民政府侨务部门应当在收到公安部门审核意见后，5 个工作日内提出初审意见并报市人民政府侨务办公室审批。

第十五条 市人民政府侨务办公室收到区人民政府侨务部门上报材料后，应在 7 个工作日内完成对申请材料的审批。批准华侨回国定居的，应当签发《华侨回国定居证》；不予批准的，除法律法规另有规定外，应当说明理由。《华侨回国定居证》加盖"广州市人民政府侨务办公室华侨回国定居业务专用章"印章。

市人民政府侨务办公室应于 3 个工作日内将审批决定送达区人民政府侨务部门，由区人民政府侨务部门通知华侨本人或者受委托提出申请的亲属领取。同时，将签发的《华侨回国定居证》有关信息在"广州侨网"公示。申请人拟定居地的区公安部门办证中心或派出所可凭《华侨回国定居证》编号在"广州侨网"核查，侨务部门不再出具《华侨回国定居告知单》。

第十六条 市人民政府侨务办公室对申请材料真实性、可靠性存疑的，应当单独或会同市公安局进行调查核实，调查核实应在 6 个月内完成。调查核实的时间，不计入第十五条规定的 10 个审批工作日内。

第四章 定居证管理

第十七条 《华侨回国定居证》的有效期为 6 个月，自签发之日起生效。华侨本人或者受委托的境内亲属应在收到通知后，尽快到受理机关领取。有效期内未领取的，需向原受理机关重新申请办理《华侨回国定居证》。

第十八条 华侨本人应在《华侨回国定居证》有效期内到拟定居地的区公安部门办证中心或派出所办理户口登记手续。逾期未办理的，需向原受理机关重新申请办理《华侨回国定居证》。

公安机关户政管理部门在办理华侨回国定居入户时，应当审验《华侨回国定居证》、拟落户家庭的《居民户口簿》、本人护照、第二代居民身份证数码照片回执等材料。

第十九条 《华侨回国定居证》在有效期内损毁或遗失的，华侨本人可以向原受理机关提出换发、补发申请。市人民政府侨务办公室应当在收到申请之日起 10 个工作日内审核签发《华侨回国定居证》，并按照第十五条规定通知申请人。

第二十条 《华侨回国定居证》由省人民政府侨务办公室根据国务院侨务办公室规定的样式统一印制。任何单位和个人不得伪造、变造《华侨回国定居证》，违者将依法追究法律责任。

第五章 附 则

第二十一条 各区人民政府侨务部门应当在每年 1 月 5 日前将上一年度华侨回国定居受理审批情况以书面形式报送市人民政府侨务办公室，并通报同级公安部门。市人民政府侨务办公室应当在每年 1 月 10 日前将上一年度、7 月 10 日前将上半年华侨回国定居受理审批情况以书面形式报送省人民政府侨务办公室，并通报市公安局。

第二十二条 本细则自公布之日起施行，有效期 5 年。有关法律政策依据变化或有效期届满，根据实施情况，依法评估修订。原《广州市人民政府侨务办公室 广州市公安局关于华侨回国定居办理工作的实施意见》（穗府侨〔2014〕11 号）同时废止。

（本栏目编辑 景海燕）

2014 年大事记

2014 年全球华侨华人十大新闻

中国侨网联合中国新闻网 12 月 31 日评出"2014 全球华侨华人十大新闻",按事件发生的时间排序依次为:

一、多国为华裔"正名",肯定华人贡献。3 月,印尼总统正式废除 1967 年第 6 号通告,把"支那"(Cina)改称"中华"。5 月,加拿大不列颠哥伦比亚省为历史上歧视华人行为道歉。美国劳工部也首度将 19 世纪兴建横跨北美太平洋铁路的华裔工人列入"劳工荣誉堂"。随着华人社会地位不断提升,不少国家承认华人在本国历史发展中的贡献,为华人"正名"。

二、华人抗议"辱华"言行,团结维权,集体发声。5 月 18 日,西班牙电视台一集带有辱华情节的节目播出后,当地华人迅速打出"组合拳"维护权益,迫使西班牙驻中国大使馆就该节目发表道歉声明。7 月,美国福克斯电视台主播对中国人使用侮辱性称谓,并大谈"中国威胁论",激起华人群体抗议。华文媒体、侨团组织的集体行动,展现了华裔族群的力量。

三、第七届世界华侨华人社团联谊大会举行。6 月 6 日,以"服务社区、和谐发展"为主题的第七届世界华侨华人社团联谊大会在北京开幕,全球 119 个国家和地区的 500 多位华侨华人社团负责人与会。中国国家主席习近平会见大会代表,并发表重要讲话。国务委员杨洁篪致辞,国务院侨办主任裘援平作了题为"继往开来 相融共赢 全面深入推进和谐侨社建设"的主题报告。

四、首座海外抗日战争纪念馆启动,华人反响热烈。7 月 7 日,海外第一座抗日战争纪念馆启动仪式在美国举行,计划于抗战胜利 70 周年时落成。为此,华侨华人各界人士积极捐款捐物,创始人之一的方李邦琴还出资购买了一架"二战"驼峰航线的退役运输机,拟重现抗战历史。

五、中共十八届四中全会所作决定将维护侨胞权益纳入依法治国。10 月 28 日,《中共中央关于全面推进依法治国若干重大问题的决定》公布,正式将依法维护海外侨胞权益纳入依法治国的框架。侨务专家指出,此举有利于相关部门依托法律更加规范地开展工作。

六、首届世界华文文学大会举行,倡议成立华文文学联盟。11 月 19 日,首届世界华文文学大会在广州开幕,大会以"语言寻根、文学铸魂"为宗旨,会集了张炯、饶芃子、严歌苓、吉狄马加、陈若曦等著名作家,并倡议成立了世界华文文学联盟。

七、中国华侨历史博物馆落成,由陈嘉庚倡议兴建。11 月 21 日,中国华侨历史博物馆落成典礼在北京举行。该馆由著名爱国侨领陈嘉庚于 1960 年捐款 50 万元人民币倡议兴建，绝大部分馆藏来自华侨华人的无偿捐赠，是国内首个全面展示中国移民历史、现状及未来的"国"字号博物馆。

八、第一次世界大战爆发百年，欧洲隆重纪念华工。11 月 26 日，法国政府和旅法华社举行仪式，纪念"一战"期间赴欧参战的中国劳工。12 月 10 日，比中经贸委员会也举行纪念"一战"华工活动。英国多家华侨华人社团还联合倡议为"一战"期间的中国籍劳工建立永久性纪念碑。据了解，1916 年至 1918 年赴欧洲战场的华工达 14 万人，许多人牺牲于战争和战后重建。

九、第三届世界华文教育大会举行，李克强支持海外华教发展。12 月 7 日至 8 日，第三届世界华文教育大会在京举行，主题为"发展华文教育，振兴华文学校"。期间，裘援平回忆起国务院总理李克强参观泰国华校与华裔学生互动的经历。李克强总理给北京大学华裔留学生的回信，是对海外华文教育的支持和鼓励。

十、华人积极融入住在国主流社会，政坛表现亮眼。2014 年，多国华裔以史上最大阵容参与本国选举，并在多个职位实现突破，推动了华人更好更快地融入当地主流社会。诸如巴黎历史上首次同时出现 3 位华人副区长；美国中期选举，华裔成绩突出；印度尼西亚华裔钟万学当选为雅加达首都特区有史以来首位华裔省长。

（中国新闻网 2014 - 12 - 31/陶煌蟒）

2014 年在日华人十大新闻

在中日关系逐渐回暖的 2014 年，在日华人又走过了坚守和承担的一年。《中文导报》归纳出 2014 年在日华人十大新闻，为一起走过的日子留念。

一、一年内三位华人在日见义勇为受表彰，树立华人新形象，传递华社正能量。

二、高仓健、吴清源、渡边淳一、李香兰谢世，华人回忆日中名人"中国缘"寄哀思。

三、日元汇率惨跌至七年新低，在日华人吃不消：安倍三支箭，华人三重苦。

四、中华总商会成立 15 周年举办"华商论坛"，设立地方直属分会，迈向组织集团化。

五、林雪琴池袋被撞身亡成华社惨案，福建社团同心互助，体现血浓于水的同胞情。

六、腾讯大家 MOOK 东京首发，日本华文笔会参加世华文学大会，华人投身文化大交流。

七、微信、微博刷爆华人圈，在日华人网络社交风起云涌，领事服务迈入"微时代"。

八、日本代表性华媒《中文导报》发行 1 000 期，继续守望并引领华人社会发展新路。

九、东京中央与横滨国际领衔华人文物拍卖潮，在日中国艺术品拍卖挺进亿元时代。

十、"东京华助中心"揭牌运行，"海外惠侨工程"落户日本成全球第二家。

（［日本］《中文导报》2014 - 12 - 25）

2014 年美国华人十大新闻

一、合力抗争　SCA5 案涉歧视亚裔被封杀

二、纽约两警察遭射杀　一人为华裔

三、加州华裔参议员余胤良遭 FBI 查办

四、纪欣然丧生　南加大再发留学生命案

五、中国留学生多起意外引发媒体关注

六、刘云平成第三位华裔联邦众议员

七、休斯敦纽约华人灭门案频发　社区担忧

八、全美首次　春节成纽约州公校法定节日

九、郑翠萍去世千人送葬　盖棺难定论

十、华工从"猪仔"到进入劳工部名人堂　　　（［美国］侨报网 2014 - 12 - 31）

美国南加州华人社团 2014 年度十大新闻

美华裔非政府组织研究会、北美华文新媒体民调中心、全美华裔青年新闻工作者联谊会等机构于 12 月 22 日联合公布"美国南加州华人社团 2014 年度十大新闻"评选结果。

据介绍，评选结果是根据专业民调、新闻影响度，并结合网上搜索率排名等综合方式产生。这是相关机构连续第六年公布的南加州地区华人社团年度十大新闻评选结果。

按事件发生时间顺序，十大新闻依次为：

一、美国南加州地区华人龙头社团罗省中华会馆 1 月 2 日公开声明，强烈谴责和抗议日本首相安倍晋三参拜靖国神社。

二、记载 1980—2010 年 30 年间南加州华人在美国奋斗过程的地方华裔史册《南加华人 30 年史话》，于 2014 年 1 月正式结集成书。

三、5 月 18 日下午，南加州侨学界团体在洛杉矶启动 2014 年南京青奥会火炬网络传递活动。

四、每年 5 月是美国的亚太裔文化传统月，美国华人公共外交促进会、全美中华青年联合会、南加州华侨华人联合会等机构值早期华工入列美国劳工部名人堂之际，缅怀华裔先贤在美国社会中的发展历史，对华裔先贤在美国历史上做出的重要贡献深以为荣，并联合倡议树立新型华人形象，使华裔族群成为美国社会中受人尊敬的少数族群之一。

五、南加州侨学界社团 5 月 28 日在洛杉矶举办"洪门"文化研讨会。

六、美国华人公共外交促进会、全美中华青年联合会等机构 8 月 11 日在美国前总统尼克松的母校惠提尔学院举办华人公共外交论坛，纪念美中建交 35 周年。

七、由来自加州大学圣地亚哥分校华人学生推出的"蘑菇网"，为全美留学生提供教科书交换和课业辅导服务。另外，由华人新生代团体"生而不凡"（Prime Union）携手南加州多所知名大学的中国学生会（CSA），在好莱坞顶级俱乐部 LURE 举办联谊晚会，成为南加州华人社区的热门话题。

八、11 月 6 日，全美华人华侨纪念抗日战争胜利 70 周年组委会在洛杉矶正式宣告成立，全美知名华人陈香梅女士任名誉主席，知名侨领方李邦琴女士任组委会主席。

九、中国首位在非洲长期从事野生动物保护的民间英雄星巴，11 月份应美国栖息地守护者基金会以及南加州华人社团和加州大学洛杉矶分校、南加州大学中国学生学者联合会之邀，在洛杉矶一连举办了三场讲座，推动海外华人社区共同承诺保护野生动物，塑造华人参与保护自然生态环境、参与国际社会保护野生动物事业的积极正面形象。

十、2014 年 11 月 14 日，全美中华青年联合会主办的全美华裔新生代社团工作研讨会在纽约召开，来自全美最具知名度的新生代社团代表共同分享青年社团工作心得，交流工作经验，共同表示将以更紧密的战略合作方式，全力推进全美华裔新生代社团的成长。这是华裔历史上首次新生代社团工作专题研讨会。　　　　（中国侨网 2014 - 12 - 24/刘郁菁）

2014 年大芝加哥华人十大新闻

近日，《芝加哥华语论坛》报编辑部评出 2014 年大芝加哥华人十大新闻（按时间顺序排列）。

一、大芝加哥华侨华人愤怒声讨日本复活军国主义

二、芝加哥华埠举办盛大春节游行　市长首次参加

三、芝加哥马来西亚协会举办烛光祈祷　哀悼 MH370 失联客机人员

四、芝加哥区台湾同乡联谊会声明支持两岸服贸协议

五、芝加哥中国城新图书馆破土动工　内部有大量中国元素

六、芝加哥各界人士庆祝《芝加哥华语论坛》报创刊十五周年

七、国际华人移民服务机构联会在芝加哥召开年会

八、全美中国和统会联合会年会在芝举行

九、国家大剧院管弦乐团北美巡演　芝加哥首演"开门红"

十、芝加哥《华埠社区远见计划纲要》公布　　　　（人民网 2015 - 01 - 03）

2014 年欧洲十大华人新闻

一、慰侨活动在欧洲遍地开花

回首 2014 年，慰侨活动在欧洲遍地开花，巴黎、马赛、伦敦、柏林、斯德哥尔摩等地频繁掀起来自中国的"文化旋风"，温暖着海外华人。今年伊始，由中国国侨办主办的"文化中国·四海同春"活动连续第 5 年走进欧洲。紧接着，"中华文化大乐园——优秀才艺学生交流团"、"文化中国"艺术团、"亲情中华"等活动也接连登陆。与此同时，在中国举办的"水立方杯"华人歌唱大赛、华侨华人社团联谊大会等活动中，欧洲华人也屡获殊荣。

二、签证放宽，欧洲喊中国人来旅游、留学

2014 年，中国人海外旅游、留学日趋频繁，欧洲更是成为主要目的地之一。为吸引中国游客，欧洲各国签证利好频出：1 月 27 日起，中国公民办理赴法国签证时间不超过48 小时；6 月，意大利总理伦齐宣布，赴意签证申请时间缩短为 36 小时；8 月起，频繁访英的访客，签证可申请 24 小时内处理完毕；10 月，赴德短期签证审发时间缩短为 48小时；11 月，荷兰签证受理时间缩至 48 小时。而在留学方面，欧洲多国使出"浑身解数"吸引中国学生。法国表示，申请该国高校不需高考成绩，力争 8 万中国学生，并专

为中国留学生开设博士课题；德国全面取消学费，延长工作居留时间；意大利提出，毕业后一年内找到工作即可居留。

三、华人见证中法建交 50 周年

在 2014 年的爱丽舍宫农历新年招待会上，法国总统奥朗德特别强调了中法建交 50 周年对中法两国的重要意义，并对受邀的旅法华侨华人表示，希望他们成为中国投资法国的桥梁。2014 年 1 月 27 日，巴黎大皇宫举办了"中国之夜"活动，这是法国官方庆祝活动的正式开幕典礼。这场活动共邀请了包括旅法侨界在内的 10 万名中法各界精英参加。作为庆祝中法建交 50 周年系列文化活动之一的巴黎艺术博览会 3 月 30 日在巴黎大皇宫开幕，中国应邀担任博览会的主宾国。来自北京、上海和香港的 10 家画廊带来了中国不同时代艺术家的作品。

四、华人热议欧洲劲刮"中国风"

从 2014 年 3 月以来，中国领导人频频访欧，外界称中欧进入"再蜜月期"，这为欧洲华人和华商带来无限机遇，引发热议。对此，华商们纷纷表示，在欧洲掀起一股"中国风"，为中欧关系注入强劲动力，双方签署了包括金融、交通、食品、能源、新兴行业、文化合作等多个方面的合作协议。中资企业代表还指出，领导会面谈的不仅是简单买卖，更是深入合作，尤其是经贸合作亮点多。

五、欧洲华人参政再上台阶

2014 年，欧洲华人在政坛开创了一个又一个新的纪录，可谓高潮迭起，亮点不断。4 月 13 日，法国市镇选举最后一轮，巴黎市议员陈文雄被推选为 13 区副区长，华人律师王立杰被选为 19 区副区长，施伟明成为 20 区副区长。3 月 16 日，谢盛友高票当选德国班贝格市议员，王伟华当选为施韦青根市最年轻的议员。有预测称，2015 年，英国汉普郡哈文特选区保守党成员 Alan Mak 有望成为该国首位华人国会议员。

六、中国旅行团在欧接连遭抢

4 月 20 日晚，一个由 23 人组成的中国旅行团在巴黎遭遇多名歹徒抢劫，护照、财物被洗劫一空。5 月 28 日，另一个由 48 名中国游客组成的旅行团在巴黎街头被蒙面歹徒拦截，5 名游客遭殴打，2 人受伤。此外，欧洲各地华人商店也频频成为强盗的目标。针对海外华人安全屡亮"红灯"的现状，中国外交部于 9 月 2 日开通"12308"全球领事保护与服务应急呼叫热线；欧洲各国也采取了相应措施，法国增加"中文报警热线"，并增加旅游区的法国警力；西班牙马德里警方为中国人在警察局报案时提供翻译协助服务，其他部分城市警察局也举行了中文安全信息介绍会；在意大利，意大利领事保护与服务微信公众号"意旅阳光"7 月 29 日正式上线。

七、西班牙一年发生三次辱华事件

2014 年 4 月，西班牙女主持人污蔑华人吃人肉；5 月 15 日，西班牙节目播"华人与狗不得入内"；10 月 16 日，西班牙电视节目涉嫌辱华，称中国人看起来都一样丑。华人群体和西班牙人群体确实存在一些摩擦，这是因为西班牙人不理解中国文化而对华人产生误解。西班牙媒体对华人这种持续的歧视与偏见，也是社会上一些群体对华人的印象和态度的缩影。

八、"一战"14 万华工重回欧洲视野

2014 年是第一次世界大战爆发 100 周年，有关的纪念活动在世界各地举行。在法国、

比利时等地，开展了一系列有中国人参与的纪念百年前来欧的 14 万华工的活动。2014 年对华工的纪念主要集中在法国，而当年曾有 9.6 万华工奋战前后方的英国，至今仍缺少官方的纪念活动，全英 4.3 万个"一战"纪念碑更无一处提及在英华工的贡献。

九、"有钱任性"，华人买遍欧洲楼市

据报道，中国大牌房企及投资机构正在加紧布局伦敦，当地所建楼盘经常被抢购一空。此外，海外华人也正在抢购伦敦房产。据统计，1 至 10 月，中国海外投资总额为 819 亿美元，比 2013 年同期增长了 17.8%。其实除了伦敦，自从欧洲多国推出"黄金签证"政策以来，华人也在西班牙、葡萄牙多地掀起了买房置业热潮，法国、意大利等多国都不乏华人买房者的身影。

十、孔院创立 10 周年，学堂覆盖全欧盟

由中国北京教育学院与塞浦路斯大学合办的塞大孔子学院于 2014 年 10 月 27 日揭牌，此前塞浦路斯是唯一一个没有孔院的欧盟国家，因此当天的揭牌仪式标志着孔院已走进所有欧盟成员国。2014 年恰逢孔子学院创立 10 周年。目前，全球已建立 471 所孔子学院和 730 个孔子课堂，欧洲占比最大，孔子学院在欧洲 38 个国家已先后成立了 158 所。另外，178 个孔子课堂也遍布欧洲 22 个国家，其中，英国、俄罗斯、法国、德国以及意大利数量最多。

（［法国］欧洲时报网 2014 – 12 – 25）

2014 年英国华人社会十大热点事件

回首 2014 年，《英中时报》透过 10 个焦点话题，聚焦英国华人社会的重要事件，并解剖事件背后的隐因及后果，希望向在英华人呈现多角度、多元化的英伦生活。

一、李克强商贸行　升级中英关系
二、上海数学教师抵英　"传授"中式教学
三、食品过敏源新法 12 月施行
四、英投资移民门槛升至 200 万英镑
五、低龄留学潮促监护人行业繁荣
六、马航失联航班乘客　含两留英华人学生
七、托福托业"无用"　中国申英考生维权
八、治安问题再显　中餐馆接连遇袭
九、中国游客伦敦病危　在英华人施援手
十、华人疑遭蔑称　华社群起声讨　　　（［英国］《英中时报》2014 – 12 – 24）

2014 年意大利华人十大新闻

回忆过去、总结经验，是发展与进步的开端。意大利欧联通讯社总结了 2014 年意大利华人社会十大新闻事件：

一、意大利华人企业火灾成焦点

意大利普拉托一家华商服装厂发生火灾，造成 7 人遇难，3 人受伤。2014 年年初，佛罗伦工业区一家华人箱包批发企业再次发生大火，造成了近百万欧元的经济损失。这场大火持续燃烧了 10 余个小时，震惊了当地社会，舆论直击华人企业的安全问题。

二、普拉托华人男子被杀遭弃尸郊外　帕多瓦华人捐款被抢

1月4日，意大利华人社区再度发生惨案，一名56岁的华人男子被刀斧砍死，后被弃尸在普拉托郊外某华人工厂一间废弃的配电房。1月30日，帕多瓦市一名女华商在华人批发中心店内遭遇抢劫，抢匪掠走了帕多瓦华人为普拉托华人火灾遇难的7名华人捐赠的6 000欧元。

三、华企支撑"意大利制造"金字招牌

华人经济、华人企业支撑着普拉托"意大利制造"的金字招牌。普拉托华人聚集的密度在欧洲排列第一，华人企业发展最快，是欧洲自发生经济危机以来，华人经济仍在扩张和发展的唯一区域。

四、意华人移民鲜少在意埋葬引关注

普拉托市政警察负责人安德烈（Andrea）在接受采访时表示，意大利华人移民死亡率仅为0.04%。原因在于华人移民老年人在意大利生活的很少，步入老年的华人大部分都已经回到了祖籍国，去实现他们落叶归根的夙愿。

五、华商支撑"意大利制造"本土化

意大利普拉托工业协会的负责人表示，如今普拉托主要商品批发区企业里，华商已经占到了90%以上，普拉托的服装制造业95%以上被华商控制。从某种意义上讲，华商正在支撑着"意大利制造"的本土化。

六、意大利华人企业用工弊端多

意大利多数华人企业员工非按时定月领取工资，由于工人吃住老板负责，工人日常用钱很少，自己存钱又不方便，工人只有回国或有需要时才找老板要工资。这使得企业一旦出问题，工人的工资就很难追讨。

七、喜：中国蔬菜登上意餐桌　忧：华人引进手续不全

意大利普拉托华人蔬菜种植业不断向产业化发展，华人生产的时令蔬菜不仅在意大利的中国货行随处可见，更是走进意大利超市，登上了意大利人餐桌。具有中国特色的蔬菜走进意大利可谓喜忧参半。喜的是，华人可以随时品尝到家乡的蔬菜瓜果，意大利民众对中国蔬菜有了极高的认可度，从开始品尝到成为餐桌上的一部分，中国蔬菜已然成为近年来中国物种进入西方国家的一大成功范例。忧的是，中国蔬菜在未经任何植物进口检疫的情况下，陆续进入意大利，已经引起了政府和植物检疫部门的高度重视。

八、意大利遭枪击华人伤愈出院　经中领馆斡旋获补偿

2013年4月23日，意大利帕尔马市近郊酒吧发生一起枪击事件，中国浙江青田籍女侨胞何苏雪臂膀和腹部分别中枪，并深度昏迷。日前，何苏雪伤势基本痊愈，并在中国驻米兰总领馆斡旋下获得相应补偿。

九、18名意大利华人洗钱被捕

意大利金融警察12月17日对非法外流资金网络展开打击行动。在这次行动中有18名华人被逮捕或受软禁。

十、中国人成意经济发展不可缺少的合作伙伴

根据欧盟统计局的数据，2013年意大利与中国的双边贸易额为437.3亿美元，增长0.3%。中国驻意大使李瑞宇接受媒体采访时表示，2014年1—7月，中国对意投资呈爆发式增长态势，累计投资57亿欧元，为2014年以前对意累计投资总额的近5倍。意大利

官方评论称，中国人已经成为意大利经济发展上不可缺少的合作伙伴。

（［意大利］欧联通讯社 2014 – 12 – 22/博源）

2014 年匈牙利华侨华人十大新闻

近日，《欧洲论坛》与匈牙利华通社共同评出匈牙利华侨华人 2014 年十大新闻。

一、匈牙利星光合唱团获捷克"伏尔塔瓦国际合唱节"大奖

二、华裔少年获国际体育比赛金牌

三、中国侨联副主席乔卫率团访问匈牙利慰问华侨华人

四、中国艺术家代表团赴匈牙利演出慰问华侨华人

五、中国开通全球领事保护"12308"热线　匈华总会举行座谈会部署相关工作

六、匈牙利布达佩斯两华商被抢窃损失 150 万欧元

七、匈牙利中国和平统一促进会换届　张国治任第四届会长

八、湖北省省长访匈牙利会见侨团　介绍招商引资情况　与华商签订多项投资协议

九、匈牙利甘茨商业区华人商会换届　叶建新当选第二届会长

十、匈牙利当局对华商批发市场持续一个多月封锁大检查　华商损失惨重

（［匈牙利］欧洲论坛 2014 – 12 – 26/卢秀钦）

2014 年江苏侨界十大新闻

由江苏省侨界专家委员会评选出的"2014 侨界十大新闻"揭晓，名单如下：

一、联合举办"创业中华——2014 侨资侨智对接交流会"

二、组团参加"创业中华·创新江苏——2014 侨界人才聚无锡"活动

三、组团参加第十七界中国北京国际科技产业博览会

四、召开 2014 年省侨专委年会

五、召开"侨之声——发挥侨专委作用，推进产学研合作"专题座谈会

六、开展侨智"对接　共享"交流活动

七、积极宣传新侨创业人士

八、发挥智力优势　建言献策成效显著

九、省侨专委四位委员分别荣获"中国侨界贡献奖"

十、江苏新侨被增聘为中国侨联特聘专家委员会委员　（江苏侨联网 2015 – 01 – 26）

2014 年广东侨务十件大事

1 月 29 日，广东侨网"2014 年广东侨务十件大事"评选结果正式揭晓。据了解，这次评选活动共收到各地侨办（外侨局）和省侨办处室推荐事项 31 件，其中 15 件被推荐为候选大事，通过广东侨网公开接受网友评选投票。综合推荐情况和投票结果，主办单位研究确定了"2014 年广东侨务十件大事"。这是广东省侨办连续十多年通过广东侨网评选年度广东侨务十件大事。广东省侨办希望通过评选活动，加强对全省侨务工作特别是基层侨务工作新发展新亮点的总结和宣传，鼓励推动各级侨办加大工作创新和品牌创建力度，进一步做强做好侨务工作。入选十件大事的事项包括：

一、广东省人大会议首次邀请十位海外华侨列席

二、广东省第十次归侨侨眷代表大会隆重举行

三、海外侨胞积极支持参与广东 21 世纪海上丝绸之路建设

四、广东省海外交流协会召开第六次会员大会　产生新一届理事会

五、国务院批复同意设立汕头华侨经济文化合作试验区　海外侨胞反响热烈

六、千名海外华裔青少年集结参加"相约广东·走进中山珠海"活动

七、全国首家涉侨民间智库——深圳市侨商智库研究院揭牌成立

八、津通集团项目落户广州番禺　首届世界华商 500 强广东（广州）圆桌会结硕果

九、第六届潮商大会在珠海举行

十、第四届世界江门青年大会硕果累累　　　　　　　　　　（广东侨网 2015 - 01 - 30）

2015 年大事记

2015 年全球华侨华人十大新闻

中国侨网联合中国新闻网评出的"2015 全球华侨华人十大新闻"揭晓。十大新闻评选结合专家意见和网友投票，展现了 2015 年华侨华人的成就和荣耀。

一、习近平高度评价旅美侨胞贡献

2015 年 9 月，中国国家主席习近平对美国进行首次国事访问，在出席西雅图美国侨界欢迎招待会上，对旅美侨界给予高度评价，希望侨胞们积极融入美国主流社会，推动当地经济社会发展，为中美互利合作牵线搭桥。

二、首届世界华侨华人工商大会举行　会聚全球华商

2015 年 7 月 6 日至 7 日，首届世界华侨华人工商大会在京举行。来自 79 个国家和地区的 300 余名海外华商代表参加。国务院总理李克强会见全体代表，寄望广大华侨华人架起中外经济合作共赢的"彩虹桥"，成为促进中国经济转型发展的"生力军"，打造华商"新形象"。

三、海外华文传媒诞生 200 周年　刘云山寄语

第八届世界华文传媒论坛 2015 年 8 月 22 日在贵阳召开。中共中央政治局常委刘云山致信祝贺。刘云山希望广大海外华文媒体更好地向世界讲述中国故事、传播中国声音、展现中华文化。

四、海内外侨界纪念抗战胜利 70 周年

2015 年 9 月 3 日是中国人民抗日战争暨世界反法西斯战争胜利 70 周年，世界各地的华侨华人相继举行盛大的纪念活动，以各种形式表达其铭记历史、珍爱和平的心声。

五、华侨华人参与"一带一路"建设　作用独特

"一带一路"沿线各国华侨华人超 4 000 万，东南亚地区是华商力量最强的区域。国侨办主任裘援平表示，华侨华人是推动"一带一路"建设不可或缺的独特力量，能在其中发挥独特作用。

六、中国"绿卡"申请门槛放宽便利海外华人

在国家认定企业技术中心、国家工程技术研究中心、外商投资研发中心等 7 类中国企事业单位任职，且符合相关条件的外籍华人将有望获得中国"绿卡"。

七、中国助推侨胞参与"侨梦苑"建设

国侨办和地方政府联手合作、重点建设的侨商产业聚集区"侨梦苑"已有 6 家，分别在天津武清区，河北北戴河新区，福建福州马尾，江西南昌和广东广州、江门。国侨办主任裘援平表示，国侨办正选择精华地带，与地方政府合作积极推动一批"侨梦苑"的成立，为侨搭建一个可以联手创业、抱团取暖的平台。

八、恐怖袭击多发　华人海外安全话题引关注

2015 年 11 月 13 日，法国遭遇"史无前例"恐怖袭击，百余人遇难；11 月 19 日，外交部证实中国公民樊京辉被"伊斯兰国"极端组织绑架并残忍杀害；20 日，马里中资机构 3 名同胞惨遭恐怖袭击遇难。习近平主席、李克强总理就中国公民被劫持事件作重要批示，中国驻多国使领馆第一时间发出安全提醒，呼吁海外中国公民注意安全。

九、中国侨商会成立科技创新委员会

中国侨商投资企业协会 2015 年 11 月 30 日在北京成立科技创新委员会。国侨办主任裘援平期待华侨华人专业人士和科技创业者以"万侨创新"的姿态，在"十三五"时期创新型国家建设中发挥更大作用。

十、英国华人参政表现亮眼　创下两项纪录

5 月 8 日，2015 年英国大选尘埃落定。此次大选中，华人创造两项纪录，其一是 11 位来自保守党、工党、自民党和绿党的华裔候选人参选，人数之多，创下历史最高水平。其二是首次有华裔当选下议院议员。

（中国新闻网 2016 - 01 - 05）

2015 年在日华人十大新闻

2015 年以"爆买"和"海淘"为关键词，在日华人在时代大潮中走过了坚守和发展的一年。《中文导报》归纳出 2015 年在日华人十大新闻，为共同走过的日子留念。

一、Laox 社长罗怡文作为 500 万中国客"爆买"日本的助推者和见证者，受领年度流行语大奖。

二、日本吸引力不再，在日华人增长钝化，华人犯罪率 5 年减少 73.4%。

三、日元兑人民币汇率破 5，在日华人资产缩水，生活质量打折扣。

四、程永华大使视察《中文导报》社，对华文媒体寄予期待。

五、侨团侨社风起云涌，全华联激情演绎《保卫黄河》创历史奇迹。

六、在日华商组团参加第十三届世界华商大会，中华总商会引领潮流。

七、全日本中国企业协会联合会成立，整合各地资源，展现中资实力。

八、同源中文学校 20 周年，在日华教硕果累累，民族文化传承有道。

九、华人主办的"日本中国电影周"走过十年，文化艺术交流方兴未艾。

十、李小牧竞选新宿区议员，续走华人在日参政之路，惜败尤荣。

（［日本］《中文导报》2015 - 12 - 31）

2015 年美国华人十大新闻

美国中文电视、美国中文网联合评选出了 2015 年美国华人十大新闻。

一、多年努力梦想终成真　农历新年成纽约市公校法定假日

二、全美华人纪念抗战胜利 70 周年　海外首座抗日战争纪念馆建成

三、平权法案不平权？　华裔学生受反向歧视　亚裔社团提出哈佛申诉

四、白宫请愿游行募款援梁彼得　华人维权更成熟

五、殴打杀人车祸　留学生案件频发　在美现状引发关注

六、南加州月子中心突遭联邦扫荡　赴美产子引热议

七、抗议《纽约时报》报道不实　美甲新法歧视新移民　华裔业者诉州长发动千人示威

八、华人专家学者屡陷间谍冤案　亚裔议员组织强烈发声

九、恐袭多发　频遭威胁　安全问题引华人关注

十、习近平首次对美进行国事访问　美中关系再上台阶　华人受益

（中国侨网 2016 - 01 - 02）

美国南加州华人社团2015年度十大新闻

美华裔非政府组织研究会、北美华文新媒体民调中心、全美华裔青年新闻工作者联谊会等机构日前联合公布"美国南加州华人社团2015年度十大新闻"评选结果。按事件发生时间顺序，十大新闻依次为：

一、2015年2月7日晚，中国音乐学院附中中国少年民族管弦乐团在东洛杉矶学院为2 000名当地观众带来了一场精彩绝伦的民族音乐盛宴，淋漓尽致地展现了中华文化的精美和绮丽。

二、南加州大学中国学生学者联合会主办的第三届南加州中国论坛4月12日在洛杉矶举办。

三、对于小留学生在海外的生活现状和发生的个别事件，全美中华青年联合会等社团向媒体和华人社区发出公开倡议书，希望高度关注小留学生的学习、生活状态。

四、缪斯国际青少年艺术节7月23日上午在洛杉矶康奈尔音乐学院演奏大厅隆重开幕，展开4天的各类型专业音乐项目。

五、来自中国云南的探险家金飞豹等5人，8月8日上午骑车抵达美国西海岸城市洛杉矶，宣告历时66天的骑自行车穿越美国行程成功。66岁的费宣同时创造了华人年龄最大的骑自行车穿越美国的纪录。

六、全美华人华侨纪念抗日战争胜利70周年委员会3月在洛杉矶中国城举办纪念台儿庄战役专题研讨会；4月在洛杉矶举办专题研讨会，纪念湘西会战大捷70周年；5月在洛杉矶举办"美洲华侨航校与抗日战争"专题研讨会；8月主办"美洲洪门组织与抗日战争"论坛。系列专题研讨会是南加州地区最具影响力和学术价值的纪念抗日战争胜利70周年的活动。

七、栖息地守望者基金会、肯尼亚马拉野生动物保护基金会、美国华人公共外交促进会等社团10月在洛杉矶联合向全美华人社区呼吁，提升华人社区积极参与公益的形象、拓展华人社团的公益事业参与范围，共同培养华裔青少年野生动物保护意识，推动跨国合作，在造福人类和地球生态的全球各国的共同事业中，展现华人在国际社会中的世界公民责任感。

八、在深受美国青少年喜爱的万圣节到来之际，由南加州留学生社团 ICON UNION 携手南加州大学香港学生会（USC HKSA）举办的万圣节超大型免费主题舞会"The Dismaland"，10月23日晚在洛杉矶市中心成功举办，盛况空前，超过3 000名留学生和各族裔青年踊跃参与，开创南加州华人社区历史上最大型的免费舞会纪录。

九、全美中华青年联合会11月29日宣告，将在南加州大洛杉矶地区几个小留学生较为聚集的区域，成立南加州中国小留学生服务中心，向在南加州地区人数众多的中国小留学生们提供实质服务项目。

十、美国亚裔保险理财协会12月3日在南加州园林市举行第八届年会，来自全美各

地近 500 位保险理财专业人士，与众多国际知名保险业公司的高层人士出席了当天大会。

（中国侨网 2015 - 12 - 31）

2015 年大芝加哥地区华人十大新闻

《芝加哥华语论坛》报评出 2015 年美国大芝加哥地区华人十大新闻如下（按时间顺序排列）：

一、芝加哥一百五十佳丽举办大型"旗袍秀"

二、芝加哥各界签署《华埠社区远见计划》

三、"唐仲英中国馆"在芝加哥菲尔德博物馆揭幕

四、美国中国总商会芝加哥分会成立

五、《黄河大合唱》音乐会取得巨大成功

六、芝加哥新华埠图书馆正式落成揭幕

七、第二届中美友好城市大会在芝加哥举行

八、芝加哥华侨华人举办座谈高度评价"习马会"

九、芝加哥东方艺术团庆祝成立十周年

十、歹徒持枪抢银行　华埠治安堪忧 （中评网 2016 - 01 - 06）

2015 年欧洲华人十大新闻

《欧洲时报》评选出 2015 年"十大欧洲华人新闻"，和您一起回顾刚过去的这一年。

一、观礼"9·3"阅兵　旅欧华侨备感荣光

9 月 3 日，北京举办纪念中国人民抗日战争暨世界反法西斯战争胜利 70 周年阅兵式，包括众多欧洲侨胞在内的近 2 000 位海外侨胞现场观礼，并有 5 名侨胞登上天安门城楼。

二、惠侨八项计划　繁荣欧洲华社

2015 年是"海外惠侨工程"八项计划落实元年，该计划由中国国务院侨办在 2014 年第七届世界华侨华人社团联谊大会上推出。中国国务院侨办副主任谭天星介绍，"海外惠侨工程"包含侨团建设、华助中心、华教发展、文化交流、事业扶助、中餐繁荣、中医关怀、信息服务八项计划。在这八项计划中，有的是全新举措，如华助中心等，有的是对长期为海外侨胞服务的措施的更新和完善，如华教发展等。

三、回首"二战"胜利 70 年　欧洲华侨贡献良多

2015 年是世界反法西斯战争胜利 70 周年。70 年前，旅欧华侨华人对欧洲战场贡献良多；70 年后，今人铭记历史的纪念活动形式多样、历时长久。

四、"一带一路"联通欧亚　旅欧华侨华人积极参与

中国提出的"一带一路"战略构想正受到世界关注。联通欧亚的这一构想，为发展中国和复苏欧洲提供了千载难逢的合作契机，2015 年中欧"一带一路"合作进一步升级。中国国侨办副主任何亚非指出，"一带一路"建设的核心是推动沿线国家发展战略的对接，从而实现共同发展、共同富裕。

五、英华裔入国会　改写历史"年度华人"

2015 年 5 月 8 日，31 岁的中国香港第二代移民 Alan Mak 改写了英国华人参政的历

史。身为保守党在哈文特选区的议会议员候选人，他以超过 51% 的得票率胜出，成为英国议会下院历史上首名华裔议员。

六、"四海同春" 再临欧洲　天涯若比邻

春节对于华人而言，是重要的传统佳节，是亲人相聚、阖家团圆的日子。2015 年 2 月 22 日至 3 月 9 日的 "文化中国·四海同春" 艺术团再次来到欧洲演出，访问了伦敦、爱丁堡、巴黎、罗马、米兰共三国五城，与旅欧华侨华人共叙乡谊，该演出被称为 "海外春晚"。

七、华人影像在欧洲兴起　还原真实华人形象

2015 年以来，海外华人题材影像兴起，欧洲多国传媒机构推出多部展现华人正面或全面形象的艺术作品。

八、误学业　旅欧中国留学生现 "代购潮"

留学生利用代购赚取一定生活费减轻压力也可谓一种 "生财之道"，但为此花费大量的时间与精力，以致学业受到影响，从长远发展来看，可能是 "捡了芝麻，丢了西瓜"。随着近期中国不断下调关税幅度以及电商平台大举进入海淘行业，未来留学生 "代购党" 将何去何从仍是未知数。

九、周日营业上路　旅法华商遂 "夙愿"

法国政府 9 月 24 日发布政令，《马克隆法》涉及的巴黎 12 个国际旅游区（ZTI）有关条款正式生效。有关条款的核心内容是国际旅游区内商家可夜间和周日营业。巴黎华人日常生活主要购物地点——"13 区唐人街" 地段幸列其中。

十、米兰世博会搭台　旅欧华商大展拳脚

米兰世博会于 5 月 1 日至 10 月 31 日举行，别具特色的中国元素大为抢镜。以麦浪为外形的中国馆，充满中国文化气息的北京周，让人垂涎三尺的中国美食等，让世界各国的参观者在领略中国文化的同时，也感受到中国发展给世界带来的活力。

（［法国］欧洲时报网 2015 – 12 – 28）

2015 年奥地利侨界十大新闻

一、2015 年奥地利华侨华人留学生新春晚会举行
二、倪铁平成奥政府首位华人经济顾问
三、中国侨联欧洲顾问、委员、青年委员年会召开
四、日军亚太地区罪行图展在维也纳举行
五、"当代福尔摩斯" 李昌钰博士做客欧洲时报文化中心
六、单骑送铁证　奥地利纪行
七、陈安申博士荣获金质奖章
八、鲁家贤获奥中关系贡献奖
九、《欧洲时报》将中英特刊送入 "16 + 1" 会场
十、格尔德·卡明斯基新书发布会举行

（［法国］《欧洲时报》中东欧版 2016 – 01 – 06）

2015 年匈牙利华侨华人十大新闻

匈牙利华文媒体《欧洲论坛》和欧洲华通社联合评出 2015 年匈牙利华侨华人十大新闻。

一、匈牙利华总会代表获邀列席中国"两会"

二、失窃福建章公祖师肉身坐佛再现匈牙利　华侨华人积极追讨

三、旅居匈牙利的华侨女作家薛燕平作品受欢迎

四、匈牙利丽水商会成立

五、华人合唱团在"布达佩斯音乐桥合唱比赛"获奖

六、匈牙利侨界隆重纪念中国抗战胜利 70 周年

七、匈牙利星光华人少年合唱团成立

八、匈牙利中国和统会隆重举行纪念台湾光复 70 周年活动

九、旅匈侨界举行活动庆祝匈牙利中医立法细则颁布

十、匈牙利形成华人投资移民群体　　　　　　　　　　（中国新闻网 2015 – 12 – 30）

2015 年莫桑比克侨界十大新闻

一、1 月：中国司法部部长吴爱英出席莫桑比克总统就职典礼

二、5 月：莫桑比克首都环城路将推迟完工

三、7 月：中国新任驻莫桑比克大使苏健抵莫履新

四、7 月：中国驻莫使馆举行纪念中国人民抗日战争暨世界反法西斯胜利 70 周年座谈会

五、8 月：成都艺术团巡演　庆祝中莫建交 40 周年

六、10 月：莫政府向马捷捷汽车公司颁发"莫桑比克制造"证书

七、11 月：看世界的践行者——环球自驾人陈勇

八、12 月：首家中资保险公司进入非洲莫桑比克

九、12 月：习近平会见莫桑比克总统纽西

十、12 月：莫桑比克贵州商会于马普托成立

（［莫桑比克］《莫桑比克华人报》2016 – 01 – 13）

2015 年广东侨务十件大事

一、《广东省华侨权益保护条例》出台实施

二、新一轮 35 889 户华侨农场危房改造任务顺利完成

三、第八届世界广东同乡联谊大会在悉尼隆重举行

四、广东首批"侨梦苑"落户广州增城和江门

五、汕头华侨经济文化合作试验区"华侨板"挂牌开板

六、首届中国（深圳）华侨华人产业交易会成果丰硕

七、世界华侨华人企业家南沙自贸区圆桌会成功举办

八、第二届世界广府人恳亲大会在珠海举行

九、江门市政府发布侨务强市建设纲要

十、省侨办首次组派中医专家赴南太平洋岛国慰侨义诊　（广东侨网2016-01-05）

2015年广西侨务十大新闻

一、广西壮族自治区侨办首次派出专家到马来西亚、泰国义诊

二、国务院侨办副主任谭天星到广西调研

三、"中华文化大乐园"英国伦敦开营

四、冯祖华出席第十七届世界广西同乡联谊会

五、第十六届（南宁）国际诗人笔会诗诵广西新华章

六、第三十四期华侨华人社团负责人研习班南宁结业

七、"侨商广西行"寻商机

八、50家海外华文媒体开展"北部湾之旅"

九、"海外华人与中国侨乡文化"国际研讨会在钦州召开

十、2015年广西侨乡文艺联欢晚会精彩纷呈　（《华声晨报》2016-01-07）

2015年石狮侨界十大新闻

一、石狮侨界发布"澳门行动宣言"

二、石狮建设侨港澳台胞捐赠项目信息资料库

三、"微信服务"让侨亲回闽落户快

四、泰国石狮同乡总会向同胞伸出援手

五、石狮旅菲侨亲率团赴柬埔寨考察

六、26位石狮籍乡亲受邀出席阅兵观礼

七、石狮籍旅港乡贤首获拿督勋衔

八、为石狮企业开拓"一带一路"市场搭桥梁

九、菲律宾中国和统会邀《石狮侨报》出席

十、120名旅港乡亲凭吊南京大屠杀死难同胞　（今日泉州网2016-01-21/李琳毅）

（本栏目编辑　王华）

本栏目为海外华侨华人重要新闻报道荟萃，包括各类重大事件、事实资料与统计数据，以媒体报道的时间升序排列。

2014 年海外侨情

英国"华人参政计划"启动七年　华人政治地位逐步提高

"华人参政计划"启动七年来，英国华人参政议政格局出现重大变化，华人对政治、政党和各级政府决策的关注度超过历史任何时期。"华人参政计划"创始人李贞驹律师表示，英国华人政治地位正逐步提高，华人参政热情空前高涨。在新的一年，只要华社共同努力，华人在英国社会的重要性将会更高。据悉，近年来，美国、加拿大、澳大利亚和法国华裔选民参政议政逐渐增多，当选各级议员、市长的也大有人在，但各国都没有像英国"华人参政计划"这类的民间组织来推动华人参政议政。

（［英国］《华商报》2014 - 01 - 06）

首部《澳大利亚华人年鉴》编纂工作启动

《澳大利亚华人年鉴（2013）》编纂委员会 17 日举行新闻发布会，宣布全面展开首部《澳大利亚华人年鉴》编纂工作。中国驻悉尼总领事李华新说，编纂《年鉴》是开创性的，意义深远，有利于增进澳大利亚华侨华人的认同感，有利于得到澳政府和社会各界的支持，有利于加强与中国史学界的交流，有利于促进中澳友好交流合作、增进两国人民的相互了解和友谊。《年鉴》编纂委员会主任周光明说，澳大利亚是多元文化共同发展的国家，有超过 100 万华侨华人，在澳华人历史近 200 年，中文已成为澳第二大语言，华人对澳经济社会发展做出了卓越贡献。《年鉴》是记录华人在澳创业奋斗历程的"史书"，服务当代，惠及后人。澳洲中国和平统一促进会常务副会长邵群在讲话中转达了澳洲和统会邱维廉会长的贺词：对《年鉴》编纂委员会成立和即将出版的《年鉴》表示大力支持和热烈祝贺。这是澳大利亚华侨华人历史上一件很有意义的事情，希望把这一工作做得更好，做得完美。《年鉴》总策划、总编辑冯小洋介绍了《年鉴》筹备和编辑出版的进展情况。他说，华侨华人对澳大利亚经济发展、社会进步和繁荣做出了重要贡献，我们要把华人在澳发展历史记载下来，充分利用澳大利亚多元文化优势，大家共襄盛举，编好《年鉴》，功德无量。据了解，《年鉴》有图片专辑、澳大利亚概况、特辑、澳大利亚华人、大事要闻、居澳指南、附录七大板块，由数百个分目和数千个条目构成。其中，大事要闻包括澳大利亚社会发展、澳华社区及澳中关系三个方面，并设有"澳大利亚华人简史"

栏目。《年鉴》将每年连续出版。澳大利亚华人年鉴出版社于去年 10 月启动了《年鉴》编纂前期的资料收集整理、初步编辑工作，官方网站（www. chineseyearbook. org. au）正式上线。

（中国新闻网 2014 - 01 - 17/朱大强）

在韩外国人去年首破 150 万 中国人最多 近 78 万

据韩国法务部出入境外国人政策本部 20 日发布的数据，截至去年，居住在韩国国内的外籍人口达 157. 6034 万人，首次突破 150 万人大关。这一数字相比 2004 年的 71. 8 万人，十年间翻了一番，外籍人口占总人口的比重达到 3. 08%。韩国国内外籍人口在 20 世纪 90 年代末仅 38 万余人，随着国际化脚步的加快，进入 2000 年以后，开始逐年增长，2008 年达到 106. 2 万人，首次开启外籍人口百万时代。按照外籍人口的国籍来看，中国人达到 77. 8 万人，占 49. 4%，接下来依次为美国人（13. 4 万人，8. 5%）、越南人（12 万人，7. 6%）、日本人（5. 6 万人，3. 6%）。按照居住身份来看，最多的是访问就业者，达到 54. 9 万人，其次为海外同胞（23. 5 万人）、结婚移民者（15 万人）及已获绿卡的居民（10 万人）。居住在韩国国内的外国人大幅增长，外国居民比重超过 5% 的地方自治团体达到 22 处。韩国安全行政部去年 1 月 1 日进行的外籍居民现况调查结果显示，外籍居民比重最高的为首尔永登浦区（5. 3 万人，13. 7%）和衿川区（2. 6 万人，10. 8%），平均每 10 人中就有 1 人为外籍人口。首尔九老区外籍居民比重为 9. 7%、京畿道安山市 9%、全罗南道灵岩郡 9. 6%，其他 20 个地方自治区的比重也超过了 5%。

（［韩国］亚洲经济中文网 2014 - 01 - 20）

全美英特尔科学奖决赛名单出炉 华裔学生表现亮眼

2014 年度的英特尔科学奖决赛入围名单 22 日揭晓，全美 40 名决赛入围者中有将近 10 名华裔学生，虽然较前几年有所减少，但仍占决赛入围者相当比例。英特尔科学奖是美国历史最悠久的中学生科技比赛，前身为西屋科学奖。今年的决赛入围者来自全美 14 个州的 33 所学校。入围今年决赛的华裔学生包括加州圣地亚哥 Canyon Crest Academy 高中的陈舒扬（Eric Chen），他用电脑与生物结合的手段来研究感冒病毒的抑制；来自加州 Palo Alto Henry Gunn 高中的刘新（Liu，Charles Xin）研究的是红斑狼疮与肢体硬化的课题；来自加州 Cupertino Monta Vista 高中的娜塔莉·吴（Ng，Natalie）所做的是有关乳腺癌精准药物的研究；来自加州 San Ramon Dougherty Valley 高中的艾米莉·庞（Pang，Emily）做的是有关肿瘤与癌症控制的研究；来自圣荷西 Lynbrook 高中的孔祥悦（Angela Xiangyue Kong）研究的是生物干细胞的生长问题；来自德州奥斯汀 Westwood 高中的斯蒂夫·陈（Steven Chen）研究的课题是液体表面的张力问题；来自田纳西州 Brentwood 高中的 Joyce Kang 研究的是纳米技术下的超导体；来自马里兰州 Montgomery Blair 高中的杰西卡·施做的是有关图形交叉理论的研究。

（［美国］《侨报》2014 - 01 - 24）

华人成为推动春节国际化主力 在海外赢得"市场"

日本《中文导报》28 日刊发社论文章说，进入 21 世纪以来，中国春节在海外赢得"市场"。外国人对农历春节不再只是好奇，而是由旁观转变为欣赏，由祝福发展到参与。

许多国家领导人发表春节贺词，祝贺所在国的华侨华人和全球中国人新春快乐已成惯例；不少大城市还把春节定为公共节假日，使春节显现越来越深远的影响力。在海外华侨华人的推动下，国际化融合已经成为春节一大主题。　　　（中国新闻网 2014－01－28/申文）

西班牙电视台制作人就辱华节目赴中国使馆登门道歉

西班牙电视五台的节目制作人 27 日就跨年节目涉辱华内容赴中国使馆登门道歉。该制作人拜访中国使馆政务参赞黄亚中及领事参赞朱健，称他在中餐馆用餐时听说该节目引起华人强烈不满，此后又看到中国使馆致该台的批评信件，因此深感不安。他解释说该节目制作团队并非有意冒犯华人，他愿就其中不当内容向华人表达诚恳的歉意。黄亚中对该制作人登门道歉的积极态度予以肯定，表示愿向华人社团转达其歉意。他同时表示，该台已经不是第一次出现辱华内容，特别是去年采访中餐馆卫生状况的节目有明显的误导倾向，不仅伤害旅西华人的感情，而且客观上殃及当地中餐业的生计。希望该台吸取教训，遵守职业道德，避免今后发生类似事件，多做促进友谊的宣传，少干伤害感情的事情。该制作人表示将向电视五台领导及同事们转告中方意见，在今后制作节目时注意避免类似事件。

西班牙电视五台播出的跨年晚会上一个名叫"两人桌"的节目中曾出现污辱华人的内容，节目在播出后引起旅西侨界强烈愤慨，中国驻西班牙大使馆曾向该台负责人发去公函，严厉谴责该节目，并要求该台对此进行道歉。（《环球时报》2014－01－29/丁大伟）

日本山梨县外国劳动者增加 4.6%　　中国劳动者最多

近日，日本厚生劳动省山梨劳动局公布的最新数据显示，截至 2013 年 10 月末，山梨县外国劳动者人数达到 4 345 人，同比增加 4.6%。其中，中国劳动者最多，占全体的 26.1%。据日本《产经新闻》消息，近日，厚生劳动省山梨劳动局发布了县内事业所的外国人雇佣状况报告。截至 2013 年 10 月末，县内雇佣外国人的事业所达到 813 个，比上一年度增加 6.1%。外国劳动者人数总计为 4 345 人，同比增加 4.6%。根据日本雇佣对策法，经营者雇佣外国劳动者时，必须将外国劳动者的姓名、居留资格、居留期等情况向厚生劳动大臣申报。按照外国劳动者国籍来看，中国人最多，达到 1 132 人，占全体的 26.1%；巴西人为 1 107 人，占 25.5%；菲律宾人为 782 人，占 18.0%。

（［日本］新华侨报网 2014－02－18）

华裔郭鹤年以 544 亿令吉身家蝉联马来西亚首富

马来西亚华裔富商郭鹤年以 544 亿令吉身家，再次成为马来西亚首富。根据 2 月 16 日出版的《马来西亚人商业》（Malaysian Business）的年度报告，总公司在香港的郭鹤年的财富，从去年的 461 亿令吉增至 544 亿 8 000 万令吉，继续在马来西亚的富豪榜上高居榜首。电讯与电力大亨阿南达依然在富豪榜上排名第二，他的资产从去年的 329 亿令吉微升至 331 亿 9 000 万令吉，涨幅 0.88%。大众银行创办人兼主席、丹斯里郑鸿标，以 180 亿 7 000 万令吉的资产，连续 4 年保持第三位。《马来西亚人商业》在这份年度报告中指出，大马四十大富豪的个人总财富，从去年的 1 948 亿 6 000 万令吉上升至今年 1 月 18 日的 2 178 亿 2 000 万令吉，涨幅达 11.73%。至于今年跻身亿万富豪俱乐部的成员共有 33 人，比去年增加两人。这份财经杂志指出，2002 年对大马四十大富豪的财富进行统计时，他们的总财富已达 417 亿令吉，郭鹤年当时就已高居富豪榜榜首。

（［马来西亚］《光明日报》2014 – 02 – 22）

马来西亚侨领：华社须警惕中华传统文化被侵蚀

世界福州十邑同乡总会会长张锦雄日前表示，西方的文化、价值观对中华传统文化的侵蚀和蚕食，值得华人警醒和迫切关注。因此，宗乡会更需要与时俱进，加强和完善自身的建设。他指出，年青一代在西方的快餐文化中长大，长辈要如何带领他们守住传统，塑造修身、齐家、治国、平天下的儒家思想人格，是值得思考的问题。同时，他说，和平与发展虽然是当今世界两大主题，但也应看到，在这看似安定的大环境下，还有很多隐忧。"世界经济发展的不平衡，既表现在国家、地区之间，也表现在各行业和族群之间，因此人们必须有居安思危的意识。时至今日，全世界华文教育面临着一个好时代，却也同时是一个极具挑战性的时代。"他指出，在这样一个充满挑战和机遇的大时代里，宗乡亲们更要有广阔的胸襟和多元、开放的视野，要有大胆创新的魄力和积极敢拼的勇气，为自己和后代开创一片更美好的天地。

（［马来西亚］《东方日报》2014 – 02 – 24）

日本华文学校紧俏　全日仅 5 所华校　学生不足 3 000

根据国务院侨办提供的数据，目前在日约有 82 万华侨华人。不过，到目前为止，日本的华文教育依然没有被纳入日本的教育系统。当然，除了 5 所全日制华文教育学校外，日本还有周末中文学校及华文电视台等实施的汉语教育模式。日本的华校处境正是海外华校发展状况的缩影。多年来，海外华校虽然得到了诸多支持，取得了令人欣喜的成就，但是，办学条件很差、师资教材短缺、体制不够完善等问题仍亟待解决。而对于侨二代以及华裔新生代，包括第三代、第四代华裔而言，越来越多的孩子不懂中文，不了解中国文化，对祖（籍）国也没有那么强烈的亲近感了。这些问题越来越引起各方的重视。

（《人民日报》海外版 2014 – 03 – 21/张红）

乌兹别克斯坦新疆籍华侨华人欢庆纳乌鲁斯节

3 月 22 日，中国驻乌兹别克斯坦大使孙立杰率使馆部分外交官与旅乌新疆籍穆斯林华侨华人共同欢庆纳乌鲁斯节。孙大使对新疆籍同胞致以衷心的节日祝贺，他说，"纳乌鲁斯"寓意着春天的开始，既是乌兹别克斯坦等中亚国家最美好的民族传统佳节，也是中国海外广大穆斯林华侨华人最盛大的节日。孙大使指出，在乌的每一位新疆籍同胞都是中国的"名片"，大家无论在此投资经商还是行医教书，都为增进中乌两国人民的传统友谊，推动两国务实合作的发展做出了贡献，都可称为传播中国文化和维护中乌友好的使者。孙大使还表示，使馆愿随时为大家提供更好的服务，也希望大家常来使馆做客。出席活动的华侨华人代表阿米娜说，使馆多年来一直为旅乌新疆籍同胞举办欢庆纳乌鲁斯节活动，使他们充分感受到中国政府对海外少数民族同胞的关心和爱护；每当中国同胞在工作或生活上遇到困难时，使馆都能及时提供关怀与帮助，使他们深刻体会到家人般的体贴和温暖。阿米娜还愉快地回忆起当年参加中国政协会议时的美好情景，作为唯一一名独联体地区华侨代表出席这样的盛大活动，她深感光荣，表示愿继续发扬旅乌华侨华人团结友爱、勤劳进取的好传统，为伟大的祖国，为美丽的新疆的建设和发展做出应有的贡献。华侨华人们纷纷表示，祖国的强盛和国际地位的不断提升，使他们增强了自豪感和荣誉感。他们将竭尽全力、团结一心、发奋工作、合法经营，展示中国人民良好的海外形象，增强祖国的经济实力，当好中乌友好的"民间外交官"。（中国经济网 2014 - 03 - 25/李垂发）

阿根廷主流电视台将首次播出汉语文化电视节目

4 月 4 日，阿根廷第一部以介绍基础汉语和中华文化为主的西班牙语电视纪录片《基础汉语（CHINO BASICO)》在布宜诺斯艾利斯市正式投入拍摄。该片将从了解基础汉语入手，向阿根廷人以及所有以西班牙语为母语的人介绍汉语知识，同时也以生动的形式，将中国文化介绍给西语国家的人民。据了解，随着中国在世界上地位的日益加强，阿根廷人已经不只满足于和经营超市的华人移民打打招呼了。尽管各种媒体对中国的报道日益丰富和全面，但要真正了解中国文化，语言显得非常重要。中文作为一种象形文字，每一个字都包含了丰富的文化内涵和悠久的历史演变。阿根廷人要了解中华文化，学习基础汉语无疑是第一步。据该片主要制片人陈静女士介绍，《基础汉语（CHINO BASICO)》不只是一部汉语教学片，每期都将穿插介绍有关中华文化的常识，同时还将邀请一位杰出的华人移民参加访谈，让阿根廷人更加全面地了解中华文化的概貌和华人移民如何融入当地文化。该片第一季将拍摄 13 集，分 3 个月播出，将从 4 月 20 日开始在阿根廷有线电视第 3 频道（METRO）连续播出，播出时间是每周日下午 2 点 30 分，每集 30 分钟。该片主要由华人控股的金长城传媒公司投资拍摄，著名华裔主持人林文正担任节目主持。

（［阿根廷］阿根廷华人在线网站 2014 - 04 - 08）

日本神奈川县华人约 5.5 万 导入中文驾驶执照试题

据日本《每日新闻》消息，为支持在日外国人取得驾驶执照，近日，神奈川县警方追加了中文版和葡萄牙语版的驾驶执照试题。在此之前，神奈川县只有日语和英语版试题。由于将中文和葡萄牙语作为母语的外国人很多，神奈川县决定导入中文和葡萄牙语版试题。截止到 2012 年 12 月末，神奈川县内中国人约有 55 200 人，居外国人数首位。其次为巴西人，约为 9 000 人。神奈川县警方称，2013 年，中国人驾驶执照考试合格率为 64%，巴西人合格率为 46%，均远远低于整体的合格率（77%）。神奈川县警方此举致力于让外国人能够使用母语考试，消除语言障碍，提高合格率。目前，日本全国也正在持续推进多语言驾驶执照考试。截止到 2013 年 3 月末，日本已有 18 个都道府县导入中文版试题。

（［日本］新华侨报网 2014 - 04 - 10/郭桂玲）

马来西亚侨领：华文今非昔比 已崛起成经济语言

代表着华族文化之语言的华语，随着中华文化的崛起，现在已成为经济语言。目前，各国也掀起了华语热，可见学习华语的重要性。开智中学校长林良华于 14 日早为开智中学"2014 年华语周推展礼"致辞时表示，新加坡内阁资政李光耀曾在 80 年代宣布关闭华小，并以英语作为学校的教学媒介语，这一举措造成了新加坡后代说不好华语的局面；而今，李光耀已承认当初的选择是错误的，并看到了学习华语的重要性。林良华深信开智中学的学生不会落到如此境地，因为每个学生都有学习华语的良好平台，就如"2014年华语周推展礼"，积极推动"说华语"运动。他希望学生们认清华族后裔应走的大方向，即"华人应懂得说华语"，应有正统的种族观念。他表示，从网络资料中得知，李光耀也不时奉劝新加坡公民要学好华语，并聘请许多来自中国的教师到新加坡任教。同时，林良华也透露，随着时代的不断进步，马来西亚政府也派遣官员到中国取经，学华文。

（［马来西亚］《诗华日报》2014 – 04 – 15）

大马21华团联署反对在丹州落实伊斯兰刑事法提案

马来西亚21个华团及社团组织21日发表联署声明，强调坚决反对伊斯兰党要在国会提呈私人法案，欲在吉兰丹落实伊斯兰刑事法，并扩大伊斯兰法庭的宣判权限。他们强调，伊斯兰党此举涉及变更国家体制，影响全民，马来西亚不应也不能由单一政党主导。他们在声明中强调，联邦宪法已阐明大马是世俗国，且联邦法院五司亦曾在1988年裁决马来西亚为世俗国，因此，伊斯兰党领袖需顾及非穆斯林社群的感受与权益，该党目前的提案，已冲击民主宪政。上述联署是由隆雪华堂发起，其他响应的团体包括森华堂、马来西亚留日同学会、林连玉基金、马来西亚八大华青组织联盟、马来西亚基督教青年协会、马来西亚佛教青年总会、马来西亚青年运动总会、马来西亚青年团结运动总会、马来西亚大专青年协会、马来西亚宗乡青联合总会、马来西亚吉隆坡文华国际青年商会、马来西亚创业促进会、马来西亚乡青总团联谊会、马来西亚—中国总商会、马来西亚海南会馆联合会、马来西亚留台成功大学校友会、马来西亚华文理事会、槟州华人大会堂、马来西亚留台同学会联合总会及马来西亚华校教师会总会。

（［马来西亚］《东方日报》2014 – 04 – 22）

西班牙巴塞罗那华人屡遭暴力伤害　中使馆华社关注

日前，巴塞罗那的巴达洛纳仓库区发生华人女工遭暴力伤害事件后，中国驻巴塞罗那总领馆欧箭虹副总领事连续通过微信和电话向记者了解了案件的详情，并且联系了巴达洛纳中华总商会何建容主席、金皓主席，敦促总商会做好事件的了解和伤者的安抚工作。欧箭虹副总领事23日早上通过电话告诉记者："屈生武总领事非常关注此事，总领馆已经与当地警方取得了联系，希望警局能够加紧破案、加强巡逻，切实保障好当地华人、华商的人身财产安全。当地警方也对最近发生的针对华人的暴力犯罪伤害案件高度重视，对案发地附近的监控录像进行了调取，对犯罪嫌疑人进行了甄别，希望能够尽快将犯罪嫌疑人绳之以法。同时，警方也承诺会在当地加强警力巡逻，以保障当地华人、华商的安全。但当地警方也提出："由于以前警方也曾经针对治安加强过巡逻，但反而导致当地不少华商恐慌，误以为是针对华商的检查，所以我们总领馆希望当地华商要'身正不怕影子歪'，自身遵纪守法的同时配合好当地警方对治安的维护，协同警方联手打击针对华人、华商的犯罪行为。"24日中午，巴达洛纳中华总商会金皓主席与记者取得联系，金皓主席告诉记者："一是希望华人、华商能够做好自我防范工作，不要轻易暴露财富，以免成为犯罪分子的目标。二是希望华人提高法律防范意识，配合警方做好当地治安防范的工作，同时在发生类似案件之后要积极报警，通过法律手段维护自己的利益。三是需要和侨团加强联系，治安的维护和转变需要一个长期的过程，也需要大家团结一致去争取，才能为自己打造一个长治久安的经营环境。"

（［西班牙］欧浪网 2014 - 04 - 25/徐凯）

南非连续发生华人遭烧杀劫掠事件

南非有关机构4月29日证实，26日在约翰内斯堡一购物中心遇害的无名死者为华人，凶手作案过程不明。另外，南非近日还屡发生华人遭人拍砖抢劫，以及店铺遭乱民烧抢事件。

4月26日上午，约翰内斯堡东门购物中心（Eastgate）停车场中发现一具无名男尸。死者后脑部受到重击，大量失血，鼻孔也有流血痕迹，疑遭暴力袭击致死。29日，经过南非华人警民合作中心（简称"警民中心"）证实，无名死者为南非籍华人，祖籍广东。据死者家人透露，25日下午死者计划与一名华人朋友驾车到德班。当晚8点左右，死者家属接到了死者的最后一个电话，称其马上就要到德班了，此后便再也无法与死者取得联系。死者家属称，并不清楚同行华人的身份。警民中心称将全力协助死者家属处理相关事宜，并协助警方的调查工作。4月28日，警民中心还接到报案，一对华人夫妇在约翰内斯堡唐人街附近遭匪徒抢劫。当事人夫妇二人于28日20时许散步回家，突然遭到两名黑人匪徒袭击。匪徒用砖头将当事人击倒，并实施抢劫。匪徒抢走了大约1 000兰特现金及护照，当事人头部、手部和膝盖等多处受伤。4月27日是南非"自由日"，不过西北省勒斯登堡矿区的八区、九区却发生有史以来最大规模的有组织、有预谋的暴乱。乱民用工具将店铺墙体凿洞后进入店中，将货物搬空之后，还对生活用品进行洗劫、破坏，一些店铺被乱民纵火烧毁。28日上午，乱民将抢来的售货架和各类物品露天出售。暴乱中，该地区所有店铺全部遭抢，十一家华人店铺也难以幸免。暴乱导致华人经济损失约600万兰特，因为全部都上了保险，所有损失将由保险公司赔偿。暴乱发生后，当地华人社团及时向中国大使馆做了情况介绍，并统计了损失和伤亡情况，所幸无一人伤亡。

（中国新闻网 2014 - 04 - 30/宋方灿）

非洲第一位华人酋长胡介国：做中尼两国了解的桥梁

今年66岁的胡介国已在尼日利亚生活40余年，他还担任着尼中商会的会长，经他牵线搭桥落户非洲的中国企业已有上百家。因为卓越的贡献和极高的威望，2001年，胡介国被当地人推举为酋长并得到官方正式任命，他也是迄今非洲第一位华人酋长。胡介国的头衔有的是中方委任的，有的是尼日利亚赋予的，他是尼日利亚了解中国的窗口，也是帮助中国的中小企业走进尼日利亚的通道。为了更好地推动中尼两国的经贸往来，2004年7月，尼日利亚总统特任命胡介国为总统顾问，负责中小企业发展事宜。据报道，2005年4月，胡介国陪同尼日利亚总统访问中国。访问期间，尼总统奥卢塞贡·奥巴桑乔先后走访三峡大坝以及南京等地的大型企业与重点工程，与中国签订了一系列经贸合作项目。

（《北京青年报》 2014 - 05 - 08/岳菲菲）

102 万国际学生分布全美近 9 000 所学校　29% 来自中国

美国学生与交流访问学者项目（Student and Exchange Visitor Program，SEVP）发布的最新报告显示，截至 2014 年 4 月，共有 102 万名国际学生分布在全美近 9 000 所学校。来自中国的国际学生在其中占到 29%。学生与交流访问学者项目是（美国）移民和海关执法局（Immigration and Customs Enforcement，ICE）的国土安全调查（Homeland Security Investigations）的一部分。SEVP 是一个存放国际学生和交流访问学者及他们家属的各项信息的系统，旨在帮助国土安全部和国务院更好地掌握各学校和交流项目以及 F、M 和 J 类访问者的情况。SEVP 报告显示，来自中国的学生在美国的国际学生中比例最高，达到 29%，即共近 30 万名。印度是第二大国际学生来源地，但总人数仅有 10 万出头。本季度来自中国的国际学生有 1% 的增长。而整个亚洲的国际学生占到 75% 之多。"仅仅我们学院就有差不多好几百中国学生，好像和在国内上大学并没有什么区别。"马里兰大学商学院的一名学生这样告诉记者。这所大学的中国学生确实不少，从中国学生学者联谊会有 2 000 多名成员就能看出这一点。对其他大部分美国学校来说，国际学生的数量没有这么惊人，同时绝大部分美国学校已经不是只有本国学生在读了。根据 SEVP 最新报告，拥有 0—50 名在册国际学生的学校在 SEVP 认证的学校中比例最高，达到 77%。报告显示，加利福尼亚州、纽约州、德克萨斯州是国际学生分布最多的 3 个州。72% 的国际学生在本科、硕士、博士学位项目中注册。可以看出，大部分国际学生来到美国是以追求高等学位为目标的。美国移民改革常常提及 STEM（科学、技术、工程、数学）国际学生，认为他们的专业是美国经济发展最为需要的。SEVP 报告的数据显示，67% 的国际学生在美国攻读的是 STEM 相关学位，这对于在工作签证、绿卡方面"优待"STEM 专业国际学生的支持者来说是一个旁证，也从侧面证明了移民改革关注这一群体的必要性。而如果这种"优待"能够实现，来自亚洲的国际学生必将成为最大的受益群体，因为他们占到 STEM 专业国际学生的 85%。

（［美国］《侨报》2014 – 05 – 09/徐一凡）

尼日利亚合法居留中国人超 1.7 万　中国手机最畅销

据说在拉各斯及其相邻的奥贡州有 1.7 万多名合法居留的中国人，但实际人数肯定远多于此。尼移民局局长称，许多中国人持探亲、旅游或商务签证非法居留。他并没说其中许多人是通过贿赂移民官员得以留下——这是我亲眼所见。试图延长居留期的一些中国人英语很差，但显然熟悉其中套路。他们所需谈论的就是移民官员的"报价"，用不上太多单词。令人纳闷的是，目前的中国商城似乎比我首次来访时冷清。当初一片繁闹景象，兜售各类服装、鞋、化妆品和厨房用具的商店无不顾客盈门，还有许多中国餐馆。大多数员工都是中国人。如今 10 年后故地重游，所有餐馆都已关门且店铺空置率过半，那些还在营业的也顾客寥寥。然而，这是假象。真实状况是中国人正转向大买卖。"你看这里门可罗雀，但我们正在赚大钱"，某店员说，"这里只是展示服装，其实我们从批发商那里挣钱。"仅该店每天就进账 1 500 多美元。在拉各斯"电脑村"，中国与日俱增的经济存在一目了然。在两侧都开满商店的街道上，几乎所有人都在兜售中国货。卖得最火的是中国手机。一名当地商人表示，攒够钱后想去中国旅游，如今尼中之间每天都有航班，且中国签证不难拿……尽管如此，一些中国人还是不太受欢迎，部分原因是他们不愿同当地人交往，且普遍被视为太过重商主义。

（《环球时报》2014 – 05 – 09/亚迪威尔·马嘉·皮尔斯，王会聪编译）

美表彰修建全美首条跨州铁路的 12 000 名中国劳工

美国劳工部 9 日举行仪式，隆重表彰 1865 年至 1869 年期间参与修建美国第一条跨州铁路的约 12 000 名中国劳工，肯定他们的历史贡献，这些中国铁路工人今天得以入选劳工部劳工名人堂。1865 年，美国首条横跨大陆的铁路动工修建，由于美西地区严重缺乏劳力，便从中国引进大批劳工修建西段铁路，占铁路工人总数的 85%，华工在极其危险的工作环境下做出艰苦卓绝的努力，用炸药打通了贫瘠的内华达山脉，帮助重塑了美国西部地理及社会版图。美国劳工部部长佩雷斯当天说，跨州铁路修建完工为美国的商业发展和经济空前大繁荣奠定了基础，中国劳工为此做出巨大贡献，值得被高度肯定。"五月是美国亚太裔传统月，为铭记中国劳工的勇气和牺牲，劳工部决定把他们纳入劳工名人堂，以表彰他们的历史性贡献，这是自 1988 年名人堂成立以来第一批入选的亚裔美国人。"佩雷斯说。他表示，修建美国第一条跨州铁路是一项非常繁重和危险的工作，很多中国劳工在残酷恶劣的气候条件下死去，他们拿着微薄的薪水，面临歧视和社会隔离的巨大压力。尽管如此，他们还是勇敢地挺身而出，为自己争取更公平的薪酬和更安全的工作环境。他们不仅修建了铁路，还为获得更平等的机会和更有尊严的工作而努力。美国总统奥巴马日前在庆祝亚太裔传统月的一份声明中肯定中国劳工的贡献。他表示，今年 5 月是全美第一条跨州铁路建成 145 周年，中国工人的努力使得铁路的完工成为可能，他们承担了绝大多数的危险和艰苦工作，他们入选劳工名人堂是一份"早就应该得到"的认可。

（中国新闻网 2014 – 05 – 10/张蔚然）

在日华人掀起购房热潮　被当地不动产商视为座上宾

近年来，随着收入稳定增长，投资日本房地产的在日华人人数快速增加。很多人不满足于只有一套房子，他们看准日本房地产价格低迷，购买了第 2 套甚至第 3 套房子，当起了房东。这种倾向引起了日本不动产商的高度关注，敏锐的他们一改过去"中国人不可"的态度，把华侨华人当成了座上宾。5 月 10 日至 11 日，三井、住友、野村等大型不动产公司在东京举办了面向华人的"2014 亚细亚不动产投资博览会·研讨会"。活动以振兴房地产市场为目的，致力于向华人客户推介日本的不动产。来自各地的 200 多名华人参加。据悉，这是日本国土交通省赞助的不动产推介活动。活动包括 10 场预测亚洲不动产趋势的专家讲座。亚洲不动产投资博览会执行委员会委员长浦田健主持了"外国人眼中的日本不动产"专题讲座。

（［日本］新华侨报网 2014 – 05 – 12/王鹏）

美国年长亚太裔生活现状：家庭观念强　经济压力大

美国退休人员协会（AARP）在亚太裔传统文化月公布了关于 50 岁以上亚太裔居民的"10 个事实"。根据他们的调查和总结，亚太裔居民更倾向于结婚、三代同堂的传统家庭生活，同时与其他族裔的美国人相比经济压力更大。退休人员协会多元文化市场与参与部总裁、刚刚被任命为总统亚太裔顾问委员会主席的郭为婉（Daphne Kwok）表示，现有对较为年长的亚太裔居民的了解和他们的实际情况之间存在着差距；亚太裔美国人是蓬勃发展的族群，只有经过调查和数据分析了解这些亚太裔居民的真正需要，才能使退休人员协会这样的非营利组织、社区组织及政策制定者帮助亚太裔族群解决后顾之忧。从前面6个事实来看，较为年长的亚太裔居民与其他族裔的同龄人比起来，家庭观念更强，经济压力更大，因为语言造成的生活不便更多；据调查，处于"语言隔离"中的年长者更容易生病，健康状况不佳。但亚太裔居民并非"守旧""贫穷""封闭"的代表。后4个事实表明他们跟得上时代潮流。美国退休人员协会是一个非营利、无党派的中老年人福利组织，拥有超过37万会员。该协会的主要目的是协助五十岁以上的中老年人自主独立并贡献社会。

（［美国］《侨报》2014 – 05 – 15/徐一凡）

英国华人收藏界乱象丛生

近年来，古董收藏热遍中国大江南北，英国华人也不甘落后，纷纷效仿。但英国华人收藏界乱象丛生，啼笑皆非事件频频发生。华人收藏者中不乏"忽悠者"和"被忽悠者"，而后者占了绝大多数。5月8日，英国华人收藏家协会在伦敦举办成立仪式，收藏家单声和钱伟鹏担任协会顾问，周自立出任会长，近300名华人参加。当晚高朋满座，大使馆文化参赞项晓炜代表刘晓明大使出席祝贺。协会的一位胡姓顾问指出，不少华人抱着淘宝发家的心态盲购，以致市场价格过热，想捡漏发大财，成功率可能低于买六合彩，华人应该理性收藏。

（［英国］《华商报》2014 – 05 – 16）

大马华人社会具多面性　华人社群研究应注重区域性

过去学者习惯将华人分成华侨、土生华人、海峡殖民地华人等几类。如今，更多的学者会以自己所观察到的情况来进行归纳。马来西亚华人并不局限于一个区域板块，由于马来西亚由好几个区域组成，每个区域社会都有自己的历史脉络，因此我们不能随意说大马华人社群形成过程有哪些典型。一山、一庙、一校都可以是华人聚落普遍存在的结构，但不是一种绝对现象。吉隆坡的华人聚落就是多个义山、多间庙宇及多所学校同时存在的例子。会馆组织不一定是华人社区必定存在的机构。比如，吉打州的一些小渔村的华人聚落，如距离双溪大年约26公里的成杰（Singkir），就是一个有一所华小和一座义山，却没有会馆存在的华人社区。不同籍贯的人士混居一起，百年来即使在高峰期华人也只有二四十户。虽然当地华人的籍贯不同，但因为华人人数稀少，自然而然地产生群聚性，在英殖民时期就发展出满足自治需要的互助会。邻近的几个华人聚落的内部结构也极为相似。方言组织、同乡会、姓氏会馆没有存在的条件。这一类区域华人的特性，过去鲜有学者发掘。尤其是不了解马来西亚的大部分中国大陆、港台学者，更难以想象区域华人聚落的差异性。只有花点力气走入民间，才能够了解马来西亚华人其实是个多元社会；丢掉大中国的历史包袱，才能够看到真实的情况。中国摄制的纪录片《下南洋》把中国历史的大帽子扣在马来西亚华人先驱的头上，事实上当年的"出洋"和今天的"跳飞机"（非法到国外打工）有很多地方是极为相似的。华人抵达南洋，为了适应当地社会而进行文化调适，经年累月发展出不同的社会面貌。过去那些不够用功、投机取巧的学者所建构的大马华人

研究范式，看来已经不起考验。 （［马来西亚］《东方日报》2014 – 05 – 19/郑名烈）

美 34 名华裔生获总统学者奖创新高 将获奥巴马接见

由美国联邦教育部主办、全美高中生最高荣誉的总统学者奖（US Presidential Scholar Award）日前宣布第五十届 141 名获奖学生名单，今年共有 34 名华裔生得奖，占得奖学生人数近四分之一，刷新去年创下的 31 人纪录。此外，科罗拉多、路易斯安纳、马里兰、明尼苏达、密苏里、田纳西及宾夕法尼亚七州的总统学者奖得主，全由华裔生包揽，令人瞩目。总统学者奖由总统任命的白宫总统学者委员会（The White House Commission on Presidential Scholars）根据入围学生的学术或艺术成就、论文、学校推荐、小区服务和领导能力进行综合评量，从美国 50 州、华盛顿、波多黎各及海外各选出应届高中毕业生男、女各一人，另再选出不分区学者 15 人及 20 名艺术类总统学者。34 位得奖华裔学生中的石惠中（HueyJong Shih），是马州蒙郡布莱尔磁性高中的网球校队成员、生物研究社社长，也是校内外有名的小提琴高手。他 5 岁患幼年型类风湿关节炎（JRA），长期忍受病痛、依赖药物，父亲因受不住压力，很早就离开母子俩。如今 17 岁的石惠中已是身强体健的大男孩，今年母亲节，石惠中送给身兼父职的妈妈石闵勋一个特别礼物——总统学者奖。除了 SAT 考满分，石惠中和所有得奖学生一样，都是获师长肯定、堪为学子表率的全面发展的学生。全美共有超过 3 000 名应届高中毕业生通过初选，其中 141 名学生经过层层考核而获总统学者奖殊荣。所有得奖学生将于 6 月 22 日至 25 日聚集华盛顿，获奥巴马总统接见，并将由教育部部长颁奖。 （［美国］《世界日报》2014 – 05 – 23/许惠敏）

在日中国人犯罪案件 5 年减少七成

据日本警察厅近期发表的《来日外国人犯罪检举状况（2014 年）》报告显示，2014 年在日中国人刑法案件犯罪件数为 2 684 件，与 2013 年（3 718 件）相比下降了 27.8%，与 2009 年（10 109 件）相比，大幅下降了 73.4%。日本全国被检举刑法犯和特别法犯案件中，外国人犯罪件数比上年减少 1.3%，为 15 215 件，被检举人数为 10 689 人，比去年增加 8.1%。从国籍来看，中国籍涉案人员为 4 382 人，依然居首位；其次是越南人，有 1 548 人；菲律宾排第三，为 803 人。报告显示，2014 年，强盗案和盗窃案中，越南人人数首次超过了中国人。与 10 年前相比，被逮捕的中国人盗窃犯减少了一半多，凶恶犯降至 1/6 以下，但 2014 年在日外国人侵入盗窃案件中，中国人作案件数仍占 32.4%。

（［日本］《中文导报》2015 – 05 – 26）

西班牙警方打击国际人口贩卖 解救 115 名华人妓女

西班牙警方在长期对抗国际人口贩卖行动中，今年第一季度，已经解救了 354 名被贩卖女性，另有 300 名女性被送交慈善组织照顾，还有近 200 名女性被警方作为重要案件的保护证人。La Razon 消息，在警方所有打击国际人口贩卖的行动中，总共发现了 10 862 名受害女性，其中包括 252 名西班牙女性、207 名罗马尼亚女性、115 名中国女性和 104 名尼日利亚女性，以及其他国家被拐骗贩卖至西班牙的女性。警方从去年 5 月份开始集中打击人口贩卖犯罪活动，充分利用两条探查途径：市民的举报和受害者报警热线。通过这两个途径，警方总共收到了 1 419 次报警。其中警方的 24 小时免费报警热线 900105090，共收到 787 次电话报警，此外通过警方报警邮件提供的线索多达 632 次。基于报警热线和邮件，警方展开了 165 次调查，其中 16 次调查逮捕了 37 名国际人口贩卖团伙成员，解救了 32 名被拐骗女性。警方称，这些被诱拐至西班牙的女性，绝大部分都是被逼从事卖淫活动，有专门的卖淫集团控制着这些妓女，她们虽然在光天化日之下自由拉客，但在隐蔽处有几个人在密切监视这些妓女的一举一动。警方初步估计，这些贩卖集团，从被拐女性身上赚取了至少 877 万欧元的收入。在警方的行动报告中，被迫卖淫的华人妓女多集中在马德里，许多还是未成年人。这些华人女性是在网络或者在中国报纸上看到招工信息，信息上写着"海外就业机会，月薪在 4 000 欧元以上"。在报名之后，她们被有组织地诱骗到西班牙。在出国之前，这些女性的所有身份证件全被蛇头集团没收，进入西班牙之后，国际人口贩卖集团将这些华人女性卖给专门的卖淫集团，在这些卖淫集团的控制下，漂洋过海的女性受害者，从事着暗无天日的"接待工作"。在今年 2 月份的一次突击行动中，警方解救了 25 名华人女性，逮捕了 26 名华人卖淫集团的犯罪分子。

（［西班牙］《欧华报》2014 - 05 - 29）

意大利中华武术锦标赛落幕　华人女教练率弟子夺金

由意大利武术联合会主办、为期两天的意大利中华武术锦标赛日前在意大利佩斯卡拉市落下帷幕，来自意大利各地的 20 多个中国武术代表队参加了比赛。意大利武术联合会副主席、著名华人女教练徐管管亲率弟子参赛，并在赛事中再次夺金。

（［意大利］欧联通讯社 2014 - 05 - 29/博源）

NBA 华人教练多磨难　奋斗艰难远胜美国其他族裔

如果有人问起美国男子篮球职业联赛（NBA）中的华人身影，"王治郅、姚明、易建联、林书豪⋯⋯"这些广为人知的球员可能会被球迷如数家珍般挨个点名。可是仅有球员的 NBA 是不完整的，在这片历来属于黑人与白人的"丛林"中，还有那些为保障球队正常运转，给球员出谋划策的幕后英雄，其中就有少许黄皮肤、黑头发的华人，他们的奋斗史与华人球员一样艰苦异常。据媒体报道，日前，印第安纳步行者与迈阿密热火的东部决赛激战正酣，比赛中有一位戴眼镜的华裔助教坐在步行者主帅身后，他叫 HansenWong，中文名黄慎行，现为印第安纳步行者录像剪辑总监，也是目前供职于 NBA 球队教练团中仅有的二位亚洲人之一。黄慎行是土生土长的香港人，他的母语不是英语而是粤语，也没打过一天职业篮球，用时 7 年才从助理剪辑师跨步到录像剪辑总监，这一切只缘于他"不懈的努力与对篮球的热爱"。了解篮球比赛的人都知道，NBA 是目前世界上篮球水平最高、球员素质最好、观看人数最多的顶级赛事。在这个寻求力量与天赋的世界中，华人甚至亚洲人一向占弱，不仅场上球员如此，场下的教练团也因理念的差异将亚裔拒之门外，华人更是寥寥无几。2010 年，姚明的恩师——前上海东方大鲨鱼队主教练李秋平，正式接受 NBA 骑士俱乐部的邀请，成为骑士队的助理教练。李秋平原本可以成为登顶 NBA 教练席的第一位中国人，不料骑士队半路反悔，该俱乐部的公关经理在随后接受采访时当场否认他即将加入。历尽波折的李秋平只好改道加盟小牛，接受小牛队老板库班以及总经理小尼尔森的邀请，成为小牛队总裁助理和总经理助理，参与小牛队 10—11 赛季的管理层工作。李秋平在 NBA 只待了一年，给后继华人的教习与管理提供了借鉴与参考，但华人想在 NBA 教练圈中站稳脚跟，仍需付出多于黑人与白人几倍的努力。黄慎行曾在采访中表示，他刚入 NBA 的生活基本就是两点一线，除了晚上睡觉，其余时间基本都待在步行者主场地下一层的机房里剪辑比赛，工作繁重又单一。而与他同时进入步行者队、土生土长的美国黑人剪辑师文斯·卡特林却先黄慎行一步成为录像剪辑总监，昔日的同级摇身变成了压着自己的领导，而这一压便是七年。期间，黄慎行只能花更多的时间在机房剪辑录像，直到文斯升职，空缺的职位才能由他递补。虽然姚明、林书豪等以华人为代表的亚洲人已在 NBA 的场内打出了人气，场外的老板席上也有黄建华等华人的面孔，但历来白人占优的主教练和总经理席位，却从未有过华裔身影。祖籍菲律宾的热火队主教练埃里克·斯波尔斯特看上去像是绝对异数，但仔细翻阅其资历不难发现，他不过也是自小沉浸在美国文化里的美国人。因此有内行人曾预言，如果要出现一个华裔的主帅，可能也要走埃里克·斯波尔斯特这条路——美国生美国长才行。

（中国新闻网 2014 – 05 – 29/陶煌蟒）

微信风靡加拿大华人社会　组群成侨界时尚

中国目前最火爆的实时聊天软件——微信（WeChat），正逐步"攻陷"加拿大华裔小区。有加拿大侨领开始透过微信开展推广中加文化交流活动；也有学生用微信取代长途电话；另有政客拟透过上述平台分享从政体验。加拿大中国文化促进会会长李琦利用微信群聊功能推广中加文化交流活动。李琦现有数百个微信联络人，其中还特别设定"中国文化节群"等 5 个群组。组织活动时，发个信息即可，大家也能在群中发表意见。

（［加拿大］《星岛日报》2014 – 05 – 31）

印尼雅加达特区首位华人省长钟万学履新

印尼雅加达特区（雅京省）副省长钟万学就任代省长，成为历史上首位领导印尼首都的当地华人。以施政雷厉风行见称的钟万学是全权代理因竞选总统请假停职的省长佐科威职责。一旦佐科威当选，钟万学将自动接任省长。《雅加达邮报》星期二（6 月 3 日）报道，钟万学星期一（2 日）首日履新强调一切如常，并表示已与佐科威协调好施政计划，确保政策的延续性。印尼华人学者表示，即将于本月迎来 48 岁生日、人称"阿学"的钟万学就任对当地华人社区产生了正面影响。路透社指出，华裔在印尼 2.4 亿人口当中仅占约 2%。印尼民众一向对华裔掌控贸易和商业深感不满，这导致华裔在该国独立近 70 年以来一直被排斥在政界和军界之外。报道说，印尼人与华人之间的这种积怨虽未消除，但似乎已在缓解。即使是批评钟万学的人，他们不满的是其施政方式，而非其华裔背景。印尼总统选举将于 7 月初举行，8 月下旬将公布当选正副总统名字。

（［英国］BBC 中文网 2014 – 06 – 04）

2013 年美国 78 万人入籍　中国大陆移民占 4.5%

美国国土安全部门（US Homeland Security）5 月 28 日公布了 2013 财年美国移民入籍

统计人数，其中来自中国大陆的移民入籍人数排名第五，入籍人数较上一年有所上升。据美国国务安全办公室公布的数据，2013 财年美国入籍人数为 779 929 人，其中墨西哥移民的入籍人数最多，为 99 385 人，占比达到 12.7%。其次是印度移民（49 897 人）、菲律宾移民（43 489 人）以及多米尼加共和国移民（39 590 人）。中国大陆移民入籍 35 387 人，排名第五，占所有入籍人数比例的 4.5%。数据显示，美国移民入籍人数从 2011 财年开始呈逐年递增的态势，2011 年入籍人数为 694 193 人，2012 年上升为 757 434 人，2013 年入籍人数则再增加 22 495 人。从 2012 年至 2013 年，外国移民入籍人数增加最多的四大移民群体是印度移民（增加 6 969 人）、多米尼加共和国移民（增加 6 239 人）、海地移民（增加 4 366 人）与中国移民。中国移民入籍人数 2012 年为 31 868 人，较 2011 年的入籍人数 32 864 人减少了约 1 000 人，但 2013 年入籍人数则比 2012 年增加了 3 519 人。在美国，入籍人数最多的地区分别为加利福尼亚、纽约和佛罗里达。2013 年，新入籍的居民中女性占比 55.3%，达到 431 427 人。25 岁至 44 岁的居民占新入籍居民的 52%，2013 年入籍居民的平均年龄为 40 岁。值得注意的是，新入籍的居民中已婚人士占比较大，为 63.6%。20 世纪 50 年代，美国平均每年入籍人数不超过 12 万人。20 世纪 60 年代，该数据则上升为 21 万人。20 世纪 80 年代，平均每年的入籍人数大约为 50 万人。2000 年至 2009 年间，该数据再次上升至 68 万人。2011 年以后，平均每年入籍人数已超过 71 万人。

（［美国］侨报网 2014 - 06 - 09/王青）

欧盟近 8 000 名华人从事导游工作　业界探讨提高素质

近日，第五届欧盟华人导游大会在德国法兰克福举行。来自德国、奥地利、法国、荷兰、英国、瑞士、挪威、捷克、匈牙利、芬兰、瑞典、西班牙等欧盟 12 国华人导游协会、旅行社、导游行业顶级精英等 600 多人与会，大家共聚一堂，就如何发展壮大欧洲华人导游业人才队伍交换了看法。据组织者德国导游协会主席王刚介绍，目前在欧盟的华人导游工作业者有 7 000—8 000 人，本次年会举办目的在于促进欧盟各成员国国际导游之间的交流、学习、对接以及最重要的合作、培训。随着近些年中国旅游业发展迅猛，每年来欧盟各成员国旅游的中国游客数量呈上百万增长，针对这种情况，要求欧盟各成员国的中国导游必须提高整体素质，为中国游客就旅游消费服务及安全进行全面考虑，拿出负责任的态度对待中国旅游业消费者。王刚表示，伴随欧盟申根华人旅游业发展壮大，欧盟各成员国已经看好中国与欧盟相互投资机会的市场，各国政府旅游局给予了很大支持。旅游也同时拉动欧盟经济发展，促进中国投资者来欧盟发展创业，本届大会就是要全面推动中欧各方面产业链发展，为中国游客提供最佳的全面服务，为改变欧洲各国对中国的偏见做出努力。

（中国新闻网 2014 - 06 - 11/张亮）

美"50 杰出亚裔企业家"颁奖　14 名华裔入选

第十三届"50 杰出亚裔企业家"颁奖晚会 19 日晚在华尔街举行。来自通用电气（GE）旗下的商务航空租赁与金融服务部门的华裔总裁诺曼·刘（Norman C. T. Liu）和黑石集团高级董事总经理 Vik Sawhney 获得今年的顶峰奖。今年的 50 位获奖者中共有 14 位华裔企业家。来自各界的 500 多位嘉宾出席了当晚的颁奖仪式。主办方亚美商业发展中心总裁王章华表示，"获奖人体现了全体优秀亚裔企业的缩影。评选委员会以领导能力、商业眼光和成就为标准，挑选出了50位来自各领域的亚裔优秀企业家。顶峰奖是颁发给被业界公认为最优秀资深并最具成就的亚裔人士，而亚洲杰出商业奖则表彰那些拥有创新精神及卓越管理能力的来自亚洲的商界精英。"此外，王章华表示，随着亚洲经济的崛起，亚裔员工在各大企业中越来越被视为一种人脉资源，也因此而越来越受重视。包括中国驻纽约总领馆副总领事张美芳在内的多个国家的外交使节和各大企业的代表应邀出席了颁奖晚宴。当晚获奖者之一、在摩根士丹利集团担任主席办公室幕僚长和董事总经理的黄韵妮表示，非常高兴能获得亚裔社区的认可，也很高兴认识这么多在不同企业工作的亚裔同行。在美国出生的黄韵妮本科即在宾夕法尼亚大学的沃顿商学院学习经济学，毕业后便进入摩根士丹利的机构股票交易部门，五年后被提升为部门副总裁，今年成为整个集团最年轻的董事经理。她到目前为止的整个职业生涯都是在摩根士丹利集团度过。巧合的是，该集团中国区女总裁孙炜也在几年前获得过该荣誉。黄韵妮表示，孙炜既是自己工作上的导师，也是偶像，很高兴能和她获得同一个奖项，也希望看到更多亚裔同行获得社会的认可。今年获奖的其他华裔人士还包括 Kramer Levin Naftalis & Frankel 公司的陈本中和刘匡时，高盛集团的赵尚荣，Assured Guaranty 公司的周千玲，Parature 公司的钟鼎，Madison Media 管理公司的罗笑娜，花旗集团的潘谢琬华，Princess House 的邓梦怡，爱迪生电力公司的温影丽，Aetna 保险公司的陈翠珊，Edwards Wildman 公司的修洁，以及 AIG 集团的杨日光等。此外，美国总统奥巴马、纽约州长葛谟和纽约市长白思豪等也特地向颁奖晚会发来贺信表示祝贺。

（［美国］《侨报》2014-06-20/管黎明）

"融入"为什么成西班牙华人硬伤

有关海外的华侨华人新闻中，西班牙新闻尤其多，且多有华人被欺负之感。华人要么被抓（如"帝王"行动），要么被罚，要么被电视台丑化。西班牙的电视五台辱华余波还没散尽，近日，西班牙一家华人百元店因为在节日里坚持营业而被重罚3000欧元。随着维权意识的提高，西班牙华社也多次举行抗议活动，为争取华人权利而奔走呼号。反倒没有人进一步追究，西班牙电视五台为什么不放其他种族与狗不得入内的节目，为什么华人总是频频被罚。在一片喧嚣之中，真相总被埋没。与西班牙几个侨领闲聊，我慢慢了解了一个真实的西班牙华人社会。华人的"悲惨"遭遇，有人归结为西班牙经济持续走低，失业的年轻人容易产生民族主义情绪。这算是一方面的原因，但为什么鲜有其他族裔的人群有类似的遭遇？究其原因，是大多数华侨华人还没有深刻理解"融入"。在近20万旅西华人中，多数人没有久居之心，反抱赚钱就走之意。比如一瓶水，西班牙商人如果卖3元，华商1元就能出手。当地商人有节假日休市之说，华商却天天营业，违反当地的法律。其他族裔多入乡随俗，虽然也卖便宜货，但没有挤垮对手之意。久而久之，西班牙当地商店多被挤垮，华商百元店成绝对主力。有一项统计显示，西班牙个体老板自欧债危机爆发之后萎缩了11%，而华人个体户业主则在逐年增加。华人业主里70%经营商业，以服装、百元杂货店和食品店为主。以马德里为例，在马德里地区2.24万华人劳动力中，10 471人是老板，占华人劳动力总数的46.72%，同西班牙人惨淡的经营状况形成鲜明对比。这种状况若在经济繁荣之时，并不成为问题，但在经济不佳之际，很容易受民族主义影响，成为话题。2004年，轰动一时的西班牙中国鞋城被烧事件，多有媒体报道华商的

1 000 多万元损失，却没有道出正是中国鞋店的竞争，挤垮了本地鞋店，被解雇的员工在华商仓库放火泄愤。很多华商有暂居心态，且文化程度普遍不高，因语言问题根本不看电视，不读报，更不懂法律，客观上加大了与主流社会沟通的难度。一些西班牙媒体迎合本地民众，拿中餐馆、华人企业做文章，发生华人案件或者华商被查事件后，对个体事件进行不符合实际的夸张报道，把特殊渲染为普遍。经济上受打击，政治上没有发言权，是西班牙华商的现况。种种因素表明，西班牙华人融入主流社会仍前路艰辛，但解决之道，在于自身一点一滴去融入，即使做过客，也要对当地社会保持足够的尊重，否则，只会让自己陷入悲惨的境遇。

（《人民日报》海外版 2014 - 06 - 20/杨子岩）

澳洲华媒：澳大利亚华人参政依然任重道远

由于历史及文化的原因，华人社会普遍对政治不太关心，甚至在对华人利益有重大影响的公共政策的制定上也缺少参与，以致在"白澳政策"被历史终结多年后的今天，还会出现以韩森为代表的一族党，对移民小区恶语中伤。虽然韩森已淡出历史舞台，但留给我们的教训是深远的。少数族群由于在社会资源的分配上不占主导影响力，所以在重大社会政策的制定过程中往往会被忽略。这会影响到华人生活的方方面面。如果有华裔议员参与各级议会，华人的利益就可能得到保障。华人参政有三种方式：一是通过担任议员或市长、副市长等领导职务，直接在议会、政府中表达和实施自己的政见，为华人争取权益；二是通过做政治人物或社会名流的工作，左右政府的立场，推动政策的转变；三是在各级政府部门工作并担任重要职务。笔者从政十几年，同时具有市议会和省议会的从政经验，在这里谈谈对华人参政的一些看法。首先，我们要全面认识澳洲的政治体系。澳洲有三级政府：联邦政府、省政府和地方政府。联邦政府的主要职能是外交、社会保障、医疗、移民、国防以及税收；省政府的主要职能是社会治安、教育、医院以及道路交通；地方政府的主要职能则是城市规划、城市设施建设以及有关小区服务等。其次，我们要根据不同的利益诉求来决定竞选哪一级的政府或议会。最后，也是最关键的，华人社会的整体诉求，要通过一个最高的代表机构来与各级政府统一协调。目前从政的华人，大部分都集中在市议会一级，特别是华人居住较为集中的大都市周边地区，他们已经成为在市议会推动民族团结、维护华人权益的积极力量。在市议会层面，由于涉及的选民人数较少且华裔选民比例较高，所以，获选的华裔市议员不仅来自工党、自由党等澳洲的主流政党，也有来自较小的政党，甚至是独立候选人。这些华裔参选人在各市议会的成功当选，很大程度上提高了华人参政的热情和积极性，也为华人进一步参与各省及联邦政治进程打下了良好的基础。笔者想强调的是，这些已经从政的华人必须精诚团结，而且要通过一个华人最高的代表机构与各级政府统一协调，才能最大限度地实现华人小区的整体利益。所以说，华人参政依然任重道远。

（［澳大利亚］《星岛日报》2014 - 06 - 26）

逾 150 万持临时签证外劳涌入澳洲　中国人数排第二

由于大量有工作权利的外国人涌入澳洲，有专家对当地就业市场敲响了警钟，声称工作岗位的增幅赶不上人口的增速。根据澳洲移民部最新数据，截至 3 月 31 日，逾 150 万名持有临时签证的外国人进入澳洲，其中包括 64.5 万名持特别签证的新西兰人（相比去年同期上升了 2%）、36.7 万名外国留学生（年比增 10.4%）、20.15 万名 457 签证持有者（年比增 5.6%）和 17.42 万名持打工度假签证的年轻人（年比增 2.1%）。蒙纳士大学（Monash University）人口和城市研究中心的 Bob Birrell 博士称，这些数据令人担忧，尤其是当前澳洲 15—19 岁年轻人的失业率在过去 1 年里从 14.4% 升至 17.5%。Birrell 称："我们的人口增长速度令人瞠目结舌，而这些新增人口中的绝大多数人也都渴望能找到一份工作。从 2013 年 5 月到 2014 年 5 月，就业岗位仅仅增加了 10 万个，与此同时，15 岁以上的人口却增加了 34 万人（包括自然增长的人口数量）。"中国公民继新西兰人之后成为澳洲最大的临时签证持有群体，达到了 15.7 万人，其次为英国人（12.9 万人）、印度人（11.85 万人）和韩国人（5.12 万人）。中国人是外国留学生这一群体的主力军，英国公民则持有最多的打工度假签证和 457 签证。截至 3 月 31 日，共有 10.7 万人持有过桥签证，主要为印度人、中国人、英国人、斯里兰卡人和巴基斯坦人。另一份报告显示，在 2013—2014 年的前 3 个季度里，澳洲共迎来了 107 827 名定居者，其中包括 15 680 名新西兰人、14 600 名印度人和 13 280 名中国人。　（［澳大利亚］《澳洲日报》2014 - 06 - 27）

澳洲在中国出生移民近 32 万　普通话成第二通用语

根据澳洲联邦移民部的最新报告《澳洲人民》（*People of Australia*），基于 2011 年人口普查数据，澳洲吸引了来自全球各地的移民，其中来自亚洲国家的移民人数显著增长，特别是来自印度、中国和菲律宾的移民人数。在比较 2006 年和 2011 年两份人口普查数据后，该报告提供了澳洲当前移民人口的概况。据悉，该报告的统计信息包括教育、就业、移民出生地、宗教、语言和收入。报告的主要发现如下：当前的澳洲人口出生于 252 个海外地区，英格兰居于榜首，有超过 900 万人在那里出生，排名第二的是新西兰，有 48.3 万人在那里出生；亚洲移民对澳洲的重要性越来越大，2011 年与 2006 年相比，出生在印度的澳洲人增加了 14.8 万，出生在中国的澳洲人增加了 11.2 万，出生在菲律宾的澳洲人增加了 5.1 万；除英文之外使用最多的语言分别是普通话、阿拉伯语、意大利语、广东话、希腊语和越南语，至少有 1% 的澳洲人在家使用这些语言。移民部长斯科特·莫里森（Scott Morrison）指出，这份报告将帮助政府和其他机构对于在多元文化环境下提供服务所遇到的困难做出回应，包括找出最需要提供非英文服务的领域。人口统计学家索尔特（Bernard Salt）表示，1985 年之前，澳洲人不是盎格鲁人就是地中海人，但在过去 30 年间，澳洲接纳了更多来自亚洲的人。索尔特称，在 21 世纪 20 年代的某个时候，或许会看到澳洲的第二大族群变成中国人或印度人。虽然英格兰人和新西兰人依然是澳洲数量最多的两个海外出生人口族群，但亚洲国家在前 10 名中占据了一半席位。中国以诞生了近 31.9 万澳洲居民排名第三。据了解，英语依然是澳洲人在家中使用的头号语言，汉语排名第二，而且使用人数相比 2006 年增加了 52.5%。

（［澳大利亚］《澳洲日报》2014 - 06 - 30）

华裔慈善家郑佰勋获加拿大勋章　系唯一获授勋华人

加拿大国庆来临，加拿大勋章（Order of Canada）又有一批新的得主。其中多伦多华裔名人、著名慈善家、怀雅逊大学校监郑佰勋博士［G. Raymond（Ray）Chang］榜上有名，获颁第二级别的官佐勋章（Officer）。加拿大勋章每年颁发两次，在元旦及国庆节公布，在这次公布的 19 名官佐勋章及 64 名第三级别的员佐勋章（Members）得主中，郑佰勋是唯一的华人。出生于牙买加的郑佰勋，是一家大型互惠基金公司的创始人。多年来，他一直支持多伦多怀雅逊大学的发展。为表彰郑佰勋的贡献，怀雅逊大学于 2005 年授予他荣誉博士学位。他又于 2006 年获怀雅逊大学委任为校监。而怀雅逊大学的持续进修学院，也以郑佰勋的名字命名。郑佰勋目前是多伦多全科及西区医院基金会的董事局成员。他的奉献促成了大学健康网络（UHN）的"Gladstone and Maisie Chang Chair"内科医疗讲座教授奖的诞生。此奖项是以郑佰勋博士的父母命名的。他 1967 年来到加拿大，入读多伦多大学工程系，最终成为一名特许会计师（CA）。他在多伦多其中一间会计师楼公司时，还曾经受到过种族歧视：他的经理以为他不会讲英语。

（［加拿大］《明报》2014 – 07 – 02）

新西兰华人日益增多　移民历史成学校教学内容

随着中国和新西兰经贸往来的加强，更进一步了解中国已经成为越来越多新西兰人的选择。在陶朗加女子学院（Tauranga Girls' College），学生们的学习重点就放在了两国超过 140 年来往的历史上。在社会学老师 Murray Armstrong 的安排下，学生从 19 世纪中叶的历史开始了解。当时，陆续开始有中国移民来到新西兰，大多数都是跟随淘金潮来到南岛的奥塔哥。当时，新西兰实施了反华人移民的法律，除了收取人头税，还限制登陆新西兰的人数。时移世易，中国已经成为新西兰不可缺少的贸易伙伴，也是新西兰第二大游客市场。有预计认为，到 2020 年之后，奥克兰三成居民都会是华裔。考虑到两国的联系愈发紧密，Armstrong 说：陶朗加（Tauranga）人民必须做好准备与华人一起工作和生活。13 岁的 Chanelle Barton 说，近年来越来越多华人学生来到陶朗加读书，因此交流互动更多。"我们相互学习，各有所得。"Barton 说，自己最希望了解的是当年来新西兰淘金的华人生活。

（［新西兰］天维网 2014 – 07 – 04）

中国文物热日本持续升温　华人积极购回流失国宝

作为中国文物的重要海外集中地之一，日本当地的中国文物热潮不断升温。电视上的鉴宝节目里，中国文物是最受人瞩目的对象。各家拍卖行也都以能够出售中国古文物为荣。在这种情况下，为了让文物能够尽早回归祖国，很多在日华人积极地参与这些拍卖活动，将拍下的文物运回中国。近日，一场面向中日两国文物收藏家的拍卖会在东京举办。在为期三天的会期里，数百件中国名家字画及工艺品被拍卖。拍卖会吸引了上百名华人，其中不乏目光如炬的行家，遇到心仪的文物就不惜花大价钱将其买下。最高成交价格达到数百万日元。自隋唐以来，日本一直以中国为文化母国，对中国的工艺美术品极其推崇。近代以来，随着日本等列强的入侵，中国文物大量流失，仅日本方面统计数据就高达 360 万件。据相关部门统计，"二战"结束后，日本归还了一部分战时掠夺的文物，有 15 万多件，其中有 2 000 多件是比较珍贵的，但这仍只是很小的部分。随着中国经济的发展，近 20 年来，通过拍卖业回流的中国文物已经超过 10 万件，其中不乏重要的国宝级文物。拍卖，已经成为遗散海外百年来的中国文物回归的重要途径。会场上，一位在日本生活了几十年的华人深情地说："虽然我对古文物的研究还在初级阶段，但我希望通过自己的努力，让这些流失在海外的中国文物回家。"　　　　（[日本]新华侨报网 2014 – 07 – 07/邢熠）

英国跨种族婚姻增加　华裔与外族通婚 10 年内增 31%

英国国家统计局最新数据显示，英国已经成为一个种族大熔炉。英格兰和威尔士地区与其他族裔人士结婚的人数，在过去 10 年增加 35%，至 230 万。其中，华裔社群选择跨种族关系的比例从 2001 年的 25% 增至 2011 年的 31%，在多个种族社群中成为继加勒比之后的第二高比例。在 2001 年至 2011 年间，将种族背景形容为"混合"或"多种"的人数从 66 万增加了将近一倍，至 120 万，这也是人口普查中增长最快的一个种类。此外，文化障碍仍然是跨种族伴侣关系踏进正式婚姻关系的难关，例如英籍孟加拉社区中，与不同族裔人士同居的较结婚的多 7 倍。此外，年龄也是一个重要因素。年龄为 20 岁至 30 岁的人士与其他族裔人士结合的可能性比 65 岁以上的人士多 2 倍，近半数跨种族人口为 16 岁以下，这说明了身份认同随时间减弱。国家统计局评价，不同年龄层对跨种族关系有不同的态度。一些年长人士对其态度更传统，而年轻人可能在英国长大，与不同族裔人士有接触，也观察到社会的日渐多元化。　　　　（[欧洲]《星岛日报》2014 – 07 – 07）

首届中东欧华人发展论坛开幕　探讨华人可持续发展

在欧洲经济缓慢复苏、中国经济调整转型的大背景下，为展现华人发展成果、共同探讨发展中遇到的问题、展望华人发展前景，首届中东欧华人发展论坛 9 日在欧洲时报维也纳文化中心举办。中国驻奥地利大使赵彬、欧洲时报传媒集团总裁张晓贝、中国记协书记处书记王冬梅、中国海外交流协会宣传部姚青、《人民日报》海外版编委刘鲁燕、中国新闻社副总编辑张雷分别发表了致辞。中国驻奥地利大使馆政务参赞戴蓝、领事部主任李李、欧洲时报传媒集团常务副社长钟诚、参加中东欧华人发展论坛中方代表团成员及奥地利各界华侨华人出席了会议，大会由《欧洲时报》中东欧版社长王敢主持。本次会议由《欧洲时报》主办。　　　　（中国新闻网 2014 – 07 – 10/葛璐璐）

韩媒：华侨资本有望为韩国经济腾飞提供良机

据仁川经济特区外国投资者现况资料，华侨资本大规模涌进仁川经济特区始于 2012 年。2012 年 12 月，印度尼西亚华人企业力宝集团与美国凯撒赌业集团在新加坡成立 LOCZ Korea 投资法人，投资 5 亿美元在仁川永宗岛美缀城一带兴建度假村项目，揭开了华侨资本直接对仁川投资的大幕。报道称，严格说来，力宝集团早在美缀城开发初期的 2007 年，便在仁川进行小规模投资，先后在仁川经济特区内投资两个项目，总规模达 5.367 亿美元，这也被看作是华侨资本在仁川经济特区内的全部成果。据报道，2004 年至 2014 年上半年，仁川经济特区共吸引外资规模 66.071 亿美元，华侨资本仅占 8.1%。仁川经济特区相关人士表示，如果华侨资本可以持续涌入仁川特区的话，将能进一步拉动中国投资。有专家表示："华侨资本的注入有望成为韩国经济加速发展的一个机遇。"报道称，除此之外，韩国济州岛拥有得天独厚的自然环境，吸引了大量华侨资本。自 2010 年起，申请在济州岛进行投资的外国人申请提案共 19 件；其中，中国以 14 件排名第一。其次为：马来西亚（1件）、新加坡（1件）以及日本（1件），金额共计（以总经营费为准）8.7万亿韩元。对此，济州岛国际弗里敦相关人士称："以马来西亚成功集团的休养型居住园区事业以及济州神话历史公园等为例，华侨资本投资比重已超过五成。"

（［韩国］亚洲经济网 2014 – 07 – 15）

第十一届欧洲华文传媒论坛汉堡开幕　商讨华媒发展

第十一届欧洲华文传媒论坛于7月11日上午在德国汉堡商会大楼隆重开幕。中国驻德国大使馆新闻和公共外交参赞曾凡华、中国驻汉堡总领事杨惠群、中国记协书记处书记王冬梅、中国新闻社副总编辑张雷、中国海外交流协会宣传部代表姚青、《人民日报》海外版编委刘鲁燕、汉堡商会会长梅尔斯眠默、汉堡州政府新闻发言人施默尔以及来自欧洲二十几个国家及中国内地、香港的60多位华文媒体负责人出席了论坛。欧洲华文传媒协会成立于1997年，会员单位近60家，主要分布在法国、英国、德国、荷兰、比利时、奥地利等国家，媒体形态由一开始的以平面媒体报刊为主，发展成目前的报纸、杂志、广播电台、电视台、网站和出版社等多种形式共存的全媒体华文传媒格局，在服务旅欧华人、维护华人合法权益、促进华裔族群融入、弘扬中华文化等方面都发挥着重要而独特的作用，受到欧洲所在国政府和中国有关部门的鼓励和赞扬。迄今为止，欧洲华文传媒协会作为欧洲华文媒体沟通、合作、交流的平台，已分别在法国巴黎（两届）、匈牙利布达佩斯（两届）、奥地利维也纳（两届）、西班牙马德里、意大利罗马、罗马尼亚布加勒斯特和葡萄牙里斯本成功举办了共十届研讨会，欧洲华文传媒协会已成为各华文媒体成员的合作交流之家，两年一度的论坛也已成为欧洲华人社会中极具影响力的一次欧华传媒盛会。

（［法国］《欧洲时报》2014 – 07 – 17）

业者话海外中餐发展隐忧：味道与卫生成最大阻力

德国总理默克尔在今年访华期间赴蓉学做川菜，使媒体纷纷盘点外国政要钟情的中国名菜，而走向海外的中华饮食文化亦受到关注。海外部分中餐业者及海外华人表示，味道不"正"与食品卫生状况已成为制约中华饮食文化向海外推广的两大阻力。"中国菜系由于口味繁多，百菜百味，赢得不少老外的青睐，特别是加上麻辣鲜香的口感，更令人记忆深刻。"中华厨皇协会会长、归国华侨曹彬介绍说，近些年，一直排斥"麻辣"的老外开始鼓起勇气争相一试，有的还吃上了"瘾"。长期在海外交流的曹彬对此深表赞同，他认为，中餐厨师的专业水平参差不齐，既缺乏职业培训及系统的厨艺学习，又缺乏标准规范的程序，这会影响到中华饮食文化的继承发扬，也导致中餐馆口味不稳定。"很多外国朋友反映，自己吃过的菜品与在中国吃到的相差很大。"他还指出，部分中餐馆为了降低成本提高利润，始终难以在食品卫生安全和从业人员的职业道德水准上下足"本金"。而食品卫生安全在海外又被看作头等大事，这就使得当地社会对中华饮食产生疑虑。

（中国新闻网 2014 – 07 – 17/陶煌蟒）

西班牙华人手机店疯狂膨胀　被指为市场埋下隐患

继中餐馆、百元店、食品店之后，手机店成为西班牙华人行业的新宠。如果不是行业的特殊性和技术因素制约，手机店同样会像其他已经走向衰落的华人经济形式那样密布大街小巷。然而华人手机店的疯狂蔓延，绝不是什么好事情，因为其很快就会陷入市场供大于求的境地，在此市场环境下未来市场前景如何，是否会步中餐馆及百元店的后尘，都是个未知数。2004 年左右，西班牙手机销售、维修及小家电市场基本上掌控在巴基斯坦人及印度人手中，中国人从事这一行业的凤毛麟角。其主要原因，一是当时华人支柱产业中的中餐馆、百元店、食品店及外贸行业均处于蓬勃发展时期，生意火爆，这种不起眼的"小生意"自然不被中国人看好；二是此行业有一定技术性要求，不像百元店及食品店那样好上手，隔行如隔山，客观因素制约了大量跃跃欲试者；三是没有经济危机造访，经营环境良好，大家日子过得都不错，自然是没有人"富则思变"。到了 2014 年，华人手机店已经遍布西班牙各地，但同时给行业带来的隐患也开始显现。对于华人手机店在西班牙的急剧膨胀，业内人士指出，用不了几年，华人手机店的生命力就会逐渐枯竭，赚钱黄金时代就会结束。到那个时候，大多数华人商家又要为自己的经营行为买单。

（［西班牙］欧浪网 2014 - 07 - 18）

夹缝中的美国华人二代　不中不西身份认同陷尴尬

在美国出生的华人，有意识或无意识都要面临的难题是："我究竟是中国人还是美国人？"无论生在何处，长在何地，在哪里生活和工作，都要面临"归属"的问题。

夹缝中的海外华二代：不中不西的生存

出生在美国的华裔后代身处两个世界碰撞交融的叠加地带。出了家门是扑面而来的西方世界，成长于此深受浸染；回家却又是父辈耳濡目染的神秘中国，隔靴搔痒终觉疏离。在家里，有文化和年代的隔阂；在外面，有文化和种族的隔阂。对于从小生长在美国的华裔青少年（American - born Chinese，ABC）来说，中华文化既神秘又陌生。

华人父母是否融入主流社会影响"华二代"

华人作为少数族裔在别国生活，不能故步自封，须与人交流互动，在保留自己传统文化的同时，不单接受主流社会的生活方式，而且最好能融入主流社会。美国媒体称，随着中国的崛起，中国以至中国人的形象曝光率在国际上比以前大为增加，在伦敦、曼彻斯特、伯明翰、巴黎、纽约等大都市，人们对华人多少有所改观。尽管如此，在大城市以外的偏远地区，尤其是华人人口不多的小乡镇，当地人对华人的态度始终如一，仍是漠视和歧视。这是因为他们大多仍昧于中国事物，且往往无缘接触。而最关键的还是，所见所闻者通常也只是华人餐馆外卖店，在美加等地则还有华人洗衣店，难怪被人定型。

海外华人孩子的学业成绩多比白人优胜，但这并不代表就能获得尊重，因为不少华人孩子或结伴成群，或我行我素，读书温习时鲜与其他族裔的人玩在一起，所以往往被认为与世无争，不惹是生非，但也因此容易被视为怕事甚至好欺负。华人孩子在学校受歧视，有些家长其实也与加害者同样难逃其责。事实上，华人父母越早与主流社会人士增加接触，越有利于子女融入社会，歧视也越易避免，子女在学校或社会上的疏离感必会相对减少。

（［美国］侨报网 2014 - 07 - 24）

新西兰首部华人制作电影举办首映式　有望在中国上映

7 月 24 日晚 6 点，新西兰首部本地制作华语电影《缘分天空》（The Love）首映式，在奥克兰 New Market Rialto Cinema 举行。导演、制片人及 7 位主演在首映式悉数亮相。中国驻奥克兰总领事馆文化组张领事出席首映式。这部 90 分钟的都市爱情题材电影由新西兰华人电影公司 OK DESIGN 出品，从筹划、拍摄到上映，皆由新西兰本地华人担纲，仅耗资 3 万新西兰元，却囊括数个"第一"，即新西兰第一部由本地华人拍摄制作的华语电影，由新西兰唯一一家华人运营的电影公司制作，亦是新西兰电影史上成本最低的电影作品。制片人 Nicole Kang 在首映式上表示，这部电影旨在向世界传播华语文化，展示新西兰新一代华人的热情与才华，并尝试在新西兰创造华语电影文化。这部电影展现了生活在奥克兰都市的青年华人在异国他乡的生活与爱情，以几对不同职业、不同背景的都市男女为主角，通过倒叙、回放等手法，将几段看似无关的情感悲喜剧巧妙串联。导演 Xuan Li 在首映式上表示，"整部电影有笑有泪，你猜得到开头，却猜不中结局。"《缘分天空》将于本月 31 日在奥克兰 New Market Rialto Cinema 公映。据悉，这部电影还有望在中国及亚洲其他地区上映。

（［新西兰］天维网 2014 – 07 – 25）

针灸渐获美国人认同　全美针灸师中华人仅占少数

今年 1 月，美国最大医院之一的俄亥俄州克利夫兰诊所（The Cleveland Clinic）宣布成立中草药诊所，向那些经西医医师转介、同时对草药没有不良反应的病人提供治疗。诊所的服务除中草药外，还包括针灸、心理治疗和推拿等。像克利夫兰诊所设立的这类中草药诊所，美国还为数不多。该医院发言人说，主持该诊所的草药师路芬乐（Galina Roofener）并不能自称"大夫"，也不能说可医治疾病。比方说，她持有的执照限制她不可以说中草药能治疗结肠炎，但可以说能"遏制痢疾和疼痛"；她不能称治疗关节炎，但可以说"减轻关节疼痛"。这种让人啼笑皆非的事情，正说明中医在美国发展举步维艰的尴尬处境——得不到合法地位。主因是中国的中成药以处方药身份进入美国主流医药市场需要通过 FDA 临床试验，但中药往往含有多种成分，各种成分用分子表达，什么成分发挥什么功效，很难说清楚，因此迄今仍只能算食品或饮品，称不上"药"。1980 年，美国医学界将中医药划入补充与替代疗法（简称替代疗法），对其科学性、有效性及实用性还存在歧视或质疑。如果有人堂而皇之地挂牌开诊，就属违法。因此，不少曾行医多年、妙手回春的中医师，到美国后却因在媒体刊登能医治病人的"不实广告"，吃上官司，十分无奈。针灸的命运则比中医好许多。经过业内人士长达 40 年的不懈争取，目前在美国 50 个州中，针灸已在 47 个州合法化，几乎所有的保险公司都有支付针灸治疗的计划可供选择，只要民众加入的保险计划包含针灸，保险公司就会支付。而目前凡是拥有联邦老人保险"医疗照顾"（Medicare）的 65 岁以上老人，必须加入牛津保险和第一保健才可支付针灸治疗。针灸被越来越多的美国人认同。2006 年，美国加州中医政治联盟委托国会首位华裔众议员赵美心提出"针灸工伤补偿法案"（AB2287），要求加州工伤补偿必须包括针灸治疗福利。下一步将是推动与促进中医针灸疗法纳入美国的联邦医保体系。如获通过，全美将有 5 200 万老人可享受联邦支付的针灸治疗。不过正如民谚所说，"瘦田无人耕，耕肥有人争"，纽约州针灸执照医师联合公会第八届会长林榕生指出，虽然是华人把针灸神技传入美国，但华人针灸师现在是美国针灸界的"少数民族"。在全美近 4 万名针灸师中，七成以上都是非华裔，美国中医公会也被洋人垄断。华人针灸师多集中在加州、纽约和佛罗里达州。

（［美国］《世界日报》2014 – 07 – 28/唐典伟）

世界海外华人研究学会国际会议在巴拿马举行

世界海外华人研究学会国际会议 7 日在巴拿马大学举行开幕式。来自亚洲、欧洲和美洲的 60 余位专家学者将在为期 3 天的会议中就海外华人的过去和未来、生活、文化氛围以及经济状况等主题进行交流和研讨。本次会议主题为"从中国南方，到美洲大陆南部"。会议的举行适逢华人抵巴拿马 160 周年以及巴拿马运河百年纪念，因而引起巴拿马上下以及华侨华人社团的更大关注。巴拿马总统府部长阿尔瓦罗·阿莱曼和巴拿马城市长何塞·布兰顿等政要出席开幕式并发表讲话。布兰顿在讲话中除赞扬在巴华人为巴拿马社会所做贡献外，还就巴拿马历史上曾发生过的排华事件进行道歉。他的讲话赢得当地侨社代表以及国际学者们的热烈掌声。中国巴拿马贸易发展办事处代表王卫华出席开幕式。世界海外华人研究学会会长陈志明以及巴拿马大学校长、圣玛利亚拉安提瓜大学校长和巴拿马侨社代表等分别在开幕式上讲话。

（新华网 2014 – 08 – 08/ 苏津）

新西兰奥克兰新生儿十大姓氏亚裔占七　王姓居首

去年在新西兰奥克兰出生的婴儿，10 个最普通的姓氏中，有 7 个是亚裔姓氏，而中国人姓氏王最多。以往的奥克兰，是史密斯（Smith）、钟斯（Jones）及威廉士（Williams）的天下，而现在出生的婴儿，根据出生证明登记的姓氏，以王、李和陈最多。在新西兰，印度人不属于亚裔。据内政部数据，印度姓 Patel 为去年奥克兰出生婴儿第八大姓，奥克兰的印度人口势必赶及华人人口。

（［澳大利亚］《星岛日报》2014 – 08 – 11/ 嘉文）

巴拿马运河百年之际　执政党为 70 年前歧视华人道歉

100 年前，中国与巴拿马运河相关联的字眼只有苦工、歧视和血泪史。百年之后，中国并没有与巴拿马建交，却已经是巴拿马运河的第二大用户，在新的连接太平洋和大西洋通道的构想中，中国成为不可忽视的角色。德国《法兰克福汇报》说，巴拿马运河面临数个竞争对手，最强劲的是尼加拉瓜运河，那可能是一条"龙图腾下的超级运河"。《环球时报》记者赴巴拿马采访的行程很顺利，只是拿普通的工作签证就来到巴拿马，没有受到任何阻碍。虽然没有建交，但中国在巴拿马的影响力很大。当地有 20 万华人，有许多中国企业参与了比较大的工程，包括科隆港三期工程，李嘉诚的和记黄埔集团在巴拿马运河两端两个港口拿下了 25 年经营权，以及最近中国港湾工程有限公司欲参建巴拿马运河的项目和工程，等等。北边科隆港的货物中有 90% 来自中国。这种情况在几十年前是不可想象的。据英国广播公司报道，在巴拿马运河通航 100 周年前夕，新上任不久的巴拿马总统巴雷拉应邀出席华社向巴拿马运河捐赠"海巫"号模型的仪式。"海巫"号曾在 160 年前载运首批 705 名华工抵达巴拿马。近来，巴拿马大规模回顾巴拿马运河开凿血泪历史，以及与美国长期抗争的历史，同时也采取措施弥补以往华人贡献被刻意淡化的问题。8 月 7 日，巴拿马首都市长布兰顿公开代表执政的巴拿马人党，对 70 年前华人所遭受的歧视进行道歉。1941 年该党创始人阿努尔福·阿里亚斯总统以"种族净化"为由，严格限制华人入境，并下令非巴拿马人无权拥有任何产业。长期以来，巴拿马政府对 70

年前施加于华人的歧视性待遇未曾采取任何弥补措施，更只字不提巴拿马铁路每根铆钉都等同一名牺牲华人的墓碑。现在，中国的标签是商品、投资、竞争和机遇。美国《休斯敦纪事报》称，还有 16 个月，巴拿马运河第三套船闸就将完工，那么有没有可能修建另一套船闸来进一步扩大巴拿马运河的容量呢？这一想法最初在去年波哥大拉美港口会议上被首度提出。而上个月中国工程代表团在访问巴拿马期间对此表达了兴趣，这似乎使得第四套船闸的扩建有了一定的可能性。近年来，中国几乎在整个拉丁美洲的战略基础设施项目上都有投资。与此同时，中国大亨还盯上了另一条中美洲运河——尼加拉瓜运河。尼加拉瓜运河运量将是巴拿马运河的 3 倍。德国《法兰克福汇报》评论说，百年巴拿马运河面临竞争。尼加拉瓜运河可能成为新的巴拿马运河。这一大西洋与太平洋新捷径的背后，是来自远东的财团。尼加拉瓜，中美洲一贫如洗的湖泊与火山之国，将因此发生巨变。除了中国人，如今还会有谁有这样大的构想，计划建造穿越尼加拉瓜的巨大运河，连接太平洋与大西洋，这会是中国地缘政治的一步棋吗？　　（《环球时报》2014－08－15/李强等）

新西兰人口普查约有 300 不同族裔　华人人数超 17 万

　　根据 2013 年 3 月的人口普查，新西兰一共有 300 个不同族裔。统计局公布了其中 143 个较大族群的详细资料，其中华人超过 17 万人，近七成住在奥克兰地区。据了解，新西兰华人人口在不断上升中，以 2013 年 3 月人口普查当天数字为准，华人逾 17 万人，占比 4.3%；印度人的数量紧跟在华人之后，有 155 178 人，占 3.9%；韩国人有 30 171 人，比例不到 1%；毛利人还是最大的少数族裔，有 598 602 人，占总人口的 14.9%，岛民居次，有来自主要岛屿萨摩亚、斐济、库克群岛等的大约 290 000 人。目前，欧裔人口还是主流，有 2 727 009 人，比例占 68%。另外，新西兰各族裔人士以定居奥克兰地区为主，各族裔从年龄上来看，华人的平均年龄是 31.3 岁，印度人是 30.1 岁，韩国人是 31.2 岁，毛利人是 23.9 岁，岛民约 20 岁，欧裔人士年龄较高，约 40.8 岁。从各族裔的收入来看，收入以欧裔最高，为 30 600 元；印度人居次，为 27 400 元；毛利人为 22 500 元，岛民平均在 20 000 元上下，华人为 16 000 元，韩国人 11 500 元。

（［新西兰］中华新闻网 2014－08－19）

不婚者增及生育率减　马来西亚华裔人口比率下降

　　目前，马来西亚妇女、家庭及社会发展部副部长周美芬表示，马来西亚华裔不结婚及生育率减少的现象，是导致马来西亚华裔人口比率下降的因素。据报道，周美芬呼吁华裔妇女群体踊跃成立妇女协会，向政府申请拨款，以通过举办各类有助提升妇女素质及社会发展的公益活动，协助政府推动社区改革。她表示，在妇女部旗下的"妇女协会计划"，各大社群的妇女（约 10 至 20 人），在无需向社团注册局登记的情况下，便可向该部申请成立一个妇女协会，并向政府提申办活动拨款。她说，尽管在马来西亚，许多华社妇女组织都希望通过积极举办各类活动推动社区改革，但资金不足就是这些社团最大的问题。马来西亚总理纳吉布对此在去年推出了有关计划，以通过资源拨款，来鼓励更多妇女社团举办更多公益活动，但参与的华裔女性并不多。周美芬出席"妇女部与华团妇女领袖交流会"时表示，政府的目标是希望能够在马来西亚成立多达 10 万个妇女协会。在该计划下，政府将可为每个组织提供活动拨款，以资助她们筹办如法律及技能讲座、健康检验及亲子活动等各类社区活动。她表示，这些妇女协会必须另外申请一个协会户头，以作为拨款转账用途，随后只需在申办活动前两周提呈活动建议书，便可向该部提出拨款申请。另一方面，部分出席的华团妇女组织代表在交流会上表示，她们曾在向政府申请活动经费拨款的时候，面临刁难及难以取得拨款等困难。对此，周美芬表示，她希望有关团体能够向其提供更多资料详情，在进一步探讨后，向部门反映此事。

（［马来西亚］《东方日报》2014 - 08 - 19）

意大利非欧共体移民总数接近 390 万　华人超 30 万

意大利国家统计局根据意大利内政部移民事务管理局和政府户籍登记相关统计资料，经综合排列剔除统计细则规定不规范的数字，统计报告最终显示，近两年来具有意大利合法居留权的非欧共体移民增长速度放缓，整体增幅已明显呈下降趋势。报告称，2012 年，意大利非欧共体移民增加数量为 25.6 万人，2013 年，非欧共体移民增长数字仅为 11 万人，同比增幅减少了 50% 以上。而且今后一个时期，意大利非欧共体移民增幅将会继续减少。统计报告显示，截止到 2014 年的第一个统计日，意大利非欧共体移民总数为 3 874 726 人。其中来自摩洛哥的移民 524 775 人，来自阿尔巴尼亚的移民 502 546 人，华人移民 320 794 人，来自乌克兰、菲律宾的移民分别为 233 726 人和 165 783 人。这五个国家的移民占意大利移民整体数量约 45%，其数量的变化将直接影响到意大利移民的人口变化。报告还显示，在本次统计期中，意大利新增非欧共体移民女性减少了 5%，男性减少 1.4%。2012 年，在新增移民中获工作许可来意的增加了 19.3%，家庭团聚许可的减少了 10%，留学生减少了 12%。与此同时，获得意大利永久居留权的移民人数不断增加，2013 年，具有永久居留权的非欧共体移民总数为 2 045 662 人，2014 年为 2 179 607 人。具有永久居留权的非欧共体移民主要生活工作在意大利中部和北部地区。另外，在统计期内，共有 65 383 名移民申请并获得了意大利国籍，未列入移民数量增减统计之中。

（［意大利］欧联通讯社 2014 - 08 - 22/博源）

米兰移民食品店增速迅猛　华人食品店占比 17%

根据米兰商会的统计数字，米兰移民食品店生意兴隆，越来越多的意大利人成为移民食品店的顾客，米兰移民食品店增加了 10.5%，而传统的意大利人食品店只增加了 2%。据悉，米兰移民食品店已经超过 600 家，其中 285 家为零售食品店，326 家为迷你超市，华人经营的食品店占 17%。一位移民店主在接受记者采访时说："我们的客人很多都是意大利人，因为我们的价格比较低。"米兰移民食品店主要分布在 Niguarda、Centrale、Greco、Turro、Gorla、Precotto、Blcocca、Fiera、Gallaratese 和 Quarto ogglaro 等地区，移民食品店已经成为上述地区食品店的新标志，并为上述地区带来新产品、新味道和新文化。米兰商会的统计数字还显示，移民食品店 2005 年开始大规模在米兰落户，客户主要是移民，但是现在顾客群发生了变化，越来越多的米兰人也走进移民食品店，米兰年轻人喜欢新鲜事物，对移民食品更加好奇，而其他消费者则认为同样的食品，移民店的价格略便宜。

（［意大利］欧洲侨网 2014 - 08 - 27/林夕）

研究称全球移民人数创新高：中国移民23年增500万

尽管近几十年以来，全球范围内居住在非出生国的居民占全球人口的比例变化不大，但由于人口不断增长，全球移民人数还是达到历史新高。据美国皮尤研究中心官网（Pew Research Org）2日报道，皮尤利用来自联合国人口署（United Nations Population Division）的数据对1990年至2013年间全球移民的变化趋势进行了分析研究。研究显示，2013年美国4 579万居民并非在美国本土出生，而在1990年美国非本土出生的居民数量为2 325万人。这意味着23年间美国外来居民增长了将近一倍。美国是全球第一大移民国家。值得注意的是，美国男性移民与女性移民数量比例几乎是1：1。2013年，印度超越墨西哥成为全球最大的移民来源国，俄罗斯与中国分列第三与第四。印度人最喜欢移居至阿拉伯联合酋长国（290万人）与美国（210万人）。数据显示，1990年至2013年间，全球范围内来自印度与中国的移民数量均翻了两番。全球范围内的印度移民数量从1990年的684.56万人增长至1 416.66万人，中国移民则从408.60万人增长至934.25万人。2013年在全美境内，来自中国的移民数量达到224.68万人，1990年该数据仅为60.98万人。值得注意的是，2013年居住美国的中国移民中，男女数量相差较大，男性移民为97.63万人，女性移民数量为127.05万人。然而在1990年，在美的中国男性移民数量为30.28万人，女性移民数量为30.69万人，几乎相当。另外，由于地缘与经济关系，墨西哥与美国是世界上居民联系最紧密的两个国家。2013年，共有将近1 300万名墨西哥移民生活在美国，比移居到俄罗斯的所有移民总数（1 100万人）都多。俄罗斯是紧随美国之后的世界第二大移民国家。

（［美国］侨报网2014－09－03/王青）

华人赴日就医人数增加　中文医疗翻译供不应求

近年来，随着人们生活水平提高，赴日接受医疗服务的华人逐渐增多。为支援县内医疗工作人员与外国人患者沟通，日本神奈川县近年开始实施医疗翻译派遣制度。神奈川县与相关非营利组织法人2013年度派遣的"医疗翻译"数为4 202件，达到过去最高纪录。其中中文"医疗翻译"件数已经超过1 200件。随着神奈川县"医疗翻译"派遣事业在志愿者翻译和部分医疗机构的协助下成立，医疗翻译开始供不应求。

（［日本］新华侨报网2014－09－04）

西班牙中国移民劳力近半为个体老板　获高度评价

截至2014年6月，一共有43 988名中国移民出现在西班牙社会保险系统的个体户模式记录内，这意味着在西班牙的中国移民劳力里，近半数人属于自雇个体（autónomo）老板性质。据悉，在西班牙6年来的经济危机影响下，其他族群的个体户业主数量均出现收缩趋势，而中国个体户老板人数则翻了一番，是唯一增长的个体户群。西班牙全国专业工作者和个体户工作者联盟UPTA，依据西班牙社保系统自雇体模式RETA采集到这一发现，称中国人个体户是唯一在2008年危机后还在不断增长的群体。社保系统RETA的资料显示，2008年，中国人个体户老板有22 295人，到2014年6月，这个数字增加到43 988人，几乎翻了一番。数据显示，在所有外籍移民里，个体老板最多的是中国人，且远高于居第二位的罗马尼亚人，此群体的个体老板为 26 126 人。数据还显示，在西班牙的中国工作者里，属个体老板性质的工作者与总数的比例，从 2010 年的 36.56% 提高到如今的 48.74%，等于说在中国人工作者里，近半数人属于业主。以行业而言，中国业主从事的领域以商业和餐饮业为主。为此，西班牙全国专业工作者和个体户工作者联盟，对中国人在过去 6 年危机里取得的进步给予高度评价，称中国人在危机里的努力具有非常积极的意义，"尤其在商业和饮食业领域，积极和负责地加入到对西班牙经济的努力振兴工作中。"

（［西班牙］欧浪网 2014 - 09 - 12）

中国广场舞热风吹进波士顿　华人享受运动乐趣

在中国大陆各地流行多年的广场舞热风，最近吹进波士顿。在发起人武亚明的带领组织下，一群爱好舞蹈健身的人士自今年夏天起，每周至少聚会一次，在节奏明快的音乐中，热情欢快地挥汗练舞、自娱健身。广场舞发起人和义务教学的武亚明，早年曾是舞蹈演员，接受过系统的舞蹈专业培训。之后，他弃"舞"从文成为科研博士，有 50 项/份以上专利和论文。他说，年纪越长，越感觉人需要"动"起来。他重拾舞蹈旧爱，活跃在社交舞班中。他热爱教育事业，工作之余致力于中国舞蹈学习、宣传和推广。他说，自己一直对形式自由、不需舞伴、普及大众的广场舞很感兴趣。上次回中国时，实地参加几次后，有了在波士顿组织广场舞活动的想法。7 月初，他在华人集体电邮网上发出讯息，收到热烈回响。于是趁暑假开始，每周二固定在勒星顿海灵顿小学户外广场上开始公开免费的活动；应大家要求，有时周五或周六另加一次广场舞时间。虽然电邮上响应还颇热烈，但是第一次聚会，只来了一个人。之后人数渐多，两个月以来，最多的一次有 40 多人。武亚明说，不论人数多少，广场舞照样进行。参加者以女士居多，其中有六七名长辈和少数男士。大家在微信上开设的讨论组中沟通交流和陈述意见，一个互动热烈的社群已然成形。武亚明在网上挑选并先习舞曲。教学前，根据需要重编音乐和舞步，融进民族舞、现代感，使广场舞更激情和更有内容，兼顾纯粹健身和同时想追求舞蹈美感者的需要。两个月下来，他学跳了《套马杆》《又见山里红》《最炫民族风》《善良的姑娘》等七支广场舞。马忠是少数坚持每次都来的男士，他说，刚开始觉得很难，但坚持几堂课也就跟上了。他迫不及待要学习新舞《小苹果》。在剑桥中国文化中心跳了四年健身舞的邱奇峰说，广场舞与健身班最大的不同是"更能享受"运动乐趣。

（［美国］《世界日报》2014 - 09 - 17/唐嘉丽）

旧金山华人办抗战实物收藏展　数百展品展出

为纪念"九一八"事变 83 周年，美国旧金山湾区华人刘磊于当地时间 9 月 17 日将个人 20 多年来收藏的 400 件抗战时期的实物进行展览。他说："每一件文物都是抗战时期一段历史的浓缩，都是日本军国主义分子侵华和反人类活动的铁证。这段历史不能被遗忘。我选择在'九一八'前举办展览，就是让每件文物来说话，来告诉人们这段历史。"据他介绍，此次展出的文物有 400 余件，包括时任侵华日军陆军大臣宇峘一成使用的配刀，不同级别日军将领所使用的各式指挥刀、军刀、军械，以及日军侵华中将川岛令次郎的作战手记和随军军旗，日军侵华使用的巨型作战地图。另外，还有显示日本侵略者行径和罪行的家书，各类侵华日本军人的勋章等。其中，展出的 45 张由日本随军记者拍摄的"百万日军登陆杭州湾"的海陆空景况照片尤为引人注意。刘磊介绍说，这是迄今发现的最全的"百万日军登陆杭州湾"的照片。为了确保原件的安全，刘磊一直将这 45 张照片原件以及另外 20 多张日军记者在长城内外拍摄的照片交给其律师祝良保存。祝良介绍说："当时日军投降后，这些照片落在一名英国记者手里。英国记者又将这些照片交给了自己的子女，经过几代传承，这些照片在 2011 年被刘磊发现。"他说，他们查了日本能够查到的图书馆的材料以及华盛顿的国家博物馆的相关材料，涉及日本登陆杭州湾的只能找到一两张照片。祝良表示："像这次展览展出的 45 张照片在其他地方都不可能找到。"

（人民网 2014 – 09 – 18／韩莎莎）

大马华裔部长：不再以华人为主　华小生 15% 非华裔

马来西亚华裔总理署部长魏家祥日前指出，目前大马多所华小平均保持约 15% 的非华裔就读率，证明华小已不再是以华人教育为主的学校。魏家祥日前出席振林山实达生态园培智华小综合中心开幕晚宴时表示："它（华小）传授华文教育，华文教育不只是华人才拥有的，谁愿意学汉字、方块字，不管他是不是华人，他都有权利去读。"魏家祥还在致辞时呼吁各界对华教发展做出具建设性的实际帮助。他强调，振林山区虽有国会议员，但要找他都难，更何况要对方捐钱贡献华教。"我们不要求多，如果国会议员你来，找你的支持者一起来帮忙，这就是成就华教。发展华教不应该以政党来看。"他说，他最近和马华总会长廖中莱会见总理，针对华教课题和纳吉布进行交流，内容包括争取拨款，如何协助华校发展，等等。

（［马来西亚］《南洋商报》2014 – 09 – 29）

2014 年首届西班牙华人足球锦标赛圆满落幕

10 月 11 日下午，首届"新视点 NEW EYEM"西班牙华人足球锦标赛圆满闭幕。据悉，来自西班牙各地的 9 支球队，130 多名球员参加此次比赛。经过 4 天的激烈角逐，巴塞罗那龙之队足球队、马德里长城俱乐部足球队、瓦伦西亚足球队分获此次比赛的冠亚季军。

（［西班牙］欧浪网 2014 – 10 – 13）

华人发声十年磨一剑　欧洲华语广播电台开播

经过近十年的申请和筹备，法国首家华语电台——欧洲华语广播电台 20 日在法国巴黎正式开播，这是有史以来欧洲大陆首个全日制播音的中法双语电台，大巴黎地区华人听众首次听到"自己的声音"。欧洲华语广播电台由部分在法华侨华人集资发起，并从 2005 年开始筹建和申请，2009 年获法国最高视听委员会批准。该电台覆盖范围为法国大巴黎地区。据了解，电台理事会由林精平、蔡联华、吴长虹、林瑞松、金麟泽、徐志肖、程超辉、管光成 8 名旅法华人组成。祖籍浙江温州的电台台长林精平表示，法国华侨华人已经拥有中文报纸、中文电视、中文网站，但还缺少一个广播电台。面对全法将近 6 000 万台收音机，必须成立广播电台，填补这一项空白。林精平表示，希望通过这个电台，让旅法华侨华人了解当地政府的法律政令，在每个层次真正融入法国社会；同时在节目中多方面介绍祖（籍）国日新月异的建设发展，让海外游子和家乡的联系更加密切。据介绍，欧洲华语广播电台的最大特色是中法双语的节目设置。在 24 小时的滚动播出中，中文和法文的比例各占一半。每天早晨 6 点到下午 3 点是法语播音，下午 3 点到凌晨 12 点则为汉语时段，零时过后重播经剪辑的白天的精彩内容。到目前为止，欧洲华语电台精心策划制定了十五档不同的节目，包含时政、经济、民生、法律、艺术等多个领域。在中文节目中，除了及时播报中法两国及国际时事新闻外，还会提供许多实用的生活资讯信息。在法语节目中，电台将用法文介绍中国文化和习俗，推广中国特色文化。电台准备用 3 年时间，分批逐步增加、完善这十五档节目的内容，并从目前的录播逐渐走向直播。另外，电台开辟了每天长达 12 小时的法语播音节目，力图增进中法人士间的交流和沟通，在教育、文化、经济、习俗等各个方面互相了解。创办者认为，只有了解才能理解，有了理解才会包容，唯有包容才能共存。这将有利于法国华人在社会事务中表达自己的声音，并对主流社会产生影响。

（中国新闻网 2014 – 10 – 21/龙剑武）

中医在美国渐获认可　需求增长催热当地业者种植中药

中国传统医学虽然仍被许多人视为辅助疗法，但目前在美国已逐渐获得更多民众接受，并且有些地区已开始推广种植药草。主流医师对中医的疗效各有不同看法。然而，在替代疗法已获得认同，以及对中药的需求不断增加之际，弗吉尼亚州阿帕拉契（Appalachia）的药草栽种业者，已开始响应市场的变化。当地许多农场业者已加入一项新计划，在"中医蓝脊中心"（BRCC）的协助下扩大中国药草种植，由该中心在阿帕拉契地区推广种植中国药草的技术。"阿帕拉契药草种植联合会"共同总监葛瑞姆斯雷表示，该会的目标在于种植出符合诊所业者要求质量标准的药草。该计划自春季推出以来，已协助 9 个农场种植药草，另外将再协助其他 20 个农场。此外，业者必须获得州府批准，并非各州都允许种植药草。不过，药草种植者已预见需求将会增长。著名的克利夫兰诊所已在 1 月开设中国药草治疗诊所，并且是全美第一家内设中药诊所的医院。该诊所主任贾米·史塔基与大多数业者一样，是从中国购买药草，但她表示，希望美国也种植高质量的药草。史塔基表示："如果美国农场业者也可种植中国药草，但必须以可由第三方正确检验的方式种植，可正确确认药草没有污染也没有害虫，则将是大好商机。"曾研究中药市场的专家琴恩·吉布雷特表示，全美约有 27 000 家有执照的业者。她估计该市场每年可达 2 亿元至 3 亿元。

（［美国］《世界日报》2014 – 10 – 28/张大顺）

南加大留学生遭枪击案判定　中国留学生反响热烈

赴美中国留学生瞿铭、吴颖命案的另一主犯博尔登（Javier Bolden）27 日在加州洛县刑事法庭被陪审团判定两项一级谋杀罪成立。消息传出，包括南加大学生在内的许多中国留学生对此都发表了各自的看法。南加大中国留学生李翔表示，瞿、吴命案发生时他还没来美国，父母从网上看到了南加大学生瞿、吴命案的报道后，特别叮嘱他到了美国后一定要处处小心，尤其在南加大上学期间更是要低调行事，时刻注意自己的人身安全。来美后他每天上下学都时刻保持警惕，半夜 12 点后绝不出门，就连停车、租房都会考虑到安全问题。"虽然瞿、吴命案庭审时间很长，不过从中能看出美国司法程序的缜密，一定要做到证据'超越合理怀疑'后才能定罪。"他认为保护自身安全不仅是外出办事或上下学路上的小心谨慎，还包括社交圈的审慎选择。南加大毕业生于涛认为，瞿、吴命案的审理过程给中国留学生上了一堂美国法制教育课，让他们更加了解美国的司法程序。他认为应当汲取教训的不光是留学生自己，也包括南加大校方，不能一味要求学生必须参加安全讲座，否则不准选课；校方也应从自身的管理体系中寻找安全漏洞。"为什么校园内外警笛声音不绝于耳，校方难道不该从长治久安的角度下大力气，采取有效的措施，从根本上铲除帮派团伙在校园内外的肆意妄为吗？"

（［美国］《侨报》2014－10－28/高睿）

意华人延期居留陷"造假门" 两百余华人居留证被扣

近日，意大利雷焦艾米利亚市警察局外国移民管理办公室因虚假劳工合同、住宅合同，扣押了270多名延期居留华人。其中部分延期居留华人可在警方允许限期内寻找工作和住宅，补办手续后核发居留证；大部分人则因提供虚假材料，居留证直接被警方吊销。为了了解270多名华人于雷焦艾米利亚市延期居留"造假门"事件，10月29日，记者来到雷焦艾米利亚市，在意大利华人华侨慈善基金总会会长陈光平陪同下，前往警局和当地负责移民事务的律师事务所了解情况。从警方处得到的消息，因270多名华人提供虚假材料延期居留，雷焦艾米利亚市警方已停止对提供虚假材料的当事人办理居留手续。对提供延期居留造假材料的中介机构，警方正在着手进行调查。意大利华人华侨慈善基金总会会长陈光平介绍说，由于很多华人实际工作生活地根本不在雷焦艾米利亚市，为了延期居留只好花钱委托中介机构代办。警方在核查手续过程中发现，一个住宅有几十名华人居住，一些华人提供的工作合同上的企业根本不存在。鉴于以上原因，近期雷焦艾米利亚市警方对华人延期居留的手续审查十分严格，一经发现弄虚作假者，警方立即扣押当事人的居留证。负责移民事务的律师安德烈说，目前警方发现延期居留造假问题主要有几个方面，一是中介机构完全造假，二是劳工合同和住家合同合法，但当事人实际未在合同单位工作和居住地居住。雷焦艾米利亚市警方现在就延期居留造假事件正在展开全面调查。安德烈表示，270多名华人居留证被警方暂扣或吊销，对于暂扣人员而言，重新获得居留的机会很大，当事人应在警方规定的时间内，尽快补办手续，但再次提供的手续必须合法。对于已经吊销居留的华人，鉴于裁定最终审核权属于法院，应尽快通过司法程序进行解决。

（［意大利］欧联通讯社2014－10－30/博源）

华人成西班牙马德里第五大外国人口 刻板印象转变

在西班牙马德里Vallecas的地铁车厢中，一个西班牙小女孩充满好奇地问身边的中国人："你叫什么名字？"随后，这个中国男孩摘下自己戴着的音乐耳机，回答她："我叫Felipe。"西班牙马德里经常可以看到类似的场景。西班牙小朋友们，对不同种族的人群尤其是亚裔人充满着好奇。2013年，西班牙各个城市，外籍人口数量发生增长的唯一城市是马德里。这一年，全西班牙共有中国人18.52万人。中国人成为继罗马尼亚人、摩洛哥人、英国人、厄瓜多尔人之后的第五大外国人口。随着华人生活方式的改变，中国人"多疑""沉闷""不合群"的刻板印象逐步转变。西班牙人逐步对中文魅力和中国蓬勃发展的经济感兴趣。40岁的西班牙女士Raquel Rubio，便是一个非常好的例子。她在生完小孩后，为了在家里给儿子营造一个中文环境，特意聘请了一位中国女家政服务人员。目前，这位 33 岁名叫刘小娟（音）的中国女士和 Raquel Rubio 女士一起创办了名叫 Enjoy Mandarín 的公司。该公司现逐步地发展成一个能提供保姆、家庭佣人、私人教师服务的大型中文服务公司，其员工数量已经达到 300 人左右。此外，在马德里市南部区域的酒吧、商场、游乐园，我们经常可以看到华人的面孔。其中，聚集华人最多的地方便是马德里的乌赛拉（Usera）。当我们漫步在乌赛拉区域，仿佛感觉已经置身在中国的北京，到处可见中文海报、中文广告牌、中国情侣。

（中国新闻网 2014 - 11 - 02）

苏格兰"华夏杯"华人运动会开幕　共 200 多人参加

英国苏格兰一年一度的"华夏杯"华人运动会近日在爱丁堡开幕，来自苏格兰各大学的留学生、当地专业人士、华侨华人组成的十几个代表队，包括中国驻爱丁堡总领事馆，共 200 多名运动员参加了本届比赛。"华夏杯"运动会由爱丁堡华人专业协会（Edinburgh Chinese Association of Professionals）和爱丁堡学联（Edinburgh Chinese Students and Scholars Association）组织。专业协会的主席李晓阳介绍说，举行"华夏杯"的初衷是为了让大家增强体质，丰富华人社团生活。今年的规模比以往任何一届都大，共有足球、篮球、乒乓球和羽毛球 4 个项目，一些项目有 8 到 10 个队伍参加，争夺各单项及最后"华夏杯"冠军。当天形形色色的队名体现了运动员们的热情，有"爱羽队""胖子队"和"我爱小田田"等。"爱羽队"的肖盛表示，"华夏杯"给华人提供了又一个互相交流的机会，海外华人有不同背景、不同年龄，球场上胜负不重要，切磋球技，增进感情，大家都乐在其中，从球场上能体会到另一种家的感觉。对此，李晓阳相信，明年的"华夏杯"规模将更大，也希望广大华人，无论是否擅长体育，都踊跃参加，让华人的生活更加丰富多彩。

（［英国］《英中时报》2014 - 11 - 04/刘冶）

中国投资者为快速获得签证　在澳洲投资超 21 亿澳元

过去两年，富裕的中国投资者为了快速获得居住签证，不惜砸重金投资澳洲的房地产、企业和股票，他们的投资金额已经超过 21 亿元（澳元，下同），其中维州接收的中国投资者最多。至少有 436 位中国内地投资者和少数中国香港、南非、日本和马来西亚人士已经按照新的重大投资签证计划（Significant Investment Visa）获得居住签证，他们都各自承诺至少向澳洲经济投资 500 万元。超过一半人（221 人）现已在维州安家，维州政府还向另外 825 位投资者发出了投资邀请。富裕的外国人如果想立即搬到澳洲，并在 4 年后有资格申请永久签证，可以投资房地产管理资金、债券或者澳洲的企业。此外，希望移居澳洲的海外富商还准备向澳洲注入 28 亿元投资。所有外国投资者必须按照各州政府支持的重大投资签证计划，申请他们的澳洲居住签证。澳大利亚联邦移民部一位知情人士称，维州政府是重大投资计划的最大支持者，维州将此视为增加投资的机会。相比之下，新州接收了 162 名重大投资者，正在考虑发出 464 份邀请。

（［澳大利亚］新快网 2014 - 11 - 05）

首届中国新移民文学研讨会开幕　近百华人作家出席

首届中国新移民文学研讨会 14 日在江西南昌开幕，包括严歌苓、张翎、虹影、刘荒田、陈瑞琳在内的近百位知名海外华人作家出席会议。据主办方介绍，中国新移民文学，特指中国改革开放30年来，从中国新移居或侨居海外的文学爱好者、作家的文学创作和文学活动。本次活动在中美作家、学者倡导下，中国国务院侨办、中国作家协会、中国世界华文文学学会等单位的支持下举办。"世界华文文学如今已遍及四大洋五大洲，可以说有华人移民的地方就有华文文学。"中国世界华文文学学会名誉会长张炯在出席会议时表示，"在短短的二三十年中，新移民文学涌现了大批作家，如严歌苓的作品《归来》《金陵十三钗》，张翎的小说《余震》等都被改编成电影，为读者和观众所熟知。"旅美华文作家陈瑞琳被誉为当代北美新移民文学研究的开拓者，她作为作家代表发言时说："30年前，我们这一代游子带着梦想漂洋过海，开始在海外书写我们这一代人的故事。今天，我们带着作品回来，与其说是一次作品展示，不如说是对我们的鼓励。我们的梦想就是和海内外作家携手，共创我们汉语文学辉煌的未来。"陈瑞琳在说此番话时，现场响起热烈掌声。中新社记者了解到，为鼓励和肯定海外华人作家做出的贡献，会议颁发了"杰出成就奖""突出贡献奖""优秀创作奖""荣誉奖"四组奖项。严歌苓、张翎、虹影、刘荒田、陈河等10人获"杰出成就奖"。

（中国新闻网 2014 - 11 - 14／王姣）

澳大利亚华人科学家逯高清荣获首届澳中成就奖

澳大利亚外交贸易部18日公布荣获第一届澳中成就奖的获奖者名单。澳大利亚著名华裔科学家逯高清、为中国旅游者熟知的布里迪斯托庄园和悉尼交响乐团荣列榜单。逯高清是国际著名材料化学专家，也是澳大利亚纳米科技的领军人物，现任昆士兰大学常务副校长。他获奖的理由是"在推进尖端科技研究和教育领域的澳中关系上发挥榜样和领导作用"。在商业领域，位于塔斯马尼亚州的布里迪斯托庄园以"引领和创新性地进入中国市场，推动塔斯马尼亚成为吸引中国游客的目的地"而获奖。同时，悉尼交响乐团以"向中国观众显示了澳大利亚艺术和创造力水平、推进澳大利亚和悉尼作为全球领先的文化目的地"而获奖。澳大利亚外交贸易部在声明中说，澳中成就奖旨在表彰那些澳大利亚组织机构和个人，这些机构和个人在加强澳中经济、文化、教育等方面起到带头作用，并展现出创新做法。澳中成就奖吸引了众多机构和个人参评，短短一个月内，组委会收到超过80个提名。外交贸易部说，从这些提名中可看出澳中关系的深度和广度。

（新华网 2014 - 11 - 19／徐海静）

江苏南通赴海外创业人数突破10万 6万人在非洲

11月20日晚上，中国驻南非约翰内斯堡总领事馆举行庆功答谢会，向南部非洲江苏同乡会会长陈辉等南通籍侨领表示感谢。此前，南通的侨商团队成功承办了2014南非侨界庆祝国庆65周年联欢晚会。据南通市外侨办统计，目前在世界各地打拼的南通人已突破10万，其中约有6万侨胞分布在全非洲50多个国家和地区，约占江苏在外创业人数的80%。

（中国江苏网 2014 - 11 - 25／陈黎等）

近40万亚裔将受惠于美移民改革 华裔占近7万

美国总统奥巴马21日晚宣布的移民新政将使全美近500万人"暂缓递解出境"，亚裔民权组织预测，其中约有 40 万人为亚裔，华裔占近 7 万人。亚美公义促进中心（AAAJ）预测，全美亚裔无证移民约 150 万人，加州占了最大份额，达到 41.6 万人，约占加州所有无证移民的 15%。其中 13 万人在洛杉矶县，5.2 万人在橙县。加州亚裔小区的无证移民最多来自菲律宾裔，达 14.3 万人，其次为华裔 7.6 万人，韩国裔 7.1 万人，越南裔 6 万人，印度裔 4.6 万人。此次新政涵盖两大类受益者，即 DAPA 和新版 DACA。前者为美国公民或永久居民的子女，2010 年之前入境且无犯罪记录的无证移民。后者则是在 2012 年旧版 DACA 基础上，将申请人现在的年龄限制由 30 岁改为无限制。两大类受益者都可获得三年暂缓递解出境待遇和工作许可，但在此期间不得离开美国。联邦众议员赵美心（Judy Chu）表示，奥巴马宣布行政命令前，邀请包括她在内的 18 位联邦参、众议员"见证历史时刻"。尽管身为公民和永久居民的父母及其年幼时入境的无证移民子女都能在新政策下缓一口气，子女暂时不会被递解出境，"但这只是我们的第一步"。她指出，还有上百万无证移民不符合新政的条件，依然生活在恐慌和阴影中。每年有许多留学生在全世界最好的教育系统中学习后，却因外国人工作签证（H1B）名额有限而不得不离开美国，"这是美国的损失和悲剧"。她指出，这些都是未来要继续努力的方向和亟须解决的问题。洛杉矶小区学院第二学区理事伍国庆则提醒民众警惕移民骗局。他说，仅洛杉矶县就有上千人进行移民诈骗。他表示，21 日刚宣布的移民新政暂无申请细节或表格出炉，一切都要等到 2015 年 5 月下旬才可申请，"现在千万不要急着交钱"。皮尤研究中心（Pew Research Center）数据显示，在奥巴马新行政命令下，预计 585 万无证移民中有 257 万符合此次新政策，亚裔约达 40 万人。最大的受益族群分别为印度裔、华裔、菲律宾裔、韩裔，其中 6.9 万华裔符合此次新政策，可享受"暂缓递解出境"，另有 17% 已在此前的旧政策下享受此待遇。　　　　（［美国］《世界日报》2014－11－27/张敏毅）

2014 财年美国投资移民签证近九成发给中国移民

美国国务院签证办公室（Visa Office）最新发布的 2014 会计年度签证报告（Report of the Visa Office 2014）显示，2014 财年美国共发出 10 692 张 EB－5 投资移民签证，中国占了其中 9 128 张，比例高达 85%。美国在 2014 财年共发出各类移民签证 467 370 张，中国大陆取得其中 36 138 张签证，仅次于墨西哥 61 520 张，以及多米尼加共和国 37 099 张，高居第三名。　　　　（［美国］《世界日报》2014－12－15/黄惠玲）

2014 华人参政：刷新多项历史纪录　新移民从政成年度亮点

回首 2014，多个国家举行了全国性或市镇选举，华裔不但在参选人数上实现历史突破，更刷新多项华人参政史纪录。美洲、亚洲亮点频现，欧洲、大洋洲虽有挫折但稳扎稳打。华裔，特别是新移民得到了主流社会和华人选民认同，他们亮出了一份不俗的成绩单，揭开全球华人参政新一页。

参选人数创纪录　刷新华裔参政史

2014 年可谓华人参政大胜之年，美国中期选举、加拿大安省市选等，华裔均以史上最庞大阵容亮相参选，并在多个职位实现突破，刷新了华裔参政史纪录。刘云平在美国中期选举中脱颖而出，成为美国首位华裔新移民国会议员；31 岁的罗达伦则刷新了加州史上最年轻的亚裔议员纪录；此外，旧金山湾区 4 名华裔当选加州议员，华裔州议员人数实现新突破。加拿大安省议会选举中，3 位华裔候选人同时当选创纪录，其中陈国治更是第 3 次获任移民厅长；加拿大安省市选中，60 余名华裔参选打破历年纪录，最终 16 人当选，成绩亦是历届最好。印尼议会选举中，华裔新生代实现重大突破，钟万学成为雅加达首都特区有史以来第一位华裔省长。在法国，巴黎 13 区副区长陈文雄成为首位入主巴黎市议会的华裔。两位 80 后新移民王立杰和施伟明则分别当选巴黎 19 区和 20 区副区长，巴黎首次同时出现 3 位华人副区长，华人参政成绩振奋人心。

新移民参政成年度特色

2014 年是华裔新移民成功迈入政坛的标志之年，以美国新任国会议员刘云平为代表的华裔新移民候选人纷纷崛起，成为 2014 年华裔参政一大特色。刘云平 3 岁时随父母移民美国。步入政坛后，他曾先后当选加州众议员和参议员。除刘云平外，2014 年还有多位华裔新移民竞选获胜：37 岁的新移民董晗鹏当选加拿大安省议员，1990 年从安徽赴美的邵阳当选美国佛利蒙联合学区委员……华裔新移民普遍学历高、能力出众，熟练掌握当地语言和母语，既已融入主流社会，又能担当族裔间沟通的桥梁，轻松完成了由基层职位到国会、省议员的跳跃。作为最大的新移民群体，华裔潜力不容小觑，参政人数和成绩有望继续刷新历史纪录。

失利中汲取经验　稳扎稳打再参选

2014 年也是华裔从选举失利中汲取经验之年，在欧洲和大洋洲，华裔参政刚刚起步，面对选举失利，他们收获经验和信心，稳扎稳打筹谋再次参选。这一年，英国、新西兰及马来西亚华裔参选人战况均不理想。英国地方选举中，9 位华裔参选者全部落选；第 51 届新西兰国会选举，华裔候选人仅有杨健一人当选；马来西亚青年国会选举也几乎"全军覆没"，仅有 2 名华裔当选。在一些国家，华人虽移民已有百余年，但长期被排除在政治大门之外。以英国为例，至今尚无华人国会议员。近年来，华人随着政治意识增强，参政的步伐也在向前迈进，英国华人精英发起的"华人参政计划"运作近 8 年来日趋成熟，2015 年将再推出多位华裔精英参选英国新一届议会，并有望产生首位华裔国会议员。

展望前景："乐观"是主旋律

2014 年华裔参政已经传递出一个明显信号：老牌华裔参政者影响不减、新移民参政力量迅速成长。美国华裔国会议员赵美心、孟昭文等资深参政者深得民意，"70 后""80 后"华裔中坚力量不断涌现，"90 后"华裔向政坛发起冲击，"00 后"华裔高中生开始担任选举义工。老中青三代华裔的共同努力，都昭示着华裔将成为不容忽视的一股政治力量。值得注意的是，华裔参政离不开选民的投票支持，目前华裔选民虽人数众多却投票率偏低。统计数据显示，作为最大的新移民群体，华裔投票率明显低于其他少数族裔。仍有相当一部分华裔对政治并不感兴趣，或将一定程度上成为影响华裔参政的不确定因素。

（中国新闻网 2014 - 12 - 23/南若然）

（本栏目编辑　王华）

2015 年海外侨情

全美中餐业联盟休斯敦成立总分会 旨在振兴中餐业

旨在搭建起一个振兴美国中餐业平台的全美中餐业联盟自 2014 年之初诞生以来，正以迅猛态势在全美点燃星星之火。继纽约之后，休斯敦总分会于 2015 年元月 3 日在美国南部"能源之都"正式成立。全美十多个州的中餐行业翘楚齐聚一堂，见证 2015 年中餐业大戏启幕，书写美国 160 多年中餐历史上一页新的篇章。来自缅因州、纽约、波士顿、北卡罗来纳州、芝加哥、密西西比、加州等十几个州和城市的中餐行业佼佼者，包括 8 位全美餐饮业联盟创会元老和当地侨社领袖于 3 日齐聚休斯敦中国城，见证美南地区总分会的成立。从 1850 年第一家中餐馆在旧金山开设，中餐业在美国的发展已经走过了 160 多年的历史。全美中餐业联盟主席赵锐表示，中餐业在美国的演变走过了一段曲折坎坷的道路，经历过辉煌，也遭遇过低谷。如今全美中餐馆超过 4.6 万家，吸纳了超过 1/3 华人新老移民，更影响着美国人的饮食习惯和对中国文化的认知。

（中国新闻网 2015 - 01 - 04/ 王欢）

马华总会长：2015 年将续推"精明化华小计划"

马华总会长拿督斯里廖中莱宣布，该党今年延续 1998 年推出的"精明化华小计划"，致力打造华小成为卓越学校，尤其是提高学生的马来文及英文掌握能力。他强调，"精明化华小计划"2.0 不只是一个数字，而是必须与科技发达的时代并进，注重软硬件教材的发展。"'精明化华小计划'2.0 的最重要里程碑，就是如何进一步加快及提升小学的素质。我有信心，在人民及华社的支持下，大马的教育素质必定能够迅速达到先进国的目标。""和《2013—2025 年教育大蓝图》一样，我们要把教育素质提升至媲美先进国的程度。"廖中莱日前为新开设的旺沙玛珠华小主持开幕式后，在记者会上如此指出。他透露，作为开始，今年内会选出首批 20 所华校，率先推行"精明化华小计划"2.0。

（［马来西亚］《光华日报》2015 - 01 - 14）

第七届"友谊杯"汉语知识竞赛在泰国成功举办

由曼谷中国文化中心、泰国曼谷大学、中国广东外语外贸大学、中国国际广播电台、新华通讯社曼谷分社、孔子学院远程教育中心、泰国农业大学孔子学院和泰国泰华友谊语言文化学院联合举办的第六届"友谊杯"汉语知识竞赛，1 月 17 日在曼谷中国文化中心礼堂成功举办。本届比赛的主题是"中国电影"，分为中国电影配音比赛、汉语演讲比赛、书法比赛以及中文歌舞比赛，共有 300 多名中小学生代表参加角逐，现场气氛紧张热烈，掌声和喝彩声不断。经过参赛选手一天的激烈竞争，竞赛圆满结束，大赛组委会为获奖选手颁发了精美的奖杯及总额近 10 万泰铢的奖金，同时由中国广东外语外贸大学和泰国曼谷大学分别为优胜选手和学校授予八名奖学金名额。此外，由国家汉办孔子学院远程教育中心与泰华友谊语言文化学院合作，在泰国曼谷大学新设立的汉语水平考试（HSK）网考考点也于当日正式揭牌成立。网考考点主办方将使用计算机系统考试，极大地方便了考生，并缩短改卷和公布成绩时间，让考试更有效率。这将成为未来汉语水平考试（HSK）的新趋势。"友谊杯"汉语知识竞赛是泰华友谊语言文化学院自 2007 年冠名打造的泰国汉语比赛品牌，每年一届。参赛对象为母语为非汉语的泰籍中小学生，分为小学组和中学组两个年级段进行。"友谊杯"汉语知识竞赛为泰国学生搭建了一个展示汉语水平、交流汉语学习经验的平台，更为学习汉语的学生们提供了一个学习了解中国文化的好机会。

（国际在线 2015 – 01 – 18/柳青）

欧洲旅游界华人年会巴黎开幕　探讨华人旅游业发展

1 月 20 日，由法国华人旅游协会举办的欧洲旅游界华人年会在巴黎开幕，来自法国、德国、奥地利、意大利、荷兰、瑞士等国的华人旅游界代表、欧洲数十余名著名商家、欧洲当地旅游界专业代表 500 余人齐聚，探讨新一年的业界趋势，展望新的合作。中国驻法使馆领事部一秘王原、中国国家旅游局驻巴黎办事处代表聂顗、法国华人旅游协会会长袁玲、秘书长龙学武等参加了年会开幕式。

本届大会主题是网络时代旅游产业发展。大会将为今后各方探讨业内其他热题搭建平台、为各方建立联系和开展业务创造机会、为导游和旅行社进一步认知各商家产品牵线搭桥、为密切业内人际关系提供专业的场所。大会上，来自欧洲华人旅行社、免税商店、导游界、餐饮业等行业的代表以及各大名牌商的代表等与会人员都畅所欲言。

（［法国］《欧洲时报》2015 – 01 – 21/孔帆）

2015 年美华人月子中心"难捱"　预计羊年顾客量降 30%

陈磊（Chen Lei，音译）在上海经营的公司专门帮助中国怀孕女性飞往南加州，在加州惠蒂尔（Whittier）、芳泉谷（Fountain Valley）、波莫纳（Pomona）或附近城市的医院生子。不过随着 2015 年 2 月 19 日——中国农历新年的到来，陈磊公司的月子中心顾客量明显下降。据《洛杉矶时报》（LA Times）19 日报道，谈到客户量下降，陈磊悲叹道："我们预计，羊年通过我们中心生育的顾客数量会较去年同期下降 30%。我们也无法做任何事情，因为有个说法，10 个属羊的人中只有 1 人会幸福。"对陈磊的大多数顾客——受过良好教育的白领工作人员来说，如果 2015 年生育的孩子被认为不幸运，那么几乎没有顾客愿意不顾一切赴美生个"美国娃"。相反，很多夫妻可能计划进入羊年后等待几个月，从而保证子女的属相比较吉祥。"我想，猴年可能会迎来高峰。"陈磊预测道。中国农历猴年新年需要等到 2016 年 2 月 8 日。虽然中国一些研究显示，统计数据并没有证明生肖不吉祥说法具有普遍性，但陈先生不是唯一一个讨论中国夫妻改变"造人"计划的人。北京居民王女士的女儿 2 岁了，她的家乡在陕西省。据她介绍，家乡很多人还是认为羊年生的人命不好。"一些居民非常在意这事儿，尤其那些老人，这是传统。"她说。不过 71 岁居民李春华（Li Chunhua，音译）不这么认为。"我出生在羊年，我很多同学也出生在羊年。我们生活都很幸福。我们老人不相信这个，但那些接受不适当教育的年轻人相信这事儿。"她说。

（［美国］侨报网 2015 – 01 – 21/王青）

2015 年留学新政解读：在有宽有严中寻找利好机会

留学生作为国家间科技信息的沟通桥梁以及精神文化传递的纽带，对来源国和目的地国都很重要。因此，不仅中国推介了新的留学生支持项目，许多国家也纷纷调整了自己的留学政策。2015 年 1 月 8 日，中国驻俄罗斯大使馆教育处举行发布会，正式推介了"在俄优秀毕业生支持计划"：今后在俄罗斯获得金质奖章的优秀高中毕业生，获优秀毕业证书的本科、硕士毕业生以及在俄国家级大赛获得优胜名次的优秀自费留学生，将得到国家留学基金的资助，在俄罗斯高水平院校继续攻读更高层次学位。

政策放宽：留学红利　花样翻新

《中国留学发展报告（2014）》提出：在国际社会，"留学红利"已成为发达国家发展战略的一个重要组成部分。留学生给当地政府以及国家带来巨大的经济收入、提供"经济红利"的同时，作为"人才红利"也同样受到各国广泛重视。该报告同时表示，中国已经成为世界第一大留学生来源国。随着中国经济的发展，国民收入不断提高，未来中国将会有更多人选择出国留学。2015 年伊始，许多国家推出新一轮留学政策，值得中国留学生关注。该报告还显示，法国政府宣布放宽对攻读硕士、博士学位外国留学生的签证政策，并推出"人才护照"项目，为高素质大学毕业生、创业者、投资者和高端人才等提供为期 4 年的居住留学证。另外在本科教育上，申请赴法的中国学生可免于提供高考成绩，只需提供平时成绩以及学业水平考试成绩申请即可。在中国国际教育展法国展的信息发布会上，法国驻上海总领事馆教育领事梅燕表示，2015 年是该新政实施的第一年，由于 2014 年赴法留学的申请目前已基本结束，因此政策将主要影响到 2015 年起打算赴法留学的申请者。但是，不需要提交高考成绩并不意味着法国高校放低招生标准。梅燕还表示："除了提交相关成绩之外，学生还需要接受相关面试，并证明自己已经掌握一定程度的法语，可确保在法国的生活和学习。"根据德国下萨克森州议会 2013 年批准的《高校发展协议》，下萨克森州将于 2014 年冬季学期取消大学学费。至此，德国 16 个联邦州全部取消了高等教育学费。由于此新政实行时正值 2014 年冬季学期，所以该政策将直接影响 2015 年赴德留学形势。此外，据中国驻联邦德国使馆教育处网站信息，2015 年起德国联邦政府将全面承担助学金的项目拨款。同时，联邦政府还计划将助学金额度提高 7%，到 2016 年秋天助学金金额将从 670 欧元提升至 735 欧元。

政策收紧：生源增加　门槛抬高

在各国纷纷抛出橄榄枝，出台利好政策的同时，中国留学生也面临着门槛抬高、政策收紧等挑战。纵观留学趋势，欧美国家一直备受中国学生的青睐。虽然近年来签证手续办理过程持续简化，但欧美国家针对国际学生亦酝酿着更严苛的留学生新政策。启德教育欧洲经理李宝丽介绍，德国现阶段利好趋势居多，但申请人数会随之攀升，这会导致德国高校的申请门槛将有所提高。比如德累斯顿工业大学团审项目，在 2014 年招生条件是高中平均分不低于 79 分，但是今年就提高到 80 分。申请德国布伦瑞克工业大学硕士学位，要求申请者在递交申请材料的时候，德福成绩必须达到 12 分，而之前对申请者语言水平是没有硬性要求的，只需要在大学注册的时候提供德福 16 分的成绩。2015 年初，英国内相文翠珊透露，英国准备考虑不再给予非欧盟留学生毕业后 4 个月的缓冲期。也就是说，留英非欧盟学生毕业后必须马上离境回国。此前，留学生在英完成其学业后，可继续在英逗留 4 个月，并且如果在 4 个月内找到工作，还可申请将学生签证更换为工作签证。若新政实施，意味着 4 个月的缓冲期将不复存在，即使在英找到工作也必须回国重新申请入境签证。新东方前途出国留学机构专家介绍，2015 年美国高中将继续控制国际学生的数量。由于申请美国高中的留学生数量逐渐增加，不少学校的语言、面试等标准化考试成绩要求也随之提高。大多数优质寄宿高中，尤其是地理位置较好的学校，录取标准从之前的托福 70 分提高到 85—90 分。　　　　（《人民日报》海外版 2015 – 01 – 22/类晓冉，孙嘉伟）

法国首家华人全频道电视台计划今年下半年开播

法国首家全频道华人电视台（Mandarin TV）16 日晚在巴黎举行新闻发布会。该电视台负责人、中谊传媒公司董事长陈世明透露，电视台计划于 2015 年下半年开始以中法双语播出节目。中国驻法使馆新闻参赞吴小俊以及多家中国驻法媒体机构和当地华文媒体代表出席了当晚的新闻发布会。中谊传媒公司董事长陈世明在会上介绍了法国首家华人电视台的创办过程和发展规划。据陈世明透露，中谊传媒公司日前获得了法国最高视听委员会颁发的开办 24 小时电视台许可证。这是法国华侨华人首次成功获得全频道电视台运营许可证，标志着法国华人媒体正式进入当地主流电视传播平台。陈世明表示，目前这家华人电视台正在进行机构和业务筹备工作，预计于 2015 年下半年开始播出节目。根据计划，电视台将使用汉语和法语两种语言播出节目，目标受众群体是当地主流电视观众和广大旅法华侨华人。据悉，开办 24 小时综合性全频道电视台是中谊传媒进一步拓展电视传播平台的一个重要步骤。在此之前，中谊媒体已在电视传播领域进行了富有成效的探索与合作。该公司精心打造的两档电视节目《华人天地》和《明日中国》，分别于 2010 年和 2011 年在浙江电视台国际频道和法国明日电视台（Demain TV）正式推出，开创了海外华人媒体与中法主流媒体合作的成功先例。《华人天地》以讲述人物故事为主，介绍欧洲各行业华人的创业和生活经历，分享他们的精彩人生和成功经验。迄今，该节目共制作播出近 200 期。《明日中国》是一档体现"中国文化、本土表达"特色的法语电视节目，现在每晚在法国明日电视台播出一小时，内容包括中法在各个领域的友好交流与合作、法国和其他欧洲国家华侨华人动态、中国媒体提供的中国文化专题节目和汉语教学节目等。中谊传媒于 2010 年 9 月由法国多位爱国华人企业家和媒体人士创办，总部设于巴黎。这是一家致力于促进中欧文化交流与合作、具有一定传播力和影响力的媒体集团，其主体业务涉及电视传媒、网络传媒、电视节目制作、公关咨询服务和广告营销五大领域。

（中国新闻网 2015 – 01 – 23/龙剑武）

调查称近半数在韩获博士学位外国留学生来自中国

近日，据韩国职业能力开发院发布的《国内新规博士学位取得者调查资料》，在 2013 年 8 月和 2014 年 2 月，在韩国获得博士学位的外国留学生有 753 人。其中，中国留学生有 333 人，占比达 44.2%。其次为印度留学生（75 人，10.0%）、越南留学生（72 人，9.6%）、巴基斯坦留学生（36 人，4.8%）等。从系别来看，取得工学系博士学位的外国人最多，占比达 30.9%。其余则依次为自然系（27.0%）、社会系（14.9%）、人文系（12.9%）和医药系（9.0%）等；从性别来看，男性最多，共有 464 人，占比达 61.6%。

从攻读博士学位的理由来看，大多数人表示，出于对韩国研究设施等研究环境的满意。此外，54.6%的博士学位获得者在企业或研究所上班，其中正式员工的比率为 36.4%。另外，韩国法务部于去年 12 月 25 日发布了一份统计数据，截至 2014 年 11 月 30 日，在韩外国留学生共计 89 556 人，其中中国留学生占比突破六成，达 62.2%（55 727 人）。

（［韩国］《亚洲中国》2015 – 01 – 28）

澳大利亚 660 万人生于海外　中国移民十年翻番

在海外出生的澳大利亚人人数比以往更多，660 万名定居澳大利亚的居民来自其他国家。这个比例处于 120 年以来的最高水平。澳大利亚统计局 29 日公布的数据显示，在海外出生的澳大利亚人占澳大利亚总体人数 28%。澳大利亚统计局女发言人卡尔顿表示："传统上而言，澳大利亚移民人数比例很高。但当前移民人数比例达到了 19 世纪 70 年代后期，即淘金潮以来的最高水平。"卡尔顿说："海外移民对澳大利亚人口增长做出了重大贡献，自 2005 年后，移民成为澳大利亚人口增长的重大推动力，占新增人口 50% 以上。最大的移民群体来自英国和新西兰，超过 180 万名澳大利亚居民出生于这两个国家。第三及第四大移民群体则来自亚洲地区。""这两个地区是中国和印度，分别为澳大利亚带来 45 万名及 40 万名左右的移民。"卡尔顿补充道。中国和印度为澳大利亚贡献的移民人口数值均在过去十年中翻番。从澳大利亚国内来看，移居昆州、维州和西澳的人口数量继续超越离开这些地方的人口数量。　（［澳大利亚］新快网 2015 – 01 – 29）

阿根廷华人超市销量十年来首次下滑　媒体解析原因

阿根廷华人超市在 2014 年失去了零售市场上自 2002 年以来树立的不败地位，出现十年以来首次销售下滑。2014 年，阿根廷消费市场出现消费普遍停滞甚至下滑的经济形势，华人超市也经历了一场真正的风暴。由于受到近几年来大型连锁超市设立的社区小型连锁超市的强烈冲击，以及政府的廉价商品价格协议的影响，华人超市生意越来越难做。

华人超市销量出现近十年来首次下滑

阿根廷一家专门关注超市业的顾问公司提供的数据显示，华人超市在 2014 年销售额同比下跌了 8.2%。根据该公司的统计，华人超市在 11 月同比下跌了 11.4%，在 12 月有所回升，但在整年下跌还是达到 8.2% 的历史高位。华人超市在 2001 年年底遭遇阿根廷哄抢商店潮，成为主要受害者，但华人超市在阿根廷随后的经济复苏中，成为销售市场的大赢家。据统计，在 2014 年，华人超市的各类商品销售均出现下跌，比较突出的商品类别是：零食类商品（golosinas）（–14.1%），清洁类产品（–11.6%），冷冻类商品（–11.8%），个人护理用品（perfumeria）（–10.8%）。最引人注目的事实是，华人超市历年来的畅销品，如酒精类饮料，也出现下滑。华人超市经常用于做特价的商品，如冰镇啤酒以及葡萄酒类，在去年前 11 个月也出现了 2.7% 的下滑。历来低调的华人超市也承认，新店的开业速度已经大为放缓，增加的是旧店之间的转让。

华人超市为何在经历十年成长后败下阵来？

第一，社区超市竞争日益剧烈。大型超市连锁开设的小型连锁超市成为华人超市主要对手。根据市场专家的分析，华人超市销售额下跌的主要原因是，市场竞争加剧。据分析，近年来，家乐福 Express 和 Día% 成为华人超市的主要竞争对手，他们不断挑战华人超市的市场地位，拉走大量华人超市原本拥有的中下层消费者。近年来，大型连锁超市集团的投资策略已经大大改变，据统计，大型超市新投资的店面 94% 为小型社区超市，如家乐福 Express、Día%、迷你 Coto 以及 Changomás Express。这些超市店面大多经销廉价自有品牌，并不断推出促销活动，对华人超市销售造成直接冲击。

第二，华人超市的价格优势逐渐失去。大型连锁超市加入小型社区超市竞争以后，凭借其雄厚的财力和进货优势，采取低价方式直接和华人超市竞争，使得华人超市只能靠拉长经营时间和加大劳动强度来应对。目前，大多数小型连锁超市直接将店面开在距华人超市只有几十米的地方，利用更低价格，更好的购物环境及更规范的服务，针对华人超市的劣势进行打压。此外，华人超市由于没有加入政府的价格协议计划，在某些基本消费品的销售上失去了价格优势。截至目前，大多数华人超市的廉价商品要么是缺少货源，要么是廉价商品价格偏高，导致华人超市的顾客流失。　　　（［阿根廷］华人在线 2015 - 01 - 29）

大马华团出版百年纪念特刊　呼吁保护华社历史

由马来西亚文冬华人大会堂主持编纂的《100 周年纪念特刊暨华埠史与先贤录》日前出版。文冬华人大会堂主席梁异光在 2 月 1 日举办的特刊推介礼上致辞时，呼吁华社要保护自身的历史，将之一一记录起来，作为日后的参考资料。大会堂邀请文冬区国会议员拿督斯里廖中莱为推介礼主持仪式，廖中莱也宣布拨款 3 万令吉给该大会堂。梁异光说，文冬华人大会堂出版《100 周年纪念特刊暨华埠史与先贤录》百年特刊深具意义，也被华联总会赞扬是其中一个把特刊资料做到最全面的华团。

可以赞助方式索取

梁异光也说，这本百年特刊是非卖品，有意收藏者可采取赞助方式，每本 100 令吉。

与此同时，《100 周年纪念特刊暨华埠史与先贤录》编委会主任刘忠义表示，这本全彩特刊共有 320 页，内容包括文冬开埠百年历史、先贤的奉献精神，以及文冬各社团的会史，具有珍贵的收藏价值。他说，编委会花了 1 年时间筹备编纂和收集数据，凡赞助 1 000 令吉以上者，该会将给予报道，收录在特刊内，篇幅在二到八页之间。"本会共有 47 个社团会员，其中 32 个社团赞助 1 000 令吉以上，因此这些社团的历史数据和人物都被记载在特刊内。"此外，启文上午校和双溪都亚华校也赞助 1 000 令吉以上，特刊内有两校的详尽数据。该特刊也收录了文冬县内 15 个华人新村、12 所华校，以及 2 所国民型中学的简史，以及地道美食和旅游资讯。文冬华人人会堂总共印制了 1 200 本特刊，每本特刊成本约 80 令吉。

廖中莱呼吁会馆收集历史资料

廖中莱随后致辞，呼吁各社团会馆必须好好收集历史资料，今天所做的一切，将成为历史的见证。他表示，如果社团会馆没有会史记载，将无法传承给下一代，下一代也无从吸取先贤前辈过去的经验和教训。　　　（［马来西亚］《星洲日报》2015 - 02 - 02）

日本外国劳动者超过 78 万人　中国劳动者占四成

据报道，1 月 30 日，日本厚生劳动省公布的统计数据显示，截至 2014 年 10 月末，在日本国内工作的外国劳动者达到 787 627 人，较上一年同期增加 9.8%。这一数据达到自 2008 年有统计以来最高纪录。日本厚生劳动省认为，受到经济呈现复苏倾向、雇佣形势改善，以及人手不足因素的影响，使在日外国劳动者人数增加。日本厚生劳动省以拥有在留资格、受企业等雇佣的人员为对象，实施统计。留学生打工人员等也适合这种情况，自营业者和董事不包括在内。按照产业类别来看，制造业外国劳动者数最多，达到 272 984 人，同比增加 4.0%。其次是批发、零售业，外国劳动者数为 91 552 人，同比增加 14.9%。住宿业、餐饮服务业外国劳动者数为 91 547 人，同比增加 11.3%。按照外国劳动者国籍来看，中国人为 311 831 人，占全体的四成。

（［日本］新华侨报网 2015 - 02 - 02）

留学生去年为澳洲贡献 166 亿　中国系最大生源国

澳洲统计局最新数据显示，2014 年海外学生共为澳洲教育业贡献 166 亿澳元的收益，打破史上最高纪录。而分析还认为，随着澳元汇率的持续走低以及签证程序的不断简化，上述数据还将持续增长。澳洲统计局公布的最新数据显示，澳洲教育业已经成为继铁矿石产业、煤矿产业、天然气产业之后的国内第四大出口产业。数据指出，去年铁矿石出口产业共为澳洲带来 800 亿澳元收益，煤矿出口产业创收 400 亿澳元，天然气出口产业创收 200 亿澳元，教育出口产业的收益则首次达到 166 亿澳元。数据还显示，去年有近 60 万名海外学生赴澳就读，主要集中在全国各大学机构，与此同时，得益于海外学生的涌入，国内新增了约 10 万个工作岗位。值得一提的是，中国仍是澳洲留学生最大的来源国，去年赴澳就读的人数高达 15.3 万人，占总人数的近 1/3。不仅是中国内地，来自中国香港、中国台湾、尼泊尔、巴基斯坦等地的留学生人数也大幅飙升。

（［澳大利亚］澳洲网 2015 - 02 - 05）

大马华文独立中学学生总人数创历史新高　连续 12 年保持增长

马来西亚华文独立中学今年的学生总人数突破 8 万人，创下历史新高，学生总人数也从 2003 年开始，连续 12 年保持增长纪录，显示独中发展前景良好。马国华教最高机构华校董事联合会总会（董总）5 日发布最新的《华文独中学生人数调查报告》指出，董总资料与档案组上个月初向全马独中进行学生人数初步调查，获悉今年独中生总人数有 83 042 人，比去年的 79 264 人多 3 778 人，增幅为 4.77%。报告显示，从 2003 年开始，全马 60 所独中学生人数就持续增长，即从 2003 年的 52 850 人增至今年的 83 042 人，共增加 30 192 人，增幅达 57%。此外，报告指出，今年学生人数超过 2 000 人的大型独中共有 14 所，比去年的 13 所多了 1 所，主要分布在柔佛、雪兰莪及吉隆坡，约占全马独中的 1/4。至于学生人数少于 300 人的小型独中，则从 2011 年的 18 所，逐年减少至目前的 15 所，主要分布在东马砂拉越及沙巴，也占全马独中约 1/4。报告说，在州属分布方面，柔佛 8 所独中的学生总人数为 22 834 人，居全马之首；其次是吉隆坡的 14 694 人（4 所）、雪兰莪 8 460 人（4 所）、霹雳 8 401 人（9 所）、砂拉越 8 097 人（14 所）、沙巴 6 610 人（9 所）、槟城 5 705 人（5 所）、森美兰 3 357 人（2 所）、马六甲 2 337 人（1 所）、吉打 1991 人（3 所），以及吉兰丹 556 人（1 所）。报告也说，今年槟城的独中生人数增加最多，即 612 人，其次是柔佛增加 609 人，吉隆坡增加 568 人、雪兰莪增加 535 人、霹雳增加 530 人、砂拉越增加 454 人、森美兰增加 154 人、吉打增加 149 人、马六甲增加 86 人、沙巴增加 81 人；吉兰丹则没有增减。虽然独中生人数节节上升，不过，独中工委会教育主任庄俊隆指出，国际学校在马国的数量及学生人数的迅速成长远非独中所能及，若此成长趋势持续，未来数年国际学校不论在数量或学生人数上都可能超越独中，这是独中办学者必须正视的教育趋势。他说，根据教育部统计数据，国际学校从 2010 年的 57 所激增至 2013 年的 72 所，增幅达 26.3%；学生人数从 2010 年的 19 929 人增至 2013 年的 38 476 人，增加了 18 547 人，涨幅高达 93.1%。无论如何，他表示，董总对今年独中生总人数创新高持谨慎乐观的态度。"一方面，这显示本地家长对独中办学成效的肯定；另一方面，囿于政治局势，独中设分校、增建和扩建皆受到限制，随着学生人数持续增加，对独中的教学空间、师资、班级管理等方面产生一定压力。另外，近年独中发展极不平均，一些办校成绩佳的学校受家长欢迎，一些微型学校则为学生来源不足而苦苦挣扎，如何缩小两者的差距，是华教同道必须深思的重点。" （［新加坡］《联合早报》2015 - 02 - 06）

欧洲汉语教学协会成立　将助力汉语推广文化交流

欧洲汉语教学协会日前在法国巴黎正式成立，并召开了欧洲汉语教学协会第一届理事会。来自法国、德国、英国、爱尔兰、荷兰、比利时、意大利、瑞士、西班牙、葡萄牙、塞浦路斯、匈牙利、芬兰等国的汉语教学界代表们共同商讨欧洲汉语教师培训等国际项目。法国教育部汉语总督学、巴黎东方语言文化学院博士生导师白乐桑当选欧洲汉语教学协会第一届常务理事会主席。欧洲汉语教学协会是以促进和提高欧洲汉语语言文化教学和交流为目的，为欧洲各国相关的汉语语言文化教学协会和个人提供的相互交流的平台，其宗旨是推动欧洲的汉语语言教学与文化教学研究。 （《光明日报》2015 - 02 - 17/何农）

中国以春节推进中国软实力　百万出境客显民众信心

"伴随着雨、雪和雾，中国春运返程开启。"美国《全球邮报》写道，24 日是中国春节一周假期的最后一天，数以百万计的民众踏上返校或工作岗位的归程，甚至比节前的春运更为猛烈，当天北京南站迎来 11 万乘客。最新一期的香港《亚洲周刊》称，2015 年中国春运相当于把地球一半以上的人口搬一次家，这部史诗"艰困、惊险、难以预测"，展示中国痛苦与希望的同时，"折射出中国的最新变化"，比如高铁系统、网络购票、在拥挤的列车上不断增加的使用智能手机的人群。最让世界惊叹的仍然是中国春节的"大"。美国《福布斯》中文版 23 日刊文《中国春节 PK 美国感恩节》：美国彭博社的数据显示，中国春节期间各种出行达 28 亿人次，美国感恩节为 4 600 万人次；中国人春节期间消费 1 000 亿美元，美国感恩节为 509 亿美元；感恩节期间，约有 3200 万名美国人观看全美规模最大的橄榄球赛事，中国央视春晚收视观众在 7 亿至 8 亿人之间！韩国乐天百货以纯金打造配合"中国春节"的羊型赠品，西班牙五星级希尔肯门美洲酒店修改自助餐菜单提供白米饭、鸡肉面早餐……春节期间，争抢中国游客的大战在多国打响。中国国家旅游局推估，春节期间赴海外旅游民众将达 519 万人次。日本《产经新闻》24 日称，在 18 日至 24 日一周时间内，中国赴日游客让日本百货店的营业额上涨 2 至 4 倍。日本商业信息杂

志 *President* 刊文说，中国游客简直就是"救世主"。东京、大阪的百货店都在为迎接中国游客而行动，就连小商品行业也呈现出"中国狂想曲"状态。24 日，新西兰议会庆祝中国春节，总理约翰·基参加，接受舞狮队欢迎。新西兰少数族裔部长佩赛塔说，"这是为更光明、更繁荣的未来奠基的时候。"法国报纸《西南》22 日报道说，法国西南部城市当地越南等族裔移民社区曾抱怨中国"独享"春节庆典的气氛，因为市长只祝贺华人羊年大吉。美联社认为，"几十年前，中国新年对中国以外的地方鲜有影响。但是，随着中国取得巨大的经济影响力，在讲汉语的地方拥有巨大文化意义的中国新年，变得更加突出。"美国《洛杉矶时报》说，中国新年曾经仅限于唐人街和华人移民家里，如今进入了美国主流，从纽约的林肯中心到好莱坞街头，对春节的庆祝出现在体育广播甚至饮料包装上。报道说，北京在以春节推进中国软实力。2010 年，中国文化部推动的"欢乐春节"在 42 个国家和地区组织了 65 项活动，今年，在 119 个国家和地区举办的活动多达 900 项。报道援引中国学者张春河的话说："全世界承认中国的经济成就，但他们对中国文化的理解或欣赏就少多了。将来，我预计中国会出口更多的文化，扭转潮流。"

（《环球时报》2015 – 02 – 25/青木等）

亚裔学生起诉哈佛歧视　美多个华人社团联合申诉

湾区与全美各地亚裔社团就哈佛大学对亚裔的入学歧视提出联合申诉。湾区华裔作家赵宇空表示，目前由多位华社侨领组成的亚裔申诉组织委员会，已经起草好了申诉书，并得到了 Asian American Legal Foundation 的友情支持和对文件的法律审阅。赵宇空指出，2014 年年底，美国著名社会活动家、争取大学平等入学权益的律师布鲁姆（Edward Blum）代表亚裔学生，起诉哈佛大学和北卡大学多年来在新生录取时，对亚裔的歧视。"然而，有的报纸声称，布鲁姆不代表亚裔的利益。"赵宇空强调，布鲁姆先生已经站出来为亚裔抗争了，我们还能再做"哑裔"吗？赵宇空呼吁，亚裔社团应该联合起来，趁热打铁，同时向美国教育部人权办公室和司法部人权司递交对哈佛大学的申诉。1988 年亚裔向教育部递交对哈佛的申诉，经过两年调查后，哈佛对亚裔的录取率从 1988 年的 10.8% 增加到 1991 年的 16.1%。申诉虽然不能根除以种族为基准的录取标准，但可以促进消除隐形配额制和对亚裔的歧视，产生的作用比布鲁姆先生的起诉快。

（［美国］《星岛日报》2015 – 02 – 25）

走完辉煌一生的李光耀：享誉世界的华人政治家

新加坡建国总理李光耀因患重病医治无效，于 3 月 23 日凌晨与世长辞，终年 91 岁。在李光耀病重期间，新加坡各界人士为他祈福，许多民众表示，希望他能够战胜病魔，亲眼看到新加坡 50 周年金禧庆典，然而这一心愿未能实现，令人们颇为遗憾。联合国秘书长潘基文等国际政要纷纷对李光耀的去世表示哀悼。　（中国新闻网 2015 – 03 – 23/李洋）

马来西亚成立华裔贩商基金　向华商提供微型贷款

马来西亚总理纳吉布指出，政府为了避免让华裔商贩成为非法放贷人的受害者，因而成立马来西亚华裔贩商基金（YPPKM），以便提供华裔商贩微型贷款。他指出，目前全国的华裔商贩占各族商贩的 27%，约 129 631 名，由于许多商贩在周转不灵时，无法在银行取得微型贷款，进而转向跟非法放贷人贷款，导致最后因负担不起巨额利息而走投无路。"因此，政府为了避免这些商贩成为受害者，决定从今年起提供微型贷款帮助华裔商贩周转，并提高他们的生活品质。"他披露，政府一共拨出了 3 000 万令吉用作马来西亚华裔贩商基金，而面对困境的华裔商贩可提出申请，一旦申请获得批准，商贩可获得 5 000 令吉至 1.5 万令吉的微型贷款。"获得贷款的商贩分期付款期限为 24 个月至 48 个月，利息仅 4%，每个月偿还的款项只有 230 至 375 令吉，相信这是商贩可以负担的款项。"纳吉布 2 日在吉隆坡阿罗街（Jalan Alor）一个马来西亚华裔贩商基金推介仪式上如是指出。纳吉布也赞扬，马来西亚商贩刻苦耐劳，24 小时都能够不畏辛苦地为前来享用美食的顾客送上香喷喷的料理。另一方面，首相署部长马袖强透露，这是纳吉布首次踏入阿罗街，相信纳吉布的这次探访能够为阿罗街的商贩带来更佳的业绩。他也赞扬，政府为帮助华裔商贩成立马来西亚华裔贩商基金是一个好的开始，相信未来有许多商贩会得到政府的援助，进而提升商贩的生活。马来西亚华裔贩商基金是政府特别为华裔小贩、小商们提供的微型贷款计划，只要申请者符合条件"西马申请者必须注册于大马公司委员会（SSM）及地方政府（PBT），东马（沙巴及砂拉越）申请者只需有地方政府（PBT）注册；年龄介于 18 岁至 60 岁间、没有破产的大马公民；由大马注册商贩公会推荐"即可提出申请。

（［马来西亚］《光华日报》2015 - 04 - 03）

华人赴澳洲近 200 年 《澳洲华人历史》计划出版

《澳洲华人历史》计划出版，举办筹款晚宴纪念华人居澳两世纪。《澳洲华人历史》出版筹委会主席方劲武致欢迎辞，感谢众多华人小区代表出席支持，并表示华人在澳洲 200 年的历史很有价值，值得铭记。自从第一个有史可稽的华人移民麦世英在 1818 年从中国广东出发入境澳洲至今，已接近 200 年。历经沧桑及多重挑战，如今华人小区已成为澳洲最大的少数民族小区，华裔人口更将达 100 万之多。出版主编龙永雄阐述该书出版缘由，表示收集华人历史资料时，发现现有书籍只有英文或中文，或只覆盖维省或纽省而非全澳，或只讲述某团体或同乡会历史，因此希望编辑一本全面详细的书籍，由 1818 年开始记载华人故事，既是留存历史，亦让新移民对此有所了解，并为此特意成立非营利团体新世纪出版基金会。出版筹委会顾问潘瑞亮呼吁各界有钱出钱、有力出力，支持该书出版。出版筹委会委员黄庆辉、王海光、历史学教授 Michael Williams 博士、澳洲华人文化团体联合会召集人何与怀博士亦先后致辞，表示该书出版意义重大，但工程浩大，需要各方支持。该书将从最早到达澳洲的华人起，讲述历经英国殖民淘金时代、白澳政策、多元文化政策变迁的华人历史，阐述华人对澳洲经济、商贸及社会的影响和贡献，还将涵盖华人参军历史、华人社团及领袖、华埠发展历史等内容。该书预计在 2015 年完成资料收集，2016 年印刷出版，初印预计 3 000 本，还计划发行电子版本书籍及电视特辑。出版筹委会将于 5 月 30 日借悉尼华埠新富丽宫举办晚宴，届时将有从中国远道而来的祝贺团、澳洲政要、中国政府官员及早期移民的后人出席。当晚还将为《澳洲华人历史》出版举行拍卖筹款，有舒先庆等热心人士已捐出一批古董、名家艺术作品及字画等供拍卖。

（［澳大利亚］《星岛日报》2015 - 04 - 04）

纪念太平洋铁路 130 周年　加拿大办华侨文物大展

今年是横贯加拿大东西海岸并最终促成现在加拿大国家版图的太平洋铁路建成 130 周年。为了纪念当年华工为修筑这条铁路付出的巨大牺牲，加拿大华侨华人定于 5 月 2 日在温哥华举行大型展览，感恩先贤，勿忘历史。策划此次展览的加拿大中华邮币学会会长桑宜川博士接受中新社采访时介绍，本次展览定于 5 月 2 日在温哥华华埠开幕，5 月 31 日结束。据介绍，将有众多珍贵历史文化遗存呈现，包括：加拿大太平洋铁路修建过程的逾 200 幅珍贵历史图片；太平洋铁路百年筑路工程实物，如"最后一颗道钉"等；历年发行的太平洋铁路纪念钱币、邮票、海报等；华侨历史文化的遗物，如百年前的登陆纸、人头税单、身份证、签证、婚书、卖身契等；华侨捐资辛亥革命的收据凭证、捐资粤闽侨乡兴办教育和医院的纪念章及实物原件等；纪念太平洋铁路百年历史的现代书法对联、美术画作、工艺美术设计等。这些展品被认为反映了当年华工修建铁路的沧桑和血泪史。展品中具有代表意义的"最后一颗道钉"由温哥华伍胥山公所提供，还将有其他华侨文物样品参展。温哥华知名画家彭国权创作的 4 幅以太平洋铁路和华工筑路为背景的油画也一并展览，这些油画人物分别是加拿大历史上的四位总理，其中首任总理约翰·麦克唐纳曾经说过"当年如果没有华工参与太平洋铁路的筑路，就没有加拿大社会今天的繁荣"。据介绍，该展览还拟定于 6 月至 7 月间，前往中国广东、福建的华侨博物馆和北京的博物馆巡回展览。太平洋铁路于 1881 年至 1885 年间兴建，用以连接渥太华谷及乔治亚湾两地的既有铁路，加西的不列颠哥伦比亚也因为这条铁路并入加拿大联邦。当年为修筑这条铁路，无数华工流血流泪，还遭受人头税等种族歧视，苦不堪言。不列颠哥伦比亚省政府议员李灿明认为，本次展览是加拿大具有历史意义的一件文化大事件。

（中国新闻网 2015 – 04 – 09/徐长安）

海外温籍华侨华人热心华教事业　已建立 40 余所中文学校

近年来，随着中国国际地位的提高，华文教育日益受到华侨华人的关注，越来越多的海外温州人积极加入"留根工程"，创办中文学校，致力于传播中华文化。据温州市外侨办统计，截至目前，海外温"姓"中文学校已达 44 所。据了解，44 所温"姓"中文学校分别分布在意大利、西班牙、荷兰、法国、奥地利、巴拿马、德国和葡萄牙 8 个国家。其中以意大利、西班牙的温籍华侨华人创办的华校较多。学校类型分为周末制和全日制两种，涵盖了从幼儿到高中等不同程度的课程，以教授中文为主，部分学校还开设了书法、舞蹈、武术等课程。

（《温州日报》2015 – 04 – 09/刘时敏）

马来西亚过去 7 年逾 13 万人破产　华裔占 31%

从 2008 年至今年 1 月 31 日，马来西亚一共有 132 543 宗破产案例。首相署部长南茜苏克力指出，在上述数目中，93 036 人为男性，占 70.2%；女性为 39 507 人，占 29.8%。她在下议院回答民主行动党泗岩沫区国会议员林立迎的提问时说："63 011 人为巫裔（48%）、41 732 人为华裔（31%）、17 271 人为印裔（13%），以及其他种族是 10 529 人

（8%）。"她说，若根据年龄，25 岁至 34 岁占多数，达 27 701 人。

（［马来西亚］《光华日报》2015 – 04 – 10）

中国古典文学缅甸受追捧　华人助力文化传播

如果你问缅甸人最喜欢的中国文学作品是什么，多数人会脱口而出《西游记》。这部写于明代、描写唐朝僧人西天取经的作品，引起佛国缅甸民众的强烈共鸣。去年 5 月，中国 1986 年版电视连续剧《西游记》中孙悟空的扮演者六小龄童先生来缅访问，掀起了一阵"西游热"，"悟空""八戒"等人物形象在缅甸几乎家喻户晓。事实上《西游记》的大受欢迎是中国文学作品在缅甸广为传播的一个缩影。早在 19 世纪就有缅甸人将中国的《包公案》和《聊斋志异》中的一些故事翻译成英文，在缅甸出版。20 世纪 50 年代，缅甸新文学运动蓬勃开展，鲁迅、老舍等中国作家的文学作品被大量翻译，介绍给缅甸读者。进入 20 世纪 80 年代，中国古典文学名著开始被缅甸作家翻译成缅文，其中最著名的是缅甸著名作家和翻译家吴妙丹丁翻译的《红楼梦》，该书深受缅甸读者喜爱。《红楼梦》等文学名著多是在缅甸知识分子圈中流传，而中国武侠小说则深受缅甸普通百姓的追捧。记者的缅甸朋友吴梭敏至今仍记得，在其年少时，由于受到中国武侠小说的影响，他曾与玩伴一起徒步深入高山密林，寻找所谓的"神仙谷"，并且每天苦练"绝世神功"。缅甸大约有 300 万华人，他们为推动中国文学在缅传播发挥了重要作用。华人刘汉中就曾将《孙子兵法》翻译成缅文，并自费印刷了 2 000 多本图书，分送给缅甸读者。据缅甸华人朱荣福介绍，有的缅甸作家在听完华人朋友口述《西游记》的故事后，凭着想象，制作出了缅文版连环画《西游记》，受到不少小朋友的喜爱。由中国古典文学名著改编的中国电视剧《包青天》《济公》《西游记》等在缅甸播出后，更将中国文学在缅甸的传播推向了高潮。在缅甸很多地方，特别是娱乐活动相对较少的偏远农村，《包青天》和《西游记》带给人们无限的欢乐。由于这些中国电视剧多是中文原声配上缅文字幕，所以不少缅甸人通过看电视剧学会了一些汉语。由于在历史和宗教信仰上有相通之处，中国文学作品在缅甸具有一定的读者群。近年来，缅甸市面上又开始出现了中国出版的中医、养生和名人传记等书籍。吴梭敏表示，随着缅甸图书出版业的逐步发展，未来的中缅文学交流合作会有很大的空间。

（《光明日报》2015 – 04 – 10/汤先营）

全美第五届中文教学论坛举行　学者聚焦教学新标准

由美国加州中文教学研究中心与全美中小学中文教师协会联合主办的第五届中文教学论坛于 4 月 11 日上午在旧金山海湾索菲特大酒店开幕。自从论坛由起始于 1996 年的地区性的美西中文教学研讨会转变为国际性学术平台以来，中文教学论坛已经逐渐发展成为业界同人翘首以待的年度盛会。中文教学论坛一贯坚持立足美国，从全球视角审视中文教学，为来自不同国家和地区的中文教师、学者和管理者提供交流成果、研讨问题、探讨发展方向的开放性平台。本届论坛为与会者提供了 30 场精彩的分组演讲和 9 场现场参与和互动的工作坊。据主办方透露，来自不同国家和地区的中文教育界教师和管理人士 300 余人参加了今年的论坛。论坛聚焦业内重点问题，同时兼顾普遍性议题。去年年底，全美外语学会全面修订了"21 世纪外语教学标准"，取而代之以新的"World – Readiness 教学标准"。新的标准对于中文教学意味着什么，如何在不同的中文项目里采用这一标准，是大家普遍关心的问题。因此，本届论坛将如何在不同的中文项目里实施新的标准作为大会主题。论坛不仅特邀全程参与制定新标准的全美外语学会教育部主任 Paul Sandrock 就新标准做了主题演讲，还特别汇集相关专家围绕这一主题组织了三场工作坊，从不同角度以hands – on 形式系统介绍如何将新标准与中文课堂教学相结合。这届论坛可谓中文教育界的大家名流云集，在休会期间，主办方向记者介绍了几位中文教育界大名鼎鼎的专家。其中包括：斯坦福大学中文系主任孙朝奋教授、哥伦比亚大学中文系主任刘乐宁教授、北京大学对外汉语教育学院现任院长赵阳教授和前任院长张英教授、暨南大学华文教育学院院长曾一平教授以及中山大学国际汉语中心主任周小兵教授。在会场展出的中文教学资料里面，记者欣喜地发现海外中文教学在无纸化和数字化方面取得了长足的进展。

（［美国］《侨报》2015 – 04 – 14）

美第二代移民学术优势更突出　亚裔表现尤为优异

华盛顿大学的一项最新研究结果显示，相比第一代和第三代移民，第二代移民在学术上的优势更加突出，而这在亚裔移民群体中表现更加明显。报告指出，第二代移民（即本人出生在美国，但父母中至少有一人出生在外国）在标准化考试（SAT）中的成绩总体上高于第一代移民，而在校成绩也比第三代移民（本人和父母都在美国出生）的要高。研究人员指出，尽管从数字本身来看，差异似乎并不是很大——第二代移民比第三代移民GPA 高 0.16 分，比第一代移民在 SAT 的某个单项测验中高 20 分，但这当中的含义是非常重要的。研究人员指出，SAT 数学考试得分如果能高 20 分，就能让一名学生有更大的可能被大学录取。美国人口普查局的数据显示，全美 18 岁以下的青少年中，有 1/4 都是移民。研究显示，相比其他族裔群体，亚裔第二代移民在学术上的优异表现更加突出。研究人员认为，这是由于来美的亚裔移民拥有更多的资源。而总体来讲，研究者们认为，移民学生能有更好的学术表现是因为他们积极的价值观：二代移民学生将自己与还生活在国内的人进行比较，从而得以用更积极的眼光看待自身处境。研究者们说，二代移民的父母辛苦打拼，甚至做出种种牺牲为他们换来更优越的生活环境，以及来自父母的高期待，也是刺激二代移民学生更加努力学习的原因。研究者也指出，年轻移民群体在英语水平、文化背景、父母教育水平以及社会阶层等也存在很大差异，部分移民儿童有更多可能受到资源不足、暴力、种族歧视的影响。不过研究也发现，这些移民儿童总体也更有适应性。

（［美国］美国中文网 2015 – 04 – 15）

首届"南美创想杯"中文作文、书法大赛进展顺利

阿根廷首届"南美创想杯"中文作文、书法大赛正式启动以来得到了社会各界的关注。目前已收到了阿根廷侨胞投递的部分参赛作品，在《浅谈感恩》《做一个感恩的人》《在阿根廷谈孝与感恩》等参赛作品中，作者从各个角度叙述了日常生活中对孝与感恩的不同理解和经历，表达了对孝与感恩这一比赛主题的深刻感悟。为弘扬中国的传统美德，把优秀的中国传统文化传播到海外，推动汉语教学在阿根廷的发展，提高在阿华人和阿根廷青少年的汉语水平，凝聚广大旅阿华人的爱国之心，由中国驻阿根廷大使馆文化处和阿

根廷南美创想传媒有限公司，共同策划和举办了阿根廷首届"南美创想杯"作文书法大赛。举办者期待所有关心海外中文发展的有识之士继续参与支持，共襄盛举！

（［阿根廷］阿根廷华人网 2015 – 04 – 16）

海外中餐馆超 40 万家　东南亚欧美均为聚集地

记者 22 日从世界中国烹饪联合会获悉，一项最新调查数据显示，目前海外中餐馆超过 40 万家，其中数量最多的是东南亚，有约 7 万家，欧美也是中餐馆的重要聚集地。由世界中国烹饪联合会与中国社会科学院财经战略研究院合作编著的《中国餐饮产业发展报告（2015）》（简称"蓝皮书"）显示，中餐馆在美国的经营历史长达 100 多年，目前美国有中餐馆 5 万多家、从业人员 30 多万人，约占美国餐饮业营业网点和营业额的 3.4% 和 8.5%，这些餐厅 75% 以上为个体经营。蓝皮书同时指出，虽然赴海外开店的餐饮企业不断增多，但基本还处于初期探索、总结经验、不断改进的阶段。在国内具有极高知名度的餐饮老字号和新兴品牌企业，走出国门都遭遇不同程度的挫折。对当地食品安全、劳动用工、海关报关等法律法规缺乏了解，同时又缺少国际化经营管理人才，这些因素成为制约中餐企业走出去的主要障碍。克服这些障碍需要政府、行业组织和企业的共同努力。蓝皮书称，进入 2015 年，众筹餐饮模式将继续在摸索中前进。餐饮类众筹机会多，互联网众筹将为包括餐饮在内的大众创业提供助力，众筹餐饮发展前景广阔。蓝皮书还显示，2014 年中国餐饮收入实现 27 860 亿元，同比增长 9.7%，比上年同期高 0.7 个百分点。2015 年第一季度，餐饮收入实现 7 458 亿元，同比增长 11.3%，自 2010 年以来首次超过社会消费品零售总额增速。预计 2015 年中国餐饮收入将超过 3 万亿元。

（中国新闻网 2015 – 04 – 22/刘长忠）

纽约数千华人集会声援华裔警察　呼吁不再当"哑裔"

"我们要什么？""公平！""什么时候要？""现在！"美东各地近千华人 26 日下午从四面八方赶到纽约布鲁克林卡德曼广场公园（Cadman Plaza Park），集会声援因走火误杀非裔青年而被控重罪的华裔警察梁彼得。随后更多华人陆续加入，浩浩荡荡的队伍高举"不当替罪羊！"（No Scapegoat）、"意外不是犯罪"等中英文标语牌，近 3 000 人徒步横跨纽约市重要地标布鲁克林大桥（Brooklyn Bridge）。不少华人全家出动，还带着年幼子女，呼应游行主题"为我们和下一代权益，不要再当'哑裔'"。纽约州众议员寇顿（William Colton）及市议员崔马克（Mark Treyger）参加集会，并和华人一道并肩徒步跨越布鲁克林大桥，呼吁梁彼得应获公平公正的对待，不成政治替罪羊。纽约前市主计长刘醇逸亦参加了集会，指出亚裔争平等仍任重道远。但未有现任的亚裔民选官员现身支持。游行队伍走过布鲁克林大桥后，绕市政厅前进至终点曼哈顿华埠且林士果。组织者亚裔维权大联盟（CAACR）呼吁华人在 5 月 14 日梁彼得再开庭时，到场旁听，显示华人小区是其坚强后盾，同时表示将今后每年 4 月的最后一个周日作为"亚裔维权日"，在全美范围发动游行集会，为亚裔争权益。　　　　　（［美国］《世界日报》2015 – 04 – 27）

在韩居住外国人已突破 180 万人　中国人占一半

据韩联社 4 月 30 日消息，韩国法务部出入境外国人政策本部 30 日发布的统计数据显示，居住在韩国境内的外国人数量不断增加，3 月底已突破 180 万人，达 181.3037 万人，同比增长 12.6%，环比增长 1.4%。据了解，居住在韩国的外国人中：中国人最多，达 91.7 万人，占比为 50.6%；美国人达 14.2 万人，占 7.8%；越南人达 13 万人，占 7.2%；泰国人达 8.9 万人，占 4.9%。从签证种类来看，持旅外同胞签证（F-4）的外国人最多，占比为 16.5%，其后为访问就业签证（H-2），占 15.8%。据悉，居住在韩国的外国人数一直呈增长态势：2011 年底为 139.5 万人，2013 年增至 157.6 万人，2014 年又增至 179.7 万人。据韩联社报道，今年 3 月入境韩国的外国人有 125.3 万人，同比增长 10.1%，其中以旅游为目的入境的人数最多，占比高达 74.8%，其后为探亲（4.3%）和就业（2.1%）。

（环球网 2015-04-30/李德意）

最新数据指美国华人总数达 452 万 受教育程度高

最新数据显示，美国华人人口总数已达 452 万。华人是美国亚裔中最大的族群，也是所有少数族裔中仅次于墨西哥人的第二大族群。华人总体经济状况在亚裔中处于中下水平，受教育程度明显高于美国总体水平。5 月份是美国一年一度的"亚太裔传统月"，美国人口普查局公布了在美亚裔的状况。到 2013 年，美国共有 1944 万亚裔人口，占总人口的比例近 6%，是人口增长最快的族裔。亚裔中，华人为最大族群，其次是菲律宾人（365 万）、印度人（346 万）、越南人（191 万）、韩国人（177 万）、日本人（143 万）。旅美华人增长很快，从 2011 年的 401 万增加到 2013 年的 435 万。在美亚裔不同族群的经济状况差距很大。最富裕的印度人 2013 年家庭中位年收入超 10 万美元，而孟加拉国人才 5.1 万美元。亚裔家庭中位年收入为 72472 美元，华人家庭中位年收入为 68435 美元，低于亚裔总体水平。华人 15% 的贫困率也高于亚裔总体 12.7% 的贫困率。亚裔的受教育程度较高，25 岁以上的亚裔有学士以上学位的占 51.3%，其中华人 52.7%，远高于美国人总体 40% 的水平。其中具有研究生以上学历的华人占 1/4 以上，远高于美国人占总体 1/9 的水平。近年来亚裔人口迅速增长，主要归因于移民人口快速增加。华人也是这样，452 万华人中出生在美国之外的占 273 万，也就是说六成旅美华人是外来移民。美国之外出生的 273 万华人中，有 162 万已经入籍归化美国，1/7 是 2010 年后才来到美国的新移民。亚裔人口最集中的州是加利福尼亚州，有 614 万；其次是纽约州，有 176 万；再次是德克萨斯州，有 131 万。华人的聚居程度也大致相同。美国总统奥巴马 4 月 30 日发布公告，宣布 5 月份为本年度的"亚太裔传统月"。他指出，在这个月里，美国人纪念亚太裔富有勇气地在新大陆追求希望和梦想而保存的传统，庆祝亚太裔小区为美国进步产生的重要影响。奥巴马从中国劳工当年建设美国大陆铁路说起，称赞亚太裔为美国建设做出的贡献。他说，50 年前美国通过的 1965 年移民和国籍法，结束了武断而过时的不公平限制，为更多亚太裔移民打开了新的机会之门。他承认，目前亚太裔发展不平衡，还存在不公平、受歧视现象。他表示，要努力帮助亚太裔小区成长，并敦促美国国会进行综合移民改革。

（［美国］侨报网 2015-05-04）

中国人成全球海外购房第一主力

中国经济取得的快速发展让世界羡慕，中国人超强的购买力也让世界对其刮目相看。

经济的快速发展带来了人们收入的增加，收入的增加大大促进了人们的购买力。近期公布的《2015 中国大众富裕阶层财富白皮书》显示，2014 年底中国私人可投资资产总额约 106.2 万亿元，年增长 12.8%，预计 2015 年底，中国私人可投资资产总额将达到 114.5 万亿元。2014 年末，中国大众富裕阶层的人数达到 1 388 万人，同比增长 15.9%。预计到 2015 年底人数将达到 1 528 万人。之前还有报告曾预计，受益于庞大的人口数量及经济增长，到 2020 年，中国将成为世界上富人最多的国家。届时，中国的购买力将远远超过现在。总结中国海外购房原因，其良好的教育资源、生存环境、房产回报率和房产"永久权"是中国人在海外购房的主要因素。随着国内房地产发展迎来拐点，经济增速放缓，再加上房屋限购等政策，越来越多的人将对房产投资的目光放到了国外。有数据显示，2014 年，中国个人海外房产投资总额为 165 亿美元，与 2013 年相比，同比增长了 46%。预计到 2015 年，中国个人海外房产投资还将会翻番。中国业内人士预计，今年中国人海外购房额或达到 350 亿美元。有资料显示，截至目前，在中国个人海外房产投资所青睐的地区当中，欧洲排名第一，获得了中国投资客户 55 亿美元的投资总额。其中，40 亿美元流向伦敦，澳大利亚获得了 30 亿美元的投资，其中悉尼获得了 22 亿美元，北美（主要以美国的纽约和加州为主）、加拿大（主要以温哥华和多伦多为主）约获得了 25 亿美元。2015 年《中国国际移民报告》指出，中国向主要发达国家移民人数基本保持稳定，世界各地华侨总人数为 6 000 万人，中国国际移民是世界上最大的海外移民群体，主要目的地有美国、加拿大、澳大利亚、韩国、日本、新加坡等。相信随着中国经济的发展，如果到 2020 年中国真的成为全球富人最多的国家，到时候将会有更多的人到海外投资，加上中国人对房地产投资的青睐，未来海外房地产市场将迎来"中国潮"。

（中国经济网 2015 - 05 - 05/成薇）

加拿大 2004 年至 2013 年接收 123 万新移民　中国人最多

加拿大联邦公民暨移民部数据显示，由 2004 年至 2013 年期间，加拿大接收了逾 123 万名新移民，到加拿大展开新生活。当中以来自中国的人数最多，占总数 26%；紧随其后的分别是印度、菲律宾、巴基斯坦、美国、英国和伊朗。移民部数据显示，在上述 10 年内，共有 1 239 212 人来加国开展新生活，前四大移民来源国均是亚洲国家。来自中国的新移民和新公民合共有 326 067 人，人数最多，占总数 26%。其次是来自印度的移民，达 310 513 人，占总数 25%。排行第三位是菲律宾移民，人数有 263 076 名。排行第四位是巴基斯坦移民，达 105 283 人。美国和英国原来也有相当多的民众选择移民加国。在上述 10 年，来自该两国移民数目，分别有 85 848 人及 74 951 人。

（［加拿大］《星岛日报》2015 - 05 - 05）

第十三届纽约国际中文教学研讨会在佩斯大学举办

日前，第十三届纽约国际中文教学研讨会在位于纽约曼哈顿下城的佩斯大学的 student union 召开。本次会议由大纽约地区中文教师学会、佩斯大学孔子学院、南京大学联合主办。中国大使馆驻纽约总领馆徐永吉参赞、常全生领事，大纽约地区中文教师学会主席鲁曙明、联席主席赵文萃，联合国中文教学组组长何勇博士，南京大学海外教育学院程爱民院长，南京师范大学国际文化教育学院段业辉院长，佩斯大学孔子学院牛卫华院长与朱敏院长，以及来自美国、中国、英国、匈牙利等地的近240名专家学者出席。

（国家汉办网站 2015－05－08）

美国移民博物馆开新展　中国成美最大移民来源国

"1882年美国国会通过排华法案，而2013年中国却成为美国最大的移民来源国，这其中的故事着实让人惊叹。"纽约自由女神像及爱丽丝岛基金会主席史蒂芬·布瑞甘提12日在美国国家移民博物馆新展前如是表示。国家移民博物馆坐落于纽约曼哈顿附近的爱丽丝岛。该岛曾设有移民检查站，约1 700万移民通过该岛进入美国，据说现在40%的美国人都可以从这个移民博物馆追溯其祖先。据介绍，这次新展览"移民新时期的旅程"，主要聚焦于1954年至今的美国移民情况，反映"二战"后科技迅速进步对移民的影响，以及现代移民面临的挑战和机遇等，将于5月20日正式对公众开放。

（中国新闻网 2015－05－13/邓敏）

美媒：无证移民学生数量持续上升　亚裔占三成

移民改革虽然近年来在美国呼声相当高，但当局执行的脚步可谓停滞不前，加州大学伯克利分校法学院近期发表报告指出，五年来加大无证移民学生数量持续上升，亚裔学生就占了三成，趋势显示当局必须为这批学生提供更多协助。加州大学伯克利分校法学院日前在无证移民问题峰会上所发表的报告指出，加大总校长办公室2011年度统计加大系统内有约746名无证学生就读，这个数字到了今天已经膨胀为超过2 000人。而除了人数增加外，族裔的组成也有所改变，2011年度无证移民学生中有48%自称为亚裔，44%自称为拉美裔，而最新的数字显示无证移民学生有61%自称为拉美裔，亚裔学生则占了32%。

（［美国］《星岛日报》 2015－05－14）

日本北海道华侨华人主办第二届中日友好赏樱大会

近日，从南到北的日本"樱花前线"，来到了最后一站北海道。樱花季在北海道收尾之际，北海道中国会主办的第二届北海道中日友好赏樱大会在观樱胜地北海道神宫圆山公园举行，超过160名中日代表参加了大会。　（［日本］新华侨报网 2015－05－16/乔聚）

7.6万中国留学生在澳洲打工　工作权利保护须重视

在澳大利亚留学和打工的外国学生将更容易查看自己的工作权利，澳大利亚公平工作专员近日在社交媒体上发布的留学生工作权利宣传，让更多的学生能够了解到自己可能忽视的社会知识。公平工作专员奈特莉·詹姆斯说，澳大利亚有大约34万留学生打工挣钱，其中有7.6万来自中国，超过4万来自印度。詹姆斯说："国际留学生是弱势群体，因此让他们了解基本的法律权益非常重要。目前的现实情况在于，大部分国际留学生需要一边上学一边工作来弥补生活开支，因此防范被克扣和故意压低薪水的途径就是了解自己的权利。"澳大利亚公平工作委员会不久前将打工的权利保护信息翻译成中文、印度语、韩语、越南语、葡萄牙语和泰语在社交媒体上传播。在本财政年的前9个月中，公平工作专员已经获得了超过 150 名国际留学生的求援申请，他们希望获得帮助。虽然和每年 2.5 万人的总数相比，比例并不大，但主要来自留学生和 417 打工度假签证持有者的求援信息，还是引起了当局的重视。除了在媒体上加大宣传力度外，公平工作委员会还进行社区演讲、研讨会等活动，与各大学、TAFE 和私立教育机构的学生组织联合。公平工作专员在墨尔本和悉尼一共有三名。不久前，一名刻意压低中国人薪水的雇主刚刚被专员抓获，并面临联邦法庭的处罚。这名女受害人在一间鞋店担任临时工，每小时的薪水仅有 8 澳元。公平工作专员的监管内容包括：监控和实施劳资关系法，教育社区劳动者基本权利和义务等。

（［澳大利亚］新快网 2015 - 05 - 26）

阿根廷华人超市发展迅速　遍布圣地亚哥市全城

据阿根廷华人在线编译报道，在阿根廷北部的圣地亚哥省省会圣地亚哥市，有 12 家华人超市在当地营业。去年，一家当地自选超市由于经营不善而选择停止营业。一家华人超市对该店进行了收购，经过重新整顿后，于今年重新开始对外营业。据统计，华人超市几乎遍布圣地亚哥市全城。据了解，在当地存在着不同类型的零售超市，其中包括小型杂货店、中型超市和大型连锁超市。中小型超市大多为华人所有，通常只有两台收银机，面积也不大。去年，一家位于博尔赫斯（Borges）区名为风车（Molino）的超市被华人收购。贝尔格拉诺大道（Belgrano）也开设了另一家名为 Huaico 的超市。"在首都圣地亚哥市，3 年内开设了 12 至 14 家华人超市。"一位在城市的东南部开自选超市的业主说道。他补充道，华人超市分布越来越广，在当地只剩下 2—3 家本地人开设的超市。目前，能和华人超市进行较量竞争的只有中大型连锁超市。　（中国新闻网 2015 - 06 - 03/李鸣一）

旅西华人创业新形势：老板数超打工者　华二代突起

一直以来，旅西华人在西班牙是最具创业精神的移民群体。不断增加的华人老板数量，在屡屡让人刮目相看的同时，也让许多当地西班牙人五味杂陈。日前，一家负责对商业审批手续进行统计的马德里市政合作组织，公布了当地今年第一季度和去年新成立公司的有关统计资料。这份季度统计报告显示，今年第一季度，在马德里新成立的公司中，有 5% 的业主是华人。而在去年，华人创业者的数量同样也是引人注目的。旅西华人创业者数量持续增长的势头，再次引起了西班牙各方的关注。一些媒体和社会学者也开始从"华二代的创业""华人创业的领域""华人创业发展趋势"，以及"华人创业总体态势"等方面，对华人不息的创业精神进行了探讨和研究。华人开始用"西班牙人的模式"来正规而快速地发展，让许多西班牙人惊讶和慨叹的同时，也给他们带来了些许的不安。一些人在指责华人"偷师"的同时，也老调重弹般抱怨华人抢走了自己的市场和饭碗。对此，全身心投入创业的华人应该引起重视，并应及时思考该如何为自己的创业营造良好的外部环境。

（［西班牙］《欧华报》2015 - 06 - 15/凌锋）

法国侨界"反暴力、要安全"　前部长将为华人发声

法国侨界"反暴力、要安全"万人签名活动取得新进展。6 月 11 日上午，法国国会议员、前教育部长、前预算部长瓦莱里·佩克雷斯（Valerie Pecresse）来到位于美丽城的

巴黎国际大酒店，会见华人社团代表。在了解了华人在法的安全状况后，她当即表示会在国民议会上就华人安全问题向瓦尔斯总理提问，同时还将与巴黎市长伊达尔戈沟通，探讨相关问题的解决办法。随佩克雷斯一同出席座谈会的还有法兰西岛大区顾问卡哈姆（Patrick Karam）和巴黎市顾问佩里方（Atanase Perifan）。法国华侨华人会执行主席王加清，法国华人律师协会会长孙涛，法国美丽城联合商会会长姜金玉，中法服装实业商会会长胡仁爱，法国亚裔社团联盟副会长张海平、马楚海、秘书长鄢小华等旅法侨界、商界、学界代表约 50 人参与座谈。座谈会上，各华社代表纷纷从不同角度提出改善治安的建议，与佩克雷斯进行了切实有效的沟通。张海平说，华人社群向来是不善于表达自己诉求的，但安全问题日益严重，华人社团应该团结一致，发出自己的声音，明确目标，为华人争取切实的权益。法国华人律师协会会长孙涛也就治安问题从司法角度表达了自己的看法。会谈结束后，佩克雷斯一行在华人社团代表的陪同下，走访了美丽城十几家华人商铺，向商家了解治安问题和生活情况。"反暴力、要安全"万人签名活动由法国华侨华人会执行主席王加清发起并起草信函，由法国华人律师协会会长孙涛翻译成法语，并提供法律支持，于 5 月 26 日寄出。这份信函共有 25 000 余人签名，近 1 500 商家盖章支持。据报道，这封信已于 5 月 28 日送到法国总理瓦尔斯手中。

（［法国］《欧洲时报》2015 – 06 – 16/姜婉茹）

日本吸引力迅速下降　6 年间近 5 万中国研修生回国

随着中国经济的发展和日元贬值，中国研修生等在日打工者越来越少，甚至出现了集体回国的现象。据日本《朝日新闻》报道，受到中国经济增长和日元贬值的影响，来自中国的技能实习生越来越少。2008 年，在日本有 19 万实习生，其中中国实习生有 14.6 万人，占总数的 76%。到 2014 年末，在日实习生约有 17 万人，而中国人则减少到 10 万人，占总数的 59%。短短的 6 年间，中国实习生减少了约 5 万人。据一位劳务中介介绍，现在很少有人想去日本打工，因为条件不好，待遇也差，挣钱还那么少，日本的吸引力已经远远不如以前。虽然中国的实习生少了近 5 万，但越南的实习生却在 5 年间增长了 2.5 倍，达到了 2014 年末的 3.4 万人。由于日本老龄化严重，需要大量的年轻劳动力，尤其是在农业和水产业更是出现了用人荒的局面，于是日本在 1993 年确立了《外国人技能实习制度》，来引进外国年轻人为日本工作。但实习生的待遇并不好，经常被强迫长时间劳动。

（［日本］新华侨报网 2015 – 06 – 19/郝帅）

颂扬华商贡献　华社举办新加坡建国 50 周年特展

6 月 26 日，由新加坡中华总商会主办的"禧街 47 号"新加坡建国 50 周年特展开幕。坐落于该址的中华总商会在新加坡建国历程中扮演着见证者与参与者的角色，新加坡中华总商会希望通过"禧街 47 号"新加坡建国 50 周年特展弘扬华商精神。特展由两个环节组成，分别为多媒体影片和平面展览。其中，多媒体影片展室一次可容纳多达 250 人，长达 20 分钟的影片动用了 20 多台投影机和全方位立体音响，展现珍贵的历史画面和立体影像，寓娱乐和教育于一体。展方将于每日上午 11 时 30 分起，每隔一个半小时，轮流播放影片的华语和英语版本，周末则增加晚上 8 时的英语影片播放时段。"禧街 47 号"新加坡建国 50 周年特展从 7 月 1 日持续至 9 月 30 日，每天上午 11 时至晚上 8 时，在新加坡摩天观景轮一层的展室展出，免费入场。周末的开放时间则延长至晚上 9 时 30 分。主办方预计，展览将吸引约一万人前去参观。

（［新加坡］《联合早报》2015－06－27/蓝云舟）

华人被赞对新西兰经济贡献大　就业率居各族裔之首

近日，有媒体撰文称赞了新西兰华人对当地经济和人文方面做出的贡献。早在 1850 年，华人先辈就来到了这个白云之国。现在，华人社区和文化已经成为新西兰文化中不可缺少的一部分。2013 年的新西兰人口普查显示，新西兰籍华人人数已经达到了 171 000 人。新西兰华联总会（New Zealand Chinese Association）的主席 Meng Foon 表示，新西兰籍华人是新西兰就业率最高的群体。通过计算发现，每年这些新西兰籍华人对国内人均总值（GDP）的贡献高达 110 亿纽币，平均每人 65 000 纽币。这个数据比奥克兰的平均 GDP 51 000 纽币都要高上许多。Foon 称，"我们华人都是勤劳进取的，我们非常乐意与新西兰本地人分享我们的文化，我们的节日例如农历春节、元宵节都已经被这个国家所接纳，更不用说来自中国的食物了。就算是在新西兰最小的城镇你都可以找到中国料理的影子。"

（［新西兰］天维网 2015－07－02）

南非华人农场主安全状况堪忧

到过南非的人大都留下这样的印象：这里处处良田沃野，牛羊遍地。但许多人或许不知，在这块土地上辛勤耕作的农场主从事的是一项非常危险的职业，用"刀尖上舔血"来形容也不过分，因为他们被杀害的概率远远高于其他南非人。如今很多中国人也涉足这一领域。南非商业工会民权组织"非洲论坛"2 日提供的最新数据显示，今年上半年，南非全国发生 116 起农场主被袭击事件，造成 27 名农场主丧生。该机构称，在南非 9 个省中，林波波省是农场主被谋杀率最高的地区，今年前 6 个月该省共发生 25 起袭击农场主案件，造成 5 人死亡；其次是姆普马兰加省，该省同期发生的袭击农场主案件为 21 起，共导致 2 人死亡。西开普省和北开普省则分别发生 3 起袭击事件，各导致 1 人死亡。

（新华网 2015－07－06/高原）

赴美中国留学生"副业"红火　做代购增加收入

海外代购商机无限，随着赴美中国留学生数量增多，不少留学生干脆利用社群网络发展"副业"，做点小生意，增加生活收入来源，形成华人圈中特殊红火的"地下经济"。美国节庆季各类促销多，连带也为代购行业带来商机。以陪读身份来美已超过八年的家庭主妇 Ellie 吴，2010 年开始做代购生意，主要将美国抢手商品寄回台湾做销售，专卖华人喜爱的名牌包 Coach，Estee Lauder、Lancôme 化妆品，以及美国青少年喜爱的品牌 Abercrombie & Fitch 服饰等。Ellie 吴说，做代购的好处就是"节省成本"，少了实体店面的开销，其次也不需要刻意囤货，客户需要什么会告知，她收到订单后再去买，从中赚取差价。就她个人来说，除了社交媒体有固定客户群会告知她需要代买的产品，主要"下线"是在经营服饰店的妹妹。妹妹定期会告诉她订单种类和数量，她分批将商品购买齐全，商品会放在妹妹的服饰店寄卖，其余则是直接销售给熟客。Ellie 吴说，最好卖的还是 Coach 包，往往可赚取成本一至两倍、大约 200 美元的价差。来自中国大陆的留学生孙璐瑶也兼职做网络代购，她主要购买化妆品、护肤品和 LV、Chanel、Prada 等名牌包，还有保健品。成本较高的高单价商品，她会视情况卖折扣前价格。她说，即使照吊牌价格卖，仍然比国内便宜很多，其他产品则大宗订购，团购价可省下百美元。有的人则是把代购当成正式事业经营，因而成立代购网站，招揽生意，一做就将近十年。Annie 尤说，当初只是顺水人情，帮朋友代买商品。没想到颇有生意头脑的她，从中发现美国代购市场商机，继而在毕业后成立专属网络商店，开始大量进货，也募集专属团队处理订单和包裹。Annie 尤说，以往她会用传统扫货方式，但因为经营久了，有合作的厂商，她会直接上传商品讯息，以团购低价方式，统计订单，这样一来省去往返商场的油钱，也不会因为大批集中扫货，而有被销售人员盯上的风险。　　　　　　（［美国］《世界日报》2015 – 07 – 16/黄相慈）

报告显示中国内地流失百万富翁人数居世界第一

据法国国际广播电台 7 月 16 日报道，一份由财富咨询公司"新世界财富"推出的报告显示，统计截至 2014 年，中国内地百万（美元）富翁有 60.85 万人，名列全球第五；美国有 410 万人，为全球第一。但中国内地百万富翁流失的人数最多，达 9.1 万人，主要目的国与地区为美国、中国香港、新加坡及英国。据报告，在过去 14 年里，与其他国家相比，中国内地百万富翁净流出中国的比例为全球最高。新世界财富公司分析了 2000 年至 2014 年各国百万富翁出走离开自己国家的情况。在这群富翁中，中国内地总共净流出（流出人数减去流入人数）9.1 万人，是全球第一；印度 22 万名百万富翁中出走 6.1 万人，排在第二。美国、中国香港、新加坡、英国是最受中国内地富翁欢迎的地方。其中，共有 2.9 万名富翁选择前往中国香港地区。英国近年来也积极主动吸引来自中国内地的有钱人投资。有人认为这样的富翁移民带给其他国家或地区不少利好之处。中国内地富翁流失涉及空气、水、饮食等环境安全问题，让子女到先进国家或地区接受教育也是诱因之一。

（环球网 2015 – 07 – 17/王莉兰）

德媒：中国在德留学生增多，买房者也增多

德国新闻电视台网站 7 月 22 日文章，原题《越来越多的外国学生》，在德国高校读书的外国大学生首次超过 30 万，大多数来自中国和俄罗斯。德意志学术交流中心发布的年度报告显示，2014 年德国 270 万在校大学生中，外国学生的比例从前一年的 11.3% 增加到 11.5%。德国是继美国和英国之后最受外国大学生欢迎的留学国家。2014 年，在德国留学的外国大学生中，中国学生达到 2.8 万人，占比近 10%，保持德国最大留学生群体的称号。紧随其后的是俄罗斯学生（1.1 万多名）和印度学生（9 000 多名）。90% 以上的外国留学生的学习成绩不亚于德国学生。德国《柏林信使报》7 月 22 日文章，原题《炫富中国人 210 万欧元买下学生公寓》，一名中国新富令人惊叹地以 210 万欧元在柏林买下一套公寓。最不可思议的是，这处豪华物业并不是给全家人住的，而是为了女儿。这样，他的女儿在当地大学艰苦学习之余可在施普雷河边休养身心。房地产经纪人托马斯·扎贝尔透露，这套公寓位于首都豪华住宅区内。以前，豪宅在柏林没什么市场，但这种现

象正在缓慢而有力地改变。富有的外国买家把钱投资到柏林房地产上，仅扎贝尔的公司就在去年卖出上亿欧元的豪华房产。该公司 8% 的客户来自"中央帝国"，他们投资的公寓平均价格在 50 万欧元左右。这一趋势也符合人口发展动向：2006 年底柏林有 5 700 名中国人，9 年后的统计数字为近 8 000 人。　　　　　　（《环球时报》2015 – 07 – 24/青木译）

第十二届"汉语桥——宝石王杯"在曼谷举办　逾 4 000 人参加

第十二届"汉语桥——宝石王杯"9 日在泰国曼谷举办，吸引了 4 000 多名选手参加。泰国教育部副部长顾问素他在主持开幕时表示，教育部将为该项赛事提供全力支持。中国国家汉办驻泰代表孙玲说，大赛层次性高，对提高泰国的汉语教学质量起到非常重要的推动作用，并能对推动泰国中小学的汉语教学做出更加重要的贡献。大赛的 4 001 名参赛选手分别来自泰国、中国、缅甸、柬埔寨和新加坡等国。在过去的 11 届比赛中有来自泰国、新加坡、马来西亚等国的 3.4 万余名青少年参赛。该项赛事已成为东南亚地区规模最大、影响最广泛的国际汉语大赛之一。　　　（［新加坡］《联合早报》2015 – 08 – 10）

英国中餐店已达 1.8 万家　业者期待转型升级

餐饮业是海外华侨华人从事的最主要行业之一，但近年来受到诸多因素的冲击，经营状况不容乐观。英国中华饮食业总商会新任主席李光喜在接受记者采访时表示，据统计，全英国约有 1.8 万家中餐馆和外卖店，但与来自其他国家的饮食店相比缺乏竞争力。李光喜近日接任英国中华饮食业总商会主席，该商会成立于 1988 年，其成员主要是英国的中餐企业，也包括与中餐行业相关的食品、贸易、保险、金融、商业地产等领域的业者。李光喜说，英国华人从事餐饮业的历史非常悠久。目前遍布英国各地的中餐馆，不仅吸纳了大量的华人就业，而且是向外国人展示中国传统文化的窗口。但是，由于管理水平低下、人力资源不足、对当地法律法规缺乏了解等诸多因素，中餐业的发展停滞不前。为此，他希望英国的中餐业者能够凝聚在一起，整合资源，转型升级，走质量和效益并重的高附加值道路，加强中华饮食文化在英国的影响力，改善中餐馆的整体形象，进而提升海外中餐馆的品牌形象。"筹办厨艺培训学校是英国中华饮食业总商会下一阶段的重要工作。"李光喜说，近年来英国政府调整移民政策，对劳工签证的收紧影响到各行各业，对中餐业的冲击最为猛烈。因为中餐业厨师严重缺乏，建立厨艺培训学校的任务迫在眉睫。伦敦华埠商会主席邓柱廷表示，李志章先生当年创办英国中华饮食业总商会的时候就致力于解决中餐业面临的困难，英国侨界应该共同努力，筹办厨艺学校，提升中餐业的水平。英国年轻一代中餐业专业人士、英国中华饮食业总商会顾问李建勋表示，海外中餐业在建立品牌、发展品质的同时，要善于运用互联网和社交媒体平台进行推广。中餐业不能故步自封、墨守成规，要打开一片新的天地。　　　　　（中国新闻网 2015 – 08 – 18/周兆军）

任启亮出席第十八届国际潮团联会　盛赞侨胞品质和贡献

8 月 20 日，国际潮团总会第十八届国际潮团联谊年会在温哥华隆重举行，来自世界各地 200 个潮团的 3 000 多名海内外潮籍乡亲出席，国务院侨办副主任任启亮应邀作为主礼嘉宾出席开幕典礼和欢迎晚宴。任启亮在开幕式致辞中代表国务院侨办和裘援平主任对本届大会的召开表示祝贺，高度赞扬广大潮籍侨胞秉持艰苦奋斗、诚信仗义、敢于拼搏的优良品质，为中国改革开放和现代化建设、为住在国的繁荣进步、为世界各国与中国的友好交往发挥了不可替代的作用。任启亮希望国际潮团总会进一步广泛团结世界各地潮籍乡亲，促进侨胞居住国经济发展、华社繁荣，同时发挥海外潮商的资金和智力优势，积极参与中国的全面深化改革，参与"一带一路"建设项目，在促进中外各领域交流合作的进程中发展壮大自身事业，实现双赢多赢。本届大会围绕"大潮兴四海，乡谊盛五湖"的主题，敦睦乡谊、共谋发展。加拿大卑诗省省督古乔恩、加拿大国防部部长兼多元文化部部长康尼、加拿大长者事务国务部长黄陈小萍、中国驻温哥华总领事刘菲等出席开幕式并致辞。国侨办文化司副司长周虹，国外司副司长卢海田陪同出席。

（中国侨网 2015 - 08 - 27）

今年已有超百万留学生赴美　亚洲占76%　中国人最多

美国联邦移民海关执法局（ICE）国内安全调查处（HSI）3 日公布的今年第二季度国际留学生统计报告显示，赴美留学生最多的国家仍是中国，接纳国际学生最多的学校还是南加州大学（USC）。在所有国际学生中，亚洲生占76%。该报告的最新数据来自"学生和交换学者计划系统"（SEVIS），里面有国际学生、交换访问者及其家属的信息。截至今年 7 月 7 日，有超过 100 万名国际学生，使用 F 学术或 M 职业签证进入美国，在近9 000 所学校就读。与去年 7 月同期相比，人数增长9%。同 2014 年 7 月相比，印度留学生上升31.9%，越南留学生增长25.9%，增长比例最大。接纳最多国际学生的美国大学，前五名依次分别是南加州大学、纽约大学、哥伦比亚大学、伊利诺伊大学和普渡大学。2015 年 7 月，有超过 40 万名国际学生在美国学习科学、技术、工程和数学课程（STEM），比去年同期增长17.7%，超过 6 万人。学习科技工程和数学的国际学生中，66% 是男性，86% 来自亚洲。　　（［美国］《世界日报》2015 - 09 - 06/丁曙）

澳大利亚移民收入华人位居第四　男性收入明显偏高

澳大利亚国家统计局（ABS）首次发布的移民收入报告显示，2009—2010 年间技术签移民是海外移民中收入最高的人群。据 ABS 最新数据显示，2009 至 2010 年间全澳移民总收入达 380 亿澳元，近三分之二（63%）的移民纳税人为技术移民，28% 为亲属移民。澳统计局人员 Jenny Dobak 在一份声明中表示，作为首次发布的试验性报告，数据揭示，移民个人收入存在的一些明显差别，是受到签证类别、居留时间和性别等因素影响。该年度，作为雇员留澳的技术签移民纳税人共获得 260 亿澳元收入。2009 年至 2010 年间在各移民计划下入澳的移民人数为16.8 万人，包括10.7 万技术移民和 6 万亲属移民，他们中大部分来自英国、中国和印度。前五大移民纳税人来源国为英国、印度、中国、南非和菲律宾，他们的收入总额达 213 亿澳元，占到全部的57%。生于英国的移民总收入最高，达 88 亿澳元，印度籍移民收入第二高，达 53 亿澳元。南非移民仅占到所有移民纳税人总人数的5%，但收入为 28 亿澳元。中国籍移民总收入位居第四，全年达 27 亿，其中 25 亿为雇佣性收入。性别、雇佣状态、所在行业和工作经历都是影响移民收入的重要因素，数据分析结果显示：在所有年龄段，作为雇员的男性技术移民收入中值都高于女性。近

55%的移民纳税人是男性，占到总收入的65%，即240亿澳元。非企业性自主经营收入群体中2/3是男性。他们占到2009至2010年此类总收入的77%，即14亿澳元。

（［澳大利亚］澳洲网 2015 – 09 – 08）

在韩华人数量逐年增长　首尔出现多处"中国城"

在韩华人数量逐年增长，以2015年的标准，居住于韩国的外国人每两名中，就有一名是中国人，逐年增长的华人在这里学习、生活、工作，自然而然地形成聚集地区，催生了诸如首尔大林洞、延南洞、紫阳洞等"中国城"。

紫阳洞以中国留学生居多

广津区紫阳洞在十多年前，还仅仅是五金商店和机械工程的聚集地，现如今已经成为"小中国城"，全长不过600多米的街道上，聚集了羊肉串店、火锅店等各种大大小小的中国餐厅。和传统的朝鲜族聚集地大林洞不同，这里主要是以留学生居多。紫阳洞附近的建国大学、汉阳大学、世宗大学等学校有中国留学生近5 000人。除了留学生以外，在紫阳洞创业的中国年轻人也不在少数，30岁的吴某三年前在国内本科毕业后，来到韩国，在紫阳洞从事个体户经营。来自上海的留学生徐某称，韩国菜偏辣，不符合自己的口味，但在紫阳洞可以买到各式各样的中国食品。换钱所、邮局等便利设施也一应俱全，生活十分方便。去年从庆熙大学毕业，目前就职于乐天购物的中国留学生王某表示，以前大多数在韩中国留学生毕业后立即回国，但近年来，选择留韩发展的留学生越来越多。

"江北林荫道"延南洞

位于首尔麻浦区的延南洞也聚集了大量中国餐厅，与别处"中国城"主要以中国朝鲜族和中国留学生为主不同，这里非常受韩国年轻人的欢迎。正在和女朋友约会的韩国人郑某说，"以前一提到中国餐厅，会给人脏乱差的印象，但延南洞的中国餐厅非常干净，也很有情调。"不少韩国人将这里与江南著名的"小清新"景点林荫道相媲美，称之为"江北林荫道"。1969年，原位于明洞的汉城华侨中学迁入延南洞，这里开始成为在韩华侨的聚集地。目前，在延南洞居住有约3 500名华侨，占韩国国内华侨总人数的40%左右。不少华侨在此经营中国餐厅，随着延南洞延伸至弘益大学商圈，越来越多的韩国年轻人将延南洞视为约会圣地，这里的房租也水涨船高，不过几年的时间便翻了一番。

（［韩国］亚洲经济中文网 2015 – 09 – 17/王海纳）

习近平访美为海内外华侨华人带来七大福利

习近平访美已近尾声，此前美国侨界满怀期待，并对"习奥会"做出预测。现今习近平与奥巴马经商谈已达成49项重要成果。这些成果中有哪些会给美国侨界乃至各地侨胞带来"隐性"福利？

高水平投资协定预计达成　侨胞投资"无阻碍"

中美两国领导人积极评价正在进行中的中美投资协定（BIT）谈判业已取得的进展。高水平的投资协定将反映双方关于非歧视、公平、透明度的共同成果，有效促进和确保市场准入和运营，并体现双方开放和自由的投资体制。美国驻华公使衔政务参赞李凯安说，它的达成将为中国公司和美国公司带来巨大的利益。协定的达成将会消除许多投资领域的障碍。中美双方还将促进中美省州经济、贸易和投资合作。美国承诺欢迎来自中国和其他国家的投资者，这个"开放性"的怀抱，给希望在美进行投资的侨胞带来了更多的便利。侨胞在中、美双方进行的投资、合作也将会迎来一个更加公平的商业环境。

外资国家安全审查程序简化　投资运作效率提高

中美此次也讨论了对各项投资的国家安全审查的事宜。达成一致的是，当一项投资存在国家安全风险时，双方将尽可能快地通过各自审查程序解决风险，包括在合理且可能的情况下，采取有针对性的缓和措施，而不是禁止投资。当一项投资在中国或美国通过国家安全审查程序后，如投资方按照审查通过的方案完成了投资，则该项投资在通常情况下不应被再次审查。中美双方还承诺保护审查过程中非投资方的信息安全。避免"禁止投资"和提高投资审查效率，也许会给侨胞开展投资合作争取更加有利的市场先机。

有望扭正"海外华人"片面形象　双方合作整治腐败

中美决定推进双方共同确定的重大腐败案件的办理。双方同意加强在预防腐败、查找腐败犯罪资产、交换证据、打击跨国贿赂、遣返逃犯和非法移民、禁毒和反恐等领域的务实合作。在追赃领域，双方同意商谈相互承认与执行没收判决事宜。双方对最近关于通过包机遣返中国逃犯和非法移民的协议表示欢迎，并将继续开展这方面的合作。前一段时间，海外华人领取养老金引起了社会很大反响。但此事也反映出了一个问题：部分网友认为很多海外华人都是些外逃的犯罪官员及其家属。这一片面认识源于近年贪官外逃且长期在海外"逍遥"，但绝大部分海外华人其实很"冤"。双方打击跨国贿赂、遣返，有利于恢复海外华人集体形象。

中美加强教育交流　留学生群体有福了

中方宣布未来 3 年将资助中美两国共 5 万名留学生到对方国家学习。美方宣布将"十万强"计划从美大学延伸至美中小学，争取到 2020 年实现 100 万名美国学生学习中文的目标。习近平赴美前夕，美国著名侨领方李邦琴就预测：人文交流会是"习奥会"议题之一。中美两国将在未来多年内继续推动两国百万年轻人交流。这一预测得到了实际回应。双方还支持大学智库合作，每年举办中美大学智库论坛以及每年举办中美青年创客大赛。中美两国留学生的数量逐年增长，如今将获国家资助，还请两国的青年们抓住机会，享受中美合作红利吧！

明年成"中美旅游年"　改变的不只是签证

双方宣布 2016 年举办"中美旅游年"。本年度合作将包括一系列活动，以促进两国旅游交往，推动在市场开放方面取得进展，推进两国间有关倡议，为日益增长的赴对方国家的游客提供高质量旅行体验。中美"十年签证"实施近一年，在美华人说，"互发十年签证政策出台后，在美国的华人基本上可以随时买机票回国了。"在签证不是问题之后，中美联合加强旅游方面的合作，互相支持双方旅游市场，美国侨胞和中国游客将会迎来一个更加便利、舒心的旅程。

华人保护文物之路更轻松　返还中方 22 件古代文物

中方高度赞赏美方在不久的将来向中方返还 22 件文物这一行动。美方是根据《中华人民共和国政府和美利坚合众国政府对旧石器时代到唐末的归类考古材料以及至少 250 年以上的古迹雕塑和壁上艺术实施进口限制的谅解备忘录》执行此事。双方支持两国在现有机制安排下，就共同打击文物走私继续密切合作，并欢迎两国开展考古发掘与研究合作。海外华人近些年一直在为保护海外文物出钱出力。今年是抗战胜利 70 周年，美国侨胞捐赠抗战时期纪念文物络绎不绝，其中包括流失多年的中华文物瑰宝。双方共同打击文物走私，会让海外华人保护中华文物之路走得更轻松，还能向当地寻求及时的帮助。

增加中美双方使领馆新舍　侨胞办事更方便

中方已在上海提供了一块新的领馆用地，并在成都和沈阳准备了合适的用地；美方将相应地在芝加哥、洛杉矶和旧金山提供合适的使领馆用地。建设更多的使领馆，有助于完成合作的事务。侨胞领取养老金、办理签证、向使领馆求助，以及护照等问题都需要使领馆的帮助。使领馆数量的增加，使得侨胞在中美两国的来往和办理其他事项都会更加方便。

（中国侨网 2015 - 09 - 29/郑丽华）

西班牙成中国人在欧洲第二大房产投资市场

西班牙现在已经成为地中海地区吸引最多中国商人前来投资房产的国家，实际上，准确一点来说是仅次于英国的欧洲第二大房地产市场，且投资者的兴趣与日俱增。据官方统计，中国人在西班牙投资买房率已经在一年之间增长了将近 39.2%，而成交的平均价格也从之前的 72.8 万欧元增长到了 92 万欧元，增幅达到了 26%。2014 年第二个季度，西班牙的经济水平与葡萄牙和希腊看齐，而落后于意大利，但在六个月之间，这个国家却从之前在投资方面最不被看好的国家一跃成为在这一方面相对增长最快的市场。但是，政府试图吸引中国投资所做的努力并没有产生很大的影响力。马德里、巴塞罗那、马尔贝拉和瓦伦西亚是中国人在西班牙投资买房首选的几个目的地城市。具体来说，在最近一年中，巴塞罗那是最受中国买家好评的一座城市，尽管在 2015 年第二季度，瓦伦西亚一跃成为加泰罗尼亚地区最具购买潜力的城市。

（［西班牙］欧浪网 2015 - 10 - 12/赵珉）

首位中国大陆华人移民当选加拿大国会议员　开创历史

加拿大联邦大选结果当地时间 10 月 19 日揭晓，联邦自由党大胜，赢得组阁机会。在总计 338 个国会议员席次中，首次出现来自中国大陆的华人移民当选国会议员，开创了历史。当晚 10 时 30 分许，新当选的自由党籍国会议员谭耕风尘仆仆赶到庆功晚会上。在大批支持者的簇拥下，谭耕发表胜选感言。在刚刚过去的 1 年零 7 个月的艰苦选战中，这名来自湖南的中国移民"从第一天开始就磨难重重"，但他在各界帮助下，赢得所在社区选民的认可，成功跻身加拿大国会。谭耕生在北京，长在湖南。从湖南大学毕业后多年从事化工领域的工作。1988 年申请到多伦多大学全额奖学金，进入多伦多大学化工及应用化学系学习，获得硕士和博士学位。之后进入加拿大国家核子试验室工作，是核电化学领域的资深科学家。据不完全统计，此次加拿大联邦大选，除了谭耕以外，在包括安大略省、不列颠哥伦比亚省和魁北克省三大选区中，共有 27 位华裔候选人参加角逐。根据目前的开票结果，已有谭耕、陈家诺、陈圣源、胡以钧、关慧贞等华裔候选人成功当选国会议员。

（中国新闻网 2015 - 10 - 20/徐长安）

美国侨界纪念台湾光复 70 周年　盼两岸早日和平统一

美国华侨华人代表 25 日在纽约华埠举行庆祝台湾光复 70 周年座谈会。与会代表认为，纪念台湾光复 70 周年，既是重温历史，也是展望未来，盼望中国早日实现和平统一，实现"中国梦"。

（中国新闻网 2015 – 10 – 26/阮煜琳）

马来西亚华裔人口达 655 万　占比滑落至 24%

截至 2013 年，马来西亚人口总数从 10 年前的 2 535 万人增至 3 021 万人。华裔人口占比从 2003 年占总人口的 25.7%（599 万人）滑落至 2013 年的 24%（655 万人）。首相署部长阿都华希说，2013 年的数据显示，巫裔人口占国家总人口的 55%（1 502 万人）、其他土著 12.9%（353 万人）、华裔 24%（655 万人）、印裔 7.2%（196 万人），以及其他种族 0.9%（289 万人）。这意味着，马来西亚的土著人口占总人口的 67.9%（1 855 万人）。阿都华希说，2003 年的各族人口比例是巫裔 53.7%（1 253 万人）、其他土著 11.9%（277 万人）、华裔 25.7%（599 万人）、印裔 7.6%（177 万人），以及其他种族 1.2%（169 万人）。

（［马来西亚］《南洋商报》2015 – 10 – 29）

第十四届世界海南乡团联谊大会悉尼开幕

31 日，澳大利亚悉尼歌剧院充满了浓浓的海南乡音，来自世界 20 多个国家和地区近 2 000 名海南乡亲在这里参加第十四届世界海南乡团联谊大会，叙乡情，谋发展。本届大会由澳大利亚海南社团总会和海南省共同主办。大会围绕"联谊·共赢与可持续发展暨如何推进'一带一路'和 21 世纪海上丝绸之路建设"主题举办海南文化节系列活动、青年发展论坛、海南省华侨纪念馆筹建交流会、2015 世界海商论坛等多项联谊交流活动。世界海南乡团联谊大会是由新加坡海南会馆于 1989 年发起创立的世界海南乡团联谊组织，每两年召开一次大会，迄今已在新加坡、泰国、马来西亚、美国、文莱、印尼，以及中国的海南、香港、澳门 9 个国家和地区成功举办了 13 届。

（中国新闻网 2015 – 10 – 31/张茜翼）

全球 35 个国家设有 50 个"汉语角"　受当地人欢迎

目前，全球已有 35 个国家中的 50 座图书馆设有中国特色的"汉语角"。绽放于异域的"汉语角"备受当地人群的欢迎与喜爱，不同年龄段的外国友人在这里听汉语、学汉字，体验中华文化。"汉语角"项目由孔子学院总部（国家汉办）主办、中国教育图书进出口有限公司承办，旨在推广汉语言文化的对外交流。记者从中国教育图书进出口有限公司获悉，去年底，来自世界 35 个国家的 50 家图书馆与孔子学院总部签订了合作协议，其中有 20 家分布于"一带一路"沿线国家。截至今年 10 月，有 30 个海外"汉语角"设立已满一周年。"汉语角"通常由大学图书馆或公共图书馆负责运营。一年以来，各国"汉语角"会定期举办如汉语课堂、图书巡展、中国茶文化等主题活动，为外国友人学习汉语、了解中华文化搭起一座桥梁。

（新华网 2015 – 11 – 04/魏梦佳）

全球华侨华人促进中国和平统一大会在约翰内斯堡召开

11 月 8 日，2015 年全球华侨华人促进中国和平统一大会在南非约翰内斯堡举办。来自国务院侨办、海协会等国内部门和世界各地统促会的负责人、非洲多位政要及国际友人近千人出席了当天的活动。自从 2000 年首届大会以来,全球统促会已先后在世界上多个国家和地区举行,今年薪火相传首次来到南非,由全非洲中国和平统一促进会主办。

(中国新闻网 2015 – 11 – 09/宋方灿)

第七届世界华人经济峰会伦敦登场　中国经济成焦点

第七届世界华人经济峰会日前在伦敦举行,与会嘉宾均不约而同地集中讨论中国经济以及其对全球经济的影响。世界华人经济峰会围绕"中国在新的世界经济中的角色"这一主题进行了讨论,参加讨论的嘉宾均是重量级人物,其中包括前巴基斯坦总理阿齐兹、前英中贸易协会主席鲍威尔勋爵、曾经担任渣打银行总经济师的现任伦敦市长首席经济顾问莱昂斯、新加坡环球通视高级董事兼首席亚太经济师比斯瓦斯等。世界华人经济峰会是在马来西亚政府的支持下,由马来西亚智库机构"亚洲策略与领导研究院(ASLI)"创办的,最初只是在马来西亚及澳大利亚举行年会。今年世界华人经济峰会首次在欧洲大陆举行,并由"亚洲之家"协办。此次峰会还向英国约克公爵安德鲁王子颁授了"君子仁义奖",表彰他在担任英国国际贸易及投资特别代表时,对东西方经济交流所做的贡献。

([英国] BBC 中文网 2015 – 11 – 13)

英国为接收中国留学生最多的欧洲国家　人数逾 15 万

近日,中国驻英国大使馆发布的数据显示,中国在英国的留学生超过 15 万人,英国为接收中国留学生最多的欧洲国家。中国驻英国大使刘晓明指出,英国是接收中国留学生最多的欧洲国家,人数已逾 15 万人。英国建有 27 所孔子学院和 113 间孔子课堂,数量高居欧洲国家之首。英国在中国有 9 所合作办学机构和 235 个合作办学项目。

(《羊城晚报》2015 – 11 – 19/陈学敏)

首届"美国华人文创大赛"颁奖典礼洛杉矶举行

持续五个多月,由美国格律文化传媒集团主办、中国海外交流协会支持的首届"美国华人文创大赛"落下帷幕,颁奖典礼于当地时间 11 月 22 日在洛杉矶市立图书馆中央馆举行。首届"美国华人文创大赛"以"传承文化、鼓励创新"为宗旨,从 6 月中旬一直持续到 10 月底,共设"美丽中国、魅力山东"创意旅游比赛、"年年不同、历历在目"年历设计比赛、"影像加州、多彩生活"手机视频比赛三个竞赛单元,力图在"大众创业、全民创新"的浪潮下提升美国华人的文化创意水平,加深对传统文化的认知和理解,并积极探索中华文化在国际文创产业平台的传播新模式。

(中国新闻网 2015 – 11 – 23/毛建军)

盘点 2015:这些被华侨华人"承包"的头条

2015 年即将画上句号。这一年,世界各地的华侨华人们也在各自领域绽放光彩,干出成绩。快来看看他们今年都"承包"了哪些头条吧。

一、五位侨胞登上天安门城楼观礼"9·3"大阅兵

二、方李邦琴发起成立首个海外抗战纪念馆

· 159 ·

（本栏目编辑　王华）

本栏目内容是对 2014—2015 年度侨务工作报道的摘选，包括中央及各地涉侨政策、重要工作等年度主要侨务信息，按媒体报道的时间升序排列。

2014 年侨务信息

为侨胞服务　中国多地侨乡有序推进华侨回国定居

"初步统计已经有 80 多名海外华侨登记想回广西居住。"广西侨办主任冯祖华近日向中新社记者透露了上述信息。不仅是广西，中国内地的众多侨乡同样正在有序推进华侨回国定居工作。于 2013 年 7 月 1 日起正式实施的《中华人民共和国出境入境管理法》在法律上赋予了侨务部门对华侨回国定居的审批权。新法实施以来，全国各地侨办陆续制定《华侨回国定居办理工作规定》，推进依法开展审批工作。不久前，中国国务院侨办主任裘援平在全国侨办主任会议上介绍说，2013 年，全国各级侨办积极加强侨务立法和依法护侨工作，成效显著。其中，上海市设立了华侨事务受理中心，建设华侨回国定居审批信息系统，福建、浙江、四川、江西、广西、重庆等 20 个地方侨办陆续制定了实施办法，实现华侨回国定居办理工作平稳有序衔接。"我们欢迎海外华侨。"冯祖华表示，新法实施以后，广西侨办积极开展此项工作，希望能用周到的服务，使华侨愿意回国定居。为给华侨办理回国定居手续提供更好的服务，上海市侨办还建立了自己的服务受理大厅，并专门落实编制和人员。"我们把服务窗口打开了，目前正在和公安出入境部门进行进一步的协调，有关的政策细则在进一步细化，有望于近期全面出台。"上海市侨办主任徐力告诉中新社记者，希望这一系列举措能给华侨带来一些便利。不仅如此，上海市侨办还将《上海市人民政府侨务办公室关于华侨回国来沪定居告知书》发布于网络，以音频和文本两种形式，详细解读关于办理华侨回国来沪定居手续的相关注意事项。广东是中国最大的侨乡省份，该省侨办主任吴锐成对中新社记者表示，"总的情况来说，实施新法之后，海外华侨回国定居的条件更加明晰了，缩短了审批的时间，减少了审批的程序，应该说是更加便利海外华侨。"吴锐成说，广东在海外的侨胞总体数量较多，各国侨胞发展情况也各异，回国定居的需求亦不相同，但是可以感觉得到，华侨对此项规定是表示欢迎的。"目前，广东省的实施意见将试行一年，在此期间，省侨办还要组织专题调研，进一步完善实施办法，更好地为侨胞服务。"另据裘援平介绍，国务院侨办将在 2014 年推动各地方侨办制定《华侨回国定居办理工作规定》实施细则。　　　　（中国新闻网 2014 - 01 - 15/杨凯淇）

5 个"文化中国·四海同春"艺术团将赴海外慰侨

2014 年春节期间，国务院侨办与中国海外交流协会将组派 5 个"文化中国·四海同春"艺术团，分赴北美、欧洲、大洋洲、亚洲10个国家及港澳地区共22个城市进行慰侨演出，并在当地举办多场侨界联欢。演出内容包括歌舞、民乐、戏剧、杂技、魔术等多种艺术形式，富有浓郁的民族风情。据国务院侨办宣传司郭锦玲司长介绍，"文化中国·四海同春"活动于2009年春节期间正式启动，是国务院侨办和中国海外交流协会为满足海外侨胞精神需求，增进世界人民对中华文化的认知，增强国家软实力和中华文化国际影响力而打造的有全球影响的春节系列文化品牌活动。活动以中华民族传统节日春节为契机，组派国内高水平艺术团组到海外侨胞聚居地开展慰侨演出，与海外侨胞共庆中国传统农历新年。"文化中国·四海同春"活动开展五年来，已向海外派出38个艺术团组，累计去访全球六大洲86个（次）国家及包括中国港澳地区在内的172个（次）城市。演出258场，观众累计达286.6万人次，电视观众逾亿。在海外侨界乃至当地主流社会积聚了较高"人气"，赢得了深厚的民众基础和较高的知名度，已成为国家春节慰侨访演和文化传播的重要品牌。今年的"文化中国·四海同春"活动与往年相比，有以下新特点：一是侨味更浓，首次选派国内两所著名侨校——暨南大学和华侨大学的艺术团随团演出。暨南大学艺术团与华侨大学二十四节令鼓队是国内高校一流学生艺术团组，成员大半数为海外侨生，曾荣获多项国内外荣誉。华侨大学二十四节令鼓队由马来西亚侨生自发创立。二十四节令鼓是20世纪80年代末马来西亚华人社会独创的艺术形式，融合了二十四节气、书法艺术和南狮单皮鼓等中华传统文化元素，创造出一种新的鼓乐表演形式，代表着中华传统文化远播四方的历史。除正式演出外，"文化中国·四海同春"艺术团还将参与侨界联欢活动，与海外侨胞近距离交流互动，共同欢庆中华民族传统佳节。二是节目内容更丰富，声乐、器乐、舞蹈、魔术及杂技等多种形式精彩荟萃。极具中华民族韵味和特色，赴港澳艺术团集中了广州军区战士杂技团最具人气的代表作品，将为观众留下难忘的记忆。三是演出队伍更精干，在总结过去五年活动经验基础上，主办方从众多国内知名艺术院团和演员队伍中精心挑选，最终选定了总政歌舞团、海政文工团、中国歌剧舞剧院、中央民族歌舞团、广州军区战士杂技团和南京军区前线文工团等在海内外广受赞誉并多次成功参与"文化中国·四海同春"慰侨演出、深受海外侨胞及当地主流社会喜爱的艺术院团。

（中国新闻网 2014-01-24/杨凯淇）

福建泉州 2013 年接受侨捐再破 5 亿元　多投向文教

来自福建省泉州市外侨办消息，继2012年之后，去年海外华侨华人、港澳同胞在泉州市捐赠兴办公益事业总额再次突破5亿元，占同期全省接受侨捐总额的一半以上。据统计，改革开放至今，海外华侨华人、港澳同胞在本市捐赠兴办公益事业总额达98亿元，为推动市社会进步和各项事业发展做出卓越贡献。从侨捐使用方向来看，去年侨捐仍然大部分投向文化教育方面，共计2.5亿元。此外，社会事业捐助也有所增加，共计1.29亿元，内容涉及捐建养老院、孤儿院、聋哑学校等设施以及用于敬老、慰问、救济困难群体等。从捐赠地域分布看，晋江、南安两市仍是泉州市接受侨捐大户，连续多年保持在1亿元以上，南安还成为全国唯一一个连续20年接受侨捐过亿元的县级市。

（《泉州晚报》2014-02-17/赵轲）

天津侨办部署八项重点涉侨工作　加大引资引智力度

天津市政府侨务办公室 17 日召开工作会议，部署 2014 年八项重点涉侨工作。新的一年，天津计划开展的八项重点涉侨工作为：举办纪念中马建交 40 周年活动和印度尼西亚华商访津活动，举办中国·天津第六届华侨华人创业发展洽谈会，举办深化天津东盟国家华文媒体合作研讨会，举办香港产品展销会、合作洽谈会，构建华文教育工作体系，推进"建设美丽社区"活动，建立涉侨民商事诉讼调解机制，召开天津海外交流协会换届大会。天津市侨办主任胡成利在其工作报告中指出，新的一年，天津涉侨经贸科技工作将以东疆自由贸易区转型为契机，跟进投资与服务贸易便利化综合改革和创新，积极进行推介引导，使更多人才和项目聚集。据胡成利介绍，天津侨务引资工作将以东南亚地区为重点，侨务引智则以欧美地区为重点。引资引智的重点板块为：现代服务业的高端商业和电子商务，研发、结算中心和企业总部，现代物流业，金融业，文化产业等。胡成利表示，天津将积极筹建、强化与重点国家和地区工商社团联系机制，与海外留学创业机构、新型科技社团、高新科技协会联系机制，与中国侨商会及天津侨商会联系机制，挖掘、整合侨务资源，确保引资引智顺利进行。

（中国新闻网 2014 – 02 – 17/刘家宇）

新疆侨联召开全委扩大会议　强调做好新侨工作

19 日下午，新疆维吾尔自治区侨联召开六届七次全委扩大会议，会议指出，要做好海外新疆籍侨胞工作、新侨和新疆籍新生代侨胞工作，动员全区各级侨联组织和广大归侨侨眷、海外侨胞为实现新疆社会稳定和长治久安做出积极贡献。自治区党委常委肖开提·依明出席会议并要求，各级侨联组织要统一思想，明确任务，切实增强做好侨联工作的责任感、使命感和紧迫感，高度重视海外新疆籍侨胞工作，大力开展民间交往，主动参与公共外交。肖开提·依明要求各级侨联组织要以建设丝绸之路经济带为契机，提高侨联组织服务经济建设的能力，凝聚侨心、汇聚侨力，为实现中华民族伟大复兴的中国梦贡献力量。肖开提·依明强调，新侨和新生代侨胞是新时期侨联工作的新对象和工作的新延伸，研究和重视新侨和新疆籍新生代侨胞工作要成为各级侨联组织的重要工作内容。各级侨联组织要充分认识做好侨联工作在维护社会稳定和长治久安中的重要作用，担当起新使命。

（《新疆日报》2014 – 02 – 20/张彦莉）

湖南省侨联系统 2013 年引资超 120 亿元

2 月 20 日至 21 日，湖南省侨联六届六次全委会议在长沙召开。中共湖南省委常委、省委统战部部长李微微出席会议并讲话。据了解，2013 年省侨联系统引进侨资 120 亿元以上，接受海内外华侨各类公益捐赠约 2 000 万元，筹建湖南省华侨公益慈善基金会，组建侨商小额贷款公司；举办第二届"侨商侨智聚三湘"活动，两次组织侨心艺术团分赴泰国、阿联酋、南非等地，进行"亲情中华·魅力湖南"慰问演出。2014 年，省侨联将继续打造好"亲情中华·魅力湖南""创业中华·兴业湖南""慈善中华·爱心湖南"品牌，重点抓好队伍建设、平台建设、华侨产业建设、形象建设。李微微充分肯定省侨联2013 年工作成绩，要求深入学习贯彻中共十八届三中全会精神，把改革创新贯穿于侨联工作各个环节各个方面，广泛引导广大侨界同胞积极主动地投身改革；要积极参与组织实施"同心工程"，把海外侨胞和归侨侨眷引导凝聚到"同心工程"中来；要不断提升侨联工作科学化水平，认真研究世情、国情、省情、侨情的新变化，深刻把握和切实顺应广大侨胞的新期待新要求，使侨联工作更加对接全省大局所需，更加符合侨界群众所盼，更加切合侨联组织所能；各级党委要积极为侨联组织开展工作营造良好环境。

（《湖南日报》2014 – 02 – 24/张斌等）

湖北侨界文化交流促进会成立　刘文华任会长

湖北省侨联九届五次全委会 26 日在武汉召开。会上，首届湖北侨界文化交流促进会负责人与会议代表见面。湖北侨界文化交流促进会的成立，将充分发挥海外华侨华人（特别是湖北籍华侨）、国内归侨侨眷的桥梁作用，推动文化艺术的发展和交流。本届湖北侨界文化交流促进会个人理事候选人 33 名、单位团体理事 6 名，选举产生会长 1 名，副会长 8 名，秘书长 1 名（由 1 名副会长兼任）。据公布结果，刘文华（女）当选湖北侨界文化交流促进会会长，王军、王荔（女）、付祖光、刘兆林、李玲（女）、杨菁（女）、杨群力、梅月洲等当选副会长，刘兆林兼任秘书长。据介绍，该会理事平均年龄为 48 岁，其中博士研究生 3 名，硕士研究生 3 名，大学本科生 19 名，在各自专业上有较深的造诣。

（中国新闻网 2014 – 02 – 26/艾启平，焦佩亮）

湖北侨界科技基金设立 20 年　668 名科技精英获奖

2 月 26 日，在武汉新海天酒店召开的湖北省侨联九届五次全委会议上，中国科学院院士舒红兵、龚健雅、张俐娜等 53 名湖北科技战线的归侨、侨眷科学家，获得了由湖北省侨联颁发的"梁亮胜侨界科技奖励基金"。"梁亮胜侨界科技奖励基金"见证湖北科技高速发展二十年，共有 668 位湖北省侨界科学家（其中 54 名为中科院院士）获此殊荣。据介绍，本次奖励对象为 2011 至 2012 年度，获得省部级以上科技进步奖项目的湖北归侨、侨眷等。经过评审，基金理事会评出了一、二、三等奖共 50 项、53 人。"梁亮胜侨界科技奖励基金"由丝宝集团董事长梁亮胜于 1994 年设立，是中国侨界设立最早、影响最大的科技基金之一。经六次追加基金数额，现基金数额达到 400 万元，主要用于奖励在科研上有发明创造、做出突出贡献、取得重大技术进步成果、曾获得（部）级以上奖励的湖北省归侨、侨眷知识分子。"梁亮胜侨界科技奖励基金"每两年颁奖 1 次，到目前为止已颁奖 11 次，侨界科学家获得者达 668 人（次）。包括裘法祖、赵大鹏、周济、杨叔子、李德仁、张本仁、张勇传等著名科学家、科学院院士、工程院院士，基金共颁发奖金总额 229 万元。湖北省侨联主席谢余卡表示，"梁亮胜侨界科技奖励基金"是湖北科技发展的见证者，对侨界发挥科教人才优势和建设创新湖北提供科技智力支持起到了强大的推动作用。2014 年，湖北省侨联要运用海内、海外两个平台，开拓国内、国际两个市场，为湖北省"建成支点、走在前列"贡献力量。　　　（湖北侨联网站 2014 – 02 – 27）

国侨办、文化部联合举办华侨农场文化人才培训班

据国侨办网站消息，为贯彻落实《国务院侨办　文化部关于加强侨乡地区和华侨农

场文化建设工作的意见》（以下简称《意见》）精神，加大对华侨农场文化发展支持力度，在文化人才培养工作方面起到示范带动作用，2013 年 2 月底至 3 月初，国务院侨办、文化部两部门联合在浙江、重庆两地举办两期华侨农场文化人才培训班，共同支持推动华侨农场文化事业发展。2 月 24 日，第一期华侨农场文化人才培训班在浙江艺术职业学院开班，来自福建、广东两省区近 30 个华侨农场的 50 名文化专业人才参加此次培训。学院党委书记林国荣致欢迎辞，国务院侨办国内司许玉明司长出席开班仪式并讲话。许玉明指出加强华侨农场文化建设工作、满足华侨农场广大干部职工精神文化需求的重要意义，肯定了各地华侨农场在发扬侨乡文化、侨乡特色产业、促进对外交流等方面取得的突出成绩。他特别强调，此次两部门联合举办培训，目的就是贯彻《意见》中坚持人才战略的要求，在文化人才培养工作方面起到示范带动作用。希望各地一方面通过引进高层次的文化艺术人才和经营管理人才，充实华侨农场的文化队伍，另一方面加大对本土文化人才培养培训工作力度，切实提高华侨农场文化干部队伍的整体素质。最后，他勉励学员们珍惜这次高水平的学习机会，将培训的收获带回农场，为华侨农场文化事业的繁荣发展做出更大贡献。此次培训班为期一周，学员们将学习到专业舞蹈教学、群众舞蹈创作、群众文艺活动组织策划等多门课程。第二期培训将于 3 月 2 日—8 日在重庆文化艺术职业学院举办。

（中国新闻网 2014 – 03 – 07）

温州建立社区侨务工作站 318 个　为侨服务接地气

记者近日从温州市侨办了解到，从 2012 年起，温州侨务系统逐步创建社区侨务工作平台，构建了市、县、镇街、社区四级侨务工作网络，并在全市创建社区侨务工作站（分站）318 个，重点侨乡实现全覆盖。近年来，温州市侨办按照"一年打基础，两年有起色，三年见成效"的工作思路，积极加强和创新社会管理方式，大力推进社区侨务工作站建设，延伸侨务工作臂膀，做到为侨服务"接地气"。其中，在 318 个基层侨务工作站中，有 5 个街道（社区）分别荣获"全国社区侨务工作明星社区""全国社区侨务工作示范单位"和"全国暖侨敬老示范点"称号，有 13 个街道（社区）荣获"全国侨法宣传角"称号。温州是一座著名的华侨之城，目前有 50 多万温商，温籍的华侨华人分布在世界 130 多个国家和地区，有近 50 万归侨侨眷在温州生活和工作。近几年，越来越多的温籍侨胞选择回国定居，社区侨务工作开始逐渐突显其重要性。据温州侨办工作人员介绍，去年，温州侨办不断完善社区侨务工作站机制，搭建"幸福驿站"、爱心医疗队、侨界留守老人幸福之家等为侨服务平台和暖侨敬老平台，主动服务侨界侨胞。此外，社区侨务工作站还搭建侨胞参与社区公益活动平台，引导广大侨胞侨眷参与"五水共治"等社区公益事业。

（浙江侨网 2014 – 03 – 07/邵燕飞，罗夏兰）

致公党中央：借华侨华人助推中国企业"走出去"

中国企业"走出去"虽然取得显著成绩，但与发达国家和地区相比，企业国际化水平仍然有较大差距，多数企业"不敢走出去""难以走出去"或"走不远"。在致公党中央看来，企业"走出去"需要进一步完善国内的政策支撑体系，同时也需要进一步发挥海外华侨华人的作用。遍布在世界各地的海外华侨华人了解中国和所在国的情况，在语言、文化、法律、环境等各方面具有不可比拟的优势。他们虽然身在海外，但心系祖（籍）国，有能力也有强烈的意愿为企业"走出去"做出贡献。对于国内的大多数企业来说，由于与境外市场直接接触的机会较少，信息闭塞，因此虽然很多企业有"走出去"的愿望，但由于缺乏对境外市场情况的详细了解，无法实现；一些已经"走出去"的企业也出现了因为不了解当地的法律法规和经营规范，导致海外项目进展不理想的情况发生。对此，致公党中央建议充分发挥涉侨部门与海外华侨华人及留学人员的沟通联络桥梁作用，整合对外投资主管部门现有信息资源，分国别建立中介咨询服务机构与产业投资环境、法律及市场风险、科研合作项目、投资合作项目、专业人才信息数据库，帮助企业及时了解所需国家和地区的各类信息，降低企业国际化经营风险。致公党中央在调研中发现，由于欧洲各种技术标准、环保标准等非常严格，中国产品进入欧洲的并不多，企业亟须得到报批、金融、外事、资讯等综合服务；企业资金不足和融资困难是影响对外投资的普遍因素，需要当地的金融机构为企业提供全程服务；"走出去"的企业售后服务跟不上也是其开辟海外市场的重要制约因素之一。"建议充分利用我国海外华侨华人和留学人员众多的优势条件，促进组建法律、会计、商务等各类华人华侨中介机构，积极开展与国内企业的交流合作；积极牵线搭桥，帮助企业聘请当地华侨华人作为投资、金融、税务顾问；以海外华侨华人、留学生等技术人才为主组建海外投资咨询服务中心，以便于与投资地政府的沟通。"致公党中央相关负责人表示。致公党中央认为，由于近年来中国企业通过新设或并购方式从事生产和实体经营的境外投资明显增多，因此对企业经营管理队伍转型升级提出新要求。在企业自身加强国际化人才开发培养的同时，必须加大对国际化人才培训的支持力度。致公党中央建议，国内企业可以与海外有需求的侨商或者工商社团合作，请他们提供相关的招商项目、招商信息，特别是在工商、工程承包、农业、矿产及高科技等领域，吸引国内有兴趣的国有、民营企业参加，促成合作。或是利用海外重点侨商的网络资源和经济实力及技术优势，推动海外投资的国有企业或大型民营企业与其合作，实现强强联手。

（《人民政协报》2014 - 03 - 11/吕巍）

2014 年广州侨刊乡讯审读会举行　8 家侨刊获表扬

据广州侨办消息，近日，2014 年广州侨刊乡讯审读会举行。市新闻中心书记周振伟、市侨刊审读员及 8 家侨刊乡讯负责人和编辑参加会议。会上，审读员李东、黄仁生、周洁萍、陈国壮对《广州华声》《花都乡音》《穗郊侨讯》《番禺侨讯》《荔乡情》《客联》和《广州侨商报》等侨刊乡讯 2013 年度的办刊质量进行点评。他们充分肯定各侨刊乡讯在过去一年里立足乡情，弘扬中华传统文化的努力，并在侨刊的报道角度、编排方式、扩大读者范围等方面提出宝贵的意见和建议。各侨刊代表认真汇报了各自的办刊情况，充分交流办刊心得。省侨办调宣处副处长梁辉荣建议从 4 个方面办好侨刊乡讯：一是坚持宗旨意识，确保侨刊健康发展；二是开拓创新，不断提升侨刊发展力和影响力；三是发挥龙头侨刊、品牌侨刊的带动作用；四是侨务部门要切实加强对侨刊乡讯工作的领导和指导。广州市侨办副主任莫景洪肯定各侨刊乡讯成绩的同时提出新的期望：一是要按照市委外宣办的要求，围绕国家形势发展和广州中心工作，结合广州侨务工作特点，重点报道十八大提出的"中国梦"、社会主义核心价值观、深化改革、转型升级等工作，借侨务资源，突出重点，积极做好侨务工作外宣，提高广州城市的知名度和美誉度；二是传递舆论正能量；三是坚持侨的特色，发挥侨刊乡讯的集体家书传播作用；四是结合国内外形势和海内外侨情变化，关注侨胞关心热点和民生需求；五是建议有条件的侨刊，可探索编排中英文版，满足海外新生代读者需求；六是充分利用现代科技手段，加强网络宣传。

（中国新闻网 2014 – 03 – 13）

谭天星：构建和谐侨社关乎海外侨胞福祉

精心涵养侨务资源，构建和谐侨社是 2014 年侨务工作的重中之重。对此，中国国务院侨办副主任谭天星 17 日在接受中新社记者专访时指出，和谐侨社的建设不仅是当前侨务工作的重点，更反映了海外侨社自身发展的需求。2014 年是中国全面深化改革的开局之年，为加大侨务资源涵养力度，扶持海外侨胞事业更好发展，2014 年因此被国务院侨办定为"和谐侨社建设年"。在 2007 年举办的第四届世界华侨华人社团联谊大会上，国务院侨办首次提出以"和睦相融、合作共赢、团结友爱、充满活力"为核心的和谐侨社理念。7 年来，这一理念已深入人心，得到了海外侨胞的广泛认同和积极响应。根据最新统计，海外华侨华人总量已逾 6 000 万，分布在 198 个国家和地区，其中各类华侨华人社团逾 2.5 万个。"构建和谐侨社，是关乎海外侨胞福祉的系统工程。"谭天星说，华侨华人的生存发展与海外侨社的发展变化息息相关，各国各地区侨社发展是否健康和谐，直接影响到身处其中的华侨华人是否能够安居乐业，关系到华侨华人在当地主流社会中的形象和地位。"海外侨团众多且各具特色，一些已经有百年历史了。"谭天星说，由于新移民数量增加，侨社趋向年轻化知识化发展，整体素质有所提升。同时，华侨华人社会地位的提高和民族自豪感的增强，侨胞日益融入主流社会，这些发展都具有积极意义。谭天星强调，"中华民族的复兴伟业和中国梦的实现为海外侨胞带来了新的机遇、尊严和荣耀。只有凝聚好海外侨胞力量，构建和谐侨社，才能更好地实现中国梦和世界梦。"据谭天星介绍，为深入推进和谐侨社建设，国务院侨办 2014 年将启动实施"海外惠侨工程"。"'海外惠侨工程'将把有限的侨务公共服务资源更多投向基层侨胞大众，通过惠侨民、暖侨心、聚侨力、强侨社的举措，助力海外侨胞事业发展。"谭天星透露，国务院侨办 2014 年将在华侨华人聚居的重点城市扶持骨干侨团或华人公益机构，设立"华助中心"，支持华人公益机构采取惠侨举措，搭建关爱帮扶、文化交流、咨询服务的平台，服务基层侨胞和社区。谭天星说："这不仅是侨务部门关心和支持侨胞，更重要的是把华侨华人、华社之间的互助理念发扬光大。华助中心要做到有活动场地，有为侨服务平台，与侨务部门为侨服务项目相结合。"2014 年 5 月，国务院侨办还将以"相融共赢、服务侨胞"为主题，在北京召开第七届世界华侨华人社团联谊大会，邀请海外主要侨团负责人和华人社区服务机构代表 500 人共商侨社的建设与发展。大会期间将举办"华社之光"巡礼及和谐侨社建设论坛，展示在入乡随俗、诚信经营、融入主流、关爱友族、深入社区、参政议政等方面成效突出的侨团及华人社区服务机构。此外，国务院侨办还将邀请 100 名服务华社满 20年、贡献突出的侨领来京参加建国 65 周年国庆观礼活动。"要凝聚、传播侨社正能量，让讲团结、凝侨心、重服务、树形象的'华社之光'火种在侨社传递。"

（中国新闻网 2014 – 03 – 17/娄晓）

浙江宁波增三成华侨和归侨侨眷　侨情调查成效显

3月18日下午，宁波市基本侨情调查工作总结会召开。会上指出，目前宁波市华侨和归侨侨眷总数比2006年增加30%左右，海外华侨分布也从原先67个国家和地区扩大到103个国家和地区，侨情调查工作显成效。去年，浙江省开展全省范围的基本侨情调查工作，宁波也开展了历史上规模最大的一次侨情调查。据了解，此次侨情调查，宁波投入900多万元工作经费，发动全市153个街道（乡镇）、3 195个社区（村）、15所高校和1万多名调查员开展调查，还组建了5支骨干队伍分赴海外"宁波帮"人士相对集中的大洋洲、美洲、欧洲、非洲和东南亚地区开展调查。宁波市委副书记王勇表示，今年是邓小平号召"把全世界'宁波帮'动员起来建设宁波"三十周年，因此，要充分运用侨情结果，服务全市发展大局。他说，这次侨情调查新摸清了一批拥有经济实力、智慧、资源和广泛商业网络的华侨华人，新掌握了一批海外重点社团和重要人物，下一步重点就是要想方设法把这些宝贵的资源充分开发利用起来，使之为宁波的改革开放和现代化建设献智出力。据宁波市侨办主任陈瑜介绍，侨情调查工作促进了宁波与海外侨胞和侨社的密切联系。"通过市内普查和海外重点国家（地区）调查相结合，在国内进行入户登记调查基本侨情，对海外社团、专业协会、重点人士、华文教育、华文媒体进行重点调查，宁波新增联系海外社团50多个。"她表示。浙江省侨办主任王文娟充分肯定了宁波市基本侨情调查工作取得的成绩。她指出，宁波作为全省基本侨情调查唯一试点地区，率先完成侨情调查工作，为确保全省侨情调查成功奠定了重要基础。她强调，要以此次侨情调查为契机，继续开展部门合作，全面涵养侨务资源，着力构建大侨务格局。

（浙江侨网 2014 – 03 – 19/邵燕飞，罗夏兰）

400位港澳台侨海外人士"结缘"上海海外联谊会

来自中共上海市委统战部的消息称，目前共有400位港澳台侨海外各界的代表人士，分别担任上海海外联谊会的名誉顾问、副会长、常务理事和理事。上海海外联谊会已与40余个国家和地区的120家华人社团建立了密切的联系。上海海外联谊会23日下午召开六届三次理事会。中共市委常委、统战部部长，上海海外联谊会会长沙海林出席并作理事会2013年度工作报告。会前，沙海林主持召开第六届理事会常务理事第二次会议，讨论通过了新聘副会长、常务理事、理事名单和调整内地理事单位方案。上海海外联谊会第六届理事会成立以来，始终高举爱国主义旗帜，团结热爱中华民族的海内外同胞，在服务上海经济社会发展、维护港澳地区长期稳定繁荣、增进上海与海外合作交流、促进两岸和平发展、积极奉献社会慈善事业等方面做了大量卓有成效的工作。下一步，上海海外联谊会将在以往工作的基础上，发挥人才、渠道、资源等优势，广泛开展招商引资、招商引智活动，扩大上海同世界各地在科技、教育、文化、经贸领域的全方位合作交流；发挥港澳台侨海外同胞专业人士的智囊智库作用，为自贸试验区建设聚集更多具有国际视野的高端人才资源，为深化改革建言献策、贡献智慧；进一步调动各方资源力量，积极投身扶贫开发、兴教办学、科技服务等公益事业，努力帮助贫困地区、困难群众改善生产生活条件。沙海林在当天的讲话中说，希望大家充分利用自身资源，积极组织和参与中外交流活动，通过自己的亲身经历、见闻、感悟，向世界讲述中国故事、上海故事，增进世界各国各地民众对中国、对上海的了解，进一步开创海外联谊事业的新局面。

（中国新闻网 2014 - 03 - 24/童舟）

国务院侨办将着力实施"惠侨工程"　共圆共享中国梦

2014 年是全面深化改革的开局之年，侨务工作要围绕"凝聚侨心侨力侨智、共圆共享中国梦"这个主题，着力实施"惠侨工程"。国侨办主任裘援平日前在"走进国侨办"新闻发布会上作如上表示。裘援平指出，今年国侨办将围绕"和谐侨社建设年"主题，加强海外侨务工作，召开世界华侨华人社团联谊大会，扶持建立侨社互助中心，调动各方采取惠侨举措，努力形成助侨生存发展新局面；围绕国内改革发展需求，加强引资引智工作，把引进海外高端人才和科技成果摆在更突出位置，着力加强侨智侨资引进对接，提高侨智侨资结合的综合优势；围绕中长期规划，加强海外华文教育工作，推动海外华文学校标准化、规范化、本土化发展，支持新型办学模式；围绕"文化中国"主题加强中外文化交流，支持海外各类中华文化载体建设，创新组织和交流形式与内容，弘扬中华文化并扩大中外交流；围绕优化政府职能，加强为侨服务工作，推进涉侨政策法规建设，做好依法维护侨益和改善侨界民生两大重点工作。　　（《光明日报》2014 - 03 - 25/靳昊）

浙江青田法院成立国内首个涉侨诉讼服务中心

25 日，浙江青田法院召开涉侨诉讼服务中心揭牌仪式暨特邀陪审员聘任仪式新闻发布会，成立国内首个涉侨诉讼服务中心。作为浙江第一大侨乡，青田现有 25 万华侨遍布在全世界的 120 多个国家和地区，近年来该法院受理涉及华侨的案件逐年增多。"2009 年至 2013 年间，青田法院年均审理涉侨民商事案件 850 件左右，其中民事案件 650 余件，占民事案件总数的 40% 以上，商事案件 200 余件。"青田法院院长罗明介绍。由于涉侨案件具有跨地域性，人民法院对涉侨案件的裁判结果及诉讼中所采取的相关措施，均可能在国外产生一定影响，一定程度上成为华侨了解和评价国内投资法律环境的主要依据。青田籍华侨代表、全国人大代表、浙江省侨联兼职副主席陈乃科告诉记者，华侨们在国内参与诉讼，往往存在着程序不了解、涉侨案件送达难等问题。"由于居住在国外的当事人法院无法直接送达，便不得不通过外交或国际司法协助的途径，不仅时间长，而且效果也不尽理想。"他说。因此，如何保障涉诉华侨的切身利益，缩短诉讼时间，方便华侨参加庭审，成为青田法院面临的重大问题。据悉，涉侨诉讼服务中心的职责将围绕"涉侨审判""涉侨诉讼服务"和"涉侨案件理论研究"三方面展开。青田法院章晓军副院长表示，涉侨诉讼服务中心成立后，该院将加大力度实施简案快办机制，规范办案及服务流程，拓展信息技术在审判服务过程中的应用，努力将海外联络员拓展为海外联络点，进一步方便华侨当事人。

（中国新闻网 2014 - 03 - 26/胡丰盛等）

2014 年全国海协系统工作会议召开　谭天星寄语

3 月 27 日，2014 全国海协系统工作会议在南京召开。作为中国海外交流协会（简称"海协"）成立以来的第一次系统工作会议，本次会议的主要任务是：贯彻落实中国海外交流协会第五次会员大会精神，交流海协工作经验和做法，加强系统建设，激发组织活力，推动海协更好发展。会议上，海协副会长兼秘书长谭天星总结海协 2013 年的一些成就，指出 2013 年是中国海协承前启后、创新发展的一年。2013 年海协成功召开了第五次会员大会，加强了协会的组织和制度建设，包括修改《中国海外交流协会章程》，制定了《中国海外交流协会境内顾问、常务理事、理事聘任办法》等，还开办了海协自己的网站和刊物。除此以外，海协也深化了对会员的服务工作，通过完善会员档案、建立沟通平台等方式加深了对会员的了解，优化了与会员的交流，强化了会员意见和建议的反馈机制。在肯定海协成绩的同时，谭天星也提到协会目前依旧存在的荣誉资源缺乏统筹协调，以及一些地方海协形同虚设甚至被民政部门撤销的情况；要求各地海协充分认识新形势下做好海协工作的重要意义，并在当前重点做好海协组织建设、系统建设、平台建设、队伍建设及海外荣职工作等工作。会议上，江苏、云南等地的海协代表作经验交流讲话。

（中国新闻网 2014 - 03 - 27/钟升）

中国社区侨务工作成效显著　促进海内外华人交流

随着中国经济社会的发展，归国的华侨华人日益增多，城市社区内居住的归侨侨眷人数呈逐年增加的趋势。日前，记者随国侨办组织的采访团赴北京基层社区采访，发现通过社区侨务工作的开展，归侨侨眷的日常生活日益丰富多彩，生活困难的老人得到及时帮助。社区侨务工作不仅增进了归侨侨眷的幸福感和归属感，而且促进了海内与海外华侨华人的交流与联系。近年来，越来越多的海外侨胞回到国内居留、工作、发展事业。2011年，国务院侨办和民政部联合下发了《关于进一步加强社区侨务工作的意见》，提出把侨务工作纳入社区。国侨办还开展了"全国社区侨务工作示范点"创建活动，要求在归侨侨眷居住较为集中的社区，建立"侨之家"，改善侨界民生，鼓励和引导归侨侨眷和海外侨胞发挥自身优势，积极参与社区建设和发展。位于北京市朝阳区的望京街道阜荣街社区是一个归侨侨眷比较集中的社区。据介绍，这个社区是新型的商品房社区，大多数居民是高学历、高收入者，共有归侨侨眷 50 多人，多为专家学者、教授，侨眷在国外的子女也多为科研人员、专家学者。阜荣街社区为了提高服务的水平，于 2012 年成立侨务工作领导小组，2013 年设立"侨之家"以及中外居民文化交流中心、活动站、图书室等场所。每月都开展丰富多彩的活动，包括包饺子、参观生态园、剪纸、歌舞等。社区还组建了多支文体队伍，5 支近百人的志愿者服务队伍，归侨侨眷是其中的骨干力量。同时，社区内的归侨侨眷也积极行动起来，为社区提供服务。社区内有不少归侨和侨眷是医疗、法律界的专家，他们定期在社区开展医疗、法律等知识讲座。为社区内其他居民提供维权、教育、娱乐、优抚等服务。归侨侨眷在海外的亲属为鼓励支持父母、亲人参加社区活动，同时积极为社区做贡献。他们为社区的活动室、文化交流中心捐赠了音响、钢琴、手风琴等设备。78 岁的侨眷夔复兴于几年前组织望京侨之韵金秋模特队，先后多次自费组织老年模特队前往新加坡、韩国、中国香港等国家和地区巡演。2005 年，她带的模特队在新加坡参加第五届国际老人文化节，获得了国际金奖。2009 年，望京侨之韵金秋模特队参加香港世界华人中老年艺术大赛，获得"紫荆花奖"。夔复兴告诉记者，她们模特队平均年龄 70 岁，年龄最小的 60 岁，每次在社区训练时，都会成为大家关注的焦点。夔复兴的儿子一家都在美国，她说，每次去美国探亲都会把她们在国内的情况介绍给美国的亲友，令大家非常羡慕。社区对于有疾病、生活困难的归侨侨眷，会及时帮助联系医院，安排探望照料等，令他们在海外的亲友非常感动。望京街道侨联主席杨桂香说，随着社会的不断发展，归侨侨眷对社区提出了更多的需求。目前，她们对老年的归侨侨眷主要实施"文化养老"，解决老年人的寂寞问题，让他们在海外的子女安心。她还表示，近期将针对侨界"空巢"老人，聚集归国的高层次人才为主的新侨群体，还有印度尼西亚、朝鲜老归侨等不同类型的侨界群体，召开座谈会，了解大家的需求。然后再针对不同的侨界群众送政策、送服务，以满足归侨侨眷多层次、多样化的需求。她说，目前这里已经形成了社区为侨服务好、侨为社区贡献多的和睦氛围。

（国际在线 2014 - 03 - 31/李红）

江苏南通华侨遍布全球　"新侨之乡"品牌效益初显

随着对外开放步伐的加快，南通"走出去"的队伍不断壮大，迄今为止，江苏南通市在外华侨华人、港澳同胞遍布全球约 120 个国家和地区。南通新侨的异军突起催生"新侨之乡"诞生，有效促进全市开放型经济的发展。下一步，南通将充分放大"新侨之乡"品牌效益，整合优化各种资源，逐步建成具有更大影响力、更强市场竞争力、更有南通特色的"走出去"体系。

新侨异军突起催生"新侨之乡"诞生发展

据介绍，自二十世纪 90 年代以来，随着对外开放步伐不断加快，南通赴外经商、务工、求学的队伍不断壮大。迄今为止，南通市在外华侨华人、港澳同胞总数约有 12 万人，遍布全球约 120 个国家和地区。其中，海外经商人员约 6 万人、留学生约 4 万人、建筑从业人员约 2 万人，主要分布在非洲、南美洲、北美洲、欧洲等地区。南通新侨异军突起催生"新侨之乡"的诞生和发展。2012 年春节，国务委员杨洁篪（时任外交部部长）到南通参观考察时，高度称赞南通民营企业"走出去"规模大、质量高，南通堪称"新侨之乡"。由江苏省侨务办公室命名的全省仅有的两个"华侨村"就是南通市海门的林西村和通州的界北村。

凝聚海外力量促进南通开放型经济发展

"新侨之乡"的发展，有效凝聚海外新侨商力量。在创业发展中，海外新侨商主动融入当地政治经济生活，全方位、宽领域、多角度地向住在国政府及主流社会宣传中国、推介南通。多个国家的高层政要与南通商人建立友好关系。新侨商们利用人脉关系，引进大批关联度高、配套能力强的企业来南通投资，同时为全市带来国际先进理念、先进技术和管理经验，促进全市产业和产品国际竞争力的提升。目前南通市拥有 19 个友好城市，其中 10 个友好城市就是通过南通新侨商介绍而建立的。目前，南通市新侨商累计回乡捐赠额已突破 5 000 万元，并兴办各类社会事业，为增加地方财政收入、帮助当地居民就业增收发挥了重要作用。

放大品牌效益构建南通特色"走出去"体系

"新侨之乡"品牌的建立，离不开南通市各部门的努力。早在 1996 年起，南通市就先后帮助建立罗马尼亚南通商会等 29 个同乡组织和商会组织，逐步形成"通商"互联、互帮、互通的全球性网络。紧扣海外创业实际，南通市创建了"走出去"服务体系，为广大新侨商提供"出国前""出国后""回国来"各个环节的链条式服务。南通市组织 15 个部门联合创建了"侨之家"服务超市，为海外新侨商提供法律、税务、海关、金融、医疗等领域的服务；为海外新侨商优先办理 APEC 商务旅行卡，开辟了赴日本、韩国、法国、德国等 12 个国家的因私签证服务，启动新侨商微信服务平台，有效放大政策组合效应。

下一步南通市还将进一步简化人员出国（境）审批手续，为民营企业开设出国（境）绿色通道，畅通因私出国渠道，建立境外经贸园区及重大投资合作项目的跟踪服务制度。通过健全服务保障体系，为新侨商在海外发展提供更好条件，逐步建成具有更大影响力、更强市场竞争力、更有南通特色的"走出去"体系。 （南通网 2014 – 04 – 02/叶国）

国务院侨办和海南省政府签署战略合作框架协议

国务院侨务办公室主任裘援平和海南省省长蒋定之 10 日在海南博鳌共同签署《国务院侨务办公室　海南省人民政府关于发挥侨务资源优势促进海南国际旅游岛建设战略合作框架协议》。协议涵盖"海口国家侨务交流示范区建设""博鳌亚洲论坛·华商圆桌会议""创建侨务公共外交理论研究中心"等内容。国侨办主任裘援平表示，海南有 370 多万在海外的侨胞，有 110 多万归侨侨眷。多年来，海外的不少华商在海南投资兴业，为海南省经济社会发展做出了重要贡献。她说，国务院侨办长期以来同海南省开展了密切的合作，共同搭建招商引资、招才引智的平台，积极开展维护侨胞和侨商权益的工作，努力推动海南华侨农场的改革和发展，联手支持海外华文教育，推动对外人员交流。按照国侨办与海南省政府所签协议有关条款的约定，海南省外事侨务办公室、海口市政府、海南荣丰华文文化产业有限公司随后又联合签订了《海口国家侨务交流示范区建设合作框架协议》。该示范区依托位于海口市红旗镇的"世界华侨华人交流中心"，将建设集华文教育师资培训基地、华文教材研究和编写基地、侨务工作交流和侨务专题教育培训基地、华裔青少年冬夏令营活动基地等为一体的国家级侨务工作交流示范区。国务院侨办曾先后与北京、广东等 10 多个省（自治区、直辖市）签署战略合作框架协议，利用侨务资源支持地方经济社会发展，为侨商和侨胞搭建广阔的投资兴业平台。 （中国新闻网 2014 – 04 – 10/张茜翼）

广东省 2015 年将彻底告别华侨农场体制

笔者从广东省政协发布的专题调研报告中获悉，广东将推进全省华侨农场"体制融入地方、管理融入社会、经济融入市场"，在 2015 年彻底告别华侨农场体制。省政协报告称，近年，广东因场制宜、分类指导推进华侨农场逐步实现由体制外向体制内转变。全省 23 个华侨农场已有 10 个设立镇（街道），5 个并入周边镇，5 个设立管理（经济）区，2 个分别设立国家级高新区、省级经济开发区，1 个改制为企业。据介绍，广东各有关市充分发挥侨场土地资源和区位优势，盘活土地，通过招商引资，加快推进新型工业化、农业产业化和城镇化建设步伐，侨场新体制经济取得长足发展。据不完全统计，2008 年以来，侨场新体制共引进工业项目超过 600 个，投资总额超过 550 亿元。2012 年，全省华侨农场区域实现工业总产值超过 1 200 亿元，人均生产总值达 5 万元，人均纯收入达 11 066 元，分别比 2008 年增长 170%、150% 和 85%。目前，全省华侨农场区域已经建立国家级高新技术产业开发区 1 个，省级工业园区 1 个，市级重点工业园区 10 个。

（《南方日报》2014 – 05 – 04）

中国首家侨捐慈善机构命名"侨爱福利院"

中国首家海外华侨华人在祖（籍）国捐建的孤残儿童慈善机构——和平之君侨爱福利院 7 日在天津揭牌。和平之君侨爱福利院的前身为天津武清和平之君儿童福利院，是经中国民政部门批准，由美籍华人杨应瑞先生于 2002 年 5 月发起、创建。截至目前，已为 174 名有特殊需要的儿童提供了良好的养护、医疗、康复和教育，其中 38 名孩子被美国、瑞士、西班牙、中国的爱心家庭收养。中国国务院侨务办公室国内司司长许玉明出席了当日的揭牌仪式。他说，广大海外侨胞、港澳同胞有着爱国爱乡、造福社会的优良传统，自改革开放以来，他们已累计在中国内地为公益事业捐赠款物超过 900 多亿元人民币。"和平之君侨爱福利院凝聚着海外侨胞爱国的拳拳之心，是中国侨捐的典型项目。"许玉明对福利院项目表示肯定，并鼓励更多华侨华人投身祖（籍）国社会福利事业，关注孤残儿童成长。和平之君侨爱福利院中方院长陈美文表示，自己最关心的问题是随着孩子年龄的增长，他们将如何逐步掌握生存技能，如何适应社会。她说，目前，福利院已为孩子们量身打造了学习、成长的全方位课程。"看着 11 个孩子已经能够自己独立居住，部分孩子能自己行走，一名孩子顺利进入普小二年级学习，我已看到希望。"和平之君侨爱福利院位于天津市武清区，是中国首家由政府主导、社会参与的民办福利机构，目前收养着 116 位 14 岁以下有特殊需要的儿童，其中绝大多数为脑瘫和愚型病患儿。

（中国新闻网 2014 – 05 – 07／刘家宇）

北京市海外侨胞、港澳同胞投资企业占外资企业七成

8 日上午，北京市侨务工作会议在京召开。会议工作报告指出，截至 2013 年 10 月，北京市等级注册外资企业共计 36 900 余家，近 8 年实际利用外资 510 多亿美元，其中海外侨胞和港澳同胞投资的企业约占外资企业总数的 70%。北京市副市长程红在作题为《发挥侨务资源优势、服务首都建设发展、努力开创首都侨务工作新局面》的报告时表示，海外侨胞和港澳同胞投资的企业在北京市的 GDP 增长、纳税和就业等方面都有着重要贡献。报告指出，由中国侨商会成员投资 94 亿元建设的"世界华商中心"正式落户 CBD，并积极吸引高端侨务资源参与重点区域建设。位于通州国际新城、总建筑面积约 40 万平方米的"世界侨商总部基地"现已完成建设。此外，第四届"侨商北京洽谈会"借助海外侨商遍布世界的商业网络，促进北京产品与服务走向国际市场，累计协议金额达 3.6 亿美元。"新时期的侨务工作要高度重视侨务资源优势，这是北京市侨务工作发展的重要前提。"程红说，伴随着经济全球化的进程，越来越多的华侨华人希望加强同祖（籍）国的联系，特别是与首都北京的联系，这将是北京建设发展中的一支重要力量。程红指出，发挥好海外侨商的广泛商业网络优势有助于北京的经济转型，运用好海外华侨华人蕴涵的丰富智力资源有助于北京的科技创新，利用海外华侨华人与当地主流社会联系的桥梁作用，有助于深化北京的对外交往和文化交流。（中国新闻网 2014 – 05 – 08／娄晓）

北京市侨务工作会议举行　首届"京华奖"颁奖

北京市侨务工作会议暨首届"京华奖"颁奖大会 8 日在北京举行。会议公布了"关

于表彰北京市华侨华人'京华奖'的决定",授予谢国民、陈丽华、李春平、钱渊、严彬、幸公杰、万立骏、严歌苓、程京、洪明基10人"京华奖"。授予吴清源、谢家麟、李桓英、何鸿燊、吴良镛、吴佑寿、李文正、粟秀玉、雷学金、曾宪梓、陈永栽、谷建芬、黄双安、潘文石、杨孙西、彭云鹏、霍震霆、伍淑清、陈江19人"特别荣誉奖"。"京华奖"由北京市官方设立,旨在表彰和奖励在首都建设发展中做出突出贡献的华侨华人、归侨侨眷和港澳同胞。作为北京市授予侨界人士和港澳同胞的最高荣誉,"京华奖"每两年开展一次,评选人数每次原则不超过10人。国务院侨办主任裘援平,北京市委副书记、市长王安顺等为获奖人颁奖。裘援平在会上指出,中共十八大和十八届三中全会的召开,标志着新阶段、新征程已经开启。我们必须以更开放的眼光,更强烈的使命感、责任感,准确把握世情、国情和侨情变化,努力推动侨务工作科学发展。王安顺表示,首都侨务工作要坚持为侨服务、为国家侨务工作大局服务、为首都经济社会发展服务的方针,进一步开阔视野,深化改革创新,努力构建更广领域、更高层面、更深层次的侨务工作发展格局。北京市副市长程红作了题为《发挥侨务资源优势、服务世界城市建设、推进新时期首都侨务工作科学发展》的工作报告。　　　　(中国新闻网 2014 – 05 – 08/娄晓)

2014 四川省侨务活动亮点纷呈　外侨办创工作新篇

　　19日,记者从四川省外事侨务办公室获悉,按照四川省委、省政府和国侨办的要求和部署,通过多次召开专题会议,省外侨办把外事侨务机构整合作为今年四川省侨务工作创新发展、跨越提升的一次重大机遇,理清思路,谋划发展,全年的侨务活动亮点纷呈。在服务省经济发展、科技创新方面,省外侨办成功在"中外知名企业四川行"期间举办了"海外华商四川行"活动,促成一批经贸合作项目。10月,省外侨办将承办由省委、省政府和国侨办共同主办的2014"海外高新科技暨高端人才洽谈会",为海外高层次人才和高新科技项目参与四川科技创新搭建平台;与绵阳市政府合作,在"科博会"期间举办由海外科技专家和跨国公司在华CEO参加的两场专题活动。与省委组织部、科技厅等部门和成都、绵阳高新区合作,在美国、加拿大开展高层次人才引进和对接专项活动。同时,还将举办多批"侨资企业西部行"活动,启动2016"潮商大会"申办工作。在涵养壮大海外侨务资源方面,省外侨办将举办"海外华裔青年企业家中国经济高级研修班""海外中餐业协会负责人研习班""海外川籍社团会长联席会议""邓小平诞辰110周年海外侨胞广安行"等活动,多渠道、全方位、深层次地为四川发展培育和壮大友好力量。在拓展侨务公共外交方面,在省内举办"海外华文媒体高级研修班暨海外华文媒体四川藏区行""国际知名藏学家甘孜阿坝行"等系列活动,在海外举办"文化中国——锦绣四川·藏区新貌"北美文化周系列活动,通过海外侨胞向国际社会展示四川尤其是藏区发展成就。在增强四川文化软实力方面,在海外将举办"名师讲坛""中华文化大乐园"等活动,并选派一批优秀教师到海外任教。在省内举办"华裔青少年寻根之旅"夏、冬令营活动,通过文化交流强化联系海外侨胞的纽带。同时在参与灾后重建方面,继续抓好芦山地震灾后重建项目的组织实施,严格侨捐资金的管理使用,并在年底举办"芦山地震灾后重建巡礼",感恩侨胞为"4·20"芦山地震抗震救灾做出的重要贡献,引导他们参与灾区产业重建。为顺应国家改革发展的要求,四川省在新一轮政府机构改革中,重新组建省政府外事侨务办公室。在组建过程,省委书记王东明、省长魏宏和分管省领导——省委常委、常务副省长钟勉多次要求：要整合资源，形成更大工作合力，充分发挥外事侨务部门的职能作用，充分挖掘外事侨务资源优势，积极搭建对外交流的平台，主动服务经济社会发展，努力开创四川侨务工作新局面。国务院侨办对新组建的省外事侨务办给予了厚望，表示将一如既往支持四川侨务工作，相信外事、侨务机构的整合将有利于四川侨务资源的进一步壮大，希望紧紧围绕服务国家大局和地方发展，整合力量，涵养资源，主动探索新的工作思路和方法，积极开辟侨务工作更广阔的空间，努力为实现中国梦做出新贡献。

（中国新闻网 2014 - 05 - 19/喻丹柯）

2014 年华文教育基金会亚洲华文教师培训班结业

据北京侨办消息，近日，由中国华文教育基金会主办的 2014 年亚洲华文教师北京培训班在北京语言大学举行结业典礼，中国华文教育基金会副秘书长卢海斌、项目二部主任李晓梅、北京市侨办副主任高云超、文化宣传处处长张于成，北京语言大学培训学院副院长陈若凡出席了结业典礼。卢海斌首先致辞，他对此次培训班的圆满结业表示祝贺，对海外华文教师在各自岗位上辛勤耕耘、默默奉献的精神表示赞许，对完美（中国）有限公司的慷慨捐助和北京市侨办、北京语言大学为培训所做出的努力表示感谢。他说，中华文化不仅属于中国，也属于世界，汉语走向世界是历史的必然，也将伴随着中华民族伟大复兴而与世界各国的语言文化交相辉映。他希望通过这次培训，老师们能提高信心、增强责任心和使命感，将学到的知识带回所在国，使海外华裔青少年得到更好的文化熏陶；希望老师们相互间保持沟通与联系、成为中国与老师们所在国之间文化交流的使者。丁胜利老师代表受训学员发言。他说，这次培训，使大家认识到老师们的专业知识对教好学生有多么重要。通过两周的学习，自己不仅学到了多种教学技巧，还借鉴了其他学员的教学经验，萌生了更多新的想法。他表示决心将学到的理论知识应用到未来教学中去，努力教好学生。结业典礼由张于成主持，卢海斌副秘书长、高云超副主任、陈若凡副院长为参训老师们颁发了结业证书。结业典礼上还播放了本次培训班的学习生活回顾 PPT，学员们与在场嘉宾们一起回顾了这段时间以来培训和生活的点点滴滴：从任课教师的精彩授课，到外出考察的丰富收获，还有一起为同班学员举办生日派对的美好瞬间。此次亚洲华文教师北京培训班活动时间为 4 月 20 日至 5 月 4 日，培训内容主要有"对外汉语教学的回顾与展望""小学课堂方法与技巧""趣味绘画教汉字""中小学中华传统文化教学""中国剪纸"等课程，学员还参观了史家胡同小学并与该校老师们座谈交流、游览了北京的名胜古迹，对中华文化和华文教育有了更深层次的了解。

（中国新闻网 2014 - 05 - 19）

国侨办首期"为侨商服务法律专家巡讲"在沪举办

日前，由国务院侨办和中国侨商投资企业协会主办、上海市政府侨办和上海市侨商会承办的首期"为侨商服务法律专家巡讲"在沪举办。巡讲团在"上海华侨之家"举办专题法律演讲。国务院侨办投诉协调司副司长于晓、市政府侨办副主任刘建平出席，中国侨商会律师顾问、北京大道政通律师事务所主任陈之恺，上海市侨商会律师顾问、金茂凯德律师事务所合伙人律师穆斐作专题演讲，在沪侨商及上海各区县侨办侨务干部 30 余人参加活动。于晓介绍了国侨办投诉协调司近年来维护侨商投资权益的主要做法，指出今后开展侨商维权工作将减少行政干预，增强法律服务，关口提前，帮助侨商防范风险。陈之恺律师和穆斐律师围绕"司法改革与侨商投资权益保护"的主题，分别从宏观和微观的角度，阐述了侨资企业如何运用法律构建商业模式、建立制度杠杆、进行风险管理、实现理性维权。刘建平代表上海市政府侨办感谢巡讲团专程来上海为侨商提供法律服务，表示此次巡讲对上海进一步前移侨商维权工作关口、发挥法律专业机构作用，在更高层面为侨资企业服务具有重要意义。在场的侨商对此次法律演讲反响热烈，围绕法律与政策的关系、政府诚信构建、知识产权保护等问题与法律专家展开互动交流。随后，上海市政府侨办主任徐力会见于晓副司长。徐力表示，法律巡讲团此行不仅为在沪侨商带来了法律服务，也为上海侨办如何在司法改革背景下做好侨商维权工作带来新的精神和思路，上海侨办将以此为契机，通过创新方法、整合资源为在沪侨商提供更好的法律服务。第二天上午，法律巡讲团赴上海力申科学仪器有限公司、上海瑞华（集团）有限公司两家沪上知名侨资企业走访调研，实地开展"律师进侨企"活动，根据两家企业特点进行了有针对性的法律辅导。

（上海市侨办网站 2014 – 05 – 20）

国务院侨办 5 年来培训侨务干部近 4 000 人次

自 2009 年以来，国务院侨办主办或委托侨务干校、暨南大学、华侨大学和地方侨办，举办研修班、宣讲班、轮训班等不同形式的培训班共 39 期，培训总数达 3 934 人次。5 月 23 日，国务院侨办在京召开全国侨办系统干部教育培训工作会议，会上透露了上述信息。据悉，中国各省（自治区、直辖市）、副省级城市侨办也自行举办了多种形式的侨务专题培训班，累计培训 27 034 人次。"侨务干部是推动侨务工作科学发展的主体力量。抓好侨务干部教育培训工作，着眼全局，事关长远。"国务院侨办主任裘援平在会上指出，培训工作必须坚持理论创新，每前进一步、理论武装就跟进一步，开展形式活泼、内容丰富、载体多样的理论学习教育活动。此外，坚持侨务工作重心在哪里，教育培训就服务到哪里，确保教育培训的各项部署和要求落到实处。裘援平强调，各级侨办要努力造就一支信念坚定、为侨服务、勤政务实、敢于担当、清正廉洁的高素质侨务干部队伍，为侨务工作的科学发展提供坚实的干部队伍保障。

（中国新闻网 2014 – 05 – 23／娄晓）

广东改革开放以来接受侨捐超 500 亿元人民币

中国全国华侨捐赠工作会议 27 日在广州举行。广东省副省长招玉芳称，改革开放以来，海外侨胞、港澳同胞向广东捐款捐物折合人民币超过 500 亿元（人民币，下同），涉及教育、卫生、体育、基础设施等领域，占全国侨捐六成左右。据介绍，改革开放以来，海外侨胞、港澳同胞向广东捐建公益项目超过 3.3 万宗，其中新建、扩建学校超 2 万间，占全省中小学总数 60% 以上；新建、扩建医院超过 2 000 家，占全省医疗机构总数的 1/8；捐建桥梁超过 4 000 座，修筑公路超 20 000 千米，敬老院、幼儿园超过 2 000 间……招玉芳称，近年来，广东省积极凝聚侨心侨力，参与广东改革开放和现代化建设，出台《广东省华侨捐赠公益事业项目监督管理办法》等文件，维护华侨捐资权益，推动侨捐管理科学化、规范化、法制化。招玉芳表示，自 2008 年以来，广东每年接受海外侨胞、港澳同胞捐赠超过 10 亿元，最多年份超过 18 亿元。广东连续六年举办南方华人慈善盛典，表彰了 80 多个为广东慈善事业做出贡献的侨胞、团体,弘扬华侨慈善精神,引领社会慈善风尚。招玉芳称,当前广东正处于转型升级、全面建设小康社会时期,离不开华侨、港澳同胞的支持,海外侨胞、港澳同胞的捐赠也让广东各项事业蓬勃发展。

(中国新闻网 2014 - 05 - 27/陈启任)

福建海外华侨华人达 1 512 万人　呈五方面特点

福建省侨办主任杨辉 27 日上午表示,"侨"是福建一大优势,也是一个宝贵的资源。作为全国第二大侨乡,福建拥有海外华侨华人 1 512 万人。杨辉在接受中国福建政府网专访,就"凝聚侨心,发挥侨力"与网民进行在线交流时是这样表述的。对于庞大的福建海外华侨华人人群,杨辉概括了五个方面的特点:

一是人数众多、分布广泛。福建省 1 512 万华侨华人分布在世界 176 个国家和地区,以亚洲、北美洲和欧洲为主,东南亚地区占 78%,有 1 200 万。其中前五位的国家是马来西亚、印度尼西亚、菲律宾、新加坡,然后就是美国。福建省内按地市分布,前三位是泉州 900 万,约占 60%;福州 259 万,约占 17%;漳州 97 万,约占 6%。此外,祖籍福建的港澳同胞有 124 万,归侨侨眷及港澳出国人员的眷属有 653 万,改革开放以后出国定居的新华侨华人有 110 万。

二是福建闽籍海外侨胞实力雄厚、人才辈出。闽籍侨胞中有许多"四有人士",即政治上有地位,经济上有实力,学术有造诣,社会上有影响的人士,在东南亚国家他们的地位和作用尤其举足轻重。近几年福布斯富豪榜显示,世界华商 500 强当中闽商大概占十分之一。

三是福建乡亲恋祖爱乡,乐善好施。闽籍侨胞恋祖爱乡,是爱国爱乡、海纳百川、乐善好施、敢拼会赢的福建精神的典型代表。据不完全统计,改革开放以来侨胞在福建省捐赠额达到了 242 亿人民币,近几年福建省侨胞每年公益商业都在 7—10 个亿之间,2010年达到 12. 93 亿元,去年将近 10 亿元。

四是社团众多,影响广泛。统计显示,目前海外闽籍社团有 1 900 多个,分布在 47 个国家和地区,其中由侨务部门掌握的重点社团有 404 个,社团活动已由传统的联谊、互助转向商贸、科技、教育和文化等领域,影响力越来越大,闽籍乡亲成为驻外使领馆在西方主要国家的重要依托力量。

五是新侨崛起,后劲凸显。改革开放以后,福建省留学人员已有 100 多万,纷纷在商界、科技界有所建树,融入当地社会的能力比较高,有活力,事业上发展比较快,一大批已经崭露头角,融入西方的主流社会。

(中国新闻网 2014 - 05 - 28/龙敏)

福建侨批文化研究中心在福州揭牌

被誉为"二十世纪敦煌文书"的侨批档案是先民漂洋过海的见证。在侨批档案成功入选世界记忆遗产名录一周年之际,福建侨批文化研究中心 9 日在福建省档案馆揭牌。侨批是"海外华侨与祖国乡土的两地书",指的是华侨华人通过民间渠道以及后来的金融邮政机构寄回国内的家书、简单附言及汇款的凭证,是一种"信款合一"的家书。福建省档案馆馆长丁志隆表示,侨批文化研究中心是福建首家以侨批为主题的研究机构,旨在对省内外侨批档案进行收集、整理、保护、研究、开发，进一步挖掘侨批的遗产价值，传承中华传统文化，促进华侨文化建设。当天，福建省侨批收藏与研究者黄清海向福建省档案馆捐赠 1 个侨批转运箱，这是福建省档案馆首次获得民间人士捐赠的侨批实物。在简单的揭牌仪式之后，福建省档案馆还举办了"百年跨国两地书——福建侨批档案展"。自去年 6 月侨批档案成功入选世界记忆遗产名录以来，福建省档案局积极推进申遗成果的推广应用，包括在海内外举办侨批档案巡回展览，申报"福建侨批档案的整理与开发研究"课题，推动侨批档案在海外华侨华人中的推介。台湾政治大学图书信息与档案学研究所所长薛理桂教授此番应邀来福州交流档案学发展工作，他表示，"侨批档案等家庭记录把档案工作和一般的民众生活结合起来。把一个家庭的记忆保存好，也就把社会、国家的记忆保存起来，为当代的民众提供服务，为后代子孙留下很珍贵的文化资产。"

（中国新闻网 2014 - 06 - 09/陈拓）

福建新侨人才联谊会成立　创新招贤引智以侨为桥

福建新侨人才联谊会 20 日在福州成立，这是福建探索创新招贤引智、以侨为桥，助推创新型省份建设的一项重要举措。"联谊会的成立为新侨到福建创新创业搭建了一个平台，是大家的'娘家'。"中美经贸科技促进总会首任理事长、智慧创新投资有限公司总裁徐德清博士表示。据悉，该联谊会主要是由改革开放后出国出境学习、工作，如今在中国内地从事教学科研、企业经营管理工作的闽籍侨胞和关心支持福建发展的海外侨胞、港澳台同胞与留学归国人员，以及目前仍在海外留学、工作的高层次人才自愿组成的侨界社团。联谊会共吸纳个人理事 237 名，团体理事 4 名，其中入选国家"千人计划""百千万人才工程"等各类重点人才工程的高层次侨界人才 46 名，具有博士学位的 162 名，具有硕士学位的 52 名，硕博比例约占理事总数的 90.3%。福建省侨联主席王亚君在成立大会上表示，联谊会将进一步聚合和服务新侨人才特别是海归高层次人才在推进实施科教兴国战略、人才强国战略中发挥独特作用，进一步凝聚侨务资源，为福建科学发展、跨越发展提供强有力的智力支撑。"希望大家齐心协力把联谊会这个家建好，把新侨人才的优势发挥好。"王亚君说。当天下午，福建新侨人才联谊会还举办了"闽侨智企对接交流会"，组织 20 余个创新成果项目与侨资企业进行洽谈对接，包含新能源、新材料、生物科技、节能环保等战略性新兴产业。目前，福建有海外华侨华人 1 512 万人，分布在 176 个国家和地区，以亚洲、北美洲和欧洲为主。据不完全统计，改革开放以来选择回国、回闽创业发展的闽籍新侨和留学人员中的专业人士约 3 万人，涉及的专业领域达 260 多个。

（中国新闻网 2014 - 06 - 20/郭熙婵）

江苏苏州高新区有近 500 家侨企　占全区外企 1/3

6 月 21 日，江苏苏州市高新区工委宣传部、区侨办、区侨联、区文明办联合举办了"侨心相印，爱在新区"高新区侨界文化艺术节暨"笔歌墨舞颂模范"书画巡展。近年，高新区创新为侨服务模式，通过"侨之家"建设，形成"社区为侨服务、侨为社区贡献"的双向服务良好局面。为丰富文化艺术节活动，市海外交流协会与高新区"侨之家"的书画家们以"感动中国、感动苏州、感动新区"的道德模范为素材，精心创作了 50 多幅书画作品，一草一木、一景一物都深深地浸润着侨界书画家对中华艺术的眷恋之心。同时，还举办了"古韵今风——传统工艺美术展示"，以巧手匠心传递中华文化之美。截至目前，在高新区投资创业的侨资企业已有近500家，占全区外资企业的1/3。

（《苏州日报》2014－06－23/周建越）

华创会签约过亿项目44个 新兴产业成"宠儿"

6月25日，第十四届华侨华人创业发展洽谈会重点项目签约仪式举行，41个重点项目进行集中签约，过亿元项目达44个，大数据、新能源、环保、生物医药等新兴产业成为"宠儿"。据介绍，经会前和会中对接洽谈，华创会期间拟签订合同、协议项目163个。协议总投资额累计445亿元人民币，引进外资162.5亿元人民币。其中过亿元项目44个。据悉，此次签约项目中，创办高新技术企业项目38个；引进投资合作项目65个，占签约项目数的39%；引进海外高层次人才和技术项目98个，占签约项目数的60%。昨日举行的华创会武汉高层次人才创新创业交流会上，现场签约20多个项目，签约客商来自18个国家和地区。

（《长江日报》2014－06－26/车莉，康鹏）

河南省打"侨牌"吸引海外人才服务产业发展

6月24日至25日，在第14届华侨华人创业发展洽谈会上，河南省举行产业集聚区专题推介会，吸引华侨华人高层次人才到河南省创业。

将产业与侨力侨智对接

"在华创会上推介我（河南）省产业集聚区，就是要通过产业的展示，多渠道引进华侨华人专业人才和技术。"省政府外侨办主任宋丽萍说。据悉，截至今年第一季度，河南省180个产业集聚区规模以上工业增加值同比增长16.2%，占全省规模以上工业增加值的48.2%。规模以上工业实现主营业务收入4 894.9亿元，同比增长14.4%，占全省规模以上工业比重达到52.3%。电子信息、装备制造等六大高成长性制造业增加值增长17.1%，高技术产业增加值增长17.2%。民间投资拉动显著，产业集聚区共完成投资1 833.68亿元，民间投资为1 568.13亿元。河南省产业集聚区的蓬勃发展，受到了与会海外华侨华人的广泛关注。澳大利亚华商协会会长邝远平说："河南180个产业集聚区将带来整个河南省产业联盟和产业的升级转型，对海外华侨华人专业人才也越来越具有吸引力。"宋丽萍介绍，中国有河南籍华侨华人150多万人。很多华侨华人都是各个领域的专业人才，凝聚侨智侨力，为河南省经济发展提供更大潜力。当天，有来自美、德、澳等10多个国家的河南籍华侨华人团体前来参加推介会，有的甚至带来自己的专家团队，共10多个高新技术项目前来对接。

华侨华人是引智重要来源

"林州正大力发展电子信息、生物医药和装备制造三大主导产业，从哪里找到所需要的高层次专业人才，是不可回避的问题。"华创会上，林州市副市长王献青说，林州有一个抗菌肽生物科技项目，参与的博士就有40多人、硕士有240多人，发展高新技术产业对人才的巨大需求，也让他们这样的县级市承受着巨大压力。驻马店市副市长李国胜也有同样感受。他说，驻马店发展农产品加工业，急需与国际市场接轨的专业人才和企业。从华侨华人中引进人才和技术，从语言、情感方面讲更易沟通。"华侨华人是我（河南）省海外高层次人才的主要来源。"宋丽萍介绍。据了解，改革开放以来，河南省引入的外资中，70%以上是侨资。"随着中国经济的快速发展，对海外高层次人才的吸引力日益增强。我（河南）省也正紧紧抓住这一历史机遇，加大人才引进力度，促进我（河南）省经济加快创新发展。"宋丽萍说。

打好"侨牌"服务产业发展

目前，河南省建立起自己引智的平台——华侨华人中原经济合作论坛，并已成功举办四届，共吸引 37 个国家和地区的 4 000 多名知名华侨华人参加，影响广泛。此外，河南省还正在筹建海外人才数据库，省外侨办今年大力打造"侨脉工程"，凝聚侨力侨智，将华侨华人作为河南省经济社会发展的重要战略性人力资源。侨也是"桥"，河南省借助海内外华侨这一连接世界的"桥梁"，大力实施"引进来，走出去"战略，扩大河南省对外开放力度。目前，河南省已与 40 多个国家结成友好城市 100 多对，位居全国前列，许多都是通过当地的华侨华人牵线搭桥的。"随着经济的发展，我（河南）省有越来越多的企业要走出国门开拓国际市场，省外侨办将发挥侨领侨商等华侨华人的力量，为我省企业'走出去'提供更多的服务和帮助。"宋丽萍说。 （《河南日报》2014 - 06 - 30/徐东坡）

第十一届海外人才常州创新创业洽谈会开幕

6 月 28 日上午，2014 创业之桥——第十一届海外人才常州创新创业洽谈会在常州市行政中心群贤堂隆重开幕，来自 10 多个国家和地区的 60 多名海外高层次人才带着项目，与常州 70 多家科技园区、孵化器和企业对接洽谈。此次活动由江苏省侨办、常州市政府主办，市委组织部、市人社局和市侨办共同承办，江苏省侨办副主任季俊秋、常州市副市长方国强、市政府副秘书长蔡楚秋、市五侨部门领导及相关部委办局领导出席开幕式。开幕式后，与会的海外高层次人才与常州园区、孵化器和部分企业负责人分组进行了项目对接洽谈。在常州期间，海外高层次人才还将分赴科教城、津通工业园及创意产业基地、留创园、生物医药产业园等地考察对接，互动交流，深入了解常州的创新创业环境。

（江苏省侨办网站 2014 - 07 - 01）

世界侨商贵州行将启动　两百余知名侨商出席

7 月 4 日，世界侨商贵州行活动新闻发布会在贵阳举行。贵州省委常委、省委统战部部长刘晓凯出席，中国侨联、贵州省委统战部、贵州省侨联相关负责同志介绍有关情况。据介绍，世界侨商贵州行活动将于 7 月 21 日启动。此次活动由中国侨联、中共贵州省委和省人民政府主办，中国侨商联合会、中国侨联青年委员会、贵州省委统战部、贵州省侨联承办。中国侨联主席林军、中国侨商联合会常务理事以上会员、中国侨商联合会 96 个省市级团体会员商会的会长、海外及港澳台工商社团的知名侨领、外国驻中国知名商会组织代表、香港世茂集团董事局主席、中国侨商会主席许荣茂、亚洲金融董事局主席陈有庆、新加坡丰益国际集团董事局主席郭孔丰等来自 40 多个国家和中国港澳台地区的 230 余名知名侨商侨领将出席本次活动。据了解，目前侨资企业已占贵州外商投资企业的 80%以上。此次活动将举行世界侨商贵州行经贸推介洽谈会，届时省政府将向侨商作专题推介，并将在贵阳、遵义和黔西南举办三场项目推介会，预计将推介 500 亿元的投资项目，涉及园区、工业、服务、基础设施建设等。经前期与部分侨商联系，现已达成意向性签约项目 6 个，投资额超过 300 亿元。据悉，中国侨商联合会是由在中国境内投资创业的归侨侨眷、华侨华人、港澳台人士、留学归国人员及其企事业单位、有关社会组织自愿组成的联合性的、全国性的、非营利性的社会组织。近年来，中国侨商联合会会员在国内各地累计投资已超过 10 000 亿元。本次活动期间，还将召开中国侨商联合会四届二次常务理事会。

(《贵州日报》2014 – 07 – 05/沈彤，许郐庭)

学期一年　第十期海外华文幼师培训班在广州结业

由中国海外交流协会主办、广东省海外交流协会承办的第十期海外华文幼师培训班结业典礼近日在广州市幼儿师范学校礼堂举行。来自印度尼西亚、泰国、马来西亚、柬埔寨、哥斯达黎加、缅甸等国的 52 名学员经过一年的培训，圆满完成学业。国务院侨办文化司副司长汤翠英、广东省侨办副主任郑建民分别致辞，向圆满完成学业并取得优良成绩的学员们表示祝贺，对老师们付出的努力表示感谢，并期望学员们回国后，积极传播中华文化，为华文幼教事业、促进中外交流做出贡献。与会领导还为学员们颁发了结业证书及优秀学员奖等。结业典礼上，学员们带来了精彩的表演：舞蹈《龙的传人》赢得了现场观众阵阵掌声和欢呼声，故事《长名字的小鸡》不时引发阵阵笑声，缅甸、柬埔寨、印度尼西亚民族舞蹈串烧展示了不同国家的异域风情，健美操《青春魅力》充分展示了学员们朝气蓬勃、积极向上的青春活力，最后大合唱《没有什么不同》将演出推向高潮，充分表达了这些来自不同国家的学员在广州学习期间结下的深厚情谊。本届学员大多为华侨华人子女，汉语水平参差不齐，初来中国时只会一些基本的普通话生活用语，有的甚至没有汉语基础。经过为期一年的学习，他们已能用较流利的普通话进行沟通与交流，还会写一手标准的汉字。在幼师作品展览室，学员们的作品既有精致的手工制作，也有十分可爱传神的卡通画和颇具韵味的国画。学员们的作文有的记录在广州学习的感受，有的表达对亲人的思念，有的展现自己在汉语教育上的梦想。

(中国侨网 2014 – 07 – 05/项梦显，陈艳)

潮侨文化交流促进会成立　凝聚海内外潮人

中国著名侨乡广东汕头 6 日举行潮侨文化交流促进会成立大会。该促进会是汕头对外文化交流传播的又一民间平台，通过开展推介传播潮侨文化活动，凝聚海内外潮人，促进潮汕文化与侨乡文化薪火相传。　　　　(中国侨网 2014 – 07 – 07/李怡青、陈丽)

2014 海外红烛故乡行启动　16 位海外华校校董赴浙

7 月 16 日，由中国华文教育基金会主办、浙江省外侨办承办、完美（中国）有限公司资助的"2014 海外红烛故乡行·'完美'浙江之旅"活动在浙江杭州启动，邀请了来自法国、英国、挪威、意大利、西班牙、瑞典等 7 个国家的 16 位海外华校校董、校长参加。浙江是侨务大省，也是文化强省，华文教育工作是侨务工作的重要组成部分。做好海外华文教育工作，对于大力弘扬和传承中华文化，涵养侨务资源，让"华二代""侨三代"了解中国、增强对祖（籍）国的认同感都具有重要意义。为了弘扬中华文化，发展华文教育事业，促进中外文化交流，中国华文教育基金会组织"海外华校校董故乡行"代表团，在历时 10 天活动中，赴杭州、绍兴、德清、桐乡等地开展文化考察，并进行健康检查、养生讲座等活动。浙江省外侨办副主任王通林对代表团一行表示欢迎，对校董们在华文教育领域所做贡献给予充分肯定。他还表示，作为中华文化的传播者、汉语文化的推广者，感谢校董们为华侨华人子女的教育和培养，为华文学校的建设和华文教育事业的发展，为中国文化的传播、教育的传承做了大量艰苦而卓有成效的工作；希望各位校董利用此次回乡契机，多走走，多看看，将国内更多信息传递到国外，并通过互动，共同做好教育文章，做好中国文化传播的文章。意大利佛罗伦萨中文学校校长潘世立表示，希望通过此次活动增进对浙江华文教育的了解和认识，激发对华文教育工作的热情。期间，校董们肯定会相互交流、相互学习，共同探讨欧洲的华文教育，为海外华文教育做出贡献。启动仪式后，由浙江省外侨办承办的欧洲版《中文》教材编写组全体成员与校董们进行面对面的座谈交流，校董们结合自身海外华文教育教学经历，为欧洲版《中文》教材的编写工作提出许多宝贵的建议。

（中国侨网 2014－07－17/邵燕飞，黄晶晶）

福建省启动《福建华侨史》编修　将用时 3 年

《福建华侨史》编委会工作会议 18 日在福州举行，宣布福建省正式启动《福建华侨史》的编修工作。福建省人民政府副省长郑晓松说，福建华侨在中国华侨史中具有独特的地位和作用，编修《福建华侨史》既是传承中华民族优秀文化传统的客观需要，是保留福建历史记忆的有效途径，也是进一步发挥侨力优势服务福建发展的需要。据统计，目前有 1 260 多万闽籍华侨华人分布在世界 176 个国家和地区，占全国华侨华人总数的 1/4。长期以来，广大海外闽籍华侨华人一直关心支持家乡福建的建设发展，是福建省经济社会发展的重要力量。福建省政府侨务办公室主任杨辉说，《福建华侨史》的编修将系统、全面地总结梳理福建华侨移民海外、谋生、发展、融入、贡献的历史和规律。厦门大学南洋研究院院长庄国土教授认为，《福建华侨史》的编修，有利于彰显福建人的特色，彰显福建精神，满足海外华侨对乡情的期待。从编辑的角度，他认为这部史书应具有高度的科学性、前瞻性、全面性、系统性和可读性。目前，编修工作的总体目标和实施计划已基本确定。《福建华侨史》将是一部"资料翔实、内容全面、特色鲜明、结论权威"、在国际华侨华人研究领域具有权威性和标志性的福建华侨史。全书将由一部主卷和五部副卷（附录）组成，共 300 万—350 万字。主卷《福建华侨华人通史》有 150 万—170 万字，分为上、中、下三篇，分别讲述唐代至清代、民国时期以及现代的福建华侨华人史；副卷（附录）作为主体部分的补充，包括《福建华侨华人史·经济篇》《福建华侨华人史·社团篇》《福建华侨华人史·文化教育宗教篇》《福建华侨华人史·人物篇》和《福建华侨华人史·侨乡篇》。初步考虑编修工作将用时 3 年，从 2014 年 7 月启动，并于 2017 年 11 月完稿出版。

（中国新闻网 2014－07－18/闫旭）

第六届海外华侨华人专业协会会长联席会在广州召开

第六届海外华侨华人专业协会会长联席会 22 日在广州开幕，来自世界 16 个国家和地区的 80 余个华侨华人专业社团的 90 多名负责人参会。中国国务院侨办主任裘援平、副主任庄荣文出席大会。裘援平主任发表主旨讲话，广东省副省长招玉芳出席大会开幕式并致辞。裘援平充分肯定了华侨华人专业社团及人才在中国革命、建设和改革开放各个时期做出的突出贡献，阐述了侨务引智工作的主要内容和工作重点，殷切希望广大华侨华人专业社团和侨胞携手合作，按照建设和谐侨社的要求，努力建设文明社团、精英社团、活力社团、爱国社团，努力成为中外经济科技文化交流合作的桥梁，努力成为海外华侨华人专业人士参与中国现代化建设的纽带，努力成为向世界传播中国文化的窗口，为建设美丽中国、创新型中国做出新贡献。招玉芳感谢华侨华人专业社团和专业人士长期以来对广东改革发展的关心支持。她指出，广东新一轮改革发展，更加需要华侨华人高层次专业人才的支持帮助。广东省委、省政府十分重视发挥华侨华人尤其是专业人才的作用，不断完善海外华侨华人来粤创业创新的机制和环境。希望各位会长充分发挥专业社团的影响力、带动力和辐射力，积极帮助广东参与国际经济科技合作，鼓励和引领更多海外华侨华人人才来粤创新创业，分享广东新一轮改革发展的新商机、新成果。本届联席会由中国国务院侨办主办、广东省侨办承办。会后，会长们还将分赴广州、佛山、中山等地的高新园区开展考察交流活动，进一步加深广大海外华侨华人专业社团对广东创业创新环境的了解。国家发改委、人社部等也派代表出席并作报告。

（中国新闻网 2014 – 07 – 22/ 郭军）

欧美 28 国华文教师在暨大研习华文教育课程

7 月 19 日—8 月 5 日，"华文教育·教师研习"华文教师证书培训欧美班在暨南大学华文学院举行。本次活动由国务院侨务办公室、中国海外交流协会主办，暨南大学华文学院承办，共有来自欧美 28 个国家的 150 余名华文教师参加。在 17 天的培训中，海外华文教师们研习汉字教学、教育技术、课文教法、语法教学等华文教育课程并参加"华文教师证书"测试。

（暨南大学华文学院网站 2014 – 07 – 22/ 王冕）

中国侨联与贵州省政府签署战略合作协议

7 月 22 日上午，2014 世界侨商贵阳会议在贵阳隆重召开，来自世界各地的 300 多位侨商相聚"多彩贵州、爽爽贵阳"，共叙友谊，共谋发展。中国侨联党组书记、主席林军讲话，省委书记赵克志出席，省委副书记、省长陈敏尔，全国政协经济委员会副主任、中国侨联副主席、中国侨商联合会会长许荣茂致辞。中国侨商联合会常务副会长、香港胜记仓集团董事局主席郭泰诚，中国侨商联合会常务副会长、建业五金塑胶厂有限公司董事长孙启烈发言。中国侨联副主席李卓彬，丰益集团董事局主席郭孔丰，省领导刘晓凯、廖国勋、蒙启良等出席。刘晓凯主持会议，蒙启良作推介讲话。会上，中国侨联与省政府签署了《中华全国归国华侨联合会贵州省人民政府战略合作协议》，部分侨商与贵州省有关企业和部门签署了投资协议。会后，参加会议的侨商将分赴贵阳市、遵义市、黔西南州等地开展实地考察和投资洽谈。据悉，本次世界侨商贵阳会议是迄今为止中国侨联在支持西部大开发过程中举办的人数最多的一次盛会。中国侨联、省有关部门、全省各市州和贵安新区有关负责同志参加大会。

（《贵州日报》2014 – 07 – 23/ 王盼盼）

第十四届海外侨界高层次人才为国服务活动在京启动

8月3日，由中国侨联和北京市侨联共同举办的第十四届海外侨界高层次人才为国服务活动在京举行启动仪式，有来自世界11个国家和地区的28位专业学者、企业家及专业人才参加此次活动，共携高科技项目31个，涉及10个研究领域。中国侨联副主席、北京市侨联主席李昭玲在仪式上发表讲话，中国侨联经济科技部部长陈桦、北京市委统战部副部长周开让等出席。第十四届海外侨界高层次人才为国服务团团长、芬兰华商会会长杨二林在致辞中说，中国改革开放数十年来所取得的成就举世瞩目，身居海外的中华儿女都激动不已，同时也为祖（籍）国的强大骄傲不已。活动期间将召开"节能环保、新能源、新材料项目、装备制造"和"新一代互联网技术"专题推介会、高新技术项目对接会等。

（中国侨网 2014－08－03/陶煌蟒）

第十三届"汉语桥"落幕　巴西选手获全球总冠军

8月3日晚，第十三届"汉语桥"世界大学生中文比赛总决赛在长沙举行。经一路过关斩将，巴西选手施茉莉凭借超强实力夺冠。本届比赛仍以"我的中国梦"为主题。经过层层筛选，来自87个国家的126名选手从海外预选赛中脱颖而出，获得来长沙参加复赛、决赛的资格。全国人大常委会原副委员长、语言学家许嘉璐，湖南省委书记徐守盛，湖南省长杜家毫，中国国家汉办主任许琳及湖南省委宣传部部长许又声等领导出席总决赛，并为获奖选手颁奖。作为世界各国大学生学习汉语和了解中国的重要平台，"汉语桥"世界大学生中文比赛从2002年至今已成功举办13届，来自90多个国家的1 300多名大学生先后应邀来华参赛。

（中国侨网 2014－08－04/唐小晴）

2014 外派汉语教师培训营结业　220 名教师南开起航

8月10日，2014年孔子学院总部/国家汉办外派汉语教师培训营举行结业典礼。来自全国各地的220名外派汉语教师即将走出国门，成为传播中国语言与中华文化的使者。教育部中文教学指导委员会主任、天津市文联主席、南开大学跨文化交流研究院院长陈洪，孔子学院总部/国家汉办师资处处长杨金成出席并为学员颁发证书。孔子学院总部/国家汉办、南开大学国际学术交流处、跨文化交流研究院相关负责人参加典礼。据悉，南开大学已承办23期孔子学院总部/国家汉办培训项目，涵盖孔子学院外方院长、孔子学院中方院长、海外本土汉语教师（外籍）、孔子学院外派汉语教师、孔子学院汉语教师志愿者的岗前及岗中培训。本期培训由南开大学跨文化交流研究与培训基地承办。在为期20多天的培训中，学员通过多种方式加强了责任感、使命感和光荣感，全面提升了自身的德、智、体、美综合素质。

（南开新闻网 2014－08－12/聂际慈）

第四届两岸华文教师论坛在京举行

由台湾世界华语文教育学会和北京华文学院联合主办的第四届两岸华文教师论坛8月23日在北京华文学院昌平校区开幕。此次论坛主题为"华文教学的理论和实践"，旨在为海峡两岸华文教师提供分享教学经验、探讨教学问题、发表教学研究成果的交流平台。此次论坛为期两天，来自海外及海峡两岸的120余位华文教学专业人士将围绕大会主题，相互切磋分享华文教学经验，共同探讨海外华文教育发展大计。主办方特邀世界华语文教育学会顾问任弘、台北教育大学校长张新仁教授等多位在华文教育界有着丰富经验、取得丰硕成果的专家发表学术演讲。此外，论坛内容还包括小组论文报告、小组教案讨论等交流活动。

（中国新闻网 2014 - 08 - 23/杨凯淇，郝爽）

2014 "海外华侨文博专家广东行" 活动在穗启动

2014 "海外华侨文博专家广东行" 活动 27 日在广州启动。来自美国、加拿大、法国、荷兰、澳大利亚等 11 个国家和地区的华侨华人博物馆负责人、华侨文博专家聚首广东，就华侨文博事业的发展进行交流探讨，并将前往广东部分地区的博物馆参观考察。当日上午，参加本次活动的华侨文博专家在广州博物馆召开座谈会，就华侨博物馆的建设和发展进行了深入交流。当日下午，他们又前往广东华侨博物馆，参加了捐赠华侨文物仪式、广东华侨博物馆与马来西亚华人博物馆友好文化合作伙伴签约仪式，并见证了"海外华人家园——唐人街"展览的开幕。据了解，马来西亚华人博物馆是马来西亚中华大会堂总会（华总）主办的华人博物馆，展出面积 1 115 平方米，主要展示 600 年来从郑和下西洋到早期华人在马来西亚开荒拓土的历史及华社发展轨迹。广东华侨博物馆与马来西亚华人博物馆签订友好文化合作伙伴协议，双方今后将在互换展品、图片等方面开展合作。唐人街是海外华人传播中华文化的中心，是海外华人社会的缩影，见证了海外华侨华人的移民史、创业史、奋斗史和奉献史，被誉为海外华人家园。为展示唐人街及其华侨华人精神内涵，广东华侨博物馆在广东省侨办的指导和海外华侨华人博物馆的支持下，特别策划举办了本次"海外华人家园——唐人街"展览，共展出 300 多张历史图片和 400 多件（套）文物等，并辅以唐人街影像资料。据悉，本次展览以广东华侨博物馆馆藏文物、资料为主，提供图片资料或文物的单位还有马来西亚华人博物馆、新加坡华裔馆、菲律宾菲华历史博物馆、马来西亚槟城韩江华人文化馆、澳大利亚澳华历史博物馆等 10 多家海外华侨华人博物馆，来自马来西亚、美国、加拿大、法国、荷兰、新加坡、中国香港等国家和地区的广东华侨博物馆海外顾问也捐献了部分文物资料或提供了帮助。该展览将在广东华侨博物馆展出至 10 月底，之后还将到广东省内各地和赴海外巡展。

（中国新闻网 2014 - 08 - 28/郭穗雅，郭军）

中国华文教育基金会十年资助逾五千人来华求学

中国华文教育基金会即将迎来十周年华诞。中国华文教育基金会秘书长左志强 28 日在桂林表示，十年来基金会建立了全面的学历教育体系，资助了逾五千名海外华裔学生和老师到中国求学。左志强介绍，中国华文教育基金会投入 1.6 亿元资助了 100 所华文教育示范学校、2 所国内华文教育基地院校和 2 个华文教育培训中心，为海外华裔学生提供了良好的学习环境。随着中国国际影响力的逐步增强，中国语言和中华文化在海外备受关注，海外人士对汉语和中国文化的学习热情也在持续高涨。但海外华文学校却普遍存在着师资、教材匮乏，教学方法陈旧，办学经费不足等困难，严重制约着华文教育的健康发展。2004 年，时任中国国家主席的胡锦涛亲自倡议成立华文教育基金会。当年 9 月 30

日，中国华文教育基金会正式在国家民政部登记成立，成为一家专门为海外华文教育事业服务的全国性公募基金会。十年来，中国华文教育基金会先后形成了华文师资培养工程、华裔青少年中华文化传承工程等系列华文教育项目，并在此基础上形成了华文教师大专学历、本科学历到研究生学历的培养资助体系，海外华裔青少年高（职）中、大专到本科的奖助体系，海外华裔青少年中国文化（海外）行及远程网络教育等品牌活动，惠及全球众多国家和地区的华文教育组织和华裔青少年。作为海外华文教育事业的中坚力量，海外华文教师被认为是中华优秀文化的传播者和中外友好交流的民间使者。"没有好的华文教师，华文教育就无法健康发展。"曾在中国驻泰国使馆做了近四年侨务参赞的左志强指出，中国华文教育基金会建立了全方位的师资培训体系，全日制学历教育与函授学历教育相结合，短期培训与远程培训相呼应，力争让所有的华文教师都能得到最好的培训。

（中国新闻网 2014 – 08 – 28/赵琳露）

国侨办首次举办西藏侨务干部专题培训班　于拉萨开班

首期西藏侨务干部专题培训班 9 月 2 日上午在拉萨开班。本次培训班由中国国务院侨办侨务干部学校联合西藏自治区组织部、外事侨务办公室共同举办，共有近 100 名学员参加学习培训。中国国务院侨办侨务干部学校副校长吕剑光说，国侨办高度重视西藏侨务工作，关心关注西藏侨务干部队伍建设。这次专门面向西藏侨务干部举办培训班，对于西藏自治区侨务干部队伍建设和侨务工作发展具有重要意义。吕剑光指出，适应西藏侨务工作发展新要求，进一步做好西藏侨务干部教育培训工作，应以完善侨务发展格局和健全侨务工作体系为工作重点，不断增强当地侨务干部的政治意识、机遇意识和责任意识，提高把握大局、改革创新和为侨服务的能力和本领。据介绍，此次培训为期 3 天，授课内容涵盖侨务法规政策、自治区侨务工作情况等。西藏自治区政府副秘书长叶银川说，西藏是一个侨务大自治区，西藏侨务机构自 2012 年 9 月设立以来，充分发挥侨务工作和侨务资源优势，增进了海外侨胞对西藏经济社会发展和民族宗教政策的了解和认知。他希望通过培训推动涉藏侨务工作迈上新台阶。

（中国新闻网 2014 – 09 – 02/白少波）

南洋华侨机工回国抗战 75 周年纪念大会在昆明举行

3 日，由云南省人民政府侨务办公室、云南省归国华侨联合会主办，云南省南洋华侨机工回国抗战历史研究会、云南省侨联南侨机工暨眷属联谊会、云南省滇西抗战历史文化研究会南侨机工学会联合承办的南洋华侨机工回国抗战 75 周年纪念大会在昆明举行。来自云南、重庆、山西、海南、广西、四川等地的国内侨联代表，以及马来西亚、新加坡、日本、西班牙、荷兰 5 个国家的南洋华侨机工家眷、社会团体等 200 多名各界友好人士相聚昆明，纪念南洋华侨机工壮举，弘扬机工爱国献身精神。在纪念大会上，云南省侨联负责人受中国侨联党组书记、主席林军和省委常委、省委统战部部长黄毅委托，转达了全国侨联、中共云南省委统战部对健在的南洋华侨机工老前辈及其所有机工家属的亲切慰问。97 岁的吴惠民老人代表南洋华侨老机工在大会上发言。云南省政协港澳台侨和外事委员会及昆明市相关负责人、陈嘉庚先生的孙子陈立人以及马来西亚槟城孙中山协会、马来西亚华人文化研究会负责人参加了纪念大会。3 日晚，在昆明抗战胜利纪念堂举行了主题为

"再会吧，南洋"的交响合唱音乐会。　　　（《云南日报》2014 – 09 – 04/余红，杨峥）

363 个 "中国侨界贡献奖" 颁出

9 月 12 日在京举行的中国侨联第五届新侨创新成果交流表彰会颁出 363 个 "中国侨界贡献奖"。全国政协副主席李海峰出席会议。363 个 "中国侨界贡献奖" 包括创新人才奖 187 名，创新成果奖 101 项，创新团队奖 75 个。据介绍，获奖的 187 名创新人才的研究领域既有数学、化学、物理等传统学科，也不乏生物医药、纳米技术、新能源等新兴学科。101 项创新成果、75 个创新团队分别来自高等院校、科研院所、民营企业等，涉及材料科学、农业种植养殖、生物医药、信息科学等 20 多个学科领域。"中国侨界贡献奖"由中国侨联于 2003 年设立，已举办五届表彰会，共表彰回国创业和为国服务中成绩突出的创新人才 661 人、创新成果 272 项、创新团队 129 个。（新华网 2014 – 09 – 12/黄小希）

"21 世纪海上丝绸之路高端论坛" 在福建泉州举行

14 日，"21 世纪海上丝绸之路高端论坛" 在位于福建泉州的华侨大学举行。同时，由华侨大学、中国新闻社、福建省侨办、福建省社会科学院、福建省社会科学联合会合作共建的海上丝绸之路研究院也在此间揭牌。"华侨大学敏锐把握时机，成立海上丝绸之路研究院，组织开展有针对性的研究，为丝路建设贡献力量，十分必要，也很有意义。"出席论坛暨研究院挂牌仪式的国务院侨办主任裘援平表示，作为主管部门，国务院侨办将全力支持研究院的发展建设，力争将其办成丝绸之路理论研究的学术高地和丝绸之路战略决策的重要智库。受聘为海上丝绸之路研究院名誉院长的裘援平表示，希望新成立的海上丝绸之路研究院要发挥 "侨" 的优势，围绕 "侨" 字作文章，用足用好华侨华人资源，突出研究的特色，为中国推进新丝路建设提供具有较高参考价值的决策建议，彰显研究理论的实践价值。主办方表示，"21 世纪海上丝绸之路高端论坛" 作为研究院的主要活动之一，旨在为从事海上丝绸之路研究的专家、政要、企业高管、资深媒体人搭建一个学术交流、战略研讨和凝聚共识的高端平台。国务院侨办主任裘援平、中国社科院亚太与全球战略研究院院长李向阳、广东海洋史研究中心主任李庆新、华侨大学讲座教授庄国土分别在论坛上作主旨演讲。据悉，为了打造中国 "21 世纪海上丝绸之路" 建设具权威性和影响力的智库，华侨大学海上丝绸之路研究院将统筹开展与新丝路建设密切相关的前沿性课题研究，为 "一带一路" 建设提供决策咨询，并整合海内外资源，提供交流研讨和凝聚共识的高端平台。

（中国新闻网 2014 – 09 – 14/孙虹）

深圳成立海外归国人员创业协会　促海归来深创业

海外华侨华人专才和留学归国人员前来深圳创新创业又有了新的服务平台，9 月 11 日，深圳市海外归国人员创业协会（以下简称 "海创会"）第一次会员大会顺利召开，选举产生以深圳市南方睿泰集团董事长钟国爽为会长的第一届理事会。这是继深圳海归协会、深圳市欧美同学会之后，在市委统战部、市侨办、市侨联的关心支持下，经市民政部门注册成立的又一社会组织。当天举行的大会上，会员们投票选举钟国爽为会长，君泽君律师事务所合伙人陈有春等 4 人为副会长，芬兰诺鼎联盟代表处首席代表李悦为秘书长，德勤华永会计师事务所深圳分所商务与税务咨询部经理田淑娟等 9 人为常务理事，深圳市投资基金同业工会稽查专员叶学敏、深圳市三众合创基金有限公司总经理杨炳龙等为监事。海创会的筹备与成立受到了市委统战部、市侨办、市侨联的高度重视。筹备期间，市委统战部副部长、市侨联主席、市侨办负责人马勇智曾多次率队调研，对海创会的未来发展寄予厚望。受马勇智委托，市委统战部社会组织联络处处长吴欢到会祝贺，她表示，深圳作为率先启动改革开放的地区，已吸引了超过 5 万名海外留学归国（以下简称"海归"）人才来深圳创新创业，大批海外华侨华人专才把深圳作为他们回国创新创业的首选地。海创会的成立，将凝聚和团结更多有创业激情的精英，为深圳新一轮的改革发展注入新的活力。新当选的会长钟国爽表示，海创会会员都是一群有热情、有梦想、有勇气的创业海归，今后，他将和全体理监事成员一起共同努力，为在深圳创新创业的海归提供实实在在的帮助，为深圳统一战线工作、全市人才发展战略、推动深圳社会经济发展做出新贡献。据介绍，与其他海归组织不同，海创会的服务对象除了海归之外，其他对海归来深圳创新创业有帮助的人员也可以加入海创会。近年来，由海外留学人员回国创立的企业如雨后春笋般涌现。据市外国专家局不完全统计，截至今年上半年，深圳市引进留学人员总数已经突破 5 万大关，"留"字号企业已超过 2 000 家，超亿元产值的逾 30 家，几乎 100% 属于智慧型的科技创业企业。"海归经济"独领风骚，成为深圳自主创新与产业提升的重要力量。为吸引海外人才来深圳创新创业，深圳市各级侨务部门制定了一系列鼓励政策，适时地成立了深圳海归协会、深圳市欧美同学会、龙岗区侨青商会等平台，密集举办"海归创业论坛""海归项目投融资对接会"等活动，形成了引进海外人才的长效机制。此次海创会的成立，使全市人才强市战略再添生力军。　　（广东侨网 2014 – 09 – 15）

2014 年"海外社团中青年领袖研习班"在广州开班

据广州市侨办消息，9 月 15 日，由广东省侨办举办、广州市侨办首次承办的"海外社团中青年领袖研习班"在广州开班，有 20 个国家和地区的 30 多名海外社团中青年领袖参加。在为期五天的研习班课程中，学员们还将听到有关专家学者讲授海外华文媒体与公共外交、中国金融及证券市场、在穗创业经验、侨团领袖和侨团管理经验分享、国学精粹等课程，并到广东侨中、广州旅游商务学校等考察交流。研习班学员们均表示十分珍惜此次学习机会，力争学有所得、学有所用、学有所获，继续为促进中外交流、服务公共外交做出新贡献。　　（中国侨网 2014 – 09 – 17）

第二届广东华侨农场文化活动周展现多彩侨文化

由广东省侨办主办的第二届广东华侨农场文化活动周于 9 月 26 日起陆续在惠州、广州、江门三地的华侨农场分三大片区举行。广东省侨办副主任林琳表示，本届文化活动周将展现多元并蓄、开放包容的侨文化特色。据了解，从 9 月 26 日至 10 月 2 日，共有 14 个华侨农场的群众文艺骨干将分别参加在惠州潼湖、江门海宴、广州花都 3 个华侨农场的演出。本届文化活动周以"同心共筑美丽中国梦，共建共享幸福新侨区"为主题，主要活动内容包括在三地分别举办"中国梦归侨情"华侨农场文艺会演，展现广大归侨侨眷及职工群众和华侨农场的精神面貌；各举办一场图片展，主要展示在粤印支难民安置成果，以及华侨农场建功立业先进人物事迹。同时，三大片区还将各举办一场东南亚特色美食及特色农产品展，重点展示华侨农场归侨侨眷制作的各种东南亚特色风味美食。

（中国侨网 2014－09－27/郭军）

《福建华侨史》编修工作已展开　计划2017年完稿

　　记者从福建省政府新闻办 31 日召开的新闻发布会上了解到，《福建华侨史》编修工作于 2014 年 7 月启动，预计 2017 年 11 月完稿出版。福建省人民政府侨务办公室主任杨辉在发布会上宣布，福建省委、省政府决定编写一部反映闽籍侨胞在海外打拼奋斗和对家乡的眷恋与贡献的《福建华侨史》，全面梳理总结闽籍华侨华人在海外生存发展的历程和规律，反映其对住在国和祖（籍）国的重要贡献。据杨辉介绍，《福建华侨史》编修目标要求是："资料翔实、内容全面、特色鲜明、结论权威"，成为在国际华侨华人研究领域具有权威性和标志性的华侨史。全书初定分为一个主卷和五个副卷，总字数为 300 万—350 万字。主卷《福建华侨华人通史》分为上、中、下三篇，副卷作为主体部分的补充部分，分别为经济篇、社团篇、文化教育宗教篇、人物篇和侨乡篇。杨辉表示，作为全国重点侨乡，长期以来，广大闽籍乡亲始终关心关注和支持家乡的建设发展，为家乡经济社会发展献计献策、出资出力，是推动福建经济社会发展的重要力量。通过编修《福建华侨史》，可以为编写《中国华侨史》奠定基础，为子孙后代留下宝贵的历史记忆，促进中华优秀文化的传承，推动福建省融入海上丝绸之路建设，进一步凝聚侨心、发挥侨力，服务福建发展。为确保编修工作顺利开展，福建省政府专门成立了华侨史编纂委员会，副省长郑晓松担任编委会主任，确定 23 个涉侨研究机构、团体为编辑成员单位。

（新华网 2014－11－01/宓盈婷）

中国侨联与河南政府战略合作　助拓展侨务资源

　　11 月 1 日，河南省人民政府与中华全国归国华侨联合会战略合作协议签约仪式在商丘举行。中国侨联副主席李卓彬，省委常委、省委统战部部长史济春，省人大常委会副主任王保存，省政府副省长李亚，省政协副主席、省工商联主席梁静等出席签约仪式。根据协议，中国侨联将通过发挥海内海外两个平台、财力智力两种资源优势，积极打造有效的项目平台和工作载体，支持河南省富有成效地开展"以侨引资、以侨引智、以侨促贸"工作，为河南省引进资金、人才、技术和先进管理经验；鼓励东部侨务资源丰富的省市侨联加强与河南省的合作，引导、鼓励和组织侨商组织赴河南投资兴业；开展海外联谊，帮助河南省培育和拓展海外资源。中国侨联积极向海外侨界宣传河南，支持河南到海外开展相关推介活动，帮助河南与海外侨团建立友好关系，为河南缔结国际友好城市牵线搭桥，拓宽与外界联谊、合作、交流的渠道；实施"请进来，走出去"战略，促进河南对外开放；支持河南打造"亲情中华——中原文化海外行"和"圆梦中华——知名侨商中原行"品牌。中国侨联每年将多方邀请海外侨团、侨领、侨商、海外侨界高层次人才来河南开展投资贸易洽谈会等活动，鼓励他们来河南寻根谒祖、洽谈商贸、投资兴业；有倾向性地帮助河南广泛开展各类社会公益活动，争取更多海内外侨胞、港澳台同胞来河南捐资助学，依法兴办各类公益事业；大力支持河南省实施文化"走出去"战略，积极开展"亲情中

·189·

华"海外巡演和进行海外华文教育交流等活动，为中原文化走出国门创造条件。河南省人民政府将加强对侨联工作的领导，支持侨联各项工作开展，为中国侨联开展引智引才、文化交流、海外华文教育创造条件；制定有关引进华侨华人资金、技术、项目等方面的优惠政策，重视开发海外人力资源，注重引进华侨华人高科技人才、高级经营管理人才，吸引海外学者、经济能人回国创业，建立回国创业人员研发扶持基金和工作基地等。河南省人民政府与中国侨联将建立长期合作联系机制，根据需要进行定期或不定期会晤，沟通情况，研究工作，协商解决有关问题，安排阶段性工作任务，共同把双方的合作推向更高水平。

(《河南日报》2014 - 11 - 03/王平，李娅飞)

60 万温籍华侨华人遍布全球　成中国民间外交生力军

"一个温州人就是一个公共外交平台，一个温州商会就是一个微型外交使馆。"11 月 6 日，在"与世界握手——华侨与公共外交高峰论坛"活动上，温州市政协常委、温州大学教授张小燕表示，温州这片土地上有着深厚的外交文化和抱团理念，且温州人乐于交往、善于交往，是天然的民间外交家。11 月 6 日，由温州公共外交协会联合温州大学和察哈尔学会共同举办的"与世界握手——华侨与公共外交高峰论坛"在温州市人民大会堂举行。与会的华侨华人及嘉宾就中国公共外交的方向、发挥华侨华人在公共外交中的天然使者作用等方面进行了探索。温州是我国首批 14 个对外开放的沿海城市之一，也是中国著名的侨乡。敢为人先的温州人历尽艰辛、闯荡海外，在世界各地各领域拓展事业，他们在异国他乡创业发展的同时，利用自身的专业知识、社会地位和影响，从事着多种方式、较大范围的公共外交活动，成为名副其实的民间外交家。"温州开展公共外交的重心和着力点都在'侨'字。"温州市政协主席包哲东说，温州的华侨资源十分丰富，因此温州市政协积极引导政协海外委员加入协会，加强联络联谊，促进各侨居国的温籍侨领形成联盟，使他们成为民间外交的生力军。目前，温州有 60 多万海外华侨华人分布在世界 131 个国家和地区，海外温籍侨团 304 个，海外投资促进联络处 70 家。全市有出国留学人员近 4 000 人，分布在 23 个国家和地区。这些年，遍布世界各地的温州人演绎了许许多多的精彩故事，他们在维护家乡及国家利益、展示家乡和国家新形象方面，都有不同于官方的独特优势。温州市政协副主席、温州公共外交协会会长徐育斐表示，温州公共外交协会希望通过温州的外交实践来引导华侨关注自己在国外的形象，从而树立起良好的区域形象。"把过去无意识的转变成自觉的、有意识的公共外交行为。"据了解，温州公共外交协会成立于 2012 年 5 月，是全国第一个地市级公共外交协会组织。目前共有 293 位理事，分别来自温州涉外涉侨部门、企事业、高校、研究机构和社会团体。通过广大理事积极的公共外交实践，推动公共外交理念、交流和反映温州市的公共外交动态，搭建中国和世界交流的民间桥梁，促进温州和世界的广泛联系。　　(中国侨网 2014 - 11 - 07/张茵等)

全国人大常委会副委员长艾力更·依明巴海：
加快推进中国侨务法治建设

7 日，全国人大侨委工作座谈会在武汉召开，全国人大常委会副委员长艾力更·依明巴海出席会议并讲话。他强调，要认真学习党的十八大和十八届二中、三中、四中全会精神，深入学习习近平总书记在庆祝全国人民代表大会成立 60 周年大会上的重要讲话精神和张德江委员长在庆祝全国人民代表大会成立 60 周年理论研讨会上的重要讲话精神，深入研讨人大侨委全面贯彻宪法保护侨益规定，加快推进中国特色社会主义侨务法治建设，推动侨务工作深入发展，为实现中华民族伟大复兴的中国梦做出新贡献。艾力更·依明巴海指出，中国是一个海外侨胞和归侨侨眷众多的国家。广大海外侨胞和归侨侨眷是中国独特的国情和重要的资源，是国家综合国力的重要组成部分，是维护国家利益的重要力量。发挥、保护和涵养好侨务资源，对于实现中华民族伟大复兴的中国梦非常重要。艾力更·依明巴海强调，党和国家历来高度重视侨务工作和维护侨益工作。中国宪法颁布实施以来，全国人大常委会认真实施宪法保护侨益规定，在涉侨立法、监督和法制宣传等方面都取得了很大成效。艾力更·依明巴海要求，人大侨委要进一步增强侨务法治建设的使命感，做好涉侨立法调研工作，加大涉侨监督工作力度，保证涉侨法律法规和侨务政策的贯彻落实。全国人大常委会委员、全国人大华侨委员会主任委员白志健在座谈会上作主题讲话。湖北、天津、江苏、浙江、福建、江西、广东、海南、贵州、新疆等省、自治区、直辖市代表依次发言。湖北省委书记、省人大常委会主任李鸿忠，省长王国生会见了艾力更·依明巴海一行，省人大常委会党组书记、常务副主任李春明在座谈会上致欢迎辞，省人大常委会副主任赵斌参加座谈会并发言，副省长甘荣坤介绍了湖北省省情、侨情。全国人大常委会委员、全国人大华侨委员会副主任委员黄华华，全国人大常委会副秘书长、全国人大华侨委员会委员刘水生，全国人大华侨委员会委员张余亭，新疆维吾尔自治区人大常委会副主任约尔古丽·加帕尔等出席座谈会。全国 31 个省、自治区、直辖市以及青岛、厦门、深圳 3 个重点侨乡市人大侨委及办公室负责同志，湖北省人大民宗侨外委及部分市人大常委会负责人与会。
（《湖北日报》2014 – 11 –08/翟兴波，陈宓夷）

北京市侨办签署三方战略合作　推进侨商中心建设

11 月 17 日，北京市政府侨办与石景山区政府、首钢总公司签署关于"共同加快北京西部地区转型发展推进世界侨商创新中心建设"的战略合作协议。国务院侨办主任裘援平，副主任庄荣文，市委常委、统战部长牛有成，副市长程红主持签约仪式。中国侨商会邀请的来自 11 个国家和地区的 44 位海内外知名侨商代表出席签约活动，并考察新首钢高端产业综合服务区。"世界侨商创新中心"是市政府侨办、石景山区政府和首钢总公司为深入贯彻京津冀协同发展国家战略，落实北京市委市政府"加快西部地区转型发展"工作部署，充分调动海外侨务资源服务首都经济社会发展而共同推动的重点项目。此项目将进一步推动海外有实力的华侨华人企业分享首都北京发展机遇，为北京汇集更多的国际性发展要素贡献力量，并带动更多海外华侨华人把自身事业发展与祖（籍）国的发展联系在一起。市政府侨办主任刘春锋、石景山区区长夏林茂、首钢总公司董事长靳伟共同签署战略合作协议。石景山区政府和首钢总公司分别进行推介。国务院侨办相关司局与北京市有关部门领导参加签约活动。
（北京侨网 2014 – 11 – 18）

首届世界华文文学大会开幕　韩启德寄语传承文化

由中国国务院侨办主办，暨南大学、中国世界华文文学学会承办的首届世界华文文学大会 19 日在广州开幕，来自近 30 个国家和地区的 400 余名嘉宾与会。"这是一次国际性、开放性的全球华文文学盛会。"全国政协副主席韩启德在会上指出，华文文学为世界所关注，伴随着华侨华人移居海外的步履，华文文学也在异乡的土地上生根发芽，是中华文化与世界各民族文化相遇、交汇、交融而开出的文学奇葩。他表示，广大海外华文文学作家根植异域，守望中华故土，创作出大量脍炙人口的名篇佳作，在慰藉游子乡愁、温润侨胞心灵的同时，传承中华民族的精魂，赓续中华文化的基因，丰富世界多元文化的色彩，也培育了中国人民与世界人民的友谊之花。"华文文学作用独特，华文作家大有可为。"韩启德在会上寄语华文文学界人士努力传承和弘扬中华优秀文化，致力推动华文文学繁荣发展，助力实现中华民族伟大复兴的中国梦。国务院侨办主任裘援平指出，中华优秀文化在海外的广泛传播，离不开广大海外侨胞特别是华侨华人文学家、艺术家的努力与奉献。"你们为中华文化的传承与弘扬，为华文文学在海外落地生根、开花结果，为促进中外文化交流做出了积极贡献。"她希望全球华文文学界人士，特别是华侨华人文学家、艺术家扎根海外华侨华人社会；发挥融通中外、学贯中西的优势，植根中华优秀文化土壤，借鉴不同文明文化精粹；遵循文艺规律，观照现实生活，讲述中国好故事，传播中国好声音。广东省人大常委会主任黄龙云、广州市市长陈建华、暨南大学校长胡军、中国世界华文文学学会会长王列耀、马来西亚华人张晓卿等在开幕式上致辞。据主办方介绍，首届世界华文文学大会以"语言寻根、文学铸魂"为宗旨，以"华文文学的文化传承与时代担当"为主题，旨在广泛团结联谊五大洲华文文学界人士，促进全球华文文学团体间的交流与合作，凝聚全球华文文学界力量，更好地推进中华优秀文化的全球性传播。吉狄马加、陈若曦、严歌苓、汪国真、刘斯奋、尤今等文学界知名人士受邀出席。根据日程安排，本次大会将举办开、闭幕式，高端论坛，专题论坛，"文化中国·四海文馨"首届全球华文散文大赛颁奖典礼，世界华文文学联盟成立仪式等，力争为与会嘉宾提供一个充分交流的平台。会后，参会代表还将在广东省内开展为期两天的文化考察。

（中国新闻网 2014 - 11 - 19/杨凯淇，郝爽）

广东省侨联已与全球近 300 个社团缔结"友好社团"

记者 20 日从广东省侨联了解到，近五年，广东各级侨联以"木棉花开遍全球"为目标，积极开展与海外和港澳台地区的联络工作。目前，广东省侨联已与 113 个国家和地区的 1 200 多个社团建立了联系，与海外 114 个社团和港澳台地区 166 个重要社团缔结为"友好社团"。据悉，广东省第十次归侨侨眷代表大会将于 11 月 30 日在广州举行。来自 50 多个国家和地区的 300 多位海外嘉宾、侨领，以及近 800 名代表共 1 200 多人将出席会议。大会将审议省侨联第九届委员会工作报告，选举产生新一届省侨联领导班子，表彰全省侨联系统先进集体和先进个人。目前，大会各项会务准备工作已基本完成，大会组织人事筹备工作已全部就绪，参加大会的代表已按照规定程序产生。据了解，过去五年，广东省各级党委政府高度重视侨联工作。2009 年，广东省委办公厅在全国率先出台《关于加强和改进新时期我省侨联工作的意见》。今年 5 月 23 日，中共中央政治局委员、广东省委书记胡春华同志主持召开省委常委会议，听取省侨联工作汇报，并对全省侨联工作提出了要求。近期，省委将出台《关于加强和改进新形势下我省侨联工作的实施方案》。五年来，广东省侨联进一步优化广东省侨界仁爱基金会、广东国际华商会、广东省侨联青年委员会、侨联网站和《华夏》杂志五大工作平台。全省 21 个地级市有 16 个市侨联相继成立了侨青委，有 15 个市侨联成立了法顾委，一些市侨联成立了侨（华）商会、留学生联谊会等社团组织。截至目前，全省侨联组织发展到 7 922 个，深入到基层、侨乡、社区、村镇。五年来，广东省各级侨联围绕加快转变经济发展方式需要，进一步强化服务、搭建平台，引导广大归侨侨眷和海外侨胞参与广东省经济建设，服务经济转型升级；发挥海外联系优势，帮助了解国外投资环境，建立国际商业网络，为国内企业走出去搞好服务。五年来，广东省各级侨联组织坚持"以侨为本、为侨服务"的理念，不断创新服务载体和服务方式，立足基层，在全省创建了一批"广东侨界人文社区（示范点）"，维护广大归侨侨眷和海外侨胞的合法和正当权益。全省各级侨联接待来访 15 071 人次、来信 4 455 件、来电 12 927 人次、其他 1 733 件，办结案件 11 308 件，维护了侨胞合法权益。五年来，各级侨联争创文化品牌，大力弘扬中华文化，广泛开展文艺演出、书画展览等丰富多彩的活动，满足侨界群众的精神文化需求。在海内外创建了一批"侨界文化基地""侨资企业文化特色之星"和"海外文化交流中心"，成为侨界开展群众文化活动和文化交流的重要平台。广州华人文化艺术节成功举办五届，推动了中华文化艺术与国际文化艺术的交流和融合。

（中国侨网 2014 - 11 - 21/郭军）

中国中西部首家省级侨联基金会在长沙成立

由湖南省侨联、湖南省侨界知名企业家共同发起的湖南省华侨公益基金会 25 日在长沙成立。据称这是中国中西部首家省级侨联基金会。中国侨联华侨公益事业管理服务中心主任何继宁表示，该基金会的成立为广大海外华侨华人、归侨侨眷和社会爱心人士奉献社会提供了新的平台，将成为湖南省公益慈善事业的重要组成部分和有力补充。五年来，湖南省侨联坚持开展"侨爱心工程""光明行动"等公益活动，共引进海外华侨爱心善款上亿元；兴建"侨爱心学校"百余所，资助贫困生逾 2 000 名；救助耳聋、白内障患者等弱势群体 1 500 余人。其中，由归国华侨、湖南省侨联兼职副主席谢鼎华主持的湖南省"启聪扶贫计划"和国家"七彩梦"项目，共救治聋哑儿童 1 000 余例，涉及扶贫援助经费数千万元。而湖南省侨联携手香港"阅读·梦飞翔"文化关怀慈善基金会，则在中国内地农村兴建了大量的《文化书屋》。何继宁称，为更好地整合侨务资源，凝聚侨心、发挥侨力，湖南省侨联在官方支持下，牵头筹备建立了华侨公益基金会。基金会由湖南省财政提供 200 万元注册资本，省内外热心侨商和爱心人士捐款上千万元，共募集注册资金 1 000 余万元。成立仪式上，盛世神农集团、湖南省华兴实业发展有限公司、湖南省蓝马车业集团等侨资企业负责人现场各捐赠善款 300 万元。这三家企业的董事长张季宝、向长江、庄启宁被湖南省侨联授予湖南省华侨公益基金"侨爱心大使"荣誉称号。张季宝被推选为湖南省华侨公益基金会首任会长。张季宝表示，基金会将积极筹措资金，不断提升基金会的造血功能；依据国家法律、法规，做好基金管理工作，充分发挥好基金效益；加强与其他基金会的沟通合作。"我们也希望通过基金会，起到抛砖引玉的作用，以此带动更多侨资企业和侨界人士积极踊跃参与侨联公益活动。基金将主要用于服务侨胞，开展赈灾救助、扶贫济困等公益活动，积极推动社会公益事业发展。"张季宝说。

（中国新闻网 2014 - 11 - 26/唐小晴）

中国侨联将"树人班"等作为"侨爱心工程"主推项目

27 日上午，中国侨联举行了新闻发布会。会上，中国侨联副主席、新闻发言人乔卫表示，中国侨联将把资助开办"树人班""珍珠班"作为"侨爱心工程"的主推项目。"侨爱心工程"是中国侨联集中打造的一项公益品牌，旨在发扬广大归侨侨眷、海外侨胞及港澳台同胞爱国爱乡、热心公益的优良传统，兴学助教、扶危济困，为科教兴国和西部大开发贡献力量。据了解，今年以来，海内外侨界热心公益人士捐建侨爱心学校 11 所，图书室 11 间，新设立"树人班"4 个，协助创立"珍珠班"15 个，培训"树人班"班主任和优秀学科教师、项目负责人共 70 名。全年共有 150 名"树人班"学生参加高考，大学本科录取率 98%；有 5 893 名"珍珠班"学生参加高考，大学本科录取率 96%，其中有 314 名同学考入香港及全国前十名的高校。　　　　　（人民网 2014 - 11 - 27/徐娅文）

2014 中国（深圳）海归创业大会召开　助海归实现创新梦

侨务部门搭台，海归精英唱戏。11 月 23 日，由深圳市侨办、市侨联主办，市海归协会承办的 2014 中国（深圳）海归创业大会在深圳五洲宾馆开幕。这是市侨务部门连续第三年以"海归创业"为主题举办活动，帮助来深发展的海归创新创业，受到广大海归精英和投资人的欢迎。中国侨联副主席乔卫，市委常委、统战部长林洁，市委统战部副部长、市侨联主席、市侨办负责人马勇智，以及中央统战部六局相关处室负责人出席活动。据悉，举办海归创业大会是深圳市侨务部门积极贯彻落实中央《国家侨务工作发展纲要》《关于加强和改进新形势下侨联工作的意见》等文件精神，贯彻落实全国、全省和全市侨务工作会议精神，努力抢抓机遇，将侨务资源和人才强市、发展战略性新兴产业有机结合的生动实践。　　　　　（《深圳侨报》2014 - 12 - 01/李恩等）

安徽近五年侨商投资逾 200 亿元　凝聚侨力推动发展

安徽省人民政府侨务办公室 2 日的最新统计显示，近五年来，安徽省侨务部门邀请 50 多个国家和地区的 3 000 多名侨商侨领来皖参观考察、洽谈投资，协议投资额逾 200 亿元。安徽省侨办主任张箭表示，安徽省通过"海外乡友安徽行""侨商安徽行""侨资企业西部行""海外华侨华人高层次人才安徽行"等活动，从"亲缘""地缘""业缘""物缘"等方面凝聚侨力，推动侨商来皖创业发展。目前，安徽省有皖籍华侨华人和港澳同胞近 45 万人，归侨侨眷约 60 万人，侨资企业 6 000 多家。张箭说，为了促进安徽省产业转型升级，安徽省侨务部门以重大科研项目、留学生创业园等为载体，引进紧缺人才，扶植了 20 多个华侨华人创新创业团队，并协助邀请了 1 000 多位海外华裔科技人才来皖开展交流合作，如西雅图波音公司电脑工程师李兆郁博士、美国国家环保署经济学家李其博士等。该省与 30 多个海外侨团签订了紧密合作共建框架协议，支持旅外皖籍侨胞成立安徽华侨华人社团，目前在 17 个国家和地区建有 50 多个安徽商会、联谊会和科技协会等侨团组织。为切实保护侨胞在皖合法权益，安徽省有关方面拟定了《安徽省华侨投资保护条例起草工作实施方案》，正积极推进华侨投资保护立法工作。

（中国新闻网 2014 - 12 - 02/倪欣然，吴晓凡）

第三届世界华文教育大会开幕　杨洁篪接见与会代表

　　由国务院侨务办公室和中国海外交流协会主办的第三届世界华文教育大会 7 日在北京人民大会堂开幕。国务委员杨洁篪于开幕式前在金色大厅接见了来自 50 个国家和地区的 500 余位华文教育界参会代表。开幕式上，国务院侨务办公室主任裘援平作了题为"发展华文教育，振兴华文学校"的主题报告，总结发展华文教育的历史启示与经验，介绍开展华文教育工作的新进展和目前面临的新形势、新情况以及国务院侨办支持华文教育发展的主要举措。"华文教育是面向 6 000 多万华侨华人特别是华裔青少年群体，系统开展民族语言学习和中华文化传承的工作。"裘援平说，华文教育不仅维系着华侨华人的民族特性及与祖（籍）国的情感联系，而且辐射到各国主流社会，是覆盖最广、相对正规、长期有效的海外中华语言文化教育形式，对提升中华文化影响力、增强国家软实力具有不可替代的优势。一直以来，华文教育被誉为中华文化在海外的"希望工程"，中华民族在海外的"留根工程"，也是华侨华人社会最重要的"民生工程"。裘援平介绍说，国务院侨办秉承"以人为本，为侨服务"的宗旨，积极会同有关方面，在华文教材研发推广、华文教师培养培训、华文学校发展建设、举办华裔青少年活动等方面做了大量工作。她指出，面对新形势、新机遇，国务院侨办愿与海内外的华文教育工作者，以及所有热心华文教育的人士一道，以改革创新精神推进新时期的华文教育工作，引导华文学校转型升级发展，推动华文教育向标准化、正规化、专业化方向迈进。"我们要紧密携手，抓住机遇，开拓进取，共同做好新形势下的华文教育工作，让中华民族的优秀精神基因在海外世代相传。"国务院侨办还在会上表彰了 1 646 名海外优秀华文教师和 120 名热心华文教育人士，并为 38 所海外华文教育示范学校颁授了牌匾。此外，"发现东方之美"海外华裔青少年"中国寻根之旅"微信大赛也在会上启动。据国务院侨办介绍，第三届世界华文教育大会旨在进一步加强海内外华文教育工作者的交流与合作，探索共同做好新时期海外华文教育工作的新思路、新举措，广泛凝聚共识，携手推动海外华文教育大发展。接下来的两天里，与会代表将围绕"发展华文教育，振兴华文学校"的主题进行充分交流和信息沟通。

（中国新闻网 2014 - 12 - 07/杨凯淇，陶煌蟒）

中国 20 年建留学人员创业园 260 家　吸引 4 万名海归人才

　　据中国政府网消息，自 1994 年全国首家留学人员创业园——金陵海外学子科技工业园在南京成立以来，到 2013 年底，全国已建成各级各类留学人员创业园超过 260 家，在园企业超过 1.6 万家，累计孵化企业超过 3.5 万家，有近 4 万名留学人员在园创业和工作，实现了跨越式发展。留学人员创业园是国家"火炬计划"和国家创新体系的重要组成部分，在吸引海外人才创业和培育成功企业家、促进科技成果转化和产业化、培育战略性新兴产业、提高区域科技创新能力、提升企业国际竞争力、弘扬创新创业文化等多方面起到了重要的推动作用。

（中国侨网 2014 - 12 - 10/申宁，张胜磊）

上海成立首批"新侨创业实践基地" 形成"侨帮侨"模式

首批"上海市新侨创业实践基地"10 日在上海挂牌成立,拟给予创业初期的新侨实质性的指导和扶持,形成"侨帮侨"的新模式。首批成为"上海市新侨创业实践基地"的企业有两家,分别是上海神力科技有限公司和振丰(上海)有限公司,中国侨联副主席、上海市侨联主席沈敏和中国侨联经济科技部部长陈桦为两家基地授牌。经过多年发展,上海以其自身优势成为新侨回国创业的首选地。海归在关键产业、关键技术等方面取得了多项突破,产生了众多中外上市企业,但新侨创业也因为经验匮乏、信息不对称等因素被制约发展。上海市侨联运用海外优势资源,积极推动人才、技术、项目、平台的对接互动,为新侨提供优质的创业平台。沈敏在挂牌仪式上表示,"上海市新侨创业实践基地"的建立是上海市侨联响应中共中央提出的"两个拓展"新要求的创新举措,是新形势下"侨帮侨"模式的新探索,实践基地将整合新侨资源、凝聚侨企力量,发挥新侨企业在企业发展中的引领示范作用,调动新侨人才的创业积极性,更好地提升侨联组织服务新侨和服务上海经济发展大局的能力与水平。

(中国新闻网 2014 – 12 – 11/许婧)

1.5 万余海外华侨华人到苏州创新创业

苏州市海外交流协会第三届六次常务理事会暨苏州市侨商投资企业协会理事大会 25 日召开。会议审议通过了由苏州市海外交流协会会长顾伯铭和苏州市侨商会会长沈晨冰所作的 2014 年度工作报告,增补了部分副会长和常务理事,并向部分侨界慈善家颁发了"华侨捐赠证书"。苏州是海外华侨华人高层次人才创新创业的集聚地和首选地。苏州市海外交流协会和苏州市侨商投资企业协会充分发挥会员拥有的先进技术、创新理念、商业模式和管理经验的优势,积极助推苏州经济转型升级。近年来,随着"姑苏人才计划"和"1010 工程"等一系列吸引海外华侨华人高层次人才和高新产业项目落地的措施,苏州已成为新侨回国创业最具有吸引力的城市之一。新侨群体也已成为推动苏州市经济转型升级的重要力量。目前,苏州累计注册外资企业 2.4 万多家,其中侨资企业近万家,占比超过三分之一。在这些侨资企业中,新侨创办的高科技企业超 80%,涌现出像美籍华人江必旺创办的微纳科技、澳籍华人李政德创办的澳昆智能机器人等一大批拥有自主知识产权的高科技企业。据了解,近年来,到苏州创新创业的华侨华人在数量和质量上都有了很大的发展,该市引进国家千人计划专家 157 人,99% 是华侨华人;江苏省双创人才 403 人,85% 是华侨华人;姑苏领军人才 606 人,85% 是华侨华人;到苏州创业华侨华人有 15 700 多人,华侨华人来苏创新、创业均为全国地级市首位。

(中国侨网 2014 – 12 – 26/周建琳)

2015 年侨务信息

广东省省长：将汕头华侨试验区打造成通侨联侨枢纽

广东省省长朱小丹 23 日表示，要将华侨试验区打造成国家战略层面通侨联侨重要枢纽，发挥华侨资源在新一轮对外开放中的积极作用和独特优势。朱小丹当日与中国国际经济交流中心副理事长张晓强就中国（汕头）华侨经济文化合作试验区发展总体规划进行交流时作出上述表示。2014 年 9 月，国务院批复同意在汕头经济特区设立华侨经济文化合作试验区（简称"华侨试验区"）。中国国际经济交流中心受汕头市委托组织编制华侨试验区总体规划。朱小丹表示，要深刻理解国家在汕头设立华侨试验区的重大战略意义，把华侨试验区打造成汕头经济特区的经济增长点，带动粤东地区振兴发展；打造成 21 世纪海上丝绸之路的重要门户，服务国家对外开放大局、增创广东对外开放新优势；打造成国家战略层面通侨联侨重要枢纽，发挥华侨资源在新一轮对外开放中的积极作用和独特优势。朱小丹称，华侨试验区总体规划要把握好战略定位，突出"特"字和"侨"字，与国际通行规则接轨，推进体制机制创新。此外，还要积极对接国家"十三五"规划和海峡西岸经济区等国家层面规划，做好与当地国民经济发展规划、城市总体规划、海湾新区发展总体规划等专项规划衔接。张晓强表示，课题组此次来粤主要是就华侨试验区起步区、交通基础设施、澄海动漫产业等进行实地调研，进一步完善华侨试验区发展总体规划和政策创新建议；并将与国家有关部门和广东省、汕头市加强沟通协作，按照时间节点完成各项任务并上报研究成果，确保华侨试验区总体规划研究编制顺利推进。

（中国新闻网 2015 - 01 - 23/索有为，李凌）

世界闽籍华侨华人社团联谊大会在福州举行

世界闽籍华侨华人社团联谊大会 25 日上午在福州召开，来自美国、英国、丹麦、南非以及中国香港、澳门等 50 个国家和地区，155 个社团，逾 200 名社团侨领、闽籍华商出席大会。"当前，大家也知道，中央把福建，也就是你们家乡的发展提升到了国家战略发展的高度，提出了一系列支持福建加快经济社会发展的政策措施，福建迎来了新一轮大繁荣、大发展机遇。"国务院侨务办公室主任裘援平出席了大会并致辞，她表示，中央支持福建加快经济社会发展的一系列措施，也将为闽籍侨胞带来融通中外、建设家乡、发展自身事业的宝贵的机遇。裘援平称，相信广大闽籍侨团的负责人，一定能够继续发挥影响力和带动力，与海内外的福建乡亲们一道，积极投身海外和谐侨社建设，积极投身祖国和家乡建设发展的大潮。福建省副省长郑晓松出席大会并致辞。此次联谊大会是福建省首次世界性侨务社团大会，既承接了在北京召开的第七届世界华侨华人社团联谊大会精神，又结合中央加大力度支持福建发展、福建自贸区获批之机，旨在进一步凝聚海外侨胞的向心力。会议通报了 2014 年"和谐侨社年"活动和 2015 年和谐侨社工作建议；通报了福建省实施"惠侨工程"行动工作计划；部署了第八届世界福建同乡恳亲大会及"侨社礼赞"

活动有关事宜。菲律宾菲华商联总会、马来西亚福建社团联合总会、新加坡福建会馆、香港福建社团联合会、南非华人警民合作中心5个社团代表介绍了和谐侨社建设的新动态。会议专门邀请了福建省社科院副院长李鸿阶介绍中央支持福建加快进一步发展的有关情况，福州、厦门、平潭有关部门代表介绍了福建自贸区的建设进展。福建省侨务新闻门户——闽侨网在联谊大会上正式上线。

（中国新闻网 2015 – 01 – 27/闫旭）

广东江门市首次提出启动 "中国侨都" 建设

2月5日，为期两天的（广东）江门市第十四届人民代表大会第五次会议开幕。该市政府工作报告首次提出启动 "中国侨都" 建设，表示要擦亮 "中国侨都" 的城市名片，打好 "侨" 牌，组建全市侨务工作协调小组，制订和启动全市侨务工作规划及行动方案。报告介绍，江门去年实现生产总值2 083亿元，同比增长7.8%。金融信贷增长18%，居珠三角第二，成为广东唯一的国家级小微企业信用体系建设试验区，5家企业在境内外上市，为历年数量最多。2015年，江门全市经济发展的预期目标为生产总值增长8%左右，一般公共预算收入增长10%。报告中指出，江门今年将深化 "三边" 发展战略，推动 "东提西进、同城共融"，落实 "区域协同、经济蓄势、城市振兴、民生保障、政府提效" 五大任务，实现幸福侨乡建设有新的突破。广东省珠西行动计划为江门带来了新的机遇，报告明确要求，深化与广佛都市圈的对接，推动 "江佛一家"，抓好珠中江区域合作和珠西行动计划的落实。

（《南方日报》 2015 – 02 – 06/陶然）

侨交会由深圳侨商智库发起　旨在推动 "一带一路"

记者昨日（15日）获悉，（广东）深圳侨商智库成立，被广东省侨办列评为 "2014年广东侨务十件大事"。备受海内外关注的首届中国（深圳）华人华侨产业交易会（以下简称 "侨交会"），初定今年8月12—14日在深圳会展中心举行。来自巴拿马的华侨组织成为首家参展签约单位，目前已有超过300家海内外社团、企业有意向参展。首届深圳侨交会由深圳侨商智库牵头发起，联合9家海内外侨界社团共同主办，并已注资1亿元启动运作。展会按照 "政府支持、商协会主办、市场运作、社会参与" 的运营模式，发动全球各行业的华侨华人企业参加。记者从侨交会组委会了解到，截至2月11日，已有45个海外社团、商协会，209个国内社团、商协会和49家企业有意向参展。侨交会总经理王斌告诉记者，有参展意向的45个海外社团、商协会包括了澳大利亚、法国、比利时、阿联酋、泰国、马来西亚等大洋洲、欧洲、亚洲国家，209个国内社团、商协会则涵盖我国大部分省市。深圳侨商智库理事长郑汉明向记者介绍，侨交会旨在推动 "一带一路" 建设，之所以选择深圳，是因为这里作为移民城市，有着 "侨居" 属性和特点；同时，毗邻港澳，是中国内地的高端制造基地、"21世纪海上丝绸之路" 的桥头堡。而前海的开发，也将为 "海上丝绸之路" 打开资本大通道。

（《深圳晚报》 2015 – 02 – 16/刘万专，郑家庆）

裘援平：侨商投资占中国引资逾六成　筹建侨商银行

国务院侨务办公室主任裘援平在接受本报记者专访时表示，海外有6 000多万华侨华人，分布在世界 200 多个国家和地区，他们长期在海外生存和发展，深深地扎根和立足于所在国家，具有融通中外的独特优势。

侨商投资占中国引资六成以上

裴援平指出，伴随着中国的发展，海外华侨华人整体发展地位和所产生的作用与日俱增，他们的整体文化程度、经济实力、社会影响和政治参与度以及对所在国家方方面面的社会影响有明显改观和提升。我们在实现中国梦的过程中如何发挥华侨华人作用，显得特别重要和突出。裴援平称，比如实现中国现代化建设方面，海外华侨华人中相当一部分人从事工商业，特别是东南亚地区，华商经济较为发达。广大侨胞对于参与中国现代化建设抱有热情，长期以来，国务院侨办始终注意回应海外侨胞的要求，坚持和地方联合举办招商引资活动，引导华商侨商参与国家建设。改革开放 30 多年来，侨商投资占中国引进外资的 60% 以上，在广东、福建等侨乡大省，这个比例更高。裴援平介绍，侨务部门还以多种形式组织"招才引智"活动，面向海外专业人士，帮助他们在国内搭建创新创业平台，提供必要的政策和生活环境。海外专业人士占从国外引进高端人才的 80%，这部分人带来的不仅仅是智力，更重要的是高科技成果和先进管理经验，在中国推动自主创新能力方面作用非常突出。

侨胞投身国家建设大有可为

裴援平指出，最近以来，中国推出了一系列发展战略，包括"一带一路"建设、京津冀协同发展、长江经济带建设等。侨务部门主要是在"一带一路"建设和京津冀协同发展两个点发力，引导和推动海外侨胞参与国家重大发展战略的实施，在参与的同时也促进他们自身发展，是摆在侨务部门面前的重要课题。在这个方面华侨华人尤其具有独特优势。比如，京津冀协同发展的核心，是北京市要把其非首都功能迁出，迁出去不意味着空心化，而是发展一些现代服务业等高端产业，这就需要借鉴国外经验，引进包括华侨华人在内的海外高端人才。

中国侨商银行正在筹划建立

裴援平表示，"一带一路"建设的沿线国家，特别是核心区域聚居着大约 4 000 万华侨华人，是海外华商经济最发达的地区，海外华商朋友的产业也基本布局在这一带，他们可以在"一带一路"建设当中投入道路、航线、物流、产业带等建设，可以和他们从事的、拥有的产业布局很好地结合起来。沿线产业的发展，在很大程度上就是参与"一带一路"的建设。目前，国内参与"一带一路"建设的积极性很高，海外部分如何推进，情况较为复杂。在这种情况下，华侨华人的作用凸显。裴援平说，"一带一路"沿线的一些华商积极主动向我们询问，能够以什么形式和方式参与到"一带一路"建设中来，国务院侨办也在加大对他们的引导和支持力度。例如举办一些专题活动，在 2015 年博鳌亚洲论坛框架内，我们还要举办华商与华人智库的圆桌会，以推动"一带一路"建设为主题。今年有一些招商引资活动也会突出"一带一路"建设主题。此外，中国侨商会正在筹划建立中国侨商银行，进一步融汇侨商资本，加大对侨商在国内投资兴业的支持力度。

（《人民日报》海外版 2015 – 03 – 10/杨子岩）

朱奕龙：发挥侨联作用，引华商参建"一带一路"

"20 世纪 80 年代初期，海内外华侨华人发挥了改革开放'排头兵'的作用。今天，侨联组织应该更加自觉地肩负起推进'一带一路'战略'排头兵'的重任，当好文化交流的使者，增进沿线各国人民的认知认同，加深各国人民友谊，凝聚起共商共建共享的强大力量。"朱奕龙委员建议，要发挥侨联作用，引导华商参与"一带一路"建设。朱奕龙委员说，国家提出"一带一路"战略一年多来，侨联、侨团、侨领、侨商以及政协组织中的侨界委员，都非常关注"一带一路"战略建设。面对"一带一路"战略实施遇到的问题和困难，需要我们尽快建立联系沟通机制，建立多层次互动交流的大平台，整合侨务资源，形成合力，为"一带一路"战略开展创新性的服务活动；建议侨联通过牵线搭桥，吸引海外更多的华侨华人投身于"一带一路"建设，使他们成为"一带一路"建设的受益者，从而成为"一带一路"战略的宣传员、信息员、联络员。"侨联组织要积极促进与沿线国家教育、文化、旅游、卫生以及慈善事业等领域交流合作，扩大人文合作领域，促进民间交流合作，为建设'一带一路'桥头堡群夯实民意基础和社会基础。"朱奕龙委员说。

（《宁夏日报》2015 – 03 – 11/房名名等）

"2015 天津·世界侨商名品博览会"举行推介会

3月9日下午，天津市侨办副主任杜承雪一行四人到沪拜访上海市侨办，并在此间举行"2015 天津·世界侨商名品博览会"推介会。"2015 天津·世界侨商名品博览会"定于2015 年6月19日至23日在天津梅江国际会展中心举行。本届侨博会由中国侨商会与天津市侨办共同举办，将集中展示和展销海内外侨商名优产品，显现侨商产品聚集效应。当天，上海市侨办主任徐力会见了客人一行，上海市侨办副主任刘建平及近十位在沪侨商代表参加推介会。天津市侨办副主任杜承雪对上海市侨办和上海市侨商会支持此次推介会表示感谢，并介绍了本届侨博会的概况，希望上海市侨办和上海市侨商会向在沪侨商做好宣传工作，吸引更多侨商参会。上海市侨办主任徐力表示，此次侨博会搭建了集中展示侨企产品的平台，上海市侨办将积极组织有需求的侨商有针对性地参会。上海市侨办副主任刘建平在推介会上希望参会侨商用好侨博会平台，将侨企产品推出上海、推向全国。随后，侨博会招商负责人还详细介绍了本届侨博会的具体情况，并就展会规模、展区分布、展位价格等进行了详细讲解。参会的在沪侨商与推介方进行了积极互动。

（上海侨务网 2015 – 03 – 12）

开放崛起的湖南"侨"力量：5 年共引侨外资 300 亿

离湖南省会长沙 2 小时车程的益阳南县，一座大型现代化商业 MALL 正在如火如荼地建设。这是香港铜锣湾集团投资 20 亿元（人民币，下同）于此投建的城市综合广场项目，是侨务资源利用大省湖南引入外资的又一硕果。伴随中国"中部崛起"战略及长株潭"两型社会"综合改革试验区的实施与建设，开放崛起的湖南吸引五洲四海的华侨华人前来"抢滩"，外资项目正相继涌入：阿联酋湖南商会在长沙望城区投资 IT 工业园；泰国华人首富谢国民在湖南投资农牧业，提速该省新农村建设。数据显示，5 年来，湖南共引进侨外资 300 余亿元。至 2013 年底，该省累计批准的外商投资企业和投资金额中，侨（含港澳）资企业约占外资企业总数 65%，投资总额约占外资总额的 70%。

（中国新闻网 2015 – 03 – 14/唐小晴）

广东省华侨华人创新创业促进会成立　范群当选会长

3月20日，广东省华侨华人创新创业人士座谈会在省侨办召开，来自广州、深圳、珠海、东莞、佛山、中山等地的近30名在粤创新创业的华侨华人专业人士代表参会，省侨办领导吴锐成、陈仰豪、郑建民出席，会上成立了广东省华侨华人创新创业促进会（简称"广东侨创会"）。会议首先由省侨办发出推动在粤华侨华人创新创业专业人士成立联谊组织的倡议，与会代表就成立组织的必要性、目的、宗旨、意义等进行了探讨，一致认为联合在粤创新创业高层华侨华人专业人士成立社团，有利于凝聚侨力，发挥侨智优势，既可以为在广东省创新创业的华侨华人高端专业人士相互交流合作提供平台，也可以将该批高层次人才凝聚起来成为一个助推广东省转型升级的智库。会议通过了《广东省华侨华人创新创业促进会章程》，明确了广东侨创会是由在广东省创新创业的华侨华人高端专业人士自愿组成的非营利的联合性社会团体，是在广东省创新创业华侨华人高端专业人士相互交流合作的平台和联系政府的纽带，广东侨创会遵循自愿发起、自筹经费、自主活动、务实运作、多赢有效的办会原则，在国家宪法、法律、法规和国家政策规定下，引导会员守法创业，促进会员交流合作；促进会员与政府有关部门的联系、沟通；配合协助政府引进技术项目、人才资源；倡导会员在自我发展的同时回报社会，关心和支持社会各项发展事业，为广东省建设经济强省、文化大省、法治社会、和谐社会建言献策。会议选举出范群、谭文、刘志翔、颜军、夏瑜等14人组成常务理事会，范群当选为首任会长。他发表感言时表示，会团结广大会员，尽最大努力服务好会员，高效务实办会，并谈了对今年有关活动安排的初步设想。省侨办主任吴锐成对广东侨创会的成立表示祝贺，并向范群会长颁发了证书。吴锐成指出，广东侨创会的成立让广大在粤创新创业的华侨华人专业人士有了一个家，有了一个共同交流合作成长的平台，架起了广大华侨华人专业人士和政府合作交流的桥梁。他希望广东侨创会能够凝聚侨力促进发展，服务好广大会员，期望可以将省侨商会、侨心慈善基金会等有关平台资源整合起来，创造更大效益。

（广东侨网 2015 - 03 - 24）

海归比例近75%　中国迎来史上最热"回归潮"

2015第20届中国国际教育巡回展（上海站）今天在东亚展览馆开幕。记者从巡回展上了解到，虽然留学"高烧"不退，但学生和家长在规划留学的时候已趋于理性，出国移民不再是唯一目的，而是以提高学识和拓宽经历为主，更会提前关注职场问题，包括"回国就业是否困难""海外工作机会如何"等。来自教育部的一组最新数据显示，2014年度，中国出国留学人员高达45.98万人，比2013年涨了11%多。近年来，由于经济水平提升、人民币升值及国外留学门槛降低等诸多原因，留学逐渐进入"大众化"时代。与此同时，海归人数也持续增长，达到了36.48万。中国（教育部）留学服务中心去年发布的《中国留学生回国就业蓝皮书》显示，超过70%的在外留学人员表示学成以后要回国。专家预测，未来5年，中国将迎来回国人数比出国人数多的"拐点"，中国将从世界最大的人才流出国，转变为世界最主要的人才回流国。

（《新民晚报》 2015 - 03 - 25/马丹）

今年 309 所高校联招港澳台华侨生　5 月底举行考试

　　7 日，记者从北京教育考试院获悉，2015 年有 309 所内地普通高校联合招收华侨、港澳地区及台湾省学生，考试将于 5 月 23 日、24 日进行。今年联合招收华侨、港澳地区及台湾省学生的内地普通高校中，第一批次本科录取院校 153 所，包括北京大学、清华大学、中国人民大学、北京师范大学、天津大学、南京大学、中山大学、厦门大学等；第二批次本科录取院校 130 所，包括首都体育学院、北方工业大学、北京联合大学、山西大学等。第一批次预科录取院校 12 所，第二批次预科录取院校 14 所。考生报名的同时要按录取批次填报志愿，其中每个本科批次填报 2 所学校志愿，每个预科批次填报 1 所学校志愿，每所学校填报 4 个系科或专业志愿。考生也可填报暨南大学和华侨大学各系科或专业志愿。　　　　　　　　　　　　　　　（《京华时报》2015 - 04 - 08/李琦）

何亚非：华侨华人是"一带一路"传播者、实践者、受益者

　　国务院侨务办公室副主任何亚非近日在北京接受中新社记者专访时表示，华侨华人在"一带一路"建设中所起到的作用不可或缺，他们是"一带一路"的传播者、实践者、受益者。中国官方日前发布《推动共建丝绸之路经济带和 21 世纪海上丝绸之路的愿景与行动》，引发广泛关注。何亚非认为，中国提倡的"一带一路"设想是要把东亚经济圈与欧洲、非洲乃至北美等多个区域的经济圈连接起来并加以融合。"这其中有两大关键词——'联通'与'对接'。"何亚非说，如今，海外华侨华人总数达 6 000 余万，在"一带一路"沿线地区的东南亚各国，华侨华人就超过 4 000 万。经过多年艰苦奋斗，华侨华人在各自住在国的作用、地位日益凸显，不仅是当地经济的重要支柱，也在中国与住在国之间的政治、经济、文化交流中发挥了"桥梁"作用。"华侨华人能够用当地人听得懂的语言，用中外两种文化融会贯通的方式来讲述'中国故事'，更易被接受。"何亚非说，在"一带一路"建设中，中国需要向世界传递发展理念，同时也需要了解世界的需求，在此过程中，必然要克服不同文化间的隔阂，华侨华人通晓两国文化风俗，是最好的"传播者"。他介绍说，事实上，华侨华人已经为此做出很多努力，如在海外建立华文学校、创办华文媒体等，为中外文化的交流、交融提供了平台，为"一带一路"建设打下了良好基础，是这一构想的"实践者"。与此同时，何亚非认为，在"一带一路"建设中，华侨华人既是合作方又是联络者，他们在这些互利共赢的项目中既可扮演"中介"角色，也可与中国企业实现"强强联合"。何亚非还表示，"一带一路"建设秉承利益共同体、命运共同体的理念，其间蕴藏着无限商机，华侨华人同样将成为"受益者"。为此，国务院侨办将通过开展一系列活动，以助侨胞在"一带一路"建设中找到自身事业发展的结合点。在招商引资和招才引智方面，国务院侨办不仅在博鳌亚洲论坛框架内举办了华商领袖与华人智库圆桌会，还计划举办"世界华侨华人工商大会"。在文化方面，将继续支持沿线国家华文教育事业的发展，培养更多既熟悉当地文化又会讲中文的双语人才。同时，依托暨南大学与华侨大学两所侨校以及相关研究机构，展开"一带一路"理论研究。此外，国务院侨办还将充分聚合华文媒体的力量，通过举办第八届世界华文传媒论坛、海外华文媒体高级研修班等活动，组织华文媒体深入"一带一路"建设重点省份实地采访，增进

其对"一带一路"的理解和支持。何亚非介绍说,中国新闻社也于近日启动了"聚焦'一带一路'"大型采访报道活动,将调动精兵强将,赴"一带一路"沿线深入采访,让沿线各地、各界、各业共商、共建、共享的声音和故事传之四海。

（中国新闻网 2015 – 04 – 20/杨凯淇）

湖北武汉市侨联引领逾 40 万侨胞建设国家中心城市

武汉市侨联主席秦锋 21 日指出,该部门根据新时期侨务工作的特点,以"复兴大武汉,建设国家中心城市"为契机,积极"内联外引",引领 40 多万侨胞建设国家中心城市。21 日,武汉市侨联召开九届六次全委会。据武汉市侨联主席秦锋介绍,武汉是中国中部地区侨务资源最丰富的特大城市,共有侨务工作对象 40 多万人,侨资侨属企业近 3 000 家。近年来,随着诸多国家发展战略在武汉的落地,该市正迎来跨越发展的最佳机遇期,特别是在每年一届的华创会带动下,武汉成为越来越多海外华侨华人回国（来华）创新创业发展的首选之地。 （中国新闻网 2015 – 04 – 22/徐金波,徐立银）

广东江门拟将华侨历史文化保护等列入立法计划

广东省人大立法评估组日前来到江门市,就江门市立法能力展开评估。昨日（22日）,评估组离开江门市,对江门市筹备地方立法权工作给予充分肯定。评估组认为江门市在华侨历史文化保护以及山体水域保护、潭江保护等环境生态保护方面,已经有了沉淀和积累,这些立法需求都体现了江门特色,如果获得地方立法权,可以为其他地方提供有价值的参考经验。

努力健全立法工作机构

江门市哪些工作受到省人大立法评估组的肯定呢? 评估组首先看重江门市良好的法治基础。近年来,江门市先后被评为全国文明城市,全国、省法治城市创建先进单位,全省法治文化示范市,成功打造出一批具有地方特色、在全省有影响力的法治工作品牌,"法治江门"模式在全省推广。这些成熟的经验做法和工作机制随时可以上升为地方法规,为地方立法打下了坚实的实践基础。另外,市人大常委会于 2012 年 12 月专门制定了规范性文件备案审查办法,单独成立了备案审查科,在全省较早做到有机构、有人员、有经费,并开始了具体的规范性文件备案审查工作,自 2013 年以来共备案审查了市政府报来的规范性文件 24 件,积累了相关工作经验。据市人大常委会党组成员、市依法治市工作领导小组副组长黎兆元介绍,江门市努力健全立法工作机构,充实人员配置,储备法律人才,以适应即将开始的地方立法工作。经市委同意,市人大常委会设立人大法律委员会、法律工委和内务司法委员会工作机构,充实市人大及其常委会立法工作力量。此外,市人大常委会已与五邑大学共建地方立法基地,开展地方立法调查、研究、评估与咨询服务,合作协议书已经签订。同时,依托江门市法学会,建立了有城市管理、文化建设和环保方面专家参与的市人大立法人才库 157 人,在此基础上,成立了江门市立法咨询专家组,协助市人大常委会开展立法工作。

积极开展立法需求调研

评估组在五邑大学考察期间,省人大代表、五邑大学副校长张国雄提出,江门城市门牌管理现在比较混乱，给市民带来不便，可以将其上升到立法角度来加以规范。他还表示，华侨建筑历史文化街区和文物的保护日显重要，从历史文化保护与利用层面来看，需要通过立法来加以保护、开发和利用。黎兆元介绍，根据江门市实际情况和工作需要，江门市人大常委会此前积极开展立法需求调研，召开相关部门和各方面人士座谈会，认真听取各方面意见，征集江门市近期内急需立法的项目，并着手制订初步的立法计划。目前准备先从城市建设和管理方面入手开展地方立法工作，考虑将《江门市市区山体水域保护条例》《江门市长堤历史风貌保护区历史建筑保护管理条例》《江门市潭江流域水资源保护管理条例》《江门市华侨历史文化保护条例》《江门市城市管理条例》《台山核电厂规划限制区安全保护与环境管理办法》共 6 项列入近期立法计划。

（《江门日报》2015 – 04 – 23/赵可义）

人社部：留学回国毕业生就业创业可享支持

记者今天从人力资源和社会保障部 2015 年第一季度新闻发布会上获悉，1 月至 3 月，全国城镇新增就业 324 万人，同比减少 20 万人；留学回国毕业生已被纳入国家高校毕业生就业创业支持范围。据介绍，我国今年一季度末城镇登记失业率为 4.05%，同比和环比均小幅下降，就业形势总体平稳。人力资源和社会保障部新闻发言人李忠说，为做好留学回国人员自主创业工作，留学回国毕业生已被纳入国家高校毕业生就业创业支持范围，下一步将研究制定关于加强留学人员回国服务工作的意见。李忠说，从对一些中央部门调研的情况看，也没有发现媒体所说的公务员辞职率大幅增加的情况。公务员作为我国人才队伍的重要组成部分，一定数量的人员流动符合人才成长规律，是正常现象，而且建立能进能出的新陈代谢机制，也是《公务员法》制度设计的宗旨之一。我们也看到，每年不仅有一定数量的公务员辞去公职，离开公务员队伍，同时也有大量的社会优秀人才通过考录、调任等途径进入公务员队伍。 （《中国教育报》2015 – 04 – 25/万玉凤）

第八届南京留交会举行 吸引 1 100 余名海归创业

4 月 24、25 日，第八届留学人才南京国际交流与合作大会（以下简称"南京留交会"）在南京国际博览中心举行。本届南京留交会吸引 1 100 余名海外留学人员、800 多名国内博士报名参会，申报创业项目 517 个，技术合作项目 305 个。南京留交会自 2008 年开始举办，前 7 届已引进 3 200 多名海内外博士。本届南京留交会海外留学人才参会人数稳步增加，有 250 多名高端人才有意向申报南京 321 高端科技创业人才计划，已签订落户协议 200 份。 （《人民日报》2015 – 04 – 27/申琳）

2015 "水立方杯" 海外华裔青少年中文歌曲大赛在京启动

"炫动水立方"2015 "水立方杯" 海外华裔青少年中文歌曲大赛 27 日在北京国家游泳中心正式启动。大赛将于 7 月 20 日至 8 月 3 日举行总决赛，8 月 8 日举行颁奖晚会。北京市侨办副主任高云超介绍说，自 2011 年以来，大赛已成功举办 4 年，吸引了 20 多个国家近 30 个赛区的 3 000 多名华裔青少年参加比赛，举办海外选拔比赛 300 余场次，近 200 名海外赛区的优胜选手来京参加总决赛。2015 年，海外举办国家从去年的 23 个增至 29

个。2015 年的比赛分为海外选拔赛、北京总决赛和颁奖晚会三个部分，海外选拔赛由 33 个赛区的 35 家承办机构组织，每个赛区的两名优胜选手将获得来京参加总决赛的资格，获奖选手还将有机会与国内知名演员联袂演出。 　　（中国新闻网 2015 - 04 - 27/陶煌蟒）

2015 "华文教育·华文教师证书" 暨大研习班结业

日前，由国务院侨务办公室、中国海外交流协会主办，暨南大学华文学院承办的 2015 "华文教育·华文教师证书" 暨大研习班结业典礼在暨大华文学院隆重举行。国侨办文化司副司长汤翠英女士、曹怡然女士及华文学院副院长曾毅平、汉语系负责人、部分授课教师，以及来自 17 个国家的近 150 位参训学员参加了结业式。结业典礼由汉语系主任童盛强主持。 　　（中国华文教育网 2015 - 04 - 29/张礼）

百名海外华媒、侨领、侨商代表相聚深圳文博会

14 日晚，广东省深圳市侨办、侨联设宴欢迎应邀参加第十一届文博会的来自世界五大洲 28 个国家和地区的 100 多位海外华媒、侨领和侨商代表。市委常委、统战部部长林洁出席宴会并致辞，寄望广大侨领、侨商以海外华人文化市场为突破口，带动深圳文化产业走向世界，通过华媒进一步宣传和推介文博会，传递深圳 "好声音"。市委统战部副部长、市侨联主席、市侨办负责人马勇智参加了活动。 　　（《深圳侨报》2015 - 05 - 15/李恩等）

世界侨商中心正式亮相　由中国两大侨商缔造

随着多个项目的相继推出，（北京）通州运河核心区成为楼市关注的焦点。5 月 28 日，作为通州运河核心区最早进入的项目，世界侨商中心正式亮相，该项目的开发企业富华置业与世茂集团还创造性地革新传统购房理念，推出一看、二思、三付、四住、五租、六乐、七品的 "7 - WALK 全程购房无忧之旅"。世界侨商中心三大产品——国际公寓、5A 写字楼、地铁旺铺也于 5 月 28 日首度公开。据记者了解，世界侨商中心位于通州新城门户，紧邻通燕高速北运河东南角。作为运河 CBD 容积率密度最低的综合体，世界侨商中心位于地铁 M6 号线北关站上盖，通燕高速、京通快速路、朝阳北路、朝阳路等水陆空隧的立体交通网。同时，世界侨商中心毗邻大运河万亩森林公园，孕育了一块罕有的绿色、生态、低碳商务版图。值得一提的是，针对传统购房模式的不足，富华置业与世茂集团创造性地革新传统购房理念。从看房，到入住、出租，每一个节点，都能从客户群的实际出发，提供一个完善的解决方案，让每一次签订认购单过程都像淘宝签收货物那样充满惊喜和快乐。作为世界侨商中心的缔造者，富华置业和世茂集团中国两大侨商，都有不凡的经历与独特的资源优势。其中，富华置业在北京已拥有数家企业，以中国紫檀博物馆、长安俱乐部最为有名。而世茂集团，26 年间在 40 余个城市拥有 110 多部作品，经过多年发展和探索，世茂集团构建了以生态住宅、商业地产、旅游地产和产业集群为核心的 "四驾马车" 发展战略。世界侨商中心凭借富华与世茂两大侨商强势的资源整合能力，为未来的 CBD 优客们，提供了一个资源的平台和社交的空间。在这里，通过获取社区内部和外部的资源，可以事半功倍地成为智慧家、社交家、时尚家、运动家、旅行家、创业家和投资家。 　　（《京华时报》2015 - 06 - 05/桂瑰）

2015 宁波世界华侨华人青年大会开幕

2015 宁波世界华侨华人青年大会 7 日在浙江宁波开幕。来自 43 个国家和地区的近 270 名海外华侨华人杰出青年会聚一堂，共叙乡情友情，共商创业发展之大计，同议合作交流之韬略。宁波是全国重点侨乡之一，而"宁波帮"是宁波改革开放和现代化建设的一支重要力量，素以爱国爱乡、热心报效桑梓著称于世。据悉，此次大会以"相聚美丽宁波·共创美好生活"为主题，围绕国家"一带一路"战略和宁波"港口经济圈"建设，探讨海外华侨华人如何融入国家发展战略，搭建华侨华人青年创业平台，共助华侨创业发展，共建美丽宁波，共圆中国复兴之梦。国侨办副主任谭天星表示，宁波一直以来高度重视侨务工作，广泛团结"宁波帮"和"帮宁波"人士，在创新工作平台、涵养侨务资源、提升侨务凝聚力和影响力等方面值得肯定。借此次机会，谭天星希望大家凝聚侨心侨力，主动融入"一带一路"国家战略，发挥资源优势，积极参与支持地方经济建设发展，加强侨团建设，融通中外传播"中国声音"，敢于担当作为，切实维护海外侨胞合法权益。作为海外新一代"宁波帮"，香港宁波同乡会会长李本俊表示，要传承老一辈"宁波帮"精神，继续发挥各自才智，努力参与家乡建设，实现中华民族伟大复兴的使命。从"走出去"到"回家"，随着时间的流逝，一大批海外华侨纷纷回归故里投资，吴景晖就是其中一人。吴景晖是国家千人计划、中国低氧超高纯钛领域带头人，也是国际上金属钛提纯领域少数掌握核心技术的华人专家之一。基于下决心改善中国超高纯钛材料现状的责任心与使命感，吴景晖毅然离开工作生活多年、条件优裕的美国，选择回国发展。在吴景晖看来，创业成就梦想，而梦想为中华民族争光。作为新宁波人在宁波成功创业的代表，他表示创业是为了让生活更有意义，"通过创造，改善自己和他人的生活。"作为"宁波帮"代表人物包玉刚的外孙、香港环球教育集团总裁、宁波市海外青年英才联谊会会长苏文骏把精力主要放在一些公益和教育事业上，而让他最钦佩的便是外祖父的开拓精神。在宣读《致海外华侨华人青年倡议书》时，他呼吁广大华侨华人青年凝心聚力，心系家乡，发挥"桥梁与纽带"作用，在融入国家"一带一路"、宁波"港口经济圈"建设伟大进程中自觉担负起历史赋予的神圣使命。

（中国新闻网 2015-06-08/林波）

侨洽会为华侨华人融入"一带一路"建设搭桥

第七届"中国·天津华侨华人创业发展洽谈会"（简称"侨洽会"）本月即将举行，同期还将举办 2015"天津·世界侨商名品博览会"（简称"侨博会"）。侨洽会和侨博会将搭建起华侨华人融入"一带一路"建设的平台。"一带一路"沿线国家华侨华人拥有雄厚的经济实力、广泛的人脉联系、丰富的生产营销经验，了解住在国的法律和政策以及融通中外的文化优势，是中国企业走出去的重要依靠力量，在实施"一带一路"建设和促进合作发展中起重要作用。充分发挥华侨华人在建设"一带一路"中的特殊作用，对于天津十分重要。天津是中国首批对外开放的沿海城市之一，历史上就与海外有经贸往来和文化交流。现今作为一个充满活力、开放包容的国际港口城市，是中国参与区域经济一体化和经济全球化的重要窗口，是中蒙俄经济走廊的主要节点、"海丝路"战略支点、"一带一路"交汇点、亚欧大陆桥最近的东部起点，桥头堡作用明显。天津侨洽会和侨博会为华侨华人了解、认知天津，抢抓发展机遇，提供了很好平台。届时，"一带一路"沿线20多个国家近100位华商参加天津自由贸易试验区推介会，与自贸区负责人咨询互动，寻找投资合作项目，通过产业合作、项目建设、生意对接和牵线搭桥四种形式深化与天津的合作。

（中国侨网 2015 - 06 - 08/刘家宇，颜世杰）

第十三届东盟华商会举办多场推介会　为企业搭沟通平台

12日，第十三届东盟华商会在昆明落幕。来自30多个国家和地区的500余名政要、知名侨领、华商领袖、著名专家学者相聚昆明，共谋"一带一路"愿景下的机遇与华商事业发展。华商会期间，举行了西南6省区市项目对接洽谈、海外华裔专业人士引智项目专场、中缅经贸合作项目专场、云南怒江州专场推介会、贵州省投资推介会、马来西亚中国总商会和联想集团推介会等多个活动，一批项目签约落地。本次项目签约仪式上共签订12个项目，总投资金额60.6亿元，项目内容涉及农业、林业、科技、文化、教育、旅游、电子商务、现代服务8大产业。

（中国侨网 2015 - 06 - 15/马骞）

中国侨联举办海峡两岸暨港澳侨界圆桌峰会

13日，由中国侨联主办的第七届"海峡论坛·2015海峡两岸暨港澳侨界圆桌峰会"在（福建）厦门举行，这也是主办方在两岸侨联和平发展论坛期间首次举办圆桌峰会。中国侨联主席林军，中国侨联副主席乔卫，福建省省委常委、统战部部长雷春美，中国侨联副主席、福建省侨联主席王亚君，厦门市委常委、统战部部长黄菱，台湾中华侨联总会理事长简汉生，台湾华侨协会总会理事长陈三井等出席活动。据悉，福建省委、省政府历来高度重视发挥"侨"的作用，广结侨缘、广引侨资、广借侨智，服务福建省经济社会发展。福建省侨界和港澳台侨界的交流合作持续深化。林军在会上表示，投身"一带一路"建设是当前和今后一段时期侨联工作的重点，也为海峡两岸关系朝着和平发展的康庄大道稳步前行注入新动力。广大侨胞应抓住机会，努力建言献策，积极寻找商机，踊跃参与互联互通项目合作，在最能体现自身价值的领域有所作为，不断壮大自己的实力。会上，海峡两岸暨港澳、海外侨界代表还发表了《2015海峡两岸暨港澳侨界圆桌峰会宣言》。

（《厦门日报》2015 - 06 - 15/薄洁）

2015两岸侨联和平发展论坛举行　四川侨联出席活动

据四川省侨联消息，近日，第七届"海峡论坛·2015两岸侨联和平发展论坛系列"活动在厦门举行。四川省侨联专职副主席赵建中、副主席姚志胜参加活动，并与参会代表深入交流。

论坛由中国侨联、台湾中华侨联总会、台湾华侨协会总会、福建省侨联主办。来自中国港澳台及美国、菲律宾等地区和国家的侨领，以及各省、自治区、直辖市侨联代表共200余人参加了活动。中国侨联主席林军，福建省副省长郑晓松，中国侨联副主席乔卫，中国侨联副主席、福建省侨联主席王亚君，厦门市人大常委会副主任陈昭扬，台湾中华侨联总会理事长简汉生，台湾华侨协会总会理事长陈三井等出席活动。论坛始终秉持"两岸一家亲"理念，突出民间性、草根性、广泛性的特点，以"牵手合作、共同发展"为主题，充分发挥海内外侨团的独特优势，以侨搭桥，团结海峡两岸及港澳地区、海外侨界，共同为两岸和平发展建言献策，为巩固和扩大两岸民间交流、促进两岸经贸合作、推动"一带一路"建设、自贸试验区建设等国家战略部署贡献力量。 （中国侨网 2015 - 06 - 19）

海外 7 国温商计划 3 年实现贸易回归 1 000 亿元

今后三年，来自 7 个国家的温籍侨商计划实现贸易回归 1 000 亿元。在 6 月 19 日举行的海外温商贸易回归签约仪式上，浙江省委常委、温州市委书记陈一新勉励海外温商积极响应市委市政府推动"温商回归"号召，坚定回归投资信心，把握回归发展机遇，突出推进贸易回归，争当温商回归"领头雁"，为加快温州赶超发展做出新的贡献。温州市委副书记、代市长徐立毅主持签约仪式。市商务局、市外侨办与法国巴黎地区、美国洛杉矶地区、意大利米兰地区、德国、日本、希腊、斯洛伐克以及市侨商协会分别签订今后 3 年贸易回归战略合作框架协议，总签约金额达到 1 000 亿元。此前，意大利、俄罗斯、塞尔维亚等 7 个国家的海外温商代表，于今年 3 月与温州市相关部门签订合作框架协议，签约金额达 1 100 多亿元。 （《温州日报》2015 - 06 - 22/王丹容）

第七届镇江华创会开幕 吸纳侨商投资创业

已连续成功举办六届的镇江华创会，是促进海外华侨华人和侨商与镇江市交流合作的重要平台和知名品牌。6 月 30 日上午，第七届华侨华人创新创业镇江洽谈会在镇江开幕，大会吸引美、加、德、日等 20 个国家和地区的 117 位海外华侨华人和侨商，携带高新技术项目和投资、经贸意向与会。据悉，洽谈会期间，海外华侨华人和侨商还就 80 多个拥有自主知识产权的高新技术项目，和镇江市 100 多家企业开展对接，内容涉及电子信息、高端装备制造、生物医药、新能源新材料和现代服务业等方面。洽谈会期间，海外高层次人才和侨商还赴句容市、润州区和新区进行了实地考察，进一步了解镇江市的创新创业环境。

（中国侨网 2015 - 06 - 30/田雯，邱江祥）

第十五届华创会在武汉开幕 创新创业共谋发展

"大众创业、万众创新，天时、地利、人和兼备，创新创业、实现梦想正当其时。"中国国务院侨务办公室主任裘援平 2 日在武汉表示，在中国新一轮大开放大发展机遇下，国侨办将一如既往为广大侨胞回国创新创业创造有利条件。第十五届华侨华人创业发展洽谈会（简称"华创会"）当天在湖北武汉开幕。本届华创会以"创新创业，共谋发展"为主题，将举办长江经济带国际人才论坛和"华创杯"创业大赛，以及千人智库高层次人才项目发布对接会、全球华人航空产业论坛、生物医药专场等活动。组委会介绍称，今年华创会共吸引来自美国、加拿大、澳大利亚等 42 个国家和地区的 3 000 余名嘉宾参会。其中不乏世界著名的专家学者，如美籍华人物理学家、中国科学院外籍院士朱经武，中国工程院外籍院士、国际著名桥梁建筑工程师邓文中等。2014 年华创会在澳大利亚首开海外分会场，今年大会分别在美国费城和旧金山举办以人才引进、生物技术、金融投资等产业对接为主的海外分会场。开幕式现场，美国加州州长杰瑞·布朗、旧金山市市长李孟贤通过视频向大会致辞。中共湖北省委书记李鸿忠表示，作为华创会永久会址，湖北及武汉致力为广大华侨华人提供有利于创新创业的各项优惠政策，最大限度为创业投资者提供方便。自 2001 年以来，华创会已连续在武汉举办十四届。14 年来，全球 63 个国家和地区的 9 300 多名海外华侨华人专业人士受邀参会，引进 2 000 多个人才和技术项目，落地企业达 3 000 余家，投资总额逾 2 500 亿元。　　（中国新闻网 2015 - 07 - 02/张芹，陶煌蟒）

2015 侨洽会在京开幕　150 余名海外侨商参会

5 日下午，"2015 侨商北京洽谈会暨世界华侨华人工商大会北京行"（简称"2015 侨洽会"）在京举行开幕式，来自全球 53 个国家和地区的 150 余名海外侨商和 150 余名在京企业代表、嘉宾参会。2015 侨洽会由北京市政府侨办、北京市商务委、北京市国资委等 8 家单位共同主办，在连续举办五届的基础上，借助国务院侨办举办世界华侨华人工商大会的有利时机，展示京津冀发展新机遇，促进北京企业"走出去"，共同打造海内外资源对接平台。

（中国侨网 2015 - 07 - 06/陶煌蟒）

首届世界华侨华人工商大会在北京开幕　300 名海外嘉宾与会

首届世界华侨华人工商大会 6 日在北京人民大会堂开幕。国务委员杨洁篪出席大会开幕式并讲话。来自世界 79 个国家和地区的 211 个华侨华人工商社团和专业协会的 300 名海外嘉宾受邀参会。大会由国务院侨办和中国海外交流协会主办。国务院侨办主任裘援平在开幕式上高度肯定了广大海外侨胞在促进中国和住在国经济社会发展、中外友好交流合作等方面做的巨大贡献，并介绍了国务院侨办在为侨服务、促进侨胞事业发展方面所开展的主要工作。她表示，此次大会的主题是"联谊、交流、合作、共赢"，她很高兴能与世界各地的侨界精英翘楚相聚一堂，共叙同胞之情、共谋合作之道、共商发展之计。她介绍说，在中华民族伟大复兴的背景下举办此次大会，其目的是增进全球华侨华人工商界和科技界对中国未来发展和民族复兴大业的了解，加强业界精英及其组织与祖（籍）国之间的联系合作，引领全球侨商侨胞抓住中国新一轮大开放大发展之机，积极参与中外经农贸科技交流合作，实现侨商侨胞事业更大发展和进步，同圆共享中华梦想。

泰国知名侨商谢国民表示，此次会议充分体现了中国政府对广大侨商的高度重视和亲切关怀，令他深受鼓舞。他坦言十分看好中国经济发展前景，他很欣喜地看到中国政府正在推行的"大国外交""一带一路"等构想。在他看来，这些举动不仅会进一步推动中国经济的发展，也将带动沿线地区的发展。"我们华侨华人愿与中国企业合作，为此尽绵薄之力。"他指出，大会为侨商搭建了一个非常好的交流沟通平台，相信将更加坚定广大侨商在中国发展投资的信心。"我们将在会上一起了解中国发展最新机遇，互相交流思想和看法，并达成共识，一起在世界上发出侨商群体的'正能量'。"国家发改委副主任王晓涛在开幕式上作题为"发挥华侨华人作用，助力'一带一路'建设"的演讲。此次大会为期两天，将以高端论坛和分组座谈会等形式开展活动，主办方邀请了有关部委负责人和经济学家为与会代表介绍国家重大发展战略和国家宏观经济形势，并让来自世界各地的侨商、专业人士和侨商组织负责人各抒己见、充分交流，探讨侨商如何积极参与中国发展、如何构建全球华商网络机制等。会后，与会代表还将分六路赴有关省市考察并寻觅商机。

（中国新闻网 2015 - 07 - 06/杨凯淇）

世界华侨华人产业园落户广东河源　引导产业转移

记者昨天（7月6日）从（广东省）深圳侨商智库研究会获悉，"世界华人华侨产业园暨侨商智库科研成果转化基地"将落户河源，首届中国（深圳）华人华侨产业交易会招商成果有望实现转化落地。据深圳侨商智库理事长、深圳市汕头商会会长郑汉明介绍，不久前，深圳侨商智库研究会对位于河源的深圳（河源）产业城 B 区进行实地考察调研，投资额 20 亿元的"世界华人华侨产业园暨侨商智库科研成果转化基地"很快形成落地规划，"一带一路"沿线地区海外高科技项目有望通过这一平台实现源源不断的输入，2015年力争完成签约项目 5 个以上，合同投资额 10 亿元以上，2016 年再完成签约项目 10 个以上，合同投资额 20 亿元以上。自 2013 年 11 月广东省新一轮对口帮扶工作启动以来，深圳对口帮扶河源工作着力以产业园共建为重点，以深圳（河源）产业城合作共建和招商引资为重心。在近日举行的河源国家高新区招商推进会上，由深圳对口帮扶河源指挥部牵线搭桥的将签约项目达 5 个，其中"世界华人华侨产业园暨侨商智库科研成果转化基地"作为招商引资成果之一现场签约。另外还有 4 个意向项目，意向投资额将超 60 亿元。

据透露，对口帮扶地区已由过去普通的产业转移地区，转变为深圳创新驱动的外溢基地。今年 8 月，首届中国（深圳）华人华侨产业交易会将举行，届时来自全球五大洲的华商和政府相关部门将携资本、项目、产业组团参展。"此次落地河源的侨商智库产业园将把侨交会的招商成果进行转化落地，为全球五大洲的海外投资商以及国内投资商提供落地投资的地方。"深圳对口帮扶河源指挥部相关负责人介绍说。为进一步加大对口帮扶招商引资力度，加快优质项目落地建设，河源市决定在市高新区再安排 2.95 平方千米的专门地块作为深圳（河源）产业城的重要组成（称为 B 区），作为"世界华人华侨产业园暨侨商智库科研成果转化基地"的空间载体，引导华侨华人产业转移，嫁接智库科技项目转化，探索政府与智库合作的新模式。今年 2 月，经国务院批复，河源市高新区即深圳（河源）产业转移工业园正式升级为国家级高新区，被列为广东 10 个国家级高新区之一。在河源国家高新区内，深圳与河源共建的深圳（河源）产业城尤为引人关注，这座"园中园"日前被广东省发改委列为省 2015 年重点项目。"深圳（河源）产业城作为深圳、河源两市重点合作共建的产业园区，环境优美，服务效率高，交通方便，距离深圳 100 多千米，将有效融入深圳'1.5 小时经济圈'。"深圳侨商联合投资有限公司副总裁林仰涛如是评价。

（《深圳特区报》2015 – 07 – 07/郑向鹏）

福建"侨梦苑"侨商产业聚集区揭牌　裘援平出席

9 日，国务院侨务办公室主任裘援平、福建省副省长郑晓松、福州市市长杨益民在福州经济技术开发区共同为福建"侨梦苑"侨商产业聚集区揭牌，标志着福建"侨梦苑"的正式启动。福建"侨梦苑"是在国务院侨办指导、推动下，由福建省侨办和福州市政府共同实施的由海归人才、海外高端人才及华侨华人投资建设的现代产业项目聚集区。据福建省侨办主任杨辉介绍，福建"侨梦苑"以福州经济技术开发区为核心区，辐射福州市高新技术产业园、闽台蓝色经济产业园、江阴工业集中区、长乐临空经济区、闽清白金工业区，总面积 624.49 平方公里，形成"一区五园"的格局。据悉，筹备之初，就有许多海外侨商看准商机,在"侨梦苑"建设研究机构和产业基地注册公司,有些侨商已提前考察园区,与园区达成投资共识。揭牌仪式上,裴援平、郑晓松、杨益民为入驻"侨梦苑"的中国东盟海产品研究院、中国东盟海产品产业基地、侨商跨境电子商务产业园、侨商国际商业城授牌,为已在"侨梦苑"注册的10家侨资企业颁发营业执照。15家企业项目与各园区单位成功对接,现场签约项目投资金额约129.25亿元。项目涉及通用航空、物流仓储、生态农业、电子商务、加工贸易、智能技术转化、侨商总部建设以及社会服务八大行业。出席揭牌仪式的150位来自世界各地的侨商中,亦有不少希望投身"侨梦苑"建设。美国知名侨商李华认为,福建建立的"侨梦苑",是一个产业集散地,对海外的1 580万福建籍侨胞来说是一个激励。"我们都希望有这样一个产业园,让我们来福建投资,让海外的侨胞可以融进福建的发展中来,这是非常好的项目。"李华说。据悉,福建"侨梦苑"将利用3至5年的时间,吸引一批大型侨商投资项目落户,特别是要吸引海归高端人才,瞄准带有知识产权的高新技术项目。未来福建"侨梦苑"将发展为南方侨资企业聚集重镇,形成人流、物流、资金流、科技流、跨境电商流"五流"融汇的侨商产业、高端人才创业的聚集区;"侨梦苑"核心区将打造东盟华侨华人水产品聚集区、海外华侨华人文化旅游休闲区、新侨国际贸易集中区、侨商总部聚集区、海外华文教育集中区等六大功能区。

(中国新闻网 2015 - 07 - 09/闫旭)

第十六届世界华人学生作文大赛颁奖 15人获特等奖

"希望有更多的海外华裔青少年朋友成为传播中华文化的种子,带动更多身边的外国朋友接触中文、感知中国,为联结中国梦与世界各国人民的美好梦想贡献自己的力量。"中国侨联副主席康晓萍如是表示。由中国侨联、全国台联、《人民日报》海外版、中国国际广播电台、《快乐作文》杂志等单位共同主办的第十六届世界华人学生作文大赛颁奖典礼18日在京举行。来自中国、美国、加拿大、荷兰、奥地利、阿联酋等国家和地区的100多名获奖教师和学生代表欢聚北京。据大赛组委会秘书长、《快乐作文》杂志总编辑韩冰雪介绍,大赛共吸引了24个国家和地区的760万名华人学生参赛,经过各地学校推荐和组织单位初评,大赛评委会组织专家复评、终评,共有15名同学获得特等奖,8 800名同学获得一、二、三等奖,8 600名教师获得辅导奖,300个单位获得组织奖。康晓萍希望有更多的华文学校校长、老师积极投身华文教育的创新实践,帮助更多的海外华裔青少年成为中华文化的热情传播者、中华民族文化同世界各国文化交流互鉴的积极促进者、住在国民众同中国民众友好交往的民间使者。颁奖典礼上,特等奖获奖代表、来自江西省南昌市松柏小学的章晋铭同学朗读她的作文《我爱中国的山和水》,通过描述祖国多姿多彩的壮美河山表达她对祖国的热爱之情;一等奖获奖代表、来自加拿大泓河中文学校的白轩玮同学朗读获奖作文《我战胜了害怕》,讲述了她在加拿大第一天入学时的紧张情绪和战胜自己的经历。据悉,世界华人学生作文大赛自2000年开赛以来,已成功举办十六届。本届大赛的主题是"朋友""知行"。当日,全国台联副会长杨毅周代表组委会宣布第十七届世界华人学生作文大赛正式启动,面向海内外的华人学生开始征集稿件。

(中国新闻网 2015 - 07 - 19/郝爽)

中国侨联开发"侨联通"APP 服务全球华侨华人

利用数字信息、移动互联网通信技术等，中国侨联联合研发机构开发了"侨联通"APP，实现了联通华侨华人的目的。华侨华人可在该平台了解侨务信息，实现应急救助，互通侨商侨资信息。这是记者 19 日从"互联网＋智慧侨联"专家论坛上得到的消息。据了解，"侨联通"是一款中国侨联专有底层架构、底层代码和算法的 APP 工具。目前，华侨华人约有 6 000 余万人。这款 APP 将成为全球华侨华人互联互通、创业引智的平台。据悉，"侨联通"已经试运行半年，目前有 1 万余名注册用户。中国侨联秘书长王宏介绍说，一旦华侨华人、留学生、出国旅游人员、劳务外派人员及出国经商等海外同胞，生命财产安全受到威胁时，就可通过"侨联通"的领事保护平台，得到当地侨团全天候的帮助。遇到险情，用户可以一键拨打领事保护电话。"侨联通"将架起一座集领事保护、应急呼叫、应急救援、侨情播报、在线交流、信息互通的桥梁。记者下载"侨联通"并完成用户注册后看到，"侨联通"分资讯、应急、电话、侨信四个板块，例如将国家选为意大利，页面出现了提醒中国公民赴米兰的注意事项以及相关告示，外交部领事保护热线，使领馆的地址、电话等也在醒目位置标注。王宏表示，通过"侨联通"这个互动平台，可以增进全球华侨华人对中国发展的了解，加强广大华侨华人及其组织与祖（籍）国之间的联系合作，也将引领全球华人同胞抓住中国发展机遇，积极参与人才、技术、金融、投资、经贸等交流合作。

（新华网 2015 - 07 - 19/关桂峰）

华大十年为泰国、菲律宾和印度尼西亚政府
培养近 500 名高级汉语人才

华侨大学第十届"外国政府官员中文学习班"26 日举办毕业典礼，100 名来自泰国、印度尼西亚、菲律宾三国的学员，获颁结业证书。至此，十年来，华侨大学已连续十届为上述三国政府培养了近 500 名高级汉语人才。本届外国政府官员班共有学员 100 名，其中泰国学员 82 名，印度尼西亚学员 13 名，菲律宾学员 5 名。经过近一年时间的学习，学员已初步掌握了汉语的基本知识和基本技能，同时加深了对中国社会、历史、风土人情的认识，以及对博大精深的中华文化的了解。

（中国新闻网 2015 - 07 - 26/杨伏山）

深圳侨企投资超 200 亿美元　侨港澳同胞捐助公益逾 35 亿元

8 月 13 日在深圳开幕的首届"侨交会"是包括深圳侨胞在内的海内外侨胞的一件盛事。12 日，记者从（广东省）深圳市委统战部获悉，据不完全统计，深圳籍的海外侨胞有近 50 万人，目前在深投资经营的侨资企业（含港澳）近 1.5 万家，投资总额达 200 多亿美元，占深圳外资企业的 70% 以上。改革开放以来，侨胞和港澳同胞捐助深圳各项公益事业累计折合人民币超过 35 亿元。据深圳市委统战部相关负责人介绍，深圳籍的海外侨胞、港澳同胞在深圳经济特区成立之初，踊跃捐助家乡教育、卫生、文化项目和基础设施，明显改善了深圳市的投资环境。如祖籍宝安区沙井的香港同胞陈荣根先生，捐赠5 000 多万元，建设了占地 6.6 万平方米的荣根学校；祖籍宝安区松岗的加拿大籍侨胞文洪磋先生，为松岗中学捐资 1 400 多万元兴建教学大楼；祖籍龙岗区大鹏的荷兰籍侨胞，

累计捐资 8 000 多万元，扶助当地的教育事业等。此外，非深圳籍的海外侨胞、港澳同胞在深圳投资的事业走向成功之时，也热心捐助深圳市公益事业。据统计，华侨、港澳同胞在深圳设立的教育基金会共 11 个，拥有基金 3 000 多万元。如祖籍福建的侨胞李贤义早在 1993 年就捐资 400 万元创立了"深圳横岗李贤义教育基金会"。目前，该基金会的固定资产已达 2 000 多万元，已有近 1 700 万元用于奖教助学，受惠师生近 2 万人次。同时，在深投资侨（港）商还踊跃向内地捐资。据统计，2000 年以来，在深圳投资的侨（港）商向内地捐资超过 25 亿元，如深圳市荣誉市民、深圳彭年酒店董事长余彭年先生向内地捐助扶贫助学就超过 15 亿元。为了表彰对公益事业有突出贡献的华侨、港澳同胞，1994 年至 2014 年，深圳市政府向 85 位社会贡献大、热心捐赠公益事业的华侨、港澳同胞授予"荣誉市民"称号。

据上述负责人介绍，近年来，深圳市与海外 68 个国家的 400 多个侨社团建立了联系，其中与"海上丝绸之路"沿线 52 个国家 202 个侨社团有较密切的工作联系。此外，还以"海外交流协会"的名义，聘请了分布在五大洲 60 多个国家和地区的 300 多位侨领担任海外顾问、理事，并建立了紧密联系。　　　（《深圳晚报》2015 – 08 – 13/胡琼兰，肖霄）

第八届世界华文传媒论坛在贵阳举行　刘云山致信祝贺

由国务院侨办、贵州省政府和中国新闻社共同主办的第八届世界华文传媒论坛 22 日在贵阳开幕。中共中央政治局常委、中央书记处书记刘云山致信表示热烈祝贺。刘云山在贺信中说，祝贺海外华文媒体诞生 200 周年。作为海外华侨华人创办的华文媒体，自诞生之日起就与中华民族的历史命运唇齿相依，与中国人民的自强不息紧密相连，为推动华侨华人社会发展、传承中华文化、促进中外交流做出了重要贡献。刘云山指出，200 年沧桑巨变，物转星移，今天的中国，已经巍然屹立于世界民族之林，比历史上任何时期都更接近中华民族伟大复兴的目标。刘云山强调，希望广大海外华文媒体情系桑梓、融通中外，发挥自身优势，办出风格特色，更好地向世界讲述中国故事、传播中国声音、展现中华文化，成为联系海外中华儿女的精神纽带，成为增进中国与世界友谊的文化桥梁，为推动实现中华民族伟大复兴的中国梦续写新的篇章，为促进人类和平发展事业贡献新的力量。全国人大常委会副委员长艾力更·依明巴海出席开幕式并致辞，全国政协副主席韩启德致贺信，国务院侨办主任裘援平出席论坛并作主题讲话。第八届世界华文传媒论坛于 8 月 22 日至 23 日在贵阳举行，共有 63 个国家和地区 454 家海外华文媒体 491 位海外嘉宾出席。本届论坛以"海外华文媒体 200 年——薪火传承与时代担当"为主题，在两天的会期中，嘉宾将围绕"华文媒体的历史责任和时代担当""华文媒体在'一带一路'建设中的机遇"等议题展开探讨。世界华文传媒论坛是由国务院侨办与地方省市政府联合主办的世界各地各类华文媒体共同参与的一个开放性、国际性媒体高层峰会。论坛每两年举办一次。自 2001 年以来，已分别在南京、长沙、武汉、成都、上海、重庆和青岛举办了七届。

（新华网 2015 – 08 – 22/李平，李惊亚）

国侨办主办海华会　携手海外华商聚焦自贸商机

9 月 8 日下午，2015 海外华商中国投资峰会（简称"海华会"）在厦门市举行。300

余位海内外嘉宾共同聚焦中国自由贸易试验区建设以及其中蕴含的巨大商机。海华会由国务院侨办主办，是"9·8"厦洽会国际投资论坛的专题论坛之一，主题为"海外华商与中国自由贸易试验区建设"，以高端访谈的形式，邀请上海、天津、广东和福建四大自贸区有关负责人做客现场，与各界客商代表进行对话，帮助客商了解自贸区，寻觅自贸区商机。国务院侨办副主任谭天星，以及省、市领导郑晓松、詹沧洲、倪超等出席了会议。

（《厦门日报》2015－09－09/殷磊，陈冬）

2015 海科会开幕在即　六百华侨华人将来川参会

9月11日，四川省委组织部和四川省外事侨务办公室联合召开了 2015 海外高新科技暨高端人才洽谈会（简称"海科会"）海外人才引进和项目合作对接协调会。记者从会上获悉，今年的海科会将于 9 月 23 日至 26 日在成都举行，届时约有 600 名华侨华人专业人士来川共襄盛举，嘉宾数量、项目规模和活动的丰富程度均超过历届。海科会创办于 1995 年，迄今共举办了 13 届，已成为中国西部最重要、最有影响力的招才引智平台。本届海科会以"汇聚海外英才·创新创业西部"为主题，着眼拓展国际高端人才和高新科技合作，着力打造中国西部最具影响和品牌效应的海外科技与人才交流合作盛会。经过 8 个多月的紧张筹备，各项工作已就绪。记者了解到，今年的海科会主要有以下特点：

一是规格高。包括两位诺贝尔奖得主——物理学家丁肇中和化学家阿达·尤纳斯以及美、加、日、澳、新等国 9 名两院院士在内的一批国际知名的专家学者和微软、诺华制药、阿斯利康等世界 500 强企业高层将参加活动。

二是规模大。约 600 名华侨华人专业人士将来川参会，博士以上学历 83.6%；参会代表携带生物医药、IT 电子、环保能源、机械制造等各类高新科技项目 450 个；会期内将举办主场、专场、分场各类招才引智活动 19 场，嘉宾、项目规模和活动丰富程度超过历届。

三是内容实。参会嘉宾对接意愿明确，80% 以上嘉宾携带高新科技项目来川，积极与省内高校、企业和科研院所进行对接，更加注重创新创业，为会议取得实效奠定了良好基础。作为海科会配套活动，四川省将举办首届海科杯全球华侨华人创新创业大赛，从海外的 450 个参赛项目中评出一、二、三等奖共 9 名，同时鼓励海外、国内和本土的风投机构对接获奖项目，以推动人才、项目与国际资本紧密结合，加速科研成果向生产力的转化。

四是国际性强。本届海科会参会嘉宾来自全球 20 多个发达国家和地区，近百家全球华侨华人重点专业协会代表参会。除专业人士以外，还有美国硅谷 15 个城市市长组成的市长代表团与成都平原城市群的政府领导互动交流，拓展科技人才国际合作。

本届海科会将于 9 月 24 日举行开幕式，会期内将举办第二届中国西部海外人才科技合作论坛，BIO 天府国际生物医药高峰论坛，云计算、"互联网＋"专场，美国硅谷—四川市长合作对话，中外知名专家学者高端访谈，美国"百人会"科技创新合作论坛，"千人计划"专家创新创业论坛等活动。

（中国侨网 2015－09－14/喻丹柯）

广东华侨农场危房改造任务已完成逾八成

广东省华侨农场危房改造工作推进会 18 日在广州举行。记者从会上获悉，截至 2015 年 8 月 25 日，广东华侨农场危房改造累计开工 32 820 户，占总任务数的 91.5%；累计完工 29 287 户，占总任务数的 81.6%。据悉，广州市花都和珠江、珠海市红旗、梅州市蕉岭、惠州市杨村、江门市海宴和合成、清远市黄陂、英德和清远、揭阳市普宁和大南山等12 个华侨农场完工率达到 100%，提前完成华侨农场危房改造任务。广东省副省长招玉芳在会上督促全省各相关单位加快完成华侨农场危房改造任务。她表示，在 2012—2015 年用 4 年时间对全省 3.5 万多户华侨农场危房进行改造，是广东省委、省政府深化华侨农场改革发展的重大举措，是解决民众突出困难、改善侨场民生、密切联系群众的重要内容。招玉芳称，现在危房改造任务已进入完成倒计时阶段，各有关市、县、镇政府和华侨农场要高度重视，把危房改造作为"一把手工程"和"民心工程"来抓，进一步加强组织领导，摸清底数，找准问题，对症综合施策，想方设法突破重点难点，加快工作进度；要完善责任落实和考核机制，加强督促检查和问责，千方百计保质保量按时完成任务；各级住房与建设、发展和改革、财政、国土、侨务等部门要加强对华侨农场危房改造工作的指导，帮助协调解决工作推进中的问题，共同确保华侨农场危房改造任务的完成。

（中国新闻网 2015 – 09 – 19/ 郭军）

国务院侨办与广东共商暨南大学高水平建设事宜

广东省政府 25 日通报，广东省副省长陈云贤 24 日在广州会见国务院侨务办公室副主任任启亮，双方共商暨南大学高水平建设事宜。任启亮感谢广东省委、省政府长期以来对暨南大学的关心和支持，他表示，国务院侨办将与广东省一起把暨南大学建设好。陈云贤对国务院侨办给予广东的支持表示感谢，希望暨南大学在国务院侨办和广东省委、省政府的支持下，牢牢把握高水平大学建设的历史机遇，进一步明晰定位，大力推进部省共建，乘势而上，圆满完成高水平大学建设目标。双方还就推进暨南大学高水平大学建设中的体制机制改革、高层次人才引进与培育、重大科研平台建设、国际交流与合作等方面工作交换了意见。

（中国侨网 2015 – 09 – 25/ 索有为）

2015 世界侨商贵阳会议举行 13 家海外贵州商会授牌

10 月 10 日，2015 世界侨商贵阳会议在贵阳举行。现场，贵州省为 13 家海外贵州商会授牌，这也是海外贵州商会首次集体亮相。据介绍，此次会议是中国侨联、中国侨商联合会与贵州的又一次友好合作，将向海内外侨界进一步展示贵州独特的发展机遇和良好的发展环境，对于促进贵州经济的转型升级和推进侨商自身事业在贵州的繁荣发展具有十分重要的意义。2014 年，首次世界侨商贵阳会议在贵阳举行。据介绍，目前世界侨商贵阳会议已成为中国侨联与贵州省委、省政府联手打造的一个服务国家西部大开发战略、"一带一路"战略、长江经济带战略、支持贵州经济发展的品牌性活动。当天，来自全球 30多个国家和地区的 200 多位海内外侨商代表再次齐聚贵阳，参加 2015 世界侨商贵阳会议，探讨如何发挥侨商掌握的国际国内"两个市场""两种资源"优势，促进贵州融入"一带一路"战略。

（中国新闻网 2015 – 10 – 10/ 谢高攀）

第四届世界客商大会在广东梅州开幕 谭天星致辞

12 日上午，第四届世界客商大会在广东梅州开幕。广东省委副书记、省长朱小丹，国务院侨务办公室副主任谭天星出席大会并致辞。

大会宣读全国人大常委会原副委员长邹家华、全国政协原副主席叶选平发来的贺信。全国人大常委、华侨委员会副主任委员、广东省原省长黄华华，全国人大原常委、金利来集团有限公司董事局主席曾宪梓，国务院国资委原副主任黄淑和，国务院港澳事务办公室副主任周波，国务院台湾事务办公室副主任龙明彪，广东省副省长刘志庚，深圳市人大常委会主任丘海，亲民党荣誉副主席、中华建筑经理公司董事长钟荣吉，全国工商联副主席、汉能控股集团有限公司董事局主席兼首席执行官李河君，国土资源部原副部长胡存智，国务院侨务办公室原副主任张伟超，广东省委原常委、宣传部原部长黄浩，广东省人大常委会原副主任钟启权、游宁丰、汤维英、谢强华，北京市人民检察院原检察长何访拔，海南省军区原副政委黄声云，全国政协常委、香港裕华国货公司董事长余国春，印尼熊氏集团总裁熊德龙，香港客属社团联合总会主席梁亮胜等出席大会。广东省副省长招玉芳主持大会开幕式。

受广东省委书记胡春华委托，朱小丹代表广东省委、省政府对各方嘉宾的到来表示热烈欢迎，对长期以来关心支持广东改革开放和现代化建设的各位海内外客商朋友表示衷心感谢。朱小丹指出，广东的改革发展既离不开广大客商的支持帮助，也必将为全球客商企业和乡亲来粤创业创新带来无限商机。本届客商大会以"汇聚客商力量、共创海丝未来"为主题，汇聚全球客商精英，抢抓"海丝"机遇，致力于打造发挥侨乡优势、传承客家文化、凝聚侨心侨力、增进交流合作的新平台。希望梅州市进一步擦亮世界客商大会的品牌，不断密切与广大客商的交流沟通，努力打造一流的国际化、市场化、法治化营商环境，既为海外客商回乡发展搭桥铺路，又为广东企业加快"走出去"步伐提供支撑；希望广大客商秉承优良传统，弘扬客家精神，发挥独特优势和桥梁纽带作用，切实把自身发展与家乡的改革发展有机结合起来，积极参与"一带一路"特别是"21 世纪海上丝绸之路"建设，为广东推进改革开放和粤东西北地区振兴发展、实现"三个定位、两个率先"的目标，为实现中华民族伟大复兴这一海内外中华儿女共同的中国梦做出新的贡献。

谭天星代表国务院侨务办公室和中国海外交流协会等大会支持单位对大会召开表示热烈祝贺。谭天星指出，广东省委、省政府十分重视培育和发挥侨务资源优势，积极引导客商参与广东经济社会发展，积极扶持侨胞事业发展进步。本次客商大会广邀海内外客商参与，内容丰富，务实创新，针对性强，相信在各方面努力下，必将取得丰硕成果。

大会为梅州、河源、惠州三市 33 个海外"经贸文化联络处"颁发牌匾，为广东梅兴华丰产业集聚带挂牌揭幕。梅州、河源、惠州、韶关、清远等省内客属地区与海内外客商现场签约 90 个合作项目，计划投资总额超 400 亿元。开幕式结束后，朱小丹一行调研了梅州市振兴发展主题展、世界客商博览会、客家文化创意产品博览交易会。本届世界客商大会由广东省政府主办，梅州市委、市政府承办，国务院港澳事务办公室、国务院台湾事务办公室、中华全国归国华侨联合会、中华全国工商业联合会、中国海外交流协会共同作为支持单位，来自全球 26 个国家和地区，国内 18 个省、自治区、直辖市 900 多名嘉宾参会。

（《南方日报》2015 – 10 – 13/谢思佳，符信）

第六届粤东侨博会四市齐上阵　引侨资"争鲜斗艳"

10 月 10 日，记者从广东省政府新闻办发布会上获悉，主题为"创新驱动·振兴粤东"的第六届粤东侨博会将于 10 月 27 日在潮州市召开。在广东省"振兴粤东西北"战略背景下，侨博会的举办具有特殊意义。粤东侨博会是由广东省政府主办，由粤东四市轮流承办的高规格区域性盛会，已成功举办了五届。本届侨博会由潮州市委、市政府和省商务厅、省侨办联合承办，汕头、汕尾、揭阳三市市委、市政府协办。

（《南方日报》2015－10－14/黄颖川）

海内外华人研究学者在厦门研讨"当代亚洲的海外华人"

第六届海外华人研究与文献收藏机构国际会议 16 日在华侨大学厦门校区举办，来自俄罗斯、美国、马来西亚、印度尼西亚、日本、新加坡、瑞士、英国、德国、加拿大、荷兰及中国台湾、香港等国家与地区的 200 名海内外华人研究学者汇聚厦门，研讨"当代亚洲的海外华人"这一特殊群体。学界人士称，此次学术会议以"当代亚洲的海外华人"为主题，与会知名学者众多，为全球华侨华人研究及文献收藏学界的一大盛事。国务院侨办政策法规司副司长刘香玲在当天开幕仪式上致辞称，中国是当今海外移民最多的国家之一，据有关学者统计，目前海外华侨华人有数千万之多。在中国推出建设"丝绸之路经济带"和"21 世纪海上丝绸之路"构想后，海外华侨华人在中国和沿线国家、地区的友好合作交流中有特别的角色意义。她说，亚洲是"一带一路"的重要区域，几千万海外华侨华人中，有近八成在该区域。研究亚洲的海外华人，既有丰富的学术价值，更具深刻的现实意义。华侨大学党委书记关一凡介绍说，涉侨研究本来就是华侨大学的职责所在。本次会议，主办方秉承大会传统，以华侨华人研究与资料收集为中心，围绕"当代亚洲的海外华人"主题，精选百余篇中英文学术论文莅会宣读，并特别荣幸邀请到了香港中文大学文学院院长梁元生教授、美国斯坦福大学东亚图书馆馆长杨继东教授等本研究领域的著名学者前来作主旨发言。与会学者将充分运用档案文献、田野调查、口述访谈等第一手资料，就诸多前沿问题进行探讨，从多学科、广领域和宽视角全面展示华侨华人研究的最新成果。厦门大学国际关系学院/南洋研究院院长庄国土在接受记者采访时表示，世界华侨华人有 6 000 多万，其中 78% 的华侨集中在亚洲，这次会议把主题集中在亚洲，就是表明我们关注华侨华人中最大的那一部分。海外华人研究与文献收藏机构联合会是一个非营利、非党派的国际学术组织，其创始会议于 2000 年在美国俄亥俄州雅典市举行。其后，在过去的十三年，又分别于中国香港（2003）、新加坡（2005）、中国广州（2009）及加拿大温哥华（2012）成功举办了四次国际会议。 （中国新闻网 2015－10－16/杨伏山）

第八届"汉语桥"世界中学生中文比赛开赛

由孔子学院总部/国家汉办、云南省人民政府联合主办，云南省教育厅、云南师范大学、云南省广播电视台承办，以"学会中国话，朋友遍天下"为主题的第八届"汉语桥"世界中学生中文比赛于 10 月 16 日至 11 月 1 日在北京和云南举行。本届比赛是历届"汉语桥"世界中学生中文比赛中参赛国家最多、参赛人数最多的一届，共有来自 81 个国家96 个海外预赛区的 400 多名师生来华参加决赛。比赛优胜者将获得由孔子学院总部/国家汉办提供的来华留学奖学金等奖励。"汉语桥"系列中文比赛包括"汉语桥"世界大学生中文比赛、"汉语桥"世界中学生中文比赛等。自 2002 年至今，比赛共吸引了 100 多个国家的上百万名青少年参赛、亿万观众观赛，已成为人文交流领域的知名品牌活动。本届比赛弘扬了中华文化，彰显了汉语魅力，传播了和平友谊；展现了中国经济社会发展取得的巨大成就和汉语国际教育在促进中外文化交流中起到的重要作用和卓越贡献；提升了云南对外人文交流层次，使云南更好地融入国家"一带一路"建设；展示了不同国家、不同文化背景的中学生学汉语的经历、与中国的故事、对中国的认识。

（《中国青年报》2015 – 10 – 18/张文凌）

第二届"海外华人与中国侨乡文化"国际研讨会召开

10月24日、25日，第二届"海外华人与中国侨乡文化"国际研讨会在广西壮族自治区钦州市召开，来自美国、日本、新加坡、泰国、马来西亚、印度尼西亚，以及中国社会科学院、厦门大学、暨南大学、华侨大学、温州大学、广西大学、广西民族大学等高校及科研机构的百余名专家学者齐聚一堂，研讨侨乡文化。此次活动由广西侨办、侨联，广西民族大学、钦州学院主办；广西民族大学民社学院、东盟学院，钦州市外侨办、侨联协办；广西侨乡文化研究中心和北部湾海洋文化研究中心承办。各方希望通过研讨，了解侨乡和海外华侨华人的最新情况，实现侨务工作的可持续发展。

（中国侨网2015 – 10 – 26/林浩）

第二届世界华侨华人摄影展在京开幕　3幅作品获金奖

由中国侨联主办，中国华侨摄影学会、中国华侨国际文化交流促进会、中国华侨公益基金会、中国侨联青年委员会等承办的第二届世界华侨华人摄影展5日在北京中国华侨历史博物馆开幕。中国侨联主席林军，全国政协港澳台侨委员会副主任卢昌华，中国侨联副主席康晓萍、朱奕龙，中国侨联顾问庄炎林、林兆枢等侨界、摄影界人士出席开幕式。

（中国侨网2015 – 11 – 05/郝爽）

第二届华文教育国际学术研讨会在广州举行

近日，第二届华文教育国际学术研讨会在广州暨南大学华文学院举行。秉承首届华文教育国际学术研讨会"以文会友"的精神，来自全球10多个国家和地区的126位专家学者齐聚一堂，就"华文教育发展"这一主题进行深层次、多角度、全方位的深入探讨。

（暨南大学华文学院网站2015 – 11 – 12/付先绪，周伶俐）

第二届华侨华人赣鄱投资创业洽谈会开幕　签约36.83亿美元

由国务院侨务办公室、江西省人民政府主办的第二届华侨华人赣鄱投资创业洽谈会（简称"华赣会"）17日在江西南昌开幕，开幕式上共签约重大项目73个，签约合同总金额达36.83亿美元。当天，国内外世界500强企业代表、海外知名侨领侨商代表、来自世界五大洲30多个国家和地区的江西同乡会会长、"一带一路"沿线国家侨团侨社代表、在赣投资的知名侨资企业代表以及港澳代表、海外华侨华人科技专业人才等近500人出席会议。中国国务院侨务办公室主任裘援平在开幕式上表示，希望各位海内外侨胞，关注祖国和江西未来的发展，充分利用华赣会这个交流合作平台，寻找投资兴业的机会，在参与未来江西发展升级、小康提速、绿色崛起当中大显身手，大展宏图，让个人成功的果实，结在家乡希望的田野上，结在民族复兴的参天大树上。江西省长鹿心社表示，华侨企业在参与江西经济社会发展中，自身也得到了很好发展。本届华赣会的举办，必将进一步推进江西与华侨华人交流合作共赢发展。希望通过本届华赣会，广大华侨华人进一步了解江西、关注江西，抓住合作商机，拓宽合作领域，全面提高与江西的合作水平。开幕式上还举行了重大项目签约仪式。参会的国内外500强企业、侨资企业共签约重大项目73个，其中"引进来"项目49个，"走出去"项目24个，签约合同总金额达36.83亿美元，签约项目涵盖新能源、新材料、生物医药、电子商务、轻工纺织、旅游休闲等行业。中新社记者从华赣会组委会获悉，大会期间还将举行"海外高层次人才创新创业论坛""绿色化：江西崛起新追求"南昌高峰论坛以及战略性新兴产业、文化产业、旅游推介会等。

（中国新闻网 2015 - 11 - 17/柳俊武，刘占昆，华山）

全国第四个侨商产业聚集区"侨梦苑"在南昌揭牌

由国务院侨务办公室、江西省人民政府主办的第二届华侨华人赣鄱投资创业洽谈会（简称"华赣会"）17日在南昌开幕。开幕式上，国务院侨办主任裘援平、江西省委书记强卫共同为全国第四个侨商产业聚集区"侨梦苑"揭牌。当天，国内外世界500强企业代表、海外知名侨领侨商代表、来自世界五大洲30多个国家和地区的江西同乡会会长、"一带一路"沿线国家侨团侨社代表、在赣投资的知名侨资企业代表以及港澳代表、海外华侨华人科技专业人才等近500人出席了开幕式。为落实国务院侨办和江西省人民政府战略合作框架协议，助推江西经济发展快速赶超，此次"侨梦苑"正式落户南昌市红谷滩新区。

"侨梦苑，顾名思义是侨胞圆梦的地方。"这是国务院侨务办公室以服务"一带一路"建设等国家重大战略为主线，为着力推动侨务引资引智、联合有关省份、积极发挥侨务资源优势而打造的侨商产业聚集区，是调动引导华侨华人特别是侨商和专业人士同圆共筑中国梦的重要平台。江西是继天津、河北、福建之后全国第四个由国务院侨办挂牌设立"侨梦苑"的省份。

据介绍，江西"侨梦苑"是由江西省外事侨务办公室和南昌市人民政府、红谷滩新区共同打造的海归精英、海外高端人才及华侨华人现代服务业侨商产业聚集区，是侨务部门发挥侨务资源优势、吸引更多侨胞来赣发展创业、服务国家区域发展战略的创新举措。江西"侨梦苑"侨商产业聚集区遵循绿色低碳环保的原则，以现代服务业为主题，体现科技与商务相结合、文化与休闲相结合、产业与宜居相结合的特色。"侨梦苑"侨商产业聚集区还突出旅游休闲、金融集聚、人才创业三大功能性要求，未来将建设华侨华人旅游休闲区、侨资金融集聚区、海归人才众创空间三大区域。

（中国新闻网 2015 - 11 - 17/柳俊武等）

侨捐累计超900亿　是否应写进《慈善法》？

从10月31日起，酝酿十年的中国首部慈善领域专门法律《中华人民共和国慈善法》（简称《慈善法》）草案开始公开征集各界意见。草案面世即引发热烈反响，建言献策者非常踊跃。而侨界人士关心的是：侨捐历来是各项捐款中的重要组成部分，是否应将其纳入《慈善法》中？

数据：侨捐累计总额超 900 亿

据统计，改革开放以来，一直到 1999 年《中华人民共和国公益事业捐赠法》实施以前，海外侨胞在国内兴办公益慈善事业捐款捐物的总值达到 403 亿元，占捐赠总数的 90% 以上。目前海外侨胞每年通过侨务部门向国内的捐款达到数十亿元，2013 年就有 72 亿元。在 2014 年召开的全国华侨捐赠会议上，国侨办有关负责人介绍说：改革开放以来，海外侨胞、港澳同胞支持、捐助中国国内公益事业款物总额已经超过 900 亿元，其中一半以上用于教育领域，此外，扶贫济困、救灾、民生和科技领域也是捐赠、捐助重点方向。

关键时刻　海外侨胞慷慨解囊

汶川地震

2008 年 "5·12" 汶川大地震期间，海外侨胞和港澳同胞通过各种渠道向灾区捐赠的金额达到 50 亿元。

雅安地震

2013 年雅安地震期间，海外侨胞通过国侨办向灾区捐款 9 437 万元，此外，还有侨胞通过其他途径向灾区表达爱心。

天津滨海新区爆炸事故

"8·12" 天津滨海新区发生特大爆炸。事件发生后，海外侨胞十分关心国内情况，20 多个国家的 60 个海外侨团在第一时间发动慰问和募捐，高度关注救援进展，并对事故中不幸遇难人员及其家属表示慰问。

丽水重大山体滑坡事故

11 月 13 晚，丽水里东村发生重大山体滑坡事故。灾难发生后，10 余个国家和地区的青田侨团和侨胞个人纷纷捐款，截至 18 日，共为灾区捐出善款 34.2 万元，而这一数字还在持续增长。

海外侨胞慷慨解囊的例子不胜枚举。国务院侨办副主任任启亮曾表示，广大海外侨胞素有爱国爱乡、造福桑梓的优良传统，他们在落地生根、服务住在国民众的同时，不忘祖（籍）国，在各个历史时期发挥了重要而独特的作用，充分体现了中华民族扶危济困、乐善好施的优良品格。

全国人大常委会委员：侨捐应体现在《慈善法》条文中

《慈善法》草案出台后，全国人大常委会委员白志健表示，海外侨胞始终是中国慈善公益事业的重要主体和积极推动者。为此，在修改《慈善法》草案的时候，要充分考虑到侨捐在慈善事业中所具有的不可或缺的重要作用，并在相关的条文中有所体现。白志健说，中国众多的海外侨胞和归侨侨眷有着爱国爱乡的优良传统，长期以来，他们不仅热心在国内投资创业，促进实业兴国，而且慷慨解囊，扶贫济困，推动国内慈善事业的发展。

（中国侨网 2015 - 11 - 21/冉文娟）

深圳海归创业大会举行　"留"字号企业超 3 700 家

11 月 20 日，"梦想海归·2015 中国（深圳）海归创业大会"在五洲宾馆举行。这是深圳市侨务部门连续 4 年以海归创业为主题参与高交会，帮助来深发展的海归创业，助推

"海归经济"腾飞。中国侨联副主席乔卫,(深圳)市委常委、统战部部长林洁出席会议。

在深圳海归投融资项目对接会上,主办方从100个项目团队中选出的10个优秀项目进行现场路演,专业投资人评审团现场点评。现场同时提供部分展位,供项目团队向众多国内外投资方展示项目,实现项目和资金无缝对接。据不完全统计,深圳市历年引进留学生接近6万人,"留"字号企业已超过3 700家,超亿元产值的30多家。"海归"大军中来自世界大学排名前100名院校的留学人员约占总人数的21%,不少留学人员是拥有多个学位、涉足多种专业、精通多种语言的复合型人才。

(《深圳晚报》2015 – 11 – 21/张金平)

第一届国际华文教学研讨会在福建举行

由华侨大学主办的第一届国际华文教学研讨会21日在华侨大学华文学院开幕。来自中国大陆、台湾、香港及新加坡、菲律宾、越南、泰国、西班牙等地区和国家的40余所高校近70位专家学者与会,探讨华文教育教学的继承与创新。本届会议以"继承与创新:华文教育与华文教学的多维研究"为主题,共收到58篇参会论文,与会代表围绕基于华文教学的华语本体研究、华语习得偏误研究、华语教学的国别化研究、新媒体时代的华文教学研究、中华传统文化教学研究等主题展开讨论。国际华文教学研讨会将每两年举办一次,旨在为国内外华文教育及汉语国际教育领域学者搭建沟通和交流的学术平台,推动学科发展。

(新华网2015 – 11 – 22/付敏,刘妹君)

国侨办主任裘援平:以精准发力推动"万侨创新"

中国国务院侨办主任裘援平11月30日在北京表示,国侨办大力倡导并推动"万侨创新",希望广大侨商和科技人士抓住"十三五"时期各种战略机遇,实现自身事业的更大发展,助推中国经济创新发展。当日,为响应国家"大众创业、万众创新"号召,国侨办支持中国侨商投资企业协会成立科技创新委员会。裘援平在会上指出,此举对于凝聚华侨华人科技人士、增进华侨华人工商界和科技界的交流合作与共同发展,具有重要意义。

裘援平介绍说,在海外100多个国家和地区分布着数百万名侨商和科技人士,他们具有学贯中西、融通中外的优势,其专业范围几乎覆盖所有学科,且长期身处科技前沿领域,是中国提升科技创新能力的宝贵资源。未来五年,创新将摆在中国国家发展全局的核心位置,作为引领发展的第一动力。经济结构调整也将明显加快,新技术、新产业、新业态蓬勃发展。对此,裘援平表示,这将为侨资企业转型升级发展提供新出路、新机遇、新舞台。"我们一直在思考如何进一步凝聚、调动华侨华人科技界和专业人士,共同参与创新型国家建设、创新驱动发展战略以及'中国制造2025''互联网+'等重大战略。"裘援平说,在此大背景下,一定要充分调动并利用丰富的侨界智慧资源,有鉴于此,中国侨商投资企业协会科技创新委员会应运而生。裘援平介绍说,该会首批243位会员,集合了在中国国内成功创业的海归科技人士及其团队。"希望这个平台能把华侨华人的智慧与资本有机结合起来。"她表示,此举不仅能够促进传统侨商企业的转型升级,也能带动海归科技企业的二次创业和持续创新。她坦言,中国正迎来海外专业人士回国创新创业的热潮,这个过程是由"科学家"到"企业家"的蜕变,十分不易。为此,她呼吁中国各级政府努力为海外人才营造良好的政策环境、发展环境和生活环境，以精准发力的方式，调动侨界响应"大众创业、万众创新"号召。　　　　　（中国新闻网 2015 – 11 –30/杨凯淇）

"华侨华人与海上丝绸之路"研讨会在福建厦门举行

28 日，"华侨华人与海上丝绸之路"研讨会在福建厦门举行，130 余名海内外专家学者会聚华侨大学厦门校区，就华侨华人如何推进"一带一路"建设深入研讨。本次会议共分"一带一路"与侨务、"一带一路"与沿线国家华侨华人、"一带一路"战略研究、海外华人移民研究、海外华人社会研究及"一带一路"与中国周边外交等专题。研讨会由《福建华侨史》编纂委员会主办，国务院侨办侨务理论研究福建基地、福建省侨办、华侨大学共同承办，华侨大学华侨华人研究院和海上丝绸之路研究院协办。

（新华网 2015 – 11 –30/陈旺，刘姝君）

第八届华交会 10 日在烟台开幕　签约 10 个侨资项目

12 月 10 日—13 日，由山东省侨办、中国侨商投资企业协会、济南市政府、烟台市政府共同主办的第八届华商企业科技创新合作交流会（简称"华交会"）将在烟台开幕。本届华交会是继第六届、第七届后，济南、烟台再度联合举办，主会场首次设在烟台。来自美国、加拿大、澳大利亚、马来西亚等 23 个国家和地区的 130 多名华商精英、高层次人才将携带专利和项目来烟台参会。中国侨商会、山东侨商会旗下多位著名华商确定参会。本届华交会以"共享机遇、合作共赢、携手齐鲁、共创繁荣"为主题，旨在践行"一带一路"国家战略，推动烟台市中韩产业园建设，巩固落实第六届、第七届华交会成果，最终实现"推进一批在谈项目、促成一批签约项目、引进一批新的投资合作项目"的目标。烟台市外事侨务办将坚持"务实、节俭、安全"的办会原则，科学安排大会日程，突出活动重点环节，主要举行开幕式、引资引智项目合作洽谈会、企业海外发展洽谈会、投资合作项目签约仪式、赴开发区举办区域投资合作项目推介会、实地考察等重要活动，并确保活动实效。会议期间，济南等各市将组织企业来烟台参会。其中，烟台将组织上百家对口企业参会，就华商项目和技术进行对口洽谈，并有 10 个侨资项目将在会上签约，合同金额 8.1 亿美元。　　　　　（胶东在线 2015 – 12 –05/贾楚航）

福建厦门侨企 1 900 多家　总投资额近 200 亿美元

厦门市有侨资企业 1 900 多家，总投资额近 200 亿美元，这是厦门市政协组织侨联界别委员目前对本市侨资企业发展情况进行视察时得到的数据。视察团一行先后深入厦门华电开关有限公司、美甘齐动（厦门）物料输送工程股份有限公司、厦门科塔电子有限公司等一批侨资企业和厦门留学人员创业园生产科研一线，详细了解侨资企业的生产流程、产品质量、市场需求、盈利模式、发展规划等情况。据不完全统计，目前厦门市有参加年检的侨资企业 1 900 多家，来自 50 多个国家和地区，占全市外资企业的四成以上，总投资额近 200 亿美元，约占全市年检外资企业总投资额的 35%。委员们表示，侨资企业对厦门发展做出了重要的贡献，很多侨资企业在厦门快速发展壮大，有些侨资企业则在成长中遇到困难。厦门要加快打造国际一流营商环境，加大侨资企业引进力度，推动侨资企业健康快速成长；要进一步完善各项配套设施和服务，将各项优惠政策落实到位，为侨资企业搭建更好的发展平台；要以企业需求为导向，开展精准服务。侨资企业加强信息沟通，互帮互助，共同成长。

（中国侨网 2015 – 12 –09/马小平）

上海海归千人创业大会召开　逾 700 名海归人才参加

2015 中国海归创业大会暨上海海归千人创业大会 12 月 5 日在上海徐汇滨江举行，逾 700 位海归高层次人才参加。上海市政府侨办主任徐力出席大会，并为第四批上海"千人计划"专家颁发证书。

大会由上海千人计划专家联谊会，上海市欧美同学会创业分会，上海市徐汇区区委、区政府联合主办，中共上海市委组织部、市委宣传部、市委统战部、市政府侨办、张江高新区管委会为指导单位。据大会介绍，目前来沪的留学归国人员约 12 万，截至 2015 年上半年，上海有国家"千人计划"专家 771 人、上海"千人计划"专家 557 人，选择在上海创新创业的海外高层次人才日益增多。为吸引海外学子回国创业，鼓励他们为国家、为民族建功立业，上海千人计划专家联谊会联合上海市欧美同学会创业分会已连续举办三届海归千人创业大会，受到"千人计划"专家、海归创业者、相关机构和官员的大力支持。上海市长杨雄、副市长周波分别出席了 2013 年和 2014 年的大会，并作重要讲话。海归千人创业大会已发展为上海乃至周边省市规模最大、影响最深的海归创业盛会。

（上海市侨办网站 2015 – 12 – 10）

广东首批"侨梦苑"在增城、江门揭牌　裘援平出席

广东首批"侨梦苑"22 日分别在广州增城国家级经济技术开发区、江门高新技术产业开发区揭牌。"侨梦苑"是中国国务院侨办与相关地方政府联合打造的国家级侨商产业聚集区、华侨华人创业聚集区。

中国国务院侨办主任裘援平、副主任谭天星以及广东省、广州市、江门市政府部门相关领导分别出席了广州和江门"侨梦苑"的揭牌仪式，并见证首批入园项目签约。裘援平一行还实地参观考察了"侨梦苑"创新中心和人才公寓、创业梦工厂、国际众创空间、产业承载区、"侨之家"等"侨梦苑"功能板块。在当天上午于广州增城举行的华侨华人创新创业交流会上，裘援平致辞指出，"侨梦苑"就是侨胞圆梦的地方。据介绍，为支持和引导海外侨胞参与中国新一轮改革开放发展，从去年开始，中国国务院侨办在国家重大发展战略布局的精华地带，与相关地方政府联手打造了一批侨商产业聚集区和海外人才创新创业的聚集区。"'侨梦苑'是海内外各种创新要素协同创新的示范区和对侨综合服务的示范区。"裘援平说，从某种意义上讲，"侨梦苑"还有可能成为与全球创新产业链相连接的功能区，这对中国进一步推动"一带一路"建设、扩大国际经济和国际科技合作具有重要意义。裘援平表示，"侨梦苑"是一面旗帜，召唤着全球华侨华人特别是侨商和海外科技专业人士抱团取暖，协同发展，搭乘祖国快速发展的快车，实现人生价值。她说："我们期望通过打造有利于海外侨胞创新创业的高端专业平台，全链条、综合性的贴心服务体系，争取最大限度发挥侨资侨智集成发展、集约创新的优势，推动新老侨商企业的转型升级、二次创业。""侨梦苑"也是地方政府侨务部门创新引资引智模式的试验区。

裴援平表示，各级侨务部门支持地方政府创新管理和服务模式，把"侨梦苑"打造成集招商引资、创业培训、政策支持、科技孵化、市场开拓、融资保障、知识产权保护等适应海外侨胞投资兴业的引资引智洼地和创新创业高地。

据了解，首家"侨梦苑"于去年 11 月落户天津武清区。一年来，包括河北秦皇岛（北戴河新区）、福建福州（福州经济技术开发区）、江西南昌（红谷滩新区）等地的 4 处"侨梦苑"陆续挂牌。裴援平表示，广东省是中国第一侨务大省和对外开放的前沿阵地，在未来"一带一路"建设中，也处于桥头堡的位置。在广东建"侨梦苑"对有志于回国创新创业的全球华侨华人将产生巨大吸引力，"侨梦苑"的发展空间和前景十分乐观。

（中国新闻网 2015 – 12 – 22/郭军）

（本栏目编辑　王华）

海外华人新社团

　　本栏目主要是根据海内外各大新闻媒体的新闻报道，对 2014—2015 年度海外华侨华人新社团的名称、成立时间、会长、国别或地区等事实性资料进行摘选，先按年度列表，再按亚洲、美洲、欧洲、大洋洲、非洲地区的顺序排列，同一洲内按社团成立时间升序排列，成立时间未标明的，按新闻报道时间排列，其他未标明事项列表中留空。

2014 年海外华人新社团

亚　洲

名称	成立日期	国别/地区	负责人
日本华人印社	1.19	日本	会长邹涛
上海白玉兰会	2.18	日本	发起人星屋秀幸、小坂文乃
马来西亚华人义山联合会	3.9	马来西亚	主席蒋礼谦
印尼惠安同乡联谊会	3.11	印度尼西亚	会长许锦祥
哥打丁宜联合会馆联谊会		马来西亚	主席陈耀宽
印度尼西亚奇沙兰广肇同乡会	4.6	印度尼西亚	主席余耀辉
印华文学爱好者俱乐部	4.17	印度尼西亚	主席孙兴可
日本华侨体育交流协会	4.20	日本	会长许革
马来西亚武吉港脚南华校友会	5.8	马来西亚	主席李亚财
礼让县砂益狮子会		马来西亚	会长姚文星
泰国石狮同乡会暨泰国石狮商会	5.18	泰国	会长林嘉南
东方文明振兴会	6.6	日本	总代表韩厌愈
日本中部中资企业协会	6.6	日本	会长朱南兵，会长单位中国江西国际经济技术合作公司
柬埔寨江西商会	6.29	柬埔寨	会长谢运生
彭享淡属广东会馆	7.12	马来西亚	会长黄锦发
汉语社团	9.1	菲律宾	社长范润泽
阿联酋阿基曼华侨华人总商会	10.8	阿联酋	会长施克发
中山大学日本校友会	10.18	日本	会长李缨

（续上表）

名称	成立日期	国别/地区	负责人
印度尼西亚台湾彰化同乡会	10.18	印度尼西亚	会长刘国良
越南台商联合总会河静分会	10.18	越南	会长郭世钟
在日长春同乡会	11.2	日本	会长关口孝子
日本诸暨同乡会	11.13	日本	会长詹大刚
印度尼西亚珠海联谊会	11.24	印度尼西亚	
印度尼西亚中华总商会中爪哇分会	11.24	印度尼西亚	主席吴孝忠

美 洲

名称	成立日期	国别/地区	负责人
加拿大温哥华清华大学校友会	1.4	加拿大	会长林忠毅
美国北加州江苏同乡会	1.12	美国	会长吴有义
全美中国媳妇美国郎联谊会	1.18	美国	会长李芮
巴西陕西商会	3.8	巴西	会长贺清琴
美国华裔加州公平教育联盟	3.14	美国	
美国南佛州诗文社		美国	会长谷冰河
美国阳江总商会	3.26	美国	会长陈国富
美国旧金山湾区统促会"关注港澳小组"	3.29	美国	组长蔡文耀
美国纽约布鲁克林亚裔联合总会		美国	会长陈善庄
美国华裔关心下一代协会	4.20	美国	会长陈健
美国夏威夷中国商会	4.23	美国	会长魏君野
湖南师范大学北美校友会	5.2	美国	会长黄彤文
美国东方书画艺术协会	5.5	美国	主席吴友优、冰凌
美国达拉斯晋商会	6.2	美国	会长陈宁
美国夏威夷湖南同乡会	6.8	美国	会长罗友明
广东外语外贸大学美国旧金山校友会	6.14	美国	会长易正华
美国福建总商会	7.7	美国	会长郑中华
加拿大中国留学生协会	7.15	加拿大	会长刘煜辰珂
美国休斯敦美南世新大学校友会		美国	会长陈元华
全美中餐业联盟纽约总分会	7.26	美国	会长陈善庄
加拿大大温哥华义工协会	8.9	加拿大	会长管雪莹
巴巴多斯华侨华人联谊会	8.10	巴巴多斯	会长周俊坤
美国北乔州甘斯维尔台湾商会	8.16	美国	会长张崧轩
美国硅谷科技华商协会	8.22	美国	会长朱伯殷
全美台湾同乡联谊会李察逊分会	8.23	美国	会长杨淑惠

（续上表）

名称	成立日期	国别/地区	负责人
美国杭州商会	8.25	美国	董事会主席陈景东，会长宗泽后
汉字复兴国际促进会	9.8	美国	主席徐德江
美国云南同乡联盟	9.13	美国	会长段昭南
美国湾区华人扶轮社	10.4	美国	社长孙振凯
多伦多加港协进会	10.7	加拿大	共同主席陆炳雄、梁万邦
"生而不凡"精英俱乐部		美国	负责人 Rudy
亚美文化艺术协会	10.22	美国	负责人林相吟
美国佛州东北同乡会		美国	会长王少军
美南中华书画艺术学会	10.25	美国	会长李中华
台美文化生活协会	12.7	美国	会长刘玫玲

欧　洲

名称	成立日期	国别/地区	负责人
欧洲华人旅游业联合总会	1.9	法国	会长陈茫
北京外国语大学法国校友会		法国	会长刘亚中
德国湖南同乡会	1.18	德国	会长李先秋
立陶宛—中国商会	1.29	立陶宛	
意大利巴斯里卡塔大区华人华侨联谊总会	3.21	意大利	会长翁武平
卢森堡华侨华人青年联合会	4.8	卢森堡	会长张祖远
西北工业大学欧洲校友会	4.19	法国	会长许晓舟
英国北京同乡协会		英国	会长李海
卢森堡温州同乡会	5.6	卢森堡	会长孙廷桦
姜宅村中欧同乡会	5.10	法国	
全英华人收藏家协会		英国	会长周自立
欧洲华商理事会	5.29	欧洲	
英国华人艺术协会		英国	会长奚建军
暨南大学荷比卢校友会	6.20	荷兰、比利时、卢森堡	会长曾穗琴
欧盟华人工商联合总会		西班牙	会长张永利
全英华人职业联合会	6.28	英国	会长 Leo Wang
英国天津同乡会	8.1	英国	会长穆政
国际杰人会法国分会	8.29	法国	

（续上表）

名称	成立日期	国别/地区	负责人
欧洲文成华侨华人（社团）联合总会	9.9	意大利	会长胡立备
德国常德联谊会		德国	
意大利华人企业协会	9.20	意大利	会长毛爱彬
欧洲福建发展联盟		比利时	主席何家金
世界中医药学会联合会服务贸易专业委员会	10.1	俄罗斯	会长董志林
德国贵州商会	12.1	德国	会长黎杨
意大利华人新生代协会	12.6	意大利	会长朱钊杰

大洋洲

名称	成立日期	国别/地区	负责人
澳洲顺德投资商会	4.8	澳大利亚	会长梁敬雄
澳大利亚墨尔本锡伯联谊会		澳大利亚	会长拓永浩
新西兰奥克兰地区双语扶轮社	5.21	新西兰	会长钟依霖
华人之友社	6.15	澳大利亚	负责人王国忠
基督城华商经贸联谊总会	8.30	新西兰	会长姜湘沩
澳大利亚联邦议员华裔领袖咨询委员会		澳大利亚	负责人朗迪
澳洲莞商联合会	9.15	澳大利亚	会长陈日坤
澳洲华人女商会		澳大利亚	会长陈丽红
新西兰青年女子商会	11.15	新西兰	会长 Jenny Zhang
澳大利亚墨尔本天津商会	11.28	澳大利亚	
新西兰潮属总会	12.3	新西兰	会长张乙坤

非　洲

名称	成立日期	国别/地区	负责人
南非开普敦华人警民中心	1.3	南非	主任陈朱金
南非洲广东总商会	1.8	南非	会长黄宝烈
乌干达温州商会		乌干达	会长高实妙
南中体育文化交流协会	2.22	南非	会长高国强
赞比亚河南同乡会	2.23	赞比亚	会长栾春民
南非中国文化艺术交流协会	3.23	南非	会长黄晶晶
南非西开普省侨商会	3.27	南非	会长刘伊娜
津巴布韦华人华侨联合总会	3.31	津巴布韦	会长丛玉玲
南非西北省警民合作中心	7.13	南非	主任林学平
南非贵州商会	8.6	南非	会长袁瑛

2015 年海外华人新社团

亚　洲

名称	成立日期	国别/地区	负责人
越南中国商会福建企业联合会	1.18	越南	会长柯育
日本宫城华侨华人连合会	2.8	日本	会长侯殿昌
老挝海南同乡联络处		老挝	主任郭仁贵
日本中部华侨华人妇女联合会	3.3	日本	会长孙焱
印尼华商经贸联合会	3.7	印度尼西亚	会长林基成
印尼雅加达台湾客家同乡会	3.15	印度尼西亚	会长邱泳方
日本内蒙古同乡会	4.25	日本	会长小林阳吉
日本内蒙古经济文化交流协会	4.25	日本	会长乌日金
印尼台湾经济交流协会	4.29	印度尼西亚	主席许龙川
华侨大学日本校友会	5.6	日本	会长玉城理惠
日本川渝总商会	5.8	日本	会长贺乃和
柬埔寨宁波商会	5.10	柬埔寨	会长沈琦辉
日本静冈县华侨华人总会	5.10	日本	会长邱信男
全日本中国企业协会联合会	5.22	日本	会长彭卜钢
日本东京北京国际文化交流协会	6.6	日本	会长李晨
日本陕西联谊会	6.28	日本	会长崔里田
全日本陕西经济文化交流协会	6.28	日本	会长崔里田
老挝中华总商会	7.29	老挝	会长张明强
缅北华文教育协会	8.2	缅甸	会长尚兴玺
印尼中国商会廖内群岛分会暨中资企业商会	9.8	印度尼西亚	会长沈晓祺
缅甸浙江商会	9.20	缅甸	会长屠国定
菲律宾非华青商会	10.27	菲律宾	会长蔡荣煊
巴基斯坦山东商会	11.17	巴基斯坦	会长程晓云
西南交通大学日本校友会	11.21	日本	会长刘修博
阿联酋浙江侨团联合会	12.26	阿联酋	会长陈志远
日本安徽联谊会关西分会		日本	会长杨阳

美　洲

名称	成立日期	国别/地区	负责人
全美中餐业联盟休斯敦总分会	1.3	美国	会长黄伟洪
巴西特雷西纳市华人协会	1.3	巴西	会长林胜
加拿大南京商会		加拿大	会长湛露
大纽约地区福建学生学者联谊会	1.11	美国	主席刘伟
美国中医公会	1.11	美国	会长黄宪生
美国大西雅图留台校友会	1.24	美国	会长关洁群
美国华裔平等权益协会	2.7	美国	主席田正东
拉斯维加斯山东同乡会	2.17	美国	会长刘丁榕
加拿大渥维尔市华商会	2.23	加拿大	会长庄桂华
北美亚洲房地产协会大多伦多分会	2.25	加拿大	会长封赖桂霞
美国国际华裔女企业家及专家协会	2.28	美国	会长宋蕾
美国世界华人工商妇女会拉斯维加斯分会		美国	会长王蓉蓉
美国亚太公共事务联盟硅谷半岛分会	3.21	美国	主席黎志苏
美国休斯敦内蒙古同乡会	3.21	美国	会长郭玉祥
全美中餐业联盟华盛顿分会	3.24	美国	会长朱天活
美国大华府常熟联谊会	3.28	美国	会长钱海峰
全美亚裔地产协会休斯敦分会	4.2	美国	会长林富桂
厄瓜多尔台湾青商会		厄瓜多尔	会长杨紫瑜
海西飞华侨华人协会	4.5	巴西	会长卢功荣
"亚裔之声"联盟	4.7	美国	
亚特兰大华人钓鱼协会		美国	会长应光永
10 000 个正义的呼声		美国	主席柴大定
美国纽约中华总商会青商部	4.10	美国	理事长卢元龙
清华大学经济管理学院北美校友会	4.18	美国	会长郭绍增
清华大学经济管理学院北美校友会美东分会	4.19	美国	会长胡剑
清华大学经济管理学院北美校友会加西分会	4.22	加拿大	会长付敏英
北京外国语大学北美校友会芝加哥分会	5.2	美国	会长曲素会
美国中华青年联合会纽约站	5.8	美国	主席任钰婷
巴中慈善公益基金总会	5.9	巴西	会长黄河
黑龙江大学美国校友会		美国	会长何英霞
美国旗袍文化艺术协会	5.16	美国	会长战爱霞
美国福建商业联合总会	5.18	美国	主席郑时垣

（续上表）

名称	成立日期	国别/地区	负责人
美南浙江同乡会	5.24	美国	会长王峻
亚太公共事务联盟华盛顿分会	6.2	美国	主席周英烈，会长蔡德梁
美国亚裔房地产协会北新泽西分会	6.4	美国	主席 Jimmy Chae
扶轮社巴西圣保罗台湾分社		巴西	社长苏钜初
美国北加州北京同乡会	6.14	美国	会长何孔华
美国闽南亲友联谊总会	6.25	美国	会长黄炜秋
华盛顿州台湾原住民协会	6.27	美国	会长简春梅
美国中国总商会芝加哥分会	7.1	美国	会长倪频
加拿大莞商联合会	7.1	加拿大	会长唐汉良
北美东北财经大学校友会	7.2	美国	会长马玲
美国青年领袖联盟	7.5	美国	
首都师范大学北美校友会	7.11	美国	会长韩军
全美中餐业联盟密歇根分会	7.17	美国	会长钟富华
关岛台湾商会	7.27	美国	会长徐凯援
北美文艺社	7.29	美国	社长张文文
华侨大学美国校友会	8.1	美国	会长李旗
巴西台州商会		巴西	会长张宗清
中美洲中资企业协会	8.14	哥斯达黎加	会长周竟雄
美国上海俱乐部		美国	主席尤铭玉
美国新英格兰广西商会	8.22	美国	会长杨文
世界台湾同乡联谊总会美西二分会		美国	会长谢国雄
美国食品商会	9.9	美国	会长杨纪礼
美国中外美食文化总会		美国	会长甘育新
加拿大华人企业家联合总会	9.17	加拿大	会长水寿松
秘鲁台湾商务联谊社		秘鲁	会长 Sergio Bazalar
美国纽约潍坊同乡会	10.6	美国	会长王立智
洛杉矶广州经贸文化协会	10.9	美国	主席熊安娜
美国北加州山东同乡会	10.11	美国	会长张汝惟
美国中药学会	10.11	美国	会长柳江华
加拿大美洲萃胜总会温哥华支会	10.17	加拿大	会长庄永编
大华府温州商会	10.17	美国	会长金凯伟
美国密苏里北京人协会	10.24	美国	会长朱一民

（续上表）

名称	成立日期	国别/地区	负责人
美国南京商会	10.31	美国	会长林青
美国新疆同乡会	11.7	美国	会长常云华
美国中国画学会	11.7	美国	会长赵建民
加拿大深圳国际总商会	11.17	加拿大	会长苏雄
美国浙江商会	11.28	美国	会长张再龄
美国西雅图江浙沪同乡总会	12.5	美国	理事长李越
美国中企协会金融委员会	12.8	美国	主席康建德
美国亚凯迪亚华人枪友会	12.13	美国	

欧　洲

名称	成立日期	国别/地区	负责人
塞尔维亚华人商业联合会	1.12	塞尔维亚	会长郭晓
德国湖南商会	3.3	德国	会长宋丰
意大利侨爱慈善协会	3.12	意大利	会长胡爱芬
台卢会	3.14	卢森堡	会长刘瑜玲
英国岭南文商总会	3.18	英国	会长薛方亮
英国广州文化经贸协会	3.18	英国	
全英旅游文化总会	3.18	英国	
意大利华侨华人青年联合会	4.6	意大利	会长杨海杰
复旦大学英国校友会	4.26	英国	理事长郑曾波
卢森堡广东华侨协会	4.28	卢森堡	会长文华兴
法国金华商会		法国	会长张磊
荷兰华人中华书画协会	4.29	荷兰	会长夏孟贤
西班牙华侨华人商业联合会		西班牙	会长周哲峰
英国泉州联谊会	6.15	英国	会长黄国林
法国华人社区维权公会	6.16	法国	
意大利普拉托华人服装行业协会	6.17	意大利	会长李小峰
巴黎第六大学中国学者学生联合会	6.20	法国	主席刘源辉
法国国际烹饪协会	7.2	法国	会长王加清
欧华俱乐部	7.3	欧洲	联合主席陈文雄、陈德梁
英国北京商会	7.3	英国	会长杨迪
意大利—中国贸易发展促进会		意大利	主席朱玉华

（续上表）

名称	成立日期	国别/地区	负责人
匈牙利丽水商会		匈牙利	会长徐忠南
希腊中资企业协会	7.24	希腊	会长单位中远比雷埃夫斯港集装箱码头有限公司
南京中医药大学欧洲校友会	7.25	欧洲	主席汤淑兰
意大利华侨华人厨师总会	7.29	意大利	会长陈悠甫
比利时荷兰卢森堡江苏商会	7.29	比利时	会长俜同涛
英国云南总商会	9.2	英国	主席单声，会长毛埴成
台法青年交流协会	9.12	法国	会长吴尚桓
瑞士中国企业商会	9.19	瑞士	主席周晴
中国中小企业协会俄罗斯法律服务中心	10.9	俄罗斯	
欧洲福建侨团联合总会	10.12	欧洲	主席陈云斌、翁武平
亚裔高等理事会	10.19	法国	主席陈文雄
苏格兰福建商会		英国	会长林礼豪
中法艺术交流协会		法国	会长侯玉霞
华法融合俱乐部		法国	主席史小兵
清华大学经济管理学院欧洲校友会	11.22	欧洲	会长钱颖一
清华大学经济管理学院英国校友会	11.22	英国	会长毕明强
清华大学经济管理学院德国校友会	11.25	德国	秘书长刘向锋
西班牙海外华侨华人青田石前同乡会	11.29	西班牙	主席裘永新
意大利波尔查诺华侨华人总商会	12.4	意大利	会长温建海
意大利贵州商会	12.17	意大利	会长蒋雄新
清华大学经济管理学院法国校友会	12.20	法国	会长陈伟
塞尔维亚中华妇女商业联合会	12.26	塞尔维亚	会长李静

大洋洲

名称	成立日期	国别/地区	负责人
悉尼救国团之友联谊会		澳大利亚	会长于展威
上海财经大学澳大利亚校友会	4.19	澳大利亚	会长阎敏
澳大利亚中国和平统一促进会青年委员会	5.2	澳大利亚	会长黄向墨
悉尼青年华人商会	5.12	澳大利亚	会长傅智涛
中国旗袍协会新西兰分会	6.6	新西兰	常务理事王玮
澳洲悉尼客家联谊会	8.13	澳大利亚	会长叶义深

（续上表）

名称	成立日期	国别/地区	负责人
澳大利亚龙岩商会	8.16	澳大利亚	会长连金明
罗托鲁阿中国商会	9.25	新西兰	创立人 Frank Zhou
澳大利亚广西联谊会	10.7	澳大利亚	会长蒋德仁
广东高校新西兰校友会联盟	10.9	新西兰	会长黄伟雄
新西兰江门五邑青年联合会		新西兰	发起人 Pauline Gao

非　洲

名称	成立日期	国别/地区	负责人
中非华侨华人联谊会	6.14	中非	
津巴布韦留华学生联谊会	8.21	津巴布韦	主席拉斯顿·姆卡若
非洲黑龙江商会	10.10	南非	会长于洋
南非荣光会	10.31	南非	理事长杨纯明
南非约翰内斯堡华助中心	11.7	南非	
南非重庆商会	11.21	南非	会长唐红

（本栏目编辑　王华，沈毅秦）

2014—2015 年华侨华人研究期刊论文一览

本栏目内容为 2014—2015 年华侨华人研究部分期刊论文，分大陆中文期刊论文、台港及海外中文期刊论文和英文期刊论文三部分。中文期刊论文检索源自中国学术期刊网、维普期刊数据库、暨南大学图书馆华侨华人文献信息中心华侨华人文献信息专题数据库、台湾华艺线上图书馆、台湾地区国家图书馆期刊文献资讯网等；外文期刊论文检索源自美国社会科学引文索引（Social Sciences Citation Index）、艺术与人文学科引文索引（Arts & Humanities Citation Index）数据库和新加坡国立大学图书馆 FindMore 检索系统；此外，境外出版的华人研究相关专业期刊如《华人研究国际学报》、《南洋学报》、*Journal of Chinese Overseas*、*Malaysian Journal of Chinese Studies* 补充了相关数据。论文以题名拼音升序排列。

2014 年大陆中文期刊论文

1. 10—13 世纪朝鲜半岛的华人移民活动/芦敏//江西社会科学. —2014（1）：129 – 133.

2. 1931—1945 年华侨支援祖国抗战的主要方式/王富盛//琼州学院学报. —2014（4）：94 – 103.

3. 1942—1972 年云南人滇缅陆路迁徙/李枫//南洋问题研究. —2014（2）：56 – 64.

4. 1949—1957 年闽省侨批业解付局改造研究/郑晓光//闽商文化研究. —2014（1）：51 – 63.

5. 1977—1991 年邓小平与海外华商群体互动的影响分析/满其旺//中共珠海市委党校珠海市行政学院学报. —2014（4）：5 – 8.

6. 2003—2008 年马华公会的政策研究/原晶晶//南洋问题研究. —2014（2）：65 – 73，92.

7. 2013 年海外华侨华人经济告别寒冬/曹云华，刘华，彭伟步，任娜，王九龙，师会娜，姚骋//侨务工作研究. —2014（1）：34 – 36.

8. 2013 年海外华人政治与经济观察/曹云华，王九龙，姚骋//东南亚研究. —2014（2）：75 – 81.

9. 20 世纪 20—30 年代旅俄华侨在远东：远东跨文化空间的形成/O. B. 扎列斯卡娅，郝葵//俄罗斯学刊. —2014（2）：39 – 43.

10. 20 世纪 30 年代吉隆坡福建人的籍贯分布——以吉隆坡福建义山收据为中心的考

察/宋燕鹏，潘碧华//南洋问题研究．—2014（3）：48-60．

11．20世纪90年代以来的菲律宾华文教育改革：探索、成效与思考/朱东芹//华侨大学学报（哲学社会科学版）．—2014（3）：14-22．

12．20世纪初期海外粤剧演出习俗探微/黄伟//戏剧（中央戏剧学院学报）．—2014（1）：103-111．

13．20世纪后期美国与澳大利亚移民政策差异性的政治理论分析/张荣苏，张秋生//华侨华人历史研究．—2014（2）：75-76．

14．20世纪末以来澳大利亚移民政策的转型及其对华人新移民的影响/颜廷，张秋生//华侨华人历史研究．—2014（3）：20-33．

15．20世纪前后粤东留隍地区妇女集体投江与侨乡社会/罗波//八桂侨刊．—2014（3）：40-44，62．

16．20世纪前期新加坡华人会馆学校社会经济史研究——基于潮州公立端蒙学校经费的分析/汤锋旺，李志贤//世界民族．—2014（4）：85-93．

17．20世纪上半期古巴华侨华人经济的演变与特征/袁艳//西南科技大学学报（哲学社会科学版）．—2014（2）：6-11．

18．"80后"海归人才政治理想信念教育的必要性探索/赛音德力根，靳亚男，柳婕//产业与科技论坛．—2014（23）：123-124．

19．爱尔兰侨情/陈奕平，曹雨//侨务工作研究．—2014（6）：40-42．

20．澳大利亚华侨对中国民主革命和抗日战争的贡献/崔艳艳//牡丹江师范学院学报（哲学社会科学版）．—2014（3）：44-45．

21．澳大利亚中印移民结构数量对比研究/张丽娜//八桂侨刊．—2014（4）：38-47．

22．澳洲华裔文化的民族渊源与历史记忆/郭志军，向晓红//西华大学学报（哲学社会科学版）．—2014（2）：62-66．

23．"白澳政策"的兴衰与二战后澳大利亚对华移民政策的重大调整/张秋生//八桂侨刊．—2014（1）：13-18．

24．百人会对中美关系发展的历史贡献及新时期的独特作用/余惠芬//东南亚研究．—2014（6）：100-105．

25．保护"弃民"：日俄战争时期清政府海参崴护侨活动研究/李皓//华侨华人历史研究．—2014（2）：63-72．

26．比较、借鉴与前瞻——"国际移民书信研究"国际学术会议综述/刘进//华侨华人历史研究．—2014（1）：70-71．

27．长崎唐馆的解体与中国人居住地的形成（上）/菱谷武平，司韦//南洋资料译丛．—2014（3）：78-80．

28．超越边缘：一个东南侨乡回族社区文化建设的人类学考察/陈碧//八桂侨刊．—2014（2）：48-52．

29．潮汕侨批申遗始末/陈胜生//侨批文化．—2014（20）：23-29．

30．承传与创新：略谈四邑侨乡与北美洲华人社区的通俗文化/谭雅伦//华侨华人历史研究．—2014（2）：1-14．

31．出国留学经历对跨文化交际情感因素的影响研究/黄园园//佳木斯教育学院学报. —2014（5）：152－153.

32. 传播学人的使命：推动两岸的学术交流和对话 促进全球华人传播学术共同体的建设/高晓虹//东南传播. —2014（5）：5.

33. 传播学视域下健身气功对海外华人推广的要点和策略/栗丽//武汉体育学院学报. —2014（6）：66－70，81.

34. 创业者留学经历对中小高科技企业创业活动影响的实证研究/王文岩，孙福全，刘平青//中国科技论坛. —2014（4）：99－105.

35. 慈济功德会在海外的传播及影响/石沧金//八桂侨刊. —2014（2）：10－17.

36. 从"尺素雅牍"到世界遗产——略论潮人对侨批历史文化价值逐步深化认识的漫长之路/陈汉初//韩山师范学院学报. —2014（4）：22－26.

37. 从 Cina（支那）到 Tionghoa（中华）：印尼华人的百年沧桑/张洁//世界知识. —2014（8）：26－27.

38. 从阿根廷华人超市被抢看华侨面临的安全困局/黄英湖//八桂侨刊. —2014（1）：66－71.

39. 从边缘到主流：20 世纪 80 年代以来法国华人移民研究综述/赵晔琴//法国研究. —2014（2）：24－30，80.

40. 从独立报人到外交家——旅美华侨伍盘照成功办报实践及"侨民外交"活动评述/陈英程，曾建雄//新闻与传播研究. —2014（2）：100－111，128.

41. 从赴美华工历史看美国太平洋大国是如何崛起的/刘遄，张国雄，王琼//红旗文稿. —2014（17）：37.

42. 从革命到建设：辛亥革命前后海外华人政治心态的蜕变——以《大汉公报》及崔通约为例/石晓宁//社会科学辑刊. —2014（6）：159－167.

43. 从国家社科基金项目看华侨华人研究发展状况——基于 1991—2013 年国家社科基金华侨华人研究立项项目的量化分析/路阳//东南亚南亚研究. —2014（2）：94－100.

44. 从华侨华人参与东南亚电影产业的历程看自身社会角色的变迁/吴杰伟//暨南学报（哲学社会科学版）. —2014（7）：1－8.

45. 从华语舌战之城到西语繁荣之都——谈新加坡华语演化的历程与展望/孟晶//戏剧之家. —2014（10）：301－302.

46. 从黄开物侨批到闽南侨乡文化解读/黄清海，张静//侨批文化. —2014（20）：57－63.

47. 从美国华人史研究看美国华人的形象、成就和认同/何慧//西部学刊. —2014（10）：62－66.

48. 从南洋归国抗战的华侨飞行员/赖晨//文史月刊. —2014（11）：19－22.

49. 从唐人街格局透视传统风水文化意念的传承/王小荣，董雅//建筑与文化. —2014（1）：93－94.

50. 从统计数据看当代加拿大华侨华人的人口特征/王奕轩，陆毅茜，宗力//华侨华人历史研究. —2014（4）：37－48.

51. 从文化殖民的视角重读新加坡海峡华人的失根与寻根/李元瑾//华侨华人历史研究. —2014（2）：15－23.

52. 打造华文教师培养的助推器——论东南亚国家华文教育人才库的创建/唐燕儿，孙振宇//东南亚纵横. —2014（3）：70-75.

53. 大纽约地区华文媒体的发展与未来思考/刘伟//青年记者. —2014（9）：44-46.

54. 当代菲律宾华商在华教育投资与管理的特点——以闽南地区为考察点/潘淑贞//华侨大学学报（哲学社会科学版）. —2014（4）：30-37，47.

55. 当代马来西亚华人的政治参与/梅玫，许开轶//长江论坛. —2014（2）：77-81.

56. 当代美国粤籍传统侨团的延续与变迁/李爱慧//东南亚研究. —2014（4）：75-84.

57. 当代侨情发展变化与归侨侨眷权益保护法的修改研究/王秀卿//山西农业大学学报（社会科学版）. —2014（8）：786-789.

58. 当代中国留学现状和趋势分析/刘丹，徐佳慧，刘雪，马瑾//教育教学论坛. —2014（23）：175-177.

59. 当前地方侨务工作建设的实证分析/艾明江，蔡衡，樊宗叶//上海市社会主义学院学报. —2014（2）：35-40.

60. 当前海外华人民间信仰跨地区交往和结盟现象研究/范正义//世界宗教文化. —2014（1）：62-65.

61. 当前海外华文传媒发展动态浅析/彭伟步//东南亚研究. —2014（2）：89-95.

62. 道义传统、社会地位补偿与文化馈赠——以广东五邑侨乡坎镇移民的跨国实践为例/陈杰，黎相宜//开放时代. —2014（3）：153-165.

63. 邓小平"独特机遇论"在新时期中国侨务发展战略中的继承与发扬/张斌//侨务工作研究. —2014（2）：32-35.

64. 邓小平侨务思想与广东侨乡社会的现代化/陈雷刚//广东广播电视大学学报. —2014（5）：28-33.

65. 第二次"广西侨乡文化研究"座谈会综述/喻艮，苏燕梅//八桂侨刊. —2014（4）：77-78.

66. 第五届清华国际华商论坛综述/邓勇兵//华侨华人历史研究. —2014（4）：76.

67. 东盟国家地区华语电视媒体受众浅析/雷盛廷//新闻研究导刊. —2014（15）：13-14.

68. 东南亚地区的中国商会研究——以越南、柬埔寨及印尼中国商会为例/邓应文//东南亚研究. —2014（6）：74-83.

69. 东南亚华侨华人对中国软实力建构的作用——以"亲诚惠容"理念为视角/宋敏锋//东南亚纵横. —2014（6）：72-76.

70. 东南亚华人的同乡同业传统——以马来西亚芙蓉坡兴化人为例/郑莉//开放时代. —2014（1）：210-223.

71. "东南亚华人的文化策略与贸易扩张：长时段的视角"讲座综述/陈业诗//华侨华人历史研究. —2014（3）：75.

72. 东南亚华人民间信仰初探——以马来西亚沙白为视点/俞如先//中共福建省委党校学报. —2014（3）：115-120.

73. 东南亚华商与中国—东盟自由贸易区升级版建设/黄耀东，黄韬//八桂侨刊. —2014（4）：18-22.

74. 东南亚华裔学生中文姓名用字研究/连涵芬//长沙理工大学学报（社会科学版）. —2014（4）：90 – 95.

75. 东南亚宗教的特点及其在中国对外交流中的作用——兼谈东南亚华人宗教的特点/刘金光//华侨华人历史研究. —2014（1）：28 – 33.

76. 东兴汇路中的广西籍华侨与侨批馆/陈思慧，郑一省//侨批文化. —2014（20）：74 – 79.

77. 斗争与融合：契约华工与秘鲁华人社会的形成/张华贞//西南科技大学学报（哲学社会科学版）. —2014（1）：7 – 12，36.

78. 对出国留学若干问题的观察、讨论与思考/苗丹国//世界教育信息. —2014（7）：53 – 59.

79. 对闽南侨乡文化建设的几点思考——以邓小平关于文化建设的思想为基点/王振//福建工程学院学报. —2014（5）：473 – 477.

80. 对于缅北华人青少年教育不均衡问题的思考——基于果敢青少年教育现状分析/张妙丽//普洱学院学报. —2014（2）：115 – 118.

81. 多伦多华人商业的发展演变及其社会影响/王曙光//华侨华人历史研究. —2014（4）：24 – 36.

82. 多重网络影响下近代广东侨乡聚落结构与节点/郭焕宇//中国名城. —2014（8）：68 – 72.

83. 二十世纪中叶侨居在越南的华侨/郭明进//文史天地. —2014（10）：75 – 79.

84. 二战后归国难侨"复员"缅甸析论/凌彦//东南亚研究. —2014（6）：92 – 99.

85. 二战与美国华人社会变迁/秦祖明，梁继超//兰台世界. —2014（7）：126 – 127.

86. 发挥归侨及留学归国高级人才作用的实践/孙波，于滨//中国卫生人才. —2014（3）：88 – 89.

87. 发挥华侨华人优势　服务"一带一路"建设/许国梁//侨务工作研究. —2014（4）：26.

88. 非规则移民的人类学研究——《中国人非规则移民北美历程揭秘》书评/李陶红//民族论坛. —2014（2）：16 – 21.

89. 《非留学篇》对当今留学教育的启示/郑丽君//学理论. —2014（35）：152 – 153.

90. 非洲华侨华人生存状况及其与当地族群关系/周海金//东南亚研究. —2014（1）：79 – 84.

91. 菲律宾华语教师现状调查及思考/朱焕芝//太原城市职业技术学院学报. —2014（2）：27 – 28.

92. 菲律宾鄢市华裔学生汉语学习的闽南方言因素/连涵芬//龙岩学院学报. —2014（4）：49 – 52，58.

93. 菲律宾政府的海外菲律宾人政策探析/路阳//华侨华人历史研究. —2014（3）：11 – 19.

94. 分布式海外华文教育人才库的构建/贾世国，唐燕儿//广州广播电视大学学报. —2014（3）：39 – 43，109.

95. 福建侨批"申遗"后的思考/邓达宏//福建艺术. —2014（2）：33 – 35.

96. 福建人的宗乡观念与出国移民/黄英湖//福建行政学院学报. —2014（3）：41 – 46.

97. 赴俄华工与西伯利亚大铁路的修筑/满丽娜//濮阳职业技术学院学报. —2014（3）：46 – 48.

98. 改革开放初期广东落实侨务政策的历史考察/谢涛//五邑大学学报（社会科学版）. —2014（3）：1 – 6.

99. 改革开放以来福建省侨捐政策及其落实研究/张赛群//八桂侨刊. —2014（2）：53 – 59.

100. 港英时期华人政治精英培养问题研究/刘强//广东省社会主义学院学报. —2014（2）：36 – 40.

101. 高校高层次海归人才现状及其作用研究——以中央"千人计划"为中心/潮龙起//东南亚研究. —2014（4）：57 – 63.

102. 高校归国留学人员统战工作的思考——基于同济大学的调研分析/万立明，李蕾//上海市社会主义学院学报. —2014（3）：46 – 50.

103. 高校海归教师归国适应影响机制研究/闫燕，富立友//企业研究. —2014（14）：201 – 202，206.

104. 高校海归教师思想教育现状及对策研究/魏长林，任世雄//北京教育（高教）. —2014（12）：25 – 26.

105. 高校海外归国青年教师思想政治工作思考与建议——以华南师范大学华南先进光电子研究院为例/黄荣晓，李文辉//太原城市职业技术学院学报. —2014（6）：30 – 31.

106. 高校留学人员统战工作地位和作用研究——以吉林大学留学人员联谊会为例/任波，金江红//高教研究与实践. —2014（3）：74 – 79.

107. 高校侨务工作现状分析及对策研究/王一清//云南社会主义学院学报. —2014（2）：221 – 223.

108. 高校青年"海归"教师对我国学术体制的适应/张东海，袁凤凤//教师教育研究. —2014（5）：62 – 67.

109. 个人外币现钞来源、影响因素、存在问题及建议——以侨乡温州为例/黄忠伟//国际金融. —2014（10）：69 – 71.

110. 根·魂·梦——"中华文化与华侨华人社会国际学术研讨会"综述/刘芳彬//八桂侨刊. —2014（4）：73 – 74.

111. 庚款留学与中国近代化/田海//长治学院学报. —2014（1）：57 – 60.

112. 公派出国留学人员开展理想信念教育的创新方法研究/张缅//黑龙江高教研究. —2014（9）：86 – 88.

113. 构建具有侨乡特色的江门城市形象系统研究/孙颖实//现代装饰（理论）. —2014（1）：256.

114. 故乡与他乡：红河流域归国华侨特殊群体发展史/李银兵，包可可//阿坝师范高等专科学校学报. —2014（2）：56 – 60.

115. 关公与观音：两个中国民间神在古巴的变形/班国瑞，杨艳兰//八桂侨刊. —2014（4）：3 – 12.

116. 关于对外汉语教学中传播闽南文化的思考——以菲律宾华裔青少年来闽短期学

习为例/林丹丹//闽南师范大学学报（哲学社会科学版）. —2014（4）：137 - 142.

117. 关于佛山海归人才创新创业政策及环境的思考/刘耘//佛山科学技术学院学报（社会科学版）. —2014（5）：85 - 89.

118. 关于华侨人参与"一带一路"建设的若干思考/杨常胜//侨务工作研究. —2014（5）：42 - 43.

119. 关于建立健全"侨批档案"影视工程之我见/李义思//侨批文化. —2014（20）：42 - 43.

120. 关于马来西亚华人与中国形象的问卷调查分析/陈奕平，宋敏锋//东南亚研究. —2014（4）：64 - 74.

121. 贯彻四中全会精神 强化涉侨法律服务/张应龙//侨务工作研究. —2014（6）：34.

122. 广东归侨学生思想政治教育工作探析（1957—1966）/罗乔丽//红广角. —2014（12）：18 - 21.

123. 广东台山侨乡文化特色/宁天舒//旅游纵览（下半月）. —2014（3）：206 - 207.

124. 广东五邑华侨传统建筑艺术特征初探/曾丽娟//艺术教育. —2014（5）：196 - 197.

125. 广西东兴镇华侨歌堂初探/许赞//八桂侨刊. —2014（3）：45 - 49.

126. 广西和云南少数民族向海外移民的历史考察/郑一省//暨南学报（哲学社会科学版）. —2014（7）：9 - 17.

127. 归国留学生与近代电化教育体制化确立/乔金霞//现代教育技术. —2014（4）：12 - 18.

128. 归国留学生与民国初期化学教育的发展/穆标//江苏师范大学学报（教育科学版）. —2014（2）：79 - 82.

129. 国际交往中海外华侨的国家认同构建/赵磊//中国党政干部论坛. —2014（5）：26 - 29.

130. 国际金融危机背景下福建福清的海外移民活动/林胜，朱宇//福建师范大学学报（哲学社会科学版）. —2014（3）：144 - 150.

131. 国际视野下的中国大侨务之路/张开华//侨务工作研究. —2014（5）：44 - 45.

132. 国际移民的最新发展及其特点——兼析国际移民与华侨华人的概念/张秀明，密素敏//华侨华人历史研究. —2014（3）：1 - 10.

133. 国家与社会组织对留学文凭的共同监管——以民国时期的汉密尔登文凭案为例/赵霞//华中师范大学学报（人文社会科学版）. —2014（2）：125 - 133.

134. 国内关于马来亚华侨抗战史的研究述评/宋少军//文山学院学报. —2014（4）：49 - 52.

135. 海归创业研究前沿与展望/胡洪浩//科技进步与对策. —2014（17）：151 - 155.

136. 海归高管与企业创新投入：高管持股的调节作用——基于创业板企业的实证研究/周泽将，李艳萍，胡琴//北京社会科学. —2014（3）：41 - 51.

137. 海归回国季视角下我国教育服务贸易进口现状及对策探究/胡梦南，段元萍//企业技术开发. —2014（27）：112 - 113，131.

138. 海归教师对高校国际化建设的作用探讨——以上海交通大学药学院为例/徐蓉，李伟，刘晓侠//宁波大学学报（教育科学版）．—2014（1）：54－56.

139. 海归科学家的社会资本对职业晋升影响的实证研究/鲁晓//科学与社会．—2014（2）：49－62.

140. 海归青年导师在研究生教育培养中应该注意什么/胡丽芳，刘春风//教育教学论坛．—2014（4）：20－21.

141. 海归人才促进还是抑制了本土人才水平的提高？——来自中国高等学校的经验证据/孙早，刘坤//经济科学．—2014（1）：102－113.

142. 海归人员反向文化适应研究综述/李璐//山西农业大学学报（社会科学版）．—2014（6）：576－580.

143. 海南冠南侨乡公共文化空间的变迁——兼论侨乡范式的式微/陈杰，黎相宜//广西民族大学学报（哲学社会科学版）．—2014（5）：57－63.

144. 海外藏胞的发展状况与多元分化/李明欢//世界民族．—2014（6）：83－92.

145. 海外潮人与潮汕侨乡的跨国互动研究/陈子//兰台世界．—2014（1）：87－88.

146. 海外归国高层次人才质量与分布变迁研究/朱军文，徐卉//科技进步与对策．—2014（14）：144－148.

147. 海外华侨报的发展态势研究——以《关西华侨报》编辑倾向演变为视角/马嘉，侯小云//沈阳师范大学学报（社会科学版）．—2014（5）：164－167.

148. 海外华侨华人的安全研究——基于族群安全和个体安全的视角/王九龙//印度洋经济体研究．—2014（2）：139－156.

149. 海外华侨华人在侨务公共外交中的角色定位与实施路径/林逢春，谢秀英//理论月刊．—2014（7）：106－109.

150. 海外华侨华人在中华文化国际传播过程中的问题探析/王颖//教育教学论坛．—2014（45）：5－7.

151. 海外华侨华人民族舞蹈教学的发展/王光辉//艺海．—2014（11）：116－118.

152. 海外华人社团的发展现状与趋势/任娜//东南亚研究．—2014（2）：96－102.

153. 海外华人网友在大陆的实践活动研究/王绍兰，卫金桂//青年记者．—2014（8）：22－23.

154. "海外华人与中国侨乡文化"国际研讨会综述/郑一省，王晓欧，喻艮//华侨华人历史研究．—2014（1）：72－73.

155. 海外华人组织活动开展策略研究——以法国华侨华人妇女联合会为例/田蕴祥//法国研究．—2014（2）：31－35.

156. 海外华商研究：人口、经济与跨国主义/陈肖英//八桂侨刊．—2014（2）：3－9.

157. 海外华商在中国的发展趋势分析——基于第十二届世界华商大会的数据/马占杰//亚太经济．—2014（6）：102－104.

158. 海外华文传媒功能与角色解读——以欧洲华文传媒为例/戴楠//传媒．—2014（16）：57－58.

159. 海外华文传媒与提升中国国际话语权——以美国华文传媒为例/彭袅婷//新闻前哨．—2014（4）：86－88.

160. 海外华文媒体：如何在全球语境下传播中国梦/韩洁//新闻采编. —2014（2）：12 - 13，28.

161. 海外华文媒体如何突破困境——以柬埔寨《华商日报》为例/陈竿秀//出版广角. —2014（16）：68 - 70.

162. 海外华文媒体在"大外宣"中的作用/苏劲松//中国记者. —2014（3）：121 - 122.

163. 海外华文媒体中的"中国对日舆论战"/张焕萍//对外传播. —2014（3）：22 - 24.

164. 海外华裔青年对中国传统文化艺术认知情况的调查研究/叶志海，王红主//大众文艺. —2014（8）：256 - 258.

165. 海外华裔学生的汉语教学困境浅析/廖茹宏//商. —2014（12）：266，227.

166. 海外华语电视与中国电视"走出去"——以《中国好声音》在马来西亚的"本土化"传播为例/梁悦悦//对外传播. —2014（10）：13 - 15.

167. 海外华语广播电视的品牌发展战略/肖航//青年记者. —2014（20）：62 - 63.

168. 海外客家移民与中华体育文化国际传播战略研究/赵金岭，张淑香，康辉斌//搏击（体育论坛）. —2014（4）：3 - 5.

169. 海外留学归国人员就业的微观影响因素的实证研究/魏华颖，曾湘泉//中国行政管理. —2014（10）：84 - 86，116.

170. 海外留学青年爱国意识状况的实证研究——基于欧美日韩等国留学生的问卷调查分析/郭殊，朱绍明，万杨//中国青年研究. —2014（9）：49 - 54，66.

171. 海外移民潮背景下留守老人代际情感影响分析——以北京市为例/李超，王雷//北京社会科学. —2014（7）：57 - 64.

172. 海外移民与中华民族共有精神家园建设/李云//科学社会主义. —2014（2）：78 - 81.

173. 海外移民中国梦：构成要素、思想基础与目标层次/李云，陈世柏//求索. —2014（7）：13 - 18.

174. "海外粤侨田野调查札记"学术讲座综述/槟城//华侨华人历史研究. —2014（2）：75 - 76.

175. 海外中国劳工群体利益表达的困境、冲突与解决——以罗马尼亚中国工人劳务纠纷为例/陈校，张寒//东南亚研究. —2014（3）：54 - 61.

176. 海外中国移民及其族群特点/吴亮//重庆科技学院学报（社会科学版）. —2014（5）：113 - 114.

177. "海西新侨乡"客家家庭婚恋观的嬗变——以三明市明溪县为例/陈登平//龙岩学院学报. —2014（1）：6 - 11.

178. 韩国新华侨华人发展及其对两国直接投资的影响研究/刘文，陈洁//山东社会科学. —2014（4）：113 - 118.

179. 汉语海外民族志实践中的"越界"现象——基于方法论的反思/杨春宇//世界民族. —2014（3）：31 - 40.

180. 河北省高校公派出国留学的发展现状与特点分析/赵惠娟，安文广，徐丽沙//东方企业文化. —2014（3）：357.

181．河南留学欧美预备学校的现代教育观及其影响/郑辰坤//河南教育（高教）. —2014（6）：13 - 14.

182．荷兰华文媒体概述/苏枭//新闻世界. —2014（11）：184 - 185.

183．红河流域印尼和越南归侨特殊群体比较研究/李银兵，万霞//钦州学院学报. —2014（4）：95 - 100.

184．后殖民时代的身份焦虑与本土形构——台湾经验与潘雨桐的南洋叙述/朱崇科//华侨华人历史研究. —2014（2）：39 - 49.

185．胡适的学术成长生涯与启示研究——以《胡适留学日记》为中心考察/马仁杰//理论月刊. —2014（11）：53 - 58.

186．"华侨"称谓是怎样形成的/刘磊//四川统一战线. —2014（5）：18.

187．华侨房屋土地权益问题探讨/胡鹏翔//暨南学报（哲学社会科学版）. —2014（11）：8 - 14.

188．华侨高校特色体育课程研究/肖建忠//高教探索. —2014（3）：105 - 108.

189．华侨华人对中国出境入境旅游的影响/杨敏，刘名俭//旅游纵览（下半月）. —2014（2）：58 - 59.

190．华侨华人分布格局研究/尚海龙，吴显春，刘丽蓉//佛山科学技术学院学报（自然科学版）. —2014（3）：36 - 40.

191．华侨华人经济优势与陕西经济建设/孔军//侨务工作研究. —2014（4）：36 - 37.

192．《华侨华人历史研究》杂志青年作者研讨会综述/张坚//八桂侨刊. —2014（4）：75 - 76.

193．华侨华人文化软实力的历史源流/张月//甘肃社会科学. —2014（3）：231 - 234.

194．华侨华人与中国梦/裘援平//求是. —2014（6）：58 - 60.

195．华侨华人在非洲的困境与前景展望/徐薇//东南亚研究. —2014（1）：85 - 90.

196．华侨境外投资的法律保护与规制/史晓丽//中国政法大学学报. —2014（4）：71 - 78.

197．华侨文化对岭南文化风格的影响/许桂灵//岭南文史. —2014（3）：20 - 23.

198．华侨与近代潮汕侨乡教育事业研究：以清末民国时期澄海侨办教育为例/陈子//前沿. —2014（C2）：218 - 220.

199．华侨与中国梦/王晓靖//侨务工作研究. —2014（4）：27 - 29.

200．华侨在琼投资权益保护现状研究/王琦，韩雪//海南广播电视大学学报. —2014（4）：156 - 163.

201．华人的民间全球联系：中国式的软实力/孙嘉明//中国国情国力. —2014（5）：34 - 35.

202．华人精英对"中国梦"的态度与成因初探/林逢春，陈梦莹//山东青年政治学院学报. —2014（6）：27 - 32.

203．华人企业成功背后的原因——结合中国传统的文化和哲学思想来谈/刘亭亭//才智. —2014（35）：385.

204．华人体育休闲行为现状的文化适应性探析/刘辛丹，杨远波，王博//体育科学. —2014（7）：55 – 62，91.

205．华商返乡创业企业网络嵌入的演化机理研究/周石生//沿海企业与科技. —2014（1）：58 – 60.

206．华商返乡创业企业网络嵌入模式研究/胡卫东//沿海企业与科技. —2014（5）：12 – 13.

207．华商网络对于福建企业对外发展的推动作用研究/周丽萍//现代经济信息. —2014（16）：417.

208．华文媒体《英中时报》中国国家形象构建研究/赵楠，杨雯，杜小娟//兰州大学学报（社会科学版）. —2014（4）：79 – 84.

209．华文水平测试总体设计再认识——基于印尼、菲律宾、新加坡的调查分析/王汉卫，凡细珍，邵明明，王延苓，吴笑莹//华文教学与研究. —2014（3）：45 – 52.

210．华裔汉语学习者解读：新加坡视角/吴英成，邵洪亮//世界汉语教学. —2014（2）：253 – 262.

211．华裔留学生思想教育若干思考/张晓郁//沈阳大学学报（社会科学版）. —2014（2）：193 – 195.

212．华语电视在马来西亚：市场竞争与社会整合/梁悦悦//东南亚研究. —2014（4）：93 – 99.

213．回流视野的大陆新移民/陈程，吴瑞君//广西社会科学. —2014（10）：133 – 137.

214．基于 SWOT 分析的湖南侨务资源发展战略研究/陈晓春，杨蜜君，朱建山//湖湘论坛. —2014（4）：74 – 79.

215．基于海归创业企业创新型商业模式原型的生成机制/云乐鑫，杨俊，张玉利//管理学报. —2014（3）：367 – 375.

216．基于价值链分析的江门侨乡文化旅游品牌构建/赵仁璧//中国市场. —2014（29）：156 – 158.

217．基于协同创新的江门侨乡文化旅游品牌打造/曾莉莎//旅游纵览（下半月）. —2014（7）：185.

218．基于信息技术的微型校本课程开发——以广东华侨中学《华侨文化》校本课程为例/庄小云//教育导刊. —2014（10）：88 – 90.

219．基于语言生态平衡考量的新加坡华语升沉探微/蔡明宏//东方论坛. —2014（3）：102 – 105.

220．技术差距、技术进步效应与海归回流的知识溢出/陈怡安//经济管理. —2014（11）：154 – 165.

221．加拿大多元文化政策与民族性的复杂性及矛盾性——以加拿大华裔社团的发展为例/郭世宝，郭燕，丁月牙//世界民族. —2014（1）：70 – 80.

222．加拿大二线城市华人新移民经济融合研究——"三重玻璃效应"与移民向下层社会流动/郭世宝，万晓宏//华侨华人历史研究. —2014（4）：10 – 20.

223．加拿大华人新移民的变迁/郭世宝，唐·德沃兹，王峥//八桂侨刊. —2014（3）：3 – 15.

224．加拿大中国移民创业模式新探/林小华，李佳明//华侨华人历史研究. —2014

（4）：1 – 9.

225．家族书信与华南侨乡的国际移民——以江门五邑地区收藏的移民书信为中心/刘进//侨批文化．—2014（20）：46 – 51.

226．柬埔寨华文媒体的微信试验/黄慧玲//新闻战线．—2014（10）：193 – 195.

227．简析延吉市"旅韩新侨乡"的崛起——兼论朝鲜族新移民/吴昊//成都师范学院学报．—2014（4）：61 – 65.

228．建构主义视角下的侨务公共外交：理论沟通与发现/林逢春，隆德新//广西社会科学．—2014（4）：125 – 130.

229．建立在"文化象征社区模式"基础上的日本名古屋华侨社会——张慧婧《名古屋华侨社会的历史与现状研究》简评/高伟浓//八桂侨刊．—2014（3）：76 – 77.

230．江门侨资企业转型升级的思考/邓惠珍//广东经济．—2014（9）：58 – 61.

231．江门市侨乡旅游品牌打造的途径/李远航//旅游纵览（下半月）．—2014（3）：200 – 201.

232．教育交流视域中的中国人留学活动述论——兼评《中国人留学史》/赵伟，马立武//沈阳师范大学学报（社会科学版）．—2014（5）：106 – 108.

233．解密档案：《生死侨批》——广东省档案局广东省电视台、电视访谈录/吴林平//侨批文化．—2014（20）：80 – 83.

234．借鉴以色列与印度经验　推进我国侨务公共外交/陈志军//侨务工作研究．—2014（1）：44 – 45.

235．金山潜龙：流散书写中的华工囚禁叙事/蓝峰//华侨华人历史研究．—2014（1）：42 – 50.

236．近代潮汕侨批与墟市的发展关系刍议/吴孟显//汕头大学学报（人文社会科学版）．—2014（3）：18 – 23，94.

237．近代福建华侨办学再探/郑宗伟//海峡教育研究．—2014（1）：52 – 55.

238．近代广东侨乡民居的文化融合模式比较/郭焕宇//华中建筑．—2014（5）：130 – 134.

239．近代广东侨乡民居文化研究的回顾与反思/郭焕宇//南方建筑．—2014（1）：25 – 29.

240．近代广东侨乡民居装饰的审美分析/郭焕宇//华中建筑．—2014（4）：122 – 125.

241．近代洪门组织在东南亚安全空间中的生存与发展/夏雪，孙舫//八桂侨刊．—2014（3）：63 – 69.

242．近代侨汇经济影响下广东侨乡聚落的阶段建设/郭焕宇//山西建筑．—2014（20）：7 – 9.

243．近代侨批业与制度的共同演化——以潮汕地区为例/胡少东，陈斯燕//汕头大学学报（人文社会科学版）．—2014（6）：20 – 30，95.

244．近代汕头的侨资房地产业及其对城市发展的影响/胡乐伟//汕头大学学报（人文社会科学版）．—2014（1）：30 – 37，94.

245．近代天津法科留学教育探析/贾鸽，宋永红//社科纵横．—2014（7）：110 – 112.

246. 近代温州开埠与温州海外移民/徐华炳，刘凯奇//温州职业技术学院学报. —2014（4）：6 – 10.

247. 近代五邑华侨群体形成的内因——以"挑战与应战"学说分析/胡乐伟//惠州学院学报. —2014（1）：55 – 60.

248. 近代新加坡华人社团探略/徐慕君，吴巍巍//广西民族师范学院学报. —2014（6）：46 – 50.

249. 近代以来海外华人慈善活动析论/曹红梅//黑龙江史志. —2014（3）：175.

250. 近年澳大利亚华人新移民离境与回流分析——以澳大利亚移民部相关数据资料为研究中心/颜廷//东南亚研究. —2014（5）：89 – 98.

251. 近年来海外华文教育发展的现状、问题及趋势/刘华，程浩兵//东南亚研究. —2014（2）：82 – 88.

252. 近现代台山籍澳大利亚华侨援助家乡建设述论/刘国强//旅游纵览（下半月）. —2014（4）：196 – 197.

253. 境外生《中国文化概论》教学中遇到的问题及其解决途径——以华侨大学为例/范正义//齐齐哈尔师范高等专科学校学报. —2014（4）：135 – 137.

254. 崛起中的中国与海外高端新移民的趋同利益探析：兼论中国侨务公共外交的因应策略/林逢春，隆德新//青海社会科学. —2014（2）：24 – 30.

255. 抗日战争时期福建华侨与新四军的革命关系——以李清泉、李子芳先生事迹为例/林宜湘//经济与社会发展. —2014（1）：105 – 107.

256. 抗战变局中的朱家骅与侨商黄氏家族/吴敏超//抗日战争研究. —2014（4）：41 – 53.

257. 抗战前后四邑侨乡侨汇运营体系的转变——对一起侨汇纠纷的分析/王传武//华侨华人历史研究. —2014（3）：59 – 69.

258. 抗战时期的潮汕侨批与"东兴汇路"/张美生//侨批文化. —2014（20）：84 – 89.

259. 抗战时期国民政府救侨政策研究——以安徽宣城侨乐村为例/谢从高//八桂侨刊. —2014（4）：48 – 53.

260. 抗战时期国民政府侨团政策探究/陈国威//八桂侨刊. —2014（1）：58 – 65.

261. 客家先贤与马来西亚槟城海珠屿大伯公探析/王琛发//八桂侨刊. —2014（3）：30 – 39.

262. 口述档案的所有权研究——以青田华侨史口述档案为例/胡红霞//山西档案. —2014（5）：78 – 80.

263. 跨国空间下消费的社会价值兑现——基于美国福州移民两栖消费的个案研究/黎相宜，周敏//社会学研究. —2014（2）：43 – 64.

264. "跨国视野下的近代中国与世界"学术研讨会综述/林瑜，胡修雷//华侨华人历史研究. —2014（4）：77 – 78.

265. 跨界视域下的范式构建——评刘宏教授的《跨界亚洲的理念与实践：中国模式·华人网络·国际关系》/王国平，孔建勋//东南亚研究. —2014（4）：107 – 112.

266. 跨界网络与民族国家——评《跨界亚洲的理念与实践：中国模式·华人网络·

国际关系》/蒙奇//华侨华人历史研究. —2014（3）：70 – 73.

267. 跨越彼岸：美国福州移民的跨国政治实践研究/黎相宜//学术研究. —2014（4）：44 – 49，159.

268. 兰芳公司：南洋华人独立求存的历史缩影——高延《婆罗洲华人公司制度》读后/姬广绪，祁红霞//文化学刊. —2014（2）：83 – 88.

269. 浪沙淘尽始见"金"——老挝新华侨印象/黄文波//八桂侨刊. —2014（1）：72 – 75.

270. 老挝华文教育发展的社会背景探析/唐悠悠//东南亚纵横. —2014（6）：77 – 79.

271. 冷战期间美国华人左翼青年团体的变迁/何慧//武汉大学学报（人文科学版）. —2014（4）：43 – 48.

272. 历史深度中的"华人问题"——以施坚雅《泰国华人社会：历史的分析》为例/罗杨//海交史研究. —2014（1）：106 – 111.

273. 历史与现实：中外合作办学中的海外归国学生职业现状研究/张卫//黑龙江史志. —2014（24）：45 – 46.

274. 利用侨刊整合资源与推进民间侨务工作研究/姚婷//五邑大学学报（社会科学版）. —2014（4）：1 – 6.

275. 梁启超华侨华人研究评价/王亚生，徐文勇，刘劲松//鄂州大学学报. —2014（11）：41 – 43.

276. 梁士诒与"一战"赴欧华工/陈剑敏//河北学刊. —2014（1）：194 – 198.

277. 两岸汉语差异对海外华文教育的影响及对策/侯昌硕//湛江师范学院学报. —2014（2）：139 – 143.

278. 两岸引进侨资的立法与经济成效对比分析/张玲//法制博览（中旬刊）. —2014（10）：305.

279. 留学初期的跨文化适应和冲突处理方式的选择/施惟希，沈梦已，彭聪//企业改革与管理. —2014（6）：121 – 122.

280. 留学俄国与中国文化的在俄传播——以 20 世纪上半叶为中心的研究/元青，尹广明//长白学刊. —2014（3）：119 – 124.

281. 留学归国高校教师教学质量提升策略/李哲//沈阳师范大学学报（社会科学版）. —2014（5）：122 – 124.

282. 留学教育与民国大学研究院所的发展/陈元//教育评论. —2014（11）：144 – 146.

283. 留学经历对地方高校教师专业发展的影响——以安徽科技学院为例/王学鹏//岳阳职业技术学院学报. —2014（2）：43 – 47.

284. 留学人员回国创业政策比较研究/范巍，蔡学军，赵宁，李倩//技术经济与管理研究. —2014（8）：30 – 36.

285. "留学生在海外华人社区建设中的作用：基于英国诺丁汉华人社会的调查"讲座综述/麦田//华侨华人历史研究. —2014（3）：78 – 79.

286. 《留学与革命——20 世纪 20 年代留学苏联热潮研究》评价/戴小江//重庆社会主义学院学报. —2014（4）：95 – 96.

287. 旅俄华人史视域下的收藏家——范建祥的艺术之路/鞠海娜//戏剧之家. —2014

(18)：330.

288. 旅日新华侨侨乡方正县的发展/山下清海，小木裕文，张贵民，杜国庆，乔云//南洋资料译丛. —2014 (3)：57－69.

289. 旅苏华人遭受政治迫害史实/陈启民//炎黄春秋. —2014 (3)：89－93.

290. 略论邓小平侨务思想的历史贡献/陈水胜//侨务工作研究. —2014 (5)：28－29.

291. 伦敦华人社群的身份认同——从文化遗产与文化记忆的角度分析/沈宁//民族学刊. —2014 (3)：47－58，124－125.

292. 沦陷前的潮汕战时侨批业研究/焦建华//侨批文化. —2014 (20)：37－41.

293. 论澳洲淘金热中的"华人破坏环境"问题/费晟//学术研究. —2014 (6)：111－118，160.

294. 论北海侨港归侨咸水歌的传承/陈丽琴，李亚丽//钦州学院学报. —2014 (9)：11－18.

295. 论北美华侨华人专业人士跨境活动的载体/袁源//南方职业教育学刊. —2014 (6)：72－77.

296. 论潮汕华侨对侨居国和侨批文化的巨大贡献/康业丰//侨批文化. —2014 (20)：15－19.

297. 论潮汕侨批的节律变化/陈丽园//汕头大学学报（人文社会科学版）. —2014 (6)：12－19，95.

298. 论二战后新加坡华侨争取公民权运动——以中华总商会的领导及策略为中心的讨论/李奕志//河南师范大学学报（哲学社会科学版）. —2014 (4)：115－121.

299. 论关族图书馆联系侨乡宗族关系的职能/李斯，沈默，冯华倩，简佳妮，李瑞瑞//图书馆论坛. —2014 (3)：7，40－45.

300. 论海外华侨华人在陕西校友工作中的作用/刘勇，王颖//当代经济. —2014 (21)：106－108.

301. 论海外留学人员群体的公共关系窗口期管理——以留德学生与习总书记通信为例/张鹏//公关世界. —2014 (4)：34－37.

302. 论华侨高等学校境外生培养的三个维度/黄宗喜//哈尔滨学院学报. —2014 (11)：126－129.

303. 论华侨华人在中国与印尼经济、文化交流中的作用（1949至今）/田华杰，邓雨晨//淮北职业技术学院学报. —2014 (6)：110－112.

304. 论华侨权益保护制度的法治化问题/高轩//东南亚研究. —2014 (5)：99－105.

305. 论华侨权益的法律保护/林灿铃//暨南学报（哲学社会科学版）. —2014 (11)：2－7.

306. 论华侨文化遗产的保护与利用/黄洁薇//探求. —2014 (1)：81－86.

307. 论华侨选举权与被选举权的法律保护/高轩//暨南学报（哲学社会科学版）. —2014 (11)：15－21.

308. 论跨国侨批互动的双重性——以潮汕侨批为中心/陈丽园//汕头大学学报（人文社会科学版）. —2014 (3)：12－17，94.

309. 论马来西亚华人公会对华人社团的统合/原晶晶//东南亚南亚研究. —2014

(3)：91 - 95, 110.

310. 论美国南加州华商银行发展——以国泰银行为例/方玲玲//黑龙江史志. —2014 (24)：110 - 111.

311. 论侨批档案的搜集与保护/阮莹//科技风. —2014 (20)：221.

312. 论清末民初女子留学教育对中国社会的影响/张娟//西北成人教育学院学报. —2014 (3)：119 - 120, 129.

313. 论晚清广东鹤山华工出洋的原因及途径/徐晓俊//前沿. —2014 (C5)：223 - 225.

314. 论晚清留学教育的发展/乔占泽//学理论. —2014 (23)：186 - 187.

315. 论延安时期东南亚华侨的历史作用/秦艳峰, 刘小丽//黑龙江史志. —2014 (3)：77 - 78.

316. 论中国和平发展进程中的侨务法转型/朱义坤, 邱新//侨务工作研究. —2014 (4)：32 - 35.

317. 论中国梦视域下近代华侨华人爱国的精神动力/马波//长沙大学学报. —2014 (4)：70 - 72.

318. 马来半岛的峇峇人——东南亚土生华人系列之一/徐杰舜//百色学院学报. —2014 (1)：85 - 90.

319. 马来西亚的马来人、华人和印度人/孙丽琼//黑龙江史志. —2014 (5)：354 - 355.

320. 马来西亚国立大学华语课程教材的研究/何富腾//海外华文教育. —2014 (1)：101 - 107.

321. 马来西亚海南籍华人的民间信仰考察/石沧金//世界宗教研究. —2014 (2)：92 - 101.

322. 马来西亚华教运动与华人权益争取——以政治社会学为视角/胡春艳//八桂侨刊. —2014 (4)：13 - 37.

323. 马来西亚华人在推进中国公共外交中的作用与制约因素/林逢春//亚非纵横. —2014 (2)：83 - 91, 125 - 129.

324. 马来西亚华语变异的特点/苏柳青, 韦恋娟//广西职业技术学院学报. —2014 (3)：73 - 78.

325. 马来西亚饮食业的命名研究——以中文招牌为例/林凯祺, 洪丽芬//南洋问题研究. —2014 (1)：78 - 89, 104.

326. 马来西亚幼儿华文教材编排体例分析/张江元//海外华文教育. —2014 (2)：212 - 216.

327. 马来亚共产党与马来亚华侨抗战史的研究述评/宋少军//桂林师范高等专科学校学报. —2014 (2)：55 - 58.

328. 迈阿密华裔离散群体的音乐文化与身份认同/张伊瑜//星海音乐学院学报. —2014 (4)：131 - 141.

329. 毛泽东侨务思想与实践研究/任贵祥//党史研究与教学. —2014 (2)：4 - 13.

330. 媒介融合下的华文网络媒体舆论传播研究/于晓利, 翟志远//河南理工大学学报

（社会科学版）．—2014（2）：142 – 147.

331. 美澳移民政策对早期华人淘金工的影响/胡卫华，Ian D. Clark，查振祥//特区实践与理论．—2014（2）：93 – 96.

332. 美国华侨华人政治经济发展新形势及对我国政策建议/陈奕平，宋敏锋//八桂侨刊．—2014（1）：3 – 12.

333. 美国华人和作为同化标志的中餐食谱/贾桂琳·纽曼，王斯//楚雄师范学院学报．—2014（11）：1 – 7，17.

334. 美国华人认同的历史演变/潮龙起//史学理论研究．—2014（2）：77 – 88，160 – 161.

335. 美国华文媒体发展困境考察/林爱珺，樊雪婧//新闻知识．—2014（5）：45 – 46，14.

336. 美国华裔妇女史研究述评——基于华裔学者及国内学术界的考查/尹蒙蒙//菏泽学院学报．—2014（4）：80 – 84.

337. 美国技术移民政策综述/罗杨//华侨华人历史研究．—2014（3）：34 – 41.

338. 美国加州圣地亚哥华人专业技术新移民的跨国认同调查与研究——移民跨国认同的个案分析/刘燕玲，吴金平//华侨华人历史研究．—2014（1）：18 – 27.

339. 美国纽约华人家庭语言认同的代际差异/陈颖//八桂侨刊．—2014（4）：30 – 37.

340. 美国影视作品中的华人形象分析/宁丽丽//西安文理学院学报（社会科学版）．—2014（1）：33 – 37.

341. 美国殖民统治时期菲律宾的华文教育/姜兴山//世界历史．—2014（3）：92 – 102，160 – 161.

342. 美国中文电视贴近华侨华人创新性浅析/周嘉雯//青年记者．—2014（11）：86 – 87.

343. 美国族裔政治的发展与华侨华人在中美关系中的作用/白玉广//国际论坛．—2014（5）：58 – 63.

344. 美籍华人修辞的形成——解读中式签语饼/毛履鸣，汪建峰//当代修辞学．—2014（1）：26 – 40.

345. 缅甸果敢地区华人青少年学习动机弱化分析/张妙丽//普洱学院学报．—2014（5）：109 – 112.

346. 缅甸果敢华人民族身份的民族学阐释/魏国彬，周伦//保山学院学报．—2014（1）：59 – 62.

347. 缅甸华人与华文教学发展状况/陈仙卿//红河学院学报．—2014（6）：106 – 110.

348. 缅甸华文教学的发展现状/黄雁超//中国西部科技．—2014（5）：106 – 107.

349. 缅甸华裔学生出国留学意向调查/刘立伟//鄂州大学学报．—2014（6）：85 – 86.

350. 缅甸人对中国人的态度：中国人在当代缅甸文化和媒体中的形象/敏辛，赵自成//南洋资料译丛．—2014（4）：16 – 24.

351. 面向"海归"的高校图书馆服务工作研究/王伟，吴信岚//农业图书情报学刊．—2014（1）：178 – 180.

352. 民国时期福建两所学校的留学预备教育/江盈盈//海峡教育研究．—2014（2）：

31 – 37.

353. 民国时期高校教师中的留学归国人员探析/陈滔娜，齐君//教育评论. —2014（2）：146 – 149.

354. 民国时期华侨代议权立法问题初探/马慧玥//东方论坛. —2014（3）：25 – 30.

355. 民国时期华侨投资企业研究——以泉安民办汽车路公司为例/骆曦//广州社会主义学院学报. —2014（2）：96 – 101.

356. 民国时期华文教育本土化探析——以国语文教材的编写为视角/于锦恩//华侨华人历史研究. —2014（3）：51 – 58.

357. 民国时期揭阳海外华人捐助活动探析——以现存的题捐碑刻文献为中心/欧俊勇，温建钦//五邑大学学报（社会科学版）. —2014（2）：16 – 20.

358. 民国时期留学教育及其影响/何洪艳//教育教学论坛. —2014（24）：168 – 169.

359. 民国时期侨乡开平的教育发展/谭金花//五邑大学学报（社会科学版）. —2014（3）：15 – 19.

360. 民国时期我国体育留学教育活动探微/熊汉涛//兰台世界. —2014（28）：99 – 100.

361. 民族高校留学归国人员统战工作的探索与实践/王翔，王淑繁，乌云娜，金华//教育教学论坛. —2014（11）：229 – 230.

362. 民族主义与现代化：伍连德对收回海港检疫权的混合论述/杨祥银，王鹏//华侨华人历史研究. —2014（1）：51 – 60.

363. 闽籍华侨与印尼华文报刊《生活报》关系浅探/傅惠玲//八桂侨刊. —2014（3）：16 – 20，55.

364. 闽商在越南南河的贸易及闽文化的传播/杨宏云，蒋国学，曹常青//南洋问题研究. —2014（2）：84 – 92.

365. 明清时期澳门华人社会研究述评/林广志，陈文源//港澳研究. —2014（1）：83 – 93，96.

366. 南太平洋岛国华侨华人的历史与现状初探/郭又新//东南亚研究. —2014（6）：84 – 91.

367. 南太平洋岛国华人社会的发展：历史与现实的认知/费晟//太平洋学报. —2014（11）：55 – 62.

368. 逆文化冲击下的文化再适应——试论逆文化冲击对海外归国高校教师的影响/左冲//牡丹江大学学报. —2014（5）：163 – 165，170.

369. 挪威华侨华人概况/夏雪//八桂侨刊. —2014（4）：66 – 72.

370. 欧债危机对欧洲华裔青少年华文教育的影响及其对策/包含丽，严晓鹏//八桂侨刊. —2014（1）：19 – 22.

371. 浅谈海外华裔学生汉语教育问题/杨婧，赵康//新西部（理论版）. —2014（20）：140 – 141.

372. 浅谈马来西亚多语环境对当地华语传播的影响/徐丽丽//赤峰学院学报（汉文哲学社会科学版）. —2014（10）：209 – 211.

373. 浅析地方高校公派出国留学工作的几点建议/赵惠娟，安文广，徐方方//河北企业. —2014（5）：42.

374.　浅析东南亚地区潮帮批信局的历时性特征/吴孟显，欧俊勇//侨批文化. —2014（20）：64 – 69.

375.　浅析晚清第一批官派留学/毕研婷//黑龙江史志. —2014（14）：26 – 27.

376.　浅析早期旅俄华商的经贸活动及其作用/宁艳红//西伯利亚研究. —2014（5）：80 – 83.

377.　浅议晚清留学教育的发展/乔占泽//高教研究与实践. —2014（2）：19 – 21.

378.　浅议晚清时期留学的选派与管理制度/郑家刚//兰台世界. —2014（22）：114 – 115.

379.　浅议在粤归侨侨眷和华侨权益的法律保护问题/王卓//品牌（下半月）. —2014（10）：111 – 112.

380.　强化传统节日认同　维系民族文化安全——基于国内与唐人街节庆活动的对比研究/吴彩霞//学理论. —2014（10）：158 – 159.

381.　侨批的文献遗产价值及"入遗"后的保护策略/陈奭琛//兰台内外. —2014（2）：27 – 28.

382.　侨批（银信）研究文献计量分析/陈水生//五邑大学学报（社会科学版）. —2014（2）：6 – 10.

383.　侨批、台批档案与信用文化——基于漳州侨批、台批发展史/伊志峰//福建金融. —2014（10）：68 – 72.

384.　侨批：潮人优秀传统家风的历史见证/陈友义//侨批文化. —2014（20）：52 – 56.

385.　侨批：抗日战争又一项文献记忆/邓达宏//福建论坛（人文社会科学版）. —2014（12）：131 – 135.

386.　侨批档案：民间金融另一种组织形式的"活化石"/肖国强//侨批文化. —2014（20）：34 – 36.

387.　侨批档案与闽粤近代金融史研究——基于史料比较的分析框架/张林友//福建金融. —2014（7）：64 – 67.

388.　侨批的金融属性溯源/侨批研究小组，晏露蓉//福建金融. —2014（5）：52 – 55.

389.　侨批负效应也能转化正能量/陈焕溪//侨批文化. —2014（20）：20 – 22.

390.　侨批及侨批业略考/晏露蓉，杨少芬，江宇，梁雪芳，黄清海，黄钢生，梁晖晴//福建金融. —2014（4）：67 – 72.

391.　侨批业的发展历程及其引起的政府关注/陈奭琛//山西档案. —2014（1）：111 – 114.

392.　侨批与亚太局域网络：从批局·邮政·汇兑看/滨下武志//侨批文化. —2014（20）：4 – 14.

393.　侨企知识产权纠纷特点初探/国侨办经科司//侨务工作研究. —2014（6）：34 – 36.

394.　侨务工作在国际国内社会治理体系新变化中的新挑战新突破/陈文佳//侨务工作研究. —2014（2）：34 – 36.

395.　侨乡跨国家庭中的"洋"留守儿童问题探讨/文峰//东南亚研究. —2014（4）：

85 – 92.

396. 侨乡跨国移民的婚姻形态研究——基于对福州"万八嫂"的实证调查/陈凤兰//福州大学学报（哲学社会科学版）. —2014（4）：68 – 72.

397. 侨乡留守儿童社会支持与心理健康关系的研究/陈美芬，陈丹阳，袁苑//心理研究. —2014（3）：63 – 67，80.

398. 侨乡社会公民参与要素研究——以福建 C 村 G 炼油厂事件为例/林胜//华侨华人历史研究. —2014（1）：34 – 41.

399. 侨乡文化遗产旅游开发的法律保护——以开平碉楼与村落为例/徐丹丹//云南社会主义学院学报. —2014（4）：139 – 140.

400. 侨乡乡规民约的法治困境及发展路径/王婷婷//长春师范大学学报. —2014（9）：39 – 42.

401. 青年科技海归的团队融入状况研究/张涛//当代青年研究. —2014（4）：32 – 36.

402. 青年毛泽东未能出国留学原因探析/王凤贤，张磊//学习与探索. —2014（11）：155 – 160.

403. 清代末期粤剧的海外传播及其意义/周东颖//音乐传播. —2014（1）：104 – 111.

404. 清代械斗治理与地方社会权势转移——以闽粤侨乡为例/王传武，刘江华//农业考古. —2014（1）：91 – 95.

405. 清代至民国时期广府华侨服饰艺术特征研究/莫玉玲，孙恩乐//艺术设计研究. —2014（4）：50 – 53.

406. 清末传教士、华人视阈下的妇女释放与强国关系论——以《万国公报》为中心之考察/卢明玉//江汉论坛. —2014（2）：139 – 144.

407. 清末民初安徽留学教育与安徽教育近代化/王硕//淮海工学院学报（人文社会科学版）. —2014（2）：77 – 79.

408. 清末民初广东、江苏海外移民比较研究——以华侨省籍分布差异成因为主的分析/姚远//华侨华人历史研究. —2014（4）：66 – 72.

409. 清末民初旅俄华商的兴衰历程/孟欣，宁艳红//南方论刊. —2014（12）：53 – 54，52.

410. 清末以来广西人开拓马来亚半岛的历史生态/王琛发//八桂侨刊. —2014（1）：50 – 57.

411. 全球华文教育视角下舞龙国际化发展的研究/肖洪波，文明华//吉林体育学院学报. —2014（4）：106 – 108.

412. 全球化背景下留学潮的深度警示：提升教育的国际化品质/潘涌//教育科学研究. —2014（8）：41 – 47.

413. 全球化语境中海外华人的文化认同危机/董凝//今传媒. —2014（5）：23 – 24.

414. 泉州华侨历史博物馆藏民国时期华侨团体文书/骆曦//福建文博. —2014（3）：44 – 48.

415. 人才强国视域下高校留学归国人员统战工作研究/周利秋，刘畅，张铁//边疆经济与文化. —2014（11）：108 – 109.

416. 日本中国新移民人口迁移的特征分析——以名古屋个案为例/张慧婧//华侨华人

历史研究. —2014 (4)：49 – 57.

417. 容闳的晚清幼童留学计划对中国近代的影响/陈志兰//淮北师范大学学报（哲学社会科学版）. —2014 (2)：81 – 83.

418. 沙捞越客家人的移民、聚落形态与社团组织论析/田英成//八桂侨刊. —2014 (2)：34 – 40.

419. 善堂——中国、新加坡和马来西亚的慈善寺堂/陈志明，孟庆波//华侨华人历史研究. —2014 (2)：75 – 76.

420. 嬗变与启示：构建"21 世纪海上丝绸之路"的历史思考与现实要求/唐翀，李金亮//侨务工作研究. —2014 (3)：35 – 37.

421. 上世纪40 至60 年代菲律宾共产主义运动与华人社会变迁/杨静林//当代世界社会主义问题. —2014 (2)：81 – 94.

422. 少数民族归侨及侨联工作对策研究——以广西与云南为例/密素敏//八桂侨刊. —2014 (3)：50 – 55.

423. "申遗"成功后泉州侨批文献的保护和利用/陈爽琛//泉州师范学院学报. —2014 (4)：117 – 120.

424. 十月革命前后的旅俄华工及苏俄相关政策研究/谢清明//江汉学术. —2014 (2)：112 – 118.

425. 世界华文教育中优秀民族传统体育文化传播现状与对策/刘卫华，龙佩林//武汉体育学院学报. —2014 (12)：55 – 58.

426. "世界青田"理念与侨乡经济转型研究/唐耀林//现代工业经济和信息化. —2014 (17)：10 – 11，33.

427. 试论国内华侨博物馆的地域特点及文化认同功能/邓玉柱//八桂侨刊. —2014 (2)：60 – 63.

428. 试论海外华文教材本土化新思路/张树权//云南师范大学学报（对外汉语教学与研究版）. —2014 (2)：21 – 23.

429. 试论融合进程中的菲律宾华文教育/姜兴山//福建师范大学学报（哲学社会科学版）. —2014 (1)：160 – 166.

430. 试论征集海外华侨文物的方式/吴春宁//客家文博. —2014 (2)：14 – 18.

431. 试析当前我国华侨权益的保护——从政策与立法调整的维度考量/肖金发//法制与经济. —2014 (7)：40 – 42.

432. 试析东兴汇路所形成的东兴精神/王炜中//侨批文化. —2014 (20)：70 – 73.

433. 试析菲律宾"甲必丹制"对华侨社会的影响/姜兴山//东南亚研究. —2014 (3)：75 – 80.

434. 试析泰国中华总商会的演变/李慧芬//八桂侨刊. —2014 (3)：70 – 75.

435. 树高千丈，落叶归根——百年广东华侨经济掠影/李心宇//广东经济. —2014 (6)：88 – 93.

436. 衰微中的坚持与努力——毛里求斯华人社会发展动态考察与分析/石沧金//东南亚研究. —2014 (1)：91 – 97.

437. 水文局归国留学人员创业发展情况浅论/侯春，王静//东方企业文化. —2014

(21)：143.

438. "私人定制" 的低龄留学产业调查/何异凡//国际市场. —2014 (3)：33-35.

439. 苏格兰地区少数族裔创业与社会资本引入/张美华//华侨华人历史研究. —2014 (4)：58-65.

440. 孙中山背后的支持者——华侨资本家孙眉事略/何玲//中国档案. —2014 (1)：81-83.

441. 缩小知识差距：邓小平出国留学教育思想的内核与贡献/蒋凯，许心//复旦教育论坛. —2014 (4)：11-15.

442. 台山华侨出洋的社会经济背景分析/舒惠芳，石强，梅伟强//特区经济. —2014 (5)：108-110.

443. 台山华侨在澳大利亚开发建设中的历史贡献/石强//深圳职业技术学院学报. —2014 (4)：61-65.

444. 台山侨乡传统排球运动发展与文化保护研究/潘兵，胡小军//当代体育科技. —2014 (26)：142-143.

445. 台山侨乡排球文化价值取向研究/潘兵//当代体育科技. —2014 (11)：124-126.

446. 台山—亚拉腊华工淘金路及其旅游开发/舒光美//五邑大学学报 (社会科学版). —2014 (3)：7-10，62，93.

447. 台湾的印尼客家新娘——海外客家人的社会变迁之二/曹云华//八桂侨刊. —2014 (2)：25-33.

448. 台湾侨务公共 "外交" 与华侨华人关系互动/吴前进//国际关系研究. —2014 (1)：132-143，159-160.

449. 太平洋战争前潮汕沦陷区侨汇业研究 (1939.7—1941.12) /焦建华//南洋问题研究. —2014 (1)：69-77.

450. 泰国的客家人与客属总会/陈思慧，郑一省//八桂侨刊. —2014 (1)：31-35.

451. 泰国的洛真人——东南亚土生华人系列之四/徐杰舜//百色学院学报. —2014 (4)：100-107.

452. 泰国华人慈善组织的主要功能及其对中国慈善组织的启示——以华侨报德善堂为例/钟大荣，王珊珊//华侨大学学报 (哲学社会科学版). —2014 (3)：23-30.

453. 泰国华文报纸广告探微——以《星暹日报》为例/罗奕//新闻知识. —2014 (8)：59-61.

454. 泰国曼谷民办非全日制华文教育的现状与特色/李善邦，姚雪嘉//东南亚纵横. —2014 (8)：54-62.

455. 腾冲侨乡儒商文化探析/袁俊凤//云南社会主义学院学报. —2014 (2)：49-52.

456. 天津市创业型留学归国人员满意度分析及对策/张再生，李萌//天津师范大学学报 (社会科学版). —2014 (4)：67-71.

457. 同途殊归：孔教与南洋离散华人的公民权——"北京大学华侨华人研究讲座" 系列之四综述/陈业诗//华侨华人历史研究. —2014 (2)：77-78.

458. 晚清福州船政留学对海军近代化的影响/穆标//山西煤炭管理干部学院学报. —

2014（3）：177－178，181.

459. 晚清华工出洋原因探析/赵薇//大庆师范学院学报. —2014（4）：118－120.

460. 晚清华侨政策转变之影响——以华侨认同为角度的解读/叶小利//北华大学学报（社会科学版）. —2014（2）：73－76.

461. 晚清领事保护的发展及其局限/黎海波//八桂侨刊. —2014（2）：64－67.

462. 晚清留学教育对我国文化的影响/邵利明//时代文学（下半月）. —2014（4）：217－218.

463. 晚清粤籍旅日华侨的商人网络与商会组织/舒习龙//苏州科技学院学报（社会科学版）. —2014（2）：70－74.

464. 网络媒体对"海归"的形象建构研究——基于新华网的内容分析（2003—2012）/郑路鸿，丁柏铨//山东社会科学. —2014（12）：183－188.

465. 文化差异对中国企业 OFDI 区位选择的影响：东道国华人网络的调节效应/李凝，胡日东//华侨大学学报（哲学社会科学版）. —2014（3）：93－100.

466. 文化距离、海外华人网络与中国企业对外直接投资区位选择/张吉鹏，李凝//特区经济. —2014（1）：93－95.

467. 文化强国战略与华侨华人民族传统体育的发展/肖建忠//体育学刊. —2014（5）：25－27.

468. "文化中国"与海外华裔的中华民族认同/崔海亮//中华文化论坛. —2014（1）：141－148，192.

469. 我国"绿卡制度"完善研究——以吸引海外高层次华人人才回归为视角/胡蓓蓓，宋琳琳，彭程，郁明，程启博//辽宁警专学报. —2014（3）：41－44.

470. 我国出国留学教育高速发展的原因分析/王梓仲//中外企业家. —2014（5）：234.

471. 我国归国留学生就业难的原因及对策研究/郝海霞//经济视角（中旬刊）. —2014（1）：78－79，84.

472. 我国华侨代表选举制度的理性思考/王谨//法制博览（中旬刊）. —2014（12）：257.

473. 我国留学教育服务贸易逆差及治理对策研究/马静//延边大学学报（社会科学版）. —2014（2）：133－137.

474. 无权者的权力"游戏"——缅甸华人民间信仰者的宗教建构及其身份认同/白志红，钟小鑫//世界宗教文化. —2014（5）：18－22，31.

475. 五邑侨乡旅游发展的格局与趋势/周慧欣//旅游纵览（下半月）. —2014（9）：206—207.

476. 西方留学归国英语教师课堂决策全球本土化的利与弊——基于学生反馈的实证分析/浦虹，钟维//学术探索. —2014（9）：142－146.

477. 西南边疆海外新移民的类型及网络初探——以广西和云南为例/郑一省，陈思慧//东南亚南亚研究. —2014（2）：80－87，110.

478. 西南边疆民族地区归侨侨眷青年创业路径思考——西南边疆民族地区归侨侨眷青年发展问题研究系列之二/李雪岩，龙四古//八桂侨刊. —2014（1）：36－44.

479. 西南边疆民族地区归侨社会保障问题探索——西南边疆民族地区归侨侨眷青年

发展问题研究系列之三/李雪岩，龙四古//八桂侨刊. —2014（3）：56 - 62.

480. 香港跨界华人企业家的网络构建与制度性信任/袁建伟//湖北民族学院学报（哲学社会科学版）. —2014（1）：44 - 51.

481. 萧玉灿先生诞辰 100 周年纪念感言/周南京//八桂侨刊. —2014（2）：68 - 72.

482. 新环境下澳华文媒体对中国文化的传播/刘琛//福建师范大学学报（哲学社会科学版）. —2014（4）：167 - 172.

483. 新会华侨义冢试探/黄志强//才智. —2014（20）：275 - 276.

484. 新加坡华文教育课程特色简析——以南洋小学"华蕴传承课程"为例/王琳琳//课程·教材·教法. —2014（1）：35.

485. 新加坡华文师资培养中的"文言语法"教学/刘振平//滁州学院学报. —2014（1）：113 - 117.

486. 新加坡华族对华语的认同度考察——基于文化合流视角/蔡明宏//云南师范大学学报（对外汉语教学与研究版）. —2014（1）：81 - 87.

487. 新加坡小学华文教材"差异性"的微观考察——以定向阶段教材为例/许琨//鲁东大学学报（哲学社会科学版）. —2014（4）：82 - 86，96.

488. 新加坡新中学华文课程概观/黄淑琴//课程教学研究. —2014（1）：71 - 75.

489. 新加坡中学华文文学教材的演进与变革/秦珏，王兵//河北师范大学学报（教育科学版）. —2014（2）：63 - 68.

490. 新马华侨对于祖国抗战的贡献——以《南洋商报》为中心的考察/徐蒙//青年记者. —2014（29）：90 - 91.

491. 新时期高校境外生教育管理的创新探索——以华侨大学为例/郑永红//福建医科大学学报（社会科学版）. —2014（2）：38 - 41.

492. 新时期高校青年留学归国人员思想特点及政治引导思考/李萍，吕小霞//佳木斯教育学院学报. —2014（2）：72，137.

493. 新时期侨务理论与马克思主义中国化/谢文晶//传承. —2014（7）：24 - 25.

494. 新时期稳定安置归侨群众　促进社会和谐发展探讨——以广西农垦国有良圻农场为例/杨喜南//企业科技与发展. —2014（13）：152 - 153.

495. 新形势下出国归国留学人员统战工作研究/董延涌//辽宁省社会主义学院学报. —2014（1）：42 - 46.

496. 新形势下高校留学归国人员统战工作探微/陈晓萍，史明霞，刘小峰//陕西社会主义学院学报. —2014（2）：33 - 35，60.

497. 新形势下我国归国留学生的就业问题/张留禄，姚晓垠//当代青年研究. —2014（4）：21 - 27.

498. 新一代新加坡华人的文化特征分析——基于新加坡女中学生的问卷调查研究/武文霞//吉林广播电视大学学报. —2014（5）：118 - 119.

499. 新中国成立后周恩来与海外归国学人及华裔科学家的深切交往/任贵祥//毛泽东思想研究. —2014（2）：76 - 81.

500. 新中国成立前夕在美中国史家归国原因探析/吴原元//东方论坛. —2014（2）：32 - 36，61.

501. 新中国建立后毛泽东与归国侨领及华人科学家交往述评/任贵祥//观察与思考. —2014（4）：65－70.

502. 学术环境与归国意愿——对留美博士生的调查研究/张东海//复旦教育论坛. —2014（5）：45－49，102.

503. 学术相关性维度的海外理工科留学人才回流意愿研究/高子平//自然辩证法研究. —2014（6）：74－81.

504. 学缘网络维度下留学人员社团组织形态的变迁/张宏胜//当代青年研究. —2014（4）：14—20.

505. 严复与晚清留学生归国考试研究/刘晓琴//南开学报（哲学社会科学版）. —2014（1）：114－125.

506. 一部研究东南亚华人的力作——读游俊豪《移民轨迹和离散叙述：新马华人族群的重层脉络》/曾玲//华侨华人历史研究. —2014（4）：73－75.

507. 一战百年：华工赴欧启示录/王平贞，赵俊杰//世界知识. —2014（21）：56－57.

508. 一战赴协约国华工始末及其历史影响/杨凯//湘潮（下半月）. —2014（3）：13－14，26.

509. 一支不可或缺的力量：全球华侨华人与中国国家软实力建设/王志章，刘子立//重庆与世界（学术版）. —2014（12）：66－72.

510. 移民意识与华侨华人美术/吴东弓//华侨大学学报（哲学社会科学版）. —2014（1）：33－37.

511. 以"侨"为桥 共筑"中国梦"——第九届"海外人才与中国发展"国际学术研讨会综述/李其荣，周柳丽//八桂侨刊. —2014（2）：77－80.

512. 以华侨文化精粹涵养新生代华侨华人民族认同感/刘庄//上海市社会主义学院学报. —2014（5）：52－58.

513. 以侨为本 教研并举 全面推动华文教育发展——访华侨大学校长贾益民教授/李欣，姚垚，尚清//世界教育信息. —2014（6）：47－56.

514. 以侨乡文化传承提升大学生社会责任感——以五邑大学为例/高丽丽//黄冈职业技术学院学报. —2014（4）：26－28.

515. 意大利华文报纸发展的现状与改进策略/尧雪莲//传媒. —2014（12）：57－59.

516. 印度尼西亚当地华裔学生的华语学习情况调查分析——以印度尼西亚爪哇岛井里汶市为例/胡霞，林瑞华//东南亚纵横. —2014（9）：76－79.

517. 印度尼西亚的伯拉奈干人——东南亚土生华人系列之六/徐杰舜//百色学院学报. —2014（6）：70－76.

518. 印度尼西亚山口洋华人的元宵大游行探析/郑一省//广西民族大学学报（哲学社会科学版）. —2014（1）：119－123.

519. 印尼华人一瞥/范宏贵//八桂侨刊. —2014（3）：78－80，77.

520. 印尼华人与2014年印尼大选/廖小健//东南亚研究. —2014（5）：14－18.

521. 印尼华文教材发展概况、问题及建议——基于《汉语》与《一千字说华语》的分析/何悦恒//海外华文教育. —2014（3）：289－294.

522. 印尼山口洋的客家人——海外客家人的社会变迁之一/曹云华//八桂侨刊. —

2014（1）：23-30．

523．印尼棉兰的客家人——海外客家人的社会变迁之三/曹云华//八桂侨刊．—2014（3）：21-29．

524．英国华人留学生母语文化认同度实证研究/郑军//海外英语．—2014（10）：275-277．

525．英国中文学校发展现状探析/鞠玉华//八桂侨刊．—2014（2）：18-24．

526．英属马来亚华人二战前社会运动史类型——以霹雳州为例/陈爱梅//南洋问题研究．—2014（3）：61-72．

527．用侨乡文化精粹涵养海外新生代统战资源/刘庄//云南社会主义学院学报．—2014（1）：4-6．

528．尤塞拉的大华人区——马德里传统街区的中国化/Marta Catalan，徐云涛，Belen Fernandez Nunez，Huiling Luo//世界建筑导报．—2014（1）：16-17．

529．语言认同与华语传承语教育/周明朗//华文教学与研究．—2014（1）：62-63．

530．原乡与本土之间：马来西亚客家人的民间信仰考察/石沧金//八桂侨刊．—2014（4）：23-29．

531．粤东侨乡传统妇女的生活状况——以丰顺县留隍镇为中心的调查与分析/钟晋兰//八桂侨刊．—2014（2）：41-47．

532．越南的明乡人——东南亚土生华人系列之二/徐杰舜//百色学院学报．—2014（2）：77-84．

533．越南华侨华人文化的中心——胡志明市华侨华人文化浅析/杨然//东南亚纵横．—2014（12）：59-61．

534．越南华文教育发展现状与思考/衣远//东南亚纵横．—2014（7）：50-54．

535．运用互联网思维构建"大侨务"格局的思考——"智慧侨务"之初探/沈娟//侨务工作研究．—2014（3）：38-39．

536．在非华人生存状况与其与当地族群关系/周海金//侨务工作研究．—2014（2）：40-43．

537．在高校归国留学人员中开展统战工作现状分析与对策研究/王娟，李凡//世纪桥．—2014（8）：91-92．

538．在华印支难民与国际合作：一种历史的分析与思考/周聿峨，郑建成//南洋问题研究．—2014（3）：41-47．

539．早期旅俄华工的职业分布及在远东大开发中的作用/胡颖//学理论．—2014（36）：112-113．

540．早期旅俄华侨赴俄的原因及线路/宁艳红//学理论．—2014（33）：109-112．

541．早期新加坡文社与儒学传播探析——以新加坡汉文报刊为中心/李奎//东南亚研究．—2014（3）：92-97，112．

542．战后华南与东南亚侨批网络的整合与制度化——以南洋中华汇业总会为中心/陈丽园//东南亚研究．—2014（3）：68-74．

543．漳州侨批档案管理浅析/程秋嫣//价值工程．—2014（30）：181-182．

544．浙江新侨发展研究报告/吴晶//八桂侨刊．—2014（1）：45-49，57．

545. 浙南地区华侨社会关系网络探析——以青田华侨个案为例/林海曦//浙江社会科学. —2014（10）：84 - 91.

546. 政府支持下城市吸引海归创业人才的环境要素研究/黄昱方，陈成成，陈如意//科技管理研究. —2014（12）：23 - 28，32.

547. 中非政治文化交流语境中的中国性/华人性/黄石秀，谭志林//东南亚研究. —2014（1）：98 - 103.

548. 中菲关系的华人因素及菲华人社会的转型/杨静林//暨南学报（哲学社会科学版）. —2014（5）：115 - 125.

549. 中国传统文化在华裔留学生教育中的价值和提升策略/王雪溪//教育探索. —2014（10）：54 - 55.

550. 中国国家海外利益与高端移民利益的异同点论析/林逢春，隆德新//攀登. —2014（2）：36 - 42.

551. 中国海归人才的现状及其技术效应分析/陈怡安//中国人力资源开发. —2014（16）：91 - 97.

552. 中国海外国际移民新特点（之一）/王辉耀//侨务工作研究. —2014（1）：40 - 43.

553. 中国海外国际移民新特点（之二）/王辉耀//侨务工作研究. —2014（2）：36 - 39.

554. 中国海外劳务移民的发展变迁与管理保护——以移民工人维权和争议处理为中心的分析/吕国泉，李嘉娜，淡卫军，王压非，朱勋克//华侨华人历史研究. —2014（1）：1 - 17.

555. 中国海外突发事件撤侨应急管理研究——以"5·13"越南打砸中资企业事件为例/卢文刚，黄小珍//东南亚研究. —2014（5）：79 - 88.

556. 中国近代跨国移民对侨乡的经济影响——以台山为例/王赫//黑龙江史志. —2014（13）：356.

557. 中国经济转型下的侨资企业经营：国际竞争下走向新格局/张洵君，龙登高//现代经济信息. —2014（16）：19 - 20.

558. 中国留学人员创业园发展特点分析/覃丽芳//创新. —2014（4）：64 - 70，127.

559. 中国特色社会主义侨务理论的新发展——胡锦涛侨务思想探析/路阳//上海市社会主义学院学报. —2014（1）：60 - 64.

560. 中国特色社会主义侨务理论浅析/路阳//宁夏党校学报. —2014（1）：39 - 42.

561. 中国网络媒体中的移民报道框架——以新浪网为例的分析/张焕萍//华侨华人历史研究. —2014（3）：42 - 50.

562. 中国现代化进程中华侨华人的作用及现实启示——以李光前先生为例/胡倩//福建省社会主义学院学报. —2014（2）：13 - 17.

563. 中国学界就太平洋铁路华工议题相关研究成果评述/忻怿//中山大学研究生学刊（社会科学版）. —2014（3）：1 - 9.

564. 中华民族共有精神家园的现代化与海外移民的推动/李云//贵州社会主义学院学

报.—2014（2）：50－54.

565."中华文化的跨境传播：海外华人研究"国际学术研讨会综述/万来志//华侨华人历史研究.—2014（1）：74－75.

566.中华文化跨境传播的历史与未来——记《中华文化的跨境传播：海外华人研究国际学术论坛》/曾玲//闽南师范大学学报（哲学社会科学版）.—2014（2）：173－176，180.

567.中泰现代外交关系的建立：以20世纪30年代后两国正式建交努力为中心的考察（1932—1946）/李恒俊，陈玉珊//南洋问题研究.—2014（4）：97－104.

568.中外侨民海外投资风险防范机制之比较/陈志强//侨务工作研究.—2014（5）：30－33.

569.中文媒体与华人移民的文化身份构建：澳大利亚的经验/陈弘//华东师范大学学报（哲学社会科学版）.—2014（4）：144－150.

570.中西方文化语境与"东方"女性符号的标出性——论早期好莱坞华人影星黄柳霜/任文//四川大学学报（哲学社会科学版）.—2014（5）：76－83.

571.著名华侨企业家黄奕住的爱国情怀/吴军政//兰台世界.—2014（31）：136－137.

572.自费出国留学的家庭期待、社会影响与反思/王效柳，刘悦//郑州轻工业学院学报（社会科学版）.—2014（3）：43－47.

573.宗教信仰对美国华人移民的认同与整合作用——俄勒冈州塞勒姆华人福音教会考察札记/李崇新//南京理工大学学报（社会科学版）.—2014（1）：75－81.

574.纵向传承：论传统蒙书与现代儿童华文教材/姚兰//海外华文教育.—2014（2）：140－152.

575.左秉隆与晚清新加坡华文教育/程露晞//五邑大学学报（社会科学版）.—2014（3）：29－33.

576."做家"：一个技术移民群体的家庭策略与跨国实践/张少春//开放时代.—2014（3）：198－210，9.

2015 年大陆中文期刊论文

1.15年（1998—2013）来中国海外留学归国人员特征变化探析/魏华颖//领导科学.—2015（29）：43－45.

2.17—19世纪中国东南沿海居民移居越南问题研究/徐芳亚//东南亚纵横.—2015（1）：55－58.

3.1917—1921年墨西哥排华风潮探析/李淑蘋，姚元湾//东南亚研究.—2015（4）：61－66.

4.1928至1949年天津留学教育和教育近代化的发展历程/吴婷//党史博采.—2015（2）：43－44.

5.1931—1933年南洋华侨抵制日货运动探析/伍淑斌//琼州学院学报.—2015（6）：42－46，61.

6.1950年钱学森回国行李被扣始末/张现民，吕成冬//西安交通大学学报（社会科学版）.—2015（6）：73－78.

7. 1965 年后美国对华移民政策与中国大陆新移民研究/常夷//河北大学学报（哲学社会科学版）．—2015（4）：82 – 87.

8. 1980 年代以来新西兰华人身份认同的变化/康晓丽//南洋问题研究．—2015（3）：75 – 81.

9. 19 世纪澳大利亚华人与宗教/唐琳璠//宜春学院学报．—2015（5）：77 – 80.

10. 19 世纪末到 20 世纪 20 年代南洋华侨在居留地的政治地位——以《新国民日报》为中心的考察/钟声，程舒伟//学术探索．—2015（10）：115 – 119.

11. 19 世纪末至 20 世纪初华商在俄国远东地区的形成和发展/张宗海，张临北//俄罗斯学刊．—2015（2）：71 – 83.

12. 19 世纪中叶赴美合同制华工与赊单制华工的比较/曹雨//东南亚研究．—2015（3）：97 – 102.

13. 2015 中国海归就业创业调查报告/中国与全球化智库//侨务工作研究．—2015（6）：22 – 24.

14. 20 世纪 70 年代台湾留美学生的学科背景与保钓运动——兼对刘源俊《为何"左倾"者大多是学理工的》一文评析/刘玉山//兰台世界．—2015（34）：53 – 54.

15. 20 世纪 70 年代台湾留美学生的政治文化——以海外保钓运动为例/刘玉山//西南交通大学学报（社会科学版）．—2015（4）：12 – 19.

16. 20 世纪 70 年代中期台湾留美学生的"保沙运动"/刘玉山//晋中学院学报．—2015（4）：74 – 77，94.

17. 20 世纪 80 年代中国留美学生文学中的"美国形象"/孙霞，陈国恩//武汉大学学报（人文科学版）．—2015（3）：88 – 92.

18. 20 世纪初期印尼土生华侨政治认同研究/张小倩//兰台世界．—2015（34）：116 – 117.

19. 20 世纪以来菲律宾华人文化认同的嬗变——以菲律宾华文文学为视角/陈丙先，姚春美//华侨华人历史研究．—2015（1）：29 – 33.

20. 21 世纪初欧洲华人社团发展新趋势/李明欢//华侨华人历史研究．—2015（4）：1 – 8.

21. "21 世纪海上丝绸之路"背景下的海外华商风险管理研究——基于印度尼西亚华商的分析/卢文刚，黎舒菡//探求．—2015（5）：89 – 99.

22. 爱国华侨、报界翘楚张实中/王少卿，江清泽//福建史志．—2015（3）：54 56.

23. 爱国华侨王雨亭写给儿子王唯真的信/王雨亭//党史文汇．—2015（8）：34.

24. 爱国救亡：基于晚清留学教育主线维度的考察/金文斌，邹斌//宿州学院学报．—2015（1）：4 – 8.

25. 案主自决原则在华人社会中的实践困境/冯浩//华东理工大学学报（社会科学版）．—2015（4）：1 – 11.

26. 澳大利亚布里斯班华裔小学生汉语保持研究/姜文英//世界汉语教学．—2015（4）：541 – 550.

27. 澳大利亚华侨华人与世界反法西斯战争/张秋生，王娟//民国档案．—2015（3）：47 – 52.

28. 澳大利亚华人新移民回流：历史、现状与趋势/颜廷，张秋生//华侨华人历史研究. —2015（4）：16 - 27.

29. 澳大利亚中文学校汉语教学情况调查/吕俞辉，张和生，李晓梅//云南师范大学学报（对外汉语教学与研究版）. —2015（1）：80 - 86.

30. 巴基斯坦海外侨汇发展变化及其原因/林勇//八桂侨刊. —2015（3）：10 - 14，56.

31. 巴西华侨华人反"独"促统运动的发展历程与经验/程晶//拉丁美洲研究. —2015（4）：45 - 57.

32. 巴西华文教育现状探析/陈雯雯//华文教学与研究. —2015（2）：1 - 11.

33. 百年道歉姗姗来迟——浅谈美国排华法案道歉案的始末与反思/钱宁//长春教育学院学报. —2015（7）：20 - 21.

34. 百转千回终是梦——新移民作家张翎小说的"离散"书写/刘桂茹//信阳师范学院学报（哲学社会科学版）. —2015（6）：123 - 127.

35. 保护菲律宾华侨的郑成功父子/赵春红//湖北档案. —2015（12）：40 - 41.

36. 保皇会在澳洲的兴起——基于《东华新报》的媒体传播理论与量化分析/李海蓉//华侨华人历史研究. —2015（2）：67 - 77.

37. 被遗忘的工作女性——经济大萧条时期的马来亚客家琉琅女（1929—1933）/陈爱梅//华侨华人历史研究. —2015（2）：56 - 66.

38. "比较视野下的中国侨乡研究"学术研讨会会议综述/李晨媛//八桂侨刊. —2015（3）：77 - 79.

39. 筚路蓝缕先驱之路——试论我国第一代图书馆学人留美经历/郑丽芬//图书馆论坛. —2015（4）：24 - 29.

40. 边缘化与涵化：华人赴美生子群体的文化调适与认同/游红霞//西部学刊. —2015（1）：64 - 68.

41. 辩证解析海外华文媒体在我国对外传播中的作用/邱凌//对外传播. —2015（10）：12 - 14.

42. 布热津斯基访华与中越华侨争端的公开化/周聿峨，郑建成//东南亚研究. —2015（3）：92 - 96，102.

43. 长崎唐馆的解体与中国人居住地的形成（下）/菱谷武平，乔云//南洋资料译丛. —2015（2）：70 - 80.

44. 常德海外留学人员统战工作现状及对策/杨峰，刘双全//新西部（理论版）. —2015（16）：47 - 48.

45. 超越边缘　构筑跨界民族研究平台——中国人类学民族学研究会跨界民族研究专业委员会成立大会暨"人口流动与跨界民族"学术研讨会综述/王春荣//八桂侨刊. —2015（1）：75 - 77.

46. 潮人移民海外纪略//潮商. —2015（6）：65 - 66.

47. 潮汕侨批与徽州契约的比较及启示/王炜中//福建金融. —2015（8）：60 - 63.

48. 陈嘉庚的博物馆实践与思想——基于鳌园和华侨博物院的研究/王晓明//集美大学学报（教育科学版）. —2015（5）：74 - 78.

49. 陈嘉庚与中国抗战/董晶//侨务工作研究. —2015 (4)：38 – 39.

50. 出国留学与留学外交/苗丹国//世界教育信息. —2015 (22)：52 – 56.

51. 出土香具与福建早期海外香料贸易/姚沁//福建文博. —2015 (3)：60 – 64.

52. "出走"与"回归"：也论海外华人独立纪录片的问题意识/王庆福//现代传播（中国传媒大学学报）. —2015 (1)：101 – 104.

53. 穿越抗战硝烟的侨批往事/黄清海//福建金融. —2015 (9)：64 – 66.

54. 聚焦华文出版 传播中华文化——第十一届"海峡两岸华文出版论坛"综述/王志刚//中国出版. —2015 (19)：49 – 51.

55. 传统文化维系下的家国认同——以南洋华侨教育为例/胡克丽//黑龙江史志. —2015 (11)：212.

56. 传统与延续：法国移民政策的演变及华人移民的历史——兼论20世纪以来巴黎华人移民空间的演变/赵晔琴//法国研究. —2015 (4)：30 – 42.

57. 创业导向下引进海外高层次人才的激励机制构建/贾路加//财经界（学术版）. —2015 (12)：366.

58. 从"9·3"阅兵报道看当代东南亚华文媒体特点与问题/方晓恬，刘扬//对外传播. —2015 (10)：17 – 18.

59. 从"大抗战史观"看华侨与抗日战争研究——基于《抗日战争研究》杂志的思考/张秀明//华侨华人历史研究. —2015 (3)：39 – 43.

60. 从"漂泊"到"融合"——澳洲"新移民"文化身份的探寻和建构/郭建//黄山学院学报. —2015 (1)：43 – 46.

61. 从《滨江时报》报道看20世纪20年代旅俄华侨华工群体/高龙彬//西伯利亚研究. —2015 (3)：75 – 85.

62. 从《南洋商报》讣告文本看战后转型期新马华人家庭形态与社会网络/薛灿//东南亚研究. —2015 (1)：100 – 105.

63. 从2014年国际顶级期刊论文看世界大气科学领域华人学者的高影响研究活动/李婧华//气象科技进展. —2015 (2)：66 – 67.

64. 从近现代留学生群体看我国现代留学事业的发展/张欣//产业与科技论坛. —2015 (4)：67 – 68.

65. 从禁南洋案看清政府对南洋贸易政策变迁/杨帅//兰台世界. —2015 (28)：83 – 84.

66. 从美国辱华事件看华文媒体塑造的中国形象——以"10·16"美国广播公司"儿童圆桌会议"事件为例/杨珂//新媒体研究. —2015 (11)：62 – 63.

67. 从闽南侨批看近代中华文化的跨国传承/张静，黄清海//华侨大学学报（哲学社会科学版）. —2015 (1)：29 – 38.

68. 从侨批看民国初期梅州侨乡与印度尼西亚地区近代教育的发展——以梅县攀桂坊张家围张坤贤家族为中心/田璐，肖文评//地方文化研究. —2015 (1)：69 – 88.

69. 从全球视野角度分析近代广宁人移居马来西亚/广府华侨文化肇庆篇课题组//东南亚纵横. —2015 (8)：73 – 78.

70. 从日本到欧洲：民国时期青田对外移民的路径转移/徐立望，张群//华侨华人历史研究. —2015（3）：73 – 81.

71. 从泰式华文的用词特征看华文社区词问题/施春宏//语文研究. —2015（2）：26 – 34.

72. 从外媒报道看孔子学院的海外形象/叶英//四川大学学报（哲学社会科学版）. —2015（3）：48 – 57.

73. 从文物视野解读华侨历史——以"二战"后"华侨复员"相关证件为例/傅惠玲//福建文博. —2015（3）：69 – 74.

74. 从移民书信看华侨家庭的跨国互动/密素敏//八桂侨刊. —2015（4）：46 – 53.

75. 打造培养传播中国文化人才的知名品牌——以华侨大学泰国品牌项目为例/黄志浩，郭艳梅//品牌. —2015（8）：44 – 45.

76. 大陆电视剧中海外移民的身份认同及其演变/王玉玮//现代传播（中国传媒大学学报）. —2015（6）：91 – 95.

77. 大数据时代华文学术期刊发展的战略选择/李宏弢//清华大学学报（哲学社会科学版）. —2015（6）：89 – 96.

78. 大学生村官在闽南侨乡新型城镇化中的作用——以邓小平"人才论"为基点/王潇斌//重庆交通大学学报（社会科学版）. —2015（3）：1 – 4.

79. 当代福建沿海华侨农民与休闲农村——以福州闽安村为例/陈名实//泉州师范学院学报. —2015（1）：103 – 107.

80. 当代华人企业家对美国大学大额捐赠现象、动因及政策思考/林成华，洪成文//中国高教研究. —2015（5）：41 – 46.

81. 当代留学生与海外华人社会：关于英国诺丁汉华人社会的实证研究/武斌//华侨华人历史研究. —2015（2）：1 – 11.

82. 当代美国华人政治参与影响因素分析——以抗议 ABC 辱华行动为例/叶小利，古皓瑜//八桂侨刊. —2015（2）：13 – 20.

83. 当代印度尼西亚棉兰华社发展的新态势——基于华人社团与社团领袖的考察/杨宏云//东南亚纵横. —2015（4）：59 – 64.

84. 当今我国海外人才回流存在的问题分析/刘小璞//商. —2015（1）：42.

85. 当前海外华文教育发展之处境与对策分析/刘芳彬//八桂侨刊. —2015（2）：35 – 39.

86. 当前留日归国学人对国内科研环境的认知分析——以京津沪高校为中心的考察/元青，岳婷婷//长白学刊. —2015（5）：127 – 132.

87. 当前侨务干部教育培训工作面临的问题及对策/国务院侨办侨务干部学校调研组//侨务工作研究. —2015（3）：32 – 34.

88. 道歉言语行为的演变研究——以留学英语国家的中国学生为例/章元羚，李柏令//现代语文（语言研究版）. —2015（11）：79 – 81.

89. 道义、交换与移民跨国实践——基于衰退型侨乡海南文昌的个案研究/黎相宜//华侨华人历史研究. —2015（3）：55 – 63.

90. 敌国留学——抗战时期在日中国留学生的生活实态/徐志民//近代史研究. —2015（5）：117 – 136.

91. 第二次全国教育会议与国民政府初期华侨教育改革/于潇//宁波大学学报（教育科学版）. —2015（1）：31-35.

92. 第二届"海外华人与中国侨乡文化"国际研讨会综述/邱少华//八桂侨刊. —2015（4）：69-72.

93. 东南亚华侨与抗日战争（之一）——纪念中国抗日战争与世界反法西斯战争胜利70周年/周南京//八桂侨刊. —2015（2）：21-28，34.

94. 东南亚华侨与抗日战争（之二）——纪念中国抗日战争与世界反法西斯战争胜利70周年/周南京//八桂侨刊. —2015（3）：21-27.

95. 东南亚华商资产的初步估算/庄国土，王望波//南洋问题研究. —2015（2）：1-19.

96. 东南亚华文教育的过去、现在与未来：国家间关系的视角/曹云华//东南亚研究. —2015（1）：66-74.

97. 都市中的熟人社会——缅甸曼德勒华人的生存场域、社会交往及其与缅人的族群关系/钟小鑫//东南亚研究. —2015（3）：86-91.

98. 对东南亚华人社团的整体性观察：渊源、功能、现状与前景/高伟浓，张应进//东南亚纵横. —2015（12）：46-53.

99. 多层外交与救护侨胞——国民政府对战后缅甸归侨遣返危机的处置/姜帆//华侨华人历史研究. —2015（3）：27-38.

100. 俄罗斯远东地区被害华人问题的法理分析/庞冬梅//国际论坛. —2015（2）：51-56.

101. 二十世纪二三十年代的留日学生鸟瞰/高超//黑河学刊. —2015（9）：49-50.

102. 二十世纪五六十年代缅甸华侨双重国籍问题再探/张安，李敬煊//中共党史研究. —2015（8）：77-87.

103. 二战后马华公会与马来西亚华教权益争取/胡春艳//八桂侨刊. —2015（3）：15-20，79.

104. 二战后美国的华人"自首计划"及其历史影响/赵辉兵//世界民族. —2015（2）：102-110.

105. 二战前旧金山华人中文学校教育的历史变迁/李永//贵州社会科学. —2015（10）：97-103.

106. 发达国家或地区留学工作对中国的启示——以美国、澳大利亚、欧盟国家为例/宁爱花//世界教育信息. —2015（19）：64-66.

107. 发挥东盟国家华侨华人在"一带一路"中的桥梁作用/盛毅，任振宇//东南亚纵横. —2015（10）：28-31.

108. 发挥华侨传播中华文化优势/何亚非//对外传播. —2015（7）：6-7.

109. 发挥首都侨务优势　推动国家战略实施/北京市侨办//侨务工作研究. —2015（3）：29-31.

110. 非洲中国海外移民的生存和发展/刘国福，张钟文//侨务工作研究. —2015（1）：30-32.

111. 菲华报刊与华文音乐教育的发展——基于菲律宾《世界日报》的报道内容分析/

赵振祥，李啸，侯培水//西南民族大学学报（人文社科版）. —2015（5）：154 - 158.

112. 菲律宾华裔青少年的语言情感与文化认同——基于"词语自由联想"实验的研究/陈燕玲//东南学术. —2015（4）：196 - 204.

113. 福建华侨在抗日战争中的作用与贡献/王亚君//福建党史月刊. —2015（11）：11 - 15.

114. 福建侨商投资发展环境问题及对策建议/林心淦，李鸿阶，张元钊//东南学术. —2015（6）：174 - 180.

115. 福建省华侨农场旅游业发展策略研究/陈成栋//闽江学院学报. —2015（6）：91 - 98.

116. 福州侨乡跨国抚养原因研究/胡启谱//科教导刊（中旬刊）. —2015（11）：189 - 190.

117. 改变中国留学史两封信：写自老舍女儿和李政道/杨放//协商论坛. —2015（3）：60.

118. 改革开放以来的中国留美博士群体研究/岳婷婷//兰州大学学报（社会科学版）. —2015（2）：157 - 163.

119. 改革开放以来国内对海外中共党史研究的再研究/王峰//新视野. —2015（4）：123 - 128.

120. 改革开放以来闽浙两省侨捐政策与落实比较研究/张赛群//华侨大学学报（哲学社会科学版）. —2015（2）：71 - 78.

121. 高校海归青年教师生存现状分析——基于 ZR 大学等首都六所高校的调查/李唐，程丽如，方舒//学海. —2015（6）：210 - 216.

122. 高校海归人才基层党建工作的研究/李云先//现代国企研究. —2015（16）：231，233.

123. 高校海外归国教师党建状况分析——以西部某"211"大学为例/田雪梅，杨祖才，王磊//西南交通大学学报（社会科学版）. —2015（6）：42 - 48.

124. 高校教师公派留学绩效评估体系初探/杨梅，陈月红，丰蓉，魏薇//高校实验室工作研究. —2015（4）：116 - 118.

125. 高校留学归国人员发挥作用的有效途径/郑青//山西煤炭管理干部学院学报. —2015（2）：147 - 148，152.

126. 高校留学人员统战工作现状分析/杨光，冯振业，夏晓梅//吉林省社会主义学院学报. —2015（3）：22 - 24.

127. 高校引进留学人才问题的研究/司江伟，沈克正//中国石油大学学报（社会科学版）. —2015（2）：97 - 101.

128. 哥斯达黎加的中国移民：一个成功的故事？/Mayra ACHIO，张焕萍//华侨华人历史研究. —2015（4）：47 - 53.

129. 根植在大马的土地上：马来西亚华文媒体人的口述故事/吴玫，叶琳//全球传媒学刊. —2015（2）：81 - 98.

130. 构建中国侨乡女性史：资料与方法的探讨/沈惠芬//福建论坛（人文社会科学版）. —2015（11）：149 - 156.

131. 关于巴黎恐怖袭击与华侨华人安全的思考/张雅琼//侨务工作研究. —2015 (6)：37 - 38.

132. 关于改进侨务工作方法的思考/麻建科//侨务工作研究. —2015 (1)：42.

133. 关于高校引进海外高层次人才问题的思考/杜金津//内蒙古教育（职教版）. —2015 (6)：12 - 13.

134. 关于民族主义和世界华文文学的若干思考/吴俊//文艺研究. —2015 (2)：5 - 13.

135. 关于我国海外高层次人才引进的思考/郑巧一//河南教育（高教）. —2015 (6)：3 - 4.

136. 关于新形势下华侨母语教育问题的一些思考/郭熙//语言文字应用. —2015 (2)：2 - 9.

137. 关于新形势下开展首都侨务工作的思考/刘春锋//侨务工作研究. —2015 (3)：27 - 28.

138. 关于做好温江区侨务工作的几点思考/欧俊波/四川统一战线. —2015 (4)：30 - 31.

139. 光环之下的个体世界：一战山东籍华工应募动因考述/张岩//华侨华人历史研究. —2015 (2)：85 - 95.

140. 广东侨资企业转型升级研究/毛蕴诗//侨务工作研究. —2015 (2)：32 - 35.

141. 广东省加强华侨港澳同胞捐赠公益事业立法的思考/张康庄//八桂侨刊. —2015 (2)：60 - 65, 77.

142. 广东四邑华侨"口供纸"方言的综合考察/黄伟亮//广西民族师范学院学报. —2015 (2)：43 - 48.

143. 广西面向东盟的华文教育工作探讨/刘苗苗//八桂侨刊. —2015 (2)：40 - 46.

144. 轨迹——读《历史的思考》有感/赵红英//华侨华人历史研究. —2015 (4)：90 - 93.

145. 国际技术转移、"海归"人才与本土企业技术创新/刘畅//中国商论. —2015 (27)：160 - 165.

146. 国际侨汇对收款国宏观经济安全的影响分析/张洁, 林勇//华侨华人历史研究. —2015 (2)：12 - 19.

147. 国际移民汇款的经济增长效应——基于发展中国家的系统 GMM 分析/崔兆财, 张志新, 高小龙//首都经济贸易大学学报. —2015 (5)：20 - 28.

148. 国际移民理论中的回流研究——回顾与评析/陈程, 吴瑞君//西北人口. —2015 (6)：18 - 22.

149. 国际移民现状特点/王辉耀, 郑金连, 苗绿//侨务工作研究. —2015 (2)：36 - 39.

150. 国际舆论环境越复杂越要发挥华文媒体作用——中新社建设世界华文资讯中心的实践与探索/吕振亚//对外传播. —2015 (10)：10 - 11.

151. 国家公派出国留学工作的问题与对策研究/孙月//扬州职业大学学报. —2015 (4)：64 - 68.

152. 国民政府时期广西当局对外侨问题的处理/黄文波//八桂侨刊. —2015（4）：54 – 60.

153. 海上丝绸之路与华侨/廖大珂//海交史研究. —2015（1）：88 – 108.

154. 海上丝绸之路与华侨华人——基于潮汕侨乡及海外潮人的历史考察/黄晓坚//新视野. —2015（3）：117 – 123.

155. 海外"温二代"地域认同——以欧洲温籍华裔青年为例/郑婷//浙江工贸职业技术学院学报. —2015（3）：13 – 16.

156. 海外潮侨与祖国抗战/黄绮文//侨务工作研究. —2015（3）：35 – 38.

157. 海外高层次归国人才来陕创业发展战略研究/王海州，毕海艳//福建质量管理. —2015（8）：33.

158. 海外归国人员就业状况及其影响因素——基于2011年上海基本侨情调查的分析/吴瑞君//社会科学. —2015（5）：59 – 68.

159. 海外华侨对中国抗战的贡献/严春宝//春秋. —2015（6）：51 – 52.

160. 海外华侨华人安全问题思考——以福建海外移民为例/林胜，朱宇//福州大学学报（哲学社会科学版）. —2015（2）：89 – 94.

161. 海外华侨华人是福建融入21世纪海上丝绸之路建设的巨大优势/黄兴华//福建理论学习. —2015（4）：26 – 28.

162. 海外华侨华人新生代民族文化的传承与培养——以新加坡为例/康志荣，王桂红//泉州师范学院学报. —2015（4）：95 – 98.

163. 海外华侨华人与中国和平统一梦/修春萍//统一论坛. —2015（2）：4 – 7.

164. 海外华侨投身抗日战争的角色与基础/郭秋梅，卢勇//兰台世界. —2015（13）：22 – 23.

165. 海外华人华侨对中共领导的广东抗战做出的历史贡献/陈雷刚//广东开放大学学报. —2015（3）：31 – 36.

166. 海外华人学者与中国国际话语权的塑造/吴前进//国际关系研究. —2015（2）：59 – 71，154.

167. 海外华人宗教的文化适应：以泰国德教白云师尊造像演变为例/陈景熙//世界宗教研究. —2015（2）：89 – 98.

168. 海外华商家族企业关系网络研究存在问题与治理思路/周飞//泉州师范学院学报. —2015（5）：100 – 104.

169. 海外华文教材研究状况述评/陈晓蕾//海外华文教育. —2015（2）：246 – 254.

170. 海外华文教育与对外汉语教学之资源整合/刘芳彬//广州社会主义学院学报. —2015（3）：84 – 87.

171. 海外华文媒体的现状和未来/刘琛//对外传播. —2015（10）：7 – 9.

172. 海外华文媒体与我军国际形象传播/白天明//军事记者. —2015（10）：49 – 50.

173. 海外华文媒体与中国梦/何亚非//求是. —2015（1）：60 – 61.

174. 海外华裔儿童华语学习、使用及其家庭语言规划调查研究——以马来西亚3 ~ 6岁华裔儿童家庭为例/康晓娟//语言文字应用. —2015（2）：10 – 18.

175. 海外华裔青少年对武术的认知及练习期望研究/刘世海，刘劲松，刘欧美//湖北师范学院学报（自然科学版）．—2015（4）：47－55．

176．"海外华裔青少年佛教夏令营"的构想与设计/党伟龙//法音．—2015（6）：36－44．

177．海外华语广播电视发展演变的共同轨迹/申启武，曹鉴//现代传播（中国传媒大学学报）．—2015（9）：150－151．

178．海外华语语言生活研究的理论与方法/刘华//华侨大学学报（哲学社会科学版）．—2015（5）：125－132．

179．海外回流移民留沪发展意愿及其影响因素分析/陈程，吴瑞君//上海经济研究．—2015（10）：31－39．

180．海外惠侨工程新篇章——澳大利亚悉尼华助中心发展综述/王芸//侨务工作研究．—2015（6）：35－36．

181．海外留学人员在国家软实力建设中的作用/贺俊杰，聂庆艳//经营与管理．—2015（6）：39－41．

182．海外留学生"中国梦"宣传教育的相关问题与内容设计/朱润萍//新闻传播．—2015（15）：52－53．

183．海外留学生爱国情怀的网络呈现——基于对澳大利亚中国留学生QQ群的内容分析/朱润萍，赵晓泉//视听．—2015（9）：129－130．

184．海外民族志与中国人类学研究的新常态/包智明//中央民族大学学报（哲学社会科学版）．—2015（4）：5－8．

185．海外侨民领事保护机制的不足与改进设想/苏卡妮//吉林省教育学院学报（下旬）．—2015（9）：141－144．

186．海外学者视野下的中国海归待业与就业服务问题研究/温俊萍//上海商学院学报．—2015（1）：81－87．

187．海外移民创业如何持续——来自意大利温州移民的案例研究/张一力，张敏//社会学研究．—2015（4）：1－25．

188．海外移民网络、交易成本与外向型直接投资/范兆斌，杨俊//财贸经济．—2015（4）：96－108．

189．海外移民中国梦建构的多元基础/陈世柏//桂海论丛．—2015（5）：25－30．

190．海外引才的路径与趋向：基于政策创新的过程研究/吴帅//中国青年研究．—2015（9）：37－41，36．

191．海外重点抗战档案文献现状调查及特色分析/扶小兰，唐伯友//档案管理．—2015（5）：74－77．

192．海晏华侨农场国际直接投资研究/康儒嘉//电子测试．—2015（24）：150－154．

193．汉语国际教育需要海外汉学研究——以海外汉学研究为视角/孟庆波//广西师范学院学报（哲学社会科学版）．—2015（4）：133－137．

194．好莱坞电影中的华人形象阶段性解读/武林//电影文学．—2015（6）：21－23．

195．和顺侨乡对女性的爱与尊重——以洗衣亭与女子学堂为例/杨艾伦//时代文学（下半月）．—2015（9）：158．

196．和顺侨乡在中缅交往史上的地位及其成因分析/寸雪涛//八桂侨刊．—2015

（2）：54 – 59.

197. 荷兰华人社会中文教育发展新路向/张卓辉//侨务工作研究. —2015（1）：41.

198. 荷兰侨社发展历史与趋势/陈奕平//侨务工作研究. —2015（1）：38 – 40.

199. 荷印时期巴达维亚华人的主要节庆——以吧城华人公馆（吧国公堂）档案资料为中心/聂德宁//南洋问题研究. —2015（4）：51 – 60.

200. 后苏哈托时期的印尼华人参政——以几次大选和地方选举为例/廖小健，吴婷//南洋问题研究. —2015（3）：57 – 63.

201. 后苏哈托时期印度尼西亚华人的政治生态：变化与延续/谢泽亚//东南亚纵横. —2015（6）：62 – 67.

202. 后殖民语境下中原文化传承和海外推广策略/李同刚//新闻传播. —2015（1）：111 – 112.

203. 湖北海外高层次人才"百人计划"实施效果评价与政策优化研究/李波平，邹德文//科技进步与对策. —2015（9）：32 – 35.

204. 湖湘留学文化与近代"湘军"强国现象/杨莹，屈振辉//当代教育理论与实践. —2015（10）：176 – 178.

205. 湖湘留学文化中的创业精神/杨莹//创新与创业教育. —2015（4）：31 – 33.

206. 湖湘文化对中国侨务政策的影响及其当代价值/王静琦//长沙理工大学学报（社会科学版）. —2015（1）：136 – 140.

207. 沪上读书会发展与侨务统战工作应对研究/王玉柱，施海燕//上海市社会主义学院学报. —2015（3）：47 – 51.

208. 华莱坞电影实践与现代性展演——以三位华人女影星为例/洪长晖//新闻爱好者. —2015（5）：34 – 38.

209. 华南民间信仰的建构与海外传播——新加坡蔡府王爷信仰的案例/陈景熙//世界宗教文化. —2015（5）：109 – 118.

210. "华侨村官"角色的界定、融入及评价——以浙江侨乡青田为例/褚乐平//丽水学院学报. —2015（6）：1 – 6.

211. 华侨大学报：打造华人的集体家书/张罗应//新闻与写作. —2015（7）：110 – 112.

212. 华侨高校校友捐赠意义及其管理工作探析/李姝//内蒙古科技与经济. —2015（4）：33 – 34.

213. 华侨航空救国的历史见证/周继厚//云南档案. —2015（6）：27 – 28.

214. 华侨华人：沟通中国与世界的桥梁/秦帆//南方论刊. —2015（10）：10 – 12.

215. 华侨华人：建设 21 世纪海上丝绸之路的独特力量/赵健//玉林师范学院学报. —2015（3）：38 – 42.

216. 华侨华人：走好中国道路的重要支撑/秦帆//改革与开放. —2015（13）：5 – 7.

217. 华侨华人与长江经济带、"一带一路"协同发展——第十届"海外人才与中国发展"国际学术研讨会综述/曾晓祥//华侨华人历史研究. —2015（4）：94 – 95.

218. 华侨华人与长江经济带、"一带一路"协同发展——第十届"海外人才与中国发展"国际学术会议综述/魏文享，张鑫//上海商学院学报. —2015（5）：35 – 40.

219. "华侨华人与海上丝绸之路"研讨会会议综述/郑建成//华侨华人历史研究. —2015（4）：96.

220. 华侨华人与抗日战争/裴援平//求是. —2015（19）：30－32.

221. 华侨华人与世界反法西斯战争国际学术研讨会综述/张小欣//侨务工作研究. —2015（4）：25－26.

222. 华侨华人与中国梦的实现/张梅//新视野. —2015（3）：124－128.

223. 华侨回国观光团与新中国的侨务外交探析/施雪琴，王刘波//南洋问题研究. —2015（3）：64－74.

224. 华侨抗战文献的类型梳理与分布概述/王华//图书馆. —2015（9）：45－49.

225. 华侨翘楚张弼士研究探析/罗诗雅，叶农//嘉应学院学报. —2015（4）：22－29.

226. 华侨青年符克给家人的信/符克//党史文汇. —2015（7）：43.

227. 华侨首领陈嘉庚对抗日民族统一战线的贡献——纪念抗日战争胜利70周年/朱旭旭//延边党校学报. —2015（2）：42－44.

228. 华侨学校研究生多元党建载体的构建/刘柳，吴希阳，李存芝//轻工科技. —2015（4）：135－136.

229. "华侨与抗日战争学术研讨会"会议综述/何正开，伍淑斌//八桂侨刊. —2015（4）：76－78.

230. 华侨与抗日战争研究文献综述——基于CNKI收录期刊论文（1985—2014）/林勇，吴元//八桂侨刊. —2015（4）：29－36.

231. 华侨支援：跨越边界的家国情/尤云弟//同舟共进. —2015（9）：25－28.

232. 华人赴美生子激增的背后/陈标华//小康. —2015（10）：70－71.

233. 华人华侨在"一带一路"战略中的地位与作用/陈成吨，叶炜//龙岩学院学报. —2015（4）：100－104.

234. 华人华侨在中国国家软权力建构中的角色研究/张云//史学集刊. —2015（2）：60－70.

235. 华人集体主义再思考——差序格局规范下的集体主义认知与行为倾向/杨自伟//中国人力资源开发. —2015（9）：49－55.

236. 华人企业的家长式领导对创新行为的作用路径研究/王双龙//科研管理. —2015（7）：105－112.

237. 华人网络与基督教网络的相互嵌入——近代新加坡华人基督教跨国网络探析/张钟鑫//华侨华人历史研究. —2015（4）：64－74.

238. 华人移民与20世纪亚洲海港城市的兴起——以中国厦门、菲律宾宿务为例/任娜，陈衍德//广西民族大学学报（哲学社会科学版）. —2015（2）：126－130.

239. 华商返乡创业农业企业网络嵌入的规律研究/胡卫东//经济与社会发展. —2015（1）：1－3，36.

240. 华商华人大有可为/刘锦庭//北大商业评论. —2015（6）：36－37.

241. 华商经济与21世纪海上丝绸之路——专访全国人大代表、广东省社会科学院产业经济研究所所长向晓梅/杨明，张瑄，彭穗华//新经济. —2015（13）：6－9.

242. 华文教育的侨务公共外交功能论析/陈鹏勇//东南亚研究. —2015（6）：79－85.

243. 华文教育面临的新情况及对策研究/徐朝晖//新疆教育学院学报. —2015（3）：78-81.

244. 华文教育区域整合："东南亚华文教学研讨会"研究/周聿峨，曹雯洁//八桂侨刊. —2015（4）：37-45.

245. 华文媒体抢夺国际话语权策略分析/白祖偕//新闻研究导刊. —2015（19）：69-70.

246. 华文媒体——匈牙利华人的"娘家"/齐志//军事记者. —2015（3）：66-67.

247. 华文社科学术期刊国际化的传播学分析/胡晓娟//出版科学. —2015（3）：52-57.

248. 华文水平测试研发的路线图及相关问题探讨/彭恒利//华文教学与研究. —2015（1）：41-46.

249. 华文新媒体"软传播"方向：融媒新终端与极度仿真空间/肖航，王新玲//东南传播. —2015（9）：92-93.

250. 华文学习者华文水平及其与中华文化的认知、认同关系研究/刘文辉，宗世海//东南亚研究. —2015（1）：84-93.

251. 华裔青少年夏令营的新探索——以"中华国学营"为例/党伟龙，魏晋//八桂侨刊. —2015（2）：66-71.

252. 华裔学生在蒙特利尔小学语言和文化适应现状/张艳清//亚太教育. —2015（23）：193-194.

253. 回顾与反思中国近代留学教育/王坦//沧州师范学院学报. —2015（4）：113-114.

254. 基于国别差异视角的华文教育影响力实证调研——以当代印尼华族的汉语习得相关度为个案/林新年，蔡明宏//东方论坛. —2015（5）：18-24.

255. 基于华人网络的中国企业国际营销研究/赵英男，方琪，兰春玉//中国市场. —2015（16）：150-152.

256. 基于教材库的全球华文教材概览/周小兵，陈楠，郭珺//海外华文教育. —2015（2）：225-234.

257. 基于行为主体的缅甸排华思潮产生及其原因解析/李灿松，葛岳静，马纳，胡志丁//世界地理研究. —2015（2）：20-30.

258. 基于寻租理论浅析我国海外高层次人才激励政策/吴雪婷//高教学刊. —2015（23）：203-204.

259. 基于扎根理论的海归创业行为过程研究——来自国家"千人计划"创业人才的考察/彭伟，符正平//科学学研究. —2015（12）：1851-1860.

260. 集美区政府的侨务公共外交实践/郭剑峰，谢婷婷//公共外交季刊. —2015（2）：104-111.

261. 加拿大多元文化主义政策及其对中国移民的影响/姜程淞//人才资源开发. —2015（12）：252-253.

262. 加拿大华人妇女参政问题研究/吴婷//五邑大学学报（社会科学版）. —2015（2）：58-63.

263. 加拿大华人农场概况/朱晓鸣//中国畜牧业. —2015（2）：52 – 53.

264. 加拿大华人社会政治与经济探析/廖小健//东南亚研究. —2015（5）：69 – 75.

265. 加拿大华人社区非政府组织功能探究/杜倩萍//南开学报（哲学社会科学版）. —2015（5）：114 – 121.

266. 加拿大华人文化涵化的历史轨迹——文化人类学视野下的《金山》/池雷鸣//苏州教育学院学报. —2015（5）：52 – 60.

267. 加拿大华人新移民文化认同的人类学思考/杜倩萍//云南社会科学. —2015（5）：95 – 100.

268. 加州大学圣地亚哥分校华裔学生的双重认同研究——美国华裔青年身份认同的个案分析/刘燕玲//世界民族. —2015（1）：79 – 91.

269. 柬埔寨华裔新生代的认同及对华认知/代帆，刘菲//八桂侨刊. —2015（4）：3 – 10，80.

270. 见证爱国情怀的珍贵墨宝——解读抗战中的榕籍华侨/翁英//赤子（上中旬）. —2015（6）：122 – 123.

271. 见证闽南文化在东南亚传播的海外文物/黄明珍//文物鉴定与鉴赏. —2015（2）：60 – 67.

272. 建构主义视野下的侨务公共外交——基于华裔青少年"中国寻根之旅"夏令营的效果评估/林逢春//东南亚研究. —2015（6）：72 – 78，96.

273. 建国初期侨汇政策的制定与发展（1949—1956）/张小欣//党史研究与教学. —2015（2）：43 – 50.

274. 建国初期西方住区规划思想本土化特例——广州华侨新村/王敏，袁振杰，赵美婷//热带地理. —2015（4）：463 – 470，506.

275. 建国初期选拔高中毕业生留学工作的历史考察/唐静，李鹏//中国浦东干部学院学报. —2015（5）：110 – 114，136.

276. 建交与护侨：中泰就1945年"耀华力路事件"的交涉/夏玉清//东南亚研究. —2015（4）：67 – 73，91.

277. 建立天津自贸区对侨智侨资聚集作用研究/罗琼，臧学英//当代经济. —2015（36）：6 – 7.

278. 蒋丰旅日华人话交流/栾小惠，何延海//走向世界. —2015（10）：52 – 55.

279. 教会学校立案中的宗教教育和华人管理权问题研究——以广东教会学校为例/鲍静静//广东社会科学. —2015（4）：128 – 137.

280. 金门侨批与金门学研究/黄清海//闽台文化研究. —2015（1）：12 – 19.

281. 近代潮汕侨乡民居文化"生产型"特征探析/郭焕宇，唐孝祥//华南理工大学学报（社会科学版）. —2015（2）：101 – 105.

282. 近代华侨捐资办学的文教理念与文化反思/吴莹//河南大学学报（社会科学版）. —2015（5）：116 – 122.

283. 近代居澳华人的国民身份选择与文化认同/陈文源//暨南学报（哲学社会科学版）. —2015（6）：107 – 116.

284. 近代留美医学生与现代医学的学科构建/杨红星//兰台世界. —2015（31）：

109 – 110.

285. 近代留学欧美人士对女子教育实践的探索/王晓庆//开封教育学院学报. —2015 (5)：5 – 6.

286. 近代侨批跨国网络与国家关系研究/焦建华//厦门大学学报（哲学社会科学版）. —2015 (5)：147 – 156.

287. 近代侨资铁路研究：学术史与范式思考/徐华炳//福建论坛（人文社会科学版）. —2015 (7)：90 – 96.

288. 近代厦门与汕头侨乡民居审美文化比较初探/李岳川，唐孝祥//南方建筑. —2015 (6)：55 – 60.

289. 近代以来台湾的留日教育/石嘉//北京社会科学. —2015 (10)：76 – 84.

290. 近代中国华商企业"红股"的嬗变——以华商上海水泥公司资本增殖为中心/郭岩伟，张华勇//安徽史学. —2015 (5)：88 – 95.

291. 近代中国留学音乐教育文献综述/胡雅静//音乐创作. —2015 (12)：128 – 129.

292. 近年来福建省侨情变化及其特点/朱东芹//八桂侨刊. —2015 (1)：46 – 52.

293. 近年来中国艺术留学生初探/肖龙飞//华侨华人历史研究. —2015 (4)：84 – 89.

294. 近年越南华人数量的估算与分析/覃翊//南洋问题研究. —2015 (1)：61 – 78.

295. 近十五年来中国留日教育的发展趋势研究——以福建省为例/任江辉，黄燕青//长春工业大学学报（高教研究版）. —2015 (2)：48 – 51.

296. 进一步改善福建侨资企业发展环境的建议/李鸿阶，林心淦，张元钊//福建论坛（人文社会科学版）. —2015 (11)：162 – 165.

297. 境外华人社区普通话传播与发展研究——以香港、澳门和新加坡为例/张斌华//东莞理工学院学报. —2015 (2)：55 – 61.

298. 迥异的结局——近代中日留学教育探微/孙增德//社科纵横. —2015 (10)：150 – 153.

299. 居住国、跨国和全球视角——美国华人身份认同研究的文献述评/刘燕玲//东南亚研究. —2015 (6)：64 – 71.

300. 开发侨乡城郊乡村旅游的可持续发展因素分析——以广东鹤山市双合镇为例/林柏杰//旅游纵览（下半月）. —2015 (5)：158 – 159.

301. 抗日民族女英雄——印尼归侨李林/程铁生//侨务工作研究. —2015 (3)：39 – 40.

302. 抗日战争时期中国共产党海外华侨统战初探/邱永文//中央社会主义学院学报. —2015 (4)：31 – 34.

303. 抗日战争中华侨的爱国主义精神及启示/蒋光贵//创造. —2015 (4)：77 – 79.

304. 抗战爆发后华商证券交易所沦为政策市的原因及影响/孙建华//金融教育研究. —2015 (1)：20 – 25.

305. 抗战爆发前留日学人对日传播中国文化的特点/王建明//东北亚学刊. —2015 (2)：58 – 64.

306. 抗战初期的苏联远东华侨问题（1937—1938）/谢清明//广州社会主义学院学报. —2015 (1)：86 – 92.

307. 抗战初期国内社会舆论与中韩联合抗日动员——以"万宝山事件""朝鲜排华案"为例/任念文//新闻界. —2015（11）：20－25.

308. 抗战期间国民政府扶持海外侨校的举措试析——以侨务委员会为核心/关冰，陈国威//江苏第二师范学院学报. —2015（1）：29－34.

309. 抗战前后南京国民政府的华侨教育政策研究/冉春//河北师范大学学报（教育科学版）. —2015（4）：34－39.

310. 抗战时期《申报》留学史料研究/魏善玲//江苏社会科学. —2015（2）：223－231.

311. 抗战时期的华侨人口伤亡和财产损失——统计与探讨/黄晓坚，李玉茹//华侨华人历史研究. —2015（3）：1－12.

312. 抗战时期共产党的侨务政策及影响/王娟，王登宝，朱红燕//兰台世界. —2015（22）：28－29.

313. 抗战时期周恩来与海外统战工作/谢涛//上海党史与党建. —2015（12）：16－19.

314. 抗战中的广西华侨华人及其作用与贡献/何成学，朱新玲//当代广西. —2015（18）：20－21.

315. 客家华侨华人的家国情怀与社会主义价值观/罗雪萍//学理论. —2015（10）：13－15.

316. 客家侨乡民居营建思想探析/郭焕宇//中国名城. —2015（5）：91－94.

317. 空间生产视角下的历史街区自主复兴——以广州华侨新村为例/王敏，赵美婷//华南师范大学学报（自然科学版）. —2015（2）：124－133.

318. 跨国华人的日常生存与发展策略/吴前进//八桂侨刊. —2015（2）：3－12.

319. 跨国集体维权与"回飞镖"效应——基于美国福州移民的个案研究/黎相宜//中山大学学报（社会科学版）. —2015（4）：151－158.

320. 跨国主义理论视野下的海外华人研究——评李明欢教授的《跨国化视野：华人移民的圆梦之旅》/潮龙起//东南亚研究. —2015（6）：93－96.

321. 跨国主义视角的当代印尼华人认同新发展——基于华人社团与社团领袖的考察/杨宏云//八桂侨刊. —2015（4）：16－22.

322. 跨文化视角下的海外华文媒体中国形象建构研究/林晟炫//东南传播. —2015（5）：50－53.

323. 跨越加勒比海的亲情——黄卓才和古巴华侨家书纪事/李惠男//思想政治工作研究. —2015（5）：45－47.

324. 扩张与失衡：改革开放以来的温州侨资侨属企业研究/徐华炳，吴颖//八桂侨刊. —2015（3）：50－56.

325. 拉美华侨华人的历史变迁与现状初探/杨发金//华侨华人历史研究. —2015（4）：37－46.

326. 冷战前期美国对东南亚华文高等教育的干预与影响——以南洋大学为个案的探讨/张杨//美国研究. —2015（3）：114－132.

327. "理还乱"：水仙花短篇小说里的美国华人家庭/谭雅伦//华侨华人历史研究. —2015（4）：54－63.

328. 两岸华文教育与文化传播协同创新的建构机制与运作模式研究报告之一/郑通涛，陈荣岚，方环海//海外华文教育. —2015（1）：3 –23.

329. 两岸华文教育与文化传播协同创新的建构机制与运作模式研究报告之二/郑通涛，陈荣岚，方环海//海外华文教育. —2015（2）：147 –168.

330. 两岸华文教育与文化传播协同创新的建构机制与运作模式研究报告之三/郑通涛，陈荣岚，方环海//海外华文教育. —2015（3）：291 –321.

331. 两岸华文教育与文化传播协同创新的建构机制与运作模式研究报告之四/郑通涛，陈荣岚，方环海//海外华文教育. —2015（4）：435 –466.

332. 两个"有限"——华侨华人与苏联反法西斯战争研究评述/王祎//八桂侨刊. —2015（3）：72 –76.

333. 辽宁省海外高端人才的引进现状与改进对策/李兵，张兰霞//冶金经济与管理. —2015（5）：51 –54.

334. 留法勤工俭学运动与中法文化交流/高春霞，赵颖霞//海峡教育研究. —2015（4）：70 –76.

335. 留美学生被开除的反思/顾肃//社会观察. —2015（7）：22 –24.

336. 留日法政学生在清末立宪运动中的行动与影响/石雅轩，王东//湖南科技学院学报. —2015（7）：60 –63.

337. 留日学生与中国近代主流科学学科的建设及发展研究/姜丽萍，刘记茹//科技传播. —2015（8）：117 –119，111.

338. 留日学生与中国军事近代化发展探究/姜丽萍，刘记茹//学习月刊. —2015（12）：22 –23.

339. 留日影响下的南社文人高旭/孙阳雪//赤子（上中旬）. —2015（17）：45.

340. 留学归国青年教师思想政治教育长效机制探析——以北京地区行业特色高校为例/海凤，李一骁//石油教育. —2015（5）：93 –96.

341. 留学归国人员统战工作实践思考/汪宏波，王成，龙洪波//陕西社会主义学院学报. —2015（1）：54 –56.

342. 留学人员回国创业的经验与困难/宫敏//中外企业家. —2015（3）：101.

343. 留学人员回国创业政策现状及其效用分析/范巍，蔡学军，行娜娜，赵宁//中国人力资源开发. —2015（7）：76 –83.

344. 留学岁月与现代作家的精神重建/郑春//山东社会科学. —2015（9）：31 –37.

345. 留学文化对珠海城市性格的影响及其重塑/韩雪，林沛//山东行政学院学报. —2015（4）：107 –111，90.

346. 留学与入教——蒋廷黻入教动机浅谈/乔佳伟//学理论. —2015（6）：106 –107.

347. 留学预科学生跨文化敏感度水平调查研究/夏丽萍，韩曾俊//教育现代化. —2015（7）：20 –23.

348. 留学政策与青年发展/杨平//中国青年研究. —2015（2）：35 –39.

349. 六十年台湾海外侨民教育之沿革/姚兰//海外华文教育. —2015（2）：186 –224.

350. 旅日华侨与抗日战争/赵入坤//中国矿业大学学报（社会科学版）. —2015（4）：18 –24.

351. 略论多层次、多类型的东南亚华文师资培养/曾毅平//海外华文教育. —2015 (4)：541 –547.

352. 略论韩国的侨务公共外交/康晓丽//八桂侨刊. —2015 (1)：59 –64.

353. 略论南洋兄弟烟草公司衰落的外部原因/贺家明//黑龙江史志. —2015 (13)：228.

354. 论18—19世纪东南亚海参燕窝贸易中的华商/冯立军//厦门大学学报（哲学社会科学版）. —2015 (4)：78 –88.

355. 论21世纪欧美国家华人的政治参与——以美国和英国的华人政治参与为例/宋全成//厦门大学学报（哲学社会科学版）. —2015 (3)：96 –104.

356. 论21世纪英国华人的政治参与/宋全成//欧洲研究. —2015 (4)：126 –136.

357. 论国家对双重国籍人实施外交保护的法律资格/张磊//河北科技大学学报（社会科学版）. —2015 (2)：39 –45.

358. 论华人文学中身份焦虑之成因/缪菁，张进//广西民族大学学报（哲学社会科学版）. —2015 (2)：183 –188.

359. 论抗战时期海外华人华侨对中共领导广东抗战的历史贡献/陈雷刚//红广角. —2015 (6)：33 –38.

360. 论马来西亚妈祖宫庙与华文教育/林希//莆田学院学报. —2015 (1)：22 –26，38.

361. 论清代留学运动对民族进步的推动作用/路强//兰台世界. —2015 (10)：39 –40.

362. 论清末留日学生译书活动的原因、内容及影响/杜京容//河南图书馆学刊. —2015 (4)：138 –140.

363. 论上海建设科技创新中心与海外华侨华人专业人士/傅尔基//上海市社会主义学院学报. —2015 (6)：49 –53.

364. 论延安时期东南亚华侨的历史贡献/秦艳峰，刘小丽//世纪桥. —2015 (4)：15 –16.

365. 论以孔子学院为平台的中国戏曲海外传播/朱军利，潘英典//戏曲艺术. —2015 (2)：126 –129.

366. 论印尼的庇护主义传统与华人/彭慧//南洋问题研究. —2015 (2)：55 –63.

367. 论战后国民政府对战时留日学生的甄审政策/殷昭鲁//历史教学（下半月刊）. —2015 (3)：53 –59.

368. 论中华传统蒙学读物在华语教学中的价值/钱伟//广西民族师范学院学报. —2015 (1)：129 –131.

369. "落"阳纸贵 纸上谈"兵"——寻找传统纸媒的核心竞争力/卢雅娟//侨务工作研究. —2015 (6)：33 –34.

370. 落地生根——东南亚土生华人研究/徐杰舜//民族论坛. —2015 (8)：31 –39.

371. 马科斯的华人同化政策与菲律宾华人社会的嬗变（1975—1985）/杨静林//八桂侨刊. —2015 (1)：65 –74.

372. 马来西亚华人对马来和印度生活文化的适应/洪丽芬，林凯祺//八桂侨刊. —

2015（1）：10 - 18.

373．马来西亚华文教育：华人社团和企业家的重要作用/张继焦//民族教育研究．—2015（6）：134 - 141.

374．马来西亚华文文献调查与分析/王华，李姝//图书馆论坛．—2015（3）：98 - 101，108.

375．马来西亚华裔新生代对中国的认知——基于田野调查的分析/胡春艳//华侨华人历史研究．—2015（4）：75 - 83.

376．马六甲华人的郑和崇拜/解濮畅//世界文化．—2015（2）：53 - 55.

377．马六甲英华书院与近代海外汉语教学/卞浩宇//云南师范大学学报（对外汉语教学与研究版）．—2015（4）：86 - 92.

378．马宗荣在东京帝国大学留学的时间和专业考/范凡//图书馆杂志．—2015（5）：107 - 111.

379．冒籍与反冒籍：美国排华初期旧金山口岸对华人的入境审查/姜帆//五邑大学学报（社会科学版）．—2015（3）：13 - 17.

380．梅州侨乡形成研究述评/魏明枢//嘉应学院学报．—2015（6）：5 - 9.

381．美国《1882 年排华法案》的立法过程分析/曹雨//华侨华人历史研究．—2015（2）：38 - 45.

382．美国大波士顿地区华人基督徒基本情况调查及分析/万晓宏，孟凯旋//八桂侨刊．—2015（3）：3 - 9，38.

383．美国华商女性文学叙事的文化回归/汤琳//学术界．—2015（10）：143 - 151.

384．美国华文传媒：多元文化主义背景下的发展状况/殷琦//厦门大学学报（哲学社会科学版）．—2015（6）：37 - 44.

385．美国华裔对中国抗日战争的贡献/李大玖//湖北档案．—2015（8）：19 - 27.

386．美国华裔儿童家庭语言状况调查与思考/张会//国际汉语教学研究．—2015（3）：67 - 73.

387．美国华裔汉学家周蕾的跨文化视觉理论评述/张颖，王进//福建江夏学院学报．—2015（2）：79 - 84.

388．美国华裔文学中的华人职业身份演进/胡贝克//甘肃社会科学．—2015（6）：90 - 94.

389．美国华裔族群话语的缺失与重构/徐刚，胡铁生//广西社会科学．—2015（5）：178 - 182.

390．美国旧金山华侨抗战史拾遗/招思虹//收藏．—2015（17）：125 - 131.

391．美国历史上"排华"与"排日"运动比较/宋艳华//文化学刊．—2015（6）：238 - 239.

392．美国留学教育动向及影响因素探析——基于《门户开放报告》数据/孔令帅，胡佳佳//世界教育信息．—2015（19）：22 - 26.

393．缅甸掸邦东枝华文教育状况及启示/乔翔，邹丽冰//民族教育研究．—2015（5）：118 - 123.

394．缅甸华人社团与缅甸汉语教育：现状、问题与对策/夏玉清，孔慧//东南亚纵横.—2015（11）：52-57.

395. 缅甸籍学生汉语学习态度及应用——以华侨大学缅甸籍学生为例/顾珺//现代语文（语言研究版）.—2015（11）：71-73.

396. 缅甸侨领梁金山赤子丹心支援祖国抗战/云南省侨办，保山市侨办//侨务工作研究.—2015（4）：42-43.

397. 民办高校海归人才统战工作研究/吕汝泉，奥于士//北京城市学院学报.—2015（6）：81-85.

398. 民初留英学人群体的思想轨迹研究——评《民初留英学人的思想世界——从〈甲寅〉到〈太平洋〉的政论研究》/魏坡//赤峰学院学报（汉文哲学社会科学版）.—2015（7）：226-228.

399. 民国时期东南亚人士编写的国语（华语）教材研究/于锦恩//华文教学与研究.—2015（4）：89-95.

400. 民国时期华侨对海南现代知识分子群体的影响/宁玉兰，陈聘婷//兰台世界.—2015（28）：76-78.

401. 民国时期华侨议员选举制度及实践浅析/路阳//东南亚研究.—2015（2）：98-106.

402. 民国时期华侨与侨乡政治——以福建事变为例/上官小红//八桂侨刊.—2015（4）：61-68，60.

403. 民国时期留美大学教师与中国高等教育的现代化/钟斌，赵雨婷//教师教育论坛.—2015（11）：81-87.

404. 民国时期留美生的中国历史研究与美国汉学——以博士论文为中心的考察/元青//广东社会科学.—2015（6）：115-127.

405. 民国时期留美生中国社会问题研究旨趣与影响——来自留美生社会学、人类学博士论文的考察/元青//天津师范大学学报（社会科学版）.—2015（6）：8-15.

406. 民国时期留美生中国问题研究缘起——以博士论文选题为中心的考察/元青//南开学报（哲学社会科学版）.—2015（5）：96-105.

407. 民国时期留美学生与中国新闻教育事业研究/熊颖颖//传播与版权.—2015（8）：5-6.

408. 民国时期留日美术学生的名单汇集和史料分析——1923、1925、1927—1944年/周一川//齐鲁师范学院学报.—2015（6）：6-18.

409. 民国时期中国银行四邑侨汇业务考述/高东辉，孟祥伟//中国钱币.—2015（5）：38-43.

410. 闽南侨乡体育旅游发展研究/郭惠杰//体育科学研究.—2015（1）：6-9.

411. 闽南侨乡文化建设的困境与出路/王振//山西农业大学学报（社会科学版）.—2015（3）：306-310.

412. 闽粤侨批业与晋商票号之金融文化传承/黄清海//福建金融.—2015（1）：64-69.

413. 内蒙古及毗邻东部地区喇嘛留学生赴日本留学考述——以1938年为中心/武跃，房建昌//西部蒙古论坛.—2015（1）：51-56.

414. "南洋华侨机工"与美国"红十字会"援华物资的运输/夏玉清//云南档案. —2015（12）：43－44.

415. 南洋华侨机工研究：华侨支持中国抗战研究的新领域/夏玉清//西部学刊. —2015（2）：22－24.

416. 南洋华人的清明节：承先礼而成其理/王琛发//民俗研究. —2015（4）：30－36.

417. 凝心汇智 聚力筑城——武汉市鼓励华侨华人来汉创业发展研究/李其荣，周柳丽，徐浩亮//侨务工作研究. —2015（1）：27－29.

418. 农村资金互助会的规范发展——基于浙江侨乡花卉资金互助会现状分析/张文律//青岛农业大学学报（社会科学版）. —2015（4）：6－9，15.

419. 努力培育和提振广西侨乡文化/林昆勇//玉林师范学院学报. —2015（3）：31－34.

420. 欧盟国家的中国大陆新移民迁移动因的多维探讨/傅义强，张小平//中国总会计师. —2015（4）：128－136.

421. 欧洲反法西斯战争中的华侨华人/李明欢//侨务工作研究. —2015（4）：22－24.

422. 排华时期黄遵宪智取旧金山海关襄助加拿大华人旅客之史实/施吉瑞，李芳//华南师范大学学报（社会科学版）. —2015（3）：5－17.

423. 蓬勃发展的英国华文教育/许木//世界教育信息. —2015（11）：17－20.

424. 碰撞、交融与选择——记全美华人美术教授作品展及研讨会/梁绸//美术观察. —2015（1）：135－140.

425. 钱学森先生的思维创新情结——"纪念钱学森先生回国60周年思维科学研讨会"的发言稿/苏越//贺州学院学报. —2015（4）：63－65.

426. 浅论华侨身份认定制度的立法完善/黄伊娜，冯泽华//法制与经济. —2015（12）：40－41.

427. 浅谈"一带一路"视野下海外华文媒体的传播使命——以"文化中国——海外华文媒体地方行"为例/王韶辉，邹亚茹//新闻研究导刊. —2015（14）：290－291.

428. 浅谈非教育系统公派留学人员回疆服务管理/殷晓兰//中小企业管理与科技（下旬刊）. —2015（3）：23－24.

429. 浅谈晚清驻外使官张德彝与华侨华人——以七部航海《述奇》为中心/李薇//黑龙江史志. —2015（13）：51－52.

430. 浅谈我国高校海外高层次人才引进中存在的问题及对策建议/庞抒//人力资源管理. —2015（9）：133－134.

431. 浅析海外留学生的"中国梦"——基于对墨尔本地区护理专业中国留学生的访谈/朱润萍//新闻传播. —2015（19）：27－28.

432. 浅析近代留美学生对中国新闻事业发展的影响/郝丽婷//新闻研究导刊. —2015（11）：252.

433. 浅析洋务运动时期幼童赴美留学运动/刘洋，韩松波//现代教育科学. —2015（12）：24－25.

434. 浅析早期旅俄华侨在俄国远东大开发中的作用/宁艳红//黑河学刊. —2015（1）：46－48.

435. 浅析早期远东地区旅俄华侨社团组织的发展/宁艳红//西伯利亚研究. —2015 (2)：74 – 78.

436. 浅析罪案类美剧中的华人形象/苏广萍//新闻传播. —2015 (1)：102.

437. 强化程序性知识，指导学生语文实践——新加坡中学华文新教材的启示/黄淑琴//湖南第一师范学院学报. —2015 (2)：28 – 33.

438. 侨联人民团体维护侨益工作的回顾与思考/邓礼仪//科技风. —2015 (3)：216.

439. 侨民侨资在中国企业境外投资中的区位优势及其体系构建/施锦羚//长沙大学学报. —2015 (4)：24 – 27.

440. 侨民战略视野下我国侨务法制建设的几点思考/陈奕平//暨南学报（哲学社会科学版）. —2015 (7)：43 – 47.

441. 侨批档案文化遗产研究/石剑文//兰台世界. —2015 (14)：122 – 123.

442. 侨批对潮汕金融业发展的推动作用略考/王炜中，王凯//福建金融. —2015 (2)：69 – 71.

443. 侨批投递：独特的"海上丝绸之路"——以海峡殖民地时期新加坡批局与汕头等地的往来为例/陈汉初//韩山师范学院学报. —2015 (5)：55 – 63，77.

444. 侨批文献数字化建设研究/张惠萍//盐城师范学院学报（人文社会科学版）. —2015 (6)：119 – 121.

445. 侨批业：一条由亲情串起来的海上金融丝绸之路/蒙启宙//广州城市职业学院学报. —2015 (4)：6 – 14.

446. 侨批与侨乡民俗文化探析/邓达宏，邓芳蕾//东南学术. —2015 (6)：251 – 257.

447. 侨商中南银行钞票的印制及其发行制度/马长伟//南洋问题研究. —2015 (4)：84 – 94.

448. 侨务工作新常态刍议/陈连园//侨务工作研究. —2015 (1)：43.

449. 侨乡的历史建筑保护政策初探——以中山市为例/欧阳洁，苏景相//建设科技. —2015 (10)：118 – 119.

450. 侨乡的衰落缺少了什么？/刘建华//小康. —2015 (31)：7.

451. 侨乡的早期移民模式及华侨华人故乡情结之比较——以湖北天门市和广西容县为例/郑一省//八桂侨刊. —2015 (1)：39 – 45，38.

452. 侨乡高校党员发展教育模式探析——以五邑大学为例/罗海//清远职业技术学院学报. —2015 (3)：106 – 109.

453. 侨乡会展经济涉法问题的思考/王卓//法制与社会. —2015 (21)：86 – 87.

454. 侨乡民俗体育与学校体育结合的思考/陈丽妹//内蒙古师范大学学报（哲学社会科学版）. —2015 (6)：82 – 84.

455. 侨乡台山九人制排球文化的特征与保护/李丽，孔令建，潘兵//体育科技文献通报. —2015 (6)：12 – 13，57.

456. 侨乡外嫁女文学形象的史学意义/谢珊珊//八桂侨刊. —2015 (3)：66 – 71.

457. 侨乡文化与侨乡文化研究/张国雄//五邑大学学报（社会科学版）. —2015

（4）：1 - 7.

458. 青少年自我族群认知的影响因素研究——以加拿大华裔青少年为例/蒋亚丽//中国青年研究. —2015（9）：114 - 119.

459. 青田华侨肇始和经济萌动探析/郭剑波//八桂侨刊. —2015（2）：47 - 53.

460. 清华大学留美公费生考试制度考察/金富军//清华大学学报（哲学社会科学版）. —2015（3）：139 - 152.

461. 清末奉天留日学生研究/胡颖//九江学院学报（社会科学版）. —2015（3）：55 - 63.

462. 清末革命派与保皇派对海外华侨政治手段的异同/陈汉威//吉林省教育学院学报（中旬）. —2015（7）：124 - 125.

463. 清末留美幼童的体育活动及其影响/张宝强//南京体育学院学报（自然科学版）. —2015（2）：10 - 14.

464. 清末留美幼童与棒球运动/张宝强//兰台世界. —2015（12）：85 - 86.

465. 清末留日学生的报刊编译与救国探索——以《译书汇编》与《游学译编》为中心/葛文峰//邢台学院学报. —2015（1）：107 - 108, 111.

466. 清末民初留美生社会地位的嬗变/赵燕玲//韶关学院学报. —2015（7）：99 - 103.

467. 清末同文馆留英教育体制及影响考究/蒙生儒，刘刚//兰台世界. —2015（28）：100 - 101.

468. 清末豫籍留日学生与河南师范教育的近代化/李刚//天中学刊. —2015（5）：109 - 112.

469. 清末政治变革中的海外华文报刊——基于方汉奇、谷长岭、叶凤美纂辑之未刊稿《海外华文报刊表》的考察/程丽红，顾颉琛//学术论坛. —2015（11）：91 - 95.

470. 清末中国留学日本热潮的动因/计裕人//安庆师范学院学报（社会科学版）. —2015（2）：113 - 115, 120.

471. 全球华人网络如何促进中国对外直接投资？/吴群锋，蒋为//财经研究. —2015（12）：95 - 106.

472. 全球化背景下的中国移民政策：评述与展望/刘云刚，陈跃//世界地理研究. —2015（1）：1 - 10, 37.

473. 全球化时代华侨华人的新变化——兼论对海外统战工作的启示/康晓丽//陕西社会主义学院学报. —2015（3）：23 - 30.

474. 全球化时代中国海外移民的新特点/庄国土//人民论坛·学术前沿. —2015（8）：87 - 94.

475. 全球化视野下亚洲科技人才移民美国的历史透视/梁茂信//史学月刊. —2015（3）：91 - 108.

476. 全球视野及中国崛起背景下的中国侨务公共外交研究——评《海外华侨华人与中国的公共外交：政策机制、实证分析、全球比较》/彭慧//华侨华人历史研究. —2015（3）：92 - 93.

477. 泉州市引进海外人才资源的探索与思考/戴任平//商. —2015（23）：39, 33.

478. 群团组织参与社会治理的现状与对策——以温州侨联为例/丁丽燕，李歆彤//温州职业技术学院学报. —2015（2）：15 – 19.

479. 饶宗颐先生对弘扬侨批价值的贡献/刘进//八桂侨刊. —2015（4）：11 – 15，53.

480. 饶宗颐先生在海外传播中华文化的贡献/周少川//韩山师范学院学报. —2015（5）：6 – 10，46.

481. 人类学视野下华人移民的非理性因素研究——以南美洲厄瓜多尔华人移民为观察视点/杜洁莉//汕头大学学报（人文社会科学版）. —2015（2）：76 – 81.

482. 人力资本国际化对我国技术创新的影响——基于海外华侨华人技术网络的视角/刘畅//中国经贸导刊. —2015（35）：58 – 62.

483. 容闳与中国近代留学教育事业/张瑞安//文史春秋. —2015（8）：44 – 48.

484. 如何利用海外华文媒体做好对外传播/刘欢，刘斐//对外传播. —2015（10）：15 – 16.

485. 如何向华人华侨传播中国文化/章建民，孙静//对外传播. —2015（5）：31 – 32.

486. 三任华人校长与岭南大学的"中国化"转型/夏泉，蒋超//高等教育研究. —2015（4）：82 – 88.

487. 散居归侨社团网络初探——以广西凭祥市水果协会为例/郑春玲//八桂侨刊. —2015（3）：57 – 65.

488. 沙捞越华族族群语言及文化的维护：古晋地区的微型华文中学之研究/曹淑瑶//南洋问题研究. —2015（1）：52 – 60.

489. 砂拉越华人移民及其分布格局探析（1830—1930）/王颖，王元林//东南亚研究. —2015（5）：93 – 96.

490. 砂拉越华族族群母语教育与文化传承的维护：以古晋中华第一中学之兴办为个案研究/曹淑瑶//东南亚研究. —2015（1）：75 – 83.

491. 山西武备学堂留日军事生考论/杨彩丹，张楠//军事历史研究. —2015（6）：65 – 72.

492. 上海侨情新变化与侨务工作新思考/张癸//上海市社会主义学院学报. —2015（4）：45 – 48.

493. 社会记忆观视角下侨批封的价值和保护/傅少玲//鄂州大学学报. —2015（6）：61 – 62，88.

494. 社会网络促进我国对外贸易了吗？——基于移民网络视角的检验/王云飞，杨希燕//世界经济研究. —2015（10）：101 – 109.

495. 社会学视角下新归侨文化认同问题及其对策研究/刘益梅//上海商学院学报. —2015（1）：69 – 75.

496. 世界苗学谱系中的海外百年苗语研究史/龙宇晓，蒙昌配//黔南民族师范学院学报. —2015（5）：8 – 12，22.

497. 市场需求驱动金融创新——读《福建金融》"海邦剩馥——侨批文化"栏目系列文章有感/潘再见//福建金融. —2015（12）：71 – 74.

498. 试论海外华人华侨对中共领导的广东抗战作出的历史贡献/陈雷刚//岭南文史. —2015（2）：27 – 31.

499. 试论抗战时期"南侨机工"的人数与构成/夏玉清//东南亚纵横. —2015（6）：68 – 73.

500. 试论抗战时期南洋华侨机工对军事物资补给的贡献/夏玉清//华侨华人历史研究. —2015（3）：13 – 26.

501. 试论民国时期云南地方政府侨务/杨明辉//长江丛刊. —2015（13）：45 – 46.

502. 试论泉州华侨对抗战的贡献/刘西水//福建史志. —2015（4）：11 – 15.

503. 试评陆克文—吉拉德政府的移民政策改革及其对华人新移民的影响（2007—2013）/张秋生//八桂侨刊. —2015（3）：39 – 45.

504. 试析巴西华侨华人的社会融入特点与挑战/密素敏//南洋问题研究. —2015（2）：64 – 73.

505. 试析北美华侨华人专业人士精英社团/袁源//东南亚研究. —2015（5）：83 – 89.

506. 试析朝鲜族跨国人口流动的新变化——以延边朝鲜族聚居区为例/李梅花//八桂侨刊. —2015（3）：46 – 49.

507. 试析对"洋留守华裔"华文教育的路径选择——以浙江重点侨乡青田县为例/夏凤珍//八桂侨刊. —2015（1）：53 – 58.

508. 试析加拿大华文教育的发展/耿红卫//八桂侨刊. —2015（3）：33 – 38.

509. 试析近代侨批跨国网络的历史变迁/焦建华//中国社会经济史研究. —2015（3）：87 – 95.

510. 试析近二十年新加坡中国大陆新移民社团的发展/彭慧//华侨华人历史研究. —2015（4）：9 – 14.

511. 试析中国新移民融入津巴布韦的困境/沈晓雷//国际政治研究. —2015（5）：129 – 152.

512. 守望乡愁：论华人离散族群对中国文化的翻译与传播/汪世蓉//广西民族研究. —2015（4）：143 – 148.

513. 谁是佛教徒？佛教徒是谁？——马来西亚华人佛教信仰探析/陈爱梅//世界宗教文化. —2015（2）：70 – 76.

514. 他山之石，何以攻玉？——影响海外高端人才引进成效的"能力—意愿—机会"分析/袁庆宏，吕丽霏，王健友//重庆理工大学学报（社会科学）. —2015（7）：43 – 47，93.

515. "他者"难题：西方如何看待难民、移民问题/胡欣//世界知识. —2015（12）：68 – 71.

516. 塔吉克斯坦侨汇现状及其影响/黄群，王维然//西伯利亚研究. —2015（6）：15 – 22.

517. 台港暨海外华文女作家的后女权主义镜像之比较/王一方//贵州社会科学. —2015（10）：60 – 65.

518. 泰国阿瑜陀耶时期的华人社会/段立生//八桂侨刊. —2015（2）：72 – 77.

519. 泰国潮州籍华裔语言使用情况调查报告/游汝杰//海外华文教育. —2015（1）：52 – 63.

520. 泰国汉语教育与中华语言文化传播/王玲玲//南洋问题研究. —2015（4）：

71－77.

521. 泰国华侨抗日英雄蚁光炎/方文国//侨务工作研究. —2015（4）：40－41.

522. 泰国华文媒体助推华文教育的路径/石维有//玉林师范学院学报. —2015（3）：43－46.

523. 探析中加教育差异及对留学加拿大的启示/陶云//教育教学论坛. —2015（43）：5－7.

524. 同情之理解："汉学主义"与华裔学者的身份焦虑/任增强//浙江工商大学学报. —2015（6）：29－32.

525. 同舟共济　无私奉献——泰国华侨华人的抗日救国行动/张东浩//侨务工作研究. —2015（4）：20－21.

526. 推动广东侨务工作创新发展/广东省侨办//侨务工作研究. —2015（2）：27－31.

527. 推动新时期华侨权益保护工作法治化——《广东省华侨权益保护条例》解读/欧阳颖戈//人民之声. —2015（10）：22－23.

528. 外国投资法律修订与华侨投资的法律规制问题/喻慧//侨务工作研究. —2015（6）：30－32.

529. 晚清国籍立法动因新探/乔素玲//华侨华人历史研究. —2015（3）：64－72.

530. 晚清留美幼童以长三角为中心的归国就业艰辛历程/万鹏，方丰//兰台世界. —2015（9）：78－79.

531. 晚清留日群体与民族主义在中国小说中的兴起/黄曼//云南社会科学. —2015（1）：177－183.

532. 晚清留日学生办刊风潮与期刊畛域的重新厘正/叶建//现代出版. —2015（5）：61－63.

533. 晚清民国华侨档案整理与研究/王华//河南图书馆学刊. —2015（12）：130－132.

534. 晚清南洋公学留学教育述论/欧七斤//历史档案. —2015（4）：104－114.

535. 晚清时期的留美与留欧教育探究/刘玉欢//河北广播电视大学学报. —2015（2）：101－105.

536. 晚清幼童留美起讫因由及其影响刍论/李江伟//华侨大学学报（哲学社会科学版）. —2015（6）：150－159.

537. 网络时代海外华文媒体影响力获得路径/晏齐宏//青年记者. —2015（29）：94－95.

538. 为美国华人权益而战的学人——王灵智教授访谈录/姜瑞民，蒙晓云，王冠兴//东南亚研究. —2015（1）：94－99.

539. 温州海外移民世家研究/徐华炳//浙江学刊. —2015（4）：53－62.

540. 文化背景下华人华侨对传统体育的影响研究——以广东台山传统排球为例/潘兵，孔令建，李丽//当代体育科技. —2015（16）：172－173.

541. 文化创伤与侨批记忆/曹亚明//韩山师范学院学报. —2015（5）：100－105.

542. 文化视角下华人家族企业中亲属关系的理论综述/杨茜//湖湘论坛. —2015（2）：138－144.

543. 文化适应：高校海外归国人才管理策略新维度/郑云//黑龙江高教研究. —2015 (8)：22 - 24.

544. "文化中国"：侨务公共外交的重要媒介——专访国务院侨务办公室副主任何亚非/李红//今日中国. —2015 (4)：80.

545. "文化中国"视域下的世界华文文学史料/吴秀明//文艺研究. —2015 (7)：55 - 65.

546. 文化转型对地方意义流变的影响——以深圳华侨城空间文化生产为例/梁增贤，保继刚//地理科学. —2015 (5)：544 - 550.

547. 我国"民族中小学汉语课程标准"与新加坡"小学华文课程标准"的比较研究/张洁，彭恒利//云南师范大学学报（对外汉语教学与研究版）. —2015 (4)：78 - 85.

548. 我国高校公派出国留学政策现状与特点分析/费克文，吴俊文//教育财会研究. —2015 (5)：55 - 59.

549. 我国高校引进海外高层次人才问题与对策初探/刘冬梅，曹文军，吕兆丰//医学教育管理. —2015 (1)：79 - 83.

550. 我国公派出国留学人员资助政策现状研究/"出国留学财政政策研究"课题组，柯常青，黄永林，王瑂，罗忻，阮劲//华中师范大学学报（人文社会科学版）. —2015 (6)：154 - 166.

551. 我国海路与陆路的海外移民——以福建和云南的海外移民为中心/曾少聪//世界民族. —2015 (6)：77 - 85.

552. 我国海外高层次人才引进与服务政策协调研究/郭从磊，孙绍荣//中国管理信息化. —2015 (2)：149.

553. 我国留学教育的人文反思/任杨，朱婕//齐齐哈尔大学学报（哲学社会科学版）. —2015 (3)：148 - 149，161.

554. 我国侨务法探微/姚瑶，冯泽华，焦彤彤//法制与经济. —2015 (20)：136 - 137.

555. 我国侨务法治存在的问题、缘由与前瞻/焦彤彤，冯泽华，姚瑶//法制与经济. —2015 (21)：78 - 79.

556. 我国文化海外传播的新路径——从中国瓷器的海外传播谈起/凌继尧//江苏行政学院学报. —2015 (6)：37 - 41.

557. 我国中亚战略实施背景下中资企业及华人华侨保护问题研究/丁新正//重庆理工大学学报（社会科学版）. —2015 (10)：96 - 100.

558. 五邑华侨慈善教育捐赠现状、问题与对策——以五邑大学接受捐赠为例/王继远，纪晓虹//五邑大学学报（社会科学版）. —2015 (2)：1 - 5.

559. 五邑华侨文化对台山传统体育的影响研究/孔令建，李丽，潘兵//科技视界. —2015 (15)：135 - 136.

560. 武术文化通过华侨华人进行国际传播的历史沿革/揭光泽，付爱丽//体育学刊. —2015 (4)：135 - 138.

561. 西南边疆民族地区归侨侨眷的历史与现状（云南篇）——西南边疆民族地区归侨侨眷调查研究系列之一/龙耀，李雪岩//柳州职业技术学院学报. —2015 (5)：17 - 25，35.

562. 西南边疆民族地区归侨侨眷的历史与现状（广西篇）——西南边疆民族地区归侨侨眷调查研究系列之二/龙耀，李雪岩//柳州职业技术学院学报. —2015（6）：11 – 19.

563. 西学东渐：容闳的"中国梦"——晚清幼童留美启示/高丽芳//吕梁学院学报. —2015（5）：47 – 49.

564. 吸收能力与华商社团邻近程度对"走出去"的中国企业创新战略的影响研究/张华，郎淳刚//软科学. —2015（8）：43 – 47.

565. 习近平侨务"大局观"的继承与发展/张国雄//五邑大学学报（社会科学版）. —2015（1）：6 – 15.

566. 习仲勋侨务思想探析/曾煜东//广东省社会主义学院学报. —2015（1）：57 – 61.

567. 厦门侨资企业发展环境研究/廖萌//改革与战略. —2015（10）：171 – 174.

568. 现代技术背景下城市记忆工程与侨乡地域化耦合研究/陈水生//山西档案. —2015（2）：129 – 132.

569. 现代留欧学人的"蜕变"——评《中国现代留欧学人与外交官、华工群的互动》/全守杰//北京观察. —2015（11）：66 – 67.

570. 心理干预对几内亚华人恶性疟患者心理状态、治疗依从性及治疗效果的影响/熊英，赖翠玲，惠爱荣//武警医学. —2015（7）：690 – 692，695.

571. 新常态下的留学与回国/苗月霞//国际人才交流. —2015（4）：56 – 57.

572. 新加坡2015小学华文课程标准述评/刘晶晶//华中师范大学研究生学报. —2015（1）：27 – 31.

573. 新加坡华人基督教的发展现状、原因及趋势/张晶盈//世界宗教文化. —2015（4）：104 – 110.

574. 新加坡华族文化的建构与彷徨——以新谣运动与七月歌台为例/彭慧//世界民族. —2015（5）：65 – 72.

575. 新加坡星华义勇军抗日事迹探微/宋少军//八桂侨刊. —2015（3）：28 – 32.

576. 新媒体淘汰报纸？——五大洲31国59家海外华文报纸调查/刘康杰，夏春平//新闻大学. —2015（1）：22 – 31.

577. 新时期港澳台海外统战工作方法研究/刘兰敏，田民，王连重，张黎//河北省社会主义学院学报. —2015（3）：42 – 45.

578. 新时期海外华商的跨国政治参与——以从事中国商品贸易的海外华商为例/陈肖英//世界民族. —2015（3）：70 – 78.

579. 新时期海峡两岸侨务工作的比较研究/李将，马光//汕头大学学报（人文社会科学版）. —2015（5）：54 – 60.

580. 新时期华侨华人与中华文化传播管窥/金程斌//华侨华人历史研究. —2015（2）：31 – 37.

581. 新时期旅俄华侨群体的发展及其作用/宁艳红//西伯利亚研究. —2015（6）：38 – 42.

582. 新时期我国地方引进海外科技人才政策分析/顾承卫//科研管理. —2015（S1）：272 – 278.

583. 新时期我国少数民族文化的海外传播形态/李锦云//中南民族大学学报（人文

社会科学版）．—2015（3）：129 – 132.

584. 新时期中国高校留日回国群体的贡献——以京津沪高校为对象/元青，岳婷婷//江苏师范大学学报（哲学社会科学版）．—2015（5）：1 – 6.

585. 新时期中国留美教育的发展历程和趋势/元青，岳婷婷//当代中国史研究．—2015（1）：65 – 76.

586. 新西兰华人移民语言使用和文化认同调查研究/冯学芳//英语广场．—2015（3）：126 – 129.

587. 新形势下高校留学人员统战工作研究/倪志刚，赵侠//教育与职业．—2015（5）：178 – 179.

588. 新形势下广西国有农场开发新思路的探究——以广西国有良丰农场、华侨农场为例/李进华//福建农业．—2015（4）：59 – 60.

589. 新形势下归国留学人员统战工作研究/强晓华，金本能//学理论．—2015（19）：60 – 61，64.

590. 新移民文学的"经典"与"经典化"/江少川//南昌大学学报（人文社会科学版）．—2015（1）：1 – 6.

591. 新中国开启留学教育的历史考察/李鹏，唐静//当代中国史研究．—2015（4）：93 – 128.

592. 雪中送炭：民族主义取向下的东南亚华侨教育/黄晓赢//亚太教育．—2015（34）：256 – 258.

593. 寻找地方的意义：在澳洲华人的身份建构/田美，黄国文//中国外语．—2015（1）：50 – 59.

594. 亚裔美国人故土利益游说对中国的影响分析/潘亚玲//暨南学报（哲学社会科学版）．—2015（2）：30 – 37.

595. 延安时期东南亚华侨支援祖国的当代启示/秦艳峰//党史文苑．—2015（4）：14 – 15.

596. 一本珍贵的华侨抗战日记/梁春光//南方文物．—2015（2）：15 – 17.

597. "一带一路"建设中如何充分发挥华侨华商的作用/窦勇，卞靖//中国经贸导刊．—2015（33）：46 – 47.

598. "一带一路"视野下侨胞文化交流平台构建——基于汕头华侨经济文化合作试验区的调研/陈梓欣，黄少燕，张贝莉，梁丽荣//市场周刊（理论研究）．—2015（10）：35 – 37.

599. "一带一路"新形势下的海外华人研究——"海外人才与中国发展"国际学术会议综述/杨亚红，王小娟，彭慧//八桂侨刊．—2015（4）：73 – 75.

600. "一带一路"战略视阈下的马来西亚华人社会探析/蒋炳庆//学术探索．—2015（9）：17 – 23.

601. "一带一路"战略下非物质文化遗产华侨代表性传承人制度构建/高轩//暨南学报（哲学社会科学版）．—2015（7）：48 – 59.

602. "一带一路"战略与华侨华人的逻辑连接/王子昌//东南亚研究．—2015（3）：10 – 15.

603. 一份弥足珍贵的民间文化遗存——潮汕侨批述谈/王炜中//福建金融. —2015 (5): 48 - 51.

604. 一束裸露着的神经——16 世纪以来海外华人的发型问题探析/吕俊昌//华侨华人历史研究. —2015 (2): 12 - 19.

605. 移民美国热潮下的冷静思考/张蕴初//开封教育学院学报. —2015 (2): 283 - 285.

606. 移民全球化与通婚地方化——基于对福州侨乡的实地研究/陈凤兰//华侨华人历史研究. —2015 (4): 28 - 36.

607. 移民网络、资本转化与社团参政: 以澳门福建社团为例/李思睿//广西民族大学学报 (哲学社会科学版). —2015 (6): 75 - 80.

608. 移民网络对中国企业文化产品出口效应评估/蒙英华, 李艳丽//国际贸易问题. —2015 (5): 62 - 70.

609. 移民行动对跨国空间社会网络的依赖——对浙南移民在欧洲族裔聚集区的考察/陈翊//华侨华人历史研究. —2015 (3): 44 - 54.

610. 遗失中的侨乡文化——中山古村落改造研究/曾艳, 崔平平, 王力//中外建筑. —2015 (2): 62 - 64.

611. 以数字实录华人社会的历史图像: 华人社团账本与"二战"前东南亚华校研究/曾玲//文史哲. —2015 (1): 85 - 166.

612. 以习近平侨务论述为指导 开创侨务工作新局面/林琳//五邑大学学报 (社会科学版). —2015 (1): 1 - 5.

613. 以中国的全球战略思维重新审视海外华文传媒/程曼丽//对外传播. —2015 (10): 4 - 6.

614. 异质文明下的游移: 近代留美学生之身份二重转换/张睦楚//大学教育科学. —2015 (1): 88 - 92.

615. 印度尼西亚华人布袋戏的历史、演出形态与音乐/蔡宗德//中央音乐学院学报. —2015 (2): 69 - 108.

616. 印度侨务公共外交方式和特点/康晓丽//公共外交季刊. —2015 (3): 92 - 97.

617. 印尼慈善事业中华人精英角色之探析/沈燕清//八桂侨刊. —2015 (1): 26 - 31, 77.

618. 印尼华侨积极支援抗日战争的必然性/刘书平//学理论. —2015 (9): 105 - 106.

619. 印尼华人家庭语言使用与文化认同分析——印尼雅加达 500 余名新生代华裔的调查研究/沈玲//世界民族. —2015 (5): 73 - 85.

620. 印尼华文教学的发展现状: 基于雅加达三语学校的调研分析/施雪琴//八桂侨刊. —2015 (2): 29 - 34.

621. 英印殖民时期的缅甸华人及其政治参与——从 1923 年仰光华社迎接英印总督访缅谈起/李轶//华侨华人历史研究. —2015 (2): 46 - 55.

622. 影响缅甸华文教育师资发展的因素及相关对策研究/齐春红//东南亚纵横. —2015 (11): 58 - 61.

623. 由槟城"分离运动"到新加坡会议——战后初期英国对马来亚华人决策轨迹分

析（1945—1949）/孙志伟//南洋问题研究. —2015（2）：74 - 80.

624. 由孝现忠：马来西亚华人怎样过"不明显"的重阳节？/王琛发//民俗研究. —2015（2）：65 - 73.

625. 援西入中：傅斯年的留学教育思想与实践/曹金祥//高等教育研究. —2015（11）：83 - 89.

626. 粤籍华侨华人对文物保护述评/唐洪志，周敬阳//南方职业教育学刊. —2015（1）：56 - 61.

627. 越南华侨华人抗日斗争的特征及贡献/向大有//八桂侨刊. —2015（4）：23 - 28.

628. 运动员跨国移民的文化认同研究——基于全球本土化理论视角/穆国华//四川体育科学. —2015（3）：4 - 7.

629. 早期报刊史料在华侨研究中的价值——以《申报》为例的分析/徐云//华侨华人历史研究. —2015（3）：82 - 91.

630. 早期俄国地方当局对华侨的管理/张巍，宁艳红//边疆经济与文化. —2015（4）：53 - 56.

631. 张伯苓与陈立夫关于曹禺留学的通信——新发现的关于曹禺留学的国民政府教育部档案/赵惠霞，周棉//新文学史料. —2015（2）：169 - 177.

632. 漳浦县近代华侨建筑"种德堂"的艺术特色/林雪铭//福建文博. —2015（2）：64 - 67.

633. 浙江高校留学归国人员文化差异敏感度研究及对高校教育管理工作的启示/许书颖//教育教学论坛. —2015（23）：280 - 282.

634. 郑和访问满剌加次数考/时平//南洋问题研究. —2015（2）：81 - 87.

635. 郑和七下印度洋——马欢笔下的"那没黎洋"/万明//南洋问题研究. —2015（1）：79 - 89.

636. 政府在孔子学院与华文学校发展中的作用比较——基于新公共服务理论视野/严晓鹏，孙将文//云南师范大学学报（对外汉语教学与研究版）. —2015（4）：73 - 77.

637. 殖民时代南洋发生的两次排华事件/吴莉莉，刘勇//兰台世界. —2015（18）：45 - 46.

638. 制度型族群聚集与多向分层融入——基于广州南涌华侨农场两个归难侨群体的比较研究/黎相宜//广西民族大学学报（哲学社会科学版）. —2015（1）：56 - 65.

639. 制度与救国：抗战时期大后方留学政策与出国留学生群体探析/于诗琦//中共四川省委党校学报. —2015（1）：71 - 77.

640. 智利华商生存与发展境况/李仁方，陈文君//拉丁美洲研究. —2015（6）：40 - 45.

641. 中俄边境地区旅俄华侨在抗日战争中的贡献/宁艳红//黑河学院学报. —2015（5）：17 - 19.

642. 中国、朝鲜等东方移民与俄罗斯远东开发/王思佳，刘艳萍//八桂侨刊. —2015（1）：32 - 38.

643. 中国"留学政策"概念辨析/刘艳//湖北大学学报（哲学社会科学版）. —2015（5）：132 - 135.

644. 中国传统文化海外传播的发展研究——以印度创办的第一个"孔子学院"为例/段维彤，王红，胡阳//天津大学学报（社会科学版）. —2015（4）：324 – 328.

645. 中国国际移民的现状与发展——以欧美等发达国家为例/王辉耀，郑金连，苗绿//侨务工作研究. —2015（3）：23 – 26.

646. 中国国际移民的新形势、新挑战和新探索/刘国福//山东大学学报（哲学社会科学版）. —2015（1）：45 – 54.

647. 中国海外移民个体行动抉择分析——以旅欧温州人为例/徐华炳//社会科学战线. —2015（6）：177 – 186.

648. 中国华文出版界增强海外竞争力研究/张国//创新. —2015（5）：72 – 75.

649. 中国警务外交与海外利益保护/李志永//江淮论坛. —2015（4）：123 – 128，181.

650. 中国留美大学生学业和文化适应性问题研究——以美国加州太平洋大学为例/董庆文，陈迅//中国高教研究. —2015（7）：48 – 52，74.

651. 中国留学生海外代购现象的现状与启示/杨旭升，李敏华，曾琦，邓珩//江苏商论. —2015（8）：8 – 11.

652. 中国留学生跨文化融合研究——以参加英国本科留学项目学生为例/张锦茹//才智. —2015（35）：25.

653. "中国梦"与海外华侨华人人才/陈瑞//改革与开放. —2015（7）：10 – 12.

654. 中国梦与侨务公共外交的战略构建/薛秀军，赵栋//华侨大学学报（哲学社会科学版）. —2015（1）：22 – 28.

655. 中国现代华侨研究的发端：何海鸣与《侨务旬刊》述略/赵灿鹏//华侨华人历史研究. —2015（2）：78 – 84.

656. 中国现代化历程中的十次留学潮/姚蜀平//科学文化评论. —2015（2）：34 – 67.

657. 中国音乐艺术在海外华族的传播/余幸平//华侨大学学报（哲学社会科学版）. —2015（2）：122 – 128.

658. 中国宗教与留学事业的兴起与发展/陈辽//江苏师范大学学报（哲学社会科学版）. —2015（4）：1 – 5.

659. 中美文化冲突对清代留美幼童的影响/陈琳静//兰台世界. —2015（31）：89 – 90.

660. 中缅关于华侨双重国籍问题交涉过程的历史考察（1954—1960）/冯越//东南亚研究. —2015（4）：74 – 79，112.

661. 中日关系与在日华侨华人（2012—2014）/鞠玉华//八桂侨刊. —2015（1）：3 – 9.

662. 众溪汇潭：广东侨乡梅州客家香花仪式的文化源头分析/张小燕//世界宗教文化. —2015（6）：142 – 148.

663. 重新发现青田——民国青田华侨档案史料论述/徐立望//浙江档案. —2015（1）：50 – 51.

664. 周边、台海、自身：海外华语观众关注"三个安全"——2013 中央电视台中文国际频道海外观众调查概要/刘燕南，杨奉涛，刘娟，黄建，刘毅//现代传播（中国传媒大学学报）. —2015（1）：46 – 51.

665. 周恩来留学日本与其日本观的形成——《周恩来旅日日记》解读/胡鸣//日本研究. —2015（2）：89-96.

666. 追寻《留美学生通讯》和汪衡/程宏，刘志光//科学文化评论. —2015（4）：84-93.

667. 追忆留美历史学人潘炳皋/张洁//社会科学论坛. —2015（10）：164-171.

668. 自费途径对近代中国留日学生群体特征的影响/周蕾//亚太教育. —2015（6）：284-285.

669. 祖籍国与离散族裔的关系：比较与理论的视角/亚历山大·德拉诺，艾伦·加姆伦，罗发龙//东南亚研究. —2015（4）：80-91.

2014年台港及海外中文期刊论文

1. 513排华事件后在越台商的抉择/袁业芳//展望与探索. —2014，12（8）：77-87.
2. 巴生华人传统寺庙略述/詹缘端//（马来西亚）华研通讯. —2014（10）：1-3.
3. 百年变迁——美国檀香山华埠的今昔/吕萍芳//中兴史学. —2014（16）：69-106.
4. 充分利用海外人才资源，共同放飞"中国梦"：第九届海外人才与中国发展国际学术研讨会综述/李其荣，徐浩亮//华人研究国际学报. —2014，6（2）：77-86.
5. 从"刮痧"看华人的家庭价值观与对亲职教育的启示/陈增颖//谘商与辅导. —2014（341）：5-8.
6. 当代泰国华人政治认同与角色变迁之研究/萧文轩，顾长永//逢甲人文社会学报. —2014（28）：115-156.
7. 东南亚华人经济发展论析：经济社会学理论的参照/陈琮渊//淡江史学. —2014（26）：245-265.
8. 东南亚难侨归国后的心理适应：厦门竹坝华侨农场十个归国难侨个案回忆录文本分析/林瑞恺，陈心洁//华人研究国际学报. —2014，6（2）：1-26.
9. 对外华语教学的进化论/陈立元//华文世界. —2014（114）：102-111.
10. 公共性追寻：马华文学公民（性）的实践/魏月萍//澳门理工学报（人文社会科学版）. —2014，17（3）：69-78，204.
11. "海外华侨华人研究的回顾与前瞻：方法、理论、视域"国际学术会议纪要/李铁//华人研究国际学报. —2014，6（1）：85-101.
12. 海外华侨华人专业社团的新特点与新利用/王辉耀，苗绿//华人研究国际学报. —2014，6（1）：75-84.
13. 海峡两岸招收侨生策略之比较——以招收香港地区学生为例/周正伟//侨教与海外华人研究学报. —2014（4）：43-65.
14. 韩国大学华语教学的现状及改善方向/朴雪豪//中原华语文学报. —2014（14）：1-13.
15. 华裔儿童文化教材主题选取之探讨——以美加东地区中文学校教师之需求为例/萧惠贞//师大学报（语言与文学类）. —2014，59（2）：1-34.
16. 华语文文化教育之传承与创新/邱凡芸//国文天地. —2014，30（4）：61-68.
17. 华语系就业何处去？——台东大学华语系就业学程办理经验谈/林宗翰，连育仁//

华文世界. —2014 (113): 4 - 13.

18. "集中营"还是"自由区"?——亚齐难侨的历史与叙事/蔡晏霖//全球客家研究. —2014 (3): 163 - 212.

19. 柬埔寨华语文教育现况/夏诚华//侨教与海外华人研究学报. —2014 (4): 27 - 42.

20. 将伊斯兰节庆融入印度尼西亚华语文教材研究——以开斋节为例/翁玉珠//侨教与海外华人研究学报. —2014 (3): 1 - 19.

21. 《教育大蓝图》之华教议题/黄集初//(马来西亚)华研通讯. —2014 (10): 19 - 25.

22. 近代潮汕侨批的历史记忆与乡村社会:基于陈四合批局批脚陈顺荣的口述资料/陈海忠//华人研究国际学报. —2014, 6 (1): 1 - 18.

23. 近代华南与东南亚华人社会间的互动关系——以一个华人移民家庭的侨批为例/陈丽园//历史人类学学刊. —2014, 12 (2): 85 - 110.

24. 近在眼前:论台湾华语产业三艘舰模式的第一艘/余伯泉//侨教与海外华人研究学报. — 2014 (4): 1 - 26.

25. 竞逐的国族认同:越南胡志明(西贡)市的街道名变迁//潘氏艳香,康培德//亚太研究论坛. —2014 (60): 55 - 80.

26. 李华伟博士访谈录:李馆长与俄亥俄大学邵氏中心 20 年/何妍//华人研究国际学报. —2014, 6 (2): 71 - 76.

27. 论岁时礼俗禁忌在适应与转化中传承——以槟榔屿华人族群庆春节为例(上)/张清菁//中国语文. —2014, 115 (5): 66 - 73.

28. 论岁时礼俗禁忌在适应与转化中传承——以槟榔屿华人族群庆春节为例(中)/张清菁//中国语文. —2014, 115 (6): 34 - 39.

29. 论戏剧教学法在新加坡华文教育的萌生、发展与挑战/周小玉//中原华语文学报. —2014 (13): 79 - 105.

30. 马华地方史研究的新创获:评《拓荒·扎根——武吉巴西永德公冢与地方拓殖史》/宋燕鹏//(马来西亚)华研通讯. —2014 (10): 8 - 9.

31. 马来西亚华人的政治思考:当代大马政治理念暨制度之省思研讨会综述/张康文//思想. —2014 (26): 289 - 302.

32. 美国华人餐饮业的发展及其面临的挑战(2002—2012)/江炬慧//中兴史学. —2014 (16): 133 - 151.

33. 评丁荷生、许源泰《新加坡华文铭刻汇编:1819—1911》(新加坡:新加坡国立大学出版社,2014 年)/贺晏然//历史人类学学刊. —2014, 12 (1): 131 - 134.

34. 谱写虎标传奇:胡文虎及其创业文化史(沈仪婷)/张翰璧//华人研究国际学报. —2014, 6 (1): 111 - 114.

35. 侨生申请就读国内研究所政策及现况探讨/马宝莲//台北大学中文学报. —2014 (16): 67 - 89.

36. 青春无羁的社会运动/何启才//(马来西亚)华研通讯. —2014 (10): 8 - 9.

37. 社会变迁中的跨国网络与粤东侨乡:以梅县南口桥乡村为例/段颖//华人研究国际学报. —2014, 6 (1): 19 - 40.

38. 社会责任——华人网络博弈行为之社会冲击研究/施光恒，韦会伦//华人经济研究. —2014，12（2）：55-70.

39. 书评：2012 年第一届马来西亚华人研究双年会论文集（林忠强、庄华兴等编）/杨妍//华人研究国际学报. —2014，6（1）：123-126.

40. 书评：东南亚的后殖民治国方略：菲律宾的国家主权、建设及华人（英文，黄伯农）/洪子惠//华人研究国际学报. —2014，6（1）：127-130.

41. 书评：东南亚客家及其族群产业（张翰璧）/利亮时//华人研究国际学报. —2014，6（2）：91-94.

42. 书评：华人问题：菲律宾境内外华人之族群性、国家和区域（英文，施蕴玲）/王纯强//华人研究国际学报. —2014，6（2）：105-108.

43. 书评：跨越太平洋的连接：学生移民与亚裔美国人社会的重塑（英文，王智明）/张秀明//华人研究国际学报. —2014，6（2）：109-110.

44. 书评：离散越南/华人：越南船民再探（英文，陈玉华主编）/韩孝荣//华人研究国际学报. —2014，6（2）：103-104.

45. 书评：新加坡华商之文化资本的积累与转换（龙坚）/郑一省，喻艮//华人研究国际学报. —2014，6（1）：119-122.

46. 书评：移民轨迹和离散论述：新马华人族群的重层脉络（游俊豪）/王维//华人研究国际学报. —2014，6（2）：95-102.

47. 书评：语言、政治与国家化：南洋大学与新加坡政府关系 1953—1968（周兆呈）/梁秉赋//华人研究国际学报. —2014，6（1）：115-118.

48. 孙中山与华侨的中华文化关怀和实践/潘朝阳//鹅湖月刊. —2014（473）：31-39.

49. 台商在越南的险中求胜/林钦明//展望与探索. —2014，12（8）：70-76.

50. 台湾华语文发展的里程碑——迈向华语文教育产业输出大国八年计划/周亚民//华文世界. —2014（113）：28-34.

51.《台湾华语文教育发展史》书评/叶键得//华文世界. —2014（114）：112-124.

52. 泰国华语文教育发展与跨国人文网络——以泰北建华综合高级中学为中心/汤熙勇//侨教与海外华人研究学报. —2014（3）：35-56.

53. 土楼与人口的流动：清代以来闽西南侨乡的建筑变革/郑静//全球客家研究. —2014（2）：123-163.

54. 汪伪政府与"台湾华侨"的互动——以台湾华侨新民公会和台湾侨生回国升学补习班为例/姜帆//澳门理工学报（人文社会科学版）. —2014，17（2）：193-202，207.

55. 威显南邦：马来西亚马六甲勇全殿的王醮/洪莹发//民俗曲艺. —2014（184）：59-103.

56. 我不在家国——马华文学公民身份建构的可能/魏月萍//思想. —2014（26）：55-73.

57. 小而美的地方史：评《拓荒·扎根——武吉巴西永德公家与地方拓殖史》/廖文辉//（马来西亚）华研通讯. —2014（10）：6-7.

58. 新世纪缅甸侨民教育与华语文教育之发展/邱炫煜//侨教与海外华人研究学

报. —2014（4）：67 – 88.

59. 新西兰的中国跨国移民/刘良妮//华人研究国际学报. —2014，6（1）：41 – 71.

60. 新尧湾：多元族群里的马来西亚砂拉越客庄/罗烈师（Lieh-Shih Lo）//全球客家研究. —2014（3）：355 – 372.

61. "雪隆潮州人研究计划"重点汇报/童敏薇//（马来西亚）华研通讯. —2014（10）：26 – 31.

62. 寻找乡亲们的共同历史记忆：《拓荒・扎根——武吉巴西永德公冢与地方拓殖史》作者序/郑名烈//（马来西亚）华研通讯. —2014（10）：4 – 5.

63. 一个旅英台湾女性的婚姻移民生命故事探究与启示/林文川，吴丽君//课程与教学. —2014，17（1）：233 – 256.

64. 以华语文教育产业输出看菲律宾侨校华语文教育之优化/欧德芬//侨教与海外华人研究学报. —2014（3）：21 – 34.

65. 越南著名华侨黄仲训家族史一瞥/王亦铮//国文天地. —2014，29（12）：30 – 35.

66. 杂文世界中的林连玉——论其内在的自我意识、价值观念与思辨模式/关启匡//当代儒学研究. —2014（16）：93，95 – 126.

67. 在日华侨同乡意识的演变：以福清籍华侨的同乡网络为例/张玉玲//华人研究国际学报. —2014，6（2）：27 – 52.

68. 征收华侨祖宅所涉土地使用权补偿的法律思考/彭春连//一国两制研究. —2014（21）：163 – 167.

69. 正视海外华人研究的重要性，拓展中国历史学的国际视野/陈勇//华人研究国际学报. —2014，6（2）：53 – 70.

70. 中越紧张关系升温：台商在越南投资的启示/顾长永//展望与探索. —2014，12（8）：45 – 60.

71. "中国海外非汉族裔侨民群体"学术会议综述/张振江//华人研究国际学报. —2014，6（2）：87 – 90.

72. "中华文化的跨境传播：海外华人研究国际学术论坛"综述/曾玲//华人研究国际学报. —2014，6（1）：103 – 109.

2015 年台港及海外中文期刊论文

1. 1939 年"南洋华侨机工"返国始末/夏玉清//南洋学报. —2015，69：151 – 189.

2. 1965 年之前东南亚华校中学国文国语教材考察：以民族化、科学化、现代化为视角/于锦恩//华人研究国际学报. —2015，7（1）：15 – 33.

3. 超越边境：缅甸云南华人移民的故事（英文，张雯勤）/李轶//华人研究国际学报. —2015，7（2）：121 – 126.

4. 从个人研究的自我省思到华人学术社群的主体性提升/叶光辉//辅导与谘商学报. —2015，37（2）：85 – 90.

5. 从马来语习得的文化适应模式透析马来西亚华人的族群认同/王睿欣//马来西亚人文与社会科学学报. —2015，4（2）：21 – 33.

6. 大学生海外侨校教学服务参与/叶婉翎，颜佩如，吴旻纯//台湾教育评论月刊. —

2015，4（1）：88 - 90.

7. 第二届"海外华人与中国侨乡文化"国际研讨会综述/郑一省，邱少华//华人研究国际学报. —2015，7（2）：103 - 108.

8. 第十届世界海外华人研究学会（ISSCO）国际研讨会区域年会学术活动报告/廖文辉，何启才//华人研究国际学报. —2015，7（2）：85 - 89.

9. "东亚华侨华人及 Glocality"国际学术大会综述/宋承锡//华人研究国际学报. —2015，7（1）：93 - 95.

10. 东协成立对东南亚国际学校华文教育的展望与挑战/陈亮光//华文世界. —2015（116）：4 - 13.

11. 多重认同与族群边界：马来亚柔佛新山华人祖籍地意识的变迁 1861—1942/白伟权，陈国川//华人研究国际学报. —2015，7（2）：29 - 53.

12. 二战后马国客家聚落的演变——以士乃新村为例/利亮时，杨忠龙//兴大人文学报. —2015（54）：47 - 77.

13. 法属玻里尼西亚客家族群边界与认同在地化/姜贞吟//全球客家研究. —2015（5）：85 - 147.

14. "翻转课堂"在高中文学教学的应用：以新加坡教材为例/张曦姗//南洋学报. —2015，69：191 - 206.

15. 飞行与救国：以抗日战前十年（1928—1937）的中华航空女杰为例/王惠姬//中正历史学刊. —2015（18）：161 - 209.

16. 浮现中的地方认同：探索马来西亚华人地方史志书写/陈琼渊//南方大学学报. —2015，3：127 - 132.

17. "根"的政治与语文斗争：台、马高中国文/华文教科书中"在地文学"的意义/黄美娥//南洋学报. —2015，69：67 - 95.

18. 共享青春时光与艺文养分：台湾文学与流行文化在马华杂志《椰子屋》中的显影/洪淑苓//南洋学报. —2015，69：97 - 120.

19. 海外华人及台侨之分布/台湾侨务委员会//侨务统计年报. —2015：10 - 11.

20. 海外客属华人的特性：以印度尼西亚外岛为例/曹云华//南洋学报. —2015，69：51 - 65.

21. 海外侨民文教工作之推展/台湾侨务委员会//侨务统计年报. —2015：24 - 38.

22. 华语语系研究及其对母语观念的重塑/石静远//华人研究国际学报. —2015，7（1）：1 - 14.

23. "华语语系研究及其对母语观念的重塑"石静远教授公开演讲概述/杨明慧//华人研究国际学报. —2015，7（1）：89 - 91.

24. 华人权威取向之内涵与形成历程/简晋龙，黄囇莉//本土心理学研究. —2015（43）：55 - 123.

25. 华小学生课业负担及学术表现/周芳萍，张明辉//马来西亚人文与社会科学学报. —2015，4（2）：49 - 62.

26. 回首漫漫淘金路——论张翎《金山》中的移民书写/刘容雁//人文社会科学研究. —2015，9（1）：89 - 103.

27. 建立海外华校教师专业制度 试办华语文教师检定/江惜美//华语学刊.—2015（19）：119－121.

28. 教师在职进修：马来西亚华文独立中学的经验/王淑慧//马来西亚人文与社会科学学报.—2015，4（2）：35－47.

29. 洁养堂的重现和变迁：田野考察纪要/黄贤强//全球客家研究.—2015（4）：143－158.

30. 金门县政府的文化活动与侨乡形塑：以《金门文艺》为观察对象/余懿珊//华文文学与文化.—2015（4）：69－105.

31. "近代中国的慈善实践与海外移民网络（1850—1949）"国际学术研讨会述要/廖洪跃//华人研究国际学报.—2015，7（1）：97－105.

32. 可能之起点？为华人地域写一部《记忆所系之处》/潘博成//文化研究季刊.—2015（151）：27－30.

33. 客家华侨迁徙记忆与符号建构：广东梅县淞口中国移民纪念广场及世界客侨移民展览馆考察/何小荣，周云水//全球客家研究.—2015（4）：287－293.

34. 孔子学院 VS 台湾书院/沈旭晖//亚洲周刊.—2015（13）：45.

35. 跨文化交流与和谐社会愿：从马来西亚多元文化谈起/陈志明//南方大学学报.—2015，3：21－30.

36. 老挝华文学校的软实力/林友顺，项惟，江迅//亚洲周刊.—2015（3）：30.

37. 冷战格局下"面向南洋"的香港左派文艺刊物——以五六十年代的《乡土》、《文艺世纪》为例/陈伟中//中国现代文学.—2015（28）：49－70.

38. 连接海外华侨华人，共绘"一带一路"蓝图："国际移民与海外华人研究中心"成立十周年暨第十届"海外人才与中国发展"国际学术会议综述/李其荣，徐浩亮//华人研究国际学报.—2015，7（2）：93－102.

39. 梁智强电影中的新加坡特色：从《新兵正传》系列看出新加坡人的危机意识/黄洁馨，金进//南洋学报.—2015，69：247－261.

40. "两座岛、一群人"：1949 年以前新加坡金门会馆的跨境运作/江柏炜//华人研究国际学报.—2015，7（2）：1－28.

41. 留学生的归国体验与新文化运动——以鲁迅、胡适为例/王彬彬//新地文学.—2015（34）：28－56.

42. 论小黑的马共书写的建构与反思/潘碧华//南洋学报.—2015，69：139－150.

43. 论郑和与东南亚伊斯兰教/陈旺城//中国边政.—2015（203）：25－41.

44. 马来西亚国家电影下的马来西亚华语电影论述/关志华//长庚人文社会学报.—2015，8（1）：173－202.

45. 马来西亚华人认同的形塑与变迁——以马华文学为分析文本/游雅雯//台湾国际研究季刊.—2015，11（1）：139－170.

46. 书评：毛泽东与麦卡锡之间：冷战时期的美国华侨华人政策（英文，夏洛特·布鲁克斯）/周陶沫//华人研究国际学报.—2015，7（2）：127－129.

47. 庙宇、坟山的社群化与新加坡华人移民帮群组织之建构：兼对东南亚华人社会结构研究的新思考/曾玲//华人研究国际学报.—2015，7（1）：35－62.

48. 南洋华侨与中国革命运动——以邓泽如为例的讨论（1906—1914）/许琴英//史耘. —2015（17）：53－93.

49. 评说李光耀功过/萧亭林//明报月刊. —2015，50（5）：39－43.

50. 侨生及华裔青年之联系与辅导/台湾侨务委员会//侨务统计年报. —2015：40－56.

51. 全球化脉络下中国大陆儒学传播策略之分析：以"孔子学院"发展为观察/单文婷，庄旻达//哲学与文化. —2015，42（9）：45－68.

52. 人民记忆、华人性和女性移民：以吴村的马华电影为中心/许维贤//文化研究. —2015（20）：103－148.

53. 日籍华裔中国历史小说家陈舜臣（1924—2015）创造中日新天地/毛峰//亚洲周刊. —2015（6）：33.

54. 如何融合文化元素打造跨文化品牌——以华人文创品牌为例/黄秀英，侯胜宗，林安鸿//管理学报. —2015，32（3）：293－314.

55. 沙巴客家族群与教育：以沙巴崇正中学之兴办为个案研究/曹淑瑶//马来西亚人文与社会科学学报. —2015，4（2）：1－19.

56. 十九世纪越南华裔使节对中国的书写——以越南燕行录为主要考察对象/庄秋君//汉学研究集刊. —2015（20）：113－135.

57. 世界秩序中的华人地位：刘禾教授"陈六使中华语言文化教授基金"公开演讲概述/卢燕玲//华人研究国际学报. —2015，7（2）：91－92.

58. 书评：蔡静芬《砂拉越大伯公庙平面图汇集》/陈琼渊//马来西亚人文与社会科学学报. —2015，4（2）：67－69.

59. 书评：海外华侨华人与中国的公共外交：政策机制、实证分析、全球比较（刘宏编著）/赖洪毅//华人研究国际学报. —2015，7（2）：117－119.

60. 书评：何启良主编《马来西亚华人人物志》/黄建淳，李盈慧，李元瑾，许德发，吴小安//南方大学学报. —2015，3：133－146.

61. 书评：华侨、华人与中华网：移民、交易、侨汇网络的结构及其展开（滨下武志）/廖赤阳//华人研究国际学报. —2015，7（2）：109－115.

62. 书评：李志贤编《南洋研究：回顾、现状与展望》/曾少聪//南方大学学报. —2015，3：184－188.

63. 书评：廖文辉编《张礼千文集》/严春宝//马来西亚人文与社会科学学报. —2015，4（2）：83－86.

64. 书评：林纬毅主编《淡滨尼联合宫崇奉诸神国际学术研讨会论文集》/李勇//南方大学学报. —2015，3：196－199.

65. 书评：鲁虎《新马华人的中国观之研究》/陈中和//南方大学学报. —2015，3：200－204.

66. 书评：美国杂碎：美国中餐的故事（英文，陈勇）/吴燕和//华人研究国际学报. —2015，7（1）：115－118.

67. 书评：侨务：中国的海外华人、华侨政策（英文，杜建华）/刘国福，薛媛//华人研究国际学报. —2015，7（1）：111－114.

68. 书评：石沧金《海外华人民间宗教信仰研究》/徐李颖//南方大学学报. —

2015，3：208－210.

69. 书评：宋燕鹏《马来西亚华人史：权威、社群与信仰》/陈爱梅//马来西亚人文与社会科学学报. —2015, 4 (2)：71－73.

70. 书评：谢光辉、陈玉佩《新加坡·马来西亚：华文书法百年史》/蔡慧琨//南方大学学报. —2015, 3：214－216.

71. 书评：新马华人的中国观之研究 1949—1965（鲁虎）/石沧金//华人研究国际学报. —2015, 7 (1)：107－109.

72. 书评：叶钟铃《陈嘉庚与南洋华人论文集》/吴龙云//南方大学学报. —2015, 3：217－219.

73. 书评：游俊豪《移民轨迹和离散论述：新马华人族群的重层脉络》/林开忠//南方大学学报. —2015, 3：220－222.

74. 谁为果敢的华人哭泣/邱立本//亚洲周刊. —2015 (9)：4.

75. 台商企业生产工厂关键性迁移因素之研究/吕奇临，李英兰//全球管理与经济. —2015, 11 (1)：71－79.

76. 台湾大学教育被忽视的一角：华侨学生学习的个案研究/巫淑华//双溪教育论坛. —2015 (3)：139－158.

77. 台湾东南亚客家研究目录整理/刘堉珊//全球客家研究. —2015 (4)：295－303.

78. 土耳其大学汉语教学现状与思考——以安卡拉大学汉学系为例/高子晴//华语学刊. —2015 (18)：27－37.

79. 网络之力不可逆全球华人十大网络事件/马家豪，杜博强，王璐，陶亭然，侯正昕//亚洲周刊. —2015 (2)：12－14.

80. 文化地景创造与社群历史意识：以马来西亚砂拉越诗巫华人社群的纪念公园为例/徐雨村//华人研究国际学报. —2015, 7 (1)：63－87.

81. 笑问客从何处来：南台湾与东南亚华人的方言情感/熊婷惠//文化研究. —2015 (21)：254－259.

82. 新一代年轻华裔精英开放、融入英国政治，英国大选华人军团现象/刘项//亚洲周刊. —2015 (20)：32.

83. 易地并声后的"乡音"：马来西亚闽南语念谣初探/黄文车//华人研究国际学报. —2015, 7 (2)：55－83.

84. 印度的中国移民：1962 年边界战争之影响与认同问题/Severin Kuok//全球政治评论（特集）. —2015 (2)：53－68.

85. 印度尼西亚后新秩序时代之华人宗教复兴：以一贯道之发展为例/沈晔滢//台湾东南亚学刊. —2015, 10 (2)：105－127.

86. 娱乐、教化及爱国：战后新加坡华文小报《娱乐》（第 1～18 期）/彭念莹//南方大学学报. —2015, 3：31－52.

87. 域外汉语探索——论长崎唐话的表现特色/林庆勋//兴大中文学报. —2015 (37)：267－302.

88. 再探马来西亚华人属性的形塑：全球化、民主化与中国崛起/陈琼渊//淡江史学. —2015 (27)：103－118.

89. 在传统与现代性迻译之间的媒介实践：新加坡《叻报》的萌芽与开展（1881—1911）/黄国富//传播研究与实践. —2015，5（2）：155 – 192.

90. 在海外汉语教学中导入性别文化——俄罗斯乌拉尔联邦大学孔子学院的教学探索/崔乐//性别平等教育季刊. —2015（73）：107 – 114.

91. 战前台湾人英属北婆罗洲移民史/钟淑敏//台湾史研究. —2015，22（1）：25 – 80.

92. 中国现实主义诗潮在东南亚华文诗坛的承继与发展/朱文斌//南洋学报. —2015，69：121 – 138.

2014 年英文期刊论文

1. A "Double Alienation" The Vernacular Chinese Church in Malaysia/Wong, Diana; Tien, Ngu Ik//ASIAN JOURNAL OF SOCIAL SCIENCE. —2014, 42（3 – 4）：262 – 290.

2. A Fraught Exchange? U. S. Media on Chinese International Undergraduates and the American University/Abelmann, Nancy; Kang, Jiyeon//JOURNAL OF STUDIES IN INTERNA-TIONAL EDUCATION. —2014, 18（4）：382 – 397.

3. A Model for Chinese Transnational Migration through the Americas: the Canadian Experience/Chao Janey//SHEAU-YUEH COLLECTION BUILDING. —2014, 33（2）：60 – 70.

4. A New Context for Managing Overseas Direct Investment by Chinese State-owned Enterprises/Liao, Shuping; Zhang, Yongsheng//CHINA ECONOMIC JOURNAL. —2014, 7（1）：126 – 140.

5. A Phenomenology of Being "Very China": an Ethnographic Report on the Self-formation Experiences of Mainland Chinese Undergraduate "Foreign Talents" in Singapore/Yang, Peidong//ASIAN JOURNAL OF SOCIAL SCIENCE. —2014, 42（3 – 4）：233 – 261.

6. A Slow Ride into the Past: the Chinese Trishaw Industry in Singapore, 1942—1983/Thum, Pingjin//JOURNAL OF SOUTHEAST ASIAN STUDIES. —2014, 45（1）：135 – 137.

7. A Transnational Bicultural Place Model of Cultural Selves and Psychological Citizenship: The Case of Chinese Immigrants in Britain/Ng, T. K.; Rochelle, T. L.; Shardlow, S. M.//JOURNAL OF ENVIRONMENTAL PSYCHOLOGY. —2014, 40：440 – 450.

8. After the American Dream, the Chinese Dream/Beja, Alice//ESPRIT. —2014, 8 – 9：71 – 81.

9. "After the Break": Re-conceptualizing Ethnicity, National Identity and "Malaysian—Chinese" Identities/Gabriel, Sharmani Patricia//ETHNIC AND RACIAL STUDIES. —2014, 37（7）：1211 – 1224.

10. Aid Refugee Chinese Intellectuals, Inc. and the Political Uses of Humanitarian Relief, 1952—1962/Hsu, Madeline Y.//JOURNAL OF CHINESE OVERSEAS. —2014, 10（2）：137 – 164.

11. Angel Island: a Barrier to Chinese Immigrants' Passage to America in the Early Twentieth Century/卢玲妙//台北教育大学语文集刊. —2014（26）：3, 5, 7 – 38.

12. Articulation of Medium of Instruction Politics in the Malaysian Chinese Press/Samuel,

Moses; Khan, Mahmud Hasan; Ng, Lee Luan//DISCOURSE-STUDIES IN THE CULTURAL POLITICS OF EDUCATION. —2014, 35 (2): 206 – 218.

13. Assimilation of Hong Kong Immigrants in Canada/Chan, Jackie m. 1//PACIFIC ECONOMIC REVIEW. —2014, 19 (4): 439 – 465.

14. Being CBC: the Ambivalent Identities and Belonging of Canadian-born Children of Immigrants/Kobayashi, Audrey; Preston, Valerie. //ANNALS OF THE ASSOCIATION OF AMERICAN GEOGRAPHERS. —2014, 104 (2): 234 – 242.

15. Belonging to the Nation: Generational Change, Identity and the Chinese Diaspora/Benton, Gregor; Gomez//EDMUND TERENCE. —2014, 37 (7): 1157 – 1171.

16. Beyond "Chinese Diaspora" and "Islamic Ummah": Various Transnational Connections and Local Negotiations of Chinese Muslim Identities in Indonesia/Weng, Hew Wai//SOJOURN: JOURNAL OF SOCIAL ISSUES IN SOUTHEAST ASIA. —2014, 29 (3): 627 – 657.

17. "Big Fish in a Small Pond": Chinese Migrant Shopkeepers in South Africa/Lin, Edwin//INTERNATIONAL MIGRATION REVIEW. —2014, 48 (1): 181 – 215.

18. Book Review: Elizabeth Sinn. Pacific Crossing: California Gold, Chinese Migration, and the Making of Hong Kong/Ng Wing Chung//JOURNAL OF CHINESE OVERSEAS. —2014, 10 (1): 109 – 111.

19. Book Review: Khun Eng Kuah—Pearce, Rebuilding of the Ancestral Village: Singaporeans in China/Lai Yu-Ju//JOURNAL OF CHINESE OVERSEAS. —2014, 10 (2): 263 – 265.

20. Book Review: Lucille Lok-Sun Ngan and Chan Kwok-bun. The Chinese Face in Australia: Multi-generational Ethnicity Among Australian-born Chinese/May S. Partridge//JOURNAL OF CHINESE OVERSEAS. —2014, 10 (1): 112 – 114.

21. Book Review: Medha Kudaisya and Ng Chin-keong. Chinese and Indian Business: Historical Antecedents/Pang Yang Huei//JOURNAL OF CHINESE OVERSEAS. —2014, 10 (1): 115 – 117.

22. Book Review: Phoebe Hairong Li. Avirtual Chinatown: the Diasporic Mediasphere of Chinese Migrants in New Zealand/Howard Duncan//JOURNAL OF CHINESE OVERSEAS. —2014, 10 (1): 121 – 124.

23. Book Review: Yuling Zhang. ｛華僑文化の創出とアイデンティティ：中華学校・獅子舞・関帝廟・歴史博物館｝ Kakyo bunka no soshutsu to Aidentiti: Chuka Gakko, Shishimai, Kanteibyo, Rekishi Hakubutsukan (Creation of Culture and Identity of Ethnic Chinese in Japan: Chinese School, Lion Dance, Guandi Temole, Overseas Chinese History Museum) / Chen Tien-Shi//JOURNAL OF CHINESE OVERSEAS. —2014, 10 (1): 118 – 120.

24. Breaking Barriers: Portraits of Inspiring Chinese-Indonesian Women/Kong, Sherry Tao//BULLETIN OF INDONESIAN ECONOMIC STUDIES. —2014, 50 (1): 145 – 146.

25. Bringing Class Back in: Class Consciousness and Solidarity Among Chinese Migrant Workers in Italy and the UK/Wu, Bin; Liu, Hong//ETHNIC AND RACIAL STUDIES. —2014, 37 (8): 1391 – 1408.

26. China's Left-behind Wives: Families of Migrants from Fujian to Southeast Asia, 1930s—1950s/Shen, Huifen//JOURNAL OF SOUTHEAST ASIAN STUDIES. —2014, 45 (1): 124 – 126.

27. Chinese and American Collaborations Through Educational Exchange During the Era of Exclusion/Hsu, Madeline Y. //MADELINE Y PACIFIC HISTORICAL REVIEW. —2014, 83 (2): 314 – 332.

28. Chinese Apparel Value Chains in Europe: Low-end Fast Fashion, Regionalization, and Transnational Entrepreneurship in Prato, Italy/Lan, Tu; Zhu, Shengjun//EURASIAN GEOGRAPHY AND ECONOMICS. —2014, 55 (2): 156 – 174.

29. Chinese Australians' Chineseness and Their Mathematics Achievement: the Role of Habitus/Mu, Guanglun Michael//THE AUSTRALIAN EDUCATIONAL RESEARCHER. — 2014, 41 (5): 585 – 602.

30. Chinese Cemeteries and Environmental Ethics: Some Insights from Malaysia/Fan, Pik Wah; Voon, Phin Keong; Ong, Siew Kian//UNIVERSITAS—MONTHLY REVIEW OF PHILOSOPHY AND CULTURE. —2014, 41 (7): 85 – 105.

31. Chinese Cemeteries and Environmental Ethics: Some Insights from Malaysia/潘碧华，文平强，王秀娟，吴枫群//哲学与文化. —2014, 41 (7): 85 – 105.

32. Chinese Descendants in Italy: Emergence, Role and Uncertain Identity/Marsden, Anna//ETHNIC AND RACIAL STUDIES. —2014, 37 (7): 1239 – 1252.

33. Chinese Mestizo and Natives' Disputes in Manila and the 1812 Constitution: Old Privileges and New Political Realities (1813—15) /de Llobet, Ruth//JOURNAL OF SOUTHEAST ASIAN STUDIES. —2014, 45 (2): 214 – 235.

34. Chinese Students' Choice of Transnational Higher Education in a Globalized Higher Education Market: a Case Study of W University/Fang, Wenhong; Wang, Shen//JOURNAL OF STUDIES IN INTERNATIONAL EDUCATION. —2014, 18 (5): 475 – 494.

35. Contextualizing Vocabularies of Motive in International Migration: the Case of Taiwanese in the United States/Gu, Chien-Juh//INTERNATIONAL MIGRATION. —2014, 52 (2): 158 – 177.

36. Countering "Chinese Imperialism": Sinophobia and Border Protection in the Dutch East Indies/Oiyan Liu//INDONESIA. —2014, 97 (1): 54 – 58.

37. Cultural Crossroads at the "Bloody Angle": the Chinatown Tongs and the Development of New York City's Chinese American Community/Chen, Michelle//JOURNAL OF URBAN HISTORY. —2014, 40 (2): 357 – 379.

38. Cultural Dilemmas of Choice: Deconstructing Consumer Choice in Health Communication Between Maternity-care Providers and Ethnic Chinese Mothers in New Zealand/Guo, Shujie (Phoebe); Munshi, Debashish; Cockburn-Wootten, Cheryl; etc.//HEALTH COMMUNICATION. —2014, 29 (10): 1020 – 1028.

39. Developers and Speculators: Housing, Ethnic Chinese Business and the Asian Financial Crisis in Malaysia/Cheok, CheongKee; Ping, Lee Poh; Hing, Lee Kam//JOURNAL OF CON-

TEMPORARY ASIA. —2014, 44 (4): 616 –644.

40. Development of Chinese Enclaves in the Seoul—Incheon Metropolitan Area, South Korea/Lee, Wonhyung. //INTERNATIONAL DEVELOPMENT PLANNING REVIEW. —2014, 36 (3): 293 –311.

41. Does Second Life Improve Mandarin Learning by Overseas Chinese Students/Lan, Yu-Ju//LANGUAGE LEARNING & TECHNOLOGY. —2014, 18 (2): 36 –56.

42. Does Second Life Improve Mandarin Learning by Overseas Chinese Students/Huang, Shu-Min//ANTHROPOLOGY & MEDICINE. —2014, 21 (1): 43 –57.

43. Effect of Approved Destination Status on Mainland Chinese Travel Abroad/Arita, Shawn; La Croix, Sumner; Edmonds, Christopher//ASIAN ECONOMIC JOURNAL. —2014, 28 (3): 217 –237.

44. Emergency Communications Within the Limited English Proficient Chinese Community/ Yip, Mei-Po; Calhoun, Rebecca E. ; Painter, Ian S. //JOURNAL OF IMMIGRANT AND MI-NORITY HEALTH. —2014, 16 (4): 769 –771.

45. Emigration as Family Strategy in Chinese Context: Emigration from Fuqing, China/ Fong, Eric; Li, Guoqing; Chan, Elic//JOURNAL OF INTERNATIONAL MIGRATION AND INTEGRATION. —2014, 15 (2): 299 –315.

46. Essentialising Ethnic and State Identities: Strategic Adaptations of Ethnic Chinese in Kelantan, Malaysia/Sathian, Mala Rajo; Ngeow, Yeok Meng//ASIAN STUDIES REVIEW. —2014, 38 (3): 385 –402.

47. Ethnic Contestation and Language Policy in a Plural Society: the Chinese Language Movement in Malaysia, 1952—1967/Sua, Tan Yao; See, Teoh Hooi//HISTORY OF EDUCA-TION. —2014, 43 (2): 251 –268.

48. Ethnicity, Citizenship and Reproduction: Taiwanese Wives Making Citizenship Claims in Malaysia/Chee, Heng Leng; Lu, Melody C. W. ; Yeoh, Brenda S. A.//CITIZENSHIP STU-DIES. —2014, 18 (8): 823 –838.

49. Facial Emotion Recognition: a Cross-cultural Comparison of Chinese, Chinese Living in Australia, and Anglo-Australians/Prado, Catherine; Mellor, David; Byrne, Linda K. ; etc.// MOTIVATION AND EMOTION. —2014, 38 (3): 420 –428.

50. Fan and Tsai: Intracommunity Variation in Plant-based Food Consumption at the Market Street Chinatown, San Jose, California/Cummings, Linda Scott; Voss, Barbara L. ; Yu, Connie Young//HISTORICAL ARCHAEDOGY. —2014, 48 (2): 143 –172.

51. Framing Interethnic Conflict in Malaysia: a Comparative Analysis of Newspapers Cover-age on the Keris Polemics/Fong, Yang L. ; Ishak, Md Sidin Ahmad//ETHNICITIES. —2014, 14 (2): 252 –278.

52. From Resettlement to Rights Protection: The Collective Actions of the Refugees from Vietnam in China Since the Late 1970s/Han, Xiaorong//JOURNAL OF CHINESE OVER-SEAS. —2014, 10 (2): 197 –219.

53. Global Displacements and Emplacement: the Forced Exile and Resettlement

Experiences of Ethnic Chinese Refugees Introduction/Ho, Elaine Lynn-Ee; Peterson, Glen; Madokoro, Laura//JOURNAL OF CHINESE OVERSEAS. —2014, 10 (2): 131 – 136.

54. Gods and/or Ancestore: Practicing Lineage in Contemporary Singapore/Khee Heong Koh; Chang Woei Ong//JOURNAL OF CHINESE OVERSEAS. —2014, 10 (1): 3 – 32.

55. Guiqiao (Returned Overseas Chinese) Identity in the PRC/Ford, Caleb//JOURNAL OF CHINESE OVERSEAS. —2014, 10 (2): 239 – 262.

56. Health, Functioning and Social Engagement Among the UK Chinese/Rochelle, Tina L. ; Shardlow, Steven M. //INTERNATIONAL JOURNAL OF INTERCULTURAL RELA-TION. —2014, 38: 142 – 150.

57. Heritage Language Learning for Chinese Australians: the Role of Habitus/Mu, Guanglun Michael//JOURNAL OF MULTILINGUAL AND MULTICULTURAL DEVELOPMENT. —2014, 35 (5): 497 – 510.

58. How British-Chinese Parents Support Their Children: a View from the Regions/Gates, Peter; Guo, Xumei//EDUCATIONAL REVIEW. —2014, 66 (2): 168 – 191.

59. How does a House Remember? Heritage-ising Return Migration in an Indonesian-Chinese House Museum in Guangdong, PRC/Wang, Cangbai//INTERNATIONAL JOURNAL OF HERITAGE STUDIES. — 2014, 20 (4): 454 – 474.

60. Humanitarian Assistance and Propaganda War: Repatriation and Relief of the Nationalist Refugees in Hong Kong's Rennie's Mill Camp, 1950—1955/Yang, Dominic Meng-Hsuan//JOURNAL OF CHINESE OVERSEAS. —2014, 10 (2): 165 – 196.

61. Identity Challenged: Taiwanese Women Migrating to Australia/Krajewski, Sabine; Blumberg, Sandra//GENDER PLACE AND CULTURE. —2014, 21 (6): 701 – 716.

62. Income Distribution Across Ethnic Groups in Malaysia: Results from a New Social Accounting Matrix/Saari, M. Yusof; Dietzenbacher, Erik; Los, Bart//ASIAN ECONOMIC JOURNAL. —2014, 28 (3): 259 – 278.

63. Influence of Social Media on Chinese Students' Choice of an Overseas Study Destination: an Information Adoption Model Perspective/Shu, Mengya; Scott, Noel//JOURNAL OF TRAVEL AND TOURISM MARKETING. —2014, 31 (1/2): 286 – 302.

64. Korean-Chinese Migrant Workers and the Politics of Korean Nationalism/Lee, Byoungha; Choi, Jun Young; Seo, Jungmin//PACIFIC FOCUS. —2014, 29 (3): 395 – 412.

65. Learning Chinese as a Heritage Language in Australia and Beyond: the Role of Capital/ Mu, Guanglun Michael//LANGUAGE AND EDUCATION. —2014, 28 (5): 477 – 492.

66. Losing Chinese as the First Language in Thailand/Yu Hsiu; Lee, Hugo//ASIAN SO-CIAL SCIENCE. — 2014, 10 (6): 87 – 110.

67. Making the "Invisible" a "Visible problem" —the Representation of Chinese Illegal Immigrants in U. S. Newspapers/Zheng Zhu//JOURNAL OF CHINESE OVERSEAS. —2014, 10 (1): 61 – 90.

68. Making the Chinese Mexican: Global Migration, Localism, and Exclusion in the US-Mexico Borderlands/Reejhsinghani, Anju//JOURNAL OF AMERICAN ETHNIC HISTORY. —

2014, 33 (3): 77 – 84.

69. Motivation and Engagement in the "Asian Century": a Comparison of Chinese Students in Australia, Hong Kong, and Mainland China/Martin, A. J. ; Yu, Kai; Hau, Kit-Tai//EDUCATIONAL PSYCHOLOGY. —2014, 34 (4): 417 – 439.

70. Moving Beyond Grades: the Social and Emotional Well-being of Chinese Canadians at School/Gagne, Monique H. ; Shapka, Jennifer D. ; Law, Danielle M.//ASIAN AMERICAN JOURNAL OF PSYCHOLOGY. —2014, 5 (4): 373 – 382.

71. Narratives and Traits in Personality Development Among New Zealand Maori, Chinese, and European Adolescents/Reese, Elaine; Chen, Yan; McAnally, Helena M.//JOURNAL OF ADOLESCENCE. —2014, 37 (5): 727 – 737.

72. Neighborhood Characteristics, Parenting Styles, and Children's Behavioral Problems in Chinese American Immigrant Families/Lee, Erica H. ; Zhou, Qing; Ly, Jennifer; //CULTURAL DIVERSITY & ETHNIC MINORITY PSYCHOLOGY. —2014, 20 (2): 202 – 212.

73. Nowhere and Everywhere: Rethinking Limehouse Chinatown, London 1900—1930/周伸芳 (Sheng-Fang Chou)//南艺学报. —2014 (9): 47 ~ 76.

74. Overseas Students, Returnees, and the Diffusion of International Norms into Post-Mao China/Zweig, David; Yang, Feng//INTERNATIONAL STUDIES REVIEW. —2014, 16 (2): 252 – 263.

75. Parent—Child Cultural Orientations and Child Adjustment in Chinese American Immigrant Families/Chen, Stephen H. ; Hua, Michelle; Zhou, Qing; etc.//DEVELOPMENTAL PSYCHOLOGY. —2014, 50 (1): 189 – 201.

76. Plague, Fear, and Politics in San Francisco's Chinatown/Mix, Lisa A.//JOURNAL OF THE HISTORY OF MEDICINE AND ALLIED SCIENCES. —2014, 69 (4): 678 – 680.

77. Planting Good Roots and Creating Affinities: Engaged Buddhism in the Chinese-Filipino Context/Aristotle C. Dy//JOURNAL OF CHINESE OVERSEAS. —2014, 10 (1): 33 – 60.

78. Pursuing Chinese Studies Amidst Identity Politics in Malaysia/Ngeow, Chow Bing; Ling, Tek Soon; Fan, Pik Shy//REVIEW OF POLICY RESEARCH. —2014, 31 (5): 430 – 453.

79. (Re) imaginings of Hong Kong: Voices from the Hong Kong Diaspora and Their Children/Tang Winnie//JOURNAL OF CHINESE OVERSEAS. —2014, 10 (1): 91 – 108.

80. Recreating the Chinese American Home Through Cookbook Writing/Chen, Yong//SOCIAL RESEARCH. —2014, 81 (2): 489 – 500.

81. Regional Variability and Ethnic Identity: Chinese Americans in New York City and San Francisco/Wong, Amy Wing-Mei; Hall-Lew, Lauren//LANGUAGE & COMMUNICATION. —2014, 35: 27 – 42.

82. Retail Tours in China for Overseas Chinese: Soft Power or Hard Sell/Kwek, Anna; Wang, Ying; Weaver, David B.//ANNALS OF TOURISM RESEARCH. —2014, 44 (44): 36 – 52.

83. Rethinking International Migration of Human Capital and Brain Circulation: the Case of Chinese-Canadian Academics/Blachford, Dongyan Ru; Zhang, Bailing//JOURNAL OF

STUDIES IN INTERNATIONAL EDUCATION. —2014, 18 (3): 202 – 222.

84. Returning to the Kampung Halaman: Limitations of Cosmopolitan Transnational Aspirations Among Hakka Chinese Indonesians Overseas/Emily Hertzman//AUSTRIAN JOURNAL OF SOUTHEAST ASIAN STUDIES. —2014, 7 (2): 147 – 164.

85. Rural Geographies and Chinese Empires: Chinese Shopkeepers and Shop-life in Australia/Loy-Wilson, Sophie//AUSTRALIAN HISTORICAL STUDIES. —2014, 45 (3): 407 – 424.

86. Segmented Assimilation and Socio-economic Integration of Chinese Immigrant Children in the USA/Zhou, Min//ETHNIC AND RACIAL STUDIES. —2014, 37 (7): 1172 – 1183.

87. Selling Sex Overseas: Chinese Women and the Realities of Prostitution and Global Sex Trafficking/Swider, Sarah//CONTEMPORARY SOCIOLOGY: A JOURNAL OF REVIEWS. —2014, 43 (3): 357 – 358.

88. Selling Sex Overseas: Chinese Women and the Realities of Prostitution and Global Sex Trafficking/Dewey, Susan//INTERNATIONAL JOURNAL OF COMPARATIVE SOCIOLOGY. —2014, 55 (2): 175 – 177.

89. Sex, Intimacy, and Desire Among Men of Chinese Heritage and Women of Non-Asian Heritage in Toronto, 1910—1950/Chenier, Elise//URBAN HISTORY REVIEW/REVUE D'HISTOIRE URBAINE. —2014, 42 (2): 29 – 43.

90. Social Networks, Cultural Capital and Attachment to the Host City: Comparing Overseas Chinese Students and Foreign Students in Taipei/Ma, Ai-Hsuan Sandra//ASIA PACIFIC VIEWPOINT. —2014, 55 (2): 226 – 241.

91. Southeast Asian Personalities of Chinese Descent: a Biographical Dictionary, vol 1, vol 2/Barrett, Tracy C. //BIJDRAGEN TOT DE TAAL-LAND-EN VOLKENKUNDE. —2014, 170 (1): 165 – 167.

92. Spirit-writing and Mediumship in the Chinese New Religious Movement Dejiao in Southeastern Asia/Formoso, Bernard//ANTHROPOS. —2014, 109 (2): 539 – 550.

93. The Changing Character and Survival Strategies of the Chinese Community in India/Pan, Mei-Lin//CHINA REPORT. —2014, 50 (3): 233 – 242.

94. The Chinatown War: Chinese Los Angeles and the Massacre of 1871/Chung, Sue Fawn//HISTORIAN. —2014, 76 (1): 149 – 150.

95. The Chinese Face in Australia-multi-generational Ethnicity Among Australian-born Chinese/Kee, Pookong//ASIAN AND PACIFIC MIGRATION JOURNAL. —2014, 23 (2): 243 – 245.

96. The Chinese in Mexico, 1882—1940/Suri, Jeremi//INTERNATIONAL HISTORY REVIEW. —2014, 36 (2): 389 – 391.

97. The Disobedient Diaspora: Overseas Chinese Students in Mao's China, (1958—1966) /Chan, Shelly//JOURNAL OF CHINESE OVERSEAS. —2014, 10 (2): 220 – 238.

98. The Emotional Economy of Migration Driving Mainland Chinese Transnational Sojourning Across Migration Regimes/Ho, Elaine Lynn-Ee//ENVIRONMENT AND PLANNING A. —

2014, 46 (9): 2212 - 2227.

99. The Experience of Chinese Immigrant Women in Caring for a Terminally Ill Family Member in Australia/Heidenreich, Mary T. ; Koo, Fung Kuen; White, Kate//COLLEGIAN. — 2014, 21 (4): 275 - 285.

100. The Origins and Development of Athletics Among the Military, European and Migrant Communities in Nineteenth-century Singapore, 1819—1899//INTERNATIONAL JOURNAL OF THE HISTORY OF SPORT. —2014, 31 (6): 652 - 673.

101. The Resilient Chinese in Australia: Ethnicity, Identity and "Chineseness" /Pulla, Venkat; Woods, Jennifer//INTERNATIONAL SOCIOLOGY. —2014, 29 (5): 388 - 395.

102. The Role of Overseas Chinese-speaking Regions in Global Sourcing/Lo, Chu-Ping; Wu, Shih-Jye; Hsu, Su-Ying//CHINA ECONOMIC REVIEW. —2014, 30 (9): 133 - 142.

103. Tiger Parents or Sheep Parents? Struggles of Parental Involvement in Working-class Chinese Immigrant Families/Qin, Desiree Baolian; Han, Eun-Jin//TEACHERS COLLEGE RE-CORD. —2014, 116 (8): 1 - 32.

104. Transnational Undocumented Marriages in the Sino-Vietnamese Border Areas of China/ Liang Maochun; Chen Wen//ASIAN AND PACIFIC MIGRATION JOURNAL. —2014, 23 (1): 113 - 125.

105. Transplanted Wenzhou Model and Transnational Ethnic Economy: Experiences of Zhejiangcun's Wenzhou Migrants and Wangjing's Chaoxianzu (Ethnic Korean Chinese) Migrants in Beijing/Jeong, Jong-Ho//JOURNAL OF CONTEMPORARY CHINA. —2014, 23 (86): 330 - 350.

106. Trends in Participation and Attainment of Chinese Students in UK Higher Education/ Iannelli, Cristina; Huang, Jun//STUDIES IN HIGHER EDUCATION. —2014, 39 (5): 805 - 822.

107. Trouble in the Middle: American Chinese Business Relations Culture, Conflicts and Ethics/Sethi, S. Prakash//BUSINESS ETHICS QUARTERLY. —2014, 24 (2): 287 - 291.

108. Twice—migrant Chinese and Indians in the United States: Their Origins and Attachment to Their Original Homeland/Pyong Gap Min; Sung S. //PARK DEVELOPMENT AND SOCIETY. — 2014, 43 (2): 381 - 401.

109. Why are Chinese Mothers More Controlling than American Mothers? "My Child is My Report Card" /Ng, Florrie Fei-Yin; Pomerantz, Eva M. ; Deng, Ciping//CHILD DEVELOP-MENT. —2014, 85 (1): 355 - 369.

2015 年英文期刊论文

1. "Chinese Immigrants" or "Outside from Taiwan": from Ethical Literary Criticism to Observe Identity Recognition Within Luo Yijun's Novel/Chai, Siaw Ling//UNIVERSITAS-MONTH-LY REVIEW OF PHILOSOPHY AND CULTURE. —2015, 42 (4): 61 - 72.

2. "Fistful of Tears" Encounters with Transnational Affect, Chinese Immigrants and Italian Fast Fashion/Krause, Elizabeth L. //CAMBIO-RIVISTA SULLE TRASFORMAZIONI SOCIA-

LI. —2015, 10: 27 – 40.

3. "Watching Television" or "Looking at Pictures": Chinese American Elders Encountering Historical Displacement, Orders of Indexicality, and Shifting Linguistic Modernities/Leung, Genevieve//JOURNAL OF CHINESE OVERSEAS. —2015, 11 (1): 3 – 20.

4. A Comparison of Chinese Immigrants' Perceptions of the Police in New York City and Toronto/Chu, Doris C.; Song, John Huey-Long//CRIME & DELINQUENCY. —2015, 61 (3): 402 – 427.

5. A Cultural Understanding of Chinese Immigrant Mothers' Feeding Practices. A Qualitative Study/Zhou, Nan; Cheah, Charissa S. L.; Van Hook, Jennifer//APPETITE. —2015, 87: 160 – 167.

6. A Genie in a Witch's Coat—a Thematic Study of Li Zishu's Fictions/Huang, Xiaoyan// JOURNAL OF THE SOUTH SEAS SOCIETY. —2015, 69: 207 – 227.

7. A New Epistemic Silk Road? The Chinese Knowledge Diaspora, and Its Implications for the Europe of Knowledge/Welch, Anthony//EUROPEAN REVIEW. —2015, 23 (1): S95 – S111.

8. A Pollution Incident at a Qiaoxiang Village in China: the Role of Migration in Civic Organization and Political Participation/Lin, Sheng; Bax, Trent//ETHNIC AND RACIAL STUDIES. —2015, 38 (10): 1741 – 1759.

9. A Reflection on the Multiculturalism of Korea Through the Overseas Chinese/Wu, Yang-Ho//JOURNAL OF KOREANOLOGY. —2015, 56: 383 – 416.

10. A Study on Child-rearing Experiences of Chinese Marriage Immigrant Mothers with Young Children/Huang, Jing; Lee, JooYeon//KOREAN JOURNAL OF CHILD PSYCHOTHERAPY. — 2015, 10 (2): 39 – 62.

11. A Study on History and Culture Network of Overseas Chinese/김판준//STUDIES OF KOREANS ABROAD. —2015, 35: 125 – 149.

12. A Study on Settlement Aspects of Overseas Chinese in Thailand: Focusing on the Thai Novel Letters from Thailand/Choi, Nanoak//THE JOURNAL OF EURASIAN STUDIES. — 2015, 12 (3): 157 – 172.

13. A Study on the Intercultural Educational Program for Chinese Marriage Migrant Women in Korea—Focusing on Korean and Chinese Myths/신승혜//THE JOURNAL OF SINOLOGY. — 2015, 48: 255 – 289.

14. A Study on the Relations Between Chinese Diaspora in Malaysia and Motherland/김혜련// MINJOK YEONKU. —2015, 61: 80 – 99.

15. Acculturation and Dietary Change Among Chinese Immigrant Women in the United States/Tseng, Marilyn; Wright, David J.; Fang, Carolyn Y.//JOURNAL OF IMMIGRANT AND MINORITY HEALTH. —2015, 17 (2): 400 – 407.

16. Acculturation and Parenting in First-generation Chinese Immigrants in the United Kingdom/Huang, Ching-Yu; Lamb, Michael E.//JOURNAL OF CROSS-CULTURAL PSYCHOLOGY. —2015, 46 (1): 150 – 167.

17. Acculturation, Gender, and Views on Interracial Relationships Among Chinese

Canadians/Lou, Evelina; Lalonde, Richard N. ; Wong, Jane Y. T. //PERSONAL RELATION-SHIPS. —2015, 22 (4): 621 –634.

18. Actual Direction of Korean-Chinese's Violent Crime in Korea/임광순//CRITICAL RE-VIEW OF HISTORY. —2015, 111: 358 – 384.

19. Ambivalent Alliance: Chinese Policy Towards Indonesia, 1960—1965/Zhou, Taomo//CHINA QUARTERLY. —2015, 221: 208 –228.

20. Analysis and a Case Study of the Chinese Employees (Overseas Chinese Included) Abroad Being Attacked and Ways for Prevention/Lu, Baojun; Wang, Hongtao; Zhao, Yong//JOURNAL OF SAFETY AND ENVIRONMENT. —2015, 15 (3): 156 – 160.

21. Analyzing the Influence of Social Capital on Self-employment: a Study of Chinese Immi-grants/Romero, Isidoro; Yu, Zhikun//ANNALS OF REGIONAL SCIENCE. —2015, 54 (3): 877 – 899.

22. Between Mao and McCarthy: Chinese American Politics in the Cold War Years/Li, Hongshan//JOURNAL OF AMERICAN HISTORY. —2015, 102 (3): 936 – 937.

23. Bilingual Maintenance and Bicultural Identity Development—Case Study of Second-generation Chinese American Teachers in Southern California/胡依嘉 (Hu Yee-Chia) //中原华语文学报. —2015 (15): 111 – 159.

24. Book Review: Ang Ming Chee. Institution and Social Mobilization: the Chinese Educa-tion Movement in Malaysia, 1951—2011/Tan, Ting Yean//SOUTHERN UNIVERSITY COLLEGE ACADEMIC JOURNAL. —2015, 3: 158 – 160.

25. Book Review: Edmund Terence Gomez and Johan Saravanamuttu (eds) . The New E-conomic Policy in Malaysia: Affirmative Action, Ethnic Inequalities and Social Justice/Ng, Beoy Kui//SOUTHERN UNIVERSITY COLLEGE ACADEMIC JOURNAL. —2015, 3: 164 – 168.

26. Book Review: Lisa Funnell. Warrior Women: Gender, Race, and the Transnational Chinese Action Star/Paul Bowman//JOURNAL OF CHINESE OVERSEAS. —2015, 11 (2): 217 –219.

27. Book Review: Loretta Baldassar, Graeme Johanson, Narelle McAuliffe, and Massimo Bressan. Chinese Migration to Europe: Prato, Italy, and Beyond/Chan, Hiu Ling//JOURNAL OF CHINESE OVERSEAS. —2015, 11 (2): 220 – 223.

28. Book Review: Penang: Rites of Belonging in a Malaysian Chinese Community, by Jean Elizabeth DeBernardi; Hokkien Nursery Rhymes in Old Penang, compiled by Toh Teong Chuan (in Chinese) /Tan Ai Boay//MALAYSIAN JOURNAL OF CHINESE STUDIES. —2015, 4 (1): 69 –72.

29. Book Review: Song Hwee Lim. Tsai Ming-Liang and a Cinema of Slowness/Carlos Ro-jas//JOURNAL OF CHINESE OVERSEAS. —2015, 11 (2): 228 – 230.

30. Book Review: Xu Yuantai. Evolution and Model: the Propagation of Taoism and Buddhism in Singapore/Jack Meng-Tat Chia//JOURNAL OF CHINESE OVERSEAS. —2015, 11 (2): 224 – 227.

31. Book Review: Yen Ching-Hwang. Ethnic Chinese Business in Asia: History, Culture

and Business Enterprise. /Donna Brunero//JOURNAL OF CHINESE OVERSEAS. —2015, 11 (1): 105 – 107.

32. Book Review: Yong Chen. Chop Suey, USA: the Story of Chinese Food in America/ Leander Seah//JOURNAL OF CHINESE OVERSEAS. —2015, 11 (2): 231 – 234.

33. Book Review: Yow Cheun Hoe. Guangdong and Chinese Diaspora: the Changing Landscape of Qiaoxiang. /Zhou, Min//JOURNAL OF CHINESE OVERSEAS. —2015, 11 (1): 108 – 111.

34. Change in Waist Circumference with Longer Time in the United States Among Hispanic and Chinese Immigrants: the Modifying Role of the Neighborhood Built Environment/Albrecht, Sandra S. ; Osypuk, Theresa L. ; Kandula, Namratha R. //ANNALS OF EPIDEMIOLOGY. — 2015, 25 (10): 767 – 772.

35. Chinese American Culture in the Making: Perspectives and Reflections on Diasporic Folklore and Identity/Zhang, Juwen//JOURNAL OF AMERICAN FOLKLORE. —2015, 128 (510): 449 – 475.

36. Chinese American Immigrant Parents' Emotional Expression in the Family: Relations with Parents' Cultural Orientations and Children's Emotion-related Regulation/Chen, Stephen H. ; Zhou, Qing; Main, Alexandra//CULTURAL DIVERSITY & ETHNIC MINORITY PSYCHO-LOGY. —2015, 21 (4): 619 – 629.

37. Chinese Diaspora in Korean Literature/Park, Hyungjun//STUDIES OF CHINESE & KOREAN HUMANITIES. —2015, 48: 153 – 176.

38. Chinese Evangelists on the Move: Space, Authority, and Ethnicisation Among Overseas Chinese Protestant Christians/Huang, Yuqin; Hsiao, I-Hsin//SOCIAL COMPASS. —2015, 62 (3): 379 – 395.

39. Chinese Migrants and Africa's Development: New Imperialists or Agents of Change? / Zafar, Ali//LABOR HISTORY. —2015, 56 (3): 376 – 378.

40. Chinese Private Schools as a Viable Route to Secondary Education in Malaysia: a Case Study/Low, Ming Jia//MALAYSIAN JOURNAL OF CHINESE STUDIES. —2015, 4 (2): 45 – 59.

41. Chinese Refugees Forum Questioning the Dynamics and Language of Forced Migration in Asia: the Experiences of Ethnic Chinese Refugees/Madokoro, Laura; Ho, Elaine Lynn-Ee; Peterson, Glen//MODERN ASIAN STUDIES. —2015, 49 (2): 430 – 438.

42. Clothing Adaptation and Clothing Consumption Behavior According to Acculturation in Married Chinese Immigrant Women/Son, Jin Ah; Nam, Yun Ja//THE RESEARCH JOURNAL OF THE COSTUME CULTURE. —2015, 23 (6): 972 – 986.

43. Coming Home in Gold Brocade: Chinese in Early Northwest America/Rose, Chelsea// OREGON HISTORICAL QUARTERLY. —2015, 116 (4): 530 – 531.

44. Commemorating Chinese Merchants Benefactors in Malacca: the Case of Captain Li Weijing (1614—1688) /苏尔梦 (Claudine SALMON) //淡江史学. —2015 (27): 119 – 133.

45. Commentary on the Archaeology of Chinese Railroad Workers in North America: Where

do We Go from Here? /Praetzellis, Mary; Praetzellis, Adrian//HISTORICAL ARCHAEOLOGY. — 2015, 49 (1): 162-174.

46. Comparison Between Chinese and Taiwanese Education for Overseas Chinese People/고영희//MINJOK YEONKU. —2015, 63: 78-101.

47. Constructing Identities through Multilingualism and Multiscriptualism: the Linguistic Landscape in Dutch and Belgian Chinatowns/Wang, Xiaomei; Hans Van de Velde//JOURNAL OF CHINESE OVERSEAS. —2015, 11 (2): 119-145.

48. Contesting Transnational Mobility Among New Zealand's Chinese Migrants from an Economic Perspective/Liu, Liangni Sally; Lu, Jun//JOURNAL OF CHINESE OVERSEAS. — 2015, 11 (2): 146-173.

49. Coping with a New Health Culture: Acculturation and Online Health Information Seeking Among Chinese Immigrants in the United States/Wang, Weirui; Yu, Nan//JOURNAL OF IMMIGRANT AND MINORITY HEALTH. —2015, 17 (5): 1427-1435.

50. Correlation Between the Language Acquisition and the Familiar Upbringing in the Migration—a Qualitative Analysis with Chinese Migrants of Second Generation in Germany/Li, Yuan; Zhang, Yuanfang//MUTTERSPRACHE. —2015, 125 (1): 69-80.

51. Diasporic Chineseness After the Rise of China: Communities and Cultural Production/Tan, Serene K. //PACIFIC AFFAIRS. —2015, 88 (2): 292-294.

52. Diasporic Chineseness After the Rise of China: Communities and Cultural Production/Jay, Jennifer W. //CHINA JOURNAL. —2015, 73: 300-302.

53. Differential Links Between Expressive Suppression and Well-being Among Chinese and Mexican American College Students/Su, Jenny C. ; Lee, Richard M. ; Park, Irene J. K. //ASIAN AMERICAN JOURNAL OF PSYCHOLOGY. —2015, 6 (1): 15-24.

54. Difficulties and Changes of Chinese Immigrant Mothers and Their Children Who Participated in Bilingual Education Support/Lee, Seung-Sook; Ji-Hi, Bae//EARLY CHILDHOOD EDUCATION & CARE. —2015, 10 (3): 53-84.

55. Do Chinese Have Similar Health-state Preferences? A Comparison of Mainland Chinese and Singaporean Chinese/Wang, P. ; Li, M. H. ; Liu, G. G.//EUROPEAN JOURNAL OF HEALTH ECONOMICS. —2015, 16 (8): 857-863.

56. Does the Chinese Diaspora Speed up Growth in Host Countries? /Priebe, Jan; Rudolf, Robert//WORLD DEVELOPMENT. —2015, 76: 249-262.

57. Domain Identification Moderates the Effect of Positive Stereotypes on Chinese American Women's Math Performance/Saad, Carmel S. ; Meyer, Oanh L. ; Dhindsa, Manveen//CULTURAL DIVERSITY & ETHNIC MINORITY PSYCHOLOGY. —2015, 21 (1): 162-167.

58. Early Chinese-American Society as Portrayed in Chinese Letters of the Ah Louis Family of San Luis Obispo, California, USA/Fetzer, Joel//JOURNAL OF CHINESE OVERSEAS. — 2015, 11 (2): 199-215.

59. Ecological Risk Model of Childhood Obesity in Chinese Immigrant Children/Zhou, Nan; Cheah, Charissa S. L. //APPETITE. —2015, 90: 99-107.

60. Education of Children and Identity of Chinese Marriage Migrant Women: Case Study of Highly Educated Women in Daegu and Kyung-Buk Area/Lee, Minkyung//THE KOREA EDUCATIONAL REVIEW. —2015, 21 (2): 151 – 175.

61. Effects of Social Determinants on Chinese Immigrant Food Service Workers' Work Performance and Injuries Mental Health as a Mediator/Tsai, Jenny Hsin-Chun; Thompson, Elaine Adams//JOURNAL OF OCCUPATIONAL AND ENVIRONMENTAL MEDICINE. —2015, 57 (7): 806 – 813.

62. Effortful Control and Early Academic Achievement of Chinese American Children in Immigrant Families/Chen, Stephen H. ; Main, Alexandra; Zhou, Qing//EARLY CHILDHOOD RESEARCH QUARTERLY. —2015, 30 (A): 45 – 56.

63. Elite Schools, Postcolonial Chineseness and Hegemonic Masculinities in Singapore/Goh, Daniel P. S.//BRITISH JOURNAL OF SOCIOLOGY OF EDUCATION. —2015, 36 (1, SI): 137 – 155.

64. Embodied Numerosity in Chinese and Canadian University Students/Morrissey, Kyle Richard; Hallett, Darcy; Liu, Mowei//CANADIAN JOURNAL OF EXPERIMENTAL PSYCHOLOGY-REVUE CANADIENNE DE PSYCHOLOGIE EXPERIMENTALE. —2015, 69 (4): 370.

65. Exclusion as a Privilege: the Chinese Diaspora in North Korea/Tertitskiy, Fyodor//JOURNAL OF KOREAN STUDIES. —2015, 20 (1): 177 – 199.

66. Exploring Health-care Practices of Chinese Railroad Workers in North America/Heffner, Sarah Christine//HISTORICAL ARCHAEOLOGY. —2015, 49 (1): 134 – 147.

67. Facebook Use and Acculturation: the Case of Overseas Chinese Professionals in Western Countries/Mao, Yuping; Qian, Yuxia//INTERNATIONAL JOURNAL OF COMMUNICATION. —2015, 9: 2467 – 2486.

68. Foreign Accents: Chinese American Verse from Exclusion to Postethnicity/Cheung, Floyd//AMERICAN LITERATURE. —2015, 87 (3): 627 – 629.

69. Gender and the Representation of Chinese Intellectual Migration to the United States in China's Reform and Opening-up Era/Miao, Wei//JOURNAL OF CHINESE OVERSEAS. —2015, 11 (1): 59 – 71.

70. Growing Everyday Multiculturalism: Practice-based Learning of Chinese Immigrants Through Community Gardens in Canada/Shan, Hongxia; Walter, Pierre//ADULT EDUCATION QUARTERLY. —2015, 65 (1): 19 – 34.

71. High Impact Strategy Research by Overseas Chinese Scholars in Leading Business Journals: 1991—2011/Jiao, Hao; Cui, Yu; Wang, Qing//ASIA PACIFIC JOURNAL OF MANAGEMENT. —2015, 32 (4, SI): 1065 – 1082.

72. Home and Diasporic Imagination: Incorporating Immigrant Writer Chang Shi-Kuo in (Chinese) American Literary Studies/Huang, Su-Ching//ASIATIC-IIUM JOURNAL OF ENGLISH LANGUAGE AND LITERATURE. —2015, 9 (1): 68 – 80.

73. Honoring Identity Through Mealtimes in Chinese Canadian Immigrants/Lam, Ivy T.

Y. ; Keller, Heather H. //AMERICAN JOURNAL OF ALZHEIMERS DISEASE AND OTHER DEMENTIAS. —2015, 30 (7): 662 – 671.

74. How and Why Race Matters: Malaysian-Chinese Transnational Migrants Interpreting and Practising Bumiputera-differentiated Citizenship/Koh, Sin Yee//JOURNAL OF ETHNIC AND MIGRATION STUDIES. —2015, 41 (3): 531 – 550.

75. Hwagyo (Ethnic Chinese in Korea) Under the Multiculturalism in South Korea/신현준// STUDIES OF CHINESE & KOREAN HUMANITIES. —2015, 49: 263 – 292.

76. In Pursuit of Gold: Chinese American Miners and Merchants in the American West/He, Fang//ENTERPRISE & SOCIETY. —2015, 16 (4): 988 – 990.

77. In-service Teacher Training in Malaysian Chinese High Schools: Current Situation, Characteristics, and Issues/Wong, Shwu Huey//MALAYSIAN JOURNAL OF CHINESE STUDIES. —2015, 4 (1): 31 – 45.

78. In the Convergence of Ethnicity and Immigration: the Status and Socio-ecological Predictors of the Self-concept of Recent Chinese Immigrant School-age Children in Canada/Dyson, Lily//JOURNAL OF CHILD AND FAMILY STUDIES. —2015, 24 (1): 1 – 11.

79. In-between the National and the Foreigner: an Analysis of the Civil Standing of the Overseas Chinese in Korea/정은주//KOREAN CULTURAL ANTHROPOLOGY. —2015, 48 (1): 119 – 169.

80. Industrial District and the Multiplication of Labour: the Chinese Apparel Industry in Prato, Italy/Lan, Tu//ANTIPODE. —2015, 47 (1): 158 – 178.

81. Intellectual Migration and Brain Circulation: Conceptual Framework and Empirical Evidence/Li, Wei; Yu, Wan; Claudia Sadowski-Smith; Wang, Hao//JOURNAL OF CHINESE OVERSEAS. —2015, 11 (1): 43 – 58.

82. Intelligent Cloud Learning Model for Online Overseas Chinese Education/Huang, Zhehuang; Shi, Xiaodong; Chen, Yidong//INTERNATIONAL JOURNAL OF EMERGING TECHNOLOGIES IN LEARNING. —2015, 10 (1): 55 – 59.

83. Investigating Chinese Migrants' Information-seeking Patterns in Canada: Media Selection and Language Preference/Mao, Yuping//GLOBAL MEDIA JOURNAL—CANADIAN EDITION. —2015, 8 (2): 113 – 131.

84. Is the Attitudes Toward Seeking Professional Psychological Help Scale Applicable to Ethnic Chinese Students? Psychometric Properties and Cultural Considerations/Han, Der-Yan; Chen, Sue-Huei//JOURNAL OF COLLEGE STUDENT DEVELOPMENT. —2015, 56 (1): 73 – 83.

85. Longitudinal Reciprocal Relationships Between Discrimination and Ethnic Affect or Depressive Symptoms Among Chinese American Adolescents/Hou, Yang; Kim, Su Yeong; Wang, Yijie//JOURNAL OF YOUTH AND ADOLESCENCE. —2015, 44 (11): 2110 – 2121.

86. Made in Italy (by the Chinese): Migration and the Rebirth of Textiles and Apparel/ Chen, Calvin//JOURNAL OF MODERN ITALIAN STUDIES. —2015, 20 (1, SI): 111 – 126.

87. Making the Chinese Mexican: Global Migration, Localism, and Exclusion in the US-Mexico Borderlands/Wilson, Tamar Diana//LATIN AMERICAN PERSPECTIVES. —2015, 42 (6): 197 – 199.

88. Marital Conflict of Chinese American Immigrant Couples: a Mediator of Socioeconomic Incorporation and Children's Behavioral Problems/Li, Xiaowei; Zhou, Qing; Hou, Ke//JOURNAL OF CHILD AND FAMILY STUDIES. —2015, 24 (12): 3816 – 3826.

89. Minding the Gender Gap: Social Network and Internet Correlates of Business Performance Among Chinese Immigrant Entrepreneurs/Chen, Wenhong; Tan, Justin; Tu, Fangjing// AMERICAN BEHAVIORAL SCIENTIST. —2015, 59 (8, SI): 977 – 991.

90. Mobilizing Overseas Chinese to Back up Chinese Diplomacy: the Case of President Hu Jintao's Visit to Slovakia in 2009/Pleschova, Gabriela; Fuerst, Rudolf//PROBLEMS OF POST-COMMUNISM. —2015, 62 (1): 55 – 65.

91. Moral Discourse and Personhood in Overseas Chinese Contexts/Molenda, John//HISTORICAL ARCHAEOLOGY. —2015, 49 (1): 46 – 58.

92. On the Investigation and Study of the Korean Overseas Chinese Schools/Kam, Seo-Won //THE JOURNAL OF CHINESE CHARACTERS. —2015, 13: 75 – 97.

93. Overseas Chinese Remittance Firms, the Limits of State Sovereignty, and Transnational Capitalism in East and Southeast Asia, 1850s—1930s/Harris, Lane J. //JOURNAL OF ASIAN STUDIES. —2015, 74 (1): 129 – 151.

94. Patriotism Abroad: Overseas Chinese Students' Encounters with Criticisms of China/ Hail, Henry Chiu//JOURNAL OF STUDIES IN INTERNATIONAL EDUCATION. —2015, 19 (4): 311 – 326.

95. Population Aging and the Malaysian Chinese: Issues and Challenges/Chai, Sen Tyng; Tengku Aizan Hamid//MALAYSIAN JOURNAL OF CHINESE STUDIES. —2015, 4 (1): 1 – 13.

96. Qiaowu: Extra-territorial Policies for the Overseas Chinese/Nathan, Andrew J. //FOREIGN AFFAIRS. —2015, 94 (2): 200 – 201.

97. Qiaowu: Extra-territorial Policies for the Overseas Chinese/Van Dongen, Els//CHINA QUARTERLY. —2015, 221: 273 – 275.

98. Rails Built of the Ancestors' Bones: the Bioarchaeology of the Overseas Chinese Experience/Harrod, Ryan P. ; Crandall, John J. //HISTORICAL ARCHAEOLOGY. —2015, 49 (1): 148 – 161.

99. Ranking and Mapping the Contributions by Overseas Chinese Strategy Scholars: a Systematic and Relevant Analysis/Li, Weiwen; Li, Peter Ping; Shu, Cheng//ASIA PACIFIC JOURNAL OF MANAGEMENT. —2015, 32 (4, SI): 1085 – 1108.

100. Redefining Religious Nones: Lessons from Chinese and Japanese American Young Adults/Jeung, Russell; Esaki, Brett; Liu, Alice//RELIGIONS. —2015, 6 (3): 891 – 911.

101. Re-examining the "Chinese Learner": a Case Study of Mainland Chinese Students' Learning Experiences at British Universities/Wu, Qi//HIGHER EDUCATION. —2015, 70 (4): 753 – 766.

102. Reproducing Hybridity in Korea: Conflicting Interpretations of Korean Culture by South Koreans and Ethnic Korean Chinese Marriage Migrants/Schubert, Amelia L. ; Youngmin, Lee; Hyun-Uk, Lee//ASIAN JOURNAL OF WOMENS STUDIES. —2015, 21 (3): 232 – 251.

103. Research on the Chinese Organizations of Singaporean Regions in the 19th Century/

Chowonil; Kim, jongkyu//THE JOURNAL OF HUMANITIES STUDIES. —2015, 52 (2): 469 –492.

104. Rethinking Chineseness: Translational Sinophone Identities in the Nanyang Literary World/Chandra, Elizabeth//SOUTH EAST ASIA RESEARCH. —2015, 23 (2): 263 –265.

105. Reviewing Chinese Immigrant Women's Health Experiences in English-speaking Western Countries: a Postcolonial Feminist Analysis/Lu, Yixi; Racine, Louise//HEALTH SOCIOLOGY REVIEW. —2015, 24 (1): 15 –28.

106. Russia's Policy Towards Chinese Immigrants During the First World War/Khokhlov, Alexander//ROSSIISKAYA ISTORIYA. —2015 (3): 15 –29.

107. School Success and Failure Changes Seen in Children of Chinese Descent in Paris/ Yamamoto, Sumiko//JOURNAL OF CHINESE OVERSEAS. —2015, 11 (1): 72 –86.

108. Searching for a Sense of Place: Identity Negotiation of Chinese Immigrants/Liu, Shuang//INTERNATIONAL JOURNAL OF INTERCULTURAL RELATIONS. —2015, 46 (SI): 26 –35.

109. Seeking the Common Dreams Between the Worlds: Stories of Chinese Immigrant Faculty in North American Higher Education/Wu, Bin//COMPARATIVE EDUCATION REVIEW. — 2015, 59 (1): 173 –175.

110. Shaping and Reshaping Chinese American Identity: New York's Chinese During the Depression and World War Ⅱ/Rouse, Wendy//JOURNAL OF AMERICAN ETHNIC HISTORY. —2015, 34 (3): 95 –99.

111. Social Capital and Life Satisfaction Among Chinese and Korean Elderly Immigrants/ Kim, Bum J. ; Linton, Kristen F. ; Lum, Wesley//JOURNAL OF SOCIAL WORK. —2015, 15 (1): 87 –100.

112. Social Identity Enhancement Strategy and Employees' Job Attitudes: a Case of Chinese Immigrant Employees in Korea/Li, Wei; Kim, Jee-Young//THE JOURNAL OF EURASIAN STUDIES. —2015, 12 (4): 181 –205.

113. Social Innovation and Chinese Overseas Hydropower Dams: the Nexus of National Social Policy and Corporate Social Responsibility/Nordensvard, Johan; Urban, Frauke; Mang, Grace//SUSTAINABLE DEVELOPMENT. —2015, 23 (4): 245 –256.

114. Social Networks and Immigration Stress Among First-generation Mandarin-speaking Chinese Immigrants in Los Angeles/Li, Yawen; Hofstetter, C. Richard; Wahlgren, Dennis//INTERNATIONAL JOURNAL OF SOCIAL WELFARE. —2015, 24 (2): 170 –181.

115. Stability and Change in Adjustment Profiles Among Chinese American Adolescents: the Role of Parenting/Kim, Su Yeong; Wang, Yijie; Shen, Yishan//JOURNAL OF YOUTH AND ADOLESCENCE. —2015, 44 (9, SI): 1735 –1751.

116. State Intervention in Business and Malaysian Chinese Entrepreneurship/Chin, Yee Whah//MALAYSIAN JOURNAL OF CHINESE STUDIES. —2015, 4 (2): 1 –26.

117. Study on the Changes of Overseas Chinese Business Network—Focusing on Taiwan and Indonesia/Park, Jaesue//JOURNAL OF DIASPORA STUDIES. —2015, 9 (2): 257 –281.

118. Surviving Financial Crises: the Chinese Overseas in Malaysia and Singapore/Cheong,

Kee Cheok; Lee, Kam Hing; Lee, Poh Ping//JOURNAL OF CONTEMPORARY ASIA. —2015, 45 (1): 26 –47.

119. Temporalities of Citizenship: Malaysian-Chinese Skilled Migrants in Singapore and Returnees to Malaysia/Koh, Sin Yee//ASIAN AND PACIFIC MIGRATION JOURNAL. —2015, 24 (1): 3 –27.

120. The Archaeology of Overseas Chinese Abalone Fishermen on Santa Rosa Island, Alta California/Braje, Todd J. ; Bentz, Linda//JOURNAL OF CHINESE OVERSEAS. —2015, 11 (1): 87 –103.

121. The Challenges for Chinese Merchants in Botswana: a Middleman Minority Perspective/Zi, Yanyin//JOURNAL OF CHINESE OVERSEAS. —2015, 11 (1): 21 –42.

122. The Chinese in Mexico, 1882—1940/Wilson, Tamar Diana//LATIN AMERICAN PERSPECTIVES. —2015, 42 (6): 197 –199.

123. The Development of Chinese Education in Malaysia, 1952—1975: Political Collaboration Between the Malaysian Chinese Association and the Chinese Educationists/Tan, Yao Sua; Teoh, Hooi See//HISTORY OF EDUCATION. —2015, 44 (1): 83 –100.

124. The Early Maritime Chinese Diaspora in Southeast Asia: Ports, Routes, and Communities/Wu, Xiao'an//MALAYSIAN JOURNAL OF CHINESE STUDIES. —2015, 4 (1): 47 –58.

125. The Internationalisation of Family Firms: Case Histories of Two Chinese Overseas Family Firms/Cheong, Kee-Cheok; Lee, Poh-Ping; Lee, Kam-Hing//BUSINESS HISTORY. —2015, 57 (6): 841 –861.

126. The Migration of Ethnic Chinese from Korea to the US and Their Ethnic Identity: a Case Study in Michigan/안병일//KOREAN CULTURAL ANTHROPOLOGY. —2015, 48 (3): 3 –45.

127. The Mobile Emplacement: Chinese Migrants in Italian Industrial Districts/Ceccagno, Antonella//JOURNAL OF ETHNIC AND MIGRATION STUDIES. —2015, 41 (7): 1111 –1130.

128. The Moderating Role of English Proficiency in the Association Between Immigrant Chinese Mothers' Authoritative Parenting and Children's Outcomes/Yu, Wei; Cheah, Charissa S. L. ; Sun, Shuyan//JOURNAL OF GENETIC PSYCHOLOGY. —2015, 176 (4): 272 –279.

129. The Networks Analysis of Chinese Business Community in United States/ 서상민; 이광수//JOURNAL OF CHINESE STUDIES. —2015, 48: 139 –167.

130. The Policy on Overseas Chinese in China: Change and Prospect/Nah, Youngjoo// MINJOK YEONKU. —2015, 61: 54 –78.

131. The Reversed Brain Drain: A Mixed-method Study of the Reversed Migration of Chinese Overseas Scientists/Lu, Xiao; Zhang, Wenxia//SCIENCE TECHNOLOGY AND SOCIETY. —2015, 20 (3, SI): 279 –299.

132. The Role of Overseas Chinese School for Overseas Chinese Adaptation in Japan/Jin, Hui-Lian//THE JOURNAL OF PEACE STUDIES. —2015, 16 (4): 297 –317.

133. The Straits-born Chinese/Hare, G. T.//MALAYSIAN JOURNAL OF CHINESE STUDIES. —2015, 4 (2): 69 –74.

134. The Work of Waiting: Love and Money in Korean Chinese Transnational Migration/ Kwon, June Hee//CULTURAL ANTHROPOLOGY. —2015, 30 (3): 477 –500.

135. Tiger Mother as Ethnopreneur: Amy Chua and the Cultural Politics of Chineseness/ Hau, Caroline S. //TRANS-REGIONAL AND NATIONAL STUDIES OF SOUTHEAST ASIA. — 2015, 3 (2): 213 –237.

136. To Return or Not to Return: Examining the Return Intentions of Mainland Chinese Students Studying at Elite Universities in the United States/Cheung, Alan Chi Keung; Xu, Li// STUDIES IN HIGHER EDUCATION. —2015, 40 (9): 1605 –1624.

137. Traditional Chinese Medicine Use and Health in Community-dwelling Chinese-American Older Adults in Chicago/Dong, XinQi; Bergren, Stephanie M. ; Chang, E-Shien// JOURNAL OF THE AMERICAN GERIATRICS SOCIETY. —2015, 63 (12): 2588 –2595.

138. Transnational Leisure Experience of Second-generation Immigrants: the Case of Chinese-Americans/Huang, Weijue; Norman, William C. ; Ramshaw, Gregory P. //JOURNAL OF LEISURE RESEARCH. —2015, 47 (1): 102 –124.

139. Traversing Between Transnationalism and Integration: Dual Embeddedness of New Chinese Immigrant Entrepreneurs in Singapore/Ren, Na; Liu, Hong//ASIAN AND PACIFIC MIGRATION JOURNAL. —2015, 24 (3): 298 –326.

140. U. S. Aid and Taiwan Education During the Early Stage of Cold War (1952—1965): Vocational Education in Agriculture and Industry and Overseas Chinese Education/Son, Jun Sik//KOREAN STUDIES OF MODERN CHINESE HISTORY. —2015, 66: 83 –108.

141. Understanding Chinese Immigrant and European American Mothers' Expressions of Warmth/Cheah, Charissa S. L. ; Li, Jin; Zhou, Nan//DEVELOPMENTAL PSYCHOLOGY. — 2015, 51 (12): 1802 –1811.

142. Vietnamese-Chinese Relationships at the Borderlands: Trade, Tourism and Cultural Politics/Grillot, Caroline//ASIAN JOURNAL OF SOCIAL SCIENCE. —2015, 43 (6): 844 –846.

143. Why the Korean Overseas Chinese have Failed to Settle in the Korea/Jea, Lee Yong// MINJOK YEONKU. —2015, 62: 27 –49.

144. Workplace Stress in a Foreign Environment: Chinese Migrants in New Zealand/Yao, Christian; Thorn, Kaye; Duan, Zheng//EQUALITY DIVERSITY AND INCLUSION. —2015, 34 (7): 608 –621.

145. Writing Women and the Nation in Diaspora: Jung Chang's Wild Swans: Three Daughters of China/Peng, Chunhui//JOURNAL OF CHINESE OVERSEAS. —2015, 11 (2): 174 –198.

146. Zooarchaeology, Localization, and Chinese Railroad Workers in North America/Kennedy, J. Ryan//HISTORICAL ARCHAEOLOGY. —2015, 49 (1): 122 –133.

（本栏目编辑 易淑琼）

2014—2015年华侨华人研究书目一览

本书目以暨南大学图书馆华侨华人文献信息中心"华侨华人研究综合数据库·书目子库"中的数据为基础数据，以国家图书馆、厦门大学图书馆、香港高校图书联网、新加坡国家图书馆、澳大利亚国家图书馆、日本国立国会图书馆、东京大学图书馆等馆藏数据为补充，另从亚马逊网等各大网上书店搜索书目数据。本书目分中文书目、英文书目、日文书目三部分，以题名拼音升序排列。

2014年中文书目

1. 澳大利亚华人年鉴（2013）/冯小洋主编. —悉尼：澳大利亚华人年鉴出版社，2014.

2. 澳歌：一个中国人在澳大利亚/曾德聪著. —上海：上海社会科学院出版社，2014.

3. 百年海归　创新中国：创造中国第一、影响中国进程的百年海归风云录/王辉耀主编. —北京：人民出版社，2014.

4. 比较、借鉴与前瞻：国际移民书信研究/刘进主编. —广州：广东人民出版社，2014.

5. 长夜星稀：澳大利亚华人史：1860—1940/杨永安著. —香港：商务印书馆（香港）有限公司，2014.

6. 潮侨溯源集/潘醒农著. —北京：金城出版社，2014.

7. 潮汕先侨与侨批文化/陈训先著. —广州：广东人民出版社，2014.

8. 城市发展史视野下的美国唐人街演变研究/杨红波著. —广州：世界图书出版广东有限公司，2014.

9. 传奇陈嘉庚/林畅编著. —北京：新世界出版社，2014.

10. 从森林中走来——马来西亚美里华人口述历史/黄晓坚，陈俊华，杨姝等编. —广州：广东人民出版社，2014.

11. 大清留美幼童记/钱钢，胡劲草著. —香港：中华书局，2014.

12. 第三只眼睛看教育：5位海外华人学者的教育省察/陈心想等著. —上海：华东师范大学出版社，2014.

13. 东成西就：七个华人基督教家族与中西交流百年/罗元旭著. —北京：三联书店，2014.

14. 东南亚华人社区汉语方言概要（上、中、下）/陈晓锦著. —广州：世界图书出版广东有限公司，2014.

15. 东南亚历史文化研究论集（精）/包茂红，李一平，薄文泽主编. —厦门：厦门大学出版社，2014.

16. 端芬祖先崇拜：广东侨乡宗教民族志研究/边清音著. —北京：宗教文化出版

社，2014.

17. 发现侨乡：广东侨乡文化调查之二/莫高义，张东明编. —广州：广东人民出版社，2014.

18. 复兴与腾飞：广东改革开放 30 年与华侨高等教育/纪宗安等编著. —广州：暨南大学出版社，2014.

19. 古巴华工调查录（影印版）/陈兰彬等著. —上海：上海书店出版社，2014.

20. 光大传承：南加华人三十年史话：1980—2010/陈十美主编；孙卫赤等编辑. —美国：美国东亚文教基金会，2014.

21. 广东华侨档案目录（1907—1952）/广东省档案馆编. —广州：广东人民出版社，2014.

22. 广东华侨与中外关系/张应龙主编. —广州：广东人民出版社，2014.

23. 归国与再造侨乡：越南归难侨访问录/牛军凯，袁丁编. —广州：广东人民出版社，2014.

24. 归国之后/唐涛甫著. —北京：九州出版社，2014.

25. 国际间劳动力移动的经济学分析：风险偏好存在下非法移民理论模型/王玉莲著. —北京：人民交通出版社，2014.

26. 国际留学教育研究报告 2012/刘建丰著. —北京：教育科学出版社，2014.

27. 国际移民与侨乡研究：2012·历史、现实、网络/张国雄，赵红英，谭雅伦主编. —北京：中国华侨出版社，2014.

28. 台湾师范大学国际与侨教学院华侨移民与华侨教育学术研讨会论文集（2013）/梁国常，台湾师范大学，国际与侨教学院编. —台北：台湾师范大学，2014.

29. 海归梦·中国梦/于天竹著. —杭州：浙江工商大学出版社，2014.

30. 海南家谱移民人口史料与研究/唐玲玲，陈虹，周伟民编著. —北京：知识产权出版社，2014.

31. 海外赤子：建国初期留学生回国热潮兴起/于杰编著. —长春：吉林出版集团有限责任公司，2014.

32. 海外华侨华人与中国经济转型/李优树著. —成都：四川大学出版社，2014.

33. 海外华侨华人专业人士报告（2014）/王辉耀，苗绿著. —北京：社会科学文献出版社，2014.

34. 海外华人民间宗教信仰研究/石沧金著. —吉隆坡：学林书局，2014.

35. 海外华人之公民地位与人权/陈鸿瑜主编. —台北：华侨协会总会，2014.

36. 海外华商在中国：2014 中国侨资企业发展报告/龙登高，张洵君主编. —北京：中华工商联合出版社，2014.

37. 海外留学警示录/南雁著. —北京：华文出版社，2014.

38. 海外侨情观察：2013—2014/刘泽彭主编；《海外侨情观察》编委会编. —广州：暨南大学出版社，2014.

39. 海外人才引进机制与政策研究/吴帅著. —北京：中国社会科学出版社，2014.

40. 海外桃源：吉隆坡永春社群史略/郑名烈著. —吉隆坡：吉隆坡永春会馆，华社研究中心，2014.

41. 合作与共赢：华侨华人与中国的交流与互动/李其荣等主编. —武汉：湖北人民出版社，2014.

42. 和谐世界之桥：华侨华人与中国国家软实力/陈奕平主编. —广州：暨南大学出版社，2014.

43. 华尔街第一个华人大亨：蔡至勇和美国金融百年兴衰/王旸著. —北京：中国纺织出版社，2014.

44. 华工军团/中央电视台《探索·发现》栏目编. —台北：大地出版社，2014.

45. 华侨大学年鉴（2013）/华侨大学年鉴编辑部编. —北京：社会科学文献出版社，2014.

46. 华侨的社会空间与文化符号：日本中华街研究/王维著. —广州：中山大学出版社，2014.

47. 华侨华人蓝皮书：华侨华人研究报告（2014）/贾益民主编. —北京：社会科学文献出版社，2014.

48. 华侨华人研究（2014）/《华侨华人研究》编委会编. —北京：中国华侨出版社，2014.

49. 《华侨日报》与香港华人社会（1925—1995）/丁洁著. —香港：三联书店（香港）有限公司，2014.

50. 华商领军者：全球80位杰出华人企业家管理韬略与人文哲思. —北京：中国经济出版社，2014.

51. 华商首富李嘉诚/窦应泰著. —北京：中国水利水电出版社，2014.

52. 华文教育概论/于逢春编著. —武汉：华中科技大学出版社，2014.

53. 华裔学生与华语教学：从理论、应用到文化实践/简瑛瑛，蔡雅熏编著. —台北：书林出版有限公司，2014.

54. 华语电影的美学传承与跨界流动/陈犀禾著. —桂林：广西师范大学出版社，2014.

55. 华语电影的全球传播与形象建构/聂伟主编. —桂林：广西师范大学出版社，2014.

56. 华语作为二语与外语的教学：探索与实践/谢育芬主编. —南京：南京大学出版社，2014.

57. 纪念孙中山：华人文化与当代社会发展/林国章总编辑. —台北：中山纪念馆，2014.

58. 江夏风云人物/新加坡黄氏宗亲总会编. —新加坡：新加坡黄氏总会，2014.

59. 金门乡侨访谈录（十三）：马来西亚续篇/董群廉记录整理. —金门：金门县政府，2014.

60. 近代南洋华侨教育研究：以新加坡、马来西亚、印度尼西亚为中心/吴明罡著. —长春：吉林大学出版社，2014.

61. 近代以来亚洲移民与海洋社会/袁丁主编. —广州：广东人民出版社，2014.

62. 晋江侨批集成与研究/晋江市档案局（馆）编. —北京：九州出版社，2014.

63. 客家与华文文学论/谭元亨编著. —广州：华南理工大学出版社，2014.

64. 留学生与中国文化的海外传播——以 20 世纪上半期为中心的考察/元青著. —天津：南开大学出版社，2014.

65. 马来西亚华文报的身份转换与本土发展/骆莉著. —北京：世界知识出版社，2014.

66. 马新史学 80 年：从"南洋研究"到"华人研究"（1930—2009）/廖文辉著. —上海：上海三联书店，2014.

67. 美国华文教育论丛/梁培炽著. —北京：中国华侨出版社，2014.

68. 梦想正能量——100 位海外游子畅谈中国梦/人民日报社国际部编. —北京：人民日报出版社，2014.

69. 缅甸华人语言研究/鲜丽霞，李祖清著. —成都：四川大学出版社，2014.

70. 民国时期社会调查丛编. 二编（华侨卷）/李文海主编. —福州：福建教育出版社，2014.

71. 民国政府对侨汇的管制/袁丁，陈丽园，钟运荣著. —广州：广东人民出版社，2014.

72. 民主改革时期的印度尼西亚华人/曹云华，李皖南等著. —广州：暨南大学出版社，2014.

73. 闵行"海归"的足迹. 第二辑/中共上海市闵行区委组织部，上海市闵行区人力资源和社会保障局编. —上海：上海交通大学出版社，2014.

74. 母语传播视角下的欧洲华文传媒研究/戴楠著. —上海：上海社会科学院出版社，2014.

75. 南安华侨志/叶谋锋编. —北京：九州出版社，2014.

76. 南侨回忆录/陈嘉庚著. —上海：上海三联书店，2014.

77. 南洋大学新加坡华族行业史调查研究报告/南洋大学东南亚华人史课程师生编纂；韩川元编辑. —新加坡：八方文化创作室，2014.

78. 南洋旅行记/黎锦晖著. —北京：海豚出版社，2014.

79. 凝聚与共筑：海外侨胞与中国梦/曹云华主编. —广州：暨南大学出版社，2014.

80. 侨海情 中国梦：致公党员风采录. —北京：中国致公出版社，2014.

81. 侨务梦的新探索/成伯水著. —香港：名人出版社，2014.

82. 侨乡蓝皮书：中国侨乡发展报告（2014）/左学金等著. —北京：社会科学文献出版社，2014.

83. 桥：中国新闻社侨务报道选/中国新闻社编著. —北京：新华出版社，2014.

84. 清代华侨在东南亚：跨国迁移、经济开发、社团沿衍与文化传承新探/高伟浓著. —广州：暨南大学出版社，2014.

85. 清末五大臣出洋考察研究/潘崇著. —北京：中国社会科学出版社，2014.

86. 琼崖侨魂：追寻抗日英烈符克和琼崖华侨回乡服务团的足迹/毛志华，梁振球主编；中共海南省委党史研究室编. —海口：海南出版社，2014.

87. 全球华商名人堂：2013—2014 全球华人经济年度成就与贡献100 人/国务院发展研究中心《管理世界》杂志，华商韬略（北京）国际文化传媒中心编著. —北京：经济日报出版社，2014.

88. 全球侨胞中国梦/杨刚毅主编. —北京：人民出版社，2014.

89. 荣誉至上——南非华人身份认同研究/朴尹正著. —广州：广东人民出版社，2014.

90. 上海侨务理论研究报告集：2011—2012/上海侨务理论研究中心编. —上海：上海人民出版社，2014.

91. 世界华文教育年鉴（2013）/贾益民主编. —北京：社会科学文献出版社，2014.

92. 死生契阔——吉隆坡广东义山墓碑与图片辑要/古燕秋编. —吉隆坡：华社研究中心，吉隆坡广东义山，2014.

93. 四川海外移民史/陈井安，郭丹，李后强主编. —成都：四川人民出版社，2014.

94. 随着女儿在美国成长：一位中国母亲移民美国的真实经历/钟雨著. —北京：中国发展出版社，2014.

95. 图说石叻坡/柯木林著. —新加坡：新加坡宗乡会馆联合总会，2014.

96. 王叔金：一位老华侨的人生历程/王永裕著. —（马来西亚）策略资讯研究中心，2014.

97. 为实现中国梦努力奋斗：中央国家机关归侨爱国报国之路（五）/中央国家机关侨联编. —北京：中国劳动社会保障出版社，2014.

98. 五邑侨乡田野调查/梅伟强编撰. —北京：中国华侨出版社，2014.

99. 萧玉灿：印度尼西亚民族的忠诚建设者/萧忠仁著；林六顺，陈浩琦，张泰泉译. —香港：生活文化基金会有限公司，2014.

100. 萧玉灿百年诞辰纪念文集/《萧玉灿百年诞辰纪念文集》编委会编辑. —香港：生活文化基金会有限公司，2014.

101. 新加坡国家认同研究（1965—2000）/李志东著. —北京：中国人民大学出版社，2014.

102. 新加坡华商之文化资本的积累与转换/龙坚著. —厦门：厦门大学出版社，2014.

103. 新加坡华文教学研究/刘振平著. —南京：南京大学出版社，2014.

104. 新马华人的中国观之研究 1949—1965/鲁虎著. —新加坡：新跃大学新跃中华学术中心，2014.

105. 新马华人族群的重层脉络：移民轨迹和离散论述/游俊豪著. —上海：上海三联书店，2014.

106. 新西兰移民解析/安娜（Anna）著. —广州：暨南大学出版社，2014.

107. 薪火与弦歌：华侨高等教育研究/夏泉著. —桂林：广西师范大学出版社，2014.

108. 许云樵评传/廖文辉著. —新加坡：八方文化创作室，2014.

109. 选择光谷：26名海归精英创业实录/宋治平主编. —武汉：崇文书局，2014.

110. 学术史视野中的华文文学：第十七届世界华文文学国际学术研讨会论文集/福建师范大学文学院编. —福州：海峡文艺出版社，2014.

111. 研究新视界：妈祖与华人民间信仰国际研讨会论文集/王见川，李世伟，洪莹发主编. —台北：博扬文化事业有限公司，2014.

112. 一战中的华工/徐国琦著；潘星，强舸译. —上海：上海人民出版社，2014.

113. 移山图鉴：雪隆华族历史图片集. 中册/徐威雄主编；张集强，陈亚才，詹缘端编. —吉隆坡：华社研究中心，2014.

114. 印度尼西亚的政治、族群、宗教与艺术/萧新煌，邱炫元主编. —台北：中央研究院人文社会科学中心，2014.

115. 与温哥华有个约会：移民、留学见闻/骆回编著. —广州：华南理工大学出版社，2014.

116. 宇下草野烟云路：一位追梦归侨的自述/俞云波著. —上海：上海人民出版社，2014.

117. 源远流长　多元复合——东南亚历史发展纵横/梁志明著. —北京：世界图书出版公司北京公司，2014.

118. "粤籍华侨与冷战国际关系"学术研讨会论文集/中山大学历史学系，《广东华侨史》编委会，中山大学冷战史研究中心编. —广州：中山大学出版社，2014.

119. 漳州古代海外交通与海洋文化：中国海丝文化. 漳州篇/陈自强著. —福州：福建人民出版社，2014.

120. 中国国际移民报告（2014）/王辉耀主编；刘国福副主编. —北京：社会科学文献出版社，2014.

121. 中国华侨历史博物馆藏品图录：开馆专辑/黄纪凯主编. —北京：文物出版社，2014.

122. 中国华侨历史博物馆开馆纪念特刊/李卓彬主编. —北京：中国华侨出版社，2014.

123. 中国梦，赤子情：山西省政协港澳台侨委员叙事/闫润德主编；山西省政协文史和学习委员会编. —太原：希望出版社，2014.

124. 中国侨批与世界记忆遗产/丁志隆主编；福建省档案馆编. —厦门：鹭江出版社，2014.

125. 中国侨乡研究/张国雄主编. —北京：中国华侨出版社，2014.

126. 中国侨乡侨情调查报告/乔卫主编. —北京：中国国际广播出版社，2014.

127. 中国融入世界的步履：明与清前期海外政策比较研究/万明著. —北京：紫禁城出版社，2014.

128. 中国移民/吴家兴著. —台北：财大出版社，2014.

129. 中马关系与马来西亚华人研究国际学术研讨会论文集/聂德宁编. —厦门：厦门大学出版社，2014.

130. 中外文化交流与华侨华人研究/李未醉著. —成都：电子科技大学出版社，2014.

131. 朱小蔓与朱小棣跨洋对话：出国留学与教育"立人"/朱小蔓，朱小棣著. —南京：南京师范大学出版社，2014.

132. 主权和移民：东南亚华人契约性身份政治研究/余彬著. —广州：暨南大学出版社，2014.

133. 追逐梦想：新移民的全球流动/张秀明主编. —北京：中国华侨出版社，2014.

134. 走进巴生神庙：巴生港口班达马兰新村庙宇文化初探/刘崇汉编. —加影：新纪元学院，2014.

2015 年中文书目

1. 40 世界华人光辉/世界日报编辑部著. —美国：美国世界日报，2015.

2. 澳大利亚华人参政与多元文化/任传功著. —长春：吉林大学出版社，2015.

3. 八闽侨乡福建（一）/陈健主编. —北京：中国旅游出版社，2015.

4. 八闽侨乡福建（二）/陈健主编. —北京：中国旅游出版社，2015.

5. 潮迁东殖：马来西亚半岛东海岸潮州人移殖史与会馆史略/何启才编著. —吉隆坡：马来西亚中国研究中心，2015.

6. 传承与交融：多维视野下的海外华人与中国侨乡关系研究/郑一省主编. —桂林：广西师范大学出版社，2015.

7. 创新创业在美国：一个现代华人移民的美国梦/徐绍钦（Paul Shaw-Chen Hsu）著；朱耘译. —沈阳：辽宁人民出版社，2015.

8. 创新驱动与海外高层次人才区域政策/邹晓东，吴伟等著. —杭州：浙江大学出版社，2015.

9. 从加州到北京：我的留学美国与海归经历/王蕤著. —北京：人民出版社，2015.

10. 大马华人与族群政治/思想编辑委员会编著. —台北：联经出版事业股份有限公司，2015.

11. 得到了海洋不要失去大地：留学文化的思维误区/昆伯著. —北京：中国社会科学出版社，2015.

12. 第一届东亚华语教学研究生论坛论文集/吴勇毅等主编. —上海：华东师范大学出版社，2015.

13. 东京留学忆记/李永晶著. —桂林：广西师范大学出版社，2015.

14. 东南亚华人史/李恩涵著. —北京：东方出版社，2015.

15. 东南亚华文媒体用字用语研究/刘华著. —广州：暨南大学出版社，2015.

16. 东瀛客踪：日本客家研究初探/张维安计划主持. —苗栗：客家委员会客家文化发展中心，2015.

17. 多彩时空的交融：云南边境侨乡文化/陈斌等著. —昆明：云南大学出版社，2015.

18. 二战后东南亚华人的海外移民/康晓丽著. —厦门：厦门大学出版社，2015.

19. 发现侨乡：广东侨乡文化调查之三/莫高义，张东明主编. —广州：广东人民出版社，2015.

20. 菲律宾华侨与抗日战争/邱荣章等编辑. —香港：生活文化基金会有限公司，2015.

21. "费"越两万里/黄费小著. —上海：上海书店出版社，2015.

22. 丰碑永铸：华侨华人与抗日战争图片集/徐云编著. —广州：暨南大学出版社，2015.

23. 风云论道：何亚非谈变化中的世界/何亚非著. —北京：社会科学文献出版

社，2015.

24. 烽火赤子心：滇缅公路上的南侨机工/林少川著. —北京：新华出版社，2015.

25. 福建华侨抗日名杰列传/刘琳著. —福州：海峡书局，2015.

26. 父亲与我：马来亚敌后工作回忆录/尤今著. —新加坡：八方文化创作室，2015.

27. 敢为人先：改革开放广东一千个率先（社会·港澳台侨卷）/中国人民政治协商会议广东省委员会编. —北京：人民出版社，2015.

28. 古巴华侨银信：李云宏宗族家书/李柏达编著. —广州：暨南大学出版社，2015.

29. 鼓浪屿侨客/颜允懋，颜如璇，颜园园著. —厦门：厦门大学出版社，2015.

30. 瓜拉登嘉楼唐人坡社会发展史/陈耀泉，卡玛鲁汀·嘉著. —雪兰莪：策略信息研究中心，2015.

31. 国际移民概论/刘宏斌主编. —北京：中国人民大学出版社，2015.

32. 海外潮团发展报告：2015/张应龙主编. —广州：广东人民出版社，2015.

33. 海外赤子/徐莹著. —广州：新世纪出版社，2015.

34. 海外华侨华人与中国的公共外交：政策机制、实证分析、全球比较/刘宏编著. —广州：暨南大学出版社，2015.

35. 海外华侨与祖国抗日战争/任贵祥著. —北京：团结出版社，2015.

36. 海外华商网络与中国对外贸易/蒙英华，黄建忠著. —北京：中国经济出版社，2015.

37. 海外华文报纸的本土化与传播全球化/彭伟步著. —广州：中山大学出版社，2015.

38. 海外侨情观察（2014—2015）/《海外侨情观察》编委会编. —广州：暨南大学出版社，2015.

39. 海外逐梦的嘉兴学子/中共嘉兴市委统战部等编. —北京：中国文史出版社，2015.

40. 何宜武与华侨经济/何邦立，汪忠甲主编著. —台北：华侨协会总会，2015.

41. 何以为家：全球化时期华人的流散与播迁/胡其瑜著；周琳译. —杭州：浙江大学出版社，2015.

42. 洪门及加拿大洪门史论/黎全恩著. —香港：商务印书馆（香港）有限公司，2015.

43. 华侨华人文献学刊. 第一辑/张禹东，庄国土主编. —北京：社会科学文献出版社，2015.

44. 华侨华人研究报告（2015）/贾益民主编. —北京：社会科学文献出版社，2015.

45. 华侨华人与西南边疆社会稳定/石维有，张坚著. —北京：社会科学文献出版社，2015.

46. 华侨华人在中国软实力建设中的作用研究/谢婷婷，骆克任等著. —北京：经济科学出版社，2015.

47. 华侨旗帜陈嘉庚/张新泰主编；姚葵阳撰写；阿不都色拉木·阿不力孜，赵建国译；陈忠学，唐晓天绘画. —乌鲁木齐：新疆人民出版社，2015.

48. 华侨史概要/赵红英，张春旺主编. —北京：中国华侨出版社，2015.

49. 华侨雄鹰：纪念抗日战争胜利 70 周年暨纪念抗战华侨飞行员/武汉市侨务办公室，广州市侨务办公室，南京市侨务办公室编. —武汉：武汉出版社，2015.

50. 华侨与抗日战争：图片集/张欣荣，温競文，陈仲德编辑. —香港：生活文化基金会有限公司，2015.

51. 华侨在俄罗斯：献给中俄建交 65 周年及反法西斯战争胜利 70 周年/宁艳红主编. —哈尔滨：黑龙江教育出版社，2015.

52. 华侨支援祖国抗战纪实/任贵祥著. —北京：中国民主法制出版社，2015.

53. 华人社会学笔记/龚鹏程著. —北京：东方出版社，2015.

54. 华人之光：登陆诺曼底的二战老兵黄君裕/李强，杨欣欣著. —杭州：杭州出版社，2015.

55. 华商功勋璀璨中国梦：100 位在世界舞台光耀中华形象的华商领袖/国务院发展研究中心《管理世界》杂志，华商韬略·全球华商名人堂编著. —北京：经济日报出版社，2015.

56. 华夏向心力：华侨对祖国抗战的支援/任贵祥著. —桂林：广西师范大学出版社，2015.

57. 华裔美国人的异族婚姻：美国加州华裔与白人的婚姻实例调查/黄霜著. —北京：知识产权出版社，2015.

58. 华语网络文学研究/浙江省作家协会，浙江省网络作家协会编. —杭州：浙江文艺出版社，2015.

59. 华侨与抗战/宏观周报编辑. —台北："行政院"侨务委员会，2015.

60. 华人之光：世界日报创刊 60 周年特辑/华人之光编辑委员会编. —泰国：世界日报，2015.

61. 加拿大温哥华地区华人企业家中国精神传承/马京京，王一涵等著. —北京：北京航空航天大学出版社，2015.

62. 记住乡愁：致公党华侨文物征集成果图录/中国致公党广东省委员会，中国致公党广州市委员会编. —广州：广州出版社，2015.

63. 金山谣：美国华裔妇女史/令狐萍著. —台北：秀威信息科技股份有限公司，2015.

64. 近代东北人留学日本史/刘振生著. —北京：民族出版社，2015.

65. 近代华侨报刊大系·第一辑（25 册）/广东省立中山图书馆编. —广州：广东经济出版社，2015.

66. 近代华侨法律研究/马慧玥著. —北京：法律出版社，2015.

67. 近代日本的中国留学生预备教育/韩立冬著. —北京：北京语言大学出版社，2015.

68. 近代新加坡华人基督教研究（1819—1949）/张钟鑫著. —福州：福建人民出版社，2015.

69. 晋总二十年：菲律宾晋江同乡总会二十周年纪念特刊/菲律宾晋江同乡总会编. —菲律宾：菲律宾晋江同乡总会，2015.

70. 抗日侨领蚁光炎/蚁卧龙改编；汪晓曙绘画. —北京：人民美术出版社，连环画出版社，2015.

71. 抗争与坚守：马来西亚华文教师队伍历史演进研究/王焕芝著. —北京：社会科学文献出版社，2015.

72. 客家侨商/魏明枢，韩小林著. —广州：暨南大学出版社，2015.

73. 跨域史学：近代中国与南洋华人研究的新视野/黄贤强著. —台北：龙视界，2015.

74. 跨域研究客家文化/黄贤强编著. —新加坡：八方文化创作室，2015.

75. 跨越疆界：留学生与新华侨/廖赤阳主编. —北京：社会科学文献出版社，2015.

76. 跨越与转型：国际商务视野下的华侨华人与华商/李其荣等主编. —上海：复旦大学出版社，2015.

77. 狼兄虎弟：一曲滇缅路华侨抗战的悲壮赞歌/王秦川著. —银川：宁夏人民出版社，2015.

78. 李光耀时代 VS 后李光耀时代/蔡裕林著. —新加坡：玲子传媒，2015.

79. 林连玉研究论文集/何启良编著. —加影：新纪元学院，2015.

80. 刘纕英文集/刘纕英著. —新加坡：南洋学会，2015.

81. 龙与鹰的搏斗：美国华人法律史/邱彰著. —北京：中国政法大学出版社，2015.

82. 乱世华尔街：一位华人交易员亲历 2008 年美国金融海啸/渔阳著. —北京：中国人民大学出版社，2015.

83. 马来西亚华人人物志/何启良主编. —马来西亚：拉曼大学中华研究中心，2015.

84. 马来西亚华人史：权威、社群与信仰/宋燕鹏著. —上海：上海交通大学出版社，2015.

85. 马来亚华侨抗日史料选辑/黎亚久，卢朝基编辑兼责任编辑. —香港：生活文化基金会有限公司，2015.

86. 马来西亚族群关系：和谐与冲突/赛·胡先·阿里著；B. K. Yeow 译. —（马来西亚）策略信息研究中心，2015.

87. 美国新华侨华人与中国发展/姬虹等著. —北京：中国社会科学出版社，2015.

88. 梦萦中华　赤子情深：中央国家机关归侨爱国报国之路（六）/中央国家机关侨联编. —北京：中国劳动社会保障出版社，2015.

89. 秘鲁的中国移民研究：考古、历史及社会/理查德·楚伟，李静娜，安东尼奥·科埃略编；何美兰，王奕茗，季敏等译. —天津：天津古籍出版社，2015.

90. 缅甸华侨归侨抗日史料选辑/王锦彪，徐新英，张平编辑. —香港：生活文化基金会有限公司，2015.

91. 南冠百感录：集中营生活纪实（附南冠诗集）/陈奋澄著. —香港：生活文化基金会有限公司，2015.

92. 南洋大学文献：南洋大学创办六十周年纪念/王如明主编. —新加坡：南洋大学毕业生协会，八方文化创作室，2015.

93. 宁德市东湖塘华侨农场志/王道亨主编. —福州：海峡文艺出版社，2015.

94. 排拒与接纳：旧金山华人教育的历史考察（1848—1943）/李永著. —武汉：华中科技大学出版社，2015.

95. 拼搏与奉献：印度尼西亚归侨林慧卿的乒乓球人生/梁英明著. —北京：中国华侨出版社，2015.

96. 浦薛凤子女海外书简/谢国兴主编. —台北：中央研究院台湾史研究所，2015.

97. 侨务法论丛（2014年卷·总第一卷）/朱羿锟主编. —北京：法律出版社，2015.

98. 侨务政策法规问答/国务院侨务办公室侨务干部学校编著. —北京：世界知识出版社，2015.

99. 侨务知识与政策/陈碧，石维有编著. —桂林：广西师范大学出版社，2015.

100. 侨乡三楼：华侨华人之路的丰碑/司徒尚纪著. —广州：广东经济出版社，2015.

101. 青田华侨档案汇编：民国. 第一辑/青田县档案局，浙江大学历史文献与民俗研究中心编. —杭州：浙江古籍出版社，2015.

102. 青田华侨档案汇编：民国. 第二辑/青田县档案局，浙江大学历史文献与民俗研究中心编. —杭州：浙江古籍出版社，2015.

103. 全球华语研究文献选编/郭熙编. —北京：商务印书馆，2015.

104. 热点事件舆情调查研究3：华人华侨篇/朱磊主编. —北京：经济日报出版社，2015.

105. 人生潇洒走一回：一个海外赤子一生历程记录/洪林著. —厦门：厦门大学出版社，2015.

106. 日本华侨华人子女文化传承与文化认同研究/鞠玉华著. —广州：暨南大学出版社，2015.

107. 日本集中营生活纪实：武吉杜里—西冷—芝马圩/梁友兰著；梁英明译. —香港：香港社会科学出版社有限公司，2015.

108. 日本侵略马来亚历史图集/陆培春编著. —马来西亚：二战历史研究会，2015.

109. 日本外交研究与中日关系：海内外华人学者的视角/赵全胜主编. —台北：五南图书出版股份有限公司，2015.

110. 日本温州籍华侨华人社会变迁研究/郑乐静著. —北京：科学出版社，2015.

111. 容闳年图谱：中国留学生之父/许小华著. —台北：财团法人基督教宇宙光全人关怀机构，2015.

112. 柔佛新山华人社会的变迁与整合（1855—1942）/白伟权著. —加影：新纪元学院，2015.

113. 入集中营始末记/罗仲达著. —香港：生活文化基金会有限公司，2015.

114. 三晋侨英/山西省归国华侨联合会编. —太原：山西人民出版社，2015.

115. 审美棱镜：南国侨乡讲学录/阮温凌著. —上海：上海三联书店，2015.

116. 世界华文传媒年鉴（2015）/世界华文传媒年鉴编辑委员会编. —北京：世界华文传媒年鉴社，2015.

117. 世界华文教育年鉴（2014）/贾益民主编. —北京：社会科学文献出版社，2015.

118. 世界因你不同：李开复从心选择的人生/李开复，范海涛著. —台北：远见天下文化出版股份有限公司，2015.

119. 庶民的永恒：先天道及其在港澳及东南亚地区的发展/危丁明著. —台北：博扬文化事业有限公司，2015.

120. 四海一家、天涯比邻：海外华人与中国梦/谭中，凌焕铭主编. —北京：中央编译出版社，2015.

121. 他乡·故乡：拉美华人社会百年演变研究（1847—1970）/刘叶华著. —北京：中国人民大学出版社，2015.

122. 台湾文学与世华文学/杜国清著. —台北：台湾大学出版中心，2015.

123. 泰国归侨英魂录. 8/泰国归侨联谊会《英魂录》编委会编. —北京：中国华侨出版社，2015.

124. 泰国华侨归侨抗日史料选辑/黎亚久，卢朝基编辑. —香港：生活文化基金会有限公司，2015.

125. 特战贝雷帽：一个成为美军反恐指挥官的华裔小子/切斯特·黄（Chester Wong）著；章裕光译. —上海：上海三联书店，2015.

126. 铁蹄下的抗争：印度尼西亚爪哇华侨抗日史料选辑/梁凤翔，梁俊祥编辑. —香港：生活文化基金会有限公司，2015.

127. 外交官在行动：我亲历的中国公民海外救助/《外交官在行动：我亲历的中国公民海外救助》编委会编. —南京：江苏人民出版社，2015.

128. 晚清民初南洋华人社群的文化建构：一种文化空间的发现/薛莉清著. —北京：三联书店，2015.

129. 万里赴戎机：五邑华侨抗战实录/尹继红等编著. —广州：花城出版社，2015.

130. 潍水侨心：潍坊市归侨口述回忆录/柳松波主编. —北京：中国华侨出版社，2015.

131. 我所经历的坤甸大屠杀/林汉文著. —香港：生活文化基金会有限公司，2015.

132. 香港侨界纪念抗日战争胜利70周年文选/许丕新等编辑. —香港：生活文化基金会有限公司，2015.

133. 新加坡华人通史/柯木林主编. —新加坡：新加坡宗乡会馆联合总会，2015.

134. 新加坡华文文学及其教学研究/王兵著. —南京：南京大学出版社，2015.

135. 幸运之家：一个华裔美国家庭的百年传奇/艾明如著；高岳译. —北京：商务印书馆，2015.

136. 一个海外华人讲的中国人的故事/李乃义著. —北京：东方出版社，2015.

137. 移民的政治参与：美籍华人与美中关系研究/罗俊翀著. —广州：暨南大学出版社，2015.

138. 意大利华文教育研究：以旅意温州人创办的华文学校为例/严晓鹏，包含丽，郑婷等著. —杭州：浙江大学出版社，2015.

139. 印度尼西亚苏岛华侨抗日史料选辑/熊志仁，周芸编著. —香港：生活文化基金会有限公司，2015.

140. 有国才有家：南洋华侨郑潮炯的史诗/张国雄，李镜尧著. —北京：中国华侨出版社，2015.

141. 越南会安华侨抗日与十三烈士纪念画册/《越南会安华侨抗日与十三烈士纪念

画册》策划组编著. —香港：生活文化基金会有限公司，2015.

142. 在陈平身边10年——忠诚的背叛/铁舟著. —雪兰莪：大将出版社，2015.

143. 正义的强音：中国与海外华侨抗日歌曲选200首/蔡省三编辑. —香港：生活文化基金会有限公司，2015.

144. 芝加哥的华人：1870年以来的种族、跨国移民和社区/令狐萍著；何家伟，令狐萍，顾玉芳译. —广州：世界图书出版广东有限公司，2015.

145. 殖民与移民/陈哲维著. —新加坡：南洋学会出版，2015.

146. 中国—东盟与中泰关系研究. 第一辑：政治、文化卷/张禹东等主编. —北京：社会科学文献出版社，2015.

147. 中国国际移民报告（2015）/王辉耀主编. —北京：社会科学文献出版社，2015.

148. 中国海外高层次科技人才政策研究/杜红亮，赵志耘著. —北京：中国人民大学出版社，2015.

149. 中国留日同学总会二十年（1946—1966）/王英兰编辑. —北京：北京日本归侨联谊会，2015.

150. 中国留学发展报告（2015）/王辉耀，苗绿编著. —北京：社会科学文献出版社，2015.

151. 中国侨联年鉴（2015）/中国侨联年鉴编纂委员会编. —北京：中国华侨出版社，2015.

152. 中国的第二个大陆：百万中国移民如何在非洲投资新帝国/傅好文（Howard W. French）著；李奥森译. —台北：麦田出版社，2015.

153. 中华民国专题史. 第十四卷：华侨与国家建设/张宪文，张玉法主编；任贵祥，李盈慧著. —南京：南京大学出版社，2015.

154. 中华文化教学研究/李海燕主编. —北京：商务印书馆，2015.

155. 中华文化与华侨华人/黄易宇，蒋学基主编；中华文化学院编. —北京：学习出版社，2015.

156. 中心与边缘：东亚文明的互动与传播/李焯然著. —桂林：广西师范大学出版社，2015.

157. 众神喧哗中的十字架：基督教与福建民间信仰共处关系研究/范正义著. —北京：社会科学文献出版社，2015.

158. 重拾华教基石：董总领导危机评论集/马来西亚华校董事联合会编. —吉隆坡：董总改革委员会，2015.

159. 追求公平：加拿大华人领袖陈丙丁律师/张桂芳，王重阳，刘郦著. —北京：中国华侨出版社，2015.

160. "走出去"与中国海外利益保护机制研究/李志永著. —北京：世界知识出版社，2015.

161. 祖国不会忘记：华侨与抗日战争/中国致公党广州市委员会编. —广州：广东人民出版社，2015.

2014 年英文书目

1. A Chinaman's Chance: One Family's Journey and the Chinese American Dream/Eric Liu. —New York: Public Affairs, 2014.

2. After Migration and Religious Affiliation: Religions, Chinese Identities, and Transnational Networks/Edited by Chee-Beng Tan (Sun Yat-Sen University, China). —Hackensack, NJ: World Scientific Publishing. Co. Pte Ltd., 2014.

3. Alien Nation: Chinese Migration in the Americas from the Coolie Era Through World War II (The David J. Weber Series In The New Borderlands History) /Elliott Young. —Chapel Hill: The University of North Carolina Press, 2014.

4. Among Australia's Pioneers: Chinese Indentured Pastoral Workers on the Northern Frontier 1848 to C. 1880/Margaret Slocomb. —AU: Balboa Press, 2014.

5. Breaking Barriers: Portraits of Inspiring Chinese-Indonesian Women/Aimee Dawis. — Tokyo: Tuttle Publishing, 2014.

6. British Chinese Families: Parenting Approaches, Household Relationships and Childhood Experiences/Carmen Lau-Clayton (University of Leeds, UK). —Houndmills, Basingstoke, Hampshire; New York: Palgrave Macmillan, 2014.

7. Catalyst for Change: Chinese Business in Asia/Edited by Thomas Menkhoff (Singapore Management University, Singapore), Chay Yue Wah (SIM University, Singapore), Hans-Dieter Evers (Institute of Asian Studies, Universiti Brunei Darussalam, Brunei), and Hoon Chang Yau (Singapore Management University, Singapore). —Singapore: World Scientific Publishing Co. Pte Ltd., 2014.

8. China's Second Continent: How a Million Migrants are Building a New Empire in Africa/ Howard W. French. —New York: Knopf, 2014.

9. Chinese Migrants and Africa's Development: New Imperialists or Agents of Change? / Ben Lampert, Giles Mohan. — London: Zed Books, 2014.

10. Chinese Studies in the Netherlands: Past, Present and Future/Edited by Wilt L. Idema. —Leiden: Brill, 2014.

11. Chinese-Western Intimacy and Marriage: An Invisible International Hierarchy/Bo Qin. —Bremen, Germany: Europaeischer Hochschulverlag, 2014.

12. Development of Pragmatic and Discourse Skills in Chinese-speaking Children (Electronic Resource) /Edited by Zhu Hua, Lixian Jin. —Amsterdam; Philadelphia: John Benjamins Publishing Company, 2014.

13. Diasporas and Foreign Direct Investment in China and India/Min Ye. —Cambridge, UK; New York: Cambridge University Press, 2014.

14. Dutch Commerce and Chinese Merchants in Java: Colonial Relationships in Trade and Finance, 1800—1942/Alexander Claver. —Leiden; Boston: Brill, 2014.

15. Ethnic Chinese Business in Asia: History, Culture and Business Enterprise/Ching-Hwang Yen (University of Adelaide, Australia). —Hackensack, New Jersey: World Scientific, 2014.

16. Fighting for the Dream: Voices of Chinese American Veterans from World War II to Af-

ghanistan/Victoria Moy. —Los Angeles: Chinese Historical Society of Southern California, 2014.

17. Getting Saved in America: Taiwanese Immigration and Religious Experience/Carolyn Chen. —Princeton, New Jersey: Princeton University Press, 2014.

18. Going Down to the Sea: Chinese Sex Workers Abroad/Ko-Lin Chin. —Chiang Mai, Thailand: Silkworm Books, 2014.

19. Impossible Subjects: Illegal Aliens and the Making of Modern America (Politics and Society in Twentieth-century America) /Mae M. Ngai. —Princeton: Princeton University Press, 2014.

20. Institutions and Social Mobilization: the Chinese Education Movement in Malaysia, 1951—2011/Ang Ming Chee. —Singapore: ISEAS Publishing, 2014.

21. Learning Chinese in Diasporic Communities: Many Pathways to Being Chinese/Edited by Xiao Lan, Curdt-Christiansen (Nanyang Technological University); Andy Hancock (University of Edinburg). —Amsterdam; Philadelphia: John Benjamins Publishing Company, 2014.

22. Margins and Mainstreams: Asians in American History and Culture/Gary Okihiro. —Seattle: University of Washington Press, 2014.

23. Migration in China and Asia: Experience and Policy/Edited by Jijiao Zhang, Howard Duncan. —Berlin, Heidelberg, Springer, 2014.

24. Migrations and Belongings: 1870—1945/Dirk Hoerder. —Cambridge Massachusetts: Belknap Press, 2014.

25. More than Shelter: Activism and Community in San Francisco Public Housing/Amy L. Howard. —Minneapolis: University of Minnesota Press, 2014.

26. My Story: a Study on Chinese Cultural Identity in Australia/Fan Hong, Liang Fen. —Publisher: EHV Academic Press, 2014.

27. Networks Beyond Empires: Chinese Business and Nationalism in the Hong Kong-Singapore Corridor, 1914—1941/Huei-Ying Kuo. —Leiden: BRILL, 2014.

28. New Chinese Migration and Capital in Cambodia/Nyiíri Pál. —Pasir Panjang, Singapore: ISEAS Publishing, 2014.

29. Overseas Chinese, Ethnic Minorities and Nationalism: De-centering China (Asia's Transformations) /Elena Barabantseva. —Milton Park, Abingdon, Oxon [England]; New York: Routledge, 2014.

30. Qiaowu: Extra-territorial Policies for the Overseas Chinese/James Jiann Hua To. —Leiden; Boston: Brill, 2014.

31. Queensland Chinese Forum: Celebrating 20th Anniversary 1994—2014. —Fortitude Valley Qld: Queensland Chinese Forum Inc. , 2014.

32. Reading Development and Difficulties in Monolingual and Bilingual Chinese Children [Electronic Resource] /Edited by Xi Chen, Qiuying Wang, Yang Cathy Luo. —Dordrecht: Springer, 2014.

33. Rediscovered Past: Chinese Tropical Australia/Sandi Robb & Kevin Rains. —East Ipswich, Qld: Chinese Heritage in Northern Australia Incorporated, 2014.

34. Rise if a Japanese Chinatown：Yokohama, 1894—1972/Eric C. Han. —Cambridge, Massachusetts；London：Harvard University Asia Center, 2014.

35. Serial Fu Manchu：the Chinese Supervillain and the Spread of Yellow Peril Ideology/Ruth Mayer. —Philadelphia：temple University Press, 2014.

36. Tan Kah-Kee：the Making of an Overseas Chinese Legend/C. F. Yong. —New Jersey：World Scientific, 2014.

37. The Chinese Question：Ethnicity, Nation, and Region in and Beyond the Philippines/Caroline S. Hau. —Singapore：NUS Press, 2014.

38. The Color of Success：Asian Americans and the Origins of the Model Minority/Wu, Ellen D. —Princeton, New Jersey：Princeton University Press, 2014.

39. The Lives of Chang and Eng：Siam's Twins in Nineteenth-century America/Joseph Andrew Orser. —Chapel Hill：The University of North Carolina Press, 2014.

40. Traditional Trades of Penang/Chin Yoon Khen. —Penang, Malaysia：Areca Books, 2014.

41. Warrior Women：Gender, Race, and the Transnational Chinese Action Star/Lisa Funnell. —Albany：State University of New York Press, 2014.

42. Young Children as Intercultural Mediators：Mandarin-speaking Chinese Families in Britain/Zhiyan Guo. —Bristol；Buffalo：Multilingual Matters, 2014.

2015 年英文书目

1. A History of the Thai-Chinese/Jeffery Sng, Pimpraphai Bisalputra. —Singapore：Editions Didier Millet, 2015.

2. After Migration and Religious Affiliation：Religions, Chinese Identities, and Transnational Networks/Edited by Chee-Beng Tan (Sun Yat-Sen University, China). —Singapore：World Scientific Publishing Co. Pte Ltd. , 2015.

3. Asian Americans and the Origins of the Model Minority/Wu, Ellen D. —Princeton, New Jersey：Princeton University Press, 2015.

4. Being Chinese, Being Muslim, Being Malaysian：the Making of a Malaysian Chinese Muslim/Yamin Cheng. —Kuala Lumpur：Islamic Book Trust, 2015.

5. Between Mao and McCarthy：Chinese American Politics in the Cold War Years/Charlotte Brooks. —Chicago；London：University of Chicago Press, 2015.

6. Beyond Borders：Stories of Yunnanese Chinese Migrants of Burma/Wen-Chin Chang. —Ithaca：Cornell University Press, 2015.

7. Britain and China, 1840—1970：Empire, Finance and War/Edited by Robert Bickers, Jonathan J. Howlett. —London；New York：Routledge, 2015.

8. China's Second Continent：How a Million Migrants are Building a New Empire in Africa/Howard W. French. —London：Vintage, 2015.

9. Chinese Australians：Politics, Engagement and Resistance/Sophie Couchman, Kate Bagnall. —Leiden：Brill, 2015.

10. Chinese Houses of Southeast Asia：The Electic Architecture of Sojourners and Settlers/

Ronald G. Knapp. —Tokyo: Tuttle Publishing, 2015.

11. Chinese in the Woods: Logging and Lumbering in the American West/Chung, Sue Fawn. —Champaign, Illinois: University of Illinois Press, 2015.

12. Chinese Migrant Entrepreneurship in Australia from the 1990s: Case Studies of Success in Sino-Australian Relations/Jia Gao. —Oxford: Chandos Publishing, 2015.

13. Chinese Migration and Families-at-risk/Chan, Ko Ling. —Newcastle upon Tyne: Cambridge Scholars, 2015.

14. Chinese Overseas Labour and Globalisation in the Early Twentieth Century: Migrant Workers, Globalisation and the Sino-French Connection/Paul Bailey. —London; New York: Routledge, 2015.

15. Chinese Public Diplomacy: the Rise of the Confucius Institute/Falk Hartig. —London; New York: Routledge, 2015.

16. Chinese Student Migration and Selective Citizenship: Mobility, Community and Identity Between China and the United States/Lisong Liu. —New York: Routledge, 2015.

17. Chinese Students, Learning Cultures and Overseas Study/Lihong Wang. —UK: Palgrave Macmillan, 2015.

18. Coming Home in Gold Brocade: Chinese in Early Northwest America/Bennet Bronson, Chuimei Ho. —USA: CreateSpace Independent Publishing Platform, 2015.

19. Cross-cultural Management and Quality Performance: Chinese Construction Firms in Nigeria/Yomi Babatunde, Low Sui Pheng. —New York: Springer, 2015.

20. Culture, Identity & Foodways of the Terengganu Chinese/Tan Yao Sua, Kamarudin Ngah. —Petaling Jaya, Malaysia: Strategic Information and Research Development Centre, 2015.

21. Defiant Second Daughter: My First 90 Years/Betty Lee Sun. —USA: Advantage Media Group, 2015.

22. Economic Success of Overseas Chinese Merchants in Southeast Asia: Ethnic Cooperation, Competition and Conflict/Janet Tai Landa. —Berlin: Springer Berlin, 2015.

23. Establishing Contemporary Chinese Life in Myanmar/Nicholas Farrelly, Stephanie Olinga-Shannon. —Singapore: ISEAS Publishing, 2015.

24. Ethnic Chinese Entrepreneurship in Malaysia: on Contextualisation in International Business Studies/Michael Jakobsen. —London; New York: Routledge, 2015.

25. Ethnicities, Personalities and Politics in the Ethnic Chinese Worlds/Yen, Ching-Hwang. —Singapore: World Scientific Publishing Co. Pte Ltd. , 2015.

26. Events over Endeavours: Image of the Chinese in Zambia and Angola/Jura, Jaroslaw. —Krakow: Jagiellonian University Press, 2015.

27. From Canton Restaurant to Panda Express: a History of Chinese Food in the United States/Haiming Liu. —New Brunswick, New Jersey: Rutgers University Press, 2015.

28. Full of Gold: Growing up in Salinas Chinatown Living in Post War America/Blanche Chin Ah Tye. —USA: CreateSpace Independent Publishing Platform, 2015.

29. Global Hakka: Hakka Identity in the Remaking/Jessieca Leo. —Leiden; Boston: Brill

Academic Pub, 2015.

30. Good Immigrants: How the Yellow Peril Became the Model Minority/Madeline Y. Hsu. —Princeton, New Jersey: Princeton University Press, 2015.

31. Growing up in British Malaya and Singapore: a Time of Fireflies and Wild Guavas/Maurice Baker. —Singapore; Hackensack, New Jersey: World Scientific, 2015.

32. Hakkas in Power: a Study of Chinese Political Leadership in East and Southeast Asia, and South America/Mr. L. Larry Liu. —USA: CreateSpace Independent Publishing Platform, 2015.

33. Handbook of Chinese Migration: Identity and Well-being/Edited by Robyn R. Iredale, Fei Guo. —UK: Edward Elgar Publishing Ltd. , 2015.

34. Identity, Hybridity and Cultural Home: Chinese Migrants and Diaspora in Multicultural Societies/Shuang Liu. —USA: Rowman & Littlefield International, 2015.

35. Indian and Chinese Immigrant Communities: Comparative Perspectives/Edited by Jayati Bhattacharya, Coonoor Kripalani. —London; New York: Anthem Press, 2015.

36. International Migration and Development in South Asia/Edited by Md Mizanur Rahman. —London; New York: Routledge, 2015.

37. Living in America: Unique Perspectives from an American Chinese/Jason Lin. —Middletown, DE: Linguasoft International Ltd. , 2015.

38. Migration: Economic Change, Social Challenge/Christian Dustmann. —Oxford: Oxford University Press, 2015.

39. Multilingualism in the Chinese Diaspora Worldwide: Transnational Connections and Local Social Realities/Wei Li. —UK: Taylor and Francis, 2015.

40. Penang Chinese Commerce in the 19th Century: the Rise and Fall of the Big Five/Wong Yee Tuan. —Singapore: ISEAS Publishing, 2015.

41. Prominent Indonesian Chinese: Biographical Sketches/Leo Suryadinata. —Singapore: Institute of Southeast Asian Studies, 2015.

42. Skilled Migration, Expectation and Reality: Chinese Professionals and the Global Labour Market/Ying Lu, Ramanie Samaratunge, Charmine E. J. H ärtel. —Farnham, Surrey, UK; Burlington, VT: Gower Publishing, 2015.

43. Straits Chinese Embroidery & Beadwork: the Private Collection of Baba Peter Soon/Lillian Tong. —Penang, Malaysia: Pinang Peranakan Mansion Sdn. Bhd. , 2015.

44. The Asian American Achievement Paradox/Jennifer Lee, Min zhou. —New York: Russell Sage Foundation Press, 2015.

45. The Chinese Political Novel: Migration of a World Genre/Yeh, Catherine Vance. —Cambridge, Massachusetts: Harvard University Press, 2015.

46. The Development of Chinese Education in Malaysia: Problems and Challenges/Santhiram R. Raman, Tan Yao Sua. —Singapore: ISEAS-Yus of Ishak Institute, 2015.

47. The Legal Regime of Chinese Overseas Investment/Chenyang Xie. —London: Wildy, Simmonds & Hill Publishing, 2015.

48. The Making of Asian America: a History/Erika Lee. —New York: Simon & Schuster,

2015.

49. The Making of Southeast Asian Nations：State，Ethnicity，Indigenism and Citizenship/ Leo Suryadinata. —Singapore；Hackensack，New Jersey：World Scientific Pub. Co. ，2015.

50. Transnational Students and Mobility：Lived Experiences of Migration/Hannah Soong. —London；New York：Routledge，2015.

51. Yunnanese Chinese in Myanmar：Past and Present/Yi Li. —Singapore：Institute of Southeast Asian Studies，2015.

2014 年日文书目

1. 近代中国の在外領事とアジア/青山治世著. —東京：名古屋大学出版会，2014.

2. ある華僑の戦後日中関係史—日中交流のはざまに生きた韓慶愈/大類善啓著. —東京：明石書店，2014.

3. ナショナル? シネマの彼方にて—中国系移民の映画とナショナル・アイデンティティ/韓燕麗著. —京都：晃洋書房，2014.

4. 増補華僑史（アジア学叢書）/成田節男著. —東京：大空社，2014.

5. 現代アジアにおける華僑・華人ネットワークの新展開/清水純，潘宏立，庄国土編. —東京：風響社，2014.

6. 変容する華南と華人ネットワークの現在/谷垣真理子，塩出浩和，容應萸編. —東京：風響社，2014.

7. 改革開放後の中国僑郷：在日老華僑・新華僑の出身地の変容/山下清海編著. —東京：明石書店，2014.

8. 華僑/井出季和太著. —東京：大空社，2014.

9. 増補タイトル華僑史/成田節男著. —東京：大空社，2014.

10. 華僑の研究/企画院編. —東京：大空社，2014.

11. 関帝廟と横浜華僑：関聖帝君鎮座 150 周年記念/関帝廟と横浜華僑編集委員会編著. —横浜：自在社，2014.

12. この日本、愛すればこそ：新華僑 40 年の履歴書/莫邦富著. —東京：岩波書店，2014.

13. 多「貌」をきわめる：門のうちからみる景色：一橋大学町村敬志ゼミナール横浜中華街調査報告集/町村ゼミナール一同執筆；家村友梨ほか編集. —国立：一橋大学大学院社会学研究科町村敬志研究室，2014.

14. 東亜共栄圏と南洋華僑/芳賀雄著. —東京：大空社，2014.

15. 増訂版．南洋の華僑/南洋協会編. —東京：大空社，2014.

16. 日本の外国人学校：トランスナショナリティをめぐる教育政策の課題/志水宏吉，中島智子，鍛治致編著. —東京：明石書店，2014.

17. 関東大震災と中国人：王希天事件を追跡する/田原洋著. —東京：岩波書店，2014.

18. インドネシア創られゆく華人文化：民主化以降の表象をめぐって/北村由美著. —東京：明石書店，2014.

2015 年日文书目

1. 18 人の遺族とともに：関東大震災 91 周年：虐殺された中国人労働者を追悼する集い報告集/関東大震災中国人受難者を追悼する会. —東京：関東大震災で虐殺された中国人労働者を追悼する集い実行委員会, 2015.

2. 20 世紀日本のアジア関係重要研究資料/早瀬晋三編. —東京：龍溪書舎, 2015.

3. それでもなぜ、反日大国の中国人、韓国人は日本に憧れるのか？/黄文雄著. —東京：海竜社, 2015.

4. よりよい共生のために：在日中国人ボランティアの挑戦/張剣波編著. —東京：日本僑報社, 2015.

5. 百年後の検証・中国人の日本留学およびその日本観：法政大学清国留学生法政速成科などの事例を中心に/法政大学国際日本学研究所編. —東京：法政大学国際日本学研究所, 2015.

6. 本当は日本が大好きな中国人/福島香織著. —東京：朝日新聞出版, 2015.

7. 近現代中国人日本留学生の諸相：「管理」と「交流」を中心に/大里浩秋, 孫安石編著. —東京：御茶の水書房, 2015.

8. 明治大学アジア留学生研究 2/大学史紀要編集委員会編集. —東京：明治大学, 2015.

9. 南京町と神戸華僑/呉宏明, 高橋晋一編著. —京都：松籟社, 2015.

10. 日用品のインバウンド消費を拡大させる意識と行動：訪日中国人客による化粧品、トイレタリー、医薬品の買物意識と行動を明らかにする/プラネット. —東京：プラネット, 2015.

11. 失敗のしようがない華僑の起業ノート/大城太著. —東京：日本実業出版社, 2015.

12. 一衣帯水：日中間の人物交流と異文化間コミュニケーション/張麟声, 大形徹編. —大阪：日中言語文化出版社, 2015.

13. 移民研究年報第 21 号/日本移民学会編集委員会編. —瀬戸：日本移民学会編集委員会, 2015.

14. 移民運送事業からみるシンガポール福建系華僑の利権構造：世界恐慌後、厦門僑務局の設置を手がかりとして/松野友美著；富士ゼロックス株式会社小林節太郎記念基金編. —東京：富士ゼロックス株式会社小林節太郎記念基金, 2015.

15. 越境する身体の社会史：華僑ネットワークにおける慈善と医療/帆刈浩之著. —東京：風響社, 2015.

16. 中国の大学生 1 万 2038 人の心の叫び：アンケート調査「戦後七十年・これからの日中関係を考える」：日中の「歴史認識」の「壁」をなくすには？中国人が「友好」のために出来ることは？/大森和夫, 大森弘子編著. —東京：日本僑報社, 2015.

17. 中華民族南洋開拓史/劉継宣著；種村保三郎訳. —東京：大空社, 2015.

18. 周恩来たちの日本留学：百年後の考察/王敏編著. —東京：三和書籍, 2015.

（本栏目编辑　易淑琼）

2014—2015 年华侨华人研究博硕士学位论文一览

本栏目内容是 2014—2015 年度华侨华人研究博硕士学位论文汇总, 分大陆中文、台港及海外中文及英文三部分。其中, 大陆中文学位论文主要来源于 CNKI (清华同方)——中国优秀博硕士学位论文全文数据库、万方——中国学位论文全文数据库, 以及高校自建的博硕士学位论文数据库; 台港及海外中文学位论文主要来源于台湾 OAI 博硕士论文联邦查询系统、新加坡国立大学及南洋理工大学学位论文数据库等; 英文博硕士学位论文主要来源于 ProQuest Dissertations & Theses (简称 PQDT) 学位论文数据库、DART-Europe E-theses Portal、Electronic Theses Online Service (简称 EThOS)、Theses Canada、Open Access Theses & Dissertations (简称 OATD) 以及各高校自建的学位论文数据库。博士论文排列在前, 硕士论文排列在后, 每一类别的论文按题目拼音升序排列。

2014 年大陆中文博硕士学位论文

1. 1950 年至 1975 年的中越关系研究 [博士论文] /丁进孝著; 李育民指导. —长沙: 湖南师范大学, 2014: 244 页.

2. 1960 年代以来东南亚华人再移民研究 [博士论文] /康晓丽著; 庄国土指导. —厦门: 厦门大学, 2014: 258 页.

3. 传统的再生: 中国文学经典在马来西亚的伦理接受 [博士论文] /林宛莹著; 聂珍钊指导. —武汉: 华中师范大学, 2014: 150 页.

4. 发展中国家侨汇与外商直接投资对经济增长的影响 [博士论文] /Jannatul Ferdaous (费丹) 著; 张平指导. —北京: 首都经济贸易大学, 2014: 136 页.

5. 海外华族语言与文化的存续: 以印度尼西亚山口洋华族社会及其华语文教育为例 [博士论文] /曹淑瑶著; 庄国土指导. —厦门: 厦门大学, 2014: 274 页.

6. 孔子学院教育功能研究 [博士论文] /赵跃著; 宁继鸣指导. —济南: 山东大学, 2014: 230 页.

7. 跨文化视角下的晚清留英学生研究 [博士论文] /王晓红著; 王展鹏指导. —北京: 北京外国语大学, 2014: 183 页.

8. 论中国的海外移民与海洋强国建设 [博士论文] /宋双双著; 刘德喜指导. —北京: 中共中央党校, 2014: 157 页.

9. 马来西亚华人文化认同之汉字影响研究 [博士论文] /张健著; 张诗亚指导. —重庆: 西南大学, 2014: 137 页.

10. 美国华人文学中的空间形式与身份认同 [博士论文] /蔡晓惠著; 刘俐俐指导. —天津: 南开大学, 2014: 247 页.

11. 南洋华侨与中国现代高等教育——私立厦门大学研究 (1921—1937 年) [博士论文] /汤锋旺著; 曾玲指导. —厦门: 厦门大学, 2014: 263 页.

12. 清朝及民国时期金门之迁界、赋税与盐政 [博士论文] /黄逸歆著; 陈支平指导. —厦门：厦门大学，2014：156 页.

13. 十七世纪闽南与越南佛教交流之研究［博士论文］/范文俊著；王三庆，陈益源指导. —台南：成功大学，2015：247 页.

14. 文化、制度、市场：传统侨乡的现代变迁——以福建安溪为例［博士论文］/李茂著；李明欢指导. —厦门：厦门大学，2014：258 页.

15. 辛亥革命与越南民族解放运动的关系研究［博士论文］/阮秋红著；李育民指导. —长沙：湖南师范大学，2014：216 页.

16. 新加坡华侨争取公民权运动研究（1947—1957）［博士论文］/YIK CHEE LEE著；曾玲指导. —厦门：厦门大学，2014：274 页.

17. 新加坡双语教育政策发展研究［博士论文］/周进著；朱文富指导. —保定：河北大学，2014：227 页.

18. 新加坡族群多层治理结构研究［博士论文］/范磊著；杨鲁慧指导. —济南：山东大学，2014：264 页.

19. 越南华族民居文化研究——以越南胡志明市第 5 郡华族建筑变迁为例［博士论文］/阮德峻著；何明指导. —昆明：云南大学，2014：235 页.

20. 中国海外人才回流的国际知识溢出与技术进步研究［博士论文］/陈怡安著；杨河清指导. —北京：首都经济贸易大学，2014：217 页.

21. 自由的考验："百分之百美国主义"的理论与实践［博士论文］/伍斌著；梁茂信指导. —长春：东北师范大学，2014：220 页.

22. 1931—1937 年"航空救国"运动探析［硕士论文］/李雪著；陈俊指导. —昆明：云南大学，2014：206 页.

23. 1965 年以后美国技术移民研究——以印裔和华裔为例［硕士论文］/李兰珺著；李其荣指导. —武汉：华中师范大学，2014：65 页.

24. 19 世纪下半叶至 20 世纪初澳大利亚华人生存状况探析［硕士论文］/赵欣著；王晓焰指导. —成都：四川师范大学，2014：57 页.

25. 20 世纪 80 年代以来法国华人文学的发展［硕士论文］/刘磊著；刘波指导. —成都：四川外国语大学，2014：73 页.

26. 20 世纪 90 年代末以来英国华人参政研究［硕士论文］/周龙著；廖小健指导. —广州：暨南大学，2014：79 页.

27. 21 世纪以来俄罗斯远东地区的中国移民问题研究［硕士论文］/董文婷著；马蔚云指导. —哈尔滨：黑龙江大学，2014：59 页.

28. 安溪籍华侨华人与近现代安溪教育研究［硕士论文］/许艺燕著；许金顶指导. —泉州：华侨大学，2014：108 页.

29. 澳大利亚高要籍新移民研究——以回龙镇新移民为中心［硕士论文］/刘艳著；张应龙指导. —广州：暨南大学，2014：77 页.

30. 澳华文学中的古体诗词研究［硕士论文］/李娟著；胡亚敏指导. —武汉：华中师范大学，2014：38 页.

31. 吧城华人遗产继承的法律适用问题——以吧国公堂《公案簿》为中心［硕士论文］/雷桂旺著；周东平指导. —厦门：厦门大学，2014：67 页.

32. 柏林华人新移民的跨国公民身份及德语语言能力对其影响的研究［硕士论文］/赵静著；李媛，Ulrich Steinmüller 指导. —杭州：浙江大学，2014：100 页.

33. 北美新移民文学的"他者"研究［硕士论文］/冯烨著；谢中山指导. —沈阳：辽宁大学，2014：56 页.

34. 宾川越南归侨的语言生活状况调查研究——以太和华侨农场归侨的语言生活状况为例［硕士论文］/杨雪翠著；王兴中指导. —昆明：云南师范大学，2014：122 页.

35. 创业政策对海归高技术创业绩效的影响——基于上海海归企业的实证［硕士论文］/崔小青著；易凌峰指导. —武汉：华东师范大学，2014：72 页.

36. 从巴黎市十三区中国城看法国华人移民的社会融合情况［硕士论文］/耿鑫著；王迪指导. —北京：首都师范大学，2014：39 页.

37. 从出入境管理看中国双重国籍处理制度［硕士论文］/姚行之著；刘满达指导. —宁波：宁波大学，2014：36 页.

38. 从华裔美国小说中的民间习俗谈族群记忆［硕士论文］/陈颖著；夏尚立指导. —贵阳：贵州师范大学，2014：68 页.

39. 从华裔文学中的食物描写看美国华裔的身份认同取向［硕士论文］/邹欣著；田育英指导. —北京：中国人民大学，2014：70 页.

40. 从络士丙冷惨案谈海外华侨的保护［硕士论文］/李亚南著；王子昌指导. —广州：暨南大学，2014：47 页.

41. 从他助到自助：英国贝尔法斯特市中国移民的社会支持网络研究［硕士论文］/武婉婷著；何俊芳指导. —北京：中央民族大学，2014：56 页.

42. 从严歌苓的新移民小说解析中美跨文化交际［硕士论文］/马勇著；王丹红指导. —厦门：厦门大学，2014：75 页.

43. 大连市海外人才引进研究［硕士论文］/骆嘉琪著；吴长春指导. —大连：大连海事大学，2014：66 页.

44. 当代澳大利亚华人参政研究［硕士论文］/张晶著；宋秀珺指导. —武汉：华中师范大学，2014：40 页.

45. 当代中国领事保护机制研究［硕士论文］/余翔著；徐正源指导. —北京：中国人民大学，2014：61 页.

46. 当代中国侨务公共外交研究：优势与障碍［硕士论文］/王白石著；金正昆指导. —北京：中国人民大学，2014：74 页.

47. 第一次世界大战期间山东地区的华工招募［硕士论文］/王健著；张本英指导. —合肥：安徽大学，2014：51 页.

48. 东南亚归侨跨国网络研究——以暨南大学归侨为例［硕士论文］/王翟兴著；陈文指导. —广州：暨南大学，2014：92 页.

49. 东南亚华文传媒与中国国家形象研究——以联合早报网和凤凰网关于中国十八届三中全会的报道为例［硕士论文］/马琼著；叶虎指导. —厦门：厦门大学，2014：68 页.

50. 对五邑侨乡侨资工商业社会主义改造初探［硕士论文］/张磊磊著；刘华指导. —广州：暨南大学，2014：42 页.

51. 俄罗斯移民政策及对中俄经贸合作的影响［硕士论文］/帕夫洛娃·克里斯蒂娜著；王秋兰指导. —哈尔滨：黑龙江大学，2014：60 页.

52. 二三线城市海归的文化认同及归国文化冲击——以河北省内英、美、澳、加四国留学归来人员为研究对象［硕士论文］/宫雪芳著；侯艳宾指导. —河北：河北农业大学，2014：49 页.

53. 二十世纪初期中国留美学生研究［硕士论文］/任大伟著；周喜峰指导. —哈尔滨：黑龙江大学，2014：251 页.

54. 发达国家技术移民社会适应研究［硕士论文］/蔡洁淳著；李煜指导. —上海：上海社会科学院，2014：59 页.

55. 非法移民遣返的法律制度研究［硕士论文］/田艳著；高岚君指导. —沈阳：辽宁大学，2014：44 页.

56. 非政府组织在泰国汉语文化传播中的作用［硕士论文］/袁凯著；马晓乐指导. —济南：山东大学，2014：68 页.

57. 非洲地区孔子学院发展情况——以喀麦隆雅温得二大为例［硕士论文］/马婷著；李旦指导. —北京：外交学院，2014：63 页.

58. 菲律宾达沃华人社会：移民历史、生活与适应［硕士论文］/Jackielou Niña R. Dellosa 著；施雪琴指导. —厦门：厦门大学，2014：157 页.

59. 菲律宾华裔青少年的华语环境、华语使用情况调查分析［硕士论文］/刘春平著；骆明弟指导. —桂林：广西师范大学，2014：32 页.

60. 菲律宾华族认同意向研究［硕士论文］/杨琴著；龚永辉指导. —南宁：广西民族大学，2014：60 页.

61. 菲律宾棉兰老岛地区华语教育现状调查研究［硕士论文］/任正著；邓英树指导. —成都：四川师范大学，2014：41 页.

62. 福建省侨资企业转型发展的政府服务研究［硕士论文］/陈嘉著；郑庆昌指导. —福州：福建农林大学，2014：53 页.

63. 改革开放以来菲律宾华人企业集团对中国大陆的投资研究［硕士论文］/魏晓璐著；王望波指导. —厦门：厦门大学，2014：73 页.

64. 孤岛喉舌——抗战时期《华商报》统战言论研究［硕士论文］/桂湘书著；王天根指导. —合肥：安徽大学，2014：118 页.

65. 关于我国海外人才贡献率及人才使用效率评价的研究［硕士论文］/姚宝珍著；张娟指导. —北京：首都经济贸易大学，2014：71 页.

66. 广州市荔湾区侨捐项目监管研究［硕士论文］/刘东华著；周霞，刘玉光指导. —广州：华南理工大学，2014：71 页.

67. 归国留学人员在沪就业性别差异影响因素分析［硕士论文］/童江涛著；吴瑞君指导. —上海：华东师范大学，2014：91 页.

68. 归侨文化身份认同：关于侨乡鹤城的叙事探究［硕士论文］/黄帆著；吴宗杰指导. —杭州：浙江大学，2014：120 页.

69. 归侨与侨乡社会：福建安溪归侨安置研究（1949—1960）［硕士论文］/上官小红著；施雪琴指导. —厦门：厦门大学，2014：74 页.

70. "国际汉语"视角下澳大利亚华人社区语言使用情况调查研究 [硕士论文] /贺加贝著；王军指导. —济南：山东大学，2014：90页.

71. 海归人才的创业区位选择、社会融入与创新业绩研究 [硕士论文] /张莎莎著；傅兆君指导. —南京：东南大学，2014：69页.

72. 海外高层次人才引进机制研究 [硕士论文] /李晨曦著；朱勇国指导. —北京：首都经济贸易大学，2014：56页.

73. 海外华侨在文化冲突下文化适应策略的运用——基于电影《推手》和《喜宴》[硕士论文] /闫婧著；方芳指导. —呼和浩特：内蒙古师范大学，2014：58页.

74. 海外华人族群的多元社会认同：槟城韩江学校研究（1919—1960）[硕士论文] /陈佩燕著；陈景熙指导. —厦门：华侨大学，2014：151页.

75. 海外华文报纸文学副刊中的华人社会图景：以美国《侨报》内容分析为例 [硕士论文] /李娇著；彭伟步指导. —广州：暨南大学，2014：58页.

76. 海外华文教师专业知识来源的个案研究 [硕士论文] /陈旭著；华霄颖指导. —上海：华东师范大学，2014：91页.

77. 海外浙江人爱国爱乡行为研究——以《浙江侨声报》为中心 [硕士论文] /彭眏柔著；徐华炳指导. —温州：温州大学，2014：69页.

78. 韩国领事保护机制及其对中国的启示 [硕士论文] /徐旗著；李志永指导. —北京：对外经济贸易大学，2014：58页.

79. 后苏哈托时代印尼华人政策的调整与影响因素研究 [硕士论文] /高文文著；倪保志指导. —济南：山东大学，2014：78页.

80. 花踪文学奖与马华文学典律重构 [硕士论文] /陈安娜著；王列耀指导. —广州：暨南大学，2014：69页.

81. 华侨大学发展战略研究 [硕士论文] /李凌著；孙锐指导. —泉州：华侨大学，2014：57页.

82. 华侨股权继承权益保护机制研究 [硕士论文] /赖自力著；黄金兰指导. —厦门：厦门大学，2014：43页.

83. 华侨农场政策执行状况研究——以竹坝华侨农场为例 [硕士论文] /林俊杰著；许金顶指导. —泉州：华侨大学，2014：56页.

84. 华侨作用下的侨乡建设研究——以温州"侨领之乡"玉壶镇为例 [硕士论文] /杨海娇著；张佳余指导. —大连：辽宁师范大学，2014：53页.

85. 华人文化在东南亚的影响力研究 [硕士论文] /阮高山著；韩景云指导. —长沙：湖南师范大学，2014：47页.

86. 华语电视台在泰国的发展及趋势研究——以泰国中央中文电视台为例 [硕士论文] /Miss Waranya Traboon（百合）著；蔡敏指导. —重庆：重庆工商大学，2014：38页.

87. 回归与重铸——宾川太和华侨农场归侨的文化适应 [硕士论文] /杨茂桦著；杨文辉指导. —昆明：云南大学，2014：84页.

88.《吉陵春秋》中的华人形象与中华文化研究 [硕士论文] /张侠著；苏晖指导. —武汉：华中师范大学，2014：62页.

89. 基于"乐学善用"理念的新加坡华裔儿童华文课例研究——以南洋理工大学孔

子学院儿童课程为例［硕士论文］/赵丽秋著；张艳华指导. —济南：山东大学，2014：90 页.

90. 基于双因素理论视角的广州南沙新区政府海外高层次人才引进研究［硕士论文］/冀伟著；韦小鸿指导. —广州：华南理工大学，2014：52 页.

91. 基于引力模型的华侨华人对中国出境入境旅游影响的研究［硕士论文］/杨敏著；刘名俭，马勇指导. —武汉：湖北大学，2014：76 页.

92. 暨南大学海外华文教师奖学金管理现状的调查报告［硕士论文］/龙燕玲著；张军指导. —广州：暨南大学，2014：101 页.

93. 暨南大学华文教育专业本科生海外实习情况调查报告［硕士论文］/刘宇霞著；张军指导. —广州：暨南大学，2014：70 页.

94. 加拿大新移民华文小说中的混血儿形象研究［硕士论文］/陈梦圆著；王列耀指导. —广州：暨南大学，2014：52 页.

95. 坚守与改变：1848—1945 年美国华侨华人女性社会变迁探析［硕士论文］/胡盼著；陈奕平指导. —广州：暨南大学，2014：64 页.

96. 建国初期的龙岩县华侨与土地改革［硕士论文］/谢丹琳著；张侃指导. —厦门：厦门大学，2014：72 页.

97. 金边市潮州会馆端华分校华文教学情况调研报告［硕士论文］/李玥著；邹慧玲指导. —昆明：云南大学，2014：48 页.

98. 近代上海南洋庄研究（1921—1941）［硕士论文］/乔磊著；张晓辉指导. —广州：暨南大学，2014：65 页.

99. 近代新加坡华文报纸与华侨民族主义思想——以《日新报》为中心［硕士论文］/李麒麟著；曲晓范指导. —长春：东北师范大学，2014：54 页.

100. 旧金山华侨华人争取医疗平等权利的斗争研究（1850—1970）［硕士论文］/栗晋梅著；李其荣指导. —武汉：华中师范大学，2014：59 页.

101. 旧金山华人权益促进会研究［硕士论文］/严莉莉著；李爱慧指导. —广州：暨南大学，2014：59 页.

102. 抗战时期东南亚华人华侨的民族主义研究［硕士论文］/徐源著；肖文黎指导. —湘潭：湘潭大学，2014：44 页.

103. 孔子学院国际传播的现状和发展趋势［硕士论文］/王露曼著；王国平指导. —长沙：湖南大学，2014：52 页.

104. 跨文化交流视野下的华文师资培训对策研究——以缅甸为例［硕士论文］/张辉著；马勇指导. —昆明：云南大学，2014：78 页.

105. 跨文化研究美国华裔作家黎锦扬的《花鼓歌》［硕士论文］/崔晓君著；徐颖果指导. —天津：天津理工大学，2014：56 页.

106. 来华印尼华裔与非华裔学生课外汉语视听说环境利用情况及其差异的调查研究［硕士论文］/邓永永著；张金桥指导. —广州：暨南大学，2014：59 页.

107. 老挝华校初中生汉语学习动机调查研究——以百细华侨公学为例［硕士论文］/吴欢欢著；杨绍军指导. —昆明：云南大学，2014：59 页.

108. 老挝华裔学生成语学习情况调查与分析［硕士论文］/叶利丽著；张艳萍指

导. —昆明：云南大学，2014：79 页.

109. 乐清市侨务资源可持续开发利用研究［硕士论文］/高沪秋著；杨建州指导. —福州：福建农林大学，2014：65 页.

110. 辽宁省引进海外高层次人才研究［硕士论文］/王建著；赵敬丹指导. —沈阳：沈阳师范大学，2014：43 页.

111. 领事保护法律机制及其运作［硕士论文］/李慧著；顾兴斌指导. —南昌：南昌大学，2014：37 页.

112. 《留学生》杂志中的中国留学生媒介形象研究［硕士论文］/胡雨雯著；徐新平指导. —长沙：湖南师范大学，2014：59 页.

113. 刘廷芳中国教会本色化思想及实践研究［硕士论文］/许高勇著；陈才俊指导. —广州：暨南大学，2014：149 页.

114. 鲁籍华侨对近代山东社会的影响（1842—1927）［硕士论文］/齐巧玲著；刘志虎指导. —银川：宁夏大学，2014：53 页.

115. 论陈嘉庚的慈善公益思想及其事业［硕士论文］/张志霞著；周秋光指导. —长沙：湖南师范大学，2014：78 页.

116. 论取得外国永久居留权的中国公民中"双重身份群体"的管理思路［硕士论文］/范耀元著；钟君指导. —北京：中国社会科学研究院，2014：27 页.

117. 论十九世纪中后期在美华工的工作及待遇状况［硕士论文］/蔡桂芸著；兰建英指导. —成都：四川师范大学，2014：62 页.

118. 论我国《出境入境管理法》向移民法的转变［硕士论文］/陈萍著；姜爱丽指导. —济南：山东大学，2014：45 页.

119. 论印尼当代华人文学中的中国影像［硕士论文］/伍娟娟著；邓海燕指导. —沈阳：沈阳师范大学，2014：53 页.

120. 论战后华裔美国文学的女性身份重塑［硕士论文］/刘辰一著；胡宗锋指导. —西安：西北大学，2014：66 页.

121. 论中国民营企业家投资移民问题［硕士论文］/李影著；宋全成指导. —济南：山东大学，2014：68 页.

122. 马来西亚槟榔屿乔治市中文路名研究［硕士论文］/苏美红著；张美霞指导. —南京：南京师范大学，2014：63 页.

123. 马来西亚华文独立中学发展研究［硕士论文］/黄圣铭著；李晓燕指导. —武汉：华中师范大学，2014：74 页.

124. 马来西亚吉打州德教会济阳阁研究［硕士论文］/张钊著；石沧金指导. —广州：暨南大学，2014：76 页.

125. 马来西亚吉隆坡大埔客家话词汇研究［硕士论文］/张淑敏著；陈晓锦指导. —广州：暨南大学，2014：192 页.

126. 马来西亚沙巴州华文独立中学初中生的自我同一性特点［硕士论文］/林秀珍著；谭顶良指导. —南京：南京师范大学，2014：66 页.

127. 马来亚大学孔子汉语学院在马来西亚华人社会背景下的发展现状与展望［硕士论文］/黄敏诗著；常大群指导. —厦门：厦门大学，2014：185 页.

128. 梅州松口侨乡的社会变迁［硕士论文］/刘敏著；张应龙指导. —广州：暨南大学，2014：91 页.

129. 美国《侨报》跨区域发展项目发展规划研究［硕士论文］/游江著；孙锐指导. —泉州：华侨大学，2014：89 页.

130. 美国华人高层次人才与中国的互动——以美国华裔教授专家网为例的分析［硕士论文］/孙隽著；陈奕平指导. —广州：暨南大学，2014：60 页.

131. 美国技术性移民政策的研究［硕士论文］/胡念著；刘文祥指导. —武汉：湖北大学，2014：47 页.

132. 美国十九至二十世纪中产阶级社会工作群体对工人阶级移民社区女性的价值观塑造——以芝加哥赫尔之家、旧金山唐人街社区和旧金山柬埔寨社区为例［硕士论文］/陈滢著；李今朝指导. —北京：北京外国语大学，2014：46 页.

133. 美国新华侨华人科技专业社团研究——以中国旅美科技协会为例［硕士论文］/方远鹏著；姬虹指导. —北京：中国社会科学院研究生院，2014：57 页.

134. 美国亚利桑那州祖荀华人文化中心小学武术汉语体验课教学设计［硕士论文］/姜韧著；郭翠菊指导. —安阳：安阳师范学院，2014：45 页.

135. 美籍华裔移民文化身份与价值观流变分析——以《虎妈战歌》为例［硕士论文］/郑嘉茵著；顾力行指导. —上海：上海外国语大学，2014：76 页.

136. 蒙古国旅蒙华侨友谊学校高年级汉语课教学现状调查［硕士论文］/扎娜（Zanaa Batbayar）著；张建指导. —长春：东北师范大学，2014：64 页.

137. 缅甸腊戌地区非华裔学生汉语学习状况调查研究——以腊戌地区规模最大的四所华文学校为例［硕士论文］/张琳莉（KHIN THUZAR PHYO）著；赵永红指导. —北京：中央民族大学，2014：53 页.

138. 面向泰国华校的汉语教学研究——现状调查和教学设计［硕士论文］/陈小慧著；匡鹏飞指导. —武汉：华中师范大学，2014：51 页.

139. 内地高校港澳生国家认同实证研究——以华侨大学、暨南大学为例［硕士论文］/张阳明著；骆文伟指导. —泉州：华侨大学，2014：69 页.

140. 南美主要侨居国的华人同乡会、商业与文化社团研究——以巴西、秘鲁、阿根廷、委内瑞拉为基础［硕士论文］/徐珊珊著；高伟浓指导. —广州：暨南大学，2014：90 页.

141. 纽马克翻译理论视角下侨务外宣翻译策略研究——以《彼岸——海外中山人纪事》为例［硕士论文］/曹婷婷著；欧阳利锋指导. —广州：广东外语外贸大学，2014：67 页.

142. 欧洲华文媒体现状研究［硕士论文］/袁芳著；班弨指导. —广州：暨南大学，2014：37 页.

143. 葡据时代澳门华人社团研究（1840—1940）［硕士论文］/李任欣著；袁成亮指导. —苏州：苏州科技学院，2014：77 页.

144. 企业家投资移民的经济学分析——基于中国的实际与数据［硕士论文］/马腾著；戴歌新指导. —成都：西南财经大学，2014：62 页.

145. 浅析美籍华人对美国对华外交决策的影响［硕士论文］/陈翠平著；胡宗山指

导. —武汉：华中师范大学，2014：47页.

146. 侨港归侨咸水歌的传承保护研究［硕士论文］/李亚丽著；陈丽琴指导. —南宁：广西民族大学，2014：88页.

147. 侨捐项目监管体系研究——以泉州市为例［硕士论文］/苏洪梅著；王丽霞指导. —泉州：华侨大学，2014：47页.

148. 侨乡宗族组织研究——以广西容县大萃村马氏祠堂理事会为例［硕士论文］/王晓欧著；郑一省指导. —南宁：广西民族大学，2014：84页.

149. 青田归国华侨再适应问题研究初探［硕士论文］/来锋著；郑伟指导. —上海：上海外国语大学，2014：74页.

150. 清末留学生刊物《游学译编》研究——从教育交流视角［硕士论文］/杜京容著；余子侠指导. —武汉：华中师范大学，2014：56页.

151. 清末廷试留学毕业生群体研究［硕士论文］/王标著；王志指导. —长春：东北师范大学，2014：105页.

152. 清政府在抵制美货运动期间的对美外交［硕士论文］/解建芸著；周乾指导. —合肥：安徽大学，2014：66页.

153. 全球化背景下的中国新移民研究：以广西上林县赴加纳采金者群体为例［硕士论文］/曹维盟著；张小欣指导. —广州：暨南大学，2014：100页.

154. 《人民报》副刊群与缅甸华文文学（1951—1960）［硕士论文］/张雅博著；郭惠芬指导. —厦门：厦门大学，2014：102页.

155. 日本华侨华人社团研究（1978至今）［硕士论文］/陈绪倩著；鞠玉华指导. —广州：暨南大学，2014：98页.

156. 散居归侨社团研究——以广西凭祥市水果协会为例［硕士论文］/郑春玲著；郑一省指导. —南宁：广西民族大学，2014：96页.

157. 陕西高校海外高层次归国人才的管理创新研究［硕士论文］/吴莹著；万涛指导. —西安：西安工业大学，2014：62页.

158. 上海新侨人力资源开发利用研究［硕士论文］/赵琳华著；吴瑞君指导. —上海：华东师范大学，2014：73页.

159. 身份的认同与重构的焦虑——论严歌苓小说中的身份建构意识［硕士论文］/王谦著；郭宝亮指导. —石家庄：河北师范大学，2014：153页.

160. 生态系统理论视角下华侨留守儿童问题研究［硕士论文］/周青峰著；薛新娅指导. —西安：西北大学，2014：58页.

161. 试论冷战初期美国对东南亚华侨的政策（1945—1960）［硕士论文］/夏金玲著；范丽萍，王本涛指导. —桂林：广西师范大学，2014：89页.

162. 台山浮石飘色的调查研究［硕士论文］/奚锦著；刘旭平指导. —武汉：华中师范大学，2014：35页.

163. 台湾"世界华语文教育学会"与海外华文教育［硕士论文］/彭莉莉著；周聿峨指导. —广州：暨南大学，2014：44页.

164. 泰国华人文化对普吉岛文化旅游的影响［硕士论文］/Suda Amornchalanun著；敖依昌指导. —重庆：重庆大学，2014：43页.

165. 泰国华文报纸的受众分析——以《星暹日报》为中心［硕士论文］/任晓萌著；李开军指导. —济南：山东大学，2014：59 页.

166. 泰国华文教育的历史与现状研究——以中等教育阶段为例［硕士论文］/黄丽玮著；黄伟生指导. —南宁：广西民族大学，2014：54 页.

167. 泰国孔子学院的文化传播研究［硕士论文］/冯小玲著；敖依昌指导. —重庆：重庆大学，2014：65 页.

168. 泰国南邦育华学校汉语教学现状调查研究［硕士论文］/李晨曦著；周立新指导. —石家庄：河北师范大学，2014：39 页.

169. 泰国勿洞市华人对泰国本土文化的适应和影响研究［硕士论文］/黎美凤著；潘一禾，范昀指导. —杭州：浙江大学，2014：36 页.

170. 谈孔子学院的发展现状及改善意见［硕士论文］/宫也天著；曹儒指导. —大连：辽宁师范大学，2014：44 页.

171. 外国人永久居留制度研究［硕士论文］/丁路华著；张志勋指导. —南昌：南昌大学，2014：55 页.

172. 晚清南非契约华工研究［硕士论文］/赵红著；晁中辰指导. —济南：山东大学，2014：108 页.

173. 我国出国留学人员的回国就业［硕士论文］/王曼著；綦建红指导. —济南：山东大学，2014：65 页.

174. 我国归国海外高层次人才现状调查与对策研究［硕士论文］/桂润楠著；刘天卓指导. —合肥：中国科学技术大学，2014：63 页.

175. 我国国籍制度完善法律问题研究［硕士论文］/陈火清著；初北平指导. —大连：大连海事大学，2014：37 页.

176. 我国双重国籍问题研究［硕士论文］/杨永利著；秦鹏指导. —乌鲁木齐：新疆大学，2014：61 页.

177. 伍慧明《骨》中华裔美国人身份建构的心路历程［硕士论文］/彭聪著；张生珍指导. —曲阜：曲阜师范大学，2014：86 页.

178. 西班牙排华问题研究——以浙江籍青田新移民为例［硕士论文］/林国阳著；邱丹阳指导. —广州：暨南大学，2014：90 页.

179. 新媒体语境下美国华文媒体传播力研究［硕士论文］/樊雪婧著；林爱珺指导. —广州：暨南大学，2014：58 页.

180. 新世纪以来加拿大移民政策的变迁及对华人移民的影响［硕士论文］/夏景良著；吴金平指导. —广州：暨南大学，2014：110 页.

181. 新中国侨务政策的变迁对美国华侨华人的影响［硕士论文］/陆晓玟著；吴金平指导. —广州：暨南大学，2014：61 页.

182. 延边地区偷渡犯罪的现状与对策研究［硕士论文］/蔡艺兰著；金昌俊，文昌海指导. —延吉：延边大学，2014：38 页.

183. 洋务运动时期的留欧教育研究［硕士论文］/闫飞著；刘虹指导. —石家庄：河北师范大学，2014：40 页.

184. 一战华工招募与中英交涉（1916—1919）［硕士论文］/张岩著；胡卫清指

导. —济南：山东大学，2014：73 页.

185. 移民汇款对母国经济增长影响的研究 ［硕士论文］/张宇著；杨权指导. —厦门：厦门大学，2014：79 页.

186. 印尼华族同化进程的分析：从新秩序时代到改革时代 ［硕士论文］/Silvia Yang 著；闫森指导. —厦门：厦门大学，2014：100 页.

187. 印尼泗水华文教材使用情况调查研究 ［硕士论文］/黄安琪著；魏慧斌指导. —广州：广东外语外贸大学，2014：57 页.

188. 印尼万隆华文教师现状调查 ［硕士论文］/陈福龙著；陈晓桦指导. —广州：广东外语外贸大学，2014：37 页.

189. 英国华文报纸自我表征及其意义研究——基于《华闻周刊》的个案分析 ［硕士论文］/张嘉著；谢毅指导. —广州：暨南大学，2014：48 页.

190. 粤籍华人华侨对广东外贸发展的影响研究 ［硕士论文］/戴丽芳著；赵永亮指导. —广州：暨南大学，2014：43 页.

191. 越共理论思维革新与华人政策研究 ［硕士论文］/屈琰涵著；于向东指导. —郑州：郑州大学，2014：59 页.

192. 越南《西贡解放日报》（华文版）与当地华人关系研究 ［硕士论文］/赵玲著；易文指导. —南宁：广西大学，2014：57 页.

193. 在华马来西亚华裔留学生的跨文化敏感度研究——留华生的跨文化敏感度分析及群体特征 ［硕士论文］/叶侨艳著；黄建滨指导. —杭州：浙江大学，2014：78 页.

194. 在新西兰中国留学生跨文化适应研究 ［硕士论文］/迟红著；朱晓姝指导. —北京：对外经济贸易大学，2014：77 页.

195. 张之洞与清末留日学生管理 ［硕士论文］/余秀著；何卓恩指导. —武汉：华中师范大学，2014：70 页.

196. 《浙江潮》与其科教传播研究——一份置身于廿世纪世界潮头的留学生期刊 ［硕士论文］/吕旸著；姚远指导. —西安：西北大学，2014：87 页.

197. 智利华裔子弟汉语学习现状调查分析 ［硕士论文］/张晓燕著；张艳莉指导. —上海：上海外国语大学，2014：40 页.

198. 中国出国留学教育与留学人才外流回归现象研究 ［硕士论文］/王建华著；施放指导. —杭州：浙江工业大学，2014：90 页.

199. 中国出国留学生教育适应状况的研究 ［硕士论文］/朱佳妮著；刘少雪指导. —上海：上海交通大学，2014：63 页.

200. 中国大陆电视剧在东南亚的传播研究——基于受众视角 ［硕士论文］/宗倩倩著；章宏指导. —杭州：浙江大学，2014：57 页.

201. 中国第三次移民潮的政治文化分析 ［硕士论文］/宋斐斐著；杜仕菊指导. —上海：华东理工大学，2014：62 页.

202. 中国海外移民的发展趋势及其对中国外交的思考 ［硕士论文］/李小鸥著；刘东国指导. —北京：中国人民大学，2014：48 页.

203. 中国留印海员战时工作队研究（1942—1945）［硕士论文］/汤晨旭著；金以林指导. —北京：中国社会科学院研究生院，2014：159 页.

204. 中国双重国籍问题研究［硕士论文］/乔雪竹著；莫纪宏指导. —北京：中国社会科学院研究生院，2014：30 页.

205. 中国在非洲软实力：以肯尼亚孔子学院为例［硕士论文］/茹丝著；王存刚指导. —天津：天津师范大学，2014：77 页.

206. 中韩两国的外国人出入境管理法律制度比较研究［硕士论文］/具成林著；冀宗儒指导. —北京：对外经济贸易大学，2014：43 页.

207. 中泰建交后泰国华人华侨政策：基于多重认同模式的分析［硕士论文］/严童阳著；田小惠指导. —北京：北京外国语大学，2014：33 页.

208. 中泰两国春节的比较研究［硕士论文］/刘美珠著；单韵鸣指导. —广州：华南理工大学，2014：53 页.

2015 年大陆中文博硕士学位论文

1. 1990 年代以来马华小说的异族书写研究［博士论文］/贾颖妮著；王列耀指导. —广州：暨南大学，2015：154 页.

2. 20 世纪以来泰国华侨华人与澄海侨乡互动研究［博士论文］/陈子著；鞠玉华指导. —广州：暨南大学，2015：267 页.

3. 北美华侨华人专业人士发展研究［博士论文］/袁源著；周聿峨指导. —广州：暨南大学，2015：164 页.

4. 从难侨到难民：中国印支难民政策的形成（1978—1979）［博士论文］/郑建成著；周聿峨指导. —广州：暨南大学，2015：136 页.

5. 当代东南亚华人与印度人比较研究［博士论文］/吴芸著；肖宪指导. —昆明：云南大学，2015：136 页.

6. 当代华侨华人软实力的构成［博士论文］/张月著；庄国土指导. —厦门：厦门大学，2015：322 页.

7. 多元文化主义下的华人社会发展——以加拿大列治文市华人社区为中心［博士论文］/HUI WANG 著；曾少聪指导. —厦门：厦门大学，2015：300 页.

8. 广东华侨农场越南广宁省归侨粤语语音研究［博士论文］/黄高飞著；陈晓锦指导. —广州：暨南大学，2015：227 页.

9. 华人精英科学家成长过程特征及影响因素研究［博士论文］/高芳祎著；阎光才指导. —上海：华东师范大学，2015：243 页.

10. 华人新移民在澳大利亚的适应与融合［博士论文］/李泽莹著；廖小健指导. —广州：暨南大学，2015：186 页.

11. 接触与冲突：十九世纪加州华人与爱尔兰人移民族群关系研究［博士论文］/曹雨著；陈奕平指导. —广州：暨南大学，2015：158 页.

12. 近代闽南与潮汕侨乡建筑文化比较研究［博士论文］/李岳川著；唐孝祥指导. —广州：华南理工大学，2015：268 页.

13. 美欧新移民女作家论［博士论文］/綦珊著；洪治纲指导. —广州：暨南大学，2015：140 页.

14. 面向马来西亚华语教学词表的研制［博士论文］/王敏慧著；曾毅平指导. —广

州：暨南大学，2015：295 页.

15. 社会变迁下华侨华人与新中国体育发展研究［博士论文］/郭惠杰著；方千华指导. —福州：福建师范大学，2015：169 页.

16. 唐人街叙事与华裔美国人的文化身份——赵健秀、伍慧明与陈耀光研究［博士论文］/袁荃著；陶家俊指导. —北京：北京外国语大学，2015：207 页.

17. 新移民回流作家的跨界书写研究［博士论文］/陈庆妃著；王列耀指导. —广州：暨南大学，2015：191 页.

18. 印尼华侨华人"再华化"研究——以爪哇岛、西加里曼丹及邦加岛为个案［博士论文］/张小倩著；庄国土指导. —厦门：厦门大学，2015：228 页.

19. 在西班牙人与上帝之间：西属菲律宾的天主教华人社会［博士论文］/吕俊昌著；廖大可指导. —厦门：厦门大学，2015：258 页.

20. 整合与分化——从华文教育看曼德勒华人社会的内部关系［博士论文］/刘权著；袁焱指导. —昆明：云南大学，2015：192 页.

21. 中国海外劳工权利法律保护研究［博士论文］/陶斌智著；陈业宏指导. —武汉：华中师范大学，2015：254 页.

22. 中国侨务公共外交的理论探讨及其案例佐证［博士论文］/林逢春著；廖小健指导. —广州：暨南大学，2015：205 页.

23. 18 世纪末—19 世纪中后期吧国华人社会的离婚制度研究——以《公案簿》为研究中心［硕士论文］/余慧萍著；周东平指导. —厦门：厦门大学，2015：61 页.

24. 1940 年代美国华文文艺刊物《新苗》及其作品研究［硕士论文］/吴兴男著；李亚萍指导. —广州：暨南大学，2015：51 页.

25. 1979 年以来美国华商团体发展状况研究［硕士论文］/黄楠著；李爱慧指导. —广州：暨南大学，2015：49 页.

26. 20 世纪菲华女性家庭和社会角色变迁的研究［硕士论文］/敖梦玲著；朱东芹指导. —泉州：华侨大学，2015：121 页.

27. 70 年代以来马来西亚华人政治参与问题研究［硕士论文］/梅玫著；许开轶指导. —南京：南京师范大学，2015：60 页.

28. TPB 框架下中国大陆与印尼华裔高校大学生的创业意向比较研究［硕士论文］/WENDY 著；赖国伟指导. —厦门：厦门大学，2015：76 页.

29. 奥地利萨尔茨堡中文学校汉语教学情况研究［硕士论文］/孟娇著；李国慧指导. —哈尔滨：哈尔滨师范大学，2015：35 页.

30. 澳大利亚 Heritage Chinese 中文教材词表研制［硕士论文］/欧帅著；曾毅平指导. —广州：暨南大学，2015：73 页.

31. 澳大利亚中印移民对比研究［硕士论文］/张丽娜著；张小欣指导. —广州：暨南大学，2015：100 页.

32. 北美华人女作家家族书写比较——以汤亭亭、谭恩美、严歌苓、张翎小说为例［硕士论文］/刘雯文著；赵树勤指导. —长沙：湖南师范大学，2015：70 页.

33. 北美新移民华文小说研究［硕士论文］/夏亚婷著；焦勇勤指导. —海口：海南大学，2015：60 页.

34. 成长小说视域下《喜福会》中华裔的身份问题探究 ［硕士论文］/赵昱荣著；曾小珊指导. —西安：陕西理工学院，2015：96 页.

35. 初级华文教材与我国小学《语文》课本课堂语言训练的对比研究——以《中文》《语文》为例 ［硕士论文］/李斯琳著；曹保平指导. —成都：四川外国语大学，2015：50 页.

36. 传统与变迁：新加坡土生华人个案研究——以陈笃生和陈金声家族为例 ［硕士论文］/李艳阳著；林小芳指导. —福州：福建师范大学，2015：109 页.

37. "触电"的民族动员——以晚清上海抵制《华工禁约》运动为例 ［硕士论文］/杨旭著；姜红指导. —合肥：安徽大学，2015：63 页.

38. 从"落叶归根"到"落地生根"——论法属波利尼西亚华人身份认同的转变 ［硕士论文］/巴秋曦著；金俊华指导. —北京：外交学院，2015：60 页.

39. 从"他者"到"混杂"——《喜福会》中华裔女性研究 ［硕士论文］/孙静著；金衡山指导. —上海：华东师范大学，2015：55 页.

40. 从留学到移民：1978 年以来美国的中国大陆知识移民 ［硕士论文］/李凤春著；庄国土指导. —厦门：厦门大学，2015：123 页.

41. 大其力滇籍华人宗教生活研究 ［硕士论文］/陈萍著；马居里指导. —昆明：云南大学，2015：55 页.

42. "大侨务"观下的乌兰察布市侨务工作现状及问题研究 ［硕士论文］/白雪著；白维军指导. —呼和浩特：内蒙古大学，2015：48 页.

43. 当代马来西亚华人社团的社会功能研究 ［硕士论文］/王雪玲著；曹文宏指导. —泉州：华侨大学，2015：53 页.

44. 当代美国华人的文化传承及教育策略选择研究 ［硕士论文］/权宁民著；魏梓秋指导. —兰州：西北师范大学，2015：38 页.

45. 当代新加坡华人宗教信仰研究 ［硕士论文］/林琳著；吴巍巍指导. —福州：福建师范大学，2015：92 页.

46. 当代意大利华人与当地社会的关系研究 ［硕士论文］/高婷珊著；潮龙起指导. —广州：暨南大学，2015：65 页.

47. 德国华文报纸中的中国国家形象研究——以《欧洲时报》德国版涉华报道为例 ［硕士论文］/侯慧聪著；严俊指导. —长春：吉林大学，2015：54 页.

48. 德国华裔越南船民身份认同研究 ［硕士论文］/张亚峰著；刘悦指导. —杭州：浙江大学，2015：85 页.

49. 地方政府海外人才引进政策的成效与改善 ［硕士论文］/马新明著；郁建兴指导. —杭州：浙江大学，2015：70 页.

50. 第三空间中的美籍华人身份：《春香夫人》的后殖民解读 ［硕士论文］/廖翌钦著；罗世平指导. —广州：华南理工大学，2015：69 页.

51. 东南亚华人资本对华投资战略研究——以正大集团为例 ［硕士论文］/盛莲著；刘新荣指导. —广州：暨南大学，2015：53 页.

52. 东南亚华裔留学生的汉语语言态度与文化认同调查研究——以华侨大学留学生为例 ［硕士论文］/宋琰著；纪秀生指导. —泉州：华侨大学，2015：64 页.

53. 独立前马来亚华人与印度人政治活动及其比较［硕士论文］/吕峰著；石沧金指导. —广州：暨南大学，2015：67 页.

54. 对外汉语志愿教师文化休克现象调查报告：以暨南大学赴泰志愿者教师为例［硕士论文］/禹亚云著；王衍军指导. —广州：暨南大学，2015：41 页.

55. 对珠三角地区华文教育的调查报告［硕士论文］/刘于逸宁著；刘富华指导. —长春：吉林大学，2015：47 页.

56. 多样中华性：从南澳华人社团看华人身份的运用［硕士论文］/潘秋萍著；窦薇指导. —北京：北京外国语大学，2015：83 页.

57. 多元智能理论在新加坡国际学校儿童汉语教学中的应用［硕士论文］/李馥薰著；周静指导. —广州：暨南大学，2015：53 页.

58. 厄瓜多尔孔子学院学生汉语学习动机调查［硕士论文］/黄禄晶著；班弨指导. —广州：暨南大学，2015：67 页.

59. 非洲地区孔子学院汉语教师志愿者开展专题文化活动调查研究［硕士论文］/朱颖著；胡建刚指导. —广州：暨南大学，2015：41 页.

60. 菲律宾汉语志愿者的跨文化适应情况考察［硕士论文］/王薇著；贾益民指导. —广州：暨南大学，2015：85 页.

61. 菲律宾红溪礼示大学孔子学院研究［硕士论文］/陈丽娟著；张礼指导. —广州：暨南大学，2015：54 页.

62. 菲律宾华侨华人慈善事业研究［硕士论文］/王莹著；朱东芹指导. —泉州：华侨大学，2015：97 页.

63. 菲律宾华人基督教研究（1929—1975）——以中华基督教会为基础［硕士论文］/程露晞著；高伟浓指导. —广州：暨南大学，2015：95 页.

64. 菲律宾华文教育现状调查分析：以怡朗市四所华校中小学生为例［硕士论文］/夏雯君著；廖国伟指导. —桂林：广西师范大学，2015：34 页.

65. 菲律宾华文教育中心研究［硕士论文］/徐庆栖著；周聿峨指导. —广州：暨南大学，2015：60 页.

66.《菲律宾华语课本》（初级）生词及其练习研究［硕士论文］/田云霞著；刘晓英指导. —长沙：湖南师范大学，2015：133 页.

67. 菲律宾主流学校汉语教学调查研究：以红溪礼示孔院合作的教学点为例［硕士论文］/何微微著；金颖指导. —广州：暨南大学，2015：89 页.

68. 改革开放以来菲律宾华商在晋江的投资及影响因素：基于问卷调查和访谈资料的分析［硕士论文］/柯世池著；陈文指导. —广州：暨南大学，2015：55 页.

69. 改革开放以来留学英国的发展与趋势研究［硕士论文］/程琳著；廖小健指导. —广州：暨南大学，2015：78 页.

70. 改革开放以来中国政府对海外中国公民安全保护研究［硕士论文］/龚钰捷著；韩景云指导. —长沙：湖南师范大学，2015：55 页.

71. 歌曲法在小学汉语词汇教学中的应用［硕士论文］/程华如著；宗世海指导. —广州：暨南大学，2015：54 页.

72. 广府华侨华人服饰艺术研究［硕士论文］/莫玉玲著；孙恩乐指导. —广州：广

东工业大学，2015：62 页.

73. 广西侨乡文化遗产旅游开发社区居民满意度与美丽侨乡建设研究［硕士论文］／程芸燕著；陈炜指导. —桂林：桂林理工大学，2015：87 页.

74. 广州"非正规国际移民"的治理研究［硕士论文］/赵翠翠著；文峰指导. —广州：暨南大学，2015：64 页.

75. 归侨作家南洋叙事中的婚恋书写研究（1980—2002）［硕士论文］/杨眉著；郭惠芬指导. —厦门：厦门大学，2015：66 页.

76. 国别化（印尼）汉语教材与印尼本土汉语教材对比研究：以《华语》《高级汉语》为例［硕士论文］/刘璐著；师玉梅指导. —广州：暨南大学，2015：45 页.

77. 国际劳务输出中的劳工权益保障法律制度研究［硕士论文］/贾茹著；马志强指导. —郑州：郑州大学，2015：55 页.

78. 国际难民安置比较研究——以中法两国的印支难民（侨）安置为例［硕士论文］/蒙晓云著；曹云华指导. —广州：暨南大学，2015：53 页.

79. 国家、家乡与归属：对广东省英德华侨茶场归侨的研究［硕士论文］/林绮纯著；陈志明指导. —广州：中山大学，2015：135 页.

80. 国民政府对于华侨的抗战动员研究［硕士论文］/陈明著；汪效驷指导. —芜湖：安徽师范大学，2015：57 页.

81. 国内高校华文师资培养现状调查［硕士论文］/李爽著；郭熙指导. —广州：暨南大学，2015：43 页.

82. 哈萨克族华侨华人在中国对哈萨克斯坦公共外交中的作用研究——以塔城市为例［硕士论文］/米拉·波开著；冯怀信指导. —乌鲁木齐：新疆大学，2015：57 页.

83. 海外华人的社会建构：槟城韩江互助会研究（1931—1961）［硕士论文］/刘洋著；陈景熙指导. —泉州：华侨大学，2015：80 页.

84. 海外华人对母国企业技术创新的影响研究［硕士论文］/黄得沛著；张萃指导. —广州：暨南大学，2015：39 页.

85. 海外华人华侨生存安全突发事件的政府救援研究［硕士论文］/罗苡祯著；王丽霞指导. —泉州：华侨大学，2015：78 页.

86. 海外华文媒体孔子学院报道研究——以《联合早报》等为例［硕士论文］/许萌萌著；安然指导. —广州：华南理工大学，2015：71 页.

87. 海外华文媒体中国报道框架研究——以《侨报》和《世界日报》十八届四中全会报道为例［硕士论文］/孙若男著；展江指导. —北京：北京外国语大学，2015：50 页.

88. 海外中国公民安全领事保护［硕士论文］/孙丽亚著；辛柏春指导. —黑龙江：哈尔滨大学，2015：47 页.

89. 海峡华人的政治参与与多重身份认同：陈若锦个案研究（1887—1917）［硕士论文］/吴靖著；李勇指导. —泉州：华侨大学，2015：81 页.

90. 湖南省侨务资源可持续发展研究［硕士论文］/杨蜜君著；陈晓春指导. —长沙：湖南大学，2015：53 页.

91. 华侨华人（华族）在中国软实力构建中的作用——以印度尼西亚、新加坡为例

［硕士论文］/张亮著；唐晓指导. —北京：外交学院，2015：45 页.

92. 华侨华人跨国民族主义探析：以 2008 年巴黎保护奥运火炬事件为例［硕士论文］/黎振国著；范若兰指导. —广州：中山大学，2015：55 页.

93. 华侨华人在中柬关系中的角色研究——1991 年至今［硕士论文］/何涵妃著；庄国土指导. —南宁：广西民族大学，2015：67 页.

94. 华侨农场越南归侨的生存与发展困境研究：以广东省英红华侨茶场为例［硕士论文］/范美娟著；陈志明指导. —广州：中山大学，2015：156 页.

95. 华侨与近代厦门港口城市发展研究（1840—1949）［硕士论文］/陈景峰著；许金顶指导. —泉州：华侨大学，2015：61 页.

96. 华侨在人民政协中的作用研究［硕士论文］/高斯著；莫岳云指导. —广州：华南理工大学，2015：75 页.

97. 华人在印度尼西亚的伊斯兰教传播过程中的角色［硕士论文］/Fatquri Bin Buseri（华酷）著；刘精忠指导. —南昌：南昌大学，2015：55 页.

98. "华文水平测试"需求调查分析［硕士论文］/董燕南著；王汉卫指导. —广州：暨南大学，2015：51 页.

99. 华文阅读教学研究：以新加坡华文（快捷）华文班《三国演义》教学为例［硕士论文］/吴瑞媚著；唐燕儿指导. —广州：暨南大学，2015：55 页.

100. 华裔参与美国选举政治——关于华裔团体如何支持华裔政治人物赢得选举的案例研究［硕士论文］/李璐瑶著；李今朝指导. —北京：北京外国语大学，2015：62 页.

101. 华裔美国人的异族通婚现象研究［硕士论文］/李惠子著；马兴指导. —北京：外交学院，2015：61 页.

102. 华裔中级水平学生的汉字书写偏误分析与教学对策——以印尼棉兰崇文中小学为例［硕士论文］/翁晓汶（Langy Diana）著；郑庆君指导. —广州：广东外语外贸大学，2015：56 页.

103. 华语电视在马来西亚的传播研究——基于受众视角［硕士论文］/蔡菁著；章宏指导. —杭州：浙江大学，2015：56 页.

104. 基于关系与契约的华人家族企业治理研究：以新鸿基地产为例［硕士论文］/王悦著；黎文靖指导. —广州：暨南大学，2015：54 页.

105. 基于课程标准的新加坡小学华语教材练习比较研究：以小学五、六年级《小学华文》和《好儿童华文》教材为例［硕士论文］/熊海霞著；张金桥指导. —广州：暨南大学，2015：45 页.

106. 基于学生跨文化能力的校本课程建设——上海 X 中学华文教育的个案研究［硕士论文］/张苹著；黄忠敬指导. —上海：华东师范大学，2015：55 页.

107. 基于双因素理论视角的广州南沙新区政府海外高层次人才引进研究［硕士论文］/冀伟著；韦小鸿指导. —广州：华南理工大学，2015：52 页.

108. "家园想象"视野下的加华小说"亲情缺失"叙事［硕士论文］/谢小芬著；莫嘉丽指导. —广州：暨南大学，2015：52 页.

109. 继承与开拓：汕头简朴村泰国新移民研究［硕士论文］/方玲玲著；张应龙指导. —广州：暨南大学，2015：103 页.

110. 加拿大都会区华裔居住空间隔离研究［硕士论文］/陈素美著；吴映梅指导. —昆明：云南师范大学，2015：69 页.

111. 加拿大华文新移民小说中的死亡叙事［硕士论文］/韩雪著；吴奕锜指导. —广州：暨南大学，2015：46 页.

112. 加拿大新移民华文小说中的"下一代"书写研究［硕士论文］/王卓妍著；王列耀指导. —广州：暨南大学，2015：50 页.

113. 柬埔寨《华商日报》微信运营策略研究［硕士论文］/陈毅著；申启武指导. —广州：暨南大学，2015：50 页.

114. 柬埔寨初中《华文》与中国初中《语文》的比较研究［硕士论文］/王斌著；黄洁指导. —重庆：重庆师范大学，2015：50 页.

115. 柬埔寨端华学校华文教学情况调查研究［硕士论文］/刘红霞著；汤亚平指导. —昆明：云南师范大学，2015：129 页.

116. 柬埔寨华校学生汉语学习动机调查研究——以金边端华学校为例［硕士论文］/杨帆著；杨建军指导. —兰州：兰州大学，2015：52 页.

117. 建构彼岸：浙江青田人的集体记忆［硕士论文］/张海磊著；朱至刚指导. —厦门：厦门大学，2015：57 页.

118. "讲述我们的故事"：澳洲华人媒体与塑造华人身份认同［硕士论文］/李旻著；夏玉和指导. —北京：北京外国语大学，2015：61 页.

119. 江西加大海外人才和智力引进力度的对策研究［硕士论文］/张萌萌著；廖晓明指导. —南昌：南昌大学，2015：45 页.

120. 教师德育意识研究——以马来西亚华文独立中学 G 校为例［硕士论文］/黄慧韵著；孙彩平指导. —南京：南京师范大学，2015：129 页.

121. 近现代广东侨乡民居的外来影响研究［硕士论文］/罗晓琪著；汤朝晖指导. —广州：华南理工大学，2015：94 页.

122. 孔子学院与中华文化传播论析［硕士论文］/沈磊著；杜鸿林指导. —天津：天津师范大学，2015：57 页.

123. 跨文化视角下美剧中华人形象建构研究［硕士论文］/周航著；曾一果指导. —苏州：苏州大学，2015：55 页.

124. 《坤甸日报》使用的华语区域特色词研究［硕士论文］/吴战勇著；周静指导. —广州：暨南大学，2015：41 页.

125. 历史地理学视野下的菲华文化研究（1571—1945）［硕士论文］/汪欢著；王元林指导. —广州：暨南大学，2015：152 页.

126. 旅游影响下和顺侨乡空间形态演变与重构研究［硕士论文］/朱昌茂著；车震宇指导. —昆明：昆明理工大学，2015：112 页.

127. "落地生根"——1943 年至 1990 年纽约市华人社会融入研究［硕士论文］/高琼著；高祥峪指导. —兰州：西北师范大学，2015：70 页.

128. 论国家自卫权在保护海外侨民中的适用［硕士论文］/李雪峰著；宋忠胜指导. —石家庄：河北经贸大学，2015：37 页.

129. 论海外撤侨：从危机管理的视角［硕士论文］/尹昱著；曹云华指导. —广州：

暨南大学，2015：55 页.

130. 论加拿大新移民华文文学的"母女关系"叙事［硕士论文］/陈征著；莫嘉丽指导. —广州：暨南大学，2015：65 页.

131. 论加拿大新移民华文小说中的"基督教书写"［硕士论文］/冯静静著；王列耀指导. —广州：暨南大学，2015：82 页.

132. 论柬埔寨华文广告对中华文化的传承——基于《华商日报》广告的内容分析［硕士论文］/王潜著；朱磊指导. —广州：暨南大学，2015：60 页.

133. 论李亦园的人类学研究［硕士论文］/王丽著；王东指导. —上海：华东师范大学，2015：60 页.

134. 论民国时期缅甸华侨对云南社会发展的贡献［硕士论文］/江克飞著；陈俊指导. —昆明：云南大学，2015：78 页.

135. 论泰国华文小说中的身份认同问题［硕士论文］/李腾飞著；张柱林指导. —南宁：广西民族大学，2015：43 页.

136. 马科斯执政时期菲律宾的华人政策研究（1965—1986）［硕士论文］/王振伟著；刘勇指导. —厦门：厦门大学，2015：81 页.

137. 马来土著及华裔学生汉语声调习得偏误比较研究［硕士论文］/张琳琳著；廖继莉指导. —武汉：华中师范大学，2015：76 页.

138. 马来西亚董教总与华人族群文化认同研究［硕士论文］/王珊珊著；钟大荣指导. —泉州：华侨大学，2015：108 页.

139. 马来西亚独中初中《华文》教材练习系统分析研究［硕士论文］/PUI YAN LOKE 著；常大群指导. —厦门：厦门大学，2015：104 页.

140. 马来西亚高中《华文》教材研究［硕士论文］/贝宥霓著；朱景松，何薇指导. —苏州：苏州大学，2015：61 页.

141. 马来西亚华侨华人与中国软实力的建构：路径、作用与对策［硕士论文］/田野著；王焕芝指导. —泉州：华侨大学，2015：77 页.

142. 马来西亚华文报纸镜像中的中国国家形象——以《南洋商报》为例（2009—2013）［硕士论文］/张帅著；喻季欣指导. —广州：暨南大学，2015：67 页.

143. 马来西亚华文教育的发展与困境［硕士论文］/巫惠红著；廖小健指导. —广州：暨南大学，2015：97 页.

144. 马来西亚华文学校经费筹措的社会资本运营——一所华文独立中学的个案研究［硕士论文］/郑秋盈著；叶忠指导. —南京：南京师范大学，2015：82 页.

145. 马来西亚语言教育政策中的华语权利研究［硕士论文］/SZE NGA KAY（郭诗雅）著；方环海指导. —厦门：厦门大学，2015：69 页.

146. 媒介生态学视角下柬泰华文报刊微信发展研究［硕士论文］/黄慧玲著；范以锦指导. —广州：暨南大学，2015：81 页.

147. 美国高校华人学者科研贡献研究——基于 Nature 和 Science 发表论文的统计［硕士论文］/陈莹莹著；王颖指导. —北京：北京理工大学，2015：110 页.

148. 美国华文报纸语言研究——以《世界日报》《印州华报》为例［硕士论文］/马馨怿著；魏慧萍指导. —保定：河北大学，2015：62 页.

149. 美国华裔女性在第三空间中的文化身份构建——以对汤亭亭《女勇士》的跨文化阐析为例［硕士论文］/滕露露著；颜静兰指导. —上海：华东理工大学，2015：84 页.

150. 美国华裔文学研究——以汤亭亭、谭恩美、任璧莲为例［硕士论文］/赵黎颖著；彭钢指导. —昆明：云南师范大学，2015：48 页.

151. 美国华裔作家对早期华工的文学叙事——以《天堂树》《中国佬》《唐老亚》为例［硕士论文］/蔡巍著；唐利群指导. —北京：北京外国语大学，2015：44 页.

152. 美国华裔作家汤亭亭作品中"语言杂合现象"研究［硕士论文］/陈丹著；贾益民指导. —广州：暨南大学，2015：67 页.

153. 美国华裔作家庄华《跨界》的现代主义叙事特点［硕士论文］/孙晓晨著；徐颖果指导. —天津：天津理工大学，2015：55 页.

154. 美国移民政策的调整与印度移民的发展［硕士论文］/朱鸿飞著；贾海涛指导. —广州：暨南大学，2015：112 页.

155. 美籍华裔政治精英的媒体再现——以《人民日报》和《纽约时报》为例［硕士论文］/张东岳著；李青藜指导. —北京：中国青年政治学院，2015：60 页.

156. 缅北腊戌华文教育发展研究［硕士论文］/寸琳（MOE MOE NWE）著；瞿健文指导. —昆明：云南大学，2015：44 页.

157. 缅甸东枝地区华人汉语使用情况调查研究［硕士论文］/刘路著；张高翔指导. —昆明：云南大学，2015：106 页.

158. 缅甸东枝地区华文教学状况调查研究［硕士论文］/李雨婷（Nang Kyein Kham）著；赵永红指导. —北京：中央民族大学，2015：89 页.

159. 缅甸东枝地区华文学校师资情况调查研究［硕士论文］/史玉欢著；冯英指导. —昆明：云南大学，2015：115 页.

160. 缅甸东枝华文中学中华文化传播现状分析［硕士论文］/瞿玉蕾（NANG YU THANDAR LWIN）著；李朝辉指导. —北京：中央民族大学，2015：97 页.

161. 民国时期广东四邑侨乡跨国家庭研究［硕士论文］/张秋菊著；潮龙起指导. —广州：暨南大学，2015：97 页.

162. 民国时期留学教育政策研究［硕士论文］/薛冰著；曲铁华指导. —长春：东北师范大学，2015：89 页.

163. 南非华人社会地位变迁——以南非华人协会胜诉 BEE 为例［硕士论文］/谭志林著；张振江指导. —广州：暨南大学，2015：72 页.

164. 南洋绘画风格初探——马来西亚华裔中国绘画源流及发展［硕士论文］/沈庆隆著；王赞指导. —杭州：中国美术学院，2015：31 页.

165. 欧盟国际移民受教育权保护研究［硕士论文］/戴欣昱著；程荃指导. —广州：暨南大学，2015：32 页.

166. 欧债危机后欧洲华侨华人经济发展制约因素研究［硕士论文］/黄丽娟著；邱丹阳指导. —广州：暨南大学，2015：71 页.

167. 浅析华侨华人对"一带一路"建设的参与——以华侨经济文化合作试验区为例［硕士论文］/林玩雄著；罗思东指导. —厦门：厦门大学，2015：54 页.

168. 浅析秘鲁华侨华人对中国与秘鲁关系的影响［硕士论文］/刘小洁著；赵怀亮指导. —北京：外交学院，2015：71 页.

169. 侨务公共外交的理论与实践——以广东顺德为例［硕士论文］/谭玺著；曹云华指导. —广州：暨南大学，2015：58 页.

170. 日本华侨华人文化认同状况研究［硕士论文］/陈斌著；鞠玉华指导. —广州：暨南大学，2015：58 页.

171.《日新报》舆论研究——以新闻评论为例（1899 年 10 月至 1900 年 8 月）［硕士论文］/陈辉著；王悦之指导. —济南：山东大学，2015：64 页.

172. 社会网络分析视角下的南非华人家庭移民网络［硕士论文］/卜一村著；张振江指导. —广州：暨南大学，2015：69 页.

173. 试析印尼苏西洛政府的华人政策［硕士论文］/孙亮著；梁晓君指导. —北京：外交学院，2015：45 页.

174. 双重身份下的"三维贴近"澳洲华文传媒发展策略研究——以"华厦传媒集团"为例［硕士论文］/李曼午著；蒋含平指导. —合肥：安徽大学，2015：109 页.

175. "他者"—东方主义视角下华裔美国文学中的华人形象［硕士论文］/顾晶钰著；王鹏飞指导. —成都：西南交通大学，2015：64 页.

176. 泰北华裔青少年的汉语学习研究——以清莱府光明华侨中学为例［硕士论文］/刘志义著；耿虎指导. —厦门：厦门大学，2015：112 页.

177. 泰北云南籍华人融合问题——以美斯乐为例［硕士论文］/李祺著；吴金平指导. —广州：暨南大学，2015：54 页.

178. 泰国北榄坡府公立公民学校（小学华校）五年级综合课教学设计——以《汉语》（第五册）"可爱的大熊猫"为例［硕士论文］/杨志迪著；任敏指导. —石家庄：河北师范大学，2015：53 页.

179. 泰国大学生汉语学习动机的调查分析——以泰国商会大学、曼谷大学、华侨大学为例［硕士论文］/程成（ANCHITTA VORADITEE）著；冯小钉指导. —广州：广东外语外贸大学，2015：36 页.

180. 泰国华人节俗与中国节俗对比以及教学探析——以素攀莎完莹学校高三学生为例［硕士论文］/李琪著；黄南津指导. —南宁：广西大学，2015：133 页.

181. 泰国华校一年级学生汉语词汇教学探讨［硕士论文］/石晓琳著；温象羽指导. —天津：天津师范大学，2015：40 页.

182. 泰国华校中、小学生汉语学习策略调查分析——以泰国春武里府大众学校为例［硕士论文］/李琳著；高航指导. —天津：天津师范大学，2015：32 页.

183. 泰国华校中学生汉字书写偏误调查报告——以东盟普吉泰华学校为例［硕士论文］/周玲玉著；王强军指导. —保定：河北大学，2015：70 页.

184. 泰国普吉府华人节日文化变迁研究——以春节为例［硕士论文］/NUBTHONG KLINSUDJAI（李金源）著；王虹指导. —厦门：厦门大学，2015：82 页.

185. 泰国清莱府美塞县华裔汉语教学现状调查研究——以美塞高级中学及其周边华文学校为例［硕士论文］/邱超元著；杨恬指导. —昆明：云南大学，2015：82 页.

186. 泰国三个华人聚居区华人语言使用现状调查分析［硕士论文］/庞文丽著；孙

瑞指导. —南宁：广西大学，2015：62 页.

187. 泰籍华裔学生留学大陆的经历及其影响——以厦门大学为例［硕士论文］/铁艳艳著；俞云平指导. —厦门：厦门大学，2015：70 页.

188. 晚清粤人出洋游记的异域书写研究［硕士论文］/马笑梅著；陈义华指导. —广州：暨南大学，2015：58 页.

189. 万隆斯坦福国际学校华文教育存在的问题与对策［硕士论文］/杨丽纹著；杨海明指导. —广州：暨南大学，2015：58 页.

190. 委内瑞拉恩平籍新移民研究：以牛江侨乡为中心［硕士论文］/乔志华著；张应龙指导. —广州：暨南大学，2015：66 页.

191. 我国公派出国留学对大学教师学术成果影响研究［硕士论文］/张玮佳著；黄建榕指导. —广州：华南理工大学，2015：194 页.

192. 巫术场景下的婚礼仪式研究——以十万山华侨林场瑶族归侨为例［硕士论文］/苏燕梅著；郑一省指导. —南宁：广西民族大学，2015：121 页.

193. 《小学华文》教材在棉兰的适用性分析和教案设计举例［硕士论文］/邱美萍著；王汉卫指导. —广州：暨南大学，2015：53 页.

194. 新加坡《小学华文》教材练习编排分析研究［硕士论文］/李粉侠著；周静指导. —广州：暨南大学，2015：52 页.

195. 新加坡《中学高级华文》教材中的口语交际系统研究［硕士论文］/王梦丽著；周敏指导. —长沙：湖南师范大学，2015：50 页.

196. 新加坡 O 水准华文测试中词语问题调查［硕士论文］/高杰著；郭熙指导. —广州：暨南大学，2015：250 页.

197. 新加坡国际学校小学中文二语课堂小组活动研究：以一二年级为研究对象［硕士论文］/孙伟著；曾毅平指导. —广州：暨南大学，2015：47 页.

198. 新加坡华人"爱国主义"流变——以 1887 至 1895 年《叻报》为中心的历史考察［硕士论文］/夏文强著；张振江指导. —广州：暨南大学，2015：88 页.

199. 新加坡华文教材《状元学堂 学前华文》的编写设计和使用评估［硕士论文］/高丹著；张礼指导. —广州：暨南大学，2015：57 页.

200. 新加坡华文学前教育师资调查研究［硕士论文］/田谦著；刘华指导. —广州：暨南大学，2015：80 页.

201. 新加坡华族华语语言生活状况调查研究［硕士论文］/曹春玲著；刘华指导. —广州：暨南大学，2015：69 页.

202. 新加坡普通小学生华文写作能力研究：以奠基第二阶段学生为例［硕士论文］/吴小红著；曾毅平指导. —广州：暨南大学，2015：70 页.

203. 新加坡小学一年级华文口语测试题型的描写与评价：以水平测试为导向［硕士论文］/刘莉著；王汉卫指导. —广州：暨南大学，2015：67 页.

204. 新加坡学前华族儿童口语产出性词汇能力发展个案研究［硕士论文］/王文伟著；宗世海指导. —广州：暨南大学，2015：51 页.

205. "新疆籍少数民族华侨华人子女中国语言文化进修班"考察研究［硕士论文］/梁超著；江傲霜指导. —北京：中央民族大学，2015：59 页.

206. "新居之灼"——加拿大新移民华文小说中的焦虑现象研究［硕士论文］/钟慧著；王列耀指导. —广州：暨南大学，2015：55页.

207. 新媒体时代加拿大华文免费报纸的媒介生态研究［硕士论文］/池敏著；谢毅指导. —广州：暨南大学，2015：69页.

208. 新时期中国涉侨经济政策研究——基于国际关系视野［硕士论文］/李正卫著；张赛群指导. —泉州：华侨大学，2015：64页.

209. 新世纪以来的广西侨资研究［硕士论文］/林江琪著；庄国土指导. —南宁：广西民族大学，2015：54页.

210. 许杰与新马华文文学［硕士论文］/常征著；吴俊指导. —南京：南京大学，2015：53页.

211. 严歌苓小说改编电视剧的品牌建构［硕士论文］/许益玲著；傅莹指导. —广州：暨南大学，2015：60页.

212. 印度尼西亚庇护主义与华侨华人群体［硕士论文］/韩田田著；彭慧指导. —武汉：华中师范大学，2015：71页.

213. 印度尼西亚华人寺庙与文化传承——以望加锡为中心［硕士论文］/DEDY IRDAMSYAH HATTA（德蒂）著；罗桂林指导. —南昌：南昌大学，2015：57页.

214. 印度尼西亚日惹市华人闽南语语音研究［硕士论文］/IKA YULI LESTARI NINGSIH（杨天晶）著；胡松柏指导. —南昌：南昌大学，2015：76页.

215. 印尼本土汉语教师课堂教学案例分析：以印尼西加师资培训班初级综合课为例［硕士论文］/张慧云著；丁雪欢指导. —广州：暨南大学，2015：122页.

216. 印尼慈育大学华裔学生汉语词汇学习策略研究［硕士论文］/沈倩倩著；王小平指导. —上海：上海师范大学，2015：137页.

217. 印尼非华裔汉语个体量词习得研究及教学对策［硕士论文］/Lidya Moetia Syafitri（李菲菲）著；沙平指导. —福州：福建师范大学，2015：82页.

218. 印尼非华裔汉语学习者声调习得实验研究［硕士论文］/王璐著；万莹指导. —武汉：华中师范大学，2015：120页.

219. 印尼高中华文课程标准2013研究［硕士论文］/Causa Pedrico Wana 著；张洁指导. —北京：中国人民大学，2015：72页.

220. 印尼高中课本《华语》教材分析与使用状况［硕士论文］/李小雪著；王小平指导. —上海：上海师范大学，2015：47页.

221. 印尼华文媒体用词用语研究［硕士论文］/田益玲著；刘华指导. —广州：暨南大学，2015：96页.

222. 印尼华裔留学生上声三字组连读声调偏误实验研究［硕士论文］/吴文雅著；班弨指导. —广州：暨南大学，2015：75页.

223. 印尼华裔企业文化研究——基于中爪哇华裔的案例分析［硕士论文］/HILYATU MILLATI RUSDIYAH（美娜）著；陈洪玮指导. —南昌：南昌大学，2015：44页.

224. 印尼坤甸地区幼儿华文教师现状调查［硕士论文］/林雪芬著；张金桥指导. —广州：暨南大学，2015：67页.

225. 印尼坤甸高中华文课程教学研究［硕士论文］/宋美芳著；王家伦指导. —苏州：苏州大学，2015：68页.

226. 印尼坤甸话语语言生活调查及分析［硕士论文］/陈财财著；刘华指导. —广州：暨南大学，2015：112页.

227. 印尼玛琅市华裔学生汉语语言态度调查报告［硕士论文］/刘珍著；陈明舒指导. —长沙：湖南师范大学，2015：65页.

228. 印尼棉兰非华裔学生汉字书写偏误调查：以苏北大学为例［硕士论文］/莉丽著；祝晓宏指导. —广州：暨南大学，2015：42页.

229. 印尼棉兰华裔学生汉语写作句法偏误及对策研究——以亚洲国际友好学院为例［硕士论文］/黄莉莎（Elysa）著；刘萍指导. —广州：广东外语外贸大学，2015：49页.

230. 新加坡华文学前教育师资调查研究［硕士论文］/田谦著；刘华指导. —广州：暨南大学，2015：80页.

231. 印尼棉兰苏东牧学校华文教学的历史发展与现状分析［硕士论文］/余月明著；胡建刚指导. —广州：暨南大学，2015：42页.

232. 印尼楠榜省华文教育现状调查及对策研究［硕士论文］/刘富暄著；胡宪丽指导. —石家庄：河北师范大学，2015：50页.

233. 印尼侨领许东亮与华侨大学的发展［硕士论文］/汪甜甜著；许金顶指导. —泉州：华侨大学，2015：75页.

234. 游戏教学在新加坡小学华语课堂中的应用［硕士论文］/王桐著；孙玉卿指导. —广州：暨南大学，2015：63页.

235. 越南胡志明市华人区建筑遗产保护与再利用［硕士论文］/VAN CONG QUANG HIEU著；顾红男指导. —重庆：重庆大学，2015：56页.

236. 越南胡志明市华人与非华人汉语教育现状调查［硕士论文］/杜明方著；车淑娅指导. —南京：南京师范大学，2015：55页.

237. 越南华侨华人文化地理研究（1405—1945）［硕士论文］/平兆龙著；王元林指导. —广州：暨南大学，2015：137页.

238. 越南华裔大学生的个体因素对汉语学习的影响［硕士论文］/姚沛君著；韦树关指导. —南宁：广西民族大学，2015：67页.

239. 在历史中建构族性——比较视野下的加拿大新移民和华裔"先侨史"书写［硕士论文］/程珮著；王列耀指导. —广州：暨南大学，2015：73页.

240. 治理理论视域下人民团体有效参与社会治理问题研究——以侨联组织为案例［硕士论文］/窦孝勇著；蒋小杰指导. —昆明：云南大学，2015：52页.

241. 中国—东盟合作背景下的华文教育创新研究——基于文化软实力［硕士论文］/刘苗苗著；蒋永甫指导. —南宁：广西大学，2015：52页.

242. 中国高校华裔新生代公共外交能力研究［硕士论文］/方艳芹著；安然指导. —广州：华南理工大学，2015：78页.

243. 中国海外留学生情商与跨文化适应关系研究［硕士论文］/梅梦玲著；余卫华指导. —杭州：杭州师范大学，2015：92页.

244. 中国精神传承对加拿大华人企业家精神的影响研究——以大温哥华地区为例〔硕士论文〕/马京京著；李桂山指导. —天津：天津理工大学，2015：50 页.

245. 中国留学人员流失原因与对策研究〔硕士论文〕/任婷婷著；杨福禄指导. —济南：山东师范大学，2015：43 页.

246. 中国人留学日本一百二十年——其历史轨迹及现状考察〔硕士论文〕/李俊潇著；朴彦指导. —南昌：江西师范大学，2015：38 页.

247. 中国移民正常与长期在中国居留的外国人的困境〔硕士论文〕/梅安妮著；华涛指导. —南京：南京大学，2015：77 页.

248. 中泰建交前后泰华社会的演变〔硕士论文〕/吕秀雯著；连会新指导. —保定：河北大学，2015：47 页.

249. 《中文》练习册在新加坡国际学校使用情况的考察与分析：以小学版第一至第四册为例〔硕士论文〕/安宏著；匡小荣指导. —广州：暨南大学，2015：41 页.

250. 中新初中语文教材的比较研究——以中国沪教版《语文》与新加坡名创版《中学高级华文》为例〔硕士论文〕/周雪桦著；郭开平指导. —上海：上海师范大学，2015：87 页.

251. 宗教文化在台湾对外华语精读课教材中的设置〔硕士论文〕/何昀容著；刘晓梅指导. —广州：暨南大学，2015：62 页.

2014 年台港及海外中文博硕士学位论文

1. 20 世纪加拿大华人与其他少数族裔的社会身份与地位比较〔博士论文〕/周家建著；杨永安指导. —香港：香港大学，2014：408 页.

2. 跨国移动、越界离散：台湾/东亚当代女性纪录片研究〔博士论文〕/游婷敬著；简瑛瑛指导. —新北：辅仁大学，2014：276 页.

3. 唐人街作为符号域：崔维新、关富烈与柯温爱作品中的空间与记忆〔博士论文〕/刘芳初著；张锦忠指导. —高雄：台湾中山大学，2014：159 页.

4. 新华文学中的现代主义，1965—2000 年〔博士论文〕/刘碧娟著；柯思仁指导. —新加坡：南洋理工大学，2014：517 页.

5. 型塑户外休闲生活风格：纽西兰华裔移民消费者的文化涵化经验〔博士论文〕/杨琦光著；徐村和指导. —高雄：高雄第一科技大学，2014：127 页.

6. 族群、社会、信仰：三山国王崇拜从粤东到新马的传播〔硕士论文〕/李秀萍著；Lee Chee Hiang 指导. —新加坡：新加坡国立大学，2014：222 页.

7. 1930 年代梅州客家人移民海外历史印记——以印度尼西亚客属华侨华人际遇为例〔硕士论文〕/廖锦梅著；罗肇锦，邱荣裕指导. —高雄：台湾中山大学，2014：160 页.

8. 1970—1990 年代美浓客家人移民南美洲动机与跨国认同——以巴西、阿根廷为例〔硕士论文〕/林彦瑜著；邱炫煜指导. —台北：台湾师范大学，2014：172 页.

9. 2013 年马来西亚国会选举：华人地区的从众效应与哀兵效应〔硕士论文〕/陈瑞田著；张世贤指导. —台北：台北大学，2014：93 页.

10. 吧城华人公馆档案：《公案簿》之婚姻案件探析〔硕士论文〕/李如芳著；邱炫煜指导. —台北：台湾师范大学，2014：104 页.

11. 巴拿马华人史——两岸侨务政策之研究（1949—2014）［硕士论文］/李沂臻著；熊建成指导. —新北：淡江大学，2014：95 页.

12. 本土的现实主义：马来西亚砂拉越吴岸的文学理念与作品研究［硕士论文］/谢征达著；游俊豪指导. —新加坡：南洋理工大学，2014：169 页.

13. 邦交国海外侨校文理教育素质提升之研究——以巴拉圭中正及中山侨校为例［硕士论文］/陈祖钦著；杨聪荣指导. —台北：台湾师范大学，2014：133 页.

14. 北马新村华泰通婚家庭饮食文化的再生产［硕士论文］/刘月容著；林开忠指导. —南投：暨南国际大学，2014：65 页.

15. 差异化教学应用于华语教学之研究——以中原大学韩国国际生华语班为例［硕士论文］/张纹娟著；夏诚华指导. —桃园：中原大学，2014：140 页.

16. 从安全化途径论中国婚姻移民问题［硕士论文］/陈世杰著；蔡育岱指导. —嘉义：中正大学，2014：121 页.

17. 从求胜利到求生存：泰北华人文化之历史形成与多元变异 1953—1993 年［硕士论文］/卓素慧著；杨聪荣指导. —台北：台湾师范大学，2014：265 页.

18. 从世代传承面向探讨 1980—2012 年侨团青年组织发展之困境及因应策略——以美国洛杉矶郡为例［硕士论文］/麦皓婷著；蔡雅熏指导. —台北：台湾师范大学，2014：173 页.

19. 大学侨生的生活适应与主观幸福感之关系研究——以台湾南部地区马来西亚侨生为例［硕士论文］/魏福胜著；刘明秋指导. —台南：台南大学，2014：103 页.

20. 当打工变成体验西方：台湾青年赴澳洲打工度假的研究［硕士论文］/张慧慈著；曾嬿芬指导. —台北：台湾大学，2014：116 页.

21. 反霸权结构：马来西亚纲领性文件的华教诉求（1983—2010）［硕士论文］/雷秋明著；游俊豪指导. —新加坡：南洋理工大学，2014：186 页.

22. 父权随行——从小金门到文莱第一代女性移民的经验（1919—1929）［硕士论文］/洪艾慧著；李美贤指导. —南投：暨南国际大学，2014：96 页.

23. 国立台湾师范大学侨生先修部学生公民参与意向及其相关因素［硕士论文］/庄咏麟著；刘秀嫚指导. —台北：台湾师范大学，2014：140 页.

24. 海外出国研修计划留学归国学生对校园学习氛围的影响——以淡江大学大学生的观点为例［硕士论文］/郭彦汝著；杨明磊指导. —新北：淡江大学，2014：104 页.

25. 华语实习教师实习历程研究——以韩国侨校为例［硕士论文］/许奭丞著；夏诚华指导. —桃园：中原大学，2014：188 页.

26. 华族认同影响下的菲律宾华语教学［硕士论文］/黄一轩著；钟镇城指导. —高雄：高雄师范大学，2014：276 页.

27. 吉隆坡华人小贩摊位的语言景观［硕士论文］/陈振麟著；王超贤，李子玲指导. —新加坡：新加坡国立大学，2014：198 页.

28. 藉由谭恩美《喜福会》探讨第二代华裔美人的跨文化沟通与文化认同［硕士论文］/吴纪维著；陈圣杰指导. —台北：台湾科技大学，2014：97 页.

29. 加勒比海共同体（CARICOM）与台湾之间的侨民外交及能力养成［硕士论文］/克莉沙著；周祝瑛指导. —台北：政治大学，2014：122 页.

30. 金门意识与地方感形塑：以"侨乡文学"之建构为例［硕士论文］/余懿珊著；陈芷凡指导. —台中：台湾清华大学，2014：162 页.

31. 看见槟城娘惹［硕士论文］/梁瑟晏著；李威宜指导. —台中：台湾清华大学，2014：119 页.

32. 孔子学院文化输出模式之研究［硕士论文］/建兴著；萧铭庆指导. —桃园：中央警察大学，2014：146 页.

33. 跨文化调适对工作绩效与离职意向之影响研究——以缅甸在台华侨为例［硕士论文］/黄胜伟著；陈惠芳指导. —台北：东吴大学，2014：65 页.

34. 跨文化情境下的读写实践：以曼谷耀华力周遭的汉字为例［硕士论文］/梁震牧著；童元昭指导. —台北：台湾大学，2014：146 页.

35. 两岸推动中华文化政策国际化比较研究：孔子学院与台湾书院之比较［硕士论文］/黄振宇著；高长指导. —花莲：台湾东华大学，2014：88 页.

36. 邻邦商人：越南阮氏皇朝华人在东北沿海地区的经济活动（1802—1884）［硕士论文］/武氏缘著；杨聪荣指导. —台北：台湾师范大学，2014：117 页.

37. 论马来西亚华人男同志的处境［硕士论文］/汤炳超著；陈芬苓指导. —桃园：元智大学，2014：99 页.

38. 马华文学论争研究［硕士论文］/陈琦韵著；黄锦树指导. —南投：暨南国际大学，2014：133 页.

39. 马来西亚独立中学与国民中学华人文化教育调查研究——以宽柔独立中学和斯礼拉末国中为例［硕士论文］/黄美琪著；彭妮丝指导. —桃园：中原大学，2014：178 页.

40. 马来西亚高中理科生的自我效能、结果预期、兴趣对选择大学理科科系与职业的影响——以巴生区华文独立中学为例［硕士论文］/李辉祥著；邓志平指导. —彰化：彰化师范大学，2014：80 页.

41. 马来西亚华团领袖响应中国梦——公民与民族两身份之间［硕士论文］/李慧易著；石之瑜指导. —台北：台湾大学，2014：125 页.

42. 马来西亚华文独立中学学生家长社经地位、网络成瘾与学业成就关系之研究［硕士论文］/李瑞安著；龚心怡指导. —彰化：彰化师范大学，2014：105 页.

43. 马来西亚华小教师工作压力、休闲参与与身心健康之相关研究——以吉隆坡国民型华文小学为例［硕士论文］/张晓慧著；谢毅兴指导. —彰化：彰化师范大学，2014：130 页.

44. 马来西亚华裔留学生的"文化认同"对其在马"涵化策略"和来台"再华化策略"之影响［硕士论文］/饶安莉著；萧富聪指导. —南投：暨南国际大学，2014：127 页.

45. 马来西亚华语之研究——以槟城为例［硕士论文］/陈汶思著；夏诚华指导. —桃园：中原大学，2014：158 页.

46. 马来西亚吉隆坡已婚华人性生活满意度之影响因素探讨［硕士论文］/吴启铭著；谢毅兴指导. —彰化：彰化师范大学，2014：95 页.

47. 马来西亚侨生一贯道发一崇德皈信之探究［硕士论文］/江柳静著；林开忠指导. —南投：暨南国际大学，2014：95 页.

48. 美属关岛地区台湾侨民之经济与社会发展（1970—2000）［硕士论文］/陈均旻著；吴龙云指导. —台北：台湾师范大学，2014：124 页.

49. 缅甸华文学校与华文教学现况之探讨［硕士论文］/常庆芬著；招静琪指导. —台北：政治大学，2014：225 页.

50. 缅甸腊戌华人健康劣势成因的探讨［硕士论文］/赵麟宇著；莉芳，黄嵩立指导. —台北：阳明大学，2014：149 页.

51. 缅甸社会共和时期（1962 至 1967 年）中央政府政策对缅华社群的影响［硕士论文］/毕恩德著；左正东指导. —台北：台湾大学，2014：99 页.

52. 侨教华文教材中的华人文化之探析——以《初中华文》教材为例［硕士论文］/王彩龄著；杜明德，庄胜义指导. —高雄：高雄师范大学，2014：142 页.

53. 侨外来台投资经营绩效的影响因素［硕士论文］/杨佩诗著；翁永和指导. —台北：政治大学，2014：49 页.

54. 日本台侨第二代的身份认同：公民身份的探讨［硕士论文］/陈雅慧著；曾嬿芬指导. —台北：台湾大学，2014：123 页.

55. 砂拉越留台同学会对砂华社会发展的影响（1964—2010）［硕士论文］/李威明著；黄建淳指导. —新北：淡江大学，2014：255 页.

56. 嬗递——一位马来西亚华裔母亲的生命经验与其家族记忆［硕士论文］/温欣宜著；刘静贞指导. —台南：成功大学，2014：71 页.

57. 台海两岸海外华文教育工作之比较研究——以马来西亚为例［硕士论文］/陈明栋著；周阳山指导. —金门：金门大学，2014：161 页.

58. 台湾教育部外派越南华语教师教学现况之研究［硕士论文］/卢亿著；洪雯柔指导. —南投：暨南国际大学，2014：181 页.

59. 台湾旅英留学生移民动机与社群发展之研究（1989—2012）［硕士论文］/王若萱著；邱炫煜指导. —台北：台湾师范大学，2014：153 页.

60. 泰北美斯乐的军事统治与华人村的建立（1964—1982）［硕士论文］/边心宇著；张雯勤，陈惠芬指导. —台北：台湾师范大学，2014：177 页.

61. 泰国电视剧中之泰国华人文化再现［硕士论文］/周莉娜著；简瑛瑛指导. —台北：台湾师范大学，2014：130 页.

62. 泰国民族认同政策下的华语教育与华人性［硕士论文］/李美桦著；石之瑜指导. —高雄：台湾中山大学，2014：115 页.

63. 泰国清迈地区云南华人无国籍现象社会关系之研究［硕士论文］/何庭仙著；杨聪荣指导. —台北：台湾师范大学，2014：184 页.

64. 谭恩美《接骨师的女儿》中美裔华人的家园概念［硕士论文］/连芝仪著；丁善雄指导. —台北：中国文化大学，2014：74 页.

65. 文化差异下华人对台湾传播环境的接受与反应程度——以马来西亚留台生为例［硕士论文］/曾燕芳著；王智立指导. —台北：铭传大学，2014：115 页.

66. 文化涵化对顾客抱怨行为之影响：以阿根廷华侨为例［硕士论文］/邱琬玲著；王贞雅指导. —台中：台湾清华大学，2014：45 页.

67. 台湾大学校院招收海外侨生及港澳生策略及作法之研究［硕士论文］/陈惠娟

著；杨莹指导. —新北：淡江大学，2014：239 页.

68. 我国侨生来台选校因素及生活适应之研究——以马来西亚侨生为例［硕士论文］/赖虹均著；陈锡珍指导. —新北：淡江大学，2014：95 页.

69. "我活半个人"——旧金山湾区台湾小留学生的移民生活与社会认同［硕士论文］/彭昱著；沈秀华指导. —台中：台湾清华大学，2014：132 页.

70. 回归与现实——韩国华侨诗人初安民作品中的祖国想象与文化认同之探讨［硕士论文］/张雯雯著；王恩美指导. —台北：台湾师范大学，2014：144 页.

71. 新加坡华文教师工作压力与因应策略之研究［硕士论文］/赖慧娣著；萧文指导. —南投：暨南国际大学，2014：172 页.

72. 新加坡华文现代诗中的现代概念（1959—1982）［硕士论文］/张英豪著；柯思仁指导. —新加坡：南洋理工大学，2014：164 页.

73. 新加坡小学华文教科书对儿童国民意识的建构（1965—1978）：以《公民》《生活教育》为考察对象［硕士论文］/李丽丹著；徐兰君指导. —新加坡：新加坡国立大学，2014：94 页.

74. "新生"的 17 哩：砂拉越客家华人新村的地方感与集体记忆［硕士论文］/陈敏萱著；罗烈师指导. —新竹：交通大学，2014：108 页.

75. 新世纪缅甸侨生在台求学经历与生活经验辅导工作之建议［硕士论文］/杨仲青著；邱炫煜指导. —台北：台湾师范大学，2014：131 页.

76. 新一代马来西亚华人的自我认同［硕士论文］/蔡诗敏著；赵祥和指导. —南投：暨南国际大学，2014：110 页.

77. 《心中的日月》或异国风情：王力宏的华人嘻哈与游移的认同［硕士论文］/陈婉容著；金立群指导. —新竹：交通大学，2014：152 页.

78. 性别信念、社会支持对数理学习动机关系之研究——以马来西亚华文独立中学女生为例［硕士论文］/曾庆方著；龚心怡指导. —彰化：彰化师范大学，2014：105 页.

79. 亚洲华侨青年阅读投入度之比较研究——以国立台湾师范大学侨生先修部学生为例［硕士论文］/骆淑萍著；陈昭珍指导. —台北：台湾师范大学，2014：196 页.

80. 移民经验与跨文化教师教学实践之叙事研究［硕士论文］/涂松亚著；简玉敏指导. —桃园：中原大学，2014：129 页.

81. 意大利华人社群之研究［硕士论文］/白天莉著；顾长永指导. —高雄：台湾中山大学，2014：161 页.

82. 印度尼西亚对中国的政策论述与对华人的身份建构——1950—2012［硕士论文］/赖剑文著；石之瑜指导. —台北：台湾大学，2014：128 页.

83. 印度尼西亚政治发展下对印度尼西亚华人政治地位改变之研究，1998—2013［硕士论文］/欧新汇著；宋学文指导. —嘉义：中正大学，2014：148 页.

84. 印度尼西亚侨生之族群文化认同与来台学习动机关系之研究［硕士论文］/陈美萍著；杨聪荣指导. —台北：台湾师范大学，2014：127 页.

85. 越南华人的广东话与 Ngái 话的语言能力及语言使用——以同奈省及胡志明市为例［硕士论文］/卜赖娇著；徐富美指导. —桃园：元智大学，2014：95 页.

86. 越南南部华人的文化适应与族群认同：以三个华人社群为例［硕士论文］/林喜

珍著；刘阿荣指导. —桃园：元智大学，2014：221 页.

87. 在台华语教师与美籍华裔学生之文化认同印象对比探究［硕士论文］/李盈莹著；吴龙云指导. —台北：台湾师范大学，2014：126 页.

88. 在台侨生生活适应之研究：以国立台湾海洋大学为例［硕士论文］/林堂勋著；卞凤奎指导. —基隆：台湾海洋大学，2014：148 页.

89. 战后中华民国"侨生政策"对马来西亚华文教育发展的影响（1954—1974）［硕士论文］/蓝元鸿著；陈鸿瑜指导. —台北：政治大学，2014：132 页.

90. 中国崛起对印度尼西亚华人社经地位之影响［硕士论文］/朱玮苓著；范世平指导. —台北：台湾师范大学，2014：147 页.

91. 中国软实力研究：以孔子学院为例［硕士论文］/张美玉著；赵文志指导. —嘉义：中正大学，2014：88 页.

92. 中国文化软实力政策研究——以国家汉办下的孔子学院为例［硕士论文］/戴绍安著；翁明贤指导. —新北：淡江大学，2014：147 页.

93. 重省留学生陈衡哲之文学定位［硕士论文］/蔡宜真著；林宜蓉指导. —南投：暨南国际大学，2014：102 页.

2015 年台港及海外中文博硕士学位论文

1. 变与不变之间：新加坡华语与新加坡华语的形成机制［博士论文］/朱元著；高虹指导. —新加坡：南洋理工大学，2015：165 页.

2. 国家、产业与地方社会的形构：马来亚拿律地域华人社会的形成与变迁（1848—1911）［博士论文］/白伟权著；陈国川指导. —台北：台湾师范大学，2015：446 页.

3. 习近平时期中共侨务政策之研究［博士论文］/许世榕著；范世平指导. —台北：台湾师范大学，2015：220 页.

4. 1906 年旧金山大地震中国城的毁灭与重建［硕士论文］/陈昕劭著；陈静瑜指导. —台中：中兴大学，2015：200 页.

5. 1980—1990 年代华语移民电影之空间形构［硕士论文］/曾雅帆著；黄猷钦指导. —新北：台湾艺术大学，2015：77 页.

6. 2013 年马来西亚大选之华文报竞选广告符号学分析——以国阵为例［硕士论文］/杨佩玉著；胡光夏指导. —台北：世新大学，2015：160 页.

7. 巴拿马华人史——两岸侨务政策之研究（1949—2014）［硕士论文］/李沂臻著；熊建成指导. —新北：淡江大学，2015：95 页.

8. 传承南洋学报：南洋研究与中国认同的式微？［硕士论文］/彭彦程著；石之瑜指导. —高雄：台湾中山大学，2015：158 页.

9. 大学侨生的人格特质、生涯决策型态与生涯自我效能之相关研究［硕士论文］/萧琇云著；洪菁惠指导. —屏东：屏东大学，2015：93 页.

10. 东北亚地区中华文化容受研究：以日本《年中行事秘抄》祓避行为为中心［硕士论文］/俞雅文著；王美秀指导. —台北：台湾师范大学，2015：117 页.

11. 非华裔生在马来西亚华文独中的学校适应［硕士论文］/周春升著；吕明蓁指导. —台南：台南大学，2015：140 页.

12. 菲律宾华人家族企业及其社会网络运用——以宿务与棉兰佬岛北部为例［硕士论文］/林莉宁著；江柏炜指导．—台北：台湾师范大学，2015：103 页．

13. 改变中的华文教育——沙巴华小多元族群的历史发展与现况［硕士论文］/王康进著；吴龙云指导．—台北：台湾师范大学，2015：119 页．

14. 海外华侨对中国的崛起和国际参与的意见［硕士论文］/丁欣丽著；希家玹指导．—高雄：台湾中山大学，2015：110 页．

15. 涵化历程：美国华裔学生的双文化认同对心理幸福感的影响［硕士论文］/吴怡萱著；陈学志，张仁和指导．—台北：台湾师范大学，2015：60 页．

16. 韩国华侨在韩社会地位的变迁［硕士论文］/蔡千芊著；董达指导．—台北：中国文化大学，2015：70 页．

17. 后苏哈托时期印度尼西亚华人之参政：以参选地方首长争取当地社会对于华人之认同［硕士论文］/林东余著；关弘昌指导．—台北：台湾师范大学，2015：176 页．

18. 华语实习教师实习历程研究——以韩国侨校为例［硕士论文］/许奭丞著；夏诚华指导．—桃园：中原大学，2015：188 页．

19. 华文学校发展研究：印度尼西亚八华学校的过去、现在、未来［硕士论文］/黄秋绣著；郑同僚指导．—台北：政治大学，2015：86 页．

20. 华语词汇教学策略研究——以菲律宾某侨校中学学生为研究对象［硕士论文］/王政渝著；张于忻指导．—台北：台北市立大学，2015：126 页．

21. 混合能力班级华语教学行动研究——以韩国华侨学校为例［硕士论文］/汤馨华著；彭妮丝指导．—桃园：中原大学，2015：223 页．

22. 寄宿生偏差行为之研究——以一所马来西亚华文独立中学为例［硕士论文］/邹翠敏著；王智弘指导．—彰化：彰化师范大学，2015：106 页．

23. 恐惧是一种习惯：马来西亚华文报的自我审查［硕士论文］/房翠莹著；冯建三指导．—台北：政治大学，2015：327 页．

24. 跨文化适应与经验：在泰国华侨崇圣大学的中国留学生［硕士论文］/黄雅涵著；林开忠指导．—南投：暨南国际大学，2015：101 页．

25. 论缅甸果敢民族历史、礼俗与华人性［硕士论文］/李子平著；杨聪荣指导．—台北：台湾师范大学，2015：234 页．

26. 马来西亚的国族想象与华人认同：探讨黄明志作品中的政治性意向［硕士论文］/吴韦铨著；胡绮珍指导．—台北：台湾师范大学，2015：104 页．

27. 马来西亚都市华裔中年未婚单身女性生活经验叙事研究［硕士论文］/杨凤展著；郭丽安指导．—彰化：彰化师范大学，2015：115 页．

28. 马来西亚华文独立中学高三学生升学意愿影响因素之研究——以巴生区四所华文独立中学为例［硕士论文］/李芊潓著；陈聪文，王智弘指导．—彰化：彰化师范大学，2015：96 页．

29. 马来西亚华文小学教师自我效能感及专业承诺关系之研究——以吉隆坡为例［硕士论文］/许唯君著；林素卿指导．—彰化：彰化师范大学，2015：104 页．

30. 马来西亚华裔已婚女性多重角色与女性自我之探究［硕士论文］/张文芳著；赵祥和指导．—南投：暨南国际大学，2015：159 页．

31. 马来西亚民间华文教育行政人员研究所回流进修之研究［硕士论文］/黄天赐著；蔡怡君指导. —南投：暨南国际大学，2015：144 页.

32. 马来西亚特辅教育华文字学习单设计原则——以尊孔独立中学为例［硕士论文］/李傲程著；曾金金指导. —台北：台湾师范大学，2015：120 页.

33. 美国大华府地区华人移民社群的变迁［硕士论文］/张君川著；汤熙勇，刘文彬指导. —台北：台湾师范大学，2015：157 页.

34. 美国夏威夷檀香山台湾客家移民社群之建构［硕士论文］/吕萍芳著；陈静瑜指导. —台中：中兴大学，2015：121 页.

35. 美国华裔第二代青年回流之探讨［硕士论文］/林映均著；邱炫煜，蔡雅熏指导. —台北：台湾师范大学，2015：145 页.

36. 缅甸华侨教师专业发展之研究——以密支那育成学校为例［硕士论文］/赵应赛著；王保进指导. —台北：台北市立大学，2015：123 页.

37. 南洋华侨的救国运动 1895—1911 年：社会网络分析法的应用［硕士论文］/曾佩珊著；邓志松指导. —台北：台湾大学，2015：159 页.

38. 女性新闻工作者劳动与流动之初探：以洛杉矶华文媒体为例［硕士论文］/俞振仪著；康庭瑜指导. —台北：政治大学，2015：122 页.

39. 迁转、边界与认同：新加坡博物馆中早期华人移民劳工之再现［硕士论文］/张释著；陈佳利指导. —台北：台北艺术大学文化资源学院博物馆研究所，2015：127 页.

40. 侨生留台工作意愿之探讨：以北部地区大学为例［硕士论文］/郑伊倩著；陈淑贞指导. —台北：铭传大学，2015：72 页.

41. 如何培育小六生阅读马华儿童文学——马来西亚华文小学的个案探究［硕士论文］/郭雪儿著；杜明城指导. —台东：台东大学，2015：123 页.

42. 砂拉越古晋巴刹华人方言群及其产业（1840—1950）［硕士论文］/刘郁忻著；罗烈师指导. —台北：交通大学，2015：126 页.

43. 台湾、马华现代主义思潮的交流：以《蕉风》为研究对象（1955—1977）［硕士论文］/郭馨蔚著；游胜冠指导. —台南：成功大学，2015：251 页.

44. 台湾大学校院华裔国际学生经验开放性人格特质、涵化态度与心理适应之研究［硕士论文］/黄媛婷著；林清文指导. —彰化：彰化师范大学，2015：156 页.

45. 台湾之大学侨生、社会网络与幸福感之研究［硕士论文］/潘敏仪著；詹志禹指导. —台北：政治大学，2015：129 页.

46. 泰国华侨子弟语言学习与创造力之间的关系探讨——以曼谷某华语文教学中心为例［硕士论文］/徐如菁著；庄雪华指导. —高雄：台湾中山大学，2015：70 页.

47. 泰国华人族群认同之比较：以泰国潮州人与客家人为例［硕士论文］/刘婕著；王俐容，赖守诚指导. —台北：中央大学，2015：122 页.

48. 泰国民族主义发展与华文教育关系之研究（1851—1957）［硕士论文］/刘汉文著；吴龙云指导. —台北：台湾师范大学，2015：171 页.

49. 网络媒体对华裔政治参与行为的影响——以 2013 马来西亚第 13 届大选为例［硕士论文］/刘玟好著；林若雩指导. —新北：淡江大学，2015：165 页.

50. 西马华人的语言与认同［硕士论文］/胡苑仪著；徐富美指导. —桃园：元智大

学，2015：72 页.

51. 习近平主政时期马来西亚侨务政策之研究［硕士论文］/杜晋轩著；范世平，吴秀玲指导. —台北：台湾大学，2015：154 页.

52. 想象的华人性：泰国北部二代云南华人的认同政治［硕士论文］/黄伟伦著；洪伯邑指导. —台北：台湾大学，2015：104 页.

53. 新加坡小学华文教师工作压力对身心健康之研究——以工作支持为调节变项［硕士论文］/陈惠香著；萧富聪指导. —南投：暨南国际大学，2015：125 页.

54. 新住民培力活动之探究——以社团法人中华民国南洋台湾姊妹会多元文化推广为例［硕士论文］/潘淑君著；李长灿指导. —屏东：美和科技大学，2015：98 页.

55. 一九六〇年代三位旅美女作家的研究［硕士论文］/周雨轩著；吕正惠，黄文倩指导. —新北：淡江大学，2015：144 页.

56. 以计划行为理论探讨马来西亚华人选读台湾大专院校行为意愿之研究［硕士论文］/郑添福著；黄庆源指导. —高雄：台湾树德科技大学，2015：115 页.

57. 印度尼西亚华人幼师职业角色认同之研究——以棉兰地区为例［硕士论文］/罗颂惠著；倪鸣香指导. —台北：政治大学，2015：118 页.

58. 越南华人文化、华语文教学之现状及展望——以平阳省土龙木市地区为例［硕士论文］/苏中南著；夏诚华指导. —桃园：中原大学，2015：112 页.

59. 在边缘凝望：张翎小说的离散书写与女性叙事［硕士论文］/翁嘉伶著；苏敏逸指导. —台南：成功大学，2015：192 页.

60. 在德国再制中国：孔子学院在德国中学的制度化［硕士论文］/戴达卫著；陈志柔指导. —台中：台湾清华大学，2015：130 页.

61. 在台侨生跨文化适应、社会支持以及学习成就对其留台就业意愿之影响［硕士论文］/何依静著；辛炳隆指导. —台北：台湾大学，2015：75 页.

62. 针对美国华裔学生之汉字教学与行动研究［硕士论文］/叶佳恩著；信世昌指导. —台北：台湾师范大学，2015：146 页.

63. 中国公共外交之研究：以孔子学院为例［硕士论文］/何笃勋著；顾长永指导. —高雄：台湾中山大学，2015：125 页.

64. 种族、阶级、性别：《香港三部曲》和《扶桑》之华人移民与妓女形象研究［硕士论文］/林沛玟著；黄仪冠指导. —彰化：彰化师范大学，2015：104 页.

2014 年英文博硕士学位论文

1. A Narrative Inquiry into the Lived Experiences of Chinese-white Heterosexual Couples Within a Canadian Context［Ph. D.］/by Wu, Rong-Hsuan; supervised by Roy Moodley. —Canada：University of Toronto, 2014：293 pages.

2. Being and Belonging: a Critical Phenomenological Study of Undergraduate Chinese International Students' Sense of Belonging in Residence Halls［Ph. D.］/by Yao, Christina Wai-Tze; supervised by Reitu Mabokela. —United States：Michigan State University, 2014：180 pages.

3. Beliefs About Language Learning: a Study of Post-secondary Non-native Learners of Chinese and Teachers of Chinese in North America［Ph. D.］/by Cui, Yanping; supervised by

Delroy L. Paulhus. —Canada：University of Victoria, 2014：140 pages.

4. Changing Gender：Gender Role, Class and the Experience of Chinese Female Immigrants [Ph. D.] /by Cheung, Doris Shukkwan; supervised by Anna Stetsenko. —United States：City University of New York, 2014：232 pages.

5. Chinese Diasporas and Cinema [Ph. D.] /by Cheung, Doris Shukkwan; supervised by Lim Mei Ling, Edna. —United States：New York Psychology, 2014：217 pages.

6. Chinese Families and Mental Illness：the Experiences of Immigrant Chinese Women Who Provide Care to a Family Member with a Mental Illness in New York City [Ph. D.] /by An, Linh My; supervised by Douglas W. Hollan. —United States：University of California, 2014：265 pages.

7. Chinese International Undergraduate Students at a U. S. University：a Mixed Methods Study of First-year Academic Experiences and Achievement [Ph. D.] /by Ma, Wei; supervised by Amy A. Bergerson. —United States：University of Utah, 2014：217 pages.

8. Country of Origin Influence on Service Evaluation：an Insight into Chinese Students' Choice of British Higher Education [Ph. D.] /by Zhu, Lei; supervised by Peter Reeves. —United Kingdom：University of Salford, 2014：331 pages.

9. "Dance" of Chineseness：Negotiating Identities in London [Ph. D.] /by Lin, Xia; supervised by Sales, Rosemary. —United Kingdom：Middlesex University, 2014：191 pages.

10. Democratisation and Ethnic Minorities：Chinese Indonesians in Post-Suharto Indonesia [Ph. D.] /by Chong Wu Ling; supervised by Erb Mucek, Maribeth. —United Kingdom：Middlesex University, 2014：191 pages.

11. Emotional Experiences and Their Relationship to Epistemic Change：a Multiple Case Study of Chinese Graduate Students in a Canadian University [Ph. D.] /by Wang, Xihui; supervised by Mark W. Aulls. —Canada：McGill University, 2014：137 pages.

12. Encountering Competing Empires：Journeying Chinese Communities in Southeast Asia Under Chinese, Dutch, and British Imperial Rule [Ph. D.] /by Liu, Oi Yan; supervised by Eric Tagliacozzo. —United States：Cornell University, 2014：334 pages.

13. Enhancing Quality of Life：the Social Support of Elderly Chinese Migrants in New Zealand [Ph. D.] /by Zhang, Jingjing; co-supervised by Maureen Baker; Louise Humpage. —New Zealand：University of Auckland, 2014：294 pages.

14. Experiences of Ageing and Support Networks for Accessing Formal Care Services Among Older Chinese Immigrants in England：a Grounded Theory Study [Ph. D.] /by Lui, Xiayang; co-supervised by Glenda Cook, Mima Cattan. —United Kingdom：Northumbria University, 2014：236 pages.

15. Exploring Chinese/Taiwanese Immigrant Women's Cross-cultural Experiences in the Context of Intercultural Marriages [Ph. D.] /by Dougherty, Chia-May Chai; supervised by Rebecca Mancuso. —United States：Institute of Transpersonal Psychology, 2014：318 pages.

16. Female Emancipation in a Colonial Context：the Chinese Community in Singapore 1900—1942 [Ph. D.] /by Yang, Wei-an. —United Kingdom：University of Sheffield, 2014：

278 pages.

17. Identity and Social Relations: a Case of Chinese Graduate Students in the U. S [Ph. D.] /by Zhang, Baiqing; supervised by Dr. Keiko Tanaka. —United States: University of Kentucky, 2014: 251 pages.

18. Loneliness and Health Status of Chinese and Anglo-Australian Manningham Seniors [Ph. D.] /by Nagorka-Tsindos, Teresa; supervised by Charles Livingstone. —Australia: Monash University, 2014: 243 pages.

19. Making and Remaking the Youthful Chinese Self in an Australian School: the Complex Logics of Culture, Class and Ethics [Ph. D.] /by Wang, Yujia; supervised by Jane Kenway. —Australia: Monash University, 2014: 312 pages.

20. Parental Stress, Acculturation, and Parenting Behaviors Among Chinese Immigrant Parents in New York City [Ph. D.] /by Liu, Shu-Wen; supervised by Qin Gao. —United States: Fordham University, 2014: 119 pages.

21. Roles, Relationships, and Chinese Ethics [Ph. D.] /by Cottine, Cheryl L. ; supervised by Rich Miller. —United States: Indiana University, 2014: 290 pages.

22. Suffering in Silence?: the Adequacy of Dutch Mental Health Care Provision for Ethnic Chinese in the Netherlands [Ph. D.] /by Liu, Cha-Hsuan; supervised by David Ingleby. —New Zealand: University Utrecht, 2014: 192 pages.

23. The Chinese Question: California, British Columbia, and the Making of Transnational Immigration Policy, 1847—1885 [Ph. D.] /by Perry, Jay Martin; supervised by Rebecca Mancuso. —United States: Bowling Green State University, 2014: 276 pages.

24. The Dimensions that Establish and Sustain Religious Identity: a Study of Chinese Singaporeans Who are Buddhists or Taoists [Ph. D.] /by Low, Daniel H. Y. ; supervised by Rhonda M. McEuen. —United States: Biola University, 2014: 202 pages.

25. The Everyday Life of Chinese Migrants in Zambia: Emotion, Sociality and Moral Interaction [Ph. D.] /by Wu, Di; co-supervised by Charles Stafford; Stephan Feuchtwang. —United Kingdom: University of London, 2014: 235 pages.

26. The Experiences of Middle-level Chinese Female Adult Immigrants Working at West Coast Community and Technical Colleges [Ph. D.] /by Zhou, Lin; supervised by Dubkin-Lee, Shelley I. ; Sanchez, Alex A. —United States: Oregon State University, 2014: 124 pages.

27. The Lived Experience of Chinese American Christians in Family Life [Ph. D.] /by Chen Feng, Jessica Lynn; supervised by Carmen Knudson-Martin . —United States: Loma Linda University, 2014: 178 pages.

28. The Meanings of Capitalism: Chinese Bankers in Post—1997 Hong Kong [Ph. D.] /by Zhang, Hantian; co-supervised by Luhrmann, T. M. ; Walder, Andrew G. —United States: Stanford University, 2014: 319 pages.

29. The Ties that Bind. The Chinese American Family in Transnational Chinese Cinema [Ph. D.] /by Han, Q. ; co-supervised by Kessler, F. E. ; Keilbach, J. —Netherland: Utrecht University, 2014: 216 pages.

30. To Serve Those Who Serve Us: a Strategy to Develop a Chinese Restaurant Workers Ministry in Los Angeles [Ph. D.] /by Ma, Kin Man Desmond; supervised by Alan Weaver, Mentor. —United States: Fuller Theological Seminary, 2014: 146 pages.

31. Transcendence of Time and Space: the Lived Experiences of Chinese International Graduate Students in the United States [Ph. D.] /by Pan, Yali; supervised by Hultgren, Francine H. —United States: University of Maryland, 2014: 262 pages.

32. Understanding Chinese American Parents: the Interplay of Chinese Tradition and Early Childhood Music Education in the United States [Ph. D.] /by Yu, Juan Julie; supervised by Janet Robbins. —United States: West Virginia University, 2014: 173 pages.

33. A Description of Improvement Ideas for a Chinese Restaurant in Finland [M. A.] /by Hu, Qiaonasen; supervised by Kirsi Salomaa. —Finland: Vaasan ammattikorkeakoulu, 2014: 55 pages.

34. Chinese Cambodian Memory Work: Racial Terror and the Spaces of Haunting and Silence [M. A.] /by Tea, Angela; supervised by Thu-Hunong Nguyen-Vo. —United States: University of California, 2014: 55 pages.

35. Chinese Community in Italy [M. A.] /by Martini, Valentina; supervised by Ku, Samuel C. Y. —Taiwan: National Sun Yat-Sen University, 2014: 151 pages.

36. Chinese International Student Campus Involvement and Friendship Network Patterns in the United States [M. A.] /by Kennedy, John; supervised by Mittelmeier, Jenna . —United States: University of Kansas, 2014: 146 pages.

37. Chinese Students' Integration in European Society [M. A.] /by Qiu, Lei; co-supervised by Sjöberg, Stefan; Kejerfors, Johan. —Sweden: University of Gävle, 2014: 56 pages.

38. Covering Health: Healthworlds of First-generation Chinese Immigrants in Boston Chinatown [M. S.] /by Xin, Tong; co-supervised by Linda L. Barnes; Lance D. Laird. —United States: Boston University, 2014: 144 pages.

39. Culture and Learning of Chinese Doctors in Expareiate Abroad [M. A.] /by Gu, Yue; supervised by Seyed-Mohamed, Nazeem. —Sweden: Uppsala University, 2014: 84 pages.

40. Dark Dragon Ridge: Chinese people in Wollongong, 1901—1939 [M. A.] /by Gibson, Peter Charles; supervised by Julia Martínez. —Australia: University of Wollongong, 2014: 203 pages.

41. Determinants of Chinese Students' Academic Success in Korean Universities [M. E.] /by Yan, Wei; supervised by Cheng, Liying. —Canada: Queen's University, 2014: 102 pages.

42. Geographic Factors that Affected the Growth of San Diego's Chinatown Relative to Los Angeles and San Francisco [M. A.] /by Lee, Murray Kent; supervised by Elizabeth R. Chacko. —United States: George Washington University, 2014: 63 pages.

43. Higher Education Destination Choice: Australian Universities and Chinese Student Demand [M. S.] /by Gong, Xue; supervised by Huybers, Twan. —Australia: University of New South Wales, 2014: 317 pages.

44. Homeland Ties in the Context of Transnational Mobility Reflections of Chinese Students

in Lyon ［M. A. ］/by Schadler, Daniela；supervised by Ayşe Çağlar. —Austria：University of Vienna, 2014：104 pages.

45. Housing Trajectories of Chinese International Students in Sydney, Australia ［M. A. ］/ by Judd, Sarah；supervised by Easthope, Hazel. —Australia：University of New South Wales, 2014：286 pages.

46. How Far from Gaining More Bright Brains：a Study on the Factors that Make Chinese Overseas Postgraduate Students Stay Abroad ［M. Ed. ］/by Ruan, Nian；supervised by Anatoly Oleksiyenko. —Hong Kong：University of Hong Kong, 2014：286 pages.

47. Inspiring Bilingualism Chinese-Canadian Mothers' Stories ［M. C. ］/by Ko, Gina；supervised by Wong, Gina. —Canada：Athabasca University, 2014：117 pages.

48. Interfaith Marriages Involving Chinese Christians Living in the United States ［M. S. ］/ by Vaughan, Kenneth；supervised by John P. Bartkowski. —United States：University of Texas at San Antonio, 2014：276 pages.

49. Making Their Way in the Chinese Class Structure：the Job Mobility of Migrant Workers ［M. A. ］/by Wang, Huilin；supervised by Frenkel, Stephen. —Australia：University of New South Wales, 2014：79 pages.

50. Migration, Global Middle Class, and Professional Development：How Chinese Graduate Students in the U. S. Re-establish a Sense of Selfhood ［M. A. ］/by Pu, Sylvia Shi；supervised by Benzecry, Claudio. —United States：University of Connecticut, 2014：235 pages.

51. National Identity and Language among Young Chinese Singaporeans ［M. A. ］/by Pu, Sylvia Shi；supervised by Benzecry, Claudio. —United States：University of Connecticut, 2014：235 pages.

52. Negotiating the Traditional Self：Chinese Immigrants in Finland on the Norm of Filial Piety and Eldercare ［M. A. ］/by Luo, Jianing；supervised by Helsingin, Yliopisto. —Finland：University of Helsinki, 2014：305 pages.

53. Non-investment, the Lack of English Fluency of Well-educated Professional Chinese Immigrants in Anglophone Canada ［Ed. D. ］/by Zhang, Fan；supervised by Durrant, Philip. —United Kingdom：University of Exeter, 2014：235 pages.

54. Nurturing Men：Robust Discipleship and Missional Leadership in Canadian Chinese Families and Churches ［D. Min］/by Hon, Kevin Kam Cheong；supervised by Chris Kiesling. —United States：Asbury Theological Seminary, 2014：347 pages.

55. Perceptions of Organisational Commitment Within a Selected Chinese Organisation in South Africa：a Case Study Approach ［M. C. ］/by Paterson, Steven James；supervised by Lynette Louw. —South Africa：Rhodes University, 2014：200 pages.

56. Predictors of Parental Psychological Control in Immigrant Chinese Canadian Families Universal and Acculturation Stressors ［M. A. ］/by Miao, Sheena Wen-Hsun；supervised by Catherine Costigan. —Canada：University of Victoria, 2014：101 pages.

57. The Hardship of Chinese Men's Lives Within the American Culture Through the Eyes of an Afloat Chinese Man ［M. A. ］/by Xu, Chenghui；supervised by Donald E. Pease. —United

States：Dartmouth College，2014：78 pages.

58. The Influence of the Message Source's National Identity on Chinese International Students' Attitudes ［M. A.］/by Xu, Xiaowen; supervised by Mary Bresnahan. —United States：Michigan State University, 2014：51 pages.

59. The Mediating Role of Social Capital in the Host Country：the Experience of First-generation Mainland Chinese Mothers with Overseas Partners ［M. A.］/by Qu, Shurui; super-vised by Bethan Alice Lloyd. —United States：Adler School Of Professional Psychology, 2014：140 pages.

60. The Overseas Chinese and the Chinese Communists in the Malay World, 1948—1966：the Dilemma of Being Diaspora in Negotiating Local and International Politics and Polemics ［M. A.］/by Chan, Li Hui Christine; supervised by Lau Khoong Hwa, Albert. —Singapore：National University of Singapore, 2014：161 pages.

61. Understanding Home Language Use in Chinese Families Who are Living in the United States ［M. S.］/by Fan, Liuran; co-supervised by Gayle J. Luze; Carla A. Peterson. —United States：Iowa State University, 2014：94 pages.

2015 年英文博硕士学位论文

1. A Double Edged Sword：Western Media in Transforming the Political Attitudes of Over-seas Chinese ［Ph. D.］/by Tai, Qiuqing; supervised by Weiss, Jessica Chen. —United States：Yale University, 2015：224 pages.

2. A Second Soul：Exploring the Teaching Beliefs of Migrant Chinese Language Teachers in Chinese Community Languages Schools in Victoria ［Ph. D.］/by Lu, Fei; supervised by Julie Harrington. —Australia：Monash University, 2015：309 pages.

3. Ancestors, Ancestral Deities and the State：a Study of Clan Networks of Hokkien and Hakka Chinese in Singapore ［Ph. D.］/by Lai, Yu-Ju; supervised by Wong, Sin Kiong. —Singapore：National University of Singapore, 2015：321 pages.

4. Chinese and Taiwanese Wives' Acculturation Process in the United States：a Phenomeno-logical Study ［Ph. D.］/by Liang, Ya-Wen Melissa; supervised by Mary Nicht. —United States：Sam Houston State University, 2015：162 pages.

5. Chinese Immigrant Families' Educational Expectations：a Multiple Case Study ［Ph. D.］/by Luo, Xia; supervised by Keith Walker. —Canada：University of Saskatchewan, 2015：350 pages.

6. Chinese-American Constructions of Food and Health：the Impact of Culture, Migration, and Intergenerational Differences ［Ph. D.］/by Gee, Mary; supervised by Howard Pinder-hughes. —United States：University of California, 2015：101 pages.

7. Cities in the Age of Global Migration：Integration of Mainland Chinese in Vancouver, Canada ［Ph. D.］/by Feng, Lisi; supervised by Michael Leaf. —Canada：University of British Columbia, 2015：231 pages.

8. Constructing Social Identity Through Language：the Case of Chinese Migrant Youth

Schooled in Prato (Italy) [Ph. D.] /by Paciocco, Adua Elizabeth; co-supervised by Xu, Zhichang; Loretta Baldassar. —Australia: Monash University, 2015: 251 pages.

9. Dis/Reorientation of Chinese International Students' Racial and Ethnic Identities in the U. S. : Communicating Race and Ethnicity in the Global-local Dialectic [Ph. D.] /by Zhang, Bin; supervised by Nilanjana Bardhan. —United States: Southern Illinois University at Carbondale, 2015: 188 pages.

10. Examination of a Culturally Sensitive Dietary Education Intervention to Treat Hypertension for Chinese Canadians in the Community a Pilot Randomized Controlled Trial [Ph. D.] /by Zou, Ping; supervised by Monica Parry. —Canada: University of Toronto, 2015: 267 pages.

11. Exploring Academic Socialization and Identity of Chinese Undergraduate Students in the U. S. [Ph. D.] /by Zuo, Wei; supervised by Sandra Silberstein. —United States: University of Washington, 2015: 270 pages.

12. Intercultural Communication Competence, Adaptation Context, and Acculturation Strategies Among Chinese Immigrants in Spain: Based on Field Work in Barcelona [Ph. D.] / by Liu, Qin; supervised by Perceval Verde. —Spain: Universitat Autònoma de Barcelona, 2015: 162 pages.

13. Intercultural Leadership: Variations in Chinese Canadian Perspectives of Career Mobility into Senior Leadership Roles [Ph. D.] /by Linehan, Debora Rose; supervised by Matthew Heinz. —Canada: Royal Roads University, 2015: 248 pages.

14. Internalized Stereotypes and Ethnic Identity as Predictors of Self-esteem and Help-seeking in Chinese Americans [Ph. D.] /by Kwan, E. Sarah; supervised by Abigail Harris. —United States: Fordham University, 2015: 117 pages.

15. Loneliness Among Chinese Emerging Adults in America and the Role of the Church: a Practical Theology Inquiry [Ph. D.] /by Doong, Jia Hwa David; supervised by Chap Clark. —United States: Fuller Theological Seminary, 2015: 308 pages.

16. Migration and Motivation: an Analysis of Motivation for Return to Country of Origin Among Foreign-trained Chinese PhDs. [Ph. D.] /by Medendorp, John William; supervised by Reitu Mabokela. —United States: Michigan State University, 2015: 291 pages.

17. Migratory Loss and Depression Among Adult Immigrants of Chinese Descent [Ph. D.] /by Chang, Christine C. ; supervised by Eunju Yoon. —United States: Loyola University Chicago, 2015: 120 pages.

18. Prevalence and Risk Factors of Elder Maltreatment Among Chinese Americans [Ph. D.] /by Gao, Xiang; supervised by Fei, Sun. —United States: Arizona State University, 2015: 123 pages.

19. Race, Hospital Development and the Power of Community Chinese and Japanese Hospitals in British Columbia from 1880 to 1920 [Ph. D.] /by Vandenberg, Helen Elizabeth Ruth; supervised by Geertje Boschma. —Canada: University of British Columbia, 2015: 173 pages.

20. Relations Among Neighborhood, Parenting, and Effortful Control in Chinese American Children [Ph. D.] /by Lee, Erica Hsuan-Ung; supervised by Qing Zhou. —United States:

University of California, Berkeley, 2015: 38 pages.

21. Self-authorship Development of Chinese Undergraduate Students Attending a U. S. University [Ph. D.] /by Bohon, Leslie LeRoi; supervised by Jim Barber. —United States: College of William and Mary, 2015: 368 pages.

22. "Spiritual Pursuits" in Singing Identity Making of the Chinese Education Diaspora [Ph. D.] /by Liu, Ya; supervised by Gerald W. Fry, Joan G. DeJaeghere. —United States: University of Minnesota, 2015: 171 pages.

23. Teaching, Learning and Maintenance of Chinese as a Heritage Language in American Colleges: a Classroom Ethnographics Study [Ph. D.] /by Yu, Pei-Shan; supervised by Serafin Coronel-Molina. —United States: Indiana University, 2015: 260 pages.

24. The Cultural Integration Experience of Chinese Immigrant Teachers in the United States: an Interpretative Phenomenological Analysis [Ph. D.] /by Hustad, Andrew W. ; supervised by Aleidine J. Moeller. —United States: University of Nebraska, 2015: 272 pages.

25. The Fengsu-driven Practice of Sending Infants to China: the Experiences of Chinese Immigrant Mothers in New York [Ph. D.] /by Wong, Kitching Rhoda; supervised by Harriet Goodman. —United States: City University of New York, 2015: 306 pages.

26. The Lure of Chinese State Capitalism in Latin America: Influence, Investments and Imports [Ph. D.] /by Narins, Thomas Peter; supervised by John A. Agnew. —United States: University of California, 2015: 266 pages.

27. The Political Economy of Going Global: Understanding the Determinants of Chinese Foreign Direct Investment in the Middle East and Africa [Ph. D.] /by Shirali, Majid; supervised by John Tuman. —United States: University of Nevada, 2015: 123 pages.

28. Towards a Culturally and linguistically Appropriate and Responsive Family Engagement Model for Low-income Chinese Immigrant Parents in San Francisco: a qualitative Analysis [Ph. D.] /by Baba, Sandy; supervised by Daniel Deslauriers. —United States: California Institute of Integral Studies, 2015: 130 pages.

29. Understanding the Embeddedness of Foreign Ethnic Chinese Networks in Host Markets [Ph. D.] /by Ong, Xin De; supervised by Brian Cooper. —Australia: Monash University, 2015: 238 pages.

30. Vocabularies of Violence: the Chinese Coolie Trade and the Constitutive Power of its Conceptual Vocabularies, 1847—1907 [Ph. D.] /by Weber, Elizabeth Evans; supervised by Shu-Mei Shih. —United States: University of California, 2015: 354 pages.

31. Who are We—Suzie Wong? Chinese Canadian Women's Search for Identity [Ph. D.] / by Wong Sneddon, Grace; supervised by Margot Wilson. —Canada: University of Victoria, 2015: 196 pages.

32. A Chinese Bite of Translation: a Translational Approach to Chineseness and Culinary Identity [M. A.] /by Xue, Jingnan; supervised by Marc Charron. —Canada: University of Ottawa, 2015: 94 pages.

33. A Positive Shift: Chinese Post-secondary Students Who Identify as Thriving Discuss

Their Cross-cultural Transition Experiences in Canada [M. A.] /by Huang, Alexander; supervised by Norm Amundson. —Canada: University of British Columbia, 2015: 186 pages.

34. Chinese and Korean Student Sociocultural Adaptation and Intercultural Organizational Involvement at a Selected Private University [Ed. D.] /by Xiao, He Tiger; supervised by David Smith. —United States: Dallas Baptist University, 2015: 113 pages.

35. Chinese Immigrant Parental Involvement in the United States Public Elementary School: a Qualitative Research Study [Ed. D.] /by He, Shanshan; supervised by E. Michael Poe. —United States: Northwest Nazarene University, 2015: 186 pages.

36. Connectionalism and Print: Network, Ideas and Community Formation in the Chinese-speaking Methodists of Malaysia and Singapore, 1936—1960 [M. A.] /by Kwan, Qi Xiang; supervised by Bruce Lockhart. —Singapore: National University of Singapore, 2015: 110 pages.

37. Covering Health: Healthworlds of First-generation Chinese Immigrants in Boston Chinatown [M. S.] /by Xin, Tong; supervised by Linda L. Barnes. —United States: Boston University, 2015: 130 pages.

38. Development and Assessment of Visual-based Training on Chinese-speaking Foodservice Workers in Independently-owned Chinese Restaurants [M. A.] /by Li, Dawei. ; supervised by Lakshman Rajagopal. —United States: Iowa State University, 2015: 150 pages.

39. Emotion Regulation of Chinese Women in Adult Romantic Relationships [Psy. D.] /by Chao-Chin Kuo; supervised by Rumiko Okada. —United States: Alliant International University, 2015: 164 pages.

40. Factors Affecting Chinese Students' Choices of Grocery Stores and Loyalty [M. A.] /by Vajrapana, Paphajree; supervised by Patricia Huddleston. —United States: Michigan State University, 2015: 66 pages.

41. Foreign Direct Investment and the Chinese Economy: Theory and Impact [M. A.] /by Seriatos, Gerasimos; supervised by Matthew Gold. —United States: City University of New York, 2015: 71 pages.

42. From Diaspora to Disciple: Training Mainland Chinese Christians to Live a Christlike Life [D. Min.] /by Law, Esther; supervised by Ellen Marmon. —United States: Asbury Theological Seminary, 2015: 177 pages.

43. From Exclusion to Inclusion—a Shift in the Perception of Native and Asian Americans Through Graphic Stories: a Comparison of Political Cartoons from the 1800s to Trickster, American Born Chinese, and Level up [M. A.] /by Summerlin, Coley Ray; supervised by Huang, Su-ching. —United States: East Carolina University, 2015: 54 pages.

44. Globalizing the Career and Life of Chinese Overseas Students [M. Ed.] /by Guo, Yongzhang; supervised by Yang, Rui. —Hong Kong: University of Hong Kong, 2015: 125 pages.

45. Historical Overview of the Development of Chinese-American Cultural Identities from the 1880s to the 21st Century Through Chinese-American Literary Studies [M. A. L. S.] /by Zhang, Xiaofan. ; supervised by Regine Rosenthal. —United States: Dartmouth College, 2015: 90

pages.

46. International Students' Pathway: Mainland Chinese Students in Singapore [M. Soc.] / by Chua Yue Er; supervised by Ho Kong Chong. —Singapore: National University of Singapore, 2015: 132 pages.

47. Social and Cultural Figurations of Disability in Chinese Literature [M. A.] /by Lu, Jing; supervised by Nicholas A. Kaldis, Chair and Faculty. —United States: State University of New York, 2015: 62 pages.

48. The Flourish of Confucius Institute is a Reality or Just Simple Illusion?: the Reflections and Feedbacks of the Volunteer Chinese Teachers' Experiences in Confucius Institutes Overseas [M. Ed.] /by Xu, Changliang; supervised by Yang, Rui. —Hong Kong: University of Hong Kong, 2015: 32 pages.

49. The Impact of Intergenerational Acculturation Differences on the Mother-child Relationship in Chinese American Families [M. A.] /by Tan, Sydney E.; supervised by Eddie Chiu. —United States: Alliant International University, 2015: 104 pages.

50. The Influence of Reading Bilingual Newspapers on Readability in Ethnic Chinese Descendant Readers: a Case Study with the "Seattle Chinese Times" [M. Ed.] /by Lin, Chun-Ru; supervised by Manka Varghese. —United States: University of Washington, 2015: 40 pages.

51. Unhappy Together: Chinese Diaspora in Film [M. A.] /by Wang, Jo Hsin.; supervised by Professor Robert Singer. —United States: City University of New York, 2015: 60 pages.

(本栏目编辑　景海燕)

2014—2015 年中国大陆华侨华人主要科研项目一览

本栏目内容以国家哲学社会科学规划办公室网站、教育部人文社科网、各省人文社科网站以及各高校社科处及院系网站公开发布信息为主要来源，各类项目按照项目名称首字拼音升序排列。

2014 年国家社科基金项目

1. 潮商文化对潮商商会组织的形成与发展的影响研究 ［国家社科基金一般项目 （14BGL130）］/谢舜龙主持. —汕头：汕头大学，2014.

2. 大陆新移民回流模式与空间特征研究 ［国家社科基金重点项目 （14ARK001）］/吴瑞君主持. —上海：华东师范大学，2014.

3. 东南亚汉文报刊小说文献整理与研究 （新马卷 1815—1919） ［国家社科基金青年项目 （14CZW052）］/李奎主持. —太原：山西师范大学，2014.

4. 东南亚华文宗教碑铭的搜集、整理与研究 ［国家社科基金重点项目 （14AZJ007）］/黄海德主持. —泉州：华侨大学，2014.

5. 东南亚三国 （印度尼西亚、菲律宾、泰国） 华人文化重构研究 ［国家社科基金一般项目 （14BSS014）］/姜兴山主持. —福州：福建师范大学，2014.

6. 菲律宾华文报刊与中国文化传播研究 ［国家社科基金一般项目 （14BXW056）］/赵振祥主持. —厦门：厦门理工学院，2014.

7. 国际非法移民治理比较研究 ［国家社科基金青年项目 （14CGJ011）］/陈积敏主持. —北京：中共中央党校，2014.

8. 海外华裔新生代文化认同与文化传承问题研究 ［国家社科基金一般项目 （14BGJ032）］/鞠玉华主持. —广州：暨南大学，2014.

9. 基于创新网络嵌入的境外优秀人才来华创业发展战略研究 ［国家社科基金一般项目 （14BGL017）］/李永周主持. —武汉：武汉科技大学，2014.

10. 近代日本政府的中国留日学生政策研究 ［国家社科基金一般项目 （14BZS086）］/徐志民主持. —北京：中国社会科学院，2014.

11. 孔子学院立法问题研究 ［国家社科基金一般项目 （14BFX011）］/王丽萍主持. —济南：山东大学，2014.

12. 老挝苗族的迁徙、离散与认同研究 ［国家社科基金青年项目 （14CMZ024）］/郝国强主持. —南宁：广西民族大学，2014.

13. 旅欧中国移民基督教研究 ［国家社科基金重点项目 （14AZJ004）］/曹南来主持. —北京：中国人民大学，2014.

14. 美国华人社区汉语方言与文化研究 ［国家社科基金重点项目 （14AYY005）］/陈晓锦主持. —广州：暨南大学，2014.

15. 欧美华裔儿童文学研究［国家社科基金一般项目（14BZW149）］/谈凤霞主持. —南京：南京师范大学，2014.

16. 欧洲华裔新生代文化认同研究［国家社科基金青年项目（14CMZ042）］/刘悦主持. —杭州：浙江大学，2014.

17. 侨情新变化与中国侨务理论创新研究［国家社科基金一般项目（14BZZ072）］/王望波主持. —厦门：厦门大学，2014.

18. 清末民初留日学人的都市体验与文化记忆研究［国家社科基金青年项目（14CZW058）］/蒋磊主持. —海口：海南大学，2014.

19. 社会转型期新疆哈萨克族跨国移民问题研究［国家社科基金青年项目（14CMZ025）］/努尔巴哈提·吐尔逊主持. —乌鲁木齐：新疆师范大学，2014.

20. 晚清民国华侨文献整理与研究［国家社科基金一般项目（14BTQ064）］/王华主持. —广州：暨南大学，2014.

21. 西藏夏尔巴人的跨境流动与国家认同研究［国家社科基金青年项目（14CMZ010）］/王思亓主持. —拉萨：西藏民族学院，2014.

22. 以孔子学院为载体的中国传统艺术海外传播策略研究［国家社科基金一般项目（14BXW061）］/佟迅主持. —漳州：闽南师范大学，2014.

2015 年国家社科基金项目

1. 北美华人图书馆员共同体的身份认同研究（1927—2015）［国家社科基金重点项目（15ATQ002）］/李刚主持. —南京：南京大学，2015.

2. 东南亚华人眼中的中国［国家社科基金一般项目（15BMZ071）］/梁茂春主持. —广州：暨南大学，2015.

3. 古代移民与中华文化在琉球的传播研究［国家社科基金青年项目（15CZS011）］/陈硕炫主持. —福州：福建师范大学，2015.

4. 华南与东南亚间的侨批网络与社会互动研究（1911—1949）［国家社科基金一般项目（15BZS121）］/陈丽园主持. —广州：广东财经大学，2015.

5. 华侨华人在中国大国外交建设中的作用与对策研究［国家社科基金重点项目（15AMZ012）］/廖小健主持. —广州：暨南大学，2015.

6. 基于未刊公馆档案之印尼华人社会结构研究［国家社科基金一般项目（15BZS016）］/沈燕清主持. —厦门：厦门大学，2015.

7. 孔子学院与韩国世宗学堂的文化传播机制比较研究［国家社科基金青年项目（15CXW036）］/乔宇博主持. —扬州：扬州大学，2015.

8. 留学生与中国文学的近代转型研究（1840—1919）［国家社科基金一般项目（15BZW120）］/姜荣刚主持. —许昌：许昌学院，2015.

9. 美国华人宗教研究［国家社科基金一般项目（15BZJ049）］/何绵山主持. —福州：福建广播电视大学，2015.

10. 清末民初黑龙江沿岸中俄移民背景下的民族交往研究［国家社科基金一般项目（15BMZ100）］/邹继伟主持. —黑河：黑河学院，2015.

11. 清末民初新加坡华文报章词汇研究［国家社科基金一般项目（15BYY145）］/车

淑娅主持. —南京：南京师范大学，2015.

12. 新中国吸引海外知识分子回国政策的历史考察 ［国家社科基金一般项目 （15BDJ029）］/崔晓麟主持. —宜州：河池学院，2015.

13. 中国文学现代性出现与晚清旅日学者·留学生关系研究 ［国家社科基金一般项目 （15BZW133）］/席卫国主持. —西安：陕西师范大学，2015.

14. 中国新移民在非洲的跨国经营研究 ［国家社科基金一般项目 （15BSH096）］/林胜主持. —福州：福州大学，2015.

2014 年教育部项目

1. 当代海外华语电影研究 ［教育部人文社会科学研究青年基金项目 （14YJC760066）］/向宇主持. —杭州：浙江传媒学院，2014.

2. 东南亚华人文化的传承与发展研究 ［教育部人文社会科学重点研究基地重大项目 （14JJD770004）］/聂德宁主持. —厦门：厦门大学，2014.

3. 哥伦比亚大学师范学院归国留学生与中国现代教育改革研究 ［教育部人文社会科学研究规划基金项目 （14YJA880006）］/陈竞蓉主持. —荆州：长江大学，2014.

4. 海归知识员工归国适应的影响因素及作用机制研究 ［教育部人文社会科学研究青年基金项目 （14YJC630156）］/闫燕主持. —上海：上海电机学院，2014.

5. 海外苗族研究述评与译介 ［教育部人文社会科学研究青年基金项目 （14YJCZH049）］/何泠静主持. —贵阳：贵州大学，2014.

6. 海外中国民间文艺学家谭达先研究 ［教育部人文社会科学研究规划基金项目 （14YJA751027）］/闫艳主持. —西安：长安大学，2014.

7. 华侨华人在新时期中国经济国际化战略中的作用研究 ［教育部人文社会科学重点研究基地重大项目 （14JJD810007）］/王子昌主持. —广州：暨南大学，2014.

8. 孔子学院与中国艺术的海外传播 ［教育部人文社会科学规划基金项目 （14YJA760051）］/张乾元主持. —南京：东南大学，2014.

9. 旅俄华人的生存适应与跨国实践研究 ［教育部人文社会科学青年基金项目 （14YJC850013）］/于涛主持. —哈尔滨：哈尔滨工程大学，2014.

10. 面具政治：华裔美国文学"身份表演"书写研究 ［教育部人文社会科学研究规划基金项目 14YJA752017）］/许双如主持. —广州：暨南大学，2014.

11. 欧洲华人新移民经济研究 ［教育部人文社会科学重点研究基地重大项目 （14JJD850006）］/李明欢主持. —广州：暨南大学，2014.

12. 全球孔子学院 （2004—2014） 生态发展模式与政策研究 ［教育部人文社会科学研究规划基金项目 （14YJAZH058）］/苗福光主持. —上海：上海大学，2014.

13. 英国移民问题对我国国际移民管理的启示与借鉴 ［教育部人文社会科学研究青年基金项目 （14YJCZH157）］/韦平主持. —昆明：云南大学，2014.

14. 在印藏人及其对中印关系的影响 ［教育部人文社会科学重点研究基地重大项目 （14JJD810020）］/张植荣主持. —北京：北京大学，2014.

15. 中国涉外收养法律制度的完善对策 ［教育部人文社会科学研究规划基金项目 （14YJA820010）］/蒋新苗主持. —长沙：湖南师范大学，2014.

16. 中华海外教育文物调查研究［教育部人文社会科学研究规划基金项目（14YJA880067）］/王雷主持. —沈阳：沈阳师范大学，2014.

2015 年教育部项目

1. 海上丝绸之路与华人国族认同——以东南亚妈祖造像为中心的研究［教育部人文社会科学研究青年基金项目（15YJC760093）］/王芊主持. —北京：北京联合大学，2015.

2. 近代澳门华人文化认同变迁研究［教育部人文社会科学研究青年基金项目（15YJC770048）］/张中鹏主持. —广州：广东工业大学，2015.

3. 香港的华人社会变迁与华文报纸互动研究［教育部人文社会科学研究青年基金项目（15YJC860035）］/许永超主持. —武汉：华中师范大学，2015.

4. 社会主义过渡时期归国留学生群体的国家认同研究［教育部人文社会科学研究青年基金项目（15YJC710087）］/左玲主持. —西安：西安石油大学，2015.

5. 异质性人力资本视角下中国留学生回流的技术扩散效应研究［教育部人文社会科学研究规划基金项目（15YJAZH081）］/吴建军主持. —湘潭：湖南科技大学，2015.

6. 海外瑶族古籍的挖掘、整理与研究［教育部人文社会科学研究青年基金项目（15YJC870003）］/陈朋主持. —武汉：中南民族大学，2015.

7. 东盟国家华文媒体在建构"丝路精神"认同的现状、问题及对策研究［教育部人文社会科学研究青年基金项目（15YJC860019）］/罗奕主持. —南宁：广西艺术学院，2015.

8. 中国劳动力移民生命历程变迁中的婚姻匹配［教育部人文社会科学研究青年基金项目（15YJC840044）］/曾迪洋主持. —南京：南京大学，2015.

9. 中国涉外经济法律体系的重构［教育部人文社会科学研究规划基金项目（15YJA820031）］/邢钢主持. —北京：北京师范大学，2015.

10. 当代东南亚的宗教与政治［教育部人文社会科学研究规划基金项目（15YJA810003）］/李晨阳主持. —昆明：云南大学，2015.

11. 海归创业的竞合关系及其网络治理对绩效的影响机理：基于嵌入性视角研究［教育部人文社会科学研究青年基金项目（15YJC630104）］/任宗强主持. —温州：温州大学，2015.

12. 明清海上丝绸之路的华茶外销与茶文化传播研究［教育部人文社会科学研究规划基金项目（15YJA770025）］/朱世桂主持. —南京：南京农业大学，2015.

13. 从"海上丝绸之路"看福建南音的融合与传播［教育部人文社会科学研究规划基金项目（15YJA760045）］/许国红主持. —厦门：集美大学，2015.

14. 越南华文现代诗的中国意象研究［教育部人文社会科学研究规划基金项目（15YJA752016）］/谢永新主持. —南宁：广西师范学院，2015.

15. 高校海归外语教师身份认同研究［教育部人文社会科学研究青年基金项目（15YJC740114）］/杨春红主持. —南京：南京信息工程大学，2015.

16. 古代"南方丝绸之路"与东南亚青铜时代文化的关系研究［教育部人文社会科学研究青年基金项目（15YJC780001）］/陈晓倩主持. —昆明：云南师范大学，2015.

17. 海外华人社会中的中国传统宗教信仰研究：现状、影响及对策［教育部人文社会科学重点研究基地重大项目（15JJD810011）］/张廷茂主持. —广州：暨南大学，2015.

18. 侨务法律体系研究［教育部人文社会科学重点研究基地重大项目（15JJD810012）］/乔素玲主持. —广州：暨南大学，2015.

19. 加拿大少数族裔移民的移入、融入与文化调适研究［教育部人文社会科学重点研究基地重大项目（15JJD770016）］/杨令侠主持. —天津：南开大学，2015.

2014 年其他省部级项目

1. 20 世纪 80 年代以来美国华文文学研究［浙江省哲学社会科学规划基础理论研究项目（14NDJC161YB）］/徐绛雪主持. —杭州：浙江工业大学，2014.

2. 东江流域客家侨乡研究［广东省哲学社会科学"十二五"规划特别委托项目（GD14TW01 – 15）］/安贞元主持. —惠州：惠州学院，2014.

3. 东南亚南亚粤籍华人与当代中国对外关系［广东省哲学社会科学"十二五"规划特别委托项目（GD14TW01 – 11）］/尤洪波主持. —广州：中山大学，2014.

4. 东南亚与客家侨乡宗教与民间信仰互动研究［广东省哲学社会科学"十二五"规划特别委托项目（GD14TW01 – 24）］/冷剑波主持. —梅州：嘉应学院，2014.

5. 二战后粤籍华侨华人社团组织研究［广东省哲学社会科学"十二五"规划特别委托项目（GD14TW01 – 1）］/吴金平主持. —广州：暨南大学，2014.

6. 法国粤籍华侨华人史［广东省哲学社会科学"十二五"规划特别委托项目（GD14TW01 – 4）］/周立红，谭玉华主持. —广州：中山大学，2014.

7. 非法移民视角下滇越边境非传统安全防范体系构建研究［云南省哲学社会科学规划一般项目（YB2014042）］/周琴芳主持. —昆明：云南民族大学，2014.

8. 非洲孔子学院建设与我国文化在非洲传播中的战略研究［上海市哲学社会科学"十二五"规划一般项目（2014BYY008）］/潘卫民主持. —上海：上海电力学院，2014.

9. 福建省侨资企业发展环境问题研究［福建省社会科学规划一般项目（2014B005）］/李鸿阶主持. —福州：福建省社会科学院，2014.

10. 福州籍新华侨华人在纽约的现状、发展趋势及工作对策研究［福建省社会科学规划一般项目（2014B142）］/何绵山主持. —福州：福建广播电视大学，2014.

11. 高层次海归人才创新创业环境优化的对策研究——以宁波为例［浙江省社科联研究不资助课题（2014B031）］/吕宜之主持. —宁波：宁波大红鹰学院，2014.

12. 高校海外高层次人才引进科学评价机制研究［浙江省社科联研究年度课题（2014N117）］/周群芳主持. —杭州：浙江工业大学，2014.

13. 广东华侨学术史与史料学研究［广东省哲学社会科学"十二五"规划特别委托项目（GD14TW01 – 21）］/舒习龙主持. —潮州：韩山师范学院，2014.

14. 广东华侨宗教信仰研究［广东省哲学社会科学"十二五"规划特别委托项目（GD14TW01 – 8）］/陈景熙主持. —泉州：华侨大学，2014.

15. 广州侨务工作与侨务政策研究（1950—1976）［广东省哲学社会科学"十二五"规划特别委托项目（GD14TW01 – 18）］/凌彦主持. —广州：广州大学，2014.

16. 广州新移民与侨乡社会的互动［广东省哲学社会科学"十二五"规划特别委托项目（GD14TW01－12）］/黎相宜主持. —广州：中山大学，2014.

17. 海外华侨华人是福建融入21世纪海上丝绸之路建设的巨大优势［福建省社会科学规划青年项目（2014C104）］/黄兴华主持. —福州：中共福建省委讲师团，2014.

18. 海外华人参政的媒介话语权研究［福建省社会科学规划一般项目（2014B136）］/罗慧主持. —厦门：厦门大学，2014.

19. 海外华文教育标准框架研究［福建省社会科学规划一般项目（2014B183）］/李欣主持. —厦门：华侨大学，2014.

20. 海外粤籍华侨华人传媒史［广东省哲学社会科学"十二五"规划特别委托项目（GD14TW01－3）］/彭伟步主持. —广州：暨南大学，2014.

21. 华侨华人的海外网络、海外商会对中国出口扩张的贡献机理和经验分析［广东省哲学社会科学"十二五"规划一般项目（GD14CYJ09）］/赵永亮主持. —广州：暨南大学，2014.

22. 华人学者与中国现当代文学学科海外建构的主体性［广东省哲学社会科学"十二五"规划一般项目（GD14YZW03）］/郑焕钊主持. —广州：暨南大学，2014.

23. 华文教育视角下的汉语附缀化研究［福建省社会科学规划青年项目（2014C017）］/张斌主持. —泉州：华侨大学，2014.

24. 江门地区侨务工作与侨务政策研究（1950—1976）［广东省哲学社会科学"十二五"规划特别委托项目（GD14TW01－22）］/刘成明主持. —江门：五邑大学，2014.

25. 近代海外唐人街粤侨建筑文化研究［广东省哲学社会科学"十二五"规划特别委托项目（GD14TW01－7）］/谭金花主持. —江门：五邑大学，2014.

26. 近代日本对粤籍华侨的调查和对策［广东省哲学社会科学"十二五"规划特别委托项目（GD14TW01－9）］/张传宇主持. —广州：暨南大学，2014.

27. 近现代北美粤侨与亚裔移民比较研究——以粤侨与印度移民为例［广东省哲学社会科学"十二五"规划特别委托项目（GD14TW01－16）］/腾海区主持. —江门：五邑大学，2014.

28. 近现代海外潮人的跨国生活与侨乡社会研究［广东省哲学社会科学"十二五"规划特别委托项目（GD14TW01－6）］/陈海忠主持. —潮州：韩山师范学院，2014.

29. 开平泮村灯会的保护及传承研究［广东省哲学社会科学"十二五"规划后期资助项目（GD14CHQ02）］/宋旭民主持. —江门：江门职业技术学院，2014.

30. 梅州地区侨务工作与侨务政策研究（1950—1976）［广东省哲学社会科学"十二五"规划特别委托项目（GD14TW01－23）］/钟晋兰主持. —梅州：嘉应学院，2014.

31. 美国东部粤籍华人经济研究［广东省哲学社会科学"十二五"规划特别委托项目（GD14TW01－10）］/刘新荣主持. —广州：暨南大学，2014.

32. 缅甸粤籍华侨华人史［广东省哲学社会科学"十二五"规划特别委托项目（GD14TW01－14）］/姜帆主持. —广州：中共广州市委党校，2014.

33. 闽籍华商与福建融入"海上丝绸之路"建设的互动关系研究［福建省社会科学规划一般项目（2014B193）］/马占杰主持. —泉州：华侨大学，2014.

34. 闽文化与东南亚华文文学中的中国形象［福建省社会科学规划一般项目

（2014B141）〕/张建英主持. —厦门：集美大学，2014.

35. 目不识丁去美国——一个浙江农妇的异域生活〔浙江省哲学社会科学一般研究基地课题（14JDLS01YB）〕/卢敦基主持. —杭州：浙江省社会科学院，2014.

36. 汕头地区侨务工作与侨务政策研究（1950—1976）〔广东省哲学社会科学"十二五"规划特别委托项目（GD14TW01 - 20）〕/姜振逵主持. —潮州：韩山师范学院，2014.

37. 外籍及港澳台人士中国法律指南（中英文）〔浙江省社科联社科普及重点课题（14ND20）〕/李文青主持. —杭州：杭州师范大学，2014.

38. 香港在广东侨乡与世界粤侨迁入地间的地位、作用研究〔广东省哲学社会科学"十二五"规划特别委托项目（GD14TW01 - 17）〕/王传武主持. —江门：五邑大学，2014.

39. 新加坡、马来西亚惠州籍华人研究〔广东省哲学社会科学"十二五"规划特别委托项目（GD14TW01 -19）〕/林清明主持. —惠州：惠州学院，2014.

40. 鸦片战争前粤籍华侨经济研究〔广东省哲学社会科学"十二五"规划特别委托项目（GD14TW01 -5）〕/何思兵主持. —惠州：惠州学院，2014.

41. "一带一路"战略视角下的广东华侨华人文化旅游开发研究〔广东省哲学社会科学"十二五"规划学科共建项目（GD14XGL34）〕/舒光美主持. —广州：广州康大职业技术学院，2014.

42. 异域行旅——浙籍作家的海外人生〔浙江省社科联社科普及年度课题（14ND19）〕/何淑英主持. —杭州：中国计量学院，2014.

43. 印尼客家华人研究〔广东省哲学社会科学"十二五"规划特别委托项目（GD14TW01 -25）〕/魏明枢主持. —梅州：嘉应学院，2014.

44. 英国粤籍华侨华人史〔广东省哲学社会科学"十二五"规划特别委托项目（GD14TW01 -2）〕/庄礼伟主持. —广州：暨南大学，2014.

45. 域外南戏传播研究〔浙江省哲学社会科学规划优势学科重大资助项目（14YSXK06ZD -4YB）〕/Josh Stenberg主持. —南京：南京大学，2014.

46. 粤西归侨资源调查研究〔广东省哲学社会科学"十二五"规划一般项目（GD14CHQ01）〕/叶继海主持. —湛江：岭南师范学院，2014.

47. 粤西华侨华人与侨乡研究〔广东省哲学社会科学"十二五"规划特别委托项目（GD14TW01 -13）〕/何文平主持. —广州：中山大学，2014.

48. 云南与南亚、东南亚国家中医药文化交流合作现状及对策研究〔云南省哲学社会科学规划决策咨询项目（JCZX201406）〕/左媛媛主持. —昆明：云南中医学院，2014.

49. 浙江企业海外研发投资研究和对策建议〔浙江省哲学社会科学规划应用对策研究项目（14NDYD07YB）〕/陈勇主持. —杭州：浙江大学，2014.

50. 浙江省高校教师公派留学回国发展情况调查及政策优化〔浙江省社科联研究年度课题（2014N115）〕/刘青主持. —杭州：浙江工业大学，2014.

51. 重庆市中青年医学归国人员创新机制的研究〔重庆市社会科学规划青年项目（2014QNGL43）〕/陈戬主持. —重庆：中国人民解放军第三军医大学，2014.

2015 年其他省部级项目

1. 1949—1955 年福建华侨国内参政研究 ［福建省社会科学规划华侨史专项一般项目（FJ2015TWB014）］／陈友良主持. —福州：福建师范大学，2015.

2. 20 世纪（1912—1978）新马闽籍华人社会结构 ［福建省社会科学规划华侨史专项重点项目（FJ2015TWA014）］／王付兵主持. —厦门：厦门大学，2015.

3. 20 世纪（1912—1978）印尼闽籍华侨的社会结构 ［福建省社会科学规划华侨史专项重点项目（FJ2015TWA015）］／沈燕清主持. —厦门：厦门大学，2015.

4. 20 世纪 20—60 年代福建的归侨及其安置 ［福建省社会科学规划华侨史专项一般项目（FJ2015TWB003）］／沈惠芬主持. —厦门：厦门大学，2015.

5. 20 世纪 50 年代以来东南亚闽籍华人的再移民 ［福建省社会科学规划华侨史专项一般项目（FJ2015TWB004）］／康晓丽主持. —厦门：中共厦门市委党校，2015.

6. 20 世纪东南亚闽籍侨领系列研究 ［福建省社会科学规划华侨史专项一般项目（FJ2015TWB017）］／李勇主持. —泉州：华侨大学，2015.

7. 20 世纪泰国和缅甸闽籍华侨的社会结构研究 ［福建省社会科学规划华侨史专项一般项目（FJ2015TWB016）］／李枫主持. —天津：中国人民武装警察部队指挥学院，2015.

8. 20 世纪越南、柬埔寨、老挝的闽籍华侨社会结构研究 ［福建省社会科学规划华侨史专项一般项目（FJ2015TWB015）］／闫彩琴主持. —上海：上海海事大学，2015.

9. 21 世纪福建侨资企业类别和结构分析 ［福建省社会科学规划华侨史专项一般项目（FJ2015TWB011）］／陈成栋主持. —福州：闽江学院，2015.

10. 21 世纪海上丝绸之路背景下的闽南文化传播研究 ［福建省社会科学规划委托一般项目（FJ2015B031）］／余霖主持. —厦门：厦门理工学院，2015.

11. 北美和拉美闽籍知名人物研究 ［福建省社会科学规划华侨史专项一般项目（FJ2015TWB028）］／孙建党主持. —福州：福建师范大学，2015.

12. 北美闽籍华侨华人专业社团及其职能研究 ［福建省社会科学规划华侨史专项一般项目（FJ2015TWB013）］／张龙海主持. —厦门：厦门大学，2015.

13. 从近代乡村治理看闽南侨乡乡村建设研究 ［福建省社会科学规划一般项目（FJ2015B124）］／蒋楠主持. —泉州：华侨大学，2015.

14. 东南亚闽籍华侨华人社团历史与现状 ［福建省社会科学规划华侨史专项一般项目（FJ2015TWB005）］／张晶盈主持. —厦门：华侨大学，2015.

15. 东南亚闽籍知名英杰研究 ［福建省社会科学规划华侨史专项一般项目（FJ2015TWB010）］／陈日升主持. —福州：闽江学院，2015.

16. 东南亚闽侨的民俗文化研究 ［福建省社会科学规划华侨史专项一般项目（FJ2015TWB023）］／林江珠主持. —厦门：厦门理工学院，2015.

17. 东南亚闽侨的宗教信仰版图 ［福建省社会科学规划华侨史专项一般项目（FJ2015TWB006）］／钟大荣主持. —泉州：华侨大学，2015.

18. 东南亚主要华文媒体特用字词研究 ［广东省哲学社会科学"十二五"规划一般项目（GD15CZW08）］／徐新伟主持. —广州：暨南大学，2015.

19. 福建海上丝绸之路核心区建设与东南亚闽籍华人社团的作用研究［福建省社会科学规划青年项目（FJ2015C044）］/康晓丽主持. —厦门：中共厦门市委党校，2015.

20. 福建华侨农场发展变化［福建省社会科学规划华侨史专项重点项目（FJ2015TWA013）］/谢小建主持. —福州：福建省侨联课题组，2015.

21. 福建华侨史（1911—1966）档案汇编［福建省社会科学规划华侨史专项重点项目（FJ2015TWA012）］/马俊凡主持. —福州：福建省档案局，2015.

22. 福建侨乡的历史发展与社会现状研究［福建省社会科学规划华侨史专项重点项目（FJ2015TWA018）］/李明欢主持. —厦门：厦门大学，2015.

23. 福建侨乡宗教与民俗文化研究［福建省社会科学规划华侨史专项一般项目（FJ2015TWB024）］/吕云芳主持. —厦门：厦门大学，2015.

24. 福建省华侨史研究论文著作目录［福建省社会科学规划华侨史专项一般项目（FJ2015TWB012）］/张虹主持. —厦门：厦门大学，2015.

25. 福建新侨乡的形成、发展与社会影响研究［福建省社会科学规划华侨史专项一般项目（FJ2015TWB025）］/陈凤兰主持. —福州：福州大学，2015.

26. 古丝绸之路妈祖文化传播的现实意义研究［福建省社会科学规划一般项目（FJ2015B146）］/蔡天新主持. —莆田：中共莆田市委党校，2015.

27. 国际移民与澳大利亚公共外交研究（1945年至今）［江苏省社会科学基金一般项目（15LSC004）］/张荣苏主持. —徐州：江苏师范大学，2015.

28. 海上丝绸之路与近世福建社会变迁研究［福建省社会科学规划委托一般项目（FJ2015B126）］/徐文彬主持. —福州：中共福建省委党校，2015.

29. 海上音乐之路东南亚国家华文音乐教育研究［福建省社会科学规划一般项目（FJ2015B175）］/谷玉梅主持. —泉州：华侨大学，2015.

30. 海外保钓运动史研究［上海市社科规划青年课题（2015ELS003）］/张帅主持. —上海：上海对外经贸大学，2015.

31. 海外归国人才对地方企业网络演化的影响机理及效应［浙江省社科联研究重点课题（2015Z025）］/姜海宁主持. —杭州：浙江师范大学，2015.

32. 海外回归浙商知识产权质押融资障碍及突破机制研究［浙江省社会科学规划基础理论研究一般课题（15NDJC051YB）］/杨惠芳主持. —嘉兴：嘉兴学院，2015.

33. 海外闽侨传媒的历史与现状研究［福建省社会科学规划华侨史专项一般项目（FJ2015TWB022）］/郑文标主持. —泉州：华侨大学，2015.

34. 海外温商区域性产业集群网络演化：基于普拉托快时尚产业的分析［浙江省哲学社会科学研究基地规划一般项目（15JDWZ01YB）］/张一力主持. —温州：温州大学，2015.

35. 华侨华人与中国侨务政策研究［上海市社科规划重大课题］/吴前进主持. —上海：上海社会科学院，2015.

36. 华文教育视野下汉字特点与教学研究［福建省社会科学规划青年项目（FJ2015C195）］/蒋修若主持. —泉州：华侨大学，2015.

37. 基于双重网络嵌入视角的非精英群体海外创业成长的路径演化及依赖研究［浙江省哲学社会科学研究基地规划一般项目（15JDWZ03YB）］/周欢怀主持. —温州：温州大学，2015.

38. 集体记忆：梅州足球百年历程的口述史研究［广东省哲学社会科学"十二五"规划 2015 年度地方历史文化特色项目（GD15DL16）］/田海军主持. —梅州：嘉应学院，2015.

39. 加拿大族群认同与国家认同的冲突与整合研究［福建省社会科学规划青年博士项目（FJ2015C210）］/贺建涛主持. —福州：福建师范大学，2015.

40. 近代东南亚华人基督教跨国网络研究［福建省社会科学规划一般项目（FJ2015B128）］/张钟鑫主持. —泉州：华侨大学，2015.

41. 近代浙江留日学生之研究［浙江省哲学社会科学研究基地规划一般项目（15JDDY02YB）］/吕顺长主持. —杭州：浙江工商大学，2015.

42. 孔子学院的公共外交价值与作为研究［福建省社会科学规划重点项目（FJ2015A011）］/李丹主持. —厦门：厦门大学，2015.

43. 跨国主义视角下海外华人的中国梦研究［广东省哲学社会科学"十二五"规划一般项目（GD15CMK01）］/陈世柏主持. —广州：广东金融学院，2015.

44. 美国多元主义文化语境中的"华裔文化表述"［浙江省哲学社会科学规划基础理论研究一般项目（15NDJC044YB）］/寇才军主持. —杭州：杭州师范大学，2015.

45. 民国时期的福建华侨研究［福建省社会科学规划华侨史专项重大项目（FJ2015TWZ006）］/聂德宁主持. —厦门：厦门大学，2015.

46. 闽籍海外华商企业的历史与现状［福建省社会科学规划华侨史专项重点项目（FJ2015TWA019）］/李鸿阶主持. —厦门：福建省社会科学院，2015.

47. 闽籍华侨华人的文化与宗教发展［福建省社会科学规划华侨史专项重点项目（FJ2015TWA016）］/张禹东主持. —泉州：华侨大学，2015.

48. 闽籍华侨华人对国内捐赠的历史和现状［福建省社会科学规划华侨史专项一般项目（FJ2015TWB002）］/杨辉主持. —福州：福建省侨办课题组，2015.

49. 闽籍华侨华人教育的历史与现状［福建省社会科学规划华侨史专项重点项目（FJ2015TWA017）］/陈文寿主持. —泉州：华侨大学，2015.

50. 闽籍华侨华人社团的现状［福建省社会科学规划华侨史专项重点项目（FJ2015TWA011）］/林泽春，庄国土主持. —福州：福建省侨办课题组，2015.

51. 闽籍华侨经济活动与海上丝绸之路研究［福建省社会科学规划华侨史专项一般项目（FJ2015TWB027）］/黄兴华主持. —福州：中共福建省委讲师团，2015.

52. 闽籍华侨与中华人民共和国建国［福建省社会科学规划华侨史专项一般项目（FJ2015TWB018）］/周至杰主持. —福州：福建师范大学，2015.

53. 闽籍华商经济成就对所在国的贡献［福建省社会科学规划华侨史专项一般项目（FJ2015TWB008）］/林勇主持. —厦门：福建省社会科学院，2015.

54. 闽籍重要海归个人和群体的考查［福建省社会科学规划华侨史专项一般项目（FJ2015TWB009）］/郑志锋主持. —福州：福建中医药大学，2015.

55. 闽籍著名侨领研究［福建省社会科学规划华侨史专项重点项目（FJ2015TWA020）］/詹冠群主持. —福州：福建师范大学，2015.

56. 闽南村落家族文化的当代变迁研究［福建省社会科学规划重点项目（FJ2015A017）］/荣耀军主持. —厦门：集美大学，2015.

57. 明清时期的福建华侨［福建省社会科学规划华侨史专项重大项目

（FJ2015TWZ004）］/庄国土主持. —厦门：厦门大学，2015.

58. 侨汇、侨捐与侨资在福建经济发展中的地位与作用［福建省社会科学规划华侨史专项一般项目（FJ2015TWB007）］/俞云平主持. —厦门：厦门大学，2015.

59. 侨务公共外交的效果评估研究——以华裔青少年"中国寻根之旅"（广东）夏令营为例［广东省哲学社会科学"十二五"规划一般项目（GD15YHQ01）］/林逢春主持. —广州：广东工业大学，2015.

60. 日本闽籍华侨华人社团历史与现状研究［福建省社会科学规划华侨史专项一般项目（FJ2015TWB021）］/吴光辉主持. —厦门：厦门大学，2015.

61. 晚清以来珠江三角洲非洲华人华侨文献的整理与研究［广东省哲学社会科学"十二五"规划2015年度地方历史文化特色项目（GD15DL11）］/徐靖捷主持. —广州：广东财经大学，2015.

62. 香港人的国民身份认同培育研究［广东省哲学社会科学"十二五"规划一般项目（GD15CMK03）］/李文珍主持. —广州：中山大学，2015.

63. 新时期闽侨在国内外省的投资和捐赠研究［福建省社会科学规划华侨史专项一般项目（FJ2015TWB026）］/马占杰主持. —泉州：华侨大学，2015.

64. 新世纪非洲的闽籍华侨华人分布、职业及数量估算研究［福建省社会科学规划华侨史专项一般项目（FJ2015TWB019）］/刘文正主持. —泉州：华侨大学，2015.

65. 新世纪拉丁美洲的闽籍华侨华人分布、职业及数量估算研究［福建省社会科学规划华侨史专项一般项目（FJ2015TWB020）］/陈淑红主持. —福州：福建师范大学，2015.

66. 中国—东盟华文文学互动研究［广西哲学社会科学研究一般项目（15BZW008）］/陆衡主持. —钦州：钦州学院，2015.

67. 中国文学在东南亚传播的西方研究——以印尼土生华人文学为例［广西哲学社会科学研究一般项目（15BWW006）］/林澜主持. —钦州：钦州学院，2015.

68. 中华人民共和国时期的福建华侨［福建省社会科学规划华侨史专项重大项目（FJ2015TWZ005）］/范宏伟主持. —厦门：厦门大学，2015.

69. 中资企业在丝绸之路经济带国家准入投资法律对策研究［福建省社会科学规划重点项目（FJ2015A025）］/陈辉萍主持. —厦门：厦门大学，2015.

2014 年厅局级课题项目

1. 比较视野的历史书写研究：以加拿大华人文学为例［广州市哲学社会科学规划共建课题］/池雷鸣主持. —广州：暨南大学，2014.

2. 从"经济侨乡"到"文化侨乡"：当代潮汕侨乡经济社会发展面临的困境与出路［广东省教育厅特色创新项目"创新强校"课题（2014WTSCX086）］/熊燕军主持. —潮州：韩山师范学院，2014.

3. 促进海外华侨华人社团建设发展研究［广东省2014—2015年侨务理论研究课题（GDQW201409）］/陈世伦主持. —夏威夷：美国夏威夷大学/台南：成功大学，2014.

4. 东南亚地区华裔新生代华语习得与族群认同关系研究［广东省2014—2015年侨务理论研究课题（GDQW201406）］/刘慧主持. —广州：暨南大学，2014.

5. 东南亚广东华人社团与建设21世纪海上丝绸之路［广东省2014—2015年侨务理论研究课题（GDQW201428）］/任娜主持. —广州：暨南大学，2014.

6. 东南亚华文媒体"异域"字及南方方言字研究［广东省教育厅创新人才项目（2014WQNCX012）］/徐新伟主持. —潮州：韩山师范学院，2014.

7. 东南亚粤籍华裔新生代的认同及对华认知——以印尼、马来西亚、泰国、柬埔寨等四国为例［广东省2014—2015年侨务理论研究课题（GDQW201405）］/代帆主持. —广州：暨南大学，2014.

8. 菲律宾华文教育的复兴与华人学生中华意识的重建［广东省2014—2015年侨务理论研究课题（GDQW201411）］/张世涛主持. —广州：中山大学，2014.

9. 公共外交视域下引导粤籍侨胞合法经营和树立文明新形象研究［广东省2014—2015年侨务理论研究课题（GDQW201404）］/童锋主持. —广州：暨南大学，2014.

10. 广东涉侨社团组织的现状、问题与对策研究［广东省2014—2015年侨务理论研究课题（GDQW201429）］/吴月主持. —广州：广东技术师范学院，2014.

11. 广东省保护华侨权益问题研究［广东省2014—2015年侨务理论研究课题（GDQW201401）］/郭宗杰主持. —广州：暨南大学，2014.

12. 广东引进海外华侨华人人才智力研究［广东省2014—2015年侨务理论研究课题（GDQW201420）］/王辉耀主持. —广州：南方国际人才研究院，2014.

13. 广州花都籍巴拿马新华侨华人的跨国实践与侨乡社会互动［广东省2014—2015年侨务理论研究课题（GDQW201402）］/黎相宜主持. —广州：中山大学，2014.

14. 海外"中国抒情传统"学术思潮研究［江苏省高校哲学社会科学研究基金项目（2014SJD256）］/邓玉柱主持. —中山：中山市博物馆，2014.

15. 海外华侨华人高层次人才为粤服务现状与引智对策研究［广东省2014—2015年侨务理论研究课题（GDQW201419）］/黄勇主持. —广州：暨南大学，2014.

16. 海外华侨华人专业人士在粤创业创新问题研究——以广州为例［广东省2014—2015年侨务理论研究课题（GDQW201418）］/温秋华主持. —广州：暨南大学，2014.

17. 海外华文教育拓展战略及对策研究［广东省2014—2015年侨务理论研究课题（GDQW201412）］/刘燕主持. —广州：中山大学，2014.

18. 海外华文教育演变新趋势及应对策略研究——以后现代主义课程观为视角［广东省2014—2015年侨务理论研究课题（GDQW201413）］/黄方方主持. —广州：暨南大学，2014.

19. 海外闽商家族企业成长的关系网络治理研究［泉州市2014年社会科学规划一般项目］/周飞主持. —泉州：华侨大学，2014.

20. 海外移民中国梦研究［广州市哲学社会科学规划一般课题］/陈世柏主持. —广州：广东金融学院，2014.

21. 海外中华传统文化教育特色研究与借鉴［广东省教育厅创新人才项目（2014WQNCX168）］/张娟主持. —珠海：北京师范大学珠海分校，2014.

22. 后华侨农场时代的归难侨社会融入与社会治理研究——以广州南沙区珠江、花都华侨农场为例［广东省2014—2015年侨务理论研究课题（GDQW201431）］/陈杰主持. —广州：广州市社会科学院，2014.

23. 后华侨农场时代归难侨工作的可持续发展策略研究（难民融入当地社会情况研

究)[广东省 2014—2015 年侨务理论研究课题 (GDQW201430)]/陈淑妮主持. —深圳:深圳大学, 2014.

24. 华侨华人传承中华文化的特点、作用与对策 [广东省 2014—2015 年侨务理论研究课题 (GDQW201425)]/徐云主持. —广州:暨南大学, 2014.

25. 华侨华人与广东侨乡新型城镇化研究 [广东省 2014—2015 年侨务理论研究课题 (GDQW201432)]/曹伟华主持. —梅州:中共梅州市委党校, 2014.

26. 华侨华人在广东实施"走出去"战略中作用的研究 [广东省 2014—2015 年侨务理论研究课题 (GDQW201422)]/袁持平主持. —广州:中山大学, 2014.

27. 华人学者与中国现当代文学学科的海外建构 [广州市哲学社会科学规划青年课题]/郑焕钊主持. —广州:暨南大学, 2014.

28. 华文教育、文化认同与公共外交——以缅甸曼德勒华校教育为例 [广东省 2014—2015 年侨务理论研究课题 (GDQW201410)]/段颖主持. —广州:中山大学, 2014.

29. 建设南安回归创业园研究 [泉州市 2014 年社会科学规划合作项目]/黄焕宗主持. —泉州:黎明职业大学, 2014.

30. 跨文化视野下的华文离散诗学研究 [广东省教育厅创新人才项目 (2014WQNCX156)]/许燕转主持. —东莞:东莞理工学院, 2014.

31. 毛里求斯华文教育的现状与对策 [广东省 2014—2015 年侨务理论研究课题 (GDQW201416)]/夏远鸣主持. —梅州:嘉应学院, 2014.

32. 美国华侨华人文化团体在传承中华文化中的作用研究 [广东省 2014—2015 年侨务理论研究课题 (GDQW201423)]/李爱慧主持. —广州:暨南大学, 2014.

33. 宁波吸引海外高层次人才创新创业环境调研 [宁波市哲学社会科学规划课题 (G14 – ZX19)]/江维主持. —慈溪:慈溪市社会科学院, 2014.

34. 侨(外)资企业公共服务体系建设研究 [广东省 2014—2015 年侨务理论研究课题 (GDQW201421)]/郑奋明主持. —广州:广东省社会科学院, 2014.

35. 侨务工作服务上海自贸区建设研究 [上海侨务理论研究中心 2014 年研究课题]/傅尔基主持. —上海:上海市发展改革研究院, 2014.

36. 泉州音乐类非物质文化遗产在新加坡、印尼的传承与发展 [泉州市 2014 年社会科学规划一般项目]/贾怡主持. —泉州:华侨大学, 2014.

37. 上海侨界空巢老人养老服务需求及对策研究 [上海侨务理论研究中心 2014 年研究课题]/高慧主持. —上海:上海社会科学院, 2014.

38. 上海侨务工作主要特点和规律研究 [上海侨务理论研究中心 2014 年研究课题]/吴瑞君主持. —上海:华东师范大学, 2014.

39. 社会治理结构创新与侨务工作功能定位研究 [上海侨务理论研究中心 2014 年研究课题]/林尚立主持. —上海:复旦大学, 2014.

40. 泰国华文教育的社会需求和支持系统:基于情感需求、文化记忆和经济生活的分析 [广东省 2014—2015 年侨务理论研究课题 (GDQW201417)]/陈佳璇主持. —潮州:韩山师范学院, 2014.

41. 网络时代留学广东的华裔新生代学生研究 [广东省 2014—2015 年侨务理论研究课题 (GDQW201407)]/庄汉文主持. —广州:暨南大学, 2014.

42. 新时期英国华文教育的新发展及我国对应政策研究［广东省 2014—2015 年侨务理论研究课题（GDQW201415）］/张礼主持. —广州：暨南大学，2014.

43. 新形势下上海侨情的特点及其对城市发展的影响［上海侨务理论研究中心 2014 年研究课题］/王健主持. —上海：上海社会科学院，2014.

44. 印尼棉兰华文教育人才现状调查研究［广东省 2014—2015 年侨务理论研究课题（GDQW201414）］/唐燕儿主持. —广州：暨南大学，2014.

45. 英国粤籍新华侨华人工作研究［广东省 2014—2015 年侨务理论研究课题（GDQW201403）］/文峰主持. —广州：暨南大学，2014.

46. 粤籍华侨华人传承中华文化的路径、现状、作用与政策思路［广东省 2014—2015 年侨务理论研究课题（GDQW201426）］/唐洪志主持. —广州：华南师范大学，2014.

47. 粤籍华侨华人与建设 21 世纪海上丝绸之路经济带研究［广东省 2014—2015 年侨务理论研究课题（GDQW201427）］/罗浩主持. —广州：中山大学，2014.

48. 中华传统文化在马来西亚的传播渠道研究［广东省 2014—2015 年侨务理论研究课题（GDQW201424）］/龙思思主持. —广州：暨南大学，2014.

49. 中山籍华裔新生代对中华文化的认同和传承状况研究［广东省 2014—2015 年侨务理论研究课题（GDQW201408）］/邓玉柱主持. —中山：中山市博物馆，2014.

2015 年厅局级课题项目

1. 1990 年代以来马华文学中的异族书写［广东省教育厅特色创新类项目（2015WTSCX070）］/贾颖妮主持. —广州：广东金融学院，2015.

2. 保障华侨在本市合法权益的研究［上海市侨务理论研究课题］/黄欣主持. —上海：华东师范大学，2015.

3. 北美华文文学中的广州移民与广府文化海外传播研究［广州市哲学社会科学规划共建课题］/单昕主持. —广州：广东第二师范学院，2015.

4. 东南亚华文作家的闽南情缘［泉州市社会科学规划一般项目（2015D37）］/李莉主持. —泉州：泉州师范学院，2015.

5. 二战时期泉州籍星马华侨受害调查［泉州市社会科学规划重点项目（2015C09）］/范佳平主持. —泉州：泉州市博物馆，2015.

6. 发挥侨力携手打造"海丝"先行区研究［泉州市社会科学规划委托项目（2015B09）］/许培源主持. —泉州：华侨大学，2015.

7. 高校海归教师教学专业发展研究［江苏省"十二五"教育科学规划项目（D/2015/01/47）］/杨春红主持. —南京：南京信息工程大学，2015.

8. 关于泉州新生代华侨华人推进"一带一路"建设的调研和思考［泉州市社会科学规划一般项目（2015D09）］/吴勇主持. —福州：福州师范大学，2015.

9. 海外华侨在抗日战争期间支援抗战和两岸关系研究［上海市侨务理论研究课题］/王健主持. —上海：上海社会科学院，2015.

10. 基于华人族群认同的东南亚华语继承语教学研究［广州市哲学社会科学规划青年课题］/刘慧主持. —广州：暨南大学，2015.

11. 江西地方高校对接海外华文教育的战略策略研究 ［江西省高校人文社会科学研究规划项目（JY1538）］/钟舟海主持. —赣州：江西理工大学，2015.

12. 离散视角下美国华裔文学中的身份认同研究 ［江西省高校人文社会科学研究青年项目（JC1508）］/彭莉主持. —南昌：华东交通大学，2015.

13. 利用东南亚华侨资源，创新合作模式，推动 21 世纪"海上丝绸之路"合作模式创新的研究 ［厦门市社会科学调研课题重点项目］/魏刚主持. —厦门：厦门市政协，2015.

14. 侨务工作服务"一带一路"（长江经济带）建设的研究 ［上海市侨务理论研究课题］/李立凡主持. —上海：上海社会科学院，2015.

15. 侨务工作服务"一带一路"建设的研究 ［上海市侨务理论研究课题］/林善浪主持. —上海：同济大学，2015.

16. 侨务工作服务科技创新中心建设的研究 ［上海市侨务理论研究课题］/傅尔基主持. —上海：上海市宏观经济学会，2015.

17. 侨资企业推动上海科技创新中心建设的作用研究 ［上海市侨务理论研究课题］/李勇主持. —上海：上海社会科学院，2015.

18. 泉州做好新生代华侨华人工作研究——基于社会网络分析视角 ［泉州市社会科学规划一般项目（2015D23）］/陈捷主持. —泉州：华侨大学，2015.

19. 日本有关华侨华人研究的整理和分析 ［广东省教育厅青年创新人才类项目（2015WQNCX004）］/吉伟伟主持. —广州：暨南大学，2015.

20. 上海"十三五"侨务工作规划研究 ［上海市侨务理论研究课题］/吴瑞君主持. —上海：华东师范大学，2015.

21. 土耳其政府海外侨民政策及其对我国的启示 ［上海市侨务理论研究课题］/罗爱玲主持. —上海：上海社会科学院，2015.

22. 晚清以来珠江三角洲非洲华人华侨文献的整理与研究 ［广东省教育厅青年创新人才类项目（2015WQNCX036）］/徐靖捷主持. —广州：广东财经大学，2015.

23. 晚清粤籍驻外领事对出国华工与海外侨胞的保护——以清驻美、墨、秘、古四国领署为例 ［广东省教育厅青年创新人才类项目（2015WQNCX114）］/马一主持. —广州：广东第二师范学院，2015.

24. 五邑侨乡方言与地方文化研究 ［广东省教育厅特色创新类项目（2015WTSCX105）］/周文主持. —江门：五邑大学，2015.

25. 西方人眼中温州人形象的变迁 ［温州市社会科学重点研究基地一般课题（15JD18）］/郑春生主持. —温州：温州大学，2015.

26. 引进海外人才与发达国家人才移民政策的比较研究 ［上海市侨务理论研究课题］/刘益梅主持. —上海：上海商学院，2015.

27. 粤籍华侨华人与建设 21 世纪海上丝绸之路经济带研究 ［广东省教育厅青年创新人才类项目（2015WQNCX084）］/马润主持. —广州：广东技术师范学院，2015.

28. 在闽高校港澳台海外青年的基本特征和发展趋势研究 ［泉州市社会科学规划一般项目（2015D50）］/李俊杰主持. —泉州：华侨大学，2015.

29. 中国海外侨民外交保护的法律适用研究 ［上海市侨务理论研究课题］/陈志强主持. —上海：上海商学院，2015.

30. 中国企业在越南投资政治风险及海外利益保护机制研究［泉州市社会科学规划合作项目（2015H03）］/黄日涵主持. —泉州：华侨大学，2015.

31. 中华文化海外传播与华侨华人的作用——以美国和马来西亚华人社会为例［上海市侨务理论研究课题］/吴前进主持. —上海：上海社会科学院，2015.

2014 年其他课题项目

1. 当代东南亚华人舞蹈家研究［华侨大学"华侨华人研究"专项课题一般项目（HQHRYB2014 -03）］/张媛主持. —泉州：华侨大学，2014.

2. 东南亚华商与"21 世纪海上丝绸之路"建设［华侨大学 2014 年"海上丝绸之路"专项研究重点课题（HSZD2014 -14）］/庄国土主持. —泉州：华侨大学，2014.

3. 非洲华侨华人与我国海外利益保护机制研究［华侨大学"华侨华人研究"专项课题一般项目（HQHRYB2014 -02）］/黄日涵主持. —泉州：华侨大学，2014.

4. 改革开放以来华侨华人慈善捐赠的实证分析——以福建省厦门市为例［华侨大学"华侨华人研究"专项课题重点项目（HQHRZD2014 -02）］/黄晓瑞主持. —泉州：华侨大学，2014.

5. 海上丝绸之路的宗教文化交流与中华文化传播［华侨大学 2014 年"海上丝绸之路"专项研究重点课题（HSZD2014 -01）］/黄海德主持. —泉州：华侨大学，2014.

6. 海上丝绸之路沿线华人社区地名与文化认同研究［华侨大学"华侨华人研究"专项课题一般项目（HQHRYB2014 -04）］/陈秋萍主持. —泉州：华侨大学，2014.

7. "海上丝绸之路"与海外华乐发展研究［华侨大学 2014 年"海上丝绸之路"专项研究一般课题（HSYB2014 -13）］/章兴宝主持. —泉州：华侨大学，2014.

8. 海丝议题海外网络舆情监测与调节研究［华侨大学 2014 年"海上丝绸之路"专项研究一般课题（HSYB2014 -14）］/郑文标主持. —泉州：华侨大学，2014.

9. 海外华人的中国国家形象认知实证研究［华侨大学"华侨华人研究"专项课题重点项目（HQHRZD2014 -04）］/郑文标主持. —泉州：华侨大学，2014.

10. 海外华社和谐建设与当代海上丝绸之路发展研究［华侨大学 2014 年"海上丝绸之路"专项研究一般课题（HSYB2014 -15）］/钟大荣主持. —泉州：华侨大学，2014.

11. 华侨华人社团在"海上丝绸之路"中的战略地位与治理创新研究［华侨大学 2014 年"海上丝绸之路"专项研究一般课题（HSYB2014 -11）］/徐晞主持. —泉州：华侨大学，2014.

12. 华侨华人在"海丝之路"中的作用及其运行机制研究［华侨大学 2014 年"海上丝绸之路"专项研究重点课题（HSZD2014 -10）］/林春培主持. —泉州：华侨大学，2014.

13. 利用海外华商资源推动海上丝绸之路建设研究［华侨大学 2014 年"海上丝绸之路"专项研究重点课题（HSZD2014 -07）］/林春培主持. —泉州：华侨大学，2014.

14. 闽南文化海上丝绸之路传播研究［华侨大学 2014 年"海上丝绸之路"专项研究一般课题（HSYB2014 -05）］/马华祥主持. —泉州：华侨大学，2014.

15. 婆罗洲华人与海上丝绸之路：历史渊源与发展机遇的探索［华侨大学"华侨华人研究"专项课题一般项目（HQHRYB2014 -01）］/陈琼渊主持. —泉州：华侨大

学，2014.

16. 新加坡闽侨重点历史人物研究［华侨大学"华侨华人研究"专项课题一般项目（HQHRYB2014－05）］/李勇主持. —泉州：华侨大学，2014.

17. 政治变迁与台湾侨务政策研究［华侨大学"华侨华人研究"专项课题重点项目（HQHRZD2014－01）］/陈文寿主持. —泉州：华侨大学，2014.

18. 中国经济增长与华商企业发展环境研究——以福建省为例［华侨大学"华侨华人研究"专项课题重点项目（HQHRZD2014－03）］/赵凯主持. —泉州：华侨大学，2014.

2015 年其他课题项目

1. "海丝"视域下非洲闽籍华侨华人的现状及对策研究［华侨大学"华侨华人研究"专项课题一般项目（HQHRYB2015－02）］/张行主持. —泉州：华侨大学，2015.

2. 海丝战略背景下侨批文献资源建设与利用研究［泉州师范学院校内项目（2015SK14）］/张惠萍主持. —泉州：泉州师范学院，2015.

3. 华侨华人在中日韩关系发展中的地位研究（1992—2014）［华侨大学"华侨华人研究"专项课题重点项目（HQHRZD2015－04）］/游国龙主持. —泉州：华侨大学，2015.

4. 基于商会的美国华商网络对中国企业"走出去"战略的影响研究［华侨大学"华侨华人研究"专项课题一般项目（HQHRYB2015－01）］/张华主持. —泉州：华侨大学，2015.

5. 马来西亚华人人口变动趋势与生育意愿研究［华侨大学"华侨华人研究"专项课题重点项目（HQHRZD2015－05）］/邵岑主持. —泉州：华侨大学，2015.

6. 马来西亚宗教与冲突及对华侨华人的影响［华侨大学"华侨华人研究"专项课题一般项目（HQHRYB2015－04）］/张云江主持. —泉州：华侨大学，2015.

7. 泰国华侨华人在赴泰旅游突发事件应急救援作用研究［华侨大学"华侨华人研究"专项课题一般项目（HQHRYB2015－03）］/邹永广主持. —泉州：华侨大学，2015.

8. 泰国华人宗教研究［华侨大学"华侨华人研究"专项课题重点项目（HQHRZD2015－01）］/陈景熙主持. —泉州：华侨大学，2015.

9. 新移民回流作家的专业发展路径与新文化定位［华侨大学"华侨华人研究"专项课题一般项目（HQHRYB2015－06）］/陈庆妃主持. —泉州：华侨大学，2015.

10. "一带一路"背景下海外华侨华人与福建民营企业"走出去"战略研究［华侨大学"华侨华人研究"专项课题重点项目（HQHRZD2015－03）］/张向前主持. —泉州：华侨大学，2015.

11. 中国侨捐项目监管之法治化研究——以福建省为例［华侨大学"华侨华人研究"专项课题重点项目（HQHRZD2015－02）］/彭春莲主持. —泉州：华侨大学，2015.

12. 中国印支难民政策形成研究（1978—1979）［华侨大学"华侨华人研究"专项课题一般项目（HQHRYB2015－05）］/郑建成主持. —泉州：华侨大学，2015.

（本栏目编辑　景海燕）